西域文庫·典籍編

劉波 輯録

敦煌西域文獻題跋輯録

上海古籍出版社

圖書在版編目(CIP)數據

敦煌西域文獻題跋輯録 / 劉波輯録. —上海：上海古籍出版社，2023.8
（西域文庫. 典籍編）
ISBN 978-7-5732-0653-4

Ⅰ.①敦… Ⅱ.①劉… Ⅲ.①敦煌學—文獻—題跋—彙編 Ⅳ.①G256.4

中國國家版本館 CIP 數據核字(2023)第 054164 號

ISBN 978-7-5732-0653-4

西域文庫·典籍編

敦煌西域文獻題跋輯録

劉 波 輯録

上海古籍出版社出版發行

（上海市閔行區號景路 159 弄 1-5 號 A 座 5F 郵政編碼 201101）

(1) 網址：www.guji.com.cn
(2) E-mail：guji1@guji.com.cn
(3) 易文網網址：www.ewen.co

上海中華商務聯合印刷有限公司印刷

開本 787×1092 1/16 印張 33.5 插頁 10 字數 673,000
2023 年 8 月第 1 版 2023 年 8 月第 1 次印刷
ISBN 978-7-5732-0653-4

K·3346 定價：238.00 元

如有質量問題,請與承印公司聯繫

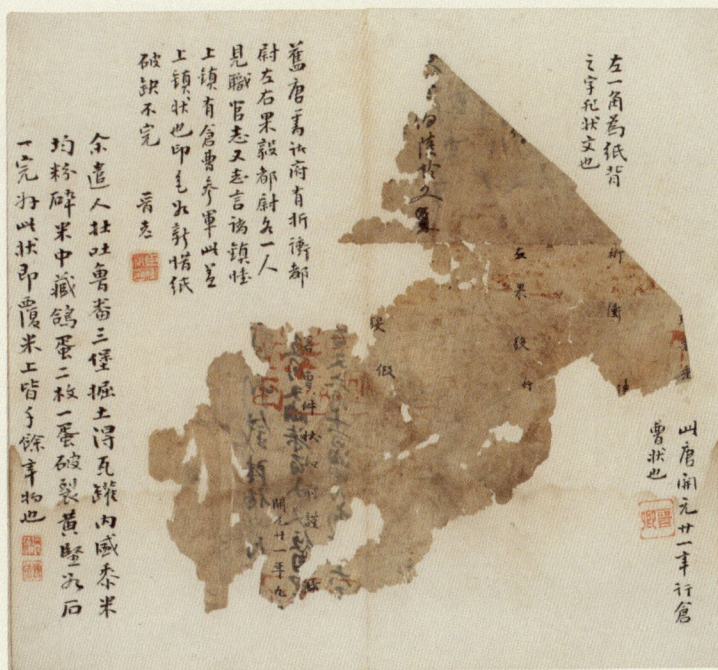

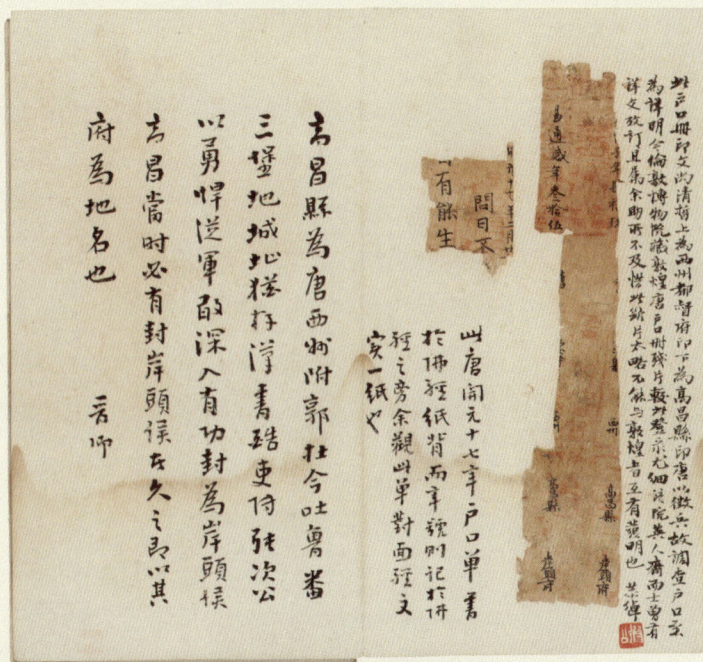

美國舊金山亞洲藝術博物館藏

《唐人玉屑》葉恭綽、王樹枏跋（一、二）

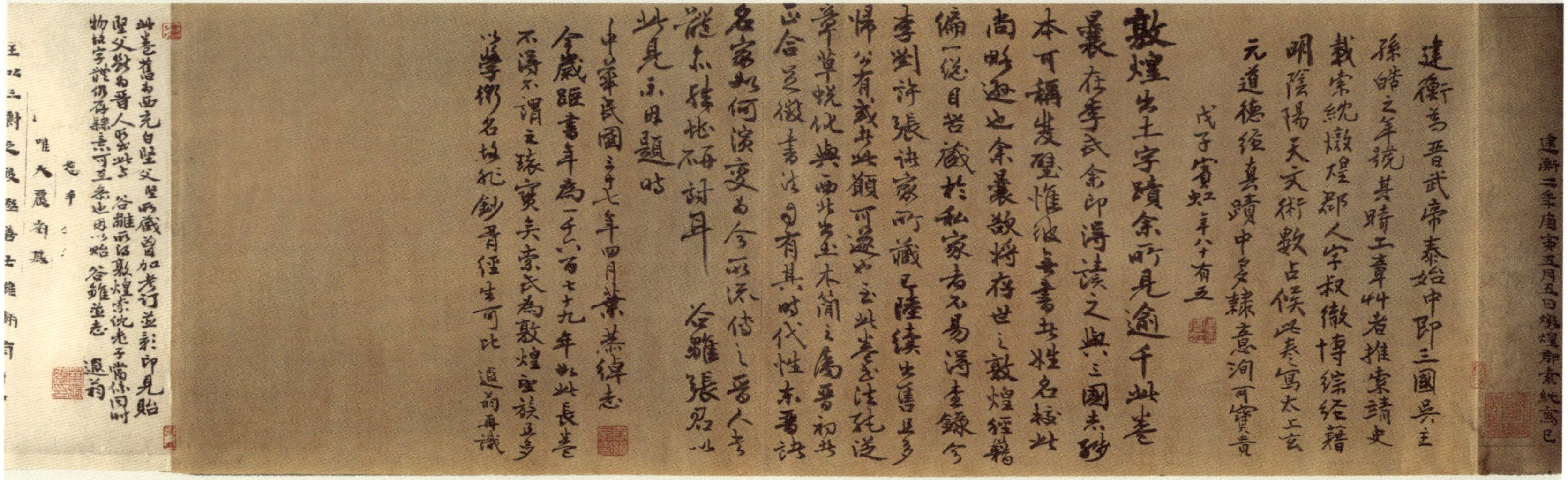

美國普林斯頓大學美術館藏

1998-116 題建衡二年（270）索紞寫《道德經》黄賓虹、葉恭綽、張虹、佟紹弼、彭松父跋（一）

此卷敦煌石室發見德化李氏九將閣舊藏卷末有九將閣藏印卷首由道生之德蓄
之至為而不爭止計三十章一百二十八行共二千八百六字另卷末題記二行太上玄元道德經
卷終九字一行建衡二年庚寅五月五日敦煌郡索紞寫已十七字一行合經文題記共二百一
十二字卷長八十二寸五分高度十二寸三分英尺計按北平圖書館保藏敦煌石室寫本九十八百
七十一號國內以此組為冣大許君國霖編列為兩䣛敦煌石室寫經題記與敦煌雜錄合刊本
分上下兩輯 印本 寫經題記有年代可據四十四卷以北魏安太四年為最早近北
宋太平興國二年閏六月五日 敦煌雜錄至道元年僧道獻往西天取經牒為最晚流傳

夕展觀令人不知今世有蝸角蠻觸之爭甲子冬十一月既望西
充白堅識於都門仲山甫戈齋

美國普林斯頓大學美術館藏

1998-116 題建衡二年（270）索紞寫《道德經》

黃賓虹、葉恭綽、張虹、佟紹弼、彭松父跋（二）

本的俗語可見我方得到

韓古心對雨餘呼見蘭苕苦辭菩疑書解釋見眼未非淺一覽由為誰運

會悉頗躬野千金此一字於僧未云善寫語谷離翁軌得處有辦

書道之演進田疇版本見到家隸和草楷演變之迹晚唐之細腓採演沙隨簡

見流沙墜簡自兩漢三國晉南書體之流傳等傳演變的軌跡進之

有隸有楷有建武三十二年簡牘漢章帝永初元年簡牘至永和二年簡則合為擺書東

漢至三國魏晉南北朝則建初建武建安之世紀九所涼張駿沿用建立字絲魏晉之草號

會建興十六年簡書對思王國擺書對建興元年建興九所魏世晉之草號

善隸和草擺綜比斷本其十大綫俱在漓晉品漓書北朝見

有奇托溜道之投簡續道大隨隸書道之風貌敦煌晉擺字俯視矣

關於書道之遠隨晉唐之風貌隸書隸卷中若有年號與

三國孫吳建衡二年寧簡木上義元道德卷始北記建隸晉簡和紙木上義元道德卷始北記建隸

秦始二年五年六年繪簡書體之隸是則晉代書風見於近今生起同為

見北發見係寫墨遼近漢年代相腓接腳鸞互見黑同之迹自不能以時代而為槩括之

朝經三墨碑陪陪更為繁密可俱泰漢助之後其書結形神

之差失便不傳墨遼流於楷至隸晉唐宇譽隸體擺猶尚繁

劃刻魏晉之世楷則跌傳而南北隋唐字書隸體草法猶實瑩之

許為高確不勝欣幸

己亥春二月谷雨玲江再識

四十九年歲次庚子閏六月南海彭氏松

月盫主容居香港得此

唐人寫經往往年見真讀摹帖所存間或一遇
自敦煌石室壁以後經卷流傳徧海內外考古之
士多羅致之搨末既彩偽作漸出陳墨染絹注
注而有與八紙古超斑駮儓有售味當為是石
室中物可寶也

南海吳荷屋中丞筠清館帖
搴入唐人寫經數葉觀者款
詫未必意敦煌石室中物然

當時之珍同揩屋矣

敦煌石室古稱莫高窟俗乎十佛
洞宗與丞夏掛兵時藏秘籍之地
也先緒庚子燬破書見唐人寫經
家黔沸郎西文學士柏希和帝
其精者華至巳矫挟其啟至京
師畫師學部此或其零頭碎角
之尚也癸丑十一月大雷
滬盦先生將兩而下屬題　祥麟

天津圖書館藏
S.3214《唐人寫經冊（殘頁）》祥麟跋

光緒庚子四月甘肅敦煌縣南四十里千佛洞新
開沙壓佛龕搖得複洞內藏書帖經卷甚多皆
唐五代時物地方長吏及縣人士不知貴也先後為英
國卯慶總持法國文學士伯希和捆載而去歸之
倫敦巴黎博物院事為學部既聞急撤有司解
送已餘一鱗旺甲矣中國藏之千餘年幸不
為風雨兵火所傷率乃歸諸海外供囊碧
睒之陳列鳴呼豈數使弬颰此唐人寫蓮華
經提婆達多品殘卷五十九行捷為羅舍人
得於石室中庚戌秋歸自天山持以贈余余
在圖書館見寫經卷不下百種書法精慈者頗
鮮此卷獨㞪實挺秀有歐褚法度在昔海甯陳
氏得靈飛經歙鮑氏得蓮華諸經皆奉為甄林
珍祕以今日視之吾輩雅福過前人遠矣
辛亥初秋大興惲毓鼎跋

天津圖書館藏

S.3755《蓮華經提婆達多品》惲毓鼎跋

普賢等諸菩薩舍利弗等諸聲聞及諸天龍
人非人等一切大會皆大歡喜受持佛語作
礼而去
妙法蓮華經卷第八
光緒三十一年秋七月朔七日
分巡安肅使者徐錫祺敬閱
於酒泉節署
花翎同知銜知敦煌縣事前史部主簿雙兆汪宗翰敬閱

西安博物院藏
西博006《妙法蓮華經》卷八
徐錫祺、汪宗翰跋

名智慧山名戒品阿名迷聶導名邪見燈名
破煩惱賊名一切衆生父母名大歸依慶若
有歸依佛世尊者若稱名者陳百千劫煩
惱重郭何況至心偁念佛定
佛說相好經
光緒三十一年乙巳新秋朔七日
分巡安肅使者徐錫祺敬閱於酒泉節署
大佛頂心王呪誦一遍當礼卅九遍大佛名
如意輪陁羅尼呪曰
花翎同知銜知敦煌縣事前史部主簿雙兆汪宗翰敬閱
娜謨囉怛那……

西安博物院藏
西博008《妙法蓮華經》卷六、《佛說相好經》
徐錫祺、汪宗翰跋

中國國家圖書館藏
BD14884《維摩經》卷中
蔡金臺跋

中國國家圖書館藏
BD14961《摩訶般若波羅蜜經》卷一
王國維等跋

中國國家圖書館藏

BD15352《大智度論》馮國瑞跋

序

　　敦煌藏經洞發現的寫本，在斯坦因 1907 年到來之前已有不少流散出去，在 1909 年伯希和北京之行後，大宗寫本雖然輦歸北京入藏京師圖書館，但押解者不盡職，中途屢遭盜竊，入京後又經官員劫後復劫，於是散在私人手中的寫卷不在少數，甚至再度割裂，一卷分身多處。以吐魯番爲主的西域出土文獻，清末民初以來，或則爲外國探險隊所攫取，或則由當地官僚中飽私囊，而後輾轉餽贈或出售，散在四方。

　　唐宋以降，中國書畫收藏漸成風習，文人墨客，以卷爲軸，名篇佳作之前後，往往題簽寫跋。早期流散的敦煌寫卷，多爲精品，往往自成一軸；吐魯番出土文獻，率多碎片，收藏者匯集若干，裝裱成卷冊，亦蔚爲大觀。獲得者往往以跋文講述其獲取之因緣，遞藏者也多記錄寫卷之轉移經過，好古之士在觀賞之餘偶有考證文字，友朋拜觀也往往俱列其名。一卷上的這類題跋，少則一條，多則幾篇，甚至有過十則者，其中承載了散藏敦煌西域寫卷的大量信息。這些信息極富學術價值，對於我們追索敦煌西域文書的早期形態，梳理流散文書的來龍去脈，特別是一些敦煌吐魯番文獻的收藏大家，如許承堯、陳閬、王樹枏（晉卿）、梁玉書（素文）等舊藏的去向，是不可或缺的資料。

　　正因爲這類題跋的價值，敦煌學界早已有所關注。筆者自 1980 年代以來，走訪歐美、日本及國內公私藏家，有機會見到此類題跋，即予抄錄考釋。部分涉及日本、歐美所藏的成果，曾寫入《海外敦煌吐魯番文獻知見錄》（江西人民出版社 1996 年版），特別於王樹枏、梁玉書、段永恩藏卷多所留心。國內私人舊藏，則以“某某舊藏”的詞條形式，寫入季羨林主編《敦煌學大辭典》的公私收藏部分（上海辭書出版社 1998 年版），部分私藏進入公藏之脈絡，皆拜散藏寫卷題跋才得以構築。拙著《敦煌學十八講》（北京大學出版社 2001 年版）亦特設一節，提示斯坦因到來之前“敦煌藏經洞文物的早期流散”。然而限於當時條件，所見題跋有限，論説也難免掛一漏萬。

　　此後，方廣錩曾撰《初創期的敦煌學——以收藏題跋爲中心》，先以日譯發表於高田時雄編《草創期の敦煌學》（東京知泉書館 2002 年版），後收入《方廣錩敦煌遺書散論》（上海古籍出版社 2010 年版）；余欣調查整理過許承堯舊藏敦煌寫卷的題跋（《敦煌學·日本學——石塚晴通教授退職紀念論文集》，上海辭書出版社 2005 年版）；朱玉麒先後撰文四篇，輯録研究王樹枏在敦煌西域文獻上的題跋（2011—2013 年發表），還整理過段永恩在吐魯番出土文獻上的題跋（2014 年），今均收入所著《瀚海零縑——西域文獻研究一集》（中華書局 2019 年版），且各有不同程度的資料增補與修訂；朱鳳玉則輯録過散藏敦煌文獻所見許承堯、陳闇等人題跋（《敦煌寫本研究年報》第 10 號，2016 年；《敦煌研究》2017 年第 1 期；《敦煌學輯刊》2018 年第 2 期）等。

然而，這類帶有題跋的寫卷，收藏異常分散，國内但凡有敦煌西域寫卷之處，往往有之，而且還流落異國他鄉，甚至秘藏私家，不爲學界所知。加上題跋文字書體不一，録文不易；所鈐之印，也難釋讀。因此，學者們雖然十分努力，但很難畢其功於一役。如今看到劉波編著的《敦煌西域文獻題跋輯録》一厚册擺在面前，所輯有一千餘條，不禁驚喜莫名。所驚者，他幾乎把目前所能見到的所有題跋，包括歷年各家拍賣行和散在網絡上的資料，全部收入囊中；所喜者，他不僅做了録文，交代了寫卷的來龍去脈，還對相關人物、事項做了詳細的箋證，並編纂了方便讀者的人名索引。這項工作，可謂圓滿。

劉波君畢業於北京師範大學，受過嚴格的學術訓練。進入國家圖書館後，多年在古籍館敦煌文獻組工作，熟悉敦煌吐魯番文獻及相關的研究著作。此後又跟從文獻學家張廷銀教授，以《國家圖書館與敦煌學》一書，獲得博士學位。筆者曾作爲論文評審人，仔細拜讀他的大著，深感後生可畏。近日獲讀《敦煌西域文獻題跋輯録》，益覺得他百尺竿頭，更進一步。因筆者較早關注敦煌吐魯番寫本題跋，劉波讓我給他的新著作序。當仁不讓，並藉此機緣，略述敦煌寫本題跋之學術價值與劉波之貢獻，是以爲序。

榮新江

2021 年 1 月 16 日於三升齋

目　録

乙編　西域文獻題跋

丙編　敦煌西域藝術品題跋

前　言

　　敦煌西域文獻題跋，指的是近現代收藏家、鑒賞家與學者在敦煌西域文獻原卷或裱紙上書寫的題跋、識語、觀款之類的文字。衆所周知，一百二十餘年前敦煌西域文獻被發現以後，不少陸續流散。散藏在中外私人藏家之手的敦煌遺書，往往被視爲稀見的古代書畫作品，備受珍愛，有的藏家精心裝裱，有的還在其前後作跋，甚至遍請名流題識。

　　題跋的内容頗爲豐富，有的詳述寫卷來源與遞藏經歷，是研究敦煌遺書流散、鑒定散藏敦煌遺書真僞的重要依據；有的進行文史考證，探討與寫卷相關的學術問題；有的品評書法，在藝術史研究方面不乏參考價值；而通過文字酬答，還可以看到近代以來文人士夫的社會活動、生存狀態以及思想變化的側影。

　　毋庸諱言，這些題跋多賞鑒家語，其中不乏違背事實的傳聞、缺乏依據的謬説，比如關於藏經洞發現的時間，説法便五花八門。當年學術不夠昌明，很多人没有獲得確切信息的渠道，以道聽途説形之於筆端，難免與事實有些出入，實在不必苛責，題跋的史料價值也並不因之減損。從學術史的角度看，這些題跋的價值至少包括以下幾個方面：

　　其一，保存了一些史料，爲解決近代學術史某些問題提供了資料。這裏舉出幾個例子，並略加説明。

　　比如，1909年伯希和的北京之行，是敦煌遺書得到京師學者群體關注並促成劫餘敦煌遺書保護的關鍵事件，京師學者如何獲悉伯希和來京消息、如何與伯希和建立聯繫、公宴伯希和的出席人有哪些等細節問題，長期以來一直是模糊的。《江瀚日記》的出版補充了一些資料，王冀青、秦樺林兩位教授分別作了研究，同時又提出了新的問題，包括爲何有那麼多大理院官員出席公宴等。見於拍賣會的《楞伽阿跋多羅寶經》卷四金城跋，提供了一些關鍵信息。他説：“柏至京師，余首發現（因美友馬克密克之介），集同好三十餘人燕之，都人始稍稍知有此物（陶齋尚書實先余識柏，彼欲留爲自取，始終秘其事）。”據此可知最早獲悉伯希和來京信息的是金城。金城早年留學英國，時任法制館協修、大理院刑科推事，他具備通過美國記者朋友馬克密克獲得伯希和消息的條件，同時由於他的緣故大理院多位官員參與了公宴。金城這位關鍵人物的浮現，解釋了伯希和與京師學者交往過程中的幾個關鍵環節，他的題跋讀來令人感到驚喜。

　　又如，1910年解運京師的敦煌遺書，不幸遭遇監守自盜。這個令人扼腕的惡行，以前我們知道的參與者有何彦升之子何震彝、何震彝岳父李盛鐸、李盛鐸親家劉廷琛以及方爾謙四人。此外還有没有人參與其中，歷來没有更多信息披露。中國國家圖書館藏BD14888《釋肇序鈔義》有蔡金臺跋："大清宣統二年庚戌(1910)從燉煌千佛寺石室所藏晉唐卷子檢得之。"所謂"檢得"，是從一大堆東西中揀選的意思；從朋友、市場獲取，似不能稱爲"檢得"。查蔡金臺1910年仍在京任御史，並没有去過敦煌，顯然不是從藏經洞直接"檢得"。上海圖書館094《佛頂尊勝陀羅尼經》有蔡金臺跋多則，一則曰"江右蔡金臺得于甘肅燉煌千佛寺莫高窟"，與BD14888跋略同；一則曰"余因監試拔貢，坐告奇珍，而出闈後猶能從衆所棄餘中得此及晉義熙、唐咸淳三種"，查1910年拔貢廷試日期在8月1日、2日，恰好與甘肅解京敦煌遺書1910年8月入藏京師圖書館相合；又一則曰"通觀法博士伯希和及此次公家所輦運者"，可見所謂得於莫高窟云云不過是虛虛實實的僞飾之辭，"此次公家所輦運者"方才是其收藏的來源。因此，我懷疑蔡金臺也參加了李盛鐸等盜竊敦煌遺書的行動。可能因爲監試拔貢，獲得消息時間較晚，他所得數量似乎不多(三種?)。另據首都博物館藏31.3.331《佛名經》龔釗跋稱，"敦煌所出佛像有觀音巨幅，爲唐人工筆，曾在蔡京卿處"，則蔡金臺所得，除敦煌遺書外，還有巨幅觀音像。詳情如何，還有待發掘更多更具體的資料。

　　饒有趣味的是，安徽博物院藏《大般涅槃經》卷二十有一則方爾謙的題跋，敘述了他在盜竊甘肅解京敦煌遺書後的心境："余初獲此，近於竊取。既竊取矣，遂至販賣。既販賣矣，遂至割裂。余每見此種卷子，覺罪過無量，歡喜亦無量。"方爾謙見到敦煌遺書，對自己的所作所爲能有一點"罪過無量"的感受，也算良心未泯。他還説："十餘年來水火刀兵之厄，往往挾以俱走，爲之恐懼，有纍方寸。明知有有必有無，乃患得患失，並此區區莫能解脱，亦由吾於經卷但知竊取、販賣、割裂之，未嘗一日持誦校勘，而其中所以爲佛者，更絶無知焉，無怪恐懼多、歡喜少耳。"將他保存所竊敦煌遺書的一點微勞，視爲"莫能解脱"，可謂不知悔改。在這條題跋中，他還講述了他們互換有無以湊成全經的做法，即"販賣更易，取他氏所有補我所無"，他自誇有"《蓮華經》七卷一字不闕，《維摩經》三卷一字不闕，他小卷如《阿彌陀經》《藥師經》之屬完全者十數種"，對於我們瞭解敦煌遺書的流散史，也略有幫助。

　　又如，1917年京師圖書館發生過館員魏家驥盜竊敦煌遺書岡37號案，這個卷子有開元五年(717)題記，常用於接待參觀，因此盜竊事不久即被發現。現藏小小脈望館的《唐人寫經集錦》册頁，有沈曾植跋："丁巳六月……王甗持此册來，言是圖書館某君所綴緝，蓋自甘肅解館時竹頭木屑也。"丁巳便是1917年，那麼這個"圖書館某君"極有可能便是魏家驥了。以前我們只知道魏家驥盜竊了岡37號，由沈跋可知，他還盜走了一些殘片。

　　再如，僞卷辨析是敦煌文獻研究的重要課題，不過關於寫卷作僞的文字記載卻很少。

胡宗珩藏《大般若波羅蜜經》有馮國瑞跋:"晚近以來,西北發現古物甚多,聚沽窮搜,贗品充斥,往往輩來自東……敦煌石室寫經至易作偽,而偽造即出於敦煌,首尾完備,書有寫經人姓名,而紙質畫行,一望而知,然坊間書肆,不僅可惑碧眼客,士大夫且争購之。"這條題跋留下了 20 世紀前期敦煌存在偽造寫卷現象的記録。馮國瑞是甘肅本地學者,關注敦煌文獻,也收藏了一些卷子,他的觀察和記録應當是可信的。

其二,記録了很多敦煌西域文獻流轉遞藏的信息,是考察敦煌西域文獻流散史的可貴綫索。

榮新江教授指出:"王樹枏及其同時代的中國收藏家,大多喜歡在所藏寫經卷子前後裱紙上自題跋文或請人題寫,這些文字也是一筆文化遺産,對於我們來説,這類跋文常常有助於弄清寫本的來源,並由此判定寫本的真偽。"①榮新江教授討論早期流散敦煌遺書中的蘇子培舊藏,其主要依據便是中村 136《南華真經‧知北遊品第廿二》龔煦春跋②。今中國三峽博物館(重慶博物館)、四川博物院存有蘇子培舊藏,但似乎很難對應龔煦春跋中描述的各件,蘇子培舊藏的下落還有待繼續調查。

安徽人士的敦煌文獻收藏,見於北京保利國際拍賣有限公司 2011 年春季拍賣會的《大般涅槃經》卷二白冠西跋有概述:"先是,合肥人張廣建爲甘肅督軍,皖人投效者甚多。時值敦煌文物發現,跟隨張之皖人莫不收集珍藏,其最著者爲歙縣許承堯、合肥孫少吉、壽縣之時孟伯及陸家汎之吳氏等多人,敦煌文物流入安徽,濫觴於此。"許承堯藏卷較爲受人注意,余欣教授撰有專文③。而與之並稱的合肥孫少吉、壽縣時孟伯、肥東吳中英,其藏品較少爲人所知,近年偶爾見於拍賣市場。他們的藏品是早期在甘肅搜集的,應當有不少精品。

又如,中國國家圖書館藏 BD14881《維摩詰經》卷中鍾彤澐跋稱:"余積十年之力,得古寫經百餘卷,顔所居曰百經齋以誌幸也。"鍾彤澐是湖南寧鄉人,曾在甘肅任職。得敦煌遺書百卷,在私人收藏者中可以稱得上巨子了,然而我們卻幾乎不知道其收藏的詳情與下落,僅能從這一則題跋中略窺一斑。期待它們以後能逐漸出現在世人的面前。

其三,展現了不同時代國人對於敦煌西域文獻的不同認識及其轉變。

在衆多收藏家、賞鑒家眼裏,敦煌西域文獻是千餘年前的古董,他們在題跋中賞玩贊歎,有的甚至割裂裁切,分贈同好。日本書道博物館藏中村 132《抱朴子》殘卷有孔憲廷跋:"際唐親家考古精博,一見而是予言,因割此四十九行畀之。"孔憲廷從自藏長卷中,割裂前半截送給贊成其觀點的親家許承堯,自己留下帶題記的後半截,這部分目前下落不

①　榮新江:《日本書道博物館藏吐魯番敦煌文獻紀略》,《文獻》1996 年第 2 期,第 154 頁;又見榮新江:《海外敦煌吐魯番文獻知見録》,南昌:江西人民出版社,1996 年 6 月,第 179 頁。

②　榮新江:《敦煌學十八講》,北京:北京大學出版社,2001 年,第 67—68 頁。

③　余欣:《搜奇癖古入肝膈:許承堯舊藏敦煌文獻的調查與研究》,載余欣:《博望鳴沙——中古寫本研究與現代中國學術史之會通》,上海:上海古籍出版社,2012 年 6 月,第 81—123 頁。

明，令人惋惜。上海圖書館藏《六朝唐人寫經殘字》有方爾謙跋："余獲此二卷皆長丈餘，家弟尒咸割取十分之二三，咸又割二三之一貽公度。恃佛慈悲，四分五裂，豈非强盗遇見賊耶!"一而再、再而三地切割，連他們自己都覺得不妥。正如方廣錩教授所指出的，"通過這些題跋，可以考察我國文人對敦煌遺書以及藏經洞的基本心態，從而考察敦煌學在其初創期在我國滯後的深層原因"①。考察中國敦煌學發展初期所處的社會環境，並進而分析中國敦煌學發展初期的種種特點及其原因，題跋是直接且豐富的史料。

　　究心書法者，則珍視其爲古人墨蹟。清代後期以來，碑學盛行，很多題跋都以歷代碑刻與敦煌西域文獻比類齊觀。如湖北省博物館藏《大般涅槃經》康有爲跋謂："此寫經綿密佚麗，與刁遵筆意略同，當是北魏時佳手。"該館藏《華嚴經》卷二十九也有康有爲跋："此經筆意開龍藏寺、虞永興之先，亦有弔比干意，似是北齊人書，高妙甚矣。"康有爲的這些看法，是其《廣藝舟雙楫》鼓吹碑學的延伸。而北朝墨蹟與石刻的不同，又促使人們對魏碑產生了質疑，很多題跋都表達了對碑學的反思。啓功先生是這方面的代表，啓先生在自藏《唐人寫經殘本四種合裝卷》的題跋中説："晉唐法帖，轉折失於鉤摹;南北名碑，面目成於斧鑿。臨池之士，苟不甘爲棗石氈蠟所愚，則捨古人墨蹟，無從參究筆訣。"在另一件自藏《妙法蓮花經》的跋文中，啓先生表達得更明確："余生平所見唐人經卷，不可勝計。其顓頊名家碑版者更難指數。而墨蹟之筆鋒使轉，墨華絢爛處，俱碑版中所絶不可見者。乃知古人之書托石刻以傳者，皆形在神亡，迥非真面矣。"持論與之接近者尚多，如呼和浩特楊魯安藏珍館藏《大通方廣經》王襄跋謂："治書學之家，羅集碑版，求原石，重初搨，豈曰稀有貴哉? 爲其去墨蹟近，易見其真也。敦煌石室昔出寫經，六朝唐人之書大著藝林，變化万端，家法燦備，與墨守一家或盲二王流輩，示曰莊衢。生今之世，覩兹珍秘，勝讀名碑審矣。"張虹在題建衡二年(270)索紞寫《道德經》跋中也説："書道之演進，由碑版本見到篆隸和草楷演變之蹟，但是碑版本俱非古人手寫墨蹟的真面。"考察敦煌西域文獻書法，推動了書法界的思考，對近代書風的演進有不可忽視的意義。

　　學者寫下的題跋，則更多地關注文獻內容，他們或考證史事，或校勘文字，或討論學術問題。比如 BD14961《摩訶般若波羅蜜經》卷一有王國維跋，據題記中鄧元穆結銜"弱水府折衝都尉"，論唐代弱水府的設置。又如日本京都寧樂美術館藏《唐蒲昌府都督府官文殘牒册》伯希和跋，指出在該牒中能找到十二個新名稱，有助於唐代吐魯番地方歷史研究。再如題建衡二年(270)索紞寫《道德經》附有佟紹弼"寫在三國索紞寫本《道德經》殘卷後"一篇長文，從"王弼本傳刻誤而此本不誤""文字多與河上公本同，但河上本傳刻有誤，而此本不誤""諸本皆挩誤而此本不挩誤"三方面加以論證，"保證它是真的"。這篇文章的觀點是否正確，我們這裏不能詳加討論，而其所下的研究功夫，確是值得讚賞的。這樣的題跋，

<hr/>

　　① 方廣錩：《初創期的敦煌學——以收藏題跋爲中心》，載《方廣錩敦煌遺書散論》，上海：上海古籍出版社，2010 年 12 月，第 118 頁。

相當於一篇學術論文,它們並不見於學者們的全集或著述目録,更值得珍視。

敦煌遺書近人題跋的學術價值與資料價值是多方面的,以上所談的只是有關學術史、書法、文史考證等幾個方面。題跋中不乏文辭優美、意藴雋永,甚至富有哲思的散文或詩詞。題跋作爲文學作品,近年也有學者從事系統研究①,敦煌西域文獻的題跋,正是古代題跋文學的餘緒。很多題跋出自書家之手,書法各有可觀,蘭州白塔山的碑林,便特闢一廊,鐫刻敦煌遺書題跋。凡此種種,都是題跋引人入勝之處。本書專注於文獻資料,藝術等方面未能加以闡發,讀者諒之。

敦煌西域文獻研究者們,歷來注意近人題跋。此前發表各種散藏敦煌文獻的目録,均詳略不等地著録了近人題跋的信息,或校録了題跋的全部或部分文字。如國家圖書館善本組所編《敦煌劫餘録續編》,在有題跋的寫卷目録中著録了題跋的行數和題跋人,但未校録全文。2012年完成出版的《國家圖書館藏敦煌遺書》(146册),其《條記目録》校録了國圖館藏敦煌遺書的所有題跋。《浙藏敦煌文獻》等散藏敦煌文獻圖録所附的敘録,也校録了近人題跋的全文。榮新江教授在《海外敦煌吐魯番文獻知見録》及系列相關論文中,校録了不少題跋,並有更深入的討論。大量的敦煌學論著、論文中,也校録了一些近人題跋。

很多學者做過題跋的專題研究。方廣錩教授從賞玩贈售、書法鑒賞、書法斷代、考史考文、提供查尋綫索五個方面,綜論題跋的學術價值,並進而探討初創期敦煌學的種種問題②,頗具啓發意義。朱玉麒教授致力於王樹枏、段永恩等履新文人的研究,發表了一系列整理、研究履新文人敦煌西域文獻題跋的論文③,系統整理了王樹枏、段永恩的題跋,貢獻卓著。朱教授對段永恩生平的考證與研究④,考證精湛,闡幽發微,令人拍案叫絶。朱鳳玉教授也頗爲關注敦煌遺書題跋,發表了多篇論文⑤,既有專人題跋研究,也有綜合性

---

① 王曉驪:《中國古代題跋文學研究》,北京:北京大學出版社,2020年12月。

② 方廣錩著,齊藤隆信訳:《收藏題跋から見た草創期の敦煌学》,載《草創期の敦煌学》,東京:知泉書館,2002年12月;方廣錩:《初創期的敦煌學——以收藏題跋爲中心》,載《方廣錩敦煌遺書散論》,上海:上海古籍出版社,2010年12月。

③ 朱玉麒:《王樹枏與敦煌文獻的收藏和研究》,載《敦煌文獻·考古·藝術綜合研究——紀念向達先生誕辰110周年國際學術研討會論文集》,北京:中華書局,2011年12月;《王樹枏吐魯番文書題跋箋釋》,《吐魯番學研究》2012年第2期;《王樹枏的西域胡語文書題跋》,載李肖主編《語言背後的歷史——西域古典語言學高峰論壇論文集》,上海:上海古籍出版社,2012年9月;《王樹枏與西域文書的收藏和研究》,載《國學的傳承與創新:馮其庸先生從事教學與科研六十周年慶賀學術文集》,上海:上海古籍出版社,2013年4月;《段永恩與吐魯番文獻的收藏和研究》,《2013敦煌、吐魯番國際學術研討會論文集》,臺南:成功大學中國文學系,2014年12月。以上諸文均收入朱玉麒《瀚海零縑——西域文獻研究一集》,北京:中華書局,2019年10月。

④ 朱玉麒:《段永恩生平考略》,《敦煌吐魯番研究》第14卷,上海:上海古籍出版社,2015年3月;收入朱玉麒《瀚海零縑——西域文獻研究一集》,北京:中華書局,2019年10月,第514—544頁。

⑤ 朱鳳玉:《散藏敦煌遺書所見題跋輯録與研究——以許承堯舊藏題跋爲例》,載高田時雄主編《敦煌寫本研究年報》第十號第一分册,京都大學人文科學研究所中國中世寫本研究班,2016年3月;《陳閬舊藏敦煌文獻題跋輯録與研究》,《敦煌研究》2017年第1期;《臺灣地區散藏敦煌文獻題跋輯録與研究》,《敦煌學輯刊》2018年第2期。

的整理與探討。余欣教授則就許承堯題跋撰寫過專論①。美國學者鄭智明（Justin M. Jacobs）也撰有討論題跋的論文②。

　　綜觀前此的研究，撰寫題跋最多的王樹枏、陳閬、許承堯、段永恩等，都已經有了系統詳密的整理與專題研究。不過，還有不少零散的題跋，沒有得到系統的整理，而它們也自有其不容忽視的資料價值與學術價值。有鑒於此，我們在前輩學者、圖書館界同人長期工作的基礎上，輯録目前能看到的所有散藏敦煌西域文獻的題跋，必要時加以箋證，以期爲推進這一領域的研究，提供比較完備的資料。

　　題跋的系統整理與研究，在綜合論述之外，可以採用兩種不同的角度進行。一是以題跋人爲綱，對某一作者的題跋進行專題整理研究。這種角度有利於瞭解某一個體與敦煌西域文獻的種種交集，前述朱玉麒、朱鳳玉、余欣教授的系列論文，是此類研究的典範之作。二是以文獻爲綱，逐一輯録附麗於各件文獻的題跋。某一文獻的多則題跋之間，往往有前後呼應關係，這種角度不僅有利於瞭解題跋與文獻之間、各則題跋之間的關聯，也有利於對單件文獻的流轉過程及相關問題的探討。這兩種整理角度各有千秋，一定程度上講有互補性。本書採用第二種角度，即以文獻爲中心開展整理工作，同時編輯人名索引，爲專人研究提供綫索。

　　本書盡可能地利用了已出版的各種文獻整理成果，主要有以下幾個方面：

　　一、敦煌西域文獻圖録。例如《國家圖書館藏敦煌遺書》（北京：國家圖書館出版社，2005—2012 年）、《浙藏敦煌文獻》（杭州：浙江教育出版社，2000 年）、《甘肅藏敦煌文獻》（蘭州：甘肅人民出版社，1999 年）、《北京大學圖書館藏敦煌文獻》（上海：上海古籍出版社，1995）等，這些圖録所附的敘録中都有題跋的録文，本書直接利用了這些已有的成果。當然，我們也對照圖版進行了校核，改正了一些疏誤，如中國國家圖書館藏 BD14514《大般涅槃經》卷第二十五，引首有題識二則，《國家圖書館藏敦煌遺書》第 128 册《條記目録》誤録落款爲"費忱"，誤識印章爲"吳乃深印"；我們辨識出落款爲"費忱"，印章爲"吳乃琛印"，從而爲探尋其遞藏軌跡提供了確證。

　　二、敦煌西域文獻目録。例如《敦煌劫餘録續編》（北京圖書館善本部善本組編印，1981 年）、王三慶《日本天理大學天理圖書館典藏之敦煌寫經》（載《第二屆敦煌學國際研討會論文集》，臺北漢學研究中心，1991 年）、王三慶《日本所見敦煌寫卷目録提要》（載《敦煌學》第 15 期）、楊銘《重慶市博物館藏敦煌吐魯番寫經題録》（載《敦煌吐魯番研究》第 6 卷，北京：北京大學出版社，2002 年 8 月）等。

---

　　①　余欣：《搜奇癖古入肝膈：許承堯舊藏敦煌文獻的調查與研究》，載余欣：《博望鳴沙——中古寫本研究與現代中國學術史之會通》，上海：上海古籍出版社，2012 年 6 月。

　　②　Justin M. Jacobs. "An Analysis of Modern Chinese Colophons on the Dunhuang Manuscripts". *THE SILK ROAD*，Volume 17(2019)：pp.74 - 89. 此文承朱玉麒教授惠示。

三、網絡數據庫。總括性的有國際敦煌項目（IDP）數據庫，某些散藏文獻，如普林斯頓大學美術館所藏索紞寫本《道德經》，即通過 IDP 網站發佈了清晰的圖像，可資利用。很多機構都建立了自己的數字圖書館，刊佈所藏敦煌西域文獻圖版，如“中研院”史語所傅斯年圖書館、日本國會圖書館、舊金山亞洲藝術博物館等。

四、已有的校録、整理與研究論著，如黃征教授與張崇依合著的《浙藏敦煌文獻校録整理》（上海古籍出版社，2012 年 6 月），以及朱玉麒、朱鳳玉教授的系列論文等。

五、拍賣圖録。有些見於拍賣會的敦煌文獻，尤其是早年拍賣的，我們無緣寓目，只能通過拍賣公司的圖録或網站，根據圖片進行校録。有的圖録或網站圖片質量不夠理想，少量文字不能辨識，留下了一些遺憾。

六、博客與網絡信息。有的藏家，比如小小脈望館林霄先生，將自己的藏品的圖像置於博客，提供了難得的資料。有的博物館展出所藏敦煌西域文獻，我們沒有機會前去參觀，幸運的是有觀衆在網絡上發佈了參觀時拍攝的照片，使這些資料得以利用。

當然，我們也大量利用了相關的工具書，如《中國近現代人名大辭典》《民國人物大辭典》等，它們對於考究史事、探尋遞藏軌跡，頗有幫助。

經過一段時間的努力，我們輯得了 424 位作者（佚名不計）題寫在 418 件文獻上的跋文 1134 則（存目不計），基本上匯總了目前所知的近人所撰敦煌西域文獻題跋識語。此外有少量題跋僅知道信息，沒有録文或圖版發表，也無從調閲，或者有圖版發表但不夠清晰，無法録出文字，只好列作存目，計有 16 則。兩者相加，計得 1150 則。

本書的收録範圍是題寫於原卷或引首、拖尾的題跋識語，也包括少量題寫在盒蓋或册頁上的題識。文字較長、内容較豐富的跋文，寥寥數字的識語，以及觀款，一律視爲題跋，不再細分。僅有題簽或外題者，則不再收録。不過這類題簽也有不少有意思、有價值的材料。如德國巴伐利亞州立圖書館藏 Cod. sin. 4《金剛般若波羅蜜經》王瓘題簽：“光緒貳拾伍年敦煌千佛洞坍出唐時寫經。”[1]據榮新江教授介紹，此卷有咸亨四年（673）題記，爲典型的宮廷寫經。原爲端方舊藏，題記所稱 1899 年出土於敦煌，與端方舊藏觀音菩薩像王瓘題識説法相同，榮新江教授因此推測此件亦爲嚴金清寄贈端方者；羅振玉 1909 年借觀，撰有《唐館本金剛經跋》（收入《永豐鄉人甲稿》）；後歸德國漢學家福克司（Walter Fuchs，1902—1979），1955 年入藏巴伐利亞州立圖書館。題簽未署名，榮教授研究認爲當爲王瓘所書，所述敦煌千佛洞光緒二十五年（1899）坍出唐時寫經，爲蘭州一帶的傳聞，並非實情[2]。又如啓功先生所書多則題簽，包含了對寫卷年代的判斷，都極富參考價值。

本書所做的輯録整理工作，主要包括以下幾個方面：

---

① 　圖版見巴伐利亞州立圖書館東亞數字資源庫：https://ostasien. digitale-sammlungen. de/view/bsb00078543/1?localeUrl＝％2Fview％2Fbsb00078543％3Flocale％3D.

② 　榮新江：《海外敦煌吐魯番文獻知見録》，南昌：江西人民出版社，1996 年 6 月，第 107—108 頁。

　　首先，搜集題跋相關的各種資料，包括寫卷的情況與著錄、錄文、圖版、研究著作。關於敦煌西域文獻本身，亦即題跋對象的情況，如殘損、紙數、卷長、首尾題、題記、題籤、鈐印、遞藏等，在"概述"一欄略加介紹，以輔助題跋的闡釋和理解。對每則題跋的著錄、錄文、圖版與研究論著，逐一分欄列出，以便有興趣的讀者作進一步研究時參考。

　　其次，校錄或覆核題跋錄文。對於已進行過整理研究的題跋，本書盡可能地利用此前學者們的錄文，同時在原有基礎上加以覆核，核校內容包括文字、標點、鈐印等。本書努力彌補此前錄文的不足，力圖提供一份更準確、更完善的錄文；但對於前此錄文的疏誤，除非確有必要，一般不再一一指出。本書使用通行繁體字；結構與通用字形有明顯差異的異體字，如"燉煌"之"燉"字等，一般保留原字形。錄文中的缺字或無法辨識的字，用"□"代替。印章中的花押，以"○"代替。年代、時日均在錄文中括注。

　　其三，對題跋涉及的某些問題加以箋釋，注釋對象主要是人物、文獻、事件、典故。人物生平本於衆多工具書和人物研究文章，基本資料之外，力圖避免過於繁瑣地羅列履歷，而重點介紹其與敦煌西域文獻、與相關人物發生交集的經歷。人物一般在本書中第一次出現時作較詳細的介紹，此後出現時不再重複，僅在出現字號時注出其人名，以便查檢。人人熟知的人物，如康有爲、梁啓超、羅振玉、王國維、伯希和、斯坦因等，不出注；其他不一定熟悉的人物，則介紹略詳。事件主要介紹與敦煌學史相關者，必要時對某些事件加以比較詳細的辨析；其他事件一般不作注釋。詞義、語義，一般不作解説。

　　希望通過這些工作，讓讀者能比較方便地查檢、閱讀敦煌西域文獻題跋。

　　經過多年的努力，本書終於成稿，不過仍然留下了不少遺憾。一是資料收集有所缺失。帶有近人題跋的敦煌西域文獻分藏在中國、日本、美國、英國等國家的多個圖書館、博物館、研究機構和私人藏家之手，有的機構僅有簡單的目錄行世，或僅有簡單的信息透露，儘管筆者多方設法，仍然未能獲得所有題跋的完整資料，有的沒能逐錄題跋全文而僅能列作存目，有的沒能核對圖版或原件因而錄文很可能有錯字。有的機構正在組織整理所藏敦煌西域文獻，更多的信息也即將披露，這些新資料無疑將能彌補本書的缺失。比如2021年南京大學舉辦的"册府千華·南雍擷珍——南京大學古籍菁華展暨中國古代套色版畫特展"，展出該校博物館所藏兩件朱書《大方便佛報恩經》，據介紹有段祺瑞、鄭孝胥等人題跋。二是文獻整理難免疏誤。近人題跋往往以行書或草書撰寫，少數用的是篆書，不少是文辭古奧之作，文字、印章的辨識，難免有些錯誤。三是箋釋不夠完善精當。有的人物、事件、典故，沒能查明注出，留下空白。以上幾個方面，未來仍須進行大量的工作，期盼專家學者們的批評指正。希望再經過若干年的積累，這些缺憾能得到彌補。

編　　例

　　一、本書輯録散藏於世界各收藏機構與私人藏家之手的敦煌西域文獻、藝術品及其影本的題跋,僅有引首題簽者不録。

　　二、所收題跋以附著於原卷者爲限,以"跋"爲題的論文不在收録之列。

　　三、正文分四編:敦煌文獻題跋、西域文獻題跋、敦煌西域藝術品題跋、敦煌西域文獻影本題跋。

　　四、非敦煌西域所出而誤以爲敦煌西域文獻者的題跋,列入附録一;僞卷、疑僞寫卷的題跋,列入附録二;附於寫卷的僞跋,列入附録三;附於僞卷的僞造題跋,列入附録四。

　　五、條目以文獻收藏地排序,大體上先中國後韓日、歐美,國内各機構則由北至南、由東向西,私人收藏置於公藏機構之後,見於拍賣會者以面市時間爲序。

　　六、所收各條,酌爲擬題,包括卷號、文獻名、題跋者人名等信息。

　　七、每條分列六項,分別爲:

　　【概述】簡述所跋敦煌西域文獻或影本的題名、内容、完缺、長度、紙數行數、題記及修整裝裱情況等,側重於物理特性的介紹;題簽、卷首題字、藏家鈐印在此著録。

　　【校録箋證】校録題跋全文及鈐印,並就題跋中涉及的人物、事件、文獻、典故等略加箋證。

　　【著録】列出載有該條題跋信息的文獻目録或研究論著。

　　【録文】列出校録該條題跋文字的著作或論文。

　　【圖版】列出載有該條題跋圖像的圖録、著作、論文或網站。

　　【研究】列出對該條題跋進行專題研究的論文;"研究"往往包括題跋的完整或部分録文,凡入此條者不再重複列出"著録""録文"項。

　　以上六項,並非每條均具備,各視具體情形定其去取。

　　八、"著録""録文""圖版""研究"四項中的書刊採用縮略語,完整信息見書後所附"主要參考文獻",網絡資源則列出網址;"概述"與"校録箋證"中引用的資料,列於書後所附"徵引論著要目",隨文列出完整出版信息。

　　九、書後附人名索引。

甲編　敦煌文獻題跋

1. 中國國家圖書館藏 BD14514《大般涅槃經》卷二十五吳乃琛跋

【概述】

　　此卷首尾均殘,存 4 紙,長 156 釐米。卷首鈐有"歙許芑父阼隴所得"朱文長方印、"悔庵"白文方印。原爲許承堯舊藏,後爲吳乃琛所得,又轉贈何寶善。

　　引首有吳乃琛跋二則。

【校錄箋證】

(一)吳乃琛跋一

　　唐人寫經四節。

　　此硬黃紙寫經四節,書法韶秀,古趣盎然,不可多得之品也。(鈐"賁忱"朱文方印)

(二)吳乃琛跋二

　　丙戌(1946)初冬持贈楚侯道兄[1]。賁忱[2]。(鈐"吳乃琛印"白文方印)

　　[1]何寶善(1896—1979),字楚侯,江蘇淮安人。畢業於南京法政學堂。曾任江北慈幼院院長,1930 年創辦淮安私立集一圖書館。1934 年任職於北平大陸銀行,開始書畫收藏,抗戰期間在北平開設真賞齋文玩店。1957 年真賞齋歸入西單商場特藝組。所藏文物字畫捐贈國家,藏於故宮博物院等機構。

　　[2]吳乃琛(1882—1953),字賁忱,浙江崇德(今屬桐鄉)人。光緒二十九年(1903)舉人。留學美國,獲經濟學博士學位,回國授法政科進士。清末歷任幣製局會辦、郵傳部法律編輯員、京師大學堂商科學長。民國初年任北京大學監督、中國銀行副總裁、財政部泉幣司司長、賦稅司司長等職。著有《貨幣學》《銀行統計學》等。

【錄文】

　　中國國家圖書館 2010A,《條記目錄》第 14 頁。

【圖版】

　　中國國家圖書館 2010A,第 362 頁。

【研究】

　　方廣錩 2002B,第 181 頁;方廣錩 2010,第 120 頁。余欣 2005,第 178 頁;余欣 2012,

第 118—119 頁。朱鳳玉 2016，第 21—33 頁。

2. 中國國家圖書館藏 BD14525《妙法蓮華經》卷六莊藴寬跋

【概述】

此卷首脱尾全，存 17 紙，459 行，長 822.2 釐米。首行爲品題“妙法蓮華經常不輕菩薩品第二十”，有尾題“妙法蓮華經卷第六”。引首外題簽“敦煌寫經”。拖尾有莊藴寬題跋一則。

【校録箋證】

右爲唐人寫《法華經》第六卷，一、常不輕菩薩品，二、如來神力品，三、囑累品，四、藥王菩薩本事品。前逡完整，洵希有之作。馨航先生方盡力國事[1]，負度脱衆生之願，如寒者與火，裸者與衣，可造功德，千佛共説所不能盡。敢援經説，以伸誦誠。世變支離，娑婆易惑，而於今日爲甚。果有信向，魔軍故不難卻爾。馨航過庭聞訓，復多善友，倘不以不慧之説爲繆乎。辛酉(1921)中秋上浣，武進莊藴寬合十謹題[2]。(鈐“莊藴寬印”白文方印、“思緘長壽”朱文方印)

[1] 潘復(1883—1936)，字馨航，山東濟寧人。清末舉人。民國初年任江蘇都督府秘書、山東實業司司長、全國水利局副總裁、運河疏浚局總裁、財政部次長。1921 年 6 月以財政部次長代理部務，12 月辭職。1926 年起歷任河道督辦、署財政部總長、張作霖軍政府內閣總理兼交通部總長。“東北易幟”後寓居天津。

[2] 莊藴寬(1866—1932)，字思緘，號抱閎、無礙居士，江蘇常州人。清末歷任廣西百色廳同知、平南知縣、桂林兵備道總辦、梧州知府、上海商船學堂監督。1912 年 1 月代理江蘇都督。1914 年任平政院肅政廳都肅政史，次年任審計院院長。1925 年 9 月任故宮博物院董事。1929 年任江蘇省修志局局長。

【録文】

中國國家圖書館 2010B，《條記目録》第 4 頁。

【圖版】

中國國家圖書館 2010B，第 27 頁。

【研究】

方廣錩 2002B，第 180—181 頁；方廣錩 2010，第 119—120 頁。

3. 中國國家圖書館藏 BD14528《大方廣佛華嚴經》卷三十二陳誾跋

【概述】

此卷首脱尾全，存 23 紙，517 行，長 847.1 釐米。有尾題“大方廣佛華嚴經卷第卅二”。引首外題：“隋寫《大方廣佛華嚴經》。陳誾永寶。”下鈐“陳誾之印”白文方印。引首有陳誾題跋二則，拖尾有陳誾題跋一則。

【校錄箋證】

(一)引首陳閎跋一

六朝煙雲。

藏經白紙多屬晉魏人書，彼時尚未知以黃蘗染紙也。此卷書法近隋，仍當斷爲北魏人書。陳閎并識[1]。（鈐"陳閎"朱文方印）

[1] 陳閎(1883—1952)，字季侃，浙江諸暨人。光緒二十八年(1902)舉人，任京師大學堂教習。1917年任甘肅蘭山道尹，1920年護理甘肅省省長，1921年10月辭職返鄉。1925年任孫傳芳五省聯軍總司令部秘書長。抗戰期間避居鄉里。抗戰勝利後任浙江省參議會參議員、浙江省通志館編纂。1950年任浙江省文史研究館館員。

(二)引首陳閎跋二

燉煌石室藏經記[1]

清光緒庚子(1900)，甘肅燉煌縣沙磧中發見石室，室有碑記，封閟於宋太祖太平興國初元[2]，距今千餘歲。以所藏歷代寫經考之，最古者近二千年。所藏上自西晉，下迄朱梁，紙書絹畫，袈裟彝器，粲然備具。唐寫佛經爲獨多，晉魏六朝稍希有矣。紙皆成卷，束以絹帶，完好如新，誠天壤間瓌寶也。吾國官民不知愛惜。丁未(1907)歲，法國文學博士伯希和自新疆馳詣石室，賄守藏道士，檢去精品數巨篋。英人日人繼之，咸大獲而歸。余度隴時，購求唐人精寫者，已極難得。而著有年代及晉魏人書，則非以巨價求之巨室不可得也。蘇子瞻云："紙壽一千年。"[3]今已突破先例。蓋燉煌流沙堆積如阜，高燥逾恒。苟石室永閟，再更千百年，猶當完好。一入人手，則百十年間可淪夷以盡。證之今日，藏經已希如星鳳，其後可知。猶憶在隴時朋輩與余競購者，所藏皆已散亡。余亦何能永保？但求愛護有人，千百年珍物不致損毀吾人之手，吾願已畢。風雨如晦，雞鳴不已。得者寶諸。癸未(1943)春月，前護隴使者諸暨陳季侃。（鈐"陳閎"朱文方印）

[1] 陳閎"燉煌石室藏經記"見於多卷，文字略有差異，本書分別錄出。

[2] 此處有誤，太平興國爲宋太宗趙光義年號(976—984)。

[3] 檢明刻本《蘇文忠公全集》、張志烈等主編《蘇軾全集校注》(石家莊：河北人民出版社，2010年)，未見此語。宋洪咨夔《平齋文集》卷十《題西岳降獵圖》有句云："絹壽止五百年，紙壽千年。"

(三)拖尾陳閎跋

結廬在人境，而無車馬喧。問君何能爾？心遠意自偏。采菊東籬下，悠然見南山。山氣日夕佳，飛鳥相與還。此還有真意，欲辯已忘言。

日暮天無雲，春風扇微和。佳人美清夜，達曙酣且歌。歌竟長太息，持此感人多。明明雲間月，灼灼葉中華。豈無一時好，不久當如何。

甲申(1944)避難尚店，僅以佛經小篋自隨，筆硯無存。客居無聊，因借禿筆，求膡紙，寫此自遣。（鈐"陳閎"朱文方印）

【著録】

　　北京圖書館善本組 1981,第 3 頁。

【録文】

　　中國國家圖書館 2010B,《條記目録》第 5 頁。

【圖版】

　　李際寧 2000,第 8 頁。中國國家圖書館 2010B,第 46—60 頁。

　　國際敦煌項目(IDP)網站: http://idp.nlc.cn

【研究】

　　方廣錩 2002B,第 195 頁;方廣錩 2010,第 131 頁。余欣 2012,第 151—152 頁。朱鳳
玉 2017,第 74—86 頁。

4. 中國國家圖書館藏 BD14560《大菩薩藏經》卷三陳闓跋

【概述】

　　此卷首脱尾全,存 20 紙,544 行,長 946.5 釐米。卷末有尾題"大菩薩藏經卷第三",後
有玄奘譯場列位及貞觀廿二年(648)八月一日蘇士方發願文。

　　卷尾鈐"陳闓度隴所得"朱文方印。引首外題簽:"唐貞觀款《大菩薩藏經》。許敬宗監
閲。異品。無上。"鈐"闓"朱文方印。引首有陳闓題跋二則,拖尾有陳闓題跋一則。

【校録箋證】

(一)引首陳闓跋一

　　貞觀新譯。

　　卷尾有貞觀廿二年(648)八月一日蘇士方寫造題記,上方有慈恩寺沙門玄奘譯名、許
敬宗監閲及弘福各寺沙門聯署,蓋係玄奘奉敕翻譯正本,而此從正本中轉寫流傳,實爲希
見珍品。(鈐"陳闓"朱文方印)

(二)引首陳闓跋二

　　燉煌石室藏經記

　　清光緒庚子(1900),甘肅燉煌縣莫高窟沙磧中發見石室。室有碑記,封閟於宋太祖太
平興國初元,距今千餘歲。以藏經紀年考之,且近二千年。所藏上起西晉,下迄後梁,紙書
帛畫,羅列備具。唐人寫經爲最多,晉魏六朝轉更希有矣。紙皆成卷,束以絹帶,完好如
新,誠天壤間瓌寶也。吾國官民不甚愛惜。丁未(1907)歲,法國文學博士伯希和聞之,自
新疆馳詣石室,賄守藏道士,檢去精品數巨篋。英人日人繼之,咸大獲而歸。迨端陶齋赴
歐考察憲政,見於倫敦博物院[1],詗知其故,歸而訪求,則石室已空,僅於處士家搜得佛經
三千卷,貯藏北平圖書館,今不知尚存否。余度隴之歲,購求唐寫精品,已不易致。而著有
年代及六朝人書,則非以巨賈求之巨室不可得也。昔蘇子瞻云:"紙壽一千年。"今兹發見,

突破先例。蓋燉煌戈壁積沙如阜，高燥逾恒。苟石室永閟，雖再經千年，猶當完好。一入人手，則百十年内可淪胥以盡。證之今日，藏經已如星鳳，此後可知。猶憶在隴朋輩與余競購者，訪聞所得，多半散亡。余亦何能永保？但念千古珍墨，閟藏無恙，後之人應如何愛護，毋俾毁損自我。風雨如晦，亂靡有已，其能免兹浩劫否耶。甲申天中節（1944.6.25），前護隴使者陳季侃。（鈐"陳閻"朱文方印）

卷後并附有題跋。

[1] 端陶齋，指端方（1861—1911），字午橋，號陶齋，滿洲正白旗人。光緒八年（1882）舉人，歷任直隸霸昌道、農工商總局督辦、陝西按察使、河南布政使、湖北巡撫、署湖廣總督、署兩江總督、湖南巡撫、直隸總督。宣統三年（1911）任川漢粤漢鐵路督辦大臣，將川漢鐵路收歸國有，激起保路運動，爲嘩變新軍所殺。按，此跋所述不確。端方、戴鴻慈於光緒三十一年（1905）十二月率團訪日、美、英、法、德、丹麥、瑞典、挪威、奧地利、俄十國考察憲政，次年八月回國，其時斯坦因、伯希和尚未攫得敦煌遺書，端方不可能"見於倫敦博物院"，所謂"歸而訪求"，更屬無中生有。

（三）拖尾陳閻跋

大菩薩藏經題跋。

余藏有唐開成四年（839）侍御史劉軻所撰玄奘師塔銘，敘述玄奘事蹟甚詳。求經西域出於玄奘自動，並遭涼州大都督李大亮禁阻。偷渡瓠蘆河，出流沙，至伊吾，歷廿四國，備嘗艱險，最後至印度，見戒日王。王甚威武，問曰："聞支那國有《秦王破陣樂》，秦王何人也？"玄奘盛談太宗功德，王傾聽肅然，因盡禮資送。達于闐國，乞高昌胡商附表奏聞。太宗侈其事，特敕西京留守房玄齡盛具儀衛，迎至洛陽。見於儀鸞殿，備陳所歷。太宗大悦，敕於弘福寺翻譯梵文，御製《聖教序》以張其事。蓋玄奘自動出國，適爲太宗宣傳威德，太宗嘉其誇揚盛美，故盡極禮敬，以示國人，本意與佛無關，而適以造成佛教西來輝煌盛典，則玄奘法師之美也。貞觀廿二年（648）六月，皇太子宣請法師爲慈恩寺上座，更造翻經院，於是由弘福遷于慈恩，完成功德。此經即於是年八月一日寫造，正如初寫《黄庭》，想當紙貴洛陽矣。余特據塔銘以爲考證，則卷尾紀年及玄奘之爲慈恩寺沙門若合符節，豈非經典珍聞。而是經與銘適均入余手，爲尤可異也。甲申端陽後一日（1944.6.26），越州陳季侃。

【著録】

北京圖書館善本組 1981，第 59 頁。

【録文】

中國國家圖書館 2010B，《條記目録》第 14—15 頁。

【圖版】

中國國家圖書館 2010B，第 305—322 頁。

國際敦煌項目（IDP）網站：http://idp.nlc.cn

【研究】

朱鳳玉 2017，第 74—86 頁。

5. 中國國家圖書館藏 BD14568《諸經要集》卷九黃賓虹、章松齡、王禔、唐源鄈跋

【概述】

此卷首殘尾全,存 9 紙,長 605.5 釐米。正面抄《諸經要集》卷九,尾題後有題記:"寶應二年(763)五月一日弟子建康軍營田判官果毅都尉侯彦珣自書寫訖。"背面抄《天親彰疑會理教》。卷前鈐"硯雲山館"朱文方印。

引首外題簽:"敦煌石室唐人侯彦珣寫經。辛卯(1951)春日八十八叟黃賓虹。"下鈐"黃賓虹"朱文方印。引首前有捺印佛像三枚,鈐"唐醉石手拓金石文字"朱文方印;後題"鳴沙石室古遺經",並有黃賓虹跋一則。隨後接裱"鳴沙石室圖",圖右上題名:"鳴沙石室圖。庚寅(1950)冬月石園居士。"下鈐"張克和印"白文方印、"石園"朱文方印。張克和(1898—1960),字祥庚、藹如,號石園居士、麻石翁,江蘇武進人。書畫家。1949 年後爲上海中國畫院畫師、上海市文史館館員。

"鳴沙石室圖"後有章松齡跋。拖尾有章松齡跋及姚虞琴等觀款二則。

【校録箋證】

(一)引首黃賓虹跋

鳴沙石室古遺經。

唐寶應二年(763)五月一日建康軍營田利官果毅都尉侯彦珣寫《諸經要集》卷第九[1],背坿《大親彰疑會理教》一卷[2]。越一千一百八十七年,庚寅(1950)冬日,古歙黃賓虹題[3],時年八十又七。(鈐"黃賓虹"白文方印)

[1] 利官,當作"判官"。此處係黃賓虹誤録。

[2] 大親,當作"天親"。

[3] 黃賓虹(1865—1955),初名懋質,字樸存,號賓虹。安徽歙縣人,生於浙江金華。善畫,尤擅山水,亦工書。清末民初在滬任職於神州國光社、商務印書館、有正書局,1930 年任中國藝術專科學校校長。1937 年任教於北平藝專。1948 年任杭州西湖藝專教授。1954 年當選華東美協副主席。

(二)引首章松齡跋

鳴沙山踞敦煌縣東南,其地亢燥,風沙擊石作聲,故名。麓有三界寺,寺右石室曰莫高窟,造象壁畫,繁飾繽紛。清光緒二十六年(1900),有王道士掃除瓦礫,發見複壁,内藏唐人寫經及碑版、書籍、圖畫、繡品甚多。蓋敦煌縣居隴右西垂,自古與酒泉爲通西域孔道。叢林蘭若,釋教昌明。此則宋初遭西夏兵革之亂,集寺中圖書閟藏于此者也。光緒三十三年(1907),英人斯坦因、法人伯希和先後要盜載數千卷而去,餘均散佚民間。近人所輯有《敦煌遺書》《鳴沙石室古佚書》,唯據法人伯希和所得本景印行世而已。佛滅度後二千八百九十九年,餘杭章松齡勁字記略[1]。(砂)(前鈐"日有憙"白文圓印,後鈐"章松齡印"

白文方印、"勁宇"朱文方印）

[1] 章松齡（1916—1974），字勁宇，齋號霜蓋盒、松蘅室，浙江杭州人。章太炎堂弟，丁輔之内侄。南社社員，西泠印社社員。畢業於無錫國學專修學校。與黄賓虹爲忘年交。曾任浙江省政府參議，1955 年聘爲浙江省文史研究館館員。精鑒賞，富收藏。

（三）拖尾章松齡跋

右爲唐寶應二年（763）建康軍營田判官果毅都尉侯彦珣寫西明寺沙門釋道集《諸經要集》卷第九，出自敦煌鳴沙山石室。考寶應二年即唐代宗廣德元年也，是年李懷仙殺史朝義，吐蕃入寇，郭子儀擊卻之。七月改元廣德，五月一日當書寶應二年。如《唐書·肅宗本紀》書"寶應二年三月庚午葬於建陵"，亦其例也。建康軍屬河西節度使，在涼州西百二里。管兵五千三百人，馬五百匹。營田、果毅，軍中文武職官，一掌屯田事，一爲別將之稱。武德中，采隋折衝果毅郎將之名，改統軍爲折衝都尉，別將爲果毅都尉，置左右果毅都尉各一人，皆統府兵之官也。是卷舊藏李盛鐸家，其婿施子肩作緣歸余，則爲疾得。余丁丑（1937）違東夷之難，入無錫雪浪山爲沙門。客塵未淨，重墮紅灰，受持此經，曇因又見。爰説偈曰：

寶應寶應，寶應我生；

我生應寶，應寶我生。

後一千一百八十七年庚寅（1950）禹航章松齡勁宇父沐手題記。（前鈐"餘杭章勁宇所得"朱文長方印，"霜蓋盒"白文方印，後鈐"餘杭章勁宇印"白文方印、"松蘅室"白文方印、"汗淋學士"白文方印）

（四）拖尾王禔跋

歲次上章攝提格（1950）嘉平之月姚虞琴[1]、李無庸[2]、王福厂同觀[3]。（鈐"福厂七十後所書"白文方印）

[1] 姚虞琴（1861—1961），名景瀛，字漁吟，浙江杭州人。寓居上海。上海中國畫院畫師、上海市文史館館員。擅畫蘭竹，能詩文。著有《珍帚齋詩稿》等。

[2] 李無庸，書法家，生平待考。

[3] 王禔（1880—1960），原名壽祺，字維季，號福庵、羅刹江民等，浙江杭州人。王同伯之子。民國初年任印鑄局技正。後定居上海。1949 年後爲上海中國畫院畫師。工書法、篆刻，西泠印社創始人之一。著有《麋硯齋印存》《説文部首檢異》《麋硯齋作篆通假》等，輯有《福庵藏印》。

（五）拖尾唐源鄴跋

歲在庚寅長至（1950.6.22）徐森玉[1]、沈尹默[2]、唐醉石同觀[3]。（鈐"源鄴"朱文長方印）

[1] 徐鴻寶（1881—1971），字森玉，浙江吳興（今湖州）人。畢業於山西大學堂化學科。受該校監督寶熙賞識，精文物鑒定。清末民國歷任奉天測圖局局長、教育部僉事、京師圖書館主任、故宮博物院古物館館長、北平圖書館善本部主任。1949 年後任上海市文物保管委員會主任、上海博物館館長。著有《無機化學》《徐森玉文集》等。

　　[2] 沈尹默(1883—1971)，原名君默，號秋明，浙江吳興(今湖州)人。留學日本京都大學。先後任教於浙江吳興中學、浙江高等學堂、北京大學、燕京大學、中法大學、北平大學等校。1918 年任《新青年》編委。1939 年任國民政府監察院監察委員。1949 年後任中央文史館副館長。工書。著有《秋明集》《沈尹默論書叢稿》等。

　　[3] 唐源鄴(1886—1969)，字李侯，號醉龍、醉石山農，湖南長沙人。民國期間曾任印鑄局技正。1949 年後任湖北文物管理委員會主任、湖北文史館副館長、中國美術家協會湖北分會副主席、湖北省文物鑒定委員會副委員長。工書法，漢隸尤精。西泠印社創始人之一。創建東湖印社。著有《醉石山農印稿》《治印淺説》等。

【録文】

　　中國國家圖書館 2010B，《條記目録》第 17—18 頁。

【圖版】

　　中國國家圖書館 2010B，第 364—389 頁。

　　國際敦煌項目(IDP)網站：http://idp.nlc.cn

【研究】

　　方廣錩 2002B，第 196 頁；方廣錩 2010，第 131—132 頁。

6. 中國國家圖書館藏 BD14633《老子道德經》勞健跋

【概述】

　　此卷首尾均殘，存 6 紙，157 行，長 259.2 釐米。此件係趙鈁捐贈北京圖書館，卷末鈐有“趙鈁珍藏”白文方印。

　　引首有勞健跋文二則。跋文之後，摹録殘文九行，兹不贅録。

【校録箋證】

(一) 勞健跋一

　　德化劉氏藏唐人寫《道德經》白本殘卷[1]，往年屢求一觀，未得間。今展轉歸元方兄[2]，攜以相示，乃償宿願。欣然開卷，詳校一過，知上虞羅氏所藏第九章至第十四章殘文半截二十行[3]，即從此卷斷脱，其後十一行自第十二章“五色令人目盲”至第十四章“搏之不得名曰微”兩相銜接，止佚“五味令”三字，以下皆吻合無間。爰不避續貂之譏，輒補臨卷首，以爲他日延津劍合之券，儻亦元方兄所樂許乎？敦煌石室散出《老子》殘卷，余所知見二十餘本，以巴黎博物館藏河上公注一卷存四十章、李榮注五卷存三十七章爲最富[4]，其餘或存四五章至二十餘章，無逾三十章者，獨此卷存第十二章至第四十八章，合羅氏殘文，亦有四十章之多，堪以媲美巴黎兩注本，爲白本第一。卷中異文多與成玄英疏義暗合，其罕見者如第十五章“氷將汋”、第十六章“公能生”、第二十章“魁無所歸”、第二十四章“喘者不久”，並與遂州龍興觀碑本相同，淵源近古，尤可珍貴。第三十六章“將欲廢之，必固與之”，他本皆作“必固興之”，按此“與”字當讀作“舉”，叶下文“將欲奪之，必故與之”韻。後人不識古"與"字可通假作"舉",疑兩句"與"字重出爲形誤,億(臆)改上句"與"字作"興",遂失其故。余撰《老子古本考》[5],嘗論及此,以爲古本或作兩"與"字,今得碻證,信然,亦快事也。乙酉(1945)十月桐鄉勞健篤文識[6]。（鈐"勞健篤文"白文方印）

[1] 劉氏,當爲李氏之訛。《敦煌遺書總目索引·德化李氏出售敦煌寫本目錄》0583 號《道德經》"自十三章至四十八章"(第 324 頁),即此卷。

[2] 趙鈁(1905—1984),字元方,室名無悔齋,蒙古正黃旗人。清末軍機大臣榮慶(1859—1917)之孫。任職銀行界,曾任天津中南銀行副理、中國人民銀行參事。收藏珍善本書甚富,1950 年代捐贈北京圖書館,其中有敦煌遺書 2 件,即此卷與 BD14650《問對》殘卷。

[3] "上虞羅氏所藏第九章至第十四章殘文",今存中國國家博物館。《敦煌遺書總目索引》著錄散 0668"老子道德經殘卷(凡六節非同一寫本)"之一。圖版載羅振玉輯《貞松堂藏西陲秘籍叢殘》(上虞羅氏影印,1939 年)、《中國歷史博物館藏法書大觀》第 12 卷《戰國秦漢宋元墨跡》(京都:柳原書店,1994 年,第 86—87 頁)、李德範輯《敦煌道藏》(全國圖書館文獻縮微複製中心,1999 年,第 1189 頁)。

[4] "巴黎博物館館藏河上公注一卷存四十章",指法國國家圖書館藏 P.2639 號,起《論德》章第三十八,訖《天道》章第七十七;"李榮注五卷存三十七章",指 P.2594＋P.2864＋P.3237＋P.2577＋P.3277 號,起第三十九章,訖全書之末。

[5] 民國三十年(1941)印行,係以作者稿本影印。

[6] 勞健(1894—1951),字篤文,浙江桐鄉人。勞乃宣(1843—1921)之子。精書法,善治印。著有《篆刻學類要》《老子古本考》等。

(二) 勞健跋二

羅氏《道德經考異》校錄敦煌寫本十一種[1],甲至己與壬皆羅氏自藏,所謂乙本即從此卷斷脫之殘篇。又有丁本[2],自第二十七章"聖人常喜救人"至第三十六章"將欲翕之,必固張之",共三十九行,亦白文,每章記字數而附有校筆。如第三十章"不以兵彊天下","彊"下補"於"字;"非道早也","也"字正作"己"。第三十一章"兵者不祥器","器"上補"之"字。可證與此卷實同一祖本。第三十五章"天下往往而不害",二"往"字無訛奪。下記字數爲"卅七",非"冊七",並可勘正此卷筆誤。惜所存止十章,又皆與此卷重出,不能補其闕佚,爲憾事也。篤文又識。（鈐"思闃闃"朱文方印）

[1] 羅振玉《道德經考異》二卷,有 1923 年刻《永豐鄉人雜著續編》本。

[2] 丁本,即《敦煌遺書總目索引》著錄散 0668"老子道德經殘卷(凡六節非同一寫本)"之一。圖版載羅振玉輯《貞松堂藏西陲秘籍叢殘》、李德範輯《敦煌道藏》(第 1209—1210 頁)。

【著錄】

北京圖書館善本組 1981,第 67 頁。

【錄文】

朱大星 2007,第 45—46 頁。中國國家圖書館 2010C,《條記目錄》第 6 頁。

【圖版】

中國國家圖書館 2010C,第 86—87 頁。

國際敦煌項目(IDP)網站：http://idp.nlc.cn

【研究】

方廣錩 2002B,第 196—198 頁；方廣錩 2010,第 132—133 頁。

7. 中國國家圖書館藏 BD14635《增壹阿含經》卷四十七許承堯、孔憲廷跋

【概述】

此卷首尾均斷,存 9 紙,243 行,長 463.3 釐米。引首外題簽："燉煌隋經。"拖尾有題跋二則。

【校録箋證】

(一)許承堯跋

敦皇石室寫經,以他卷之有年代題識者證其楮質字體,定爲隋人書。隋書集南北大成,有宋、梁之媚麗而兼元魏、周、齊之廉悍,最爲可貴。此卷鑄金截玉,精光逼人,當是開皇初所爲。氣味之厚自非唐代書家所能夢見,尤足珍也。歙縣許承堯記[1]。(鈐"許承堯印"朱文方印)

[1] 許承堯(1874—1964),字際唐,號疑庵、苊父、苊叟等,安徽歙縣人。光緒三十年(1904)進士。1913 年末受張廣建之聘,任甘肅省政府秘書長、軍務廳軍務咨議、政務廳長、渭川道尹、甘涼道尹等職。後辭職回鄉,致力於整理鄉邦文獻,纂成《歙縣志》。晚年寓居上海。著有《歙故》《歙事閑談》《疑庵詩》等。

(二)孔憲廷跋

海内好古家得宋元墨迹數行,輒䎙睨一世。自敦煌石室發現後,六朝隋唐人鈔書寫經之真面目,爲人間所未見者。幸予之生晚也,來隴六年,極意搜羅,得若干卷。内有《灌頂經》,字體樸茂,證以有年月標題之他卷,及際唐、蘭如兩公鑒瞀[1],定爲隋人書。煜青出此卷相示[2],攜歸比對,與《灌頂》實出一手,絲黍不爽。因書此還之。庚申(1920)夏日,合肥孔憲廷[3]誌。(鈐"憲廷長壽"白文方印)

[1] 徐聲金(1874—1958),字蘭如,湖北天門人。清末留學日本。回國任教於江漢法政學堂等校。武昌起義後,任鄂都督府編制部副部長。1913 年任湖北省高等檢察廳廳長,同年 12 月署江蘇省高等檢察廳廳長,1915 年 12 月任甘肅省高等檢察廳廳長,1928 年 12 月起歷任國民政府司法行政部參事、湖南省高等法院院長、河南省高等法院院長。1949 年後任職於湖北省人民委員會參事室。

[2] 賈纘緒(1865—1936),字字清、禹卿,號煜青,甘肅天水人。清光緒末年舉人,曾任四川西充知縣、南充道臺。1913 年當選第一屆國會議員。1917 年起歷任甘肅煙酒事務總辦、甘肅省教育廳廳長、安肅道尹、涇原道尹。1926 年辭官歸里,總纂《天水縣志》。1932 年任甘肅省政府委員,次年初免職。

[3] 孔憲廷(? —1928),字少軒,安徽合肥人。光緒二十七年(1901)任遷安知縣。1915 年至 1919 年任蘭山道尹,其間收集敦煌遺書甚多。晚年寓居天津。所藏除部分轉贈許承堯、張廣建外,逐漸賣出,爲第五垣、中村不折等所得。日本京都藤井有鄰館藏 8 件鈐有"合肥孔氏珍藏"印章的敦煌寫經,或即孔憲廷舊藏。此外,甘肅省圖書館、上海圖書館、天津藝術博物館、日本東京書道博物館、日本京都藤井有鄰館

和大谷大學圖書館等,都藏有其舊藏。

【録文】

中國國家圖書館 2010C,《條記目録》第 7 頁。

【圖版】

中國國家圖書館 2010C,第 108—109 頁。

【研究】

余欣 2005,第 160—161 頁;余欣 2012,第 95—96 頁。朱鳳玉 2016,第 21—33 頁。

8. 中國國家圖書館藏 BD14636v《毛詩鄭箋》鄧秀峰跋

【概述】

此卷存 12 紙,長 444.3 釐米。雙面書寫,正面抄殘曆、《逆刺占》、"三端俱全大丈夫"等詩三首,背面抄《毛詩鄭箋》《大曆序》。

卷背《毛詩鄭箋》部分卷中破損處以信箋襯補,上書題跋一則。

【校録箋證】

此唐抄《鄭箋毛詩》殘篇,爲敦煌石室寶藏之一,初以字體不佳,遭人賤視。余於廿年(1931)冬見諸敦市。特以鄭氏耆年徧修經傳多題爲注,而此獨題箋者,蓋明示表識古人之意,而以己意斷之,使學者有所識別。究未審與今存者有無異同,且爲手抄遺跡,足見古人讀書之不易也。遂購而藏之,從未示人,將欲供諸研究文學者之參考也。今經大千先生賞閲之際,所見略同,曷勝榮幸。癸未新春人日(1943.2.11)金城鄧秀峰識於敦煌寄廬[1]。(鈐"鄧秀峰章"朱文方印、"化隆韓柏如鑑賞之章"朱文長方印、"秀峰"朱文方印)

[1] 鄧秀峰,甘肅蘭州人。通醫理,工書法,尤精草書。

【録文】

中國國家圖書館 2010C,《條記目録》第 8—9 頁。

【圖版】

中國國家圖書館 2010C,第 128—129 頁。

國際敦煌項目(IDP)網站：http://idp.nlc.cn

【研究】

方廣錩 2002B,第 188 頁;方廣錩 2010,第 125 頁。

9. 中國國家圖書館藏 BD14637《大佛頂如來放光悉怛多鉢怛羅大神力攝一切咒王金輪帝殊羅大道場金輪三昧十方如來尊重寶印極大無量陁羅尼神咒經》周肇祥跋

【概述】

此卷首殘尾全,存 3 紙,123 行,長 114.1 釐米。有尾題"大佛頂如來放光悉怛多鉢怛羅大神力攝一切咒王金輪帝殊羅大道場金輪三昧十方如來尊重寶印極大無量陁羅尼神咒經”。引首外題簽：“大佛頂如來放光極大無量陀羅尼神咒經。”卷尾鈐“周肇祥印”白文方印。

　　引首有題跋一則，無落款，據鈐印知爲周肇祥跋。周肇祥（1880—1954），字養庵，號無畏居士、退翁，室名寶觚樓，浙江紹興人。清末舉人，畢業於京師大學堂、法政學校。清末任奉天警務局總辦、屯墾局局長。民國初年歷任京師警察總監、山東鹽運使、湖南省財政廳廳長、署理湖南省長、臨時參政院參政、古物陳列所所長。1926 年起任中國畫學研究會會長。著有《寶觚樓金石目》《寶觚樓雜記》《遼金元官印考》《石刻匯目》《重修畫史匯傳》《畫林勸鑒錄》《退翁墨錄》等。

【校錄箋證】

　　此卷殘缺不過數十字，書特輕鬆秀美，置諸初唐諸名公中，幾無以辨，覺顔魯國《麻姑仙壇記》小字本不免費力[1]，真神技也。（鈐“無畏”朱文長方印）

　　[1]《麻姑仙壇記》，即《有唐撫州南城縣麻姑山仙壇記》，顔真卿楷書代表作之一。唐大曆六年（771）刻於江西臨川，原石已毁，有拓本傳世。重刻本有大字本、中字本、小字本。

【錄文】

　　中國國家圖書館 2010C，《條記目錄》第 9 頁。

【圖版】

　　中國國家圖書館 2010C，第 132 頁。

10. 中國國家圖書館藏 BD14647《大般涅槃經》卷三十二許承堯跋

【概述】

　　此卷首尾均斷，存 2 紙，43 行，長 66 釐米。引首有許承堯題跋一則。

【校錄箋證】

　　敦皇鳴沙山古三界寺石室寫經。（鈐“疑庵”朱文方印）

　　以他卷有年代者證，定此種碻爲元魏人書，非唐人所能爲也。可寶之至。承堯記。

【錄文】

　　中國國家圖書館 2010C，《條記目錄》第 11—12 頁。

【圖版】

　　中國國家圖書館 2010C，第 187 頁。

11. 中國國家圖書館藏 BD14662 藏文《無量壽宗要經》文彬跋

【概述】

　　此卷首尾均全，存 3 紙，長 132 釐米。分 5 欄，每欄 20 行，共 94 行。首紙前端空白處貼一紙條,有題跋一則。

【校錄箋證】

唐古忒文經。

新城王晉老自燉煌攜來相贈[1],及北朝寫經多件,尤可寶貴。文彬記[2]。

[1] 王晉老,指王樹枬(1851—1936),字晉卿,號陶廬,河北新城人。光緒十二年(1886)進士,官户部主事,四川青神、銅梁等知縣,以事解職,入兩江總督張之洞、陝甘總督陶模幕,署中衛知縣。二十九年(1903)任甘肅平慶涇固化道,後署鞏秦階道、蘭州道,三十二年(1906)至宣統三年(1911)任新疆布政使,因職務之便收藏敦煌西域文書甚多。1914年任清史館總纂。著有《陶廬文集》《新疆訪古錄》等,纂有《新疆圖志》。

[2] 文彬,生平不詳,待考。

【錄文】

中國國家圖書館 2010C,《條記目錄》第 15 頁。

【圖版】

中國國家圖書館 2010C,第 246 頁。

12. 中國國家圖書館藏 BD14663 藏文《無量壽宗要經》周肇祥跋

【概述】

此卷首尾均全,存 3 紙,長 136.5 釐米。分 6 欄,每欄 19 行,共 113 行。引首外題簽:"唐蕃書佛經。鹿巖精舍護持。"引首有周肇祥題跋一則。

【校錄箋證】

此唐古忒文寫經,出燉皇石室。或云《華嚴》大經也,余不通蕃書,未敢妄信。但以千年遺跡,稍加裝治成卷,庶免爲人摧燒,亦護持正法之意耳。甲戌(1934)秋夜香嚴閣書,無畏居士。(鈐"周肇祥"白文方印)

【錄文】

中國國家圖書館 2010C,《條記目錄》第 15 頁。

【圖版】

中國國家圖書館 2010C,第 249 頁。

13. 中國國家圖書館藏 BD14710《法華玄贊》卷十向燊、曾熙跋

【概述】

此卷首殘尾全,存 41 紙,1006 行,長 1755.8 釐米。有尾題"法華玄贊卷第十"。全卷章草書。卷首鈐"樂毅鑑賞"朱文方印、"抱蜀廬"朱文方印,卷尾鈐"向燊所藏金石書畫圖籍"朱文長方印。引首有向燊題跋四則、曾熙題跋一則。

【校録箋證】

(一) 向燊跋一

《法華玄贊》卷弟十,草書,爲燉煌石室寫經特品。筆近章草,尤爲難得。此贊中土久已失傳,近自日本流入,已見刊本。誰知原寫本尚在國内也。初發見時,爲一燉煌縣幕友某君所得。後余至甘,價讓於余。(某君在燉煌時,尚未經法人搜羅,故所得皆精品。余藏六朝唐人經卷及佛相皆其所讓。)尚有《法華玄贊》卷第二,首書"大慈恩寺沙門基撰",末書"沙門瑜於西明寺寫記",亦係草書,而不及此卷之精。頻年避地,轉入日本,而此卷猶存行篋,常有吉祥雲爲之擁護,誠至寶也。或以卷末贊詞前寫之數行比後贊少四句,或即當時沙門基自寫稿本也。並存其説。民國十一年(1922)壬戌十月,衡山向燊記於申江[1]。(前鈐"心愈亂齋"朱文長方印,後鈐"樂父"朱文方印、"抱蜀盧藏"白文方印)

[1] 向燊(1864—1928),字樂穀、樂谷,號抱蜀子,湖南衡山人。留學日本。清末任衡州府中學堂監督、南路實業學堂監督,當選湖南省諮議局議員。授甘肅候補道,1912 年 3 月參與秦州起義,爲甘肅臨時軍政府副都督。民國初年任隴南觀察使、渭川道尹。1916 年起任湖南湘江道尹、湖南省財政廳長。工書法,晚年居滬,以字畫自給。

(二) 向燊跋二

此卷共昏四十一張,令一條(計三行)。每張廿五行,共一千令廿八行。每行廿二三字不等。内有十四行全無字。從第一張"友以爲名"至末"卷弟十"止,約計二萬數千字。誠鉅觀也。仝日再記。(鈐"天放廔"朱文長方印)

(三) 向燊跋三

燉煌石室發見草書經卷只此一部,共十卷。曩在甘肅見同寅所藏尚有五卷,紙墨、卷軸、長短如一,近聞爲日人以重值購去,存於國内者已稀如星鳳矣。延平會合,不知何時,又爲之悵然矣。癸亥(1923)十一月抱蜀子燊再記此。(鈐"抱蜀子"朱文方印、"向燊之印"白文方印、"樂父六十後乍"白文方印)

(四) 向燊跋四

此經十卷,聞多爲日人購去。昨晤羅貞松先生[1],云伊尚藏一卷,昏墨與此如一。張勳帛所藏二卷尚存[2],余在甘時曾見之。是存國内者尚有四卷。保存國粹,具有同心,誠爲快幸,故記之。丙寅(1926)七月,燊記於申江。(前鈐"浮岡廔"朱文長方印、"瓜盧老人"朱文方印,後鈐"放公"朱文方印)

[1] 羅貞松,指羅振玉(1866—1940),晚號貞松老人。

[2] 張勳帛,指張廣建(1867—?),字勛伯,安徽合肥人。早年入淮軍,後得袁世凱賞識。清末任山東布政使、署山東巡撫兼山東提督。民國初年任山東都督、京兆府尹。1914 年 3 月任甘肅省民政長兼甘肅都督,5 月改任甘肅巡按使,6 月兼甘肅將軍。1916 年 7 月任甘肅督軍兼甘肅省長。1920 年 12 月去職,寓居天津。張廣建在甘肅期間獲得敦煌遺書數百件,1920 年代流散,大部分歸入日本三井文庫。

（五）曾熙跋

　　敦煌石室草書《法華經玄贊》卷弟十，沙門基撰，不著寫經人名。艸有古法，且近章也。樂毅親家官隴同時所得也。戊午初伏日（1918.7.22）衡陽曾熙[1]。（鈐“阿九”朱文長方印）

　　[1] 曾熙（1858—1930），原名嗣元，字子緝，晚號農髯，湖南衡陽人。光緒二十九年（1903）恩科進士。清末主講石鼓書院，兼漢壽龍池書院山長。1915 年應摯友李瑞清之邀赴上海，以書畫詩文爲生，兼授門徒。著有《春秋大事表》《歷代帝王年表》。

【著錄】

　　北京圖書館善本組 1981，第 106 頁。

【錄文】

　　中國國家圖書館 2010D，《條記目錄》第 7 頁。

　　馬德、呂義 2022，第 1—8 頁。

【圖版】

　　李際寧 2000，第 26 頁。中國國家圖書館 2010D，第 134—135 頁。中國國家圖書館、中國國家古籍保護中心 2008，第 1 册第 167 頁。馬德、呂義 2022，第 1—8 頁。

　　國際敦煌項目（IDP）網站：http://idp.nlc.cn

【研究】

　　方廣錩 2002B，第 198—199 頁；方廣錩 2010，第 133—134 頁。

14. 中國國家圖書館藏 BD14711《雜阿毗曇心論》卷十曾熙、李瑞清、向燊跋

【概述】

　　此卷首尾均殘，存 7 紙，173 行，長 315.1 釐米。殘存尾題“雜心卷第十”。卷尾正背面均鈐有“永興郡印”朱文方印，卷背有墨搨佛像十尊，被視爲存世最早的中國版畫作品。

　　引首後鈐“六朝唐人寫經百卷樓”朱文方印、“衡山向氏家藏”朱文方印，卷首鈐“樂毅鑑賞”朱文方印、“湘綺門人”白文方印，卷尾鈐“向燊所藏金石書畫圖籍”朱文長方印、“抱蜀廬藏”白文方印，均爲向燊收藏印。

　　引首有曾熙、李瑞清題跋各一則，拖尾有向燊跋二則。

【校錄箋證】

（一）引首曾熙跋

　　　西晉遺墨

　　此經清道人以永興爲南齊郡[1]，定爲南齊人書[2]。今以流沙所出晉經殘帋較觀，碻是西晉人所書而爲南齊寺僧所護持者。流沙殘帋早入海外，西晉經卷之存於中土者殆如星鳳。抱蜀主人其珍藏秘篋，以存國粹。辛酉（1921）十一月，拜晉六十一展玩題此。（鈐“曾熙之印”白文方印、“永建齋”白文方印）

[1] 清道人,指李瑞清(1867—1920),字仲麟,號梅庵、清道人,江西臨川人。光緒二十一年(1895)進士,曾任教於南京兩江優級師範學校,後任江寧提學使、江寧布政使。民國初年寓居上海,鬻書畫自給。撰有《清道人遺集》。

[2] 此説不確。此永興郡當指北周永興郡。據唐李吉甫《元和郡縣志》卷四十,北周武帝(561—578)改晉昌郡爲永興郡,隋開皇三年(583)罷。此卷應爲北朝寫本,並非南朝齊寫本。《國家圖書館藏敦煌遺書》第132册《條記目録》及李之檀《敦煌寫經永興郡佛印考》(載《敦煌研究》2010年第3期)已詳辨之。

(二) 引首李瑞清跋

南齊人寫難心卷。

光緒十五年(1889)出燉煌石室,樂谷觀察官隴時所得[1]。考卷中有"永興郡印",永興惟南齊時稱郡。書法古峭,故決其爲南齊人書。南齊碑傳世者無有及此者,況墨迹乎!誠鴻寶也。清道人。(前鈐"李〇"朱文葫蘆形印、"雙散嗝齋"朱文方印,後鈐"阿某"朱文長方印、"清道人"朱文方印、"黃龍硯齋"白文方印)

[1] 樂谷觀察,即向燊(1864—1928)。

(三) 拖尾向燊跋一

南齊《難心》第十殘卷,白麻紙本,長一丈,高九寸,百七十餘行。光緒十五年(1889)出燉煌石室。後方有佛相印,邊皆藏文,誼不能明。又有"永興郡印"。按自秦改天下爲郡縣,至今以"永興"名縣者凡數十見,而以"永興"名郡者則僅南齊。《南齊書·州郡志》,隆昌元年(494)置六郡,永興爲其一,領於寧州。寧州在今雲南,當時雖遠在邊徼,而碑版文字照灼千古,如兩爨、孟琁[1],皆爲藝林寶重,況墨蹟乎?歷今千四百餘年,紙墨如新,而佛相、郡印累累如貫珠,不惟可考知寫經年代,且可考知當時郡印大小、雕刻之精,誠快意事也。燉煌所出藏經以唐代爲最多,而六朝則希如星鳳。每值晴明,焚香展卷,精神爲爽。頻年轉徙兵間,深懼失墜,因爲考定,以質世之嗜古者。民國四年(1915)九月,樂父向燊識於申江。(鈐"向燊"朱文長方印、"樂穀鑑賞"朱文方印)

[1] 兩爨指《爨寶子碑》《爨龍顏碑》;孟琁即《孟孝琚碑》。三者合稱"雲南三碑"。

(四) 拖尾向燊跋二

是經曩據"永興郡印"定爲南齊時人書,後至京師,與許君際唐考訂,知爲晉人所書。以校羅君振玉所景晉元康、建初諸經[1],方勁樸茂,同是晉代隸法。晉至南齊不久,當是展轉流傳,爲永興郡所保存而後入燉煌石室者也,故有郡印累累。卷名《難心經》,諦閑師遍檢藏經[2],並無此名。或姚秦鳩摩羅什初譯梵本,僻在一隅,因而遺之歟?羅君所景各經皆假自異國,此卷猶存余篋,誠吾中土弟一墨皇也。癸亥立秋後一日(1923.8.9),衡山向燊重識於申江。時年六十,距前題又九年矣。(鈐"向燊之印"白文方印、"抱蜀子"朱文方印、"樂父六十後乍"白文方印)

[1] 指羅振玉1918年影印《漢晉書影》所收元康六年(296)《諸佛要集經》、建初七年《妙法蓮華經》殘卷等,均係日本大谷探險隊得自新疆者。其圖版又刊於香川默識編《西域考古圖譜》(日本國華社,1915

年)下册。

　　[2] 諦閑(1858—1932),俗姓朱,名古虚,浙江黄岩人。24 歲在天台山國清寺受具足戒,光緒十二年(1886)任國清寺座主,爲天台宗第 43 世法嗣。後歷住杭州六通寺、上海龍華寺、寧波觀宗寺,並赴東北、山東、安徽講經説法。創立南京佛教師範學校、寧波觀宗學社。著有《教觀綱宗講義》《圓覺經講義》《金剛經新疏》等。

【著録】

　　北京圖書館善本組 1981,第 144 頁。

【録文】

　　中國國家圖書館 2010D,《條記目録》第 7—8 頁。

【圖版】

　　中國國家圖書館 2010D,第 159—167 頁。國家圖書館 2021,第 9 册第 34—40、54—57 頁。

　　國際敦煌項目(IDP)網站：http://idp.nlc.cn

15. 中國國家圖書館藏 BD14716《大般若波羅蜜多經》卷六十八潘復、莊藴寬、葉恭綽、王彭、梅光遠、張名振、馬振憲、彭憲、范熙壬、丁康保跋

【概述】

　　此卷首斷尾全,存 15 紙,420 行,長 704 釐米。有尾題"大般若波羅蜜多經卷第六十八"。引首有潘復題跋一則,拖尾有莊藴寬等題跋八則。

【校録箋證】

(一) 引首潘復跋

　　大心居士爲家大人卅年老友[1],辛酉(1921)春孟來遊京師,與老人同住一齋,緇素雲集,盛于一時。臨别之日,謹以此卷爲贈,用誌法緣。潘復敬題。(鈐"監齋"朱文方印)

　　[1] 大心居士,姓陳。生平不詳。《佛學月刊》1921 年第 1 期刊有《陳大心覆釋現明書》《陳大心覆高公輔書》。

(二) 拖尾莊藴寬跋

　　《佛説大般若經》都千二百卷,此唐人所書弟六十八卷,得字約六千餘。片羽吉光,允爲希世之寶。馨航先生究心佛學多年[1],今出此以供養大心陳老居士,俾得法乳常流,想八部龍天當同此護持讚歎矣。幸護與觀,用誌隨喜。辛酉正月二十五日(1921.3.4)莊藴寬謹識於京師紅羅廠之養志軒。(鈐"藴寬"白文方印、"思緘"朱文方印)

　　[1] 馨航先生,即潘復(1883—1936)。

(三) 拖尾葉恭綽跋

　　同觀者番禺葉恭綽[1]。

　　[1] 葉恭綽(1881—1968),字裕甫、玉甫、譽虎,號遐庵,廣東番禺人。畢業於京師大學堂仕學館。歷

任鐵路總局提調、交通總長、交通大學校長、鐵道部長等職。究心文化事業,1925 年發起成立敦煌經籍輯存會,1929 年與朱啓鈐等組織中國營造學社,1939 年在香港發起中國文化協進會。1949 年後任政務院文教委員會委員、中央文史館副館長。著有《退庵彙稿》《交通救國論》《歷代藏經考略》等。

(四) 拖尾王彭、梅光遠跋

江夏王彭[1]、南昌梅光遠同日敬觀[2]。

[1] 王彭(1861—1940),字覺三,湖北江夏人。光緒九年(1883)進士。曾入徐世昌、周樹模幕府,清末任海倫府同知、嫩江知府。

[2] 梅光遠(1880—?),字斐漪,江西南昌人。光緒二十三年(1897)舉人。清末歷任上海清丈局總辦、江南師範學堂監督、暨南學堂監督等職。民國初年任財政部清理官産處處長、南潯鐵路董事、僑務局副總裁。1913 年當選衆議院議員。1916 年第一次、1922 年第二次恢復國會時,仍任衆議院議員。

(五) 拖尾張名振跋

長壽張名振敬觀[1]。

[1] 張名振(1875—?),字賓吾,四川仁壽人。光緒三十年(1904)進士。留學日本法政大學。歸國後歷任工部主事、弼德院秘書官、法典編纂會纂修、法制局參事。民國初年任政事堂法制局幫辦、國務院秘書長等職。

(六) 拖尾馬振憲、彭憲跋

桐城馬振憲[1]、寧鄉彭憲同敬觀[2]。

[1] 馬振憲(1876—1926),原名馬君實,字冀平,號寄翁、無寄,安徽桐城人。光緒二十九年(1903)進士。奉派赴日本考察政治,撰有《考察紀實》。民國初年任京師地方審判廳推事、安徽高等審判廳廳長、京津鐵路段段長、安徽省財政廳廳長。1925 年任中國佛教協會會長、中國紅十字會理事長。著有《世曼壽堂詩集》。

[2] 彭憲,字顯琦,湖南寧鄉人。1918 年 2 月,審計院院長莊蘊寬任命其爲協審官。華夏天禧綫上專場拍賣第 731 期有 1932 年彭憲書《普賢菩薩行願品》,題記落款"菩薩戒弟子寧鄉彭憲顯琦"。

(七) 拖尾范熙壬跋

無量法門,流出多少。

一抵萬千,龍鱗鴻爪。

辛酉(1921)孟春黃陂范熙壬敬題[1]。

[1] 范熙壬(1881—?),字任卿,湖北黃陂人。光緒二十三年(1897)舉人。留學日本。回國後歷任咨政院速記學堂教務長、秘書廳機要科科長、一等秘書官。武昌起義後任湖北都督府總務科秘書。1913 年當選衆議院議員。1914 年任約法會議秘書、平政院評事。1916 年第一次、1922 年第二次恢復國會時,仍任衆議院議員。

(八) 拖尾丁康保跋一

隋唐至今幾及千年,墨迹流傳有若星鳳。石室發見發願寫經,多當時經生所録。此卷則墨花含彩,剛健幽秀。上承羲獻,下開褚虞。初未經意,動合古法。斷爲開皇時人所爲,不得以唐人尋常寫經目之。大心居士屬題,宜興學人丁康保[1]。(鈐"丁康保印"白文方印)

　　[1] 丁康保(1884—1936)，名惠民，以字行。江蘇宜興人。1919 年任開封縣知事。工書畫，精鑒賞。著有《静宧墨憶》。當代書法家王澄之祖父。

(九) 拖尾丁康保跋二

　　大心居士究解經典，多得奥旨。辛酉(1921)至京，法會之餘，得此奇跡。夫《般若》一經發揮大乘極則，蕩滌障礙，歸無所得，了達緣空諸法相，實爲五時説經最中時説，受持偈句，悉能解脱。此卷不下數千言，拜覽一過，自生敬信。以此净意，迴向三寶。癸亥十二月十二日(1924.1.17)康保熏沐再識。

【著録】

　　北京圖書館善本組 1981，第 17 頁。

【録文】

　　中國國家圖書館 2010D，《條記目録》第 10 頁。

【圖版】

　　李際寧 2000，第 28 頁。中國國家圖書館 2010D，第 195—206 頁。中國國家圖書館、中國國家古籍保護中心 2016，第 1 册第 36 頁。

　　國際敦煌項目(IDP)網站：http://idp.nlc.cn

【研究】

　　方廣錩 2002B，第 192—193 頁；方廣錩 2010，第 129 頁。

16. 中國國家圖書館藏 BD14737《大般涅槃經》卷三十九譚澤闓、葉德輝跋

【概述】

　　此卷首尾均斷，存 3 紙，67 行，長 110 釐米。《國家圖書館藏敦煌遺書》第 133 册《條記目録》判斷爲南北朝寫本(5—6 世紀)。卷首鈐"北齊寫經龕"白文方印、"茶陵譚澤闓祕笈永寶"朱文方印，卷末鈐"缾齋祕篋"朱文方印。

　　引首外題："北齊人寫經殘卷。闓運題。"下鈐"壬父"朱文方印。王闓運(1833—1916)，字壬甫、壬秋，號湘綺，湖南湘潭人。清咸豐三年(1853)舉人。曾入曾國藩幕。先後主講成都尊經書院、長沙思賢講舍、衡州船山書院、江西高等學堂。民國初年任清史館館長。著有《湘軍志》《湘綺樓詩文集》等。

　　拖尾有譚澤闓、葉德輝題跋二則。

【校録箋證】

(一) 譚澤闓跋

　　缾齋藏寫經弟一卷，計三紙六十七行。

　　敦皇石室新出寫經之一，李瑞清定爲北齊人筆，辛亥(1911)同客宣南以見貽者。越歲壬子(1912)秋，與所得唐寫經六卷同裝題記。茶陵譚澤闓[1]。(鈐"缾士"朱文方印、"譚澤

閭印"白文方印)

[1] 譚澤闓(1889—1947),字祖同、大武,號瓶齋,室名觀瓶居,湖南茶陵人。譚延闓(1880—1930)之弟。善書法、詩文、篆刻。曾學詩於王闓運,與夏敬觀、曾熙、李瑞清等爲詩友。

(二) 葉德輝跋

六朝士大夫佞佛,皆以造像、寫經爲功德。然世間造像流傳多于經卷者,以石刻之壽永于赫蹏故也。光緒中葉,甘肅敦煌縣鳴沙山莫高窟石室爲人鑿發,流傳古物書籍皆五代北宋以前遺蹟,其中佛經卷尤多。好事者争相購求,幾于人挾一紙。顧其中精者絶少,故賞鑒家不貴也。此卷乃其最精者,或定爲北齊人書。以余舊藏曾氏《滋蕙堂法帖》唐人寫經原卷較之[1],其字體、結構及用筆之法全與此同。余卷有趙撝叔大令之謙跋語云:"唐人寫經自具一種態度,書手非一,意恉不殊,蓋亦有師法在。"[2]其言是也。余綴跋,據宋趙彦衛《雲麓漫抄》三云:"釋氏寫經一行以十七字爲準,故國朝試童行誦經,計其紙數,以十七字爲行,二十五行爲一紙。"今此卷及余藏卷皆十七字一行,可證爲唐卷舊式。唐蹟距近世已閲千年,何必上推北齊始足見重? 瓶齋世先生寶藏此卷,邀余品題,不敢附和以誤來者,爲録二趙之説質之。瓶齋工法書,尤精鑒別,北齊書與唐人風氣迥然不同,豈有不知自辨者。特以瓊瑶之贈重于桃李,不欲質言之耳。余雖無米柯之能,欲余學李開先、張泰階以欺世誣人,正不可也。己未七月處暑(1919.8.24)南陽葉德輝記并書[3]。(鈐"葉德輝"朱文方印、"麗廔"白文方印)

[1] 即《滋蕙堂墨寶》,清乾隆三十三年(1768)江西曾恒德刻。全書八卷,收四十五種,自唐至明以時代先後編次,以摹刻精善著稱。《滋蕙堂墨寶》所收唐人書《大般若波羅蜜多經》卷第十三(影印本見《容庚藏帖》第二七種,廣州:廣東人民出版社,2016年,第40—49頁),實爲北宋寫金粟山藏本,並非唐寫本,該本後爲葉德輝所得。

[2] 余卷,指葉德輝所藏北宋寫本海鹽金粟山廣惠禪院大藏本《大般若波羅蜜多經》卷第十三。原爲卷軸裝,改爲經折裝。經滋蕙堂曾氏、劉銓福、潘祖蔭、葉德輝遞藏,今藏貴州省博物館。該冊上護板題:"滋蕙堂唐人寫經。經潘氏滂喜齋、葉氏麗樓鑒藏。"前有吳大澂題簽:"大般若波羅蜜多經卷十三。唐經生書。滋蕙堂曾氏舊藏,今歸滂喜齋潘氏。吳大澂題。"後有趙之謙跋:"唐人寫經自具一種態度,書手非一,意恉不殊,蓋亦有師法在。同治十年十二月二十七日(1872.2.5)趙之謙記。"又有葉德輝光緒二十八年(1902)跋,略謂:"宋米芾《海岳名言》云:'唐官告在世爲褚陸徐嶠之體,有不俗者;開元以來,緣明皇字體肥俗,始有徐浩以合時君所好,經生字亦自此肥,開元以前古氣無有矣。'此冊字畫甚肥,當是開元以後之作。不得季海真蹟,睹此亦可見一時風氣。"吳大澂、趙之謙、葉德輝均誤以此北宋寫金粟山藏零本爲唐人寫經。

[3] 葉德輝(1864—1927),字焕彬,號郋園,湖南長沙人。光緒十八年(1892)進士。官吏部主事。曾任湖南教育會會長、長沙總商會會長。富藏書,精版本目録之學。著有《書林清話》《書林餘話》《郋園讀書志》《觀古堂藏書目》等。

【録文】

中國國家圖書館 2010E,《條記目録》第 3 頁。

【圖版】

中國國家圖書館 2010E,第 6—7 頁。

國際敦煌項目(IDP)網站：http://idp.nlc.cn

【研究】

方廣錩 2002B,第 191 頁;方廣錩 2010,第 128—129 頁。

17. 中國國家圖書館藏 BD14738《老子道德經論》袁虔跋

【概述】

此卷首尾均殘,存 2 紙,56 行,長 97.5 釐米。正面抄何晏注《老子道德經論》,背面抄藏文《佛頂大白傘蓋陀羅尼經》,存 60 行。

引首前有題簽："隨唐人寫道德經並注解,背書印度文。燉煌石室殘品。龔釗。"此卷裝於紙筒中,筒外題簽："隨唐人寫道德經並注解卷。敦煌石室殘品。辛巳(1941)冬日,龔釗。"龔釗(1870—1949),又名心釗,字懷希、懷西,號仲勉,堂號瞻麓齋,安徽合肥人。光緒二十一年(1895)進士。曾出使英、法等國,清末任駐加拿大總領事。好收藏。1960 年向上海市文物管理委員會捐獻文物 500 餘件。輯有《瞻麓齋古印徵》等。

拖尾有題跋一則,述拖尾所用古紙情形。

【校錄箋證】

此卷尾紙色淡黃,質綿細,橫簾較常紙寬,直簾疏密相間,略如羅文,似是元明間所製,特裝于寫經之後。己丑清明(1949.4.5),袁虔補記,是年八十。

【錄文】

中國國家圖書館 2010E,《條記目錄》第 4 頁。

【圖版】

中國國家圖書館 2010E,第 11 頁。

國際敦煌項目(IDP)網站：http://idp.nlc.cn

18. 中國國家圖書館藏 BD14739《十誦律疏》《金剛經疏》許承堯跋

【概述】

此件裱爲掛軸,裱褙殘片二件,《國家圖書館藏敦煌遺書》第 133 册《條記目錄》爲前者正面擬名《十誦律疏》,爲後者擬名《金剛經疏》。引首外題："北朝寫經殘幅。許承堯藏。"《十誦律疏》前隔水有許承堯跋一條;《金剛經疏》前鈐"歙許芚父斿隴所得"朱文長方印,隔水有許承堯跋一條。

【校録箋證】

（一）《十誦律疏》許承堯跋

元魏初譯經稿。疑盦審定。（鈐“疑盦”朱文長方印）

（二）《金剛經疏》許承堯跋

周齊間譯經稿。疑盦審定。（鈐“疑盦”朱文長方印）

【録文】

中國國家圖書館 2010E，《條記目録》第 4—5 頁。

【圖版】

中國國家圖書館 2010E，第 14、17 頁。

國際敦煌項目（IDP）網站：http://idp.nlc.cn

【研究】

余欣 2005，第 178 頁；余欣 2012，第 118—119 頁。

19. 中國國家圖書館藏 BD14758《妙法蓮華經》卷七吳寶煒跋

【概述】

此卷首尾均殘，存 3 紙，92 行，長 147 釐米。此卷與天津博物館藏津藝 287 可綴合爲一；但此卷有裝裱錯誤，最後一紙僅一行，本應在第一紙之前，《國家圖書館藏敦煌遺書》第 133 册《條記目録》指出，“此乃收藏者爲將品題充作首題，而將首行裁割後置”（第 13 頁）。

拖尾有題跋二則，無落款，據鈐印可知係吳寶煒作。吳寶煒，字宜常，河南潢川人。民國初年曾任河南浚縣縣長。富收藏。著有《南公鼎文釋考》《毛公鼎文正注》等，輯有《魏三體石經録》，編有《河南籌賑金石書畫展覽目録》。

【校録箋證】

（一）吳寶煒跋一

全卷三段九十二行。

妙法蓮華經觀世音菩薩普門品。（行間鈐“宜常吳寶煒”朱文圓印）

隋人書，極精。

（二）吳寶煒跋二

此卷原卷末尾署有“菩薩戒弟子蕭大嚴敬造第九百二部”等字[1]。燉煌發見後初歸孔道尹[2]，孔客天津，歸羅振玉。羅以卷尾有款識，售日本當得重價。予勸令讓中國人保存，比時承割讓於予前方三段，其後半帶款識者想早經東渡矣。（鈐“遇安”朱文長方印）

[1] 該卷現存天津博物館，編號爲津藝 287（劉國展、李桂英《天津市藝術博物館藏敦煌遺書目録》編號爲“津 87”，《敦煌研究》1987 年第 2 期，第 82 頁），圖版見《天津市藝術博物館藏敦煌文獻》⑥，上海：上海古籍出版社，1996 年 6 月，第 137—143 頁。該卷尾題“妙法蓮華經卷第七”之後有題記“菩薩戒弟子蕭

大嚴敬造第九百二部”。

[2] 孔道尹,指孔憲廷(? —1928),1915 年至 1919 年任蘭山道尹。

【録文】

中國國家圖書館 2010E,《條記目録》第 13 頁。

【圖版】

中國國家圖書館 2010E,第 115 頁。

國際敦煌項目(IDP)網站：http://idp.nlc.cn

【研究】

方廣錩 2002B,第 182 頁(著録卷號爲 BD13958)；方廣錩 2010,第 121 頁(著録卷號爲 BD13958)。

20. 中國國家圖書館藏 BD14762《妙法蓮華經》卷二吳鶚跋

【概述】

此卷首斷尾全,存 10 紙,256 行,長 501.5 釐米。首行爲品題“妙法蓮華經信解品第四”,卷末有尾題“妙法蓮華經卷二”。引首外題：“唐人寫《妙法蓮華經》。侐齋藏,丁丑(1937)。”收藏者侐齋疑爲韓振華(1885—1963),字誦裳,天津人。留學日本東京高等工業學校,宣統二年(1910)工科進士,次年選翰林院庶吉士,民國期間曾任鹽業銀行北京分行經理,1949 年後曾任北京市人民政府委員、第三屆全國政協委員。

卷尾有吳鶚題跋一則。

【校録箋證】

丙寅(1926)八月,吳鶚友石四遊天津得觀[1],因記。

[1] 吳鶚,江蘇元和(今蘇州)人,藏書齋名愛日樓。生平不詳。

【著録】

北京圖書館善本組 1981,第 82 頁。

【録文】

中國國家圖書館 2010E,《條記目録》第 14 頁。

【圖版】

中國國家圖書館 2010E,第 146 頁。

國際敦煌項目(IDP)網站：http://idp.nlc.cn

21. 中國國家圖書館藏 BD14763《究竟大悲經》卷三佚名跋

【概述】

此卷首尾均斷,存 3 紙,80 行,長 129.5 釐米。拖尾有題詩一則。

【校録箋證】

　　唐人所寫經,千年成墨寶。後人見所見,眼福乃不小。大悲究竟經,三卷之終了。尺幅作供養,金鏡莊嚴好。作偈攖寧子[1],書題木石老[2]。歲在癸酉(1933)春,國難堪傷悼。

　　[1] 攖寧子,即陳攖寧(1880—1969),原名元善、志祥,字子修,取《莊子》語號攖寧子,又號圓頓子,安徽懷寧人。清末秀才。畢業於安徽高等法政學堂。從叔祖學中醫,轉而學道,旁參佛學。1930 年代在上海創辦仙學院,主編《仙道月報》《揚善半月刊》。1957 年後任中國道教協會副會長、會長,第二、第三屆全國政協委員。著有《黄庭經講義》《静功總説》等。"作偈",當指撰寫此偈。

　　[2] 木石老,疑指阮繼曾(1891—1974),字省三,號性山,浙江杭州人。西泠印社社員。工書畫。"書題",似指書寫此偈。

【録文】

　　中國國家圖書館 2010E,《條記目録》第 14 頁。

【圖版】

　　中國國家圖書館 2010E,第 148 頁。

22. 中國國家圖書館藏 BD14765《大般若波羅蜜多經》卷六十九連文澂、張素、諸宗元跋

【概述】

　　此卷首斷尾全,9 紙,231 行,長 414.5 釐米。有尾題"大般若波羅蜜多經卷第六十九",有題記"智照寫"。卷首鈐"連"朱文方印、"孟清所得"白文方印、"孟青祕賞"朱文方印。引首外題:"□煌石室唐人寫經。"卷尾有連文澂題跋一則,拖尾有張素、諸宗元題跋三則。

【校録箋證】

(一) 連文澂跋

　　此燉煌石室唐人寫經也。同邑高拙公自新疆攜還相贈[1]。余得之尤狂喜不置,以齋中所蓄楮紙一類無過於此也。拙公又言:燉煌石室即小雷音寺,大雷音寺即在吐魯番,兩處所藏唐人寫經不下千萬卷。吐魯番者精,石室者渾璞。而全卷最難得,悉皆殘缺不全,甚可惜也。石室尚有畫馬一紙,亦唐人無款精品,其用筆高過子昂百倍,惜爲王方伯攜去,今不知流落何所矣。民國既建之三年(1914)五月連文澂誌[2]。(鈐"孟青金石文字"朱文方印)

　　[1] 高拙公,指高子穀,浙江杭州人。武英殿大學士王文韶(1830—1908)孫婿,劉鶚(1857—1909)妻舅。清末任職於外務部。光緒三十四年(1908)因事與劉鶚、鍾笙叔、高子衡先後被捕,遣戍新疆。

　　[2] 連文澂,字孟青、慕秦、明星,浙江錢塘(今杭州)人。光緒二十三年(1897)與章太炎、董祖壽等發起成立興浙會。光緒二十八年(1902)至二十九年任天津《大公報》主編。編有《避暑山莊璽印録》等。

（二）張素跋

　　此唐人寫經乃高君子穀在西域時得諸燉煌石室者，歸以吾友明星之請，遂舉而貽之。明星極寶愛此卷，謂初視雖若不甚佳，及細論之，則固結體勻整、使筆瘦拙，在在無不具有唐人風格者也。甲寅（1914）長夏，予與明星同居京師，於明窗淨几間嘗相與傳觀，以爲硬黃寫經世無出唐人之右者。蓋當時風尚如此，非獨學士大夫發願皈依，爲之伸紙而命筆，即沙門子弟亦往往優爲，此卷即沙門子弟手寫之一種。惟所謂智照者，其在沙門輩行爲不可考耳。予因感夫貝葉東來，其子弟中之秀而傑者非徒能文章、工書畫爲士君子所稱道而已，深而求之，類能趺坐説法、登壇講經，於西方種種名義靡不通曉，蓋由其湛擎於經典者久也。故夫沙門子弟之寫經，乃其本分，乃其靜修，乃其慧業，乃其十二時中之一功課。豈若今之釋子，不念《法華經》，不禮《梁王懺》，自夫飽食終日以外，即復無所用心乎哉。觀此始知東土佛教之衰有自來矣。題畢不勝憮然。支那學者張素[1]。（鈐“丹陽男子張素”朱文長方印）

　　[1] 張素（1878—1945），字揮孫、穆如，號嬰公，江蘇丹陽人。光緒二十八年（1902）舉人。南社社員。民國初年在哈爾濱主辦《遠東日報》，後因父喪返鄉。著有《悶尋鸚館詞集》《瘦眉詞卷》《嬰公文存》《草間集》等。

（三）張素跋

　　燉煌一石室，多有中古書。保藏二千年，曾不餵蠹魚。而此寫經者，唐人之所儲。有舛皆硬黃，葉葉利卷舒。十萬貝多羅，厥價珍瓊琚。吾友幸得之，輒用誇示余。謂其運筆精，古拙致有餘。智永何足稱，懷素者非歟？合配魏造像，供養同精廬。因憶數載前，訪古辰韓虛。偶獲禪師銘，梵譯窮佉盧。今君又得此，歎賞將何如。

　　張素再題。（鈐“張素”白文方印、“惠身”朱文方印）

（四）諸宗元跋

　　燉皇石室所藏既墮塵劫，其精本泊完善者已入法蘭西，零縑斷楮我國士夫好古者迤邐得之，滋可詫憤。庚戌（1910）遊京師，友人以寫經二殘軸贈行。其明年武昌事起，脱身兵間，圖書蕩盡，此二經卷不知所歸。某持淨業者，當一切捨棄，何足涉念。甲寅（1914）之歲，明星先生因高君獲智照大師所書《大般若波羅密經》第六十九卷，歡憙讚歎，得未曾有。唐人寫經楊惺老所藏爲最精[1]，然出於士人爲多，非僧侶所書。智照行跡眇當考覈。即就發願寫經盈數十卷，豈俗世沙門所可企及耶！明星寶之。況重以高君相貽之雅，用爲題志，以志頂禮。淨業學人紹興諸宗元[2]。（首鈐“大平安”朱文圓印，末鈐“迦持記莂”白文方印、“宗元”朱文方印）

　　[1] 楊惺老，指楊守敬（1839—1915），字惺吾，號鄰蘇，湖北宜都人。同治元年（1862）舉人。光緒年間爲駐日本使節何如璋、黎庶昌隨員，大舉搜求古籍，得數萬卷，並協助黎庶昌刊刻《古逸叢書》。民國初年寓居上海。著有《日本訪書志》《水經注疏》《隋書地理志考證》等。楊守敬並不以收藏敦煌文獻著稱，此

跋所述當係傳聞失實。

[2] 諸宗元(1875—1932),字貞壯,號大至,浙江紹興人。光緒三十年(1904)與黄節、鄧實等在上海創設國學保存會,翌年創辦《國粹學報》。清末入江蘇巡撫、湖廣總督瑞澂幕府,署湖北黄州知府。民國初年任全國水利局秘書、浙江督軍府秘書、浙江電報局局長。1929 年任南京國民政府教育部簡任秘書。著有《大至閣詩》《吾暇堂類稿》《篋書別錄》《中國書畫淺説》等。

【著錄】

北京圖書館善本組 1981,第 17 頁。

【錄文】

中國國家圖書館 2010E,《條記目錄》第 14—15 頁。

【圖版】

中國國家圖書館 2010E,第 159—161 頁。

23. 中國國家圖書館藏 BD14789《大乘莊嚴經論》潘齡皋跋

【概述】

此卷首全尾脱,存 6 紙,167 行,285.2 釐米。有首題:“大乘莊嚴經論序。太子右庶子安平男臣李百藥奉敕撰。”引首有潘齡皋跋一則。

【校錄箋證】

燉煌唐經自發現後,余閲者多矣,皆不著書者姓名。是卷爲安平男李百藥所書[1],與他卷獨異。卷首繫以論序,理通玄默,佛法上乘,尤爲卷中所無。而字之秀潤挺拔,如以錐畫沙。嗜古之士往往於古人殘碑斷碣摩挲而不忍釋手。茲於千餘年後而得諸墨蹟,洵可寶也。己巳(1929.5.6)立夏日葛城潘齡皋識於津門旅次之何須大室齋[2]。(鈐“潘齡皋印”白文方印、“錫九”朱文方印)

[1] 按,此卷首題下有著者署名“太子右庶子安平男臣李百藥奉敕撰”一行,此跋誤以著者爲書者。

[2] 潘齡皋(1867—1953),字錫九,河北安新人。光緒三十一年(1905)進士。歷任甘肅隆德知縣、建昌知縣、陝甘督署總文案、甘肅巡警道兼提學使、署甘肅布政使、安肅道尹兼嘉峪關監督。1921 年 10 月至 1922 年 8 月任甘肅省省長。

【著錄】

北京圖書館善本組 1981,第 9 頁。

【錄文】

中國國家圖書館 2010E,《條記目錄》第 20 頁。

【圖版】

中國國家圖書館 2010E,第 282—283 頁。

國際敦煌項目(IDP)網站:http://idp.nlc.cn

24. 中國國家圖書館藏 BD14813《天請問經》馬敍倫跋

【概述】

此卷首尾均全,2 紙,49 行,長 86.1 釐米。有首題:"天請問經。三藏法師玄奘奉詔譯。"有尾題"天請問經一卷",後有題記一則,落款爲:"辛未年六月一日埋匠馬報達在伊州作客寫記之耳。"卷前鈐"馬敍倫印"白文方印,卷尾騎縫鈐"馬"朱文圓印。浙江圖書館藏浙敦 020《佛説如來相好經》馬敍倫跋謂該卷與此卷爲同一人所書。

拖尾有馬敍倫題跋二則。

【校録箋證】

(一) 馬敍倫跋一

此卷與《佛説如來相好經》爲一人所書,出自敦煌石室,日本人得之,以貽余友張君孟劬[1]。往月余有事上海,因走孟劬談藝。孟劬謂:"蓄此待君久矣。"即持以贈。尋此卷末署辛未在伊州作客寫記,蓋書者胡人。唐太宗貞觀四年(630),以胡人來歸,置西伊州,六年(632)去"西"字,天寶元年(742)改爲伊吾郡,乾元元年(758)復爲伊州。唐代紀年凡四值辛未,弟一高宗咸亨二年(671),弟二玄宗開元十九年(731),弟三德宗貞元七年(791),弟四宣宗大中五年(851)。審書體於六朝人爲近,則尚是唐初書也[2]。惜"馬"字上二字不明,依約是"祖遠"二字,當爲書人本貫地名。昔在京師觀羅掞東所藏唐開成二年道士索洞玄寫《真一本際經》[3],歎爲得未曾有。此卷雖寥寥數十行,然具紀元、書人名氏并作書之地,則較索書又何如耶!十一年(1922)八月十三日石屋書於嚼梅咀雪之盦[4]。(鈐"夷初"朱文方印、"石屋"白文方印)

[1] 張爾田(1874—1945),字孟劬,號遁堪、遁龕,浙江錢塘(今杭州)人。清末任職於刑部。民國初年預修《清史稿》,任交通大學、北京大學、北京師範大學教授,燕京大學國學總導師。著有《史微》《蒙古源流箋證》《俱舍論詮注》《入阿毗達摩論講疏玄義》《玉溪生年譜會箋》《遁堪文集》《遁庵樂府》等。

[2] 池田溫《中國古代寫本識語集録》疑此卷時代爲 911 年,《國家圖書館藏敦煌遺書》第 134 册《條記目録》著録爲歸義軍時期寫本(10 世紀),與馬敍倫説不同。從紙張、書法等角度看,10 世紀説更爲妥當。

[3] 羅惇曧(1885—1924),字掞東,號癭公,廣東順德人。早年就讀於廣雅書院。清末任郵傳部郎中。民國初年歷任總統府參議、國務院秘書等職。後棄政從文,詩文、書法名擅一時。著有《太平天國戰記》《中英滇案交涉本末》《中俄伊犁交涉本末》《中法兵事本末》《中日兵事本末》《藏事紀略》等。"開成二年"(837),當爲"開元二年"(714)之誤。敦煌遺書中有多件索洞玄所寫道經,如 P.2475、S.3563《太玄真一本際經》卷二,S.2999《太上道本通微妙經》卷十,P.2369《太玄真一本際經》卷四,P.2256《通門論》卷下,其題記皆爲:"開元二年十一月廿五日,道士索洞玄敬寫。"P.2584《老子道德經》卷上、S.1857《老子化胡經》卷一等二件,均有"道士索洞玄經"題記,池田溫《中國古代寫本識語集録》亦判斷其爲 8 世紀初,當可信從。羅惇曧所藏者,即開元二年十一月廿五日索洞玄所施造道經之一,馬敍倫對題記紀年的記憶可能有誤。

該寫經下落待考。

　　[4] 馬敘倫(1885—1970)，字彝初、夷初，號石屋，浙江杭州人。1911 年浙江光復後任都督府秘書。1913 年任教於北京醫學專科學校，1917 年任北京大學哲學系教授。1922 年起任浙江第一師範學校校長、浙江省教育廳廳長、教育部部長。抗戰時期蟄居上海。1945 年發起組織中國民主促進會。新中國成立後任教育部、高等教育部部長。

（二）馬敘倫跋二

　　"祖遠"乃"趄匠"二字，"趄"即"塑"字異書。向釋非是。廿六年(1937)，敘倫。（鈐"馬敘倫印"白文方印）

【著録】

　　北京圖書館善本組 1981，第 62 頁。

【録文】

　　中國國家圖書館 2010F，《條記目録》第 8 頁。

【圖版】

　　李際寧 2000，第 44 頁。中國國家圖書館 2010F，第 80 頁。中國國家圖書館、中國國家古籍保護中心 2010，第 2 册第 128 頁。

　　國際敦煌項目(IDP)網站：http://idp.nlc.cn

25. 中國國家圖書館藏 BD14840《晉唐萃羽》册頁魏忍槎、陳玄厂跋

【概述】

　　此册裱褙殘片三十一件。封面題："晉唐萃羽。丁亥(1947)二月八覺居士。"部分殘片周邊書有題跋，茲按《國家圖書館藏敦煌遺書》編號爲序逐一迻録。

【校録箋證】

（一）BD14840EA《大方等大集經》卷十一殘片魏忍槎跋

　　此隋經也。余藏大業元年(605)書《金光明經》卷，書法與此殘經相同。都四十八字，不全者十。八覺居士[1]。

　　[1] 據 BD14840H 跋落款"八覺居士阿忍"，可知八覺居士即魏忍槎，其藏書室名寶梁閣、不因人熱之室。生平不詳。

（二）BD14840EB《妙法蓮華經》卷七殘片魏忍槎跋一

　　此殘片唐經佳品，有魯公《多寶塔》之雄偉，亦不多見之品，片楮亦至寶也。

（三）BD14840EB《妙法蓮華經》卷七殘片魏忍槎跋二

　　筆勢雄厚，結體整肅，是廟堂之器也。忍槎識。

（四）BD14840EC《金剛般若波羅蜜經》殘片陳玄厂跋

　　沉著雄偉，非大家曷克有此。丁亥(1947)春陳玄厂記[1]。

　　[1] 陳玄厂,名小溪。畫家,與王雪濤、李苦禪、王森然並稱齊白石四大弟子。

（五）BD14840EC《金剛般若波羅蜜經》殘片魏忍槎跋

　　大業四年(608)隋人書《金剛經》殘片,墨色沉厚,筆勢儁逸,暑日讀此,可以止汗。甲申(1944)六月讀於寶梁閣燈下。忍槎。

（六）BD14840G《妙法蓮華經》卷三殘片陳玄厂跋

　　吞色墨韻耐人翫味,不勝發思古之幽情。玄厂記。

（七）BD14840H《灌頂章句拔除過罪生死得度經》殘卷魏忍槎跋

　　佛氏經卷多出自經生之手,別有韻味也。八覺居士阿忍。

（八）BD14840H《灌頂章句拔除過罪生死得度經》殘卷魏忍槎跋

　　六朝入唐,尚有雄深奇譎之韻,"願""徹""无""穢"等,皆非唐人書意。八覺居士識。

（九）BD14840I《妙法蓮華經》卷七殘卷陳玄厂跋

　　墨氣深渾,字體肅穆,對之浮氣盡消。丁亥(1947)玄厂記。

（十）BD14840KB《十方佛名經》殘片陳玄厂跋

　　神品。陳玄厂篆。

（十一）BD14840KB《十方佛名經》殘片魏忍槎跋

　　西魏《佛名經》殘片。此經三十三年(1944)得於津市,亦德化李文和公之遺也[1]。行款甚別致。另一行書大統年號,西魏時之墨蹟也。六朝書法在清末為恈體,自包安吳、康南海之説興[2],學者咸棄館閣體而習六朝書矣,然只能於石刻中求之,而墨蹟實難寓目。此殘片當效海内孤本之《張玄志》[3],尤足珍也。不因熱者誌。

　　[1] 李文和,指李盛鐸(1859—1934)。

　　[2] 包世臣(1775—1855),安徽涇縣人,涇縣古稱安吳,世稱"包安吳",著有《藝舟雙楫》;康有為(1858—1927),廣州南海人,世稱"康南海",著有《廣藝舟雙楫》。包、康推崇漢魏碑刻,鼓吹碑學,對清後期書風轉變有深刻影響。

　　[3]《張玄志》,即《南陽太守張玄墓誌》,通稱《張黑女墓誌》。北魏普泰元年(531)刻石,原石久佚,僅有何紹基(1799—1873)舊藏剪裱本存世。

（十二）BD14840LA《觀佛三昧海經》卷一陳玄厂跋

　　得覩此殘經字,勝臨萬千石刻。陳玄厂敬記。

（十三）BD14840LA《觀佛三昧海經》卷一魏忍槎跋一

　　右晉人寫《佛説觀佛三昧海經》卷一殘,得於德化李氏。丙子(1936)三月,魏忍槎記。

（十四）BD14840LA《觀佛三昧海經》卷一魏忍槎跋二

　　唐人寫經非止唐代一朝之物,兩晉六朝均有之,統名曰唐人寫經耳。自唐室以書法應制,至於清末,以書干禄,館閣成體,學書者只限於唐四家。而四家之石刻已一翻再翻,木版土版,學者求一原搨已不可得,又安能見到古人真蹟?且只知有四家,其他偉蹟亦非所知也。清末五大臣出洋,德化李文和盛鐸於英法博物院中見此奇蹟,始知出自敦煌石室,乃達之清室,儘取之以公世人。此殘片書法類《爨寶子》,墨色沉厚,筆氣雄健,當是晉人遺蹟。千七百前之真蹟,片帋隻字已爲世寶,此有全者念二、殘字八,合三十字。甲申(1944)五月八覺居士識。

(十五) BD14840LB《菩薩瓔珞本業經》卷上魏忍樵跋

　　樸厚乃魏書之本色,絃外之音別有韻味。忍樵識。

(十六) BD14840MA《摩訶般若波羅蜜經》卷二一殘片魏忍樵跋一

　　隋大業寫經殘片,二十五年(1936)所得德化李氏廖廎館中物也。寶梁閣藏。

(十七) BD14840MA《摩訶般若波羅蜜經》卷二一殘片魏忍樵跋二

　　黑色而有藍彩,古之佳墨。又經過千餘年,自然之徵象也。三十三年(1944)五月,八覺居士識。

(十八) BD14840MB《摩訶般若波羅蜜經》卷二一殘片魏忍樵跋一

　　此幅與前幅隋經乃同體之物而裂缺者,“轉輪聖”“如”“不得波”等字均可相聯屬。而余不諳裝池,又無天孫之技,不能補綴如一耳。忍樵記。

(十九) BD14840MB《摩訶般若波羅蜜經》卷二一殘片魏忍樵跋二

　　上經書法結體轉折類東魏《敬使君碑》[1],或出諸一人之手。古人以書畫爲末藝,均不署名,只可性情間審度之耳。六月上旬忍樵又記。

　　[1]《敬使君碑》,即《禪静寺刹前銘敬使君之碑》,東魏興和二年(540)刻石。乾隆三年(1738)出土,今存河南長葛。

(二十) BD14840N《大方廣佛華嚴經》卷三一殘片陳玄厂跋

　　此六朝人寫經,謹嚴中時露逸氣,橫筆作隸體,在有意無意間,真妙品也。丁亥(1947)春月陳玄厂記。

(二十一) BD14840O《金剛般若波羅蜜經》殘片陳玄厂跋

　　《石室秘寶》有柳誠懸石刻寫經[1],頗與此殘片相似,雖大小稍異,其用筆結體清雋勁拔之氣如出一手,唐人寫經中斷不能再有摹柳書如此神似者,是誠柳書,真至寶也。丁亥(1947)春玄厂記。

　　[1] 指羅振玉影印《石室秘寶》(上海:有正書局,1910年)甲集所收 P.4503《柳公權書金剛經》拓本。

(二十二) BD14840RA《金光明經》卷四殘片魏忍樵跋一

　　隋大業元年(605)書《金光明經》卷殘片,絶佳,上上品,宇内之奇珍也。三十三年(1944)八覺居士。

(二十三) BD14840RA《金光明經》卷四殘片魏忍樵跋二

　　“開皇”誤書“大業”。忍樵。

(二十四) BD14840RA《金光明經》卷四殘片魏忍樵跋三

　　絶佳之品,隋經上格。聊聊數行,不足百字。珍擬《黄庭》,價過和璧。忍樵。

（二十五）BD14840RB《菩薩地持經》卷五殘片魏忍槎跋一

甲申中秋前二日（1944.9.29）見隋經二卷、唐經一卷，節省用費以置之。古人典卻春衫買古書，好者固如斯也。八覺居士記。（鈐“魏”朱文長方印、“忍槎”朱文圓印）

（二十六）BD14840RB《菩薩地持經》卷五殘片魏忍槎跋二

此隋大業八年（612）兵燹，僧衆作辯才道場，寫《方便處戒品》第五卷，及梁州戒本、獨羯磨文二本，此其殘珍。有字三十四，缺殘者七字。（鈐“忍辱神仙”朱文方印）

（二十七）BD14840SA《摩訶般若波羅蜜經》卷九殘片魏忍槎跋

北魏《大品經》之殘落者，書法如《元演墓志》[1]。寶梁閣主魏忍槎識。

　[1]《元演墓志》，即《皇魏故衛尉少卿謚鎮遠將軍梁州刺史元君墓誌銘》，北魏延昌二年（513）刻石，出土於河南洛陽。

（二十八）BD14840SB《像法決疑經》殘片魏忍槎跋

此北魏書之秀逸者，司馬顯姿差似之[1]。寶梁閣、讀記。

　[1] 司馬顯姿，指《司馬顯姿墓誌》，即《魏故世宗宣武皇帝第一貴嬪夫人司馬氏墓誌銘》，北魏正光二年（721）刻石。10 世紀前期出土於洛陽城北。

【録文】

中國國家圖書館 2010F，《條記目録》第 20—23 頁。

【圖版】

中國國家圖書館 2010F，第 236—255 頁。

【研究】

方廣錩 2002B，第 183—185 頁；方廣錩 2010，第 122—123 頁。

26. 中國國家圖書館藏 BD14881《維摩詰經》卷中鍾彤澐跋

【概述】

此卷首尾均全，17 紙，446 行，769.9 釐米。前有品題“不思議品第六”，後有尾題“維摩詰經卷中”。引首有鍾彤澐跋一則。

【校録箋證】

敦煌千佛洞莫詳其所始，亦不知何時爲飛沙壅没。清光緒時，沙忽爲風吹散，洞始谽然軒露。《續修甘肅通志》成於宣統二年（1910），不載茲事。蓋敦煌去省二千三百餘里，地僻而民樸，文獻缺如，且當時並不視爲奇異，略之亦宜。洞藏古寫經、抄本書甚多，初僅僧徒用以答檀施者，捨錢數緡，可任擇數卷。適有英法人先後來遊，辨爲古物，擇其尤者攜歸，珍逾拱璧。於是學部咨由陝督長公輦運寫經六千卷入都[1]，敦煌古寫經之名始大著於時，然士大夫藏者尚少。民國三年（1914），合肥將軍來督隴上[2]，幕府諸公以餘暇鑒別古經，始知自元魏以迄五代，代有寫經。數十百卷中，必有一卷詳記時代、姓名。紙亦各因其時，莫能混淆。有士大夫書、經生書、僧徒書之分，大抵士大夫書者必精，僧徒書者多劣。近一二年經價日昂，精者一卷索價或至千金。物之顯晦，殆亦有時焉。購者既多，價鼎争出，以投時好，非精於鑒别者莫能辨也。余積十年之力，得古寫經百餘卷，顔所居曰“百經齋”以誌幸也。使余非購自數年前，則罄橐不足得一二，庸非幸歟！笏丞仁棣處長乞假奉太夫人板輿東返[3]，行有日矣。因檢所藏《維摩詰經》一卷贈之，是唐初士大夫書之佳者。古人寫經，多用以祈迓景福，謹本斯恉，祝太夫人遐齡曼福，永永無極。笏丞其誌之，吾將以此爲左券焉。中華民國十年(1921)三月，寧鄉鍾彤澐敬贈並識[4]。（鈐“鍾彤澐印”白文方印、“築父”朱文方印）

[1] 陜督長公，指 1909 年至 1911 年任陜甘總督的長庚（? —1915），字少白，伊爾根覺羅氏，滿洲正黄旗人。光緒年間歷任巴彦岱領隊大臣、伊犂副都統、駐藏大臣、伊犂將軍、兵部尚書。光緒三十一年(1905)再任伊犂將軍。宣統元年(1909)五月遷陜甘總督，當年十月到任，在任期間遵學部電清點藏經洞遺存文獻運京。武昌起義後，曾鎮壓寧夏革命黨人起義，後卸職返京。諡恭厚。

[2] 合肥將軍，指 1914 年至 1920 年主政甘肅的安徽合肥人張廣建(1867—?)。

[3] 鄭笏丞，字元良，生卒年不詳。隨張廣建入隴，任警務處處長。青島市博物館藏《維摩詰所説經義記》許承堯跋提到鄭笏丞，謂“上十二卷本余所藏，以力不能有，歸之吾友鄭君笏丞”，亦即其人。

[4] 鍾彤澐，湖南寧鄉人。民國期間在甘肅任職，曾任教於甘肅省立法政學校，1923 年 8 月 21 日會同敦煌縣縣長陸恩泰查勘莫高窟藏經洞。撰有《雪泥三記》《輪蹄集》《陸蕭武將軍年譜》。

【著録】

北京圖書館善本組 1981，第 133 頁。

【録文】

中國國家圖書館 2010G，《條記目録》第 5 頁。

【圖版】

中國國家圖書館 2010G，第 22—23 頁。

【研究】

方廣錩 2002B，第 186 頁（著録卷號爲 BD14081）；方廣錩 2010，第 124 頁（著録卷號爲 BD14081）。

27. 中國國家圖書館藏 BD14884《維摩經》卷中蔡金臺跋

【概述】

此卷首殘尾全，存 25 紙，569 行，長 969.7 釐米。有尾題“維摩經卷中”，後有題記：“咸亨三年(672)六月上旬弟子氾師僧爲亡妻索敬寫。”未經裝裱，卷尾有蔡金臺題跋三則。

【校録箋證】

（一）蔡金臺跋一

隋唐寫經世不常有，此種有款識者尤宋以來官私收藏所無，即此石室所藏不下三萬卷,而此種不逾百卷,其難得可知矣。

（二）蔡金臺跋二

　　閱一千三百三十九年,大清宣統二年庚戌（1910）九江蔡金臺得於甘肅燉煌千佛寺石室[1]。

　　[1] 蔡金臺,字燕生、燕孫,一字君薔,晚號嗇庵,江西德化人。光緒十二年（1886）進士。十七年任甘肅學政。二十二年在江西高安創立蠶絲學堂。二十五年以"考察商務"爲名前往日本抓捕康梁。三十年任會試同考官,同年任湖廣道監察御史。民國初年寓居北京。

（三）蔡金臺跋三

　　至宣統二年計一千三百卅九年。

【著錄】

　　北京圖書館善本組 1981,第 132 頁。

【錄文】

　　中國國家圖書館 2010G,《條記目録》第 5—6 頁。

【圖版】

　　中國國家圖書館 2010G,第 22—23 頁。

　　國際敦煌項目（IDP）網站：http://idp.nlc.cn

28. 中國國家圖書館藏 BD14888《釋肇序鈔義》蔡金臺跋

【概述】

　　此卷首殘尾全,存 9 紙,251 行,長 356.2 釐米。卷尾有紀年題記："余以大曆二年（767）春正月於資聖寺傳經之次記其所聞,以補多忘,庶來悟義伯無誚斐然矣。崇福寺沙門體清集記。"未經裝裱,卷尾有蔡金臺題跋一則。

　　蔡金臺爲李盛鐸德化同鄉；兩人過從甚密,鄧之誠《骨董瑣記全編》（北京：中華書局,2008 年 4 月）刊佈蔡金臺 1898 年致李盛鐸兩通密札,内容涉及戊戌政變及袁世凱,可見二人交誼甚厚。蔡跋稱此卷係 1910 年從敦煌石室所藏卷子中"檢得之",頗疑李盛鐸、何震彝等盜竊甘肅解京敦煌遺書,蔡金臺也參與其中,此卷及 BD14884《維摩經》或即蔡金臺當日所得。

【校錄箋證】

　　閱一千二百四十四年,大清宣統二年庚戌（1910）從燉煌千佛寺石室所藏晉唐卷子檢得之。嗇庵記。

【錄文】

　　中國國家圖書館 2010G,《條記目録》第 6—7 頁。

【圖版】

　　中國國家圖書館 2010G,第 83 頁。

29. 中國國家圖書館藏 BD14916《大般涅槃經》卷十王樹枏跋

【概述】

此卷首尾均全,17 紙,449 行,798.4 釐米。有首題"大般涅槃經卷第十",尾題"大般涅槃經卷第十"。引首題:"初唐人書大般涅槃經卷弟十。繁霜簃藏。"拖尾有王樹枏題跋一則。

【校錄箋證】

《大般涅槃經》殘卷,出敦煌大高廟洞中,字體秀勁,爲隋唐以上人所書,開歐虞一派。庾肩吾《書品》有云:"抽絲散水,定其下筆;倚刀較尺,驗於成字。"誠所謂内含剛柔、外露筋骨者也[1]。得片紙隻字,即可奉爲楷法之寶,況獲此長卷,其可貴爲何如也。十一月二十二日陶廬老人新城王樹枏識於箋楊補費之廬。時年八十有四[2]。(鈐"王樹枏印"白文方印)

[1] 語出唐張懷瓘《書斷》卷上:"歐若猛將深入,時或不利;虞若行人妙選,罕有失辭。虞則内含剛柔,歐則外露筋骨。君子藏器,以虞爲優。"

[2] 朱玉麒據王樹枏題款稱"時年八十有四",推知此跋書於 1934 年。則"十一月二十二日"爲 1934 年 12 月 28 日。

【著錄】

北京圖書館善本組 1981,第 144 頁。

【錄文】

中國國家圖書館 2010G,《條記目錄》第 13 頁。

【圖版】

中國國家圖書館 2010G,第 190 頁。

【研究】

方廣錩 2002B,第 185 頁;方廣錩 2010,第 123 頁。朱玉麒 2011,第 574—590 頁;朱玉麒 2019,第 395—418 頁。

30. 中國國家圖書館藏 BD14932《妙法蓮華經》卷六顧皐跋

【概述】

此卷首殘尾全,存 3 紙,55 行,長 111.3 釐米。有尾題"妙法蓮華經卷第六"。引首背題簽:"唐人寫經最工整嚴謹者。"引首題"蓮華經殘卷"。前鈐"雲深處"朱文橢圓印,後鈐"吳江顧皐"白文方印、"丁丑後號子盒"白文方印。

拖尾有顧皐題跋一則。另,卷中夾有近人題跋草稿四則,兹不贅錄。

【校錄箋證】

《妙法蓮華經》卷六《藥王菩薩本事品》,全卷經文計式千七百八十八字。此硬黄紙寫經卷上首經文遺失,僅存經文九百十字。咸目爲唐人寫經,但無題跋、年代及寫經人名。或因疑及紙墨不甚古黝,使筆不甚自然。然古人往矣,無能目親千餘年前事者,豈必唐人盡類歐虞? 流傳經卷大率類此,安知不寶藏完密,確非近時紙料? 則此卷之珍貴可知。庚辰(1940)之秋米舫主人所屬[1],古稀墨叟病起書此[2]。(鈐"吳江顧崟"白文方印)

[1] 柳榕(1896—?),字君然,號米舫主人,室名江聲齋,江蘇蘇州人。吳門畫派花鳥畫家。曾任蘇州市國畫館館員、市文管會委員、市政協委員。

[2] 古稀墨叟,即顧崟(1872—1940),字墨畦,又字品石、墨彝,江蘇吳江(今屬蘇州)人。擅長山水畫。

【著録】

北京圖書館善本組 1981,第 99 頁。

【録文】

中國國家圖書館 2010G,《條記目録》第 17 頁。

【圖版】

中國國家圖書館 2010G,第 299 頁。

31. 中國國家圖書館藏 BD14933 藏文《無量壽宗要經》周肇祥跋

【概述】

此卷存 4 紙,長 157.5 釐米,分 7 欄抄藏文《無量壽宗要經》。引首有周肇祥跋一則。

【校録箋證】

持示北京玅應寺陳喇嘛,云此《求長壽經》係吐蕃寧工必烈寺僧,即囉哩激烏名粟凌京沙、庚英尼泊申厄崩尼泊二人造第三本也。壬午佛生日(1942.5.22),無畏居士周肇祥記。(鈐"周肇祥印"白文方印)

【録文】

中國國家圖書館 2010G,《條記目録》第 18 頁。

【圖版】

中國國家圖書館 2010G,第 302 頁。

32. 中國國家圖書館藏 BD14934 藏文《無量壽宗要經》周肇祥跋

【概述】

此卷存 4 紙,長 180 釐米,分 8 欄抄藏文《無量壽宗要經》。卷尾鈐"真如舊館"白文方印。引首有周肇祥跋一則。

【校録箋證】

此唐蕃書《求長壽經》,昂粟當粟崗粟呀格巴造第一百四本。陳喇嘛出示今本,云誦是

經求壽者,即以現年之數爲遍數也。辛巳十二月既望(1942.2.1),丘婆塞周肇祥敬記。(鈐"周肇祥印"朱文方印)

【録文】

中國國家圖書館 2010G,《條記目録》第 18 頁。

【圖版】

中國國家圖書館 2010G,第 309—310 頁。

33. 中國國家圖書館藏 BD14953《大方廣佛華嚴經》卷五十八陳閎跋

【概述】

此卷首尾均殘,存 8 紙,166 行,長 283.5 釐米。書法隸意較濃,爲十六國時期寫本。卷首鈐"陳閎眼福"白文方印,卷尾鈐"禪晉揖唐之室"朱文方印。引首外題簽:"晉人寫經。石室無上品。"下鈐"陳閎偶得"白文方印。引首、拖尾各有陳閎跋一則。

【校録箋證】

(一) 引首陳閎跋

隸楷蜕變。

石室寫經不貴精而貴古,精易求、古希見也。此卷書法奇古,許太史承堯以其所藏署有前涼年號者較之,如出一手,欲以唐寫精品相易,余未之許。前涼奄有燉煌之地正當西晉五胡亂華時,距今近二千年。吾人得見隸楷之蜕變,豈非一段奇事耶!越州陳季侃。(鈐"陳閎"朱文方印)

(二) 拖尾陳閎跋

燉煌石室藏經記

清光緒庚子(1900)甘肅燉煌縣莫高窟流沙中發見石室,室内所藏上自西晉,下迄朱梁,紙書絹畫、袈裟彝器,粲然備具。室有碑記,封閟於宋太宗初元,距今千餘歲。以所藏歷代寫經考之,最古者近二千年,唐寫佛經爲獨多,晉魏六朝稍稍希矣。經皆成卷,束以絹帶,完好如新,誠天壤間瓌寶也。吾國官民不知愛惜。丁未(1907)歲,法國文學博士伯希和自新疆馳詣石室,賄守藏道士,檢去精品數巨篋。英人日人繼之,咸大獲而歸。迨端陶齋赴歐考察憲政,見於倫敦博物院,歸而訪求,則石室已空,僅於處士家搜得佛經三千卷,藏庋北平圖書館,今不知尚存否。余度隴之歲,購求唐人精寫者已不易得,而著有年代及六朝人書,則非以巨價求之巨室不可得也。蘇子瞻云:"紙壽一千年。"今石室所藏突破先例。蓋燉煌砂磧堆積如阜,高燥逾恒。苟石室永閟,即再經千年,猶當完好。一入人手,則百十年間可淪佚以盡。證之今日,藏經已希如星鳳,其後可知。猶憶在隴時朋輩與余競購者,所藏皆已散亡。余亦何能永保?但求愛護有人,千百年珍墨不至毁損於吾人之手,吾願畢矣。風雨如晦,雞鳴不已。得者寶諸。癸未(1943)春月,前護隴使者陳季侃。(鈐"陳

閣”白文方印）

【録文】

　　中國國家圖書館 2010H,《條記目錄》第 4—5 頁。

【圖版】

　　中國國家圖書館 2010H,第 51—58 頁。國家圖書館 2021,第 1 册第 20—21、35—
40 頁。

　　國際敦煌項目（IDP）網站：http://idp.nlc.cn

【研究】

　　朱鳳玉 2017,第 74—86 頁。

34. 中國國家圖書館藏 BD14961《摩訶般若波羅蜜經》卷一王國維、汪吟龍、張鼎銘跋

【概述】

　　此卷首殘尾全,存 11 紙,283 行,長 502 釐米。前有品題“摩訶般若波羅蜜相意品第
三”,下鈐“崑崙山主”白文方印;有尾題“摩訶般若波羅蜜卷第一”,卷尾有題記:“弱水府折
衝都尉錢唐縣開國男菩薩戒弟子鄧元穆謹爲七世父母敬寫《大品經》一部,願法界衆生同
登正覺。”

　　引首有王國維、汪吟龍、張鼎銘跋,王國維跋不見於《王國維全集》;卷首背面貼粉色簽
條,有佚名題跋一則。

【校録箋證】

（一）引首王國維跋

　　敦煌千佛洞所出唐人寫經大半爲晚唐五代人書,字多拙劣。此卷跋鄧元穆結銜爲“弱
水府折衝都尉”,則書此卷時府兵之制尚未廢矣。《唐書·地理志》載諸折衝府名,無弱水
府。惟楊炎撰《四鎮節度副使右金吾衛大將軍楊和神道碑》（見《文苑英華》）云:“始自弱水
府別將,至執金吾。”勞季言《唐折衝府考》據之以補《唐志》之闕[1]。此跋有“弱水府折衝都
尉”,足輔勞説。弱水府以地理言之,當設於甘州。甘、沙二州相距至近,故甘州所寫經得
在敦煌也。辛酉（1921）季秋海寧王國維觀并記[2]。（鈐“王國維”白文方印）

　　[1]《唐折衝府考》四卷,清勞經原撰,勞格校補。勞格（1819—1864）,字季言,勞經原之子。該書有
清道光二十一年（1841）勞氏丹鉛精舍刻本。

　　[2] 王國維 1919 年受浙江吴興（今湖州）蔣汝藻之聘,編纂蔣氏密韻樓書目,至 1923 年三月編成《密
韻樓藏書志》,隨後受遜清小朝廷之聘,北上入京,在南書房行走。1925 年任清華學校研究院導師。此跋
作於 1921 年季秋,時王國維受聘於蔣氏。

（二）引首汪吟龍跋

　　戊寅（1938）二月弟子桐城汪吟龍敬觀[1]。（鈐“汪”白文方印）

[1]汪吟龍(1898—1961),字子雲,安徽桐城人。清華學校研究院1925年首屆研究生,故於王國維跋後稱弟子。1938年至1939年任汪僞安徽省政府教育廳長。後執教於新疆學院、山西大學。著有《文中子考信録》《子雲文筆》等。

（三）引首張鼎銘跋

富州張鼎銘同敬觀[1]。（鈐“張鼎銘”朱文方印）

[1]富州,指遼寧鐵嶺。渤海國置富州,屬懷遠府,入遼改爲銀州。張鼎銘(1874—1952),字庶詢,遼寧鐵嶺人。歷任浙江會稽道尹、京兆尹、東北政務委員會總務廳長、山西財政廳長、北平政務整理委員會委員。1949年後被聘爲中央文史館館員。

（四）卷尾背面粘貼佚名跋

《摩訶般若波羅蜜經》一卷。盛唐人書,首尾不懈,結體嚴整,似《圭峰碑》[1]。硬黄昛亦精緻可愛。經尾跋:弱水府折衝都尉錢唐縣開國男菩薩戒弟子鄧元穆謹爲七世父母敬寫《大品經》一部,願法界衆生同登正覺。

[1]指《唐故圭峰定慧禪師傳法碑並序》,唐大中九年(855)立,裴休(791—864)撰並書,柳公權(778—865)篆額,現存陝西鄠縣草堂寺。

【著録】

北京圖書館善本組1981,第139頁。

【録文】

中國國家圖書館2010H,《條記目録》第7頁。

【圖版】

李際寧2000,第30頁。中國國家圖書館、中國國家古籍保護中心2008,第1册第125頁。中國國家圖書館2010H,第92—99頁。

國際敦煌項目(IDP)網站: http://idp.nlc.cn

【研究】

方廣錩2002B,第195—196頁;方廣錩2010,第131頁。

35. 中國國家圖書館藏 BD14972《金光明最勝王經》卷一江瀚、竺菩提、陳彦森跋

【概述】

此卷首斷尾全,存3紙,58行,長100.4釐米。有尾題“金光明最勝王經卷第一”,後有音義二行及題記:“長安三年(703)歲次癸卯十月己未朔四日壬戌三藏法師義净奉制於長安西明寺新譯並綴文正字。”後有藏文三行。

引首外題簽:“唐人寫《金光明最勝王經》。丙辰十月商衍瀛題簽。”鈐“雲汀”朱文方印。題簽者商衍瀛(1869—1960),字雲亭,號蘊汀。出身漢軍正白旗,廣東番禺人。商衍鎏(1875—1963)之兄。光緒二十九年(1903)進士。曾任翰林院編修、翰林院侍講、京師大

學堂預科監督,1932 年至 1934 年任僞滿洲國執政府秘書、内務官、會計審查局局長等職。1949 年後爲中央文史研究館館員。

拖尾有題跋三則。

【校録箋證】

(一) 江瀚跋

右唐人寫經紙本,得自京師。爰取光明最勝之義,留贈紹軒上將軍[1],即乞鑒存。丙辰(1916)仲冬長汀江瀚識[2]。(鈐"江瀚"朱文長方印)

[1] 張勛(1854—1923),字紹軒、少軒,江西奉新人。光緒二十一年(1895)投袁世凱新建陸軍。宣統三年(1911)任江南提督。1913 年率軍鎮壓"二次革命",任江蘇都督、長江巡閱使,駐徐州。1916 年兼安徽督軍。1917 年以調解"府院之争"爲名率軍入京,7 月擁溥儀復辟,十二日事敗,避居天津租界。

[2] 江瀚(1853—1935),字叔海,福建長汀人。清末歷任江蘇高等學堂監督、學部參事、京師大學堂經學教授。1912 年任京師圖書館館長,1914 年任北京政府政事堂禮制館總編纂,1915 年任參政院參政,1916 年任總統府顧問,1928 年任京師大學代校長、故宮博物院理事長。著有《孔學發微》等,編有《京師圖書館善本書目》等。

(二) 竺菩提跋及鈔《心經》

滌厂吾友出所藏唐人寫經見示[1]。緣夫寫經功德,俱詳釋典,或遠種菩提之因,或立證人天之果。書經刺血,映於日則烱鑠成金;繡佛織絲,倢其人則温柔似玉。羅文玉版,界以烏絲;兔穎雞毫,書成蚊翅。縱隱晦於當世,或顯耀於來兹。吾人少識之無,於此人生刹那間,即不爲功德計,亦當爲此有爲,方便後世,宏法利生,莫善乎此。唐人寫經字多纖弱,且不書名,或士子未第時習此以資膏火者。即身隱顯未可知,其人固早已物化矣,而其字獨能炫耀百代者,寧非於字以人傳、人以字傳之外,獨藉佛法以傳其字也邪? 要之,字爲人精神之所寄,斯其人亦不朽矣。世固有鳴一藝於當時者,及其人亡,藝亦汩没,可慨也夫!記云:"同名相召,同氣相求。雲從龍,風從虎。聖人作而萬物覩。"[2]太史公曰:"伯夷叔齊雖賢,得夫子而名益彰;顔回雖篤學,附驥尾而行益顯。巖穴之士趨舍有時若此,類名埋没而不稱,悲夫! 後之欲砥行礪名者,非附青雲之士,烏能施於後世哉!"[3]爰述所懷,並書《心經》一部,蓋亦有附驥之意存焉。癸未(1943)秋竺菩提。(鈐"竺菩提"朱文方印)

般若波羅密多心經

觀自在菩薩行深般若波羅密多時,照見五蘊皆空,度一切苦厄。舍利子! 色不異空,空不異色,色即是空,空即是色。受想行識,亦復如是。舍利子! 是諸法空相,不生不滅,不垢不净,不增不減。是故空中無色,無受想行識,無眼耳鼻舌身意,無色聲香味觸法,無眼界,乃至無意識界,無無明,亦無無明盡,乃至無老死,亦無老死盡,無苦集滅道,無智亦無得。以無所得故,菩提薩埵。依般若波羅密多故,心無掛礙。無罣礙故,無有恐怖,遠離顛倒夢想,究竟涅槃。三世諸佛,依般若波羅密多故,得阿耨多羅三藐三菩提。故知般若

波羅密多,是大神咒,是大明咒,是無上咒,是無等等咒,能除一切苦,真實不虚,故説般若
波羅密多咒。即説咒曰:答鴉他唵噶的噶的巴拉噶的巴拉桑噶的菩提娑哈。

　　　般若波羅密多心經(終)。(鈐"超"朱文方印、"然"白文方印)

　　[1] 滌厂,疑指袁滌庵(1881—1959),名翼,又字鴻緒,號剡溪老人,浙江嵊縣人。留學日本大阪高等
工業學校,回國後任紹興府中學堂監督。光復會會員。民國初年任天津高等工業學堂教授、奉天造幣廠
工程師。1914 年任甘肅鎮番縣知事。1924 年後創辦北京電車公司等企業。九一八事變後,隱居北京西
郊。藏書甚富。

　　[2] 語出《周易・乾》,文字略有異同。原文爲:"同聲相應,同氣相求。水流濕,火就燥。雲從龍,風
從虎。聖人作而萬物覩。"

　　[3] 語出《史記・伯夷列傳》,文字略有異同。原文爲:"伯夷、叔齊雖賢,得夫子而名益彰。顔淵雖篤
學,附驥尾而行益顯。巖穴之士,趣舍有時若此,類名堙滅而不稱,悲夫!閭巷之人,欲砥行立名者,非附
青雲之士,惡能施于後世哉?"

(三)陳彦森跋

　　滌厂先生出示所藏唐人寫經屬題。敬觀是作,睍目元流,頤神泰素,故能外其嚻務,揚
此宏芬。夫日月不居,風流易逝,古來賢達遺彼世華,孤笑一卷之中,遐抱千秋之想。安道
有言:誰能高佚,幽然一悟[1]。知非冥悟於道者,不足語此也。士生丁俶世,既不能振已
頹之緒,建微管之勳,萌庶乂安,寰宇奠定。值無用之位,占明夷之爻,亦唯有怡情翰墨,獨
浪煙赮,睥睨卿相之尊,擺落雰埃以外,忘懷得失,幽棲蓬蒿。深維我佛之旨,圓照重昏,一
念皈依,即可永離苦空,證成妙果,豈不謂廣被無量,藉謀不朽。傳世行遠,其道在兹乎?
沉浸數四,若有神會,歡喜讚嘆,靡可言詮。謹識衷誠,用飽眼福,且仰功德。癸未(1943)
仲秋袁江陳彦森[2]。(鈐"陳彦森"白文方印、"袁江人"朱文方印)

　　[1] 語出東晉戴安道《閒遊贊》。

　　[2] 陳彦森,江蘇淮陰人。工書畫。

【著録】

　　北京圖書館善本組 1981,第 107 頁。

【録文】

　　中國國家圖書館 2010H,《條記目録》第 11—12 頁。

【圖版】

　　中國國家圖書館 2010H,第 174—178 頁。

36. 中國國家圖書館藏 BD14996《摩訶般若波羅蜜經》卷二十六陳闓跋

【概述】

　　此卷首脱尾全,存 7 紙,179 行,長 333 釐米。首行爲品題"摩訶般若波羅蜜經恒伽提
婆品第五十八",有尾題"摩訶般若波羅蜜經卷第廿六"。引首外題簽:"唐寫波羅蜜經墨

蹟。敦煌石室秘寶。"引首題字："唐人妙墨。陳闓題。"前鈐"藏有晉隋唐人寫經"白文方印，後鈐"古越陳闓"白文方印、"字曰季侃"朱文方印。

引首有陳闓跋一則。據陳闓跋，其於 1930 年將此卷贈與友人徐寄廎。北京圖書館經由特藝公司宣武經營管理處購得此卷。

【校録箋證】

有清光緒之季，燉煌發見石室，藏物至夥。上自漢晉，以迄後梁，帛書帛畫，整潔如新。守官不知愛護，外人之游歷者乃聞風麕集，捆載而去，故其最精古者，轉佚在英法日本。羅叔藴氏所著《流沙墮簡》一書，備述其由。石室所藏寫經獨多，年來散佈於海內士大夫家，亦寖希寖貴矣。余度隴時，唐經佳者已難購致，今更十年，不知若何？此卷係羅紋蠟紙，書復樸茂，允推上品。吾友徐君寄廎[1]，見而欣賞。昔賢謂古物分藏得人，則其傳廣。寄廎篤實君子也，其後必能世守。敬以分贈，而述其來源如此。庚午（1930）元宵節越州陳闓記。（鈐"陳闓墨守"朱文方印、"公亮長壽"朱文方印）

[1] 徐陳冕（1882—1956），字寄廎，浙江永嘉人。留學日本。民國初年任浙江蘭溪中國銀行支行經理、浙江興業銀行總司庫，與張嘉璈等發起成立上海銀行公會。1933 年創辦票據交換所。1944 年任浙江興業銀行董事長，1946 年兼任上海市商會理事長。1947 年當選國大代表。著有《最近上海金融史》《近代錢幣拓本》等。

【著録】

北京圖書館善本組 1981，第 141—142 頁。

【録文】

中國國家圖書館 2010H，《條記目録》第 17—18 頁。

【圖版】

中國國家圖書館 2010H，第 352—353 頁。

【研究】

朱鳳玉 2017，第 74—86 頁。

37. 中國國家圖書館藏 BD15123《魏隋遺經》册頁黃芝瑞、許承堯、徐聲金、陳曾佑跋

【概述】

此册共裱褙敦煌遺書殘片十六件，前八件爲同一文獻，有尾題"戒經壹卷"，《國家圖書館藏敦煌遺書》第 139 册定名《十誦比丘波羅提木叉戒》，尾題後有題記"比丘法□所供養。孝昌二年（526）十二月三日寫訖"；第九至十三件爲《大方廣佛華嚴經》殘片，第十四、十五件爲《增一阿含經》殘片，第十六件爲《大般涅槃經》殘片。

封面簽題："魏隋遺經。彭契聖題。"彭契聖，一作啓聖，湖南長沙人。廩生。民國期間

歷任湖南茶陵(1913)、甘肅玉門(1915)、安西(1919)、武都、臨潭(1926)、安徽懷遠(1930)縣長。

　　《戒經壹卷》之前有黄芝瑞跋,五個半葉;《戒經壹卷》之後,有許承堯、徐聲金、陳曾佑題跋各一則。

【校録箋證】

(一) 黄芝瑞跋

　　述敦煌石室寫經

　　莫高窟又名三界寺,在甘肅敦煌縣南四十餘里,因山爲寺,分三重,石室以千計。上、中二重雜以道觀,下重爲僧院。前清光緒庚子(1900)孟夏,佛龕傾頽,複洞頓露,內藏古畫暨番漢字經卷、銅石造像甚多。相傳五季之難,寺僧避兵貯藏於洞,故得留遺至今無損也。法人東亞文學博士伯君希和,丁未(1907)冬遊歷迪化,道出肅州、安西,州牧余承曾贈寫經一卷[1],即出於石室者。希和因詢其地甚悉,遂密往瀏覽數月,甄奇選精,捆載以去。先是,英之印度總督某氏聞敦煌發現古物,派員司待訥君往窟搜取[2],攜多種返國,陳列於倫敦博物院。希和所獲,皆司氏之棄餘也。未幾希和入京,出其餘以示吾國士夫。學部參事羅君振玉、禮學館纂修王君仁俊等,好古家也,就希和宅手鈔數日。羅王二君各有記載行世,王君書名《敦煌石室真蹟録》,記述尤詳。會江督端方亦假希和各種寫經拍影成册,名曰《敦煌縣鳴沙山石室秘寶》[3]。自是海內人士漸知寫經之名,爭先購致。學部旋備六千金爲敦煌建文廟費,且施三百金於寺,遂將所餘經卷搜刮無遺。此宣統庚戌(1910)冬間事也。《神州國光集》中印有唐人寫經數頁[4]。劉文清跋云:"靈文密語,在在當有吉羊雲湧現護持。"[5]吳荷屋中丞亦云:"墨緣快幸。"[6]二公所見寫經實非上乘,且傾倒若此,所謂於無佛處稱尊也[7]。余於辛亥(1911)之秋西來,目覯晉魏六朝隋唐人書無慮數千百卷,其紙粗字率、塗乙滿紙者,爲經之譯稿;正本則紙質工細、書法端楷。又當時薦亡祈福,皆以經卷。書有士大夫、經生之別。隋唐書行十七字,二十八行爲一紙;隋唐前書行字多寡不等,隨意爲之。此其大較也。據考古家鑑別,以字體似隸者爲上品,法北碑及歐虞褚薛次之。別以紙色,證以字體,風會所趨,毫釐不爽。至卷尾標題,足供參考之助,尤當以鴻寶視之矣。

　　鍾祥黄芝瑞識[8]。

　　通山陳鴻儒書[9]。(鈐"陳鴻儒印"朱文方印)

　　中華民國十年(1921)七月。

　　[1] 州牧,指安西直隸州知州余承曾,浙江人。附生。據《安西縣志》(北京:知識出版社,1992年),余承曾光緒三十一年(1905)任安西知州,光緒三十三年恩光接任安西知州。據耿昇譯《伯希和西域探險日記:1906—1908》(北京:中國藏學出版社,2014年),會見伯希和並贈送其敦煌寫卷的安西知州爲恩光,並非余承曾。

[2] 司待訥，即斯坦因(Marc Aurel Stein，1862—1943)。

[3]《敦煌縣鳴沙山石室秘寶》，此書未見著録。疑指上海有正書局出版之《石室秘寶》，署名存古學會編，實係羅振玉編。

[4]《神州國光集》第一集(1908年)刊有"唐人書藏經殘字六幀"之一、二，及"劉石庵跋唐人寫經""吳荷屋跋唐人寫經"書影。

[5] 劉文清，即劉墉(1719—1804)，字崇如，號石庵，山東諸城人。軍機大臣劉統勛(1698—1773)長子。乾隆十六年(1751)進士。歷任安徽和江蘇學政、江寧知府、湖南巡撫、左都御史、工部尚書、直隸總督等職，官至體仁閣大學士。卒謚文清。善書法，長於小楷。著有《石庵詩集》。《神州國光集》第一集所刊"唐人書藏經殘字六幀"劉墉跋云："唐人寫經，有經生書，有士大夫書。香光謂宋思陵於經生書不收入内府，亦不取院畫之意耳。然經生書亦各有師承，此卷乃學鍾紹京。靈文密語，在在當有吉祥雲湧現，滿字半字，固無異也。"

[6] 吳榮光(1773—1843)，字伯榮，號荷屋，廣東南海人。嘉慶四年(1799)進士，散館授編修。歷官陝西陝安道、福建鹽法道，福建、浙江、湖北按察使，貴州、福建、湖南布政使，湖南巡撫，署湖廣總督，左遷福建布政使。工書畫，善金石書畫鑒藏。編著有《歷代名人年譜》《筠清館金石録》《筠清館帖》《辛丑銷夏記》等。《神州國光集》第一集所刊"唐人書藏經殘字六幀"劉墉跋云："予所得一分，恰補舊藏唐經册之後，墨緣快幸，有如此者。"

[7] 語出宋黄庭堅《跋東坡書寒食詩》："使蘇子瞻見此，應笑我於無佛處稱尊也。"

[8] 黄芝瑞，湖北鍾祥人，留學日本法政大學，1913年6月署理甘肅省高等檢察廳檢察長，任職至1915年12月徐聲金接任。

[9] 陳鴻儒，湖北通山人。光緒二十三年(1897)拔貢。

（二）許承堯跋

魏孝明帝孝昌二年(526)當梁武帝普通七年，在民國前一千三百八十七年。（鈐"許大"朱文長方印）

（三）徐聲金跋

觀此書如對舜井堯階，令人遐想太古淳樸之風。庚申(1920)仲秋徐聲金題識。（鈐"徐聲金印"朱文方印）

（四）陳曾佑跋

孝明帝熙平元年(516)作永寧寺石窟寺，神龜元年(518)遣使西域求佛書，至改元孝昌，是元詡在位之第十年也。是昔佛教復盛，朝野嚮風，沙門之徒，人人頂禮。此所寫《戒經壹卷》，末署"孝昌二年法某所供養"，"法"字下脱一字，其人無可考。其字體變分隸爲真楷，筆勢勁悍，古味盎然。北朝寫經中上品也，惜不得完帙耳。曾佑識[1]。（鈐"曾佑"白文長方印）

[1] 此條筆蹟與BD15295《妙法蓮華經》卷七陳曾佑跋完全一致，可知爲陳曾佑所作。陳曾佑(1857—1920)，字蘇生，湖北蘄水人。光緒十五年(1889)進士。曾任貴州道監察御史。光緒三十二年(1906)繼葉昌熾之後任甘肅學政、提學使、甘肅法政學堂監督，宣統二年(1910)去職。工詩。著有《虞淵集》。

【著録】

北京圖書館善本組 1981,第 68 頁。

【録文】

中國國家圖書館 2011B,《條記目録》第 9—10 頁。

【圖版】

中國國家圖書館 2011B,第 236—240 頁。

38. 中國國家圖書館藏 BD15125《法句經》許承堯跋

【概述】

此卷首尾均斷,存 2 紙,36 行,長 51.2 釐米。引首外題簽:"晉人寫經三十六行。海内鴻寶,陳闓偶导。"鈐"闓"白文方印。卷前引首題"鳴沙奇寶",有許承堯題跋一則。

【校録箋證】

鳴沙奇寶。

季侃仁兄省長屬。歙縣許承堯題。

此敦皇石室寫經之最古者,樸茂淵懿,直逼漢分,所見數千卷無出其右。余藏奇古者三卷,無寫時題識,以日本人所得元康六年寫之《諸佛集要經》證知爲晉人所作[1],而較此不如。此件亦不著年代,要當在義獻以前,真可謂宇内鴻寶矣。(前鈐"許大"朱文方印、"疑盦"朱文長方印,後鈐"許承堯印"朱文方印)

[1]《諸佛集要經》,指大谷探險隊在吐魯番所得元康六年(296)寫本《諸佛要集經》殘卷,影本收入香川默識編《西域考古圖譜》下卷(1915 年出版)。此卷今下落不明,僅有 12 件殘片存旅順博物館。

【著録】

北京圖書館善本組 1981,第 144 頁。

【録文】

中國國家圖書館 2011B,《條記目録》第 11—12 頁。

【圖版】

中國國家圖書館 2011B,第 247—249 頁。國家圖書館 2021,第 5 册第 12、15 頁。

國際敦煌項目(IDP)網站:http://idp.nlc.cn

【研究】

余欣 2005,第 181 頁;余欣 2012,第 123 頁。朱鳳玉 2016,第 21—33 頁。

39. 中國國家圖書館藏 BD15126《大般涅槃經》卷十七陳闓跋

【概述】

此卷首殘尾全,存 17 紙,455 行,長 907.8 釐米。有尾題"大般涅槃經卷第十七"。引首外題籤："北魏大般涅槃經第十七卷。無上神品。"引首題："北朝正宗。陳闇題。"後有陳闇跋二則。

【校録箋證】

(一) 陳闇跋一

燉煌石室藏經記

清光緒庚子(1900)甘肅燉煌縣莫高窟砂磧中發見石室,室有碑記,封閟於宋太祖太平興國初元,距今千餘歲。以藏經考之,將近二千年。所藏上自西晉,下迄朱梁,紙書帛畫,粲然備具。唐寫佛經爲獨多,晉魏六朝稍希有矣。紙皆成卷,束以絹帶,完好如新,誠天壤間瓌寶也。吾國官民不知愛惜。丁未(1907)歲,法國文學博士伯希和聞之,自新畺馳詣石室,賄守藏道士,檢去精品數巨篋。英人日人繼之,咸大獲而歸。迨端陶齋赴歐考察憲政,見於倫敦博物院,詗知其由來,歸而訪求,則石室已空,僅於處士家搜得佛經三千卷,藏度北平圖書館,今不知尚存否。余度隴之歲,購求唐寫精品,已不易致。而著有年代及六朝人書,則非以巨價求之巨室不可得也。昔蘇子瞻云:"紙壽一千年。"今兹發見,突破先例,蓋燉煌流沙堆積如阜,高燥逾恒。苟石室永閟,即再經千年,猶當完好。一入人手,則百十年內可淪鬺以盡。證之今日,藏經已希如星鳳,此後可知。猶憶在隴時朋輩與余競購者,所得多已散亡。余亦何能永保? 但求愛護有人,千百年珍物不致損毀於吾人之手,私願已畢。風雨如晦,雞不已,識者寶諸。癸未(1943)秋月,前護隴使者陳季侃。

(二) 陳闇跋二

北魏人書端重剛勁,深入顯出,深則入木三分,出則鋒析毫尖。此卷筆鋒犀利,如新出於硎。魏經長卷殊所罕覯,尤宜珍重。季侃。

【著録】

北京圖書館善本組 1981,第 48 頁。

【録文】

中國國家圖書館 2011B,《條記目録》第 12 頁。

【圖版】

中國國家圖書館 2011B,第 250—252 頁。

【研究】

朱鳳玉 2017,第 74—86 頁。

40. 中國國家圖書館藏 BD15285《勝天王般若波羅蜜經》卷六樊增祥跋

【概述】

此卷首尾均殘,存 3 紙,61 行,長 103.2 釐米。引首外周樹謨題籤："唐人寫經殘卷。沈觀署檢。"引首前鈐"容之心賞"朱文圓印、"錢容之家珍藏"朱文長方印,引首後鈐"容之鑑定"白文方印、"摘花浸酒春愁盡燒燭煎茶夜臥遲"朱文方印,卷尾鈐"容之之印"朱白文方印、"吴越王孫"朱文方印,可知此卷曾爲錢容之收藏。錢容之(1915—1998),山西文水人,寓居北京,精鑒定,藏書畫甚豐,其主要藏品 1986 年捐贈山西博物院。

引首樊增祥題:"唐人寫經殘卷。己未(1919)四月天琴道人爲泊園主人書。"後鈐"壺公"朱文方印、"茶仙亭長"白文方印。拖尾有樊增祥跋一則。

【校録箋證】

此弓雖是殘本,而字體精整寬博,猶是晉賢遺軌。少公屬與《本際經》並加題識[1],兩本互勘,彼本落筆奮迅,時形率略,此則分行布白,筆筆穩潤。世稱佛面如滿月,字體似之。樊增祥跋[2]。時年七十有四。(鈐"壺公"朱文方印)

[1] 少公,指周樹謨(1860—1925),字少樸,號沈觀、泊園,湖北天門人。光緒十五年(1889)進士。三十一年隨五大臣出洋考察憲政。三十四年任奉天左參贊,次年署黑龍江巡撫。宣統二年(1910)任會勘中俄邊境大臣。民國初年曾任平政院院長。工詩。晚年居北京。《本際經》,即《太玄真一本際經》,周樹謨藏該經今下落不明。

[2] 樊增祥(1846—1931),字嘉父,號樊山、雲門、天琴,湖北恩施人。光緒三年(1877)進士。歷任陝西宜川、咸寧、富平、長安、渭南知縣,陝西、浙江按察使,陝西、江寧布政使,護理兩江總督。民國初年任參政院參政。工詩。著有《樊山集》《樊山續集》。

【録文】

中國國家圖書館 2011D,《條記目録》第 16 頁。

【圖版】

中國國家圖書館 2011D,第 284—285 頁。

41. 中國國家圖書館藏 BD15292《後晉天福四年(939)具注曆》佚名録羅振玉跋

【概述】

此卷存 1 紙,30 行,長 30 釐米,殘損嚴重,通卷托裱。拖尾録羅振玉跋文二篇,非羅振玉親筆,出於後人過録。過録者未署名。過録底本爲《敦煌石室碎金》,1925 年東方學會出版。

【校録箋證】

(一)近人録羅振玉跋一

右殘曆存三十行,首尾均佚。起正月廿七日,訖二月廿三日。以正月大建晦日值壬申、二月朔值癸酉考之,殆後晉高祖天福四年(939)曆也。每七日注"密"字,與七曜曆及後唐天成丙戌曆同,而每日下注歲位、歲對、歲前、小歲等,則天成曆所未有也。月下記九宮方位,則與今曆同,亦天成曆之所未有也。九宮方位及每七日注"密"字,皆朱書。"丙"字皆避唐諱作"景",五季人紀淪亡而猶謹於勝朝之諱,此風尚近古,視今之食茅踐土數百年而於故國視如秦越或且如讎仇者爲遠勝矣。壬戌(1922)九月,松翁羅振玉。

(二) 近人録羅振玉跋二

又,唐天寶十二載(753)及會昌六年(846)亦正月癸卯朔、二月癸酉朔,此姑定爲後晉者,以書迹與後唐及宋淳化比例而知之,且歐洲所藏殘曆皆五季北宋物,未見唐代曆也。松翁又記。

以上録松翁近稾。

【著録】

北京圖書館善本組 1981,第 125 頁。

【録文】

中國國家圖書館 2011D,《條記目録》第 18 頁。

【圖版】

榮新江、張志清 2004,第 184—185 頁。中國國家圖書館 2011D,第 349—351 頁。

【研究】

榮新江、張志清 2004,第 184 頁。

42. 中國國家圖書館藏 BD15295《妙法蓮華經》卷七陳曾佑跋

【概述】

此卷首殘尾全,存 8 紙,206 行,長 352.8 釐米。有尾題“妙法蓮華經卷第七”,有題記:“菩薩戒弟子蕭大嚴敬造,第九百三部。”引首有陳曾佑題“鳴沙秘寶”及題跋一則。

【校録箋證】

鳴沙秘寶。

敦煌千佛洞在鳴沙山麓,洞久爲沙壅。至光緒初年,沙崩洞見,石室中所藏古書、釋典及佛像、陶器極多,土人不知貴也。法蘭西博士白希和遊歷至此,居留半年,以重價收得數百卷,並自繪洞圖以去。此間人士始漸知收輯,昔或持以質錢。自學部徵求古物,購取十七箱入都,價遂大昂,計每卷亦不過數金。至袁氏遣人收買,價竟增至數十倍。邇來隴上肆人居爲奇貨,然篇幅完整者甚少,而有前代年號及寫經人姓名者更不多得。此卷尾有“蕭大炎敬造”數字,書法精美,是恪守晉人楷則者,世所傳唐帖真書那得有此神妙。予居隴上十餘年,此爲僅見,誠生平第一翰墨緣也。陳曾佑。(前鈐“予性頗而儲古”朱文長方印,後鈐“陳曾佑印”朱文方印)

【著録】

北京圖書館善本組 1981,第 101 頁。

【録文】

中國國家圖書館 2011D,《條記目録》第 19 頁。

【圖版】

中國國家圖書館 2011D,第 371—373 頁。

國際敦煌項目(IDP)網站: http://idp.nlc.cn

43. 中國國家圖書館藏 BD15300《摩訶般若波羅蜜經》卷三十九錢萃恒跋

【概述】

此卷首尾均全,15 紙,406 行,長 691 釐米。首行爲品題"摩訶般若波羅蜜經平等品第八十五,卅九",有尾題"摩訶般若波羅蜜經卷卅九"。卷首鈐"張笑秋藏"朱文方印。引首外題簽:"隋人寫《摩訶般若波羅蜜經》。笑秋藏,藥雨題。"鈐"藥雨"白文方印。藥雨,即方若(1869—1954)。引首有錢萃恒題跋二則。

【校錄箋證】

(一)錢萃恒跋一

敦煌寫本經卷與安陽殷虛甲骨文字同爲清季我國文獻之重大發見,舉世震駭。惜經卷多爲斯坦因、伯希和兩氏捆載而西,其存於我國者皆其唾餘耳,大抵殘缺者多、完整者少,故雖殘篇斷簡,人爭寶之。此卷首尾俱全,信屬難得,其書法似唐人,而間架用筆時有北朝風味,且楮薄而不避唐諱,殆爲隋人所書也。一千三百餘年之古籍,笑秋先生其善護之[1]。癸巳(1953)夏日昌黎錢萃恒識於津門[2]。(鈐"錢萃恒印"白文方印)

[1] 笑秋先生,指張笑秋,天津收藏家。生平不詳。

[2] 錢萃恒(1895—1986),字立廷,河北昌黎人。寓居天津,收藏文物字畫甚富,精於鑒賞考訂。撰有《太平天國史鑑》。

(二)錢萃恒跋二

昔笑秋先生獲此經時,同時得四軸,皆首尾俱全。何先生清福之多耶! 令人健羡健羡。同日再識。(鈐"立廷"朱文方印)

【著錄】

北京圖書館善本組 1981,第 143 頁。

【錄文】

中國國家圖書館 2011E,《條記目錄》第 3 頁。

【圖版】

中國國家圖書館 2011E,第 12 頁。

44. 中國國家圖書館藏 BD15348《大乘無量壽經》馮國瑞跋

【概述】

此卷係馮國瑞捐贈北京圖書館。首尾均全,5 紙,138 行,長 218 釐米。前有首題"大乘無量壽經”，後有尾題“佛説無量壽宗要經”，尾題後有題記“解晟子”。卷尾另接一紙，有馮國瑞題跋一則。

【校録箋證】

許國霖《敦煌石室寫經題記彙編》“佛説無量壽宗要經”有“解晟子寫”或僅署“解晟子”，有雲字九十八號、昆字九十二號、重字二十一號、菓字九十五號等[1]。今獲此卷，亦足歡喜。梁任公先生自題所藏經卷有云：“作者款識雖茫昧，瘦硬頗有誠懸風。試從體勢考年代，應書大曆洎咸通。”[2]細玩此卷，瘦硬通神，深藴柳骨。解晟子其爲大曆、咸通間人，或其是之。一九五六年大雪，天水馮國瑞記[3]。

[1] 雲字九十八號，今編號爲 BD03098；昆字九十二號，今編號爲 BD04492；重字二十一號，今編號爲 BD05921；菓字九十五號，今編號爲 BD05495。

[2] 該件梁啓超舊藏，今下落不明。據馮國瑞《絳華樓詩集》卷一《禹卿丈以所藏敦煌唐人寫〈法華經〉長卷見贈賦謝兼題其尾用任公師自題所藏唐人寫〈維摩詰經〉卷爲敦煌石室物羅瘦公見贈者韻》之詩題，可知梁啓超舊藏並題詩之寫卷係《維摩詰經》。

[3] 馮國瑞(1901—1963)，字仲翔，別號麥積山樵，甘肅天水人。1929 年畢業於清華學校國學研究院，任甘肅通志局分纂。1931 年至 1935 年任青海省政府秘書長。1939 年起歷任東北大學、西北師範學院、蘭州大學等校教授，西北圖書館(今甘肅省圖書館)編纂。1949 年後任甘肅省文物管理委員會主任、省政協委員、省文史研究館館員等職。著有《絳華樓詩集》《麥積山石窟記》《天水出土秦器匯考》《關西方言考》《麥積山石窟大事年表》。藏有少量敦煌文獻，向北京圖書館捐贈 9 件。

【著録】

北京圖書館善本組 1981，第 10 頁。

【録文】

中國國家圖書館 2011E，《條記目録》第 16 頁。

【圖版】

中國國家圖書館 2011E，第 372 頁。

45. 中國國家圖書館藏 BD15351《小品般若波羅蜜經》馮國瑞跋

【概述】

此卷係馮國瑞捐贈北京圖書館。據《國家圖書館藏敦煌遺書》第 142 册《條記目録》，此卷分卷與《大正藏》本不同，推定爲異本，卷次爲卷五。首尾均殘，6 紙，132 行，長 238.5 釐米。首行爲品題“摩訶般若波羅蜜船喻品第十四”。卷首鈐“馮國瑞”白文方印、“麥積山館”白文方印。引首外題簽：“摩訶般若波羅蜜船喻品第十四大如品第十五，晉人寫極品。”引首有馮國瑞題跋一則。

【校録箋證】

此卷二品完全。十四品牾背有字一行，云“八千四百□十八張”，當爲計紙數者。兩牾相接處亦見記號。初獲時殘破特甚,補粘一過,便可觸手。晉賢墨妙,珍諸枕秘,不遜得蘭亭之樂也。卅七年(1948)秋,馮國瑞記。

【録文】

中國國家圖書館 2011E,《條記目録》第 17 頁。

【圖版】

中國國家圖書館 2011E,第 388 頁。

國際敦煌項目(IDP)網站: http://idp.nlc.cn

46. 中國國家圖書館藏 BD15352《大智度論》馮國瑞跋

【概述】

此卷係馮國瑞捐贈北京圖書館。首尾均斷,存 3 紙,87 行,長 151.3 釐米。卷首鈐"敦煌長史"朱文方印。引首外題簽:"摩訶衍經十八不共法殘卷。"拖尾有馮國瑞題跋一則。

【校録箋證】

摩訶衍經十八不共法。

餘三張。

張廿九行。(鈐"麥積山館"白文方印)

此殘卷僅餘卷三張,審爲《摩訶衍》十八不共法。北魏造寫經卷以東陽王元榮爲最多。友人周定宣所藏魏造《摩訶衍經》卷第廿六十八不共法第卅四品[1],用卷卅四張,題尾十行:"大代普泰二年(532)歲次壬子三月廿五日乙丑朔己丑,弟子使持節散騎常侍都督領/西諸軍事車騎將軍開府儀同三司瓜州刺史東陽王元榮,惟天地/妖荒,王路否塞,君臣失禮,於慈多載,天子中興,是以遣息叔和詣/闕脩更。弟子年老疹患,冀准叔和早得廻還,敬造《無量壽經》/一百部,卅部爲沙北門天王,卅部爲帝釋天王,卅部爲梵釋天王;造《摩/訶衍》一部百函,卌卷爲沙北門天王,卅卷爲梵釋天王,卅卷爲帝釋天王;造/《内律》一部五十卷,一分爲北沙門天王,一分爲帝釋天王,一分爲梵釋天王;造《賢/愚》一部,爲沙北門天王;造《觀佛三昧》,爲帝釋天王。願天王早成佛道,又願元祚無窮,帝嗣不絶,四方付化,惡賊退散,國/豐民安,善願從心,含生有識之類,早正覺/。"

據此題記,東陽王寫《摩訶衍》一部百函卌卷。又據《古寫經尾録存》[2],《大智論》題記云:"大魏大統八年(542)十一月十五日,佛弟子瓜州刺史鄧彦妻昌樂公主元敬寫《摩訶衍經》一百卷[3],上願皇帝陛下國祚再隆,八方順軌;又願弟子現在夫妻男女家眷四大康健,殃災永滅,將來之世,普及含生,同成正覺。"

兹據此二條實證,則此殘卷不爲北魏孝武帝普泰二年東陽王元榮所寫造《摩訶衍經》中之斷編,即爲西魏文帝大統八年昌樂公主元敬所寫造《摩訶衍經》中之斷編,斷無可疑。外此元魏時期尚未見更有發願寫造《摩訶衍》之題記作爲根據者。又,與周定宣十行題記之普泰二年卷尾完全相同之另一卷，存北京圖書館，而經名爲《大智度論》（《敦煌石室寫經題記彙編》菜字五十號）[4]，趙萬里先前數年作《莫高窟與東陽王關係》一文[5]，當即據此材料。外此，元榮寫有題記經卷，於域外求之，一爲《大般若波羅蜜多經》，有大代建明二年元榮題記一百一十六字，S.4528，《倫敦大學東方研究院報告》第七卷第四期；一爲《大般涅槃經》，有大代大魏永熙二年東陽王太榮題記一百〇二字，S.4415，《倫敦大學東方研究院報告》第七卷第四期頁八二二；又見影印本之《仁王護國般若波羅蜜經》，有元榮大代永安三年題記二百四十五字，今不知流傳何處[6]。對此一千四百二十五年前之故㫖，深感興感，爰據故實，以告知者。一九五七年十月五日，天水馮國瑞。（鈐"馮國瑞印"白文圓印、"中翔"朱文方印）

　　[1] 周定宣（? —1956），原名廷元，湖北咸寧人。畢業於甘肅法政學堂。同盟會員。歷任甘肅籌辦憲政處專員、同盟會甘肅支部總幹事、甘肅都督府秘書、蘭州光明火柴廠經理、靜寧縣知事、代理安肅道尹兼嘉峪關監督、寧夏省政府參議、寧夏省建設廳水利秘書等職。1953年被聘爲甘肅省文史館副館長。著有《甘肅大地震紀略》。藏有敦煌遺書127卷，著錄於《周廷元敦煌寫經守殘留影》，並以此爲基礎，編成一部敦煌遺書分類目録。該目已不存，僅存《編目贅言》，知其分十四類著錄11208卷，並歷述甘肅人士所藏敦煌遺書概況（榮新江《甘藏敦煌文獻知多少?》，《檔案》2000年第3期，第16—19頁）。1954年，周定宣將所藏敦煌遺書5件捐贈北京圖書館，即BD14827《妙法蓮華經》卷第三、BD14828《摩訶般若波羅蜜放光經》、BD14829《大般若波羅蜜多經》卷第百六十一、BD14830《大般若波羅蜜多經》卷第百七十八、BD14831藏文《無量壽宗要經》，內中無此跋所述普泰二年寫本《摩訶衍經》，該件下落今不明。

　　[2] 指羅福萇輯《古寫經尾題録存》，1923年刊於《永豐鄉人雜著》二編。

　　[3] "敬"當屬下讀。馮國瑞此跋下文稱"昌樂公主元敬"，係誤將"敬"字屬上讀，以之爲昌樂公主名。

　　[4] 菜字五十號，今編號爲BD05850。

　　[5] 指趙萬里所撰《魏宗室東陽王榮與敦煌寫經》，載《中德學誌》第五卷第三期（1943年9月），收入《趙萬里文集》第一卷。

　　[6] 除周定宣藏卷外，目前已知的元榮造經另有12件，即：日本京都博物館藏永安三年（530）七月廿三日寫本《仁王般若經卷上》、BD09525（殷46）永安三年七月廿三日寫本《仁王般若經》、上圖112號《無量壽經》（約530前後）、S.4528建明二年（531）四月十五日寫本《仁王般若波羅蜜經》、BD05850（菜50）普泰二年（532）三月廿五日寫本《大智度論》、P.2143普泰二年三月廿五日寫本《大智度論》、日本京都博物館所藏普泰二年三月廿五日寫本《大智度論》、日本書道博物館藏021號普泰二年（532）三月廿五日寫本《律藏初分》卷十四、上圖111號普泰二年三月廿五日寫本《維摩經疏》、宿白録天津袁某所藏普泰二年三月廿五日《大智度論》（宿白《東陽王與建平公》，《敦煌吐魯番文獻研究論集》第4輯，北京：北京大學出版社，1987年，第38—57頁）、日本五島美術館藏永熙二年（533）五月七日寫本《大方等大集經卷二》、S.4415永熙二年（533）七月十五日寫本《大般涅槃經》。合周定宣藏卷，可得13件。周定宣藏卷與同批其他各卷，題記文字均略有差異，可以對讀。

【著録】

　　北京圖書館善本組1981，第137頁。

【録文】

中國國家圖書館 2011E,《條記目録》第 17—18 頁。

【圖版】

中國國家圖書館 2011E,第 395—396 頁。

國際敦煌項目(IDP)網站：http://idp.nlc.cn

47. 中國國家圖書館藏 BD15372《大般涅槃經》卷四佚名跋

【概述】

此卷首尾俱全,17 紙,426 行,長 794.4 釐米。原引首外題"大般涅槃經卷第四",有首題"大般涅槃經四相品上第七",尾題"大般涅槃經卷第四"。卷前素紙引首書近人題跋一則,無落款,不知題跋者姓名。

【校録箋證】

敦煌縣石室秘寶。

甘肅敦煌縣鳴沙山石洞(古名莫高窟,俗名千佛洞),爲宋初西夏構兵時藏書之所,外蔽以壁,且飾以佛像,故歷千年人罕知之。光緒庚子(1900),壁破而書現,由是稍稍流傳人間。丁未(1907)冬,法國文學士伯希和君來遊迪化,覲其書,知爲唐人寫本。函往購求,得藏書强半,分置十巨篋,捆載寄歸巴黎。圖書館猶存數册焉。存古學會。抄有正書局題語[1]。

中國書籍自六朝隨唐以後,改卷軸爲册本,惟佛經多仍其舊。明以後佛經又改卷軸爲折疊,取其易於翻閱也。此經製爲長卷,是古式,可寶也。

[1] 羅振玉編印《石室秘寶》甲乙二集,署名存古學會編,有正書局 1910 年印行。然檢閱該書,未見所謂"有正書局題語",此跋或另有所本。

【録文】

中國國家圖書館 2012,《條記目録》第 9 頁。

【圖版】

中國國家圖書館 2012,第 175 頁。

48. 中國國家博物館藏《善惡因果經》卷一許承堯、楊增犖、鄭沅、沈曾植、秦樹聲、邵章、陳祖壬、周達跋

【概述】

此卷編號 C14.704,存 4 紙,94 行。卷前鈐"少通東來法老識西來意"朱文長方印、"㴋泉鑑古藏真"朱文方印,卷末鈐"佛弟子周達研讀大乘經典"朱文長方印、"今覺盒中供養"白文方印,可知爲周達舊藏。

引首外題"敦煌石室唐人寫經"。引首題:"敦皇莫高堀唐人寫經。丁巳(1917)正月通伯先生命題。鄭沅。"鈐"鄭沅之印"白文方印、"我生之辰月宿南斗"朱文方印。拖尾有題跋八則①。據題跋所述,許承堯 1916 年自蘭州將此卷寄贈馬其昶,1931 年此卷流落市肆,爲周達購得。

【校錄箋證】

(一)許承堯跋

以敦皇唐人寫經寄馬通伯先生敬題其後[1]

渥洼流沙隈,中有古德字。千年楮墨色,粲粲駁新異。大法昔東來,至寶載勝筇。造象元魏初,剙爲三界寺。懺禱尊教儀,重譯析殊義。邊將解皈依,莊嚴布金地。群籍既輻輳,真經尤委積。士夫奮筆札,文物斐然備。開館鳩圖書,先得歐美意。蒼萃鄴架儲,隱見佛光瑞。疊嶂扃祥雲,爽岫刪涇翠。梵夾入乾芸,矗飢不能食。遥遥城市更,六朝迄五季。西夏忽阻兵,築垣規閉置。韓范秉節麾,未得覘奇秘。崩豁庚子年,山靈示游戲。照乘明月珠,憐爾殊方墜。京邑幾牛腰,中道病割棄。我來嗟已晚,千百見三四。隋書立瘦雀,魏書彎神驥。唐書稍近今,轉側縛行次。妍媸亦妄鑒,輿道倚兹器。義净傳高文,慧山勤速記(所見有義净法師譯經序、沙門智慧山手寫《瑜伽師地論》講義[2])。目眩入寶山,失喜至忘寐。憬然念深慈,襟袖濡古淚。桐城有吾師,緘封爲郵致。風雪夜燈寒,幽獨持相媚。桂林擷一枝,菲芬亦可寄。懷人摇夢魂,端書慎題識。期公策玄關,悠然治吾事。[3]

丙辰(1916)仲冬歙縣許承堯拜題,時在蘭州。(鈐"疑盦"朱文方印、"許苬"朱文方印)

[1]馬其昶(1855—1930),字通伯,安徽桐城人。齋號抱潤軒。桐城派古文家。清末歷掌廬江潛川書院、桐城中學校、師範學堂,宣統二年(1910)任學部主事。1913 年任安徽高等學校校長。1914 年赴京任參政院參政,並主持法政學校教務。1915 年拒助袁世凱稱帝,返回安徽。1916 年赴京任清史館總纂。後因病返桐城。著有《毛詩學》《抱潤軒文集》《金剛經次詁》等。

[2]智慧山,法成弟子,又作智惠山。上海圖書館及日本大谷家二樂莊、山本悌二郎舊藏均有其所抄《瑜伽師地論》。徐鍵《中貿聖佳拍品敦煌寫卷〈瑜伽師地論〉真偽考》(《敦煌研究》2019 年第 5 期)討論 2018 年中貿聖佳春季拍賣會所見智惠山抄《瑜伽師地論》卷三十三,有題記"大中十年六月三日苾芻僧智惠山隨聽學記",卷首下部鈐有"歙許苬父斿隴所得"印,當即此跋所謂"沙門智慧山手寫《瑜伽師地論》講義"。

[3]此詩收入許承堯《疑盦詩》(合肥:黃山書社,1990 年 5 月,丁集第 84 頁),個別字句略有出入。鮑義來《許承堯與敦煌遺書拾掇》(《檔案》2001 年第 5 期,第 23 頁)亦曾引用。

(二)楊增犖跋

燉煌富佛典,所貴唐人書。天亦惜殘缺,意欲砭狂愚。上言善惡心,下言來去殊。後身與前身,相應良不虛。世士陋因果,貢高徒自誣。襃潤軏法海,津津琜其餘。固知道至

廣,佛本通於儒。是篇特麤迹,煩君闡真如。

　　通伯先生命題。丁巳(1917)正月新建楊增犖[1]。(鈐"無意"白文方印)

　　[1] 楊增犖(1860—1933),字昀谷,江西新建人。光緒二十四年(1898)進士。清末官至四川候補知府。民國初年任國史館協修、交通部推事。晚年居天津。著有《楊昀谷先生遺詩》等。此詩不見於《楊昀谷先生遺詩》。

(三)鄭沅跋

　　說法瀾翻太放紛,阿難結集故多聞。頗疑梵夾西來日,亦有梅家僞古文。

　　畢竟天西佛種多,寫官亦自愛波羅。年來飽看殘經卷,不向昭陵問永和。

　　篆首敬奉二小詩乞教。沅[1]。(鈐"叔進"朱文方印)

　　[1] 鄭沅,字叔進,湖南長沙人。光緒二十年(1894)探花,授編修。督四川學政,晉侍講。民國初年任總統府秘書。袁世凱稱帝,拂衣而去。後移居上海,以賣字爲生。抗戰初期辭世。

(四)沈曾植跋

　　此卷是齊隋間人書,或竟是南朝人書流入北方者,其斂畫巧密非顯慶後所有也。通伯先生論古有精識,當不以愚言爲妄。寐叟[1]。(鈐"寐叟"朱文方印)

　　[1] 沈曾植(1850—1922),字子培,號乙盦、寐叟,浙江嘉興人。光緒六年(1880)進士。清末歷任刑部主事、總理衙門章京、江西廣信知府、安徽提學使、安徽布政使、安徽巡撫。宣統二年(1910)辭官居滬。1917年7月張勛復辟,授學部尚書。著有《海日樓文集》《海日樓詩集》《漢律輯補》等。

(五)秦樹聲跋

　　書真平正即爲奇險,中庸之德所以至也。小騶之乘張脈僨興,平原以降古意寖微。六朝經生書雖用偃筆,與鍾王縱橫者殊,而縝栗微玅,尺幅千里,亦復自導一壑,鍾紹京輩何足道哉。敦煌室啓,秘翰逸簡,芬駭光暎,吉羽之珍,津導者遠姚矣。固始秦樹聲[1]。(鈐"宥橫"朱文方印)

　　[1] 秦樹聲(1861—1926),字右衡、宥橫,號晦鳴、乖庵,河南固始人。光緒十二年(1886)進士。官工部主事、員外郎,充會典館繪圖處總纂,擢工部郎中。光緒二十九年再中經濟科進士。後歷任曲靖知府、雲南按察使,廣東按察使、提學使。民國初年任清史館《地理志》總纂。著有《乖庵文録》等。

(六)邵章跋

　　光宣之際,地不愛寶,安陽出土龜甲獸骨,始見殷商契文,而燉煌莫高窟所發儒書、經卷、佛象,尤多六朝唐人所遺,二者皆足爲國學別開蹊徑。是卷爲燉煌寫經之一,經文奇古,似小乘言。其書法遒媚,頗初唐人筆,決非尋常經生所作。昔收藏家得唐經片葉,往往鄭重著録,侈爲驚人祕寶。吾輩躬與其盛,均得蒐獲整卷或長幅數千百文,豈非至幸。又于其中時見藏外經篇,廣敷釋氏弘悁,固不獨以字跡之美直窺古人爲藝林取重也。通伯先生其珍守之。丁巳(1917)歲莫仁和邵章伯絅甫識于京邸之恐致福齋[1]。(鈐"臣邵章印"白文方印、"白絅"朱文方印)

　　[1] 邵章(1872—1953),字伯絅,浙江仁和(今杭州)人。邵懿辰長孫。光緒二十八年(1902)進士。

留學日本法政大學。清末任翰林院編修、浙江兩級師範學堂監督、湖北法政學堂監督、東三省法政學堂監督、奉天提學使,民初任北京法政專門學校校長、約法會議議員、平政院院長。富收藏,工書法。著有《雲淙琴趣》等。

(七) 陳祖壬跋

右唐人寫經卷子,先師抱潤軒中物也。辛未(1931)秋,忽見諸海上市肆,亟走告周子梅泉[1],以七十金得之。梅泉能詩嗜古,所網羅甚富。此卷在燉煌諸經中亦常品耳。顧以先師昔年曾主其家,其諸叔及群從皆從受經。梅泉雖未著弟子籍,而私淑嚮往者甚至。前歲先師捐館舍,梅泉爲長句哭之,意致哀惋。今之藏弆,殆亦此意。余以薄劣,重負師傳,愴然睹遺物之流落,而無力以致之。梅泉屬贊言於後,既爲此卷幸得所,益用自愧恨也。新城陳祖壬謹識[2]。(前鈐"詩王本在陳芳國"朱文長方印,後鈐"且壬之鉥"白文方印、"病樹四十後作"朱文方印)

[1] 周達(1879—1949),字美權、梅泉,號今覺,安徽建德(今東至)人。周馥(1837—1921)之孫,周學海長子。精數學,嗜集郵。

[2] 陳祖壬(1892—1966),字君任,號病樹、逋翁,江西新城人。陳孚恩之孫。桐城派名家。工詩文,善書法。編有《桐城馬先生年譜》。

(八) 周達跋

檢點殘經帶佛香,留題諸老各堂堂。楚弓楚得因緣幻,祇欠龍山墨數行[1]。

此卷爲鄉先輩馬通伯先生舊藏。楚弓楚得,具有因緣。諸老留題,流傳有自。獨惜通老未加題識耳。紙角尚有餘幅,聊綴一絕,以作尾聲。辛未九月晦日(1931.11.9)建德周達謹跋。(前鈐"無住閣"朱文橢圓印,後鈐"建德周達章"白文方印、"晚號今覺翁"朱文方印)

[1] 龍山,在安慶城外,桐城屬安慶,此處代指馬其昶。

49. 中國國家博物館藏《大般若波羅蜜多經》卷二十八周肇祥跋

【概述】

此卷首尾均全,存 17 紙,長 880 釐米。有尾題"大般若波羅蜜多經卷第廿八",尾鈐"報恩寺藏經印""三界寺藏經"二印。引首有周肇祥跋一則。

【校錄箋證】

經出敦煌石室,有"報恩寺藏經印""三界寺藏經"墨記。報恩無考。合肥蒯若木藏宋乾德三年沙州三界寺道真給女弟子張氏戒牒[1],即此寺也。帋厚而有簾文,當是晚唐時寫造。"報恩寺藏經印"鈐經之首尾,篆文規制與唐印略同,因知石窟在唐寺名報恩,三界乃後所易名,疑在曹氏領州之時歟?嘉祐初,沙州陷於西夏,佛法遂漸衰落矣。丁丑立夏(1937.5.6)無畏居士周肇祥跋。(鈐"無畏"朱文長方印)

[1] 蒯壽樞(? —1945),字若木,安徽合肥人。早年留學日本,清末任農工商部郎中、甘肅榷運局局長。民國初年歷任寧夏鎮守使、駐日學務總裁。師從楊仁山研習佛學,爲金陵刻經處董事。

【著録】

吕章申 2014,第 410 頁。

【圖版】

史樹青、楊文和 1999,第 218 頁。吕章申 2014,第 412 頁。

50. 中國國家博物館藏《敦煌古籍零拾》趙鈁跋

【概述】

此册十八開,裱褙敦煌遺書殘片二十二件。封面有羅振玉題簽"敦煌古籍零拾(老子、開蒙要訓、太公家教、占書、周公卜法、書儀三種、尺牘、魚歌子辭)"。此册原爲羅振玉舊藏,各殘片影印入《貞松堂藏西陲秘笈叢殘》初集。末開有趙鈁短跋二則,第一則藍筆,第二則墨筆。可知此册後又爲趙鈁所得。

《敦煌古籍零拾册(唐五代寫本)》影印全册,今據以録文。

【校録箋證】

(一)趙鈁跋一

戊子(1948)三月篤文爲介得於天津[1],册首《老子》半紙,正爲舊藏卷子所闕,可喜也。元方記。

　　[1] 篤文,指勞健(1894—1951)。

(二)趙鈁跋二

丁酉(1957)三月展閲一過,篤文下世已四年矣。元方試宋墨。

【著録】

吕章申 2014,第 375 頁。

【圖版】

張婧樂 2020,第 4 頁。

51. 故宫博物院藏新 56454《妙法蓮華經》馬廉跋

【概述】

據王素、任昉、孟嗣徽介紹,此卷首尾殘缺,長 55 釐米。内簽"唐人寫經"。故宫得自文物局調撥。

【校録箋證】

十九年(1930)六月二十日,四哥五十歲生辰[1],贈此以作紀念。九弟廉[2]。(鈐"馬廉"朱印)

　　[1] 四哥,指馬衡(1881—1955),字叔平,號凡將齋主人,浙江鄞縣人。1917 年起任北京大學、清華大學、北京女子高等師範學校教授。1925 年故宫博物院成立,任古物館副館長;1933 年 7 月代理院長,次年

4月任院長,直至1952年調任北京文物整理委員會主任委員。著有《中國金石學概要》《凡將齋金石叢稿》等。1952年卸任院長後將大批自藏文物捐贈故宮,1955年去世後家人遵遺囑將家藏文物九千餘件捐贈故宮,此件即其中之一。

　　[2] 馬廉(1893—1935),字隅卿,浙江鄞縣人。曾任北平孔德學校總務長,北平師範大學、北京大學教授,因腦溢血在北京大學講臺上猝死。小說、戲曲研究專家,藏書以俗文學作品爲特色,去世後爲北京大學圖書館購藏。著有《中國小説史》《曲錄補正》《〈錄鬼簿〉新校注》等。

【録文】

　　王素、任昉、孟嗣徽2006,第173—174頁。王素、任昉、孟嗣徽2007,第564頁。

52. 故宮博物院藏新151452《佛説無常三啓經》琴香、范古農、李叔同跋

【概述】

　　據王素、任昉、孟嗣徽介紹,此卷首殘尾全,長131釐米。存尾題"佛説無常三啓經一卷",後有小字二行:"初後讚嘆乃是尊者馬鳴取經意而集造,中是正經,金口所説,事有三開,故云三啓也。"後有題記:"天福柒年(942)十二月廿一日龍興寺僧沙彌慶進讀誦之耳。"先後曾爲范古農居士和弘一法師供奉之物,1963年4月故宮購入。

　　引首有琴香題跋一則,另有范古農、李叔同跋二則。茲據王素、任昉、孟嗣徽文迻録。范、李二跋録文不完整,待補。

　　此卷有照片存天津圖書館,附於該館所藏敦煌殘片册頁天津圖書館藏S.8440之紙背。照片中未見題跋。

【校録箋證】

(一) 琴香跋

　　《佛説無常三啓經》一卷,初唐人書[1],只缺第一行經名九字,餘俱全。後有天福題字一行,蓋讀誦之人書,非寫經時寫。後復粘紙乃吳荷屋中丞所藏不全本之《金剛經》[2],粘太固。七十句偈。琴香[3]。(鈐"□心浄土"印)

　　[1] 王素、任昉、孟嗣徽將此卷斷代爲五代後晉,可從。

　　[2] 此句含義不明。"後復粘紙",似指卷後接裱之拖尾。"吳荷屋中丞所藏不全本之《金剛經》",疑指《神州國光集》第一集所刊"唐人書藏經殘字六幀"之類。待核。

　　[3] 琴香,生平不詳,待考。

(二) 范古農跋

　　庚申(1920)之夏……余居錢唐玉泉龕舍,習根本説一切有部。……大悲侍者古農敬識[1]。(鈐"大悲侍者"朱印)

　　[1] 范古農(1881—1951),名運樞、夢耕、寄東,字古農、幻庵,浙江嘉興人。清末秀才。留學日本。加入同盟會。宣統二年(1910)歸國後任嘉興府中學堂監督,1912年創辦嘉興縣立乙種商業學校。1927年赴上海任佛學書局總編輯。1943年創辦法相學社。著有《大乘空義集要》《觀所緣緣論釋》《幻庵文集》

《佛教問答》等。

（三）李叔同跋

　　新城貝多山中，時將築室掩關，鳩工伐木。先夕（一日）誦唐人寫本《無常經》，是日（二日）草此敘文，求消罪業。……廿歲（1931）七月初二日（1931.8.15）大慈弘一沙門演音撰[1]。

　　［1］弘一法師（1880—1942），俗姓李，字叔同，法號演音、弘一，浙江平湖人。留學日本。加入同盟會。宣統二年（1910）回國，先後在天津、上海、浙江、南京等地任美術與音樂教師。1918 年在杭州虎跑寺出家。1934 年創辦佛教養正院。著有《四分律比丘戒相表記》《南山道祖略譜》《在家律要》《四分律含注戒本講義》等。

【著録】

　　王素、任昉、孟嗣徽 2006，第 177 頁。王素、任昉、孟嗣徽 2007，第 572 頁。

53. 故宫博物院藏新 153369《究竟大悲經》卷三周肇祥跋（存目）

【概述】

　　據王素、任昉、孟嗣徽介紹，此卷係徐石雪（1880—1957）家屬捐贈故宫博物院，爲歸義軍時期寫本，首尾完整，長 828 釐米，有首題“究竟大悲經卷第三”，尾題“究竟大悲經卷第三”。引首有題跋，落款“戊子（1948）伏日無畏居士周肇祥”，下鈐“無畏”“周肇祥印”二印。

【著録】

　　王素、任昉、孟嗣徽 2006，第 178 頁。王素、任昉、孟嗣徽 2007，第 575 頁。

54. 故宫博物院藏新 153377《大乘稻芉經》周肇祥跋

【概述】

　　據王素、任昉、孟嗣徽介紹，此卷首殘尾全，長 186 釐米。卷尾有題記：“天福四年（939）歲次癸亥四月十五日，大雲寺僧浄光敬寫大乘經一卷。得福無量，罪滅福生，善心莫。”爲徐石雪家屬捐贈故宫博物院。背籤題“後晉天福浄光寫大乘稻芉經殘卷”，下鈐“養庵”印。裱紙前端鈐“乾隆年仿金粟山藏經紙”印。

【校録箋證】

　　此陳季侃自甘肅回京贈我者。彼以其字劣而忽之，方外人書固不如經生之精熟也。石晉訖今千年，其片言寸牘皆當寶之，况所寫大乘經卷耶？丁卯（1927）四月裝成因題。無畏居士周肇祥。（前鈐“退翁”朱文長方印，後鈐“山陰周五”朱文方印）

【録文】

　　施安昌 2001，第 235 頁。王素、任昉、孟嗣徽 2006，第 179 頁。王素、任昉、孟嗣徽 2007，第 576 頁。

【圖版】

施安昌 2001，第 236 頁。

故宫博物院"數字文物庫"：https：//digicol.dpm.org.cn/cultural/detail?id=57f906bc6e
38409eae2490064f586b9f

55. 故宫博物院藏新 179084《晉唐寫經殘卷》羅振玉、鄭孝胥跋（存目）

【概述】

據王素、任昉、孟嗣徽介紹，此卷裱褙敦煌遺書殘片四件，分別長 74.5 釐米、107 釐米、
128 釐米、78 釐米。此卷爲羅振玉舊藏。前有羅振玉跋，謂出自敦煌，鈐"抱殘翁壬戌歲所
得敦煌古籍"印。後有鄭孝胥跋，落款爲"辛未（1931）十月廿八日"，文中有"雪堂親家出示
此卷，遂書卷中"等語。

【著録】

王素、任昉、孟嗣徽 2006，第 182 頁。王素、任昉、孟嗣徽 2007，第 579—580 頁。

56. 故宫博物院藏新 184190《大方廣佛華嚴經》陳闓跋

【概述】

據王素、任昉、孟嗣徽介紹，此卷係國家文物局撥交故宫博物院。首尾完整，長 436.4
釐米，卷尾有題記："開皇十七年（597）四月一日，清信優婆夷袁敬姿謹減身口之費，敬造此
經一部，永劫供養。願從今已去，災郡殄滅，福慶臻萃，國界永隆，萬民安泰，七世久遠，一
切先靈，並願離苦穫安，遊神净刹，罪滅福生，無諸郡累，三界六道，惡親平等，普共含生，同
昇仏地。"引首陳闓題"開皇紀年"，後有題跋三則。拖尾又有陳闓跋一則。

【校録箋證】

（一）引首陳闓跋一

卷尾有優婆夷袁敬姿開皇十七年題款。書法秀健，語亦雅馴，至爲名貴。陳闓偶得。
（鈐"陳闓"朱文方印）

（二）引首陳闓跋二

燉煌石室藏經記

清光緒庚子（1900），甘肅燉煌縣砂磧中發見石室。室有碑記，封閟於宋太祖太平興國
初元，距今千餘歲。以所藏物考之，將近二千年。所藏上起西晉，下迄朱梁，紙書絹畫，袈
裟彝器，粲然備具。唐寫佛經爲獨多，晉魏六朝稍更希有矣。紙皆成卷，束以絹帶，完好如
新，誠天壤間瓌寶也。吾國官民不知愛惜。丁未（1907）歲，法國文學博士伯希和自新疆馳
詣石室，賄守藏道士，檢去精品數巨篋。英人日人繼之，咸大獲而歸。迨端陶齋赴歐考察
憲政，見於倫敦博物院，歸而訪求，則石室已空，僅於處士家搜得佛經三千卷，藏庋北平圖

書館，今不知尚存否。余度隴之歲，購求唐寫精品，已極難得。而著有年代及六朝人書，則非以巨價求之巨室不可得也。蘇子瞻云："紙壽一千年。"今茲發見，突破前例。蓋燉煌流沙堆積如阜，高燥逾恒。苟石室永閟，即再更千年，猶當完好。一入人手，則百十年間可淪臙以盡。證之今日，藏經已希如星鳳，此後可知。猶憶在隴時朋輩與余競購者，所得皆已散亡。余亦何能永保？但求愛護有人，千百年珍物不至毀損於吾人之手，吾願已畢。風雨如晦，雞鳴不已。得者寶諸。癸未(1943)春月前護隴使者陳季侃。(鈐"陳閬"白文長方印)

（三）引首陳閬跋三

　　寫經時代之先後，紙墨筆法望而可辨，初無假於款識，而題有年代者，賈豎必居爲奇貨，此恒例也。

（四）拖尾陳閬跋四

　　南國有佳人，容華若桃李。朝游江北岸，夕宿瀟湘沚。時俗薄朱顏，誰爲發皓齒。俯仰歲將暮，榮耀難久恃。[1]

　　飛觀百餘尺，臨牖御櫺軒。遠望周千里，朝夕見平原。烈士多悲心，小人媮且閑。國仇亮不塞，甘心思喪元。拊劍西南望，思欲赴太山。弦急悲聲發，聆我感慨言。[2]

　　甲申(1944)避難尚店周君子豪家，僅以佛經小篋自隨，書物蕩然，紙筆無存。自春徂秋，客居無聊，因借禿筆，求膡唅，寫曹子建詩以遣煩憂，且爲異日之思。季侃。(鈐"陳閬"朱文方印)

　　［1］此爲曹植《雜詩七首》之四。
　　［2］此爲曹植《雜詩七首》之六。

【著録】

　　王素、任昉、孟嗣徽 2006，第 182 頁。王素、任昉、孟嗣徽 2007，第 580 頁。

【圖版】

　　故宮博物院"數字文物庫"：https://digicol.dpm.org.cn/cultural/detail?id＝78bc805296a94636a8c0fb417a5114e4

【研究】

　　朱鳳玉 2017，第 74—86 頁。

57. 故宮博物院藏新 199431《大般涅槃經》譚澤闓、譚延闓跋

【概述】

　　據王素、任昉、孟嗣徽介紹，此卷爲唐寫本，首尾均殘，長 241.1 釐米。1991 年顧鐵符(1908—1990)家屬捐贈故宮博物院。引首題簽："唐人寫經。岸稜先生。于右任。"後鈐"于""右任"二印。拖尾有譚澤闓(1889—1948)、譚延闓(1880—1930)題跋各一則，譚延闓跋鈐"知默翁"印。此據王素、任昉、孟嗣徽文迻録譚澤闓跋，譚延闓跋待查。

【校錄箋證】

（一）譚澤闓跋

　　右唐人寫經殘段，似是《大涅槃經》。余於佛書不熟，未能考定也。燉皇所出多經生書。然爾時人下筆自有法度。如此卷則時有六朝遺意，非宋後書家所及。昔乾嘉間人得唐寫經殘卷，割貽同好，不過數十字，矜爲至寶。自燉皇發見，遂往往遇之，世人亦不甚珍貴，良可歎也。岸稜先生寶此遺珍[1]，不與俗眼低昂，信能奉持妙法，永資供養者。頃出見示，謹合十頂禮記其後。丁卯（1927）八月。（鈐"紅棉□""四香宧寫記"印）

　　[1] 岸稜先生，即余道南，譚延闓親信，二次革命時期曾任湖南省防守備隊司令。

（二）譚延闓跋（存目）

【錄文】

　　王素、任昉、孟嗣徽 2006，第 182 頁（錄出第一則）。王素、任昉、孟嗣徽 2007，第 581 頁（錄出第一則）。

58. 首都博物館藏 31.3.331《佛名經》龔釗、鄒安、褚德彝跋

【概述】

　　此件存 1 紙，10 行，分 2 列。錄佛名二十，佛名上各有彩繪佛像。裱爲立軸，上有龔釗、褚德彝跋，下有鄒安跋。據諸跋，此卷迭經袁克文、鄒安、洪承德、龔釗收藏。

【校錄箋證】

（一）龔釗跋

　　敦煌所出佛像有觀音巨幅，爲唐人工筆，曾在蔡京卿處[1]。又有大幅，筆如篆籀，抱蜀主人所藏[2]。皆唐畫之最烜赫者，或云均已流入海外。千佛經圖像，譚瓶齋嘗以重值購長卷爲王湘綺八十壽[3]，然第于朱上勾金耳。此幅丹黃赭墨，圓光如環，錯綜成趣，眉目若隱若現，慈悲歡喜，隨光影視綫而各異。當日著筆似不經意，而妙出化工，雖盈尺之幀，亦堪供奉。戊辰（1928）夏日易自武林洪君承德[4]。合肥龔心釗記，奉新宋育德書[5]。（鈐"公威"白文長方印）

　　[1] 蔡京卿，疑指蔡金臺。蔡金臺清末任都察院監察御史。清代稱都察院、通政司、詹事府、大理寺等官署長官爲京堂，又稱京卿。

　　[2] 抱蜀主人，指向燊（1864—1928）。

　　[3] 譚瓶齋，即譚澤闓（1889—1947）。王湘綺，指王闓運（1833—1916），號湘綺。譚澤闓以重值購長卷賀王闓運八十大壽，約在 1912 年。

　　[4] 洪承德，浙江杭州人。西泠印社社員。

　　[5] 宋育德，字翰生，號公威，江西奉新人。光緒三十年（1904）進士。留學日本早稻田大學政治經濟科。清末歷任侍講學士、江西高等學堂監督。民國初年任江西教育司司長、江西總視學。1916 年當選第二屆國會衆議院議員。晚年寓居上海。工書。

（二）鄒安跋

　　唐畫佛像並有著色，莫高窟所藏亦不多見。此袁寒雲以易余虎頭將軍玉印者[1]。莫高窟畫余見長洲葉鞠裳先生二幀最別致[2]，友人王静安曾爲考定。余印入《藝術叢編》第四集[3]，聞入蔣氏後已運美洲，今在彼國博物院中，紙墨與此相合。此頁得後，以示静安，允向沈寐叟索題[4]。叟求讓甚堅，設詞取回。辛酉（1921）攜里，絧齋學士又擬博易[5]，議未妥。今因洪君得北宋寶塔印本及《陀羅尼經》多品，遂並歸之。乙丑（1925）五月適廬[6]。（鈐"壽祺"白文方印、"驕安"朱文方印）

　　[1] 袁克文（1890—1931），字豹岑，號寒雲，河南項城人。袁世凱次子。光緒三十三年（1907）任法部員外郎。1914年任清史館纂修，同年任北京政府統率辦事處陸軍總稽查。1923年在上海發起組織中國文藝協會。著有《寒雲詩集》《袁寒雲説集》《洹上詩》《洹上私乘》《辛丙秘苑》等。

　　[2] 葉鞠裳，即葉昌熾（1849—1917）。光緒二十八年至三十二年（1902—1906）任甘肅學政，獲得敦煌文獻、絹畫若干。其所得敦煌絹畫"二幀"，即宋乾德六年（968）曹延恭供養《水月觀音像》，敦煌知縣汪宗翰贈；于闐公主供養《地藏菩薩像》，敦煌王宗海贈。此二幅後轉歸浙江吳興蔣汝藻（1877—1954）所得，1919年王國維受蔣汝藻之聘編纂《傳書堂藏書志》，撰成《于闐公主供養地藏菩薩畫像跋》《曹夫人繪觀音菩薩象跋》（收入《觀堂集林》卷二十）。1930年代，輾轉入藏美國華盛頓弗利爾美術館（Freer Gallery of Art），編號分别爲F1930.36、F1935.11。詳參榮新江《葉昌熾：敦煌學的先行者》，*IDP NEWS*，No.7，Spring 1997。

　　[3]《藝術叢編》，上海倉聖明智大學發行，鄒安主編，1916年5月創刊，雙月刊，1920年6月停刊。該刊第二十二期（1920年2月）刊載葉昌熾舊藏《水月觀音像》《地藏菩薩像》影像，並附載王國維《于闐公主供養地藏菩薩畫像跋》《曹夫人繪觀音菩薩象跋》（《藝術叢編》，上海：上海書店出版社，2015年5月，第6册第365—371頁）。

　　[4] 沈寐叟，即沈曾植（1850—1922）。

　　[5] 吳士鑑（1868—1933），字絧齋，號含嘉、式溪居士，浙江錢塘（今杭州）人。光緒十八年（1892）進士。歷任翰林院侍讀、江西學政、資政院議員。精於金石碑帖之學，藏書頗富。著有《含嘉室日記》及《續記》《晉書斠注》《補晉書經籍志》《含嘉室詩文集》《敦煌唐寫本經典釋文校語》等。嘗從友人安西知州侯葆文處得敦煌寫卷三件，之後續有購存。藏品多鈐有"絧齋長物""吳士鑑珍藏敦煌莫高窟石室北朝唐人寫經卷子"兩印。後散出，部分入藏上海圖書館和上海博物館。

　　[6] 鄒安（1864—1940），字壽祺，一字景叔，號適廬，浙江杭州人。1915年冬結識上海哈同花園總管、倉聖明智大學校長姬覺彌，隨後任教於倉聖明智大學，主持編輯《藝術叢編》。善書法。

（三）褚德彝跋

　　唐代畫家皆以畫佛象著名，余所見唐畫約十餘幀，惟刁光胤是花卉[1]，餘皆仏象。陶齋藏尉遲乙僧天王象爲最精[2]，其次則高昌唐人畫壁佛象，皆精妙高古，設色濃厚，衣摺作曹派。此紙畫仏象凡二十區，下書佛名，畫意古拙，略具形似，與魏齊造象正復相似，定爲唐人手筆。敦煌寫經所見約百卷，畫象則絶少，殊可寶耳。乙丑年（1925）夏五月褚德彝記[3]。（鈐"褚禮堂"白文方印）

　　[1] 刁光胤(約852—935)，唐代畫家，工山水花竹、猫兔鳥雀。

　　[2] 陶齋，即端方(1861—1911)。李詳《藥裹儔談》卷二"唐尉遲乙僧天王像"條謂："尉遲乙僧天王像，項墨林故物，有子京親題，藏于儀徵張氏。由張歸于蒯禮卿觀察，標其購值，張某以價之廉也，改十爲千，蒯病見同朋儕，深以爲恨。端匋齋在江南，從蒯假觀，未許贈也。後蒯自歐州回京，告假歸里，端時罷直督，置酒祖餞，謂蒯曰：'天王像在此，携去何如？'曰：'暫留君處可也。'蒯後告余：'愛此巨蹟，終不忍贈。因渠失勢家居，遽携歸，頗傷友道，故以暫留作圓通語。'近觀李君文石《論畫詩》，竟以此爲匋齋所藏。蓋匋齋本欲效王子固不反之假，李君據實紀之耳。蒯、端俱下世，此畫又慮失所矣。"(南京：江蘇古籍出版社，2000年1月，第36頁)尉遲乙僧天王像今亦藏美國華盛頓弗利爾博物館(參啓功《〈壬寅銷夏録〉與尉遲乙僧畫》，載《啓功講學録》，北京：北京師範大學出版社，2004年，第158—161頁)。

　　[3] 褚德彝(1871—1942)，原名德儀，避宣統帝諱改名德彝，字松窗、守隅，號禮堂、里堂，浙江餘杭人。擅長篆刻、書法。著有《金石學續録》《竹人録續》《松窗遺印》等。

【圖版】

　　榮新江2018，册壹第3—5頁。

【研究】

　　榮新江、王素、余欣2007，第126—137頁；余欣2012，第147—148頁。

59. 首都博物館藏32.536《大般涅槃經》卷二十五何遂跋

【概述】

　　此卷長834釐米。正面抄《大般涅槃經》卷二十五，有尾題"大般涅槃經卷第廿五"；卷背抄《佛說如來八相成道經講經文》，末行爲"第五雪山脩道相"。鈐有"顧二郎"朱文方印，可知爲顧鼇舊藏。顧鼇(1879—1956)，字巨六，四川廣安人。舉人。早年留學日本。清末歷任民政部郎中、憲政編查館提調、資政院議員。民國初年歷任總統府顧問、內務部參事、約法會議秘書長、法制局局長。1915年助袁世凱稱帝，後以帝制禍首受通緝。

　　附題跋一則，寫於"立法院稿紙"。此跋用語、字體均與首都博物館藏32.1324《佛說藥師經》何遂跋一致，亦當出於何遂之手。何遂(1887—1968)，字敘甫，福建閩侯人。畢業於陸軍大學。民國期間歷任第三軍參謀長、航空署署長、暫編陸軍第四師師長、黃埔軍官學校教育長、立法院軍事委員會委員長。1949年後任華東軍政委員會司法部部長、全國人大代表。

【校録箋證】

　　此卷爲敦煌精品之一，亦古鑑齋主人以善價得自德化李木齋氏身後所售出者[1]。紙色微白，斷爲繭紙中期物。所書爲《大般涅槃經》之第廿五卷，缺其首段。書法淵源晉人，秀逸中彌見樸茂，行款亦疏落有致，較之唐代中後期寫經手之務以端整爲工者，其時代自當爲早。長卷垂數千言，墨光朗潤，一氣呵成，尤稱難得者。背面變文亦數千言，字體更古拙可喜。予生平所觀敦煌藏經殆數百卷，雖不乏有變文，但無逾此卷之多且精者，良可寶已。變文所書《佛說如來八相成道經》說，其釋"佛說如來八相成道經"之義曰："佛者，巨暗生死之中，獨透背迷之外，既朗萬法，爰悟四生，覺行圓滿，故稱爲佛。説者，暢四辯於舌端，流八音於聽表，開八相之靈跡，發四道之良田，頒自我口，通之彼意，故稱爲説。如來者，如目真如，來目無分别智，如以不異爲義，來以至處爲功，三世諸佛，皆以無分别智，乘真如之道，來成正覺，故曰如來。八者則數之一稱，相乃物之形表，成是功果圓會，道亦直趣菩提，一一未可細談，略釋機要如是。經雖五義，略舉二條，一曰湧泉，二稱繩墨。湧泉則注之無竭，此義可以日常。繩墨乃揩定正邪，玄理即當其法。故稱佛説如來八相成道經者，其由如是。"此段文字，説理圓融，已闡盡大乘玄蘊。至所舉釋迦應化事迹，實開王勃《釋迦成道記》之權輿[2]。降及宋代，道成法師注解王記[3]，尤多取材於此變文云。公元一九五一年十二月十日。

[1] 古鑑齋主人，疑指李培基(1886—1969)，字涵礎，河北獻縣人。畢業於東北陸軍講武堂。歷任綏東鎮守使、陸軍第三十二師師長、綏遠省政府主席、河南民政廳長、河北民政廳長、監察院監察委員、銓敍部部長、考試院秘書長、河南省政府主席、立法委員。1949 年後任全國政協委員。著有《古鑑齋漫記》，又有《古鑑齋藏印》。

[2] 王勃《釋迦成道記》，亦作《釋迦如來成道記》。按，此變文爲歸義軍時期寫本，時代晚於王勃。此跋誤以此卷爲早期寫本，而以此變文爲王勃文章之權輿，不確。

[3] 宋道誠撰有《釋迦如來成道記注》，書名亦作《釋迦如來成道記注解》。

【圖版】

榮新江 2018，册叁第 495—496 頁。

【研究】

余欣、王素、榮新江 2004，第 167—168 頁；余欣 2012，第 126—129 頁。

60. 首都博物館藏 32.540《金剛般若波羅蜜經》何遂跋

【概述】

此卷長 427 釐米。有尾題"金剛般若波羅蜜經"。後有題記"仁壽六年皇后爲衆生造福"，余欣等據仁壽無六年，指出此題記係僞造。首尾背鈐"顧二郎"朱文方印，可知原爲顧鼈舊藏。

附題跋一則，寫於"立法院稿紙"。此跋用語、字體均與首都博物館藏 32.1324《佛説藥師經》何遂跋一致，亦當出於何遂之手。

【校録箋證】

右《金剛般若波羅蜜經》殘卷，爲敦煌發現藏經之一。所闕爲首段，尚餘全經三分之二。結尾完整，末書"仁壽六年皇后爲衆生造福"云云。查仁壽爲隋文帝年號，仁壽四年文帝爲其次子廣所弑，自無六年之理。且末行筆跡與全卷不類，顯出添注。但就紙色及經文字體考證，可斷爲唐以上物。唐代尚諱極嚴，唐太宗名世民，凡"世"字均改爲"代"，或改爲

“系”，典籍中又或作“冊”。此卷“世”字均不避諱，可見其年代至少亦在唐武德（唐高祖年號）中，甚或逕在隋前，未可知也。《金剛經》共有姚秦鳩摩羅什、元魏菩提流支、陳真諦、隋達摩笈多、唐玄奘、唐義淨六譯本。古代官民寫經祈福，各從其本朝，如敦煌曩所發現之《金剛經》寫本，年代最早者有“景龍（唐中宗年號）四年六月二十日寫了”之附記[1]，其所寫即爲唐朝之義淨譯本。此卷所書爲菩提流支譯本，則其出自元魏人或陳以前人之手，蓋不待煩言而决。較之景龍四年，實尚早二百餘年也。此卷舊爲德化李木齋氏所收藏，抗倭戰起，李歿售出，始爲古鑑齋主人所得，並記於此，以識由來。公元一九五一年十二月十日。

　　[1] 指中國國家圖書館藏 BD00024（地 24）《金剛般若波羅蜜經》，卷尾有題記“景龍四年六月廿日寫了”。許國霖《敦煌石室寫經題記》録有此題記（國立北平圖書館，1935 年，第 4 頁）。

【圖版】

　　榮新江 2018，册肆第 681—682 頁。

【研究】

　　余欣、王素、榮新江 2004，第 170 頁；余欣 2012，第 132—133 頁。

61. 首都博物館藏 32.557《觀佛三昧海經》卷二朱孝臧、吕景端跋

【概述】

　　此卷長 789 釐米。引首外題簽：“唐人寫本《三昧海經》卷二殘本。佛曆第二千九百六十八年歲舍辛巳中秋，海鹽蔣文達題。”鈐印二枚，印文待考。佛曆 2968 年即 1941 年。蔣文達（1886—1963），字通夫，浙江海鹽人。寓居上海。畫家。上海文史館館員。

　　引首有朱孝臧、吕景端跋。據跋文及題簽可知，此卷爲江蘇武進人徐伯企任官甘肅時所得，贈送其堂弟徐學兢，後轉爲蔣文達所得。

【校録箋證】

（一）朱孝臧跋

　　海經。

　　敦煌石室藏唐人寫經，余所見無慮數十本，而筆勢閒逸如此卷者甚不多覯。化吾先生其寶之[1]。孝臧[2]。（鈐“朱孝臧印”白文方印）

　　[1] 徐學兢，字化吾，江蘇武進人。曾任武進縣視學（1917 年前後）、勸學所所長（1920 年前後）。

　　[2] 朱孝臧（1857—1931），名祖謀，字藿生、古微，號彊村，浙江歸安（今湖州）人。光緒九年（1883）進士。歷任國史館協修、會典館總纂、侍講學士、内閣學士、禮部侍郎兼署吏部侍郎、廣東學政。民國初年隱居上海。早年工詩，後專力於詞，輯唐宋金元一百六十三家詞爲《彊村叢書》。撰著匯編爲《彊村遺書》。

（二）吕景端跋

　　右《觀佛三昧海經》卷二殘本四百三十三行，每行十七八字不等，計七千又數十字，在唐人寫經卷中字數不爲少，紙墨雖陳舊而清朗緜密，無裂損巨痕，歷千數百年尚完整如此，

誠唐經寫本中之上乘襌矣。光緒中葉,甘州境内敦煌石室發現此物[1],其時嘉興陶勤肅公模爲甘督,適駐節關外,遣使會同地方官,嚴密保護[2]。新城王方伯樹枏嗜古博涉,時爲肅州道[3],勤加搜訪,得二十餘種,皆殘破,不盡可稽考。惟此經巋然獨存。同縣徐君伯企官隴,求得之,歸以貽其堂弟化吾君學競。化吾亦媚學篤古者,宜其視爲璚寶,珍如秘笈也。戊辰(1928)七月,武進吕景端蟄盦甫題[4],時年七十。(前鈐"吕"朱文圓印,後鈐"景端長壽"白文方印)

　　[1] 敦煌縣清代屬安西直隸州,非甘州所轄。

　　[2] 陶模(1835—1902),字方之、子方,浙江秀水(今嘉興)人。同治七年(1868)進士。歷任甘肅文縣知縣、皋蘭知縣、秦州知州、甘肅按察使、直隸按察使、陝西布政使、新疆巡撫,光緒二十一年至二十五年(1895—1899)任陝甘總督,二十六年敦煌遺書發現時,陶模已卸任陝甘總督,調兩廣總督,"遣使會同地方官,嚴密保護"云云,當係傳聞失實。

　　[3] 王樹枏(1851—1936)於光緒二十九年(1903)任甘肅平慶涇固化道,後署鞏秦階道、蘭州道,三十二年(1906)轉任新疆布政使。清末甘肅設蘭州道、寧夏道、平慶涇固化道、鞏秦階道、甘涼道、安肅道、西寧道,敦煌隸屬安肅道,王樹枏似未曾擔任安肅道臺。

　　[4] 吕景端(1859—1930),字幼舲,號蟄庵、藥襌,江蘇武進人。光緒八年(1882)舉人。曾任内閣中書。工書。著有《藥禪室隨筆》《史論匯選》。

【著録】

　　余欣、王素、榮新江 2004,第 172 頁;余欣 2012,第 135 頁。

【圖版】

　　榮新江 2018,册陸第 1105—1109 頁。

62. 首都博物館藏 32.1324《佛説灌頂章句拔除過罪生死得度經》何遂跋

【概述】

　　此卷長 800 釐米。存首題"佛説灌頂章句拔除過罪生死經",尾題"佛説藥師經一卷",後有題記:"壬辰歲七月七日,清信佛弟子張順盈因爲奉使于闐大國,遂乃發心寫請《藥師經》,奉爲道路和寧,兩國君王壽同山岳,玉葉金枝,潤而不凋。順盈延年資益,獲願清吉消災,持誦此經,永爲供養。"此卷爲東晉帛尸梨蜜多羅譯本,《首都圖書館藏敦煌文獻》定名爲"佛説灌頂章句拔除過罪生死得度經"。據余欣等介紹,引首簽題"藥師經一卷"。此卷後有張順盈使于闐國題記",下鈐"顧二郎"印。

　　拖尾有何遂跋二則。

【校録箋證】

(一)何遂跋一

　　右《藥師經》一卷,首尾完整,結構謹嚴,蓋爲敦煌千佛洞發現經卷中之時期最早者,世殊罕見,吾自有證。

　　古代以縑帛爲紙,故字從糸。蔡倫以布擣挫作帋,故亦從巾。自晉迄隋,均爲用蠶紙時期,初期色白,後期質薄。此卷質堅而色黃,可斷爲蠶紙中期。字體既仍晉人筆法,卷末跋語文體亦異隋唐,其爲晉代或南北朝時物,自無疑義。

　　卷末跋語爲壬辰歲七月七日張順盈奉使于闐時所寫。按自晉代以逮南北朝,三百餘年間凡五壬辰,首爲晉成帝(司馬衍)咸和七年(公元三三二年),次爲晉孝武帝(司馬昌明)太元十七年(公元三九二年),次爲宋文帝(劉義隆)元嘉二十九年(公元四五二年),次爲梁武帝(蕭衍)天監十一年(公元五一二年),再次爲陳孝宣帝(陳頊)太建四年(公元五七二年),其時諸朝皆偏安江左,未通西域。拓跋氏奄有北方,高洋、宇文覺分簒東西魏,所謂北朝者,保境爲上,亦徒知經營河北,未遑西顧。考之《晉書》後涼呂光載記,惟晉孝武帝時符秦曾使光以重兵討西域,由高昌進及流沙,降焉耆,破龜茲,王侯降者三十餘國,貢款屬路,光有留焉之志。鳩摩羅什勸之東還,道聞符堅爲姚萇所害,因自稱三河王,年號麟嘉。遣子覆爲西域大都護,鎮高昌。由高昌而西爲龜茲,由龜茲而南爲于闐。光以雄才負遠略,交通諸國,自其先務。麟嘉四年適逢壬辰,實爲晉孝武帝太元十七年,張順盈則奉使之臣也[1]。

　　英人斯坦因、法人伯希和先後盜取敦煌大批古物,爲我國學術史上最足傷心怵目之事。據近人傅振倫氏所著《敦煌千佛洞文物發現的經過》一文[2],謂斯坦因盜去古物之有題識者,上起北魏天賜三年(公元四〇六年),下至北宋至道元年(公元九九五年);伯希和所盜去者,其年代包括西魏大統元年至元明等時期(公元五三五年至一六四四年)。此卷既斷知爲麟嘉四年物(晉孝武帝太元十七年,即公元三九二年),時爲四世紀末年,較之斯坦因所盜去有北魏天賜三年題識之古物尚早十四年,此當爲敦煌發現有題識之古物中之時期最早者。因卷末但記甲子,未書年號,斯坦因等偶疏於別擇,故未被囊括。楚弓楚得,猶爲不幸中之幸。

　　斯坦因、伯希和開始盜取古物後之二三年間,即清宣統二年(公元一九一〇年),清廷學部始咨陝甘總督,令知縣陳澤藩點查經卷,全部以大車運往北京。時雖大批被斯坦因等所盜,而遺留尚多,經手人復沿途抽竊,抵京猶有八千餘卷,送交學部。德化李木齋(盛鐸)方任學部侍郎,邃於考古,自揀其尤精者,而以餘卷儲之京師圖書館,即今中央圖書館也[3]。此卷歸李氏者二十餘年,抗倭戰前,李歿售出。李氏曾有"麐嘉館印"四字朱文印章,每用以鈐於心賞之圖籍,可徵其對於此卷之重視。

　　綜上數端,此卷在我國學術史上既具有相當地位,而於先民之發揚民族精神、開拓疆域、流通文化,尤富有偉大之研究價值。環寶當前,吾甚願藏弆者之善爲運用焉。一九五一年十一月十五日,何遂識於上海寓齋。(前鈐"枕宋齋"白文長方印、"丁亥年六十"朱文方印,後鈐"何遂"白文長方印)

　　[1]余欣《首都博物館藏敦煌吐魯番文獻經眼錄》以此卷爲曹氏歸義軍時期之物,壬辰爲932年。可從。

　　[2]刊載於《文物參考資料》1951年第4期。歷史博物館於1951年4月在午門舉辦"敦煌文物展

覽”,《文物參考資料》配合此次展覽,出版“敦煌文物展覽特刊”,即第 2 卷第 4、第 5 期。

　　[3] 此處有誤,京師圖書館 1928 年改名國立北平圖書館,1949 年改名北京圖書館。中央圖書館係 1933 年籌建於南京,爲今日南京圖書館與臺北“臺灣圖書館”之前身。

(二) 何遂跋二

　　寫畢前文,尚有兩事應附識于此。一則李盛鐸當時係任順天府尹,爲北京地方長吏,故敦煌經卷運到,須先經其手,始交學部[1]。一則《藥師經》行世者有隋譯本一,唐譯本二[2],此卷已前於隋譯約百四十年,良可寶也。一九五一年十一月十六日,何遂。(鈐“何遂”朱文方印、“敘甫”白文方印)

　　[1] 李盛鐸光緒三十一年(1905)奉派出洋考察憲政,旋任駐比利時欽差大臣,宣統元年(1909)十月回國,任順天府丞。敦煌遺書解京,主管押運事務的甘肅布政使何彥升之子何震彝係李盛鐸女婿,因此李盛鐸得以盜取其中精品數百卷。其機緣乃是與主管官員的親戚之誼,與其順天府丞官職關係不大。

　　[2] 此經有四個譯本:其一,東晉帛尸梨蜜多羅譯《佛説灌頂拔除罪過生死得度經》,一卷,亦即《大灌頂經》第十二卷之單行本;其二,隋達磨笈多譯《藥師如來本願經》,一卷;其三,唐玄奘譯《藥師琉璃光如來本願功德經》,一卷;其四,唐義淨譯《藥師琉璃光七佛本願功德經》,二卷。此外,英藏敦煌遺書 S.2512《藥師經疏》所引《藥師經》,亦爲別一異本,譯者不詳。此卷爲東晉帛尸梨蜜多羅譯本。

【圖版】

　　榮新江 2018,册玖第 1871—1873 頁。

【研究】

　　榮新江、王素、余欣 2007,第 126—137 頁;余欣 2012,第 142—143 頁。

63. 首都博物館藏 32.1358《般若波羅蜜放光經》卷二十四陳垣跋

【概述】

　　此卷長 789 釐米。存首題“般若波羅蜜放光經”,尾題“般若波羅蜜放光經卷第廿四”,尾題下鈐“瓜沙州大王印”朱文長方印。首尾均鈐“陳垣”朱文方印,係陳垣舊藏。引首有陳垣跋,書於“北京平民中學用箋”。北京平民中學即今北京 41 中學前身,校址在西四北二條、趙登禹路東側,1921 年由陳垣等創辦,經費來源爲庚款。

【校錄箋證】

　　《般若波羅蜜放光經》在《頻迦大藏經》月帙般若部第一種,名《放光般若經》,廿卷。西晉于闐國三藏無羅叉譯。卷十六漚惒品第七十、種樹品第七十一、菩薩行品第七十二、當得真善知識品第七十三。今卷末作卷廿四,與頻迦本分卷不符。(鈐“陳垣”朱文方印)

【圖版】

　　榮新江 2018,册拾第 1949 頁。

【研究】

　　榮新江、王素、余欣 2007,第 126—137 頁;余欣 2012,第 141—142 頁。

64. 首都博物館藏 32.1729《金剛仙論》卷七張瑋跋

【概述】

此卷長 358 釐米。首斷尾全，存尾題"金剛仙論卷第七"。引首外題"唐人寫《金剛仙論》卷□"，引首鈐"固始張氏鏡菡榭收藏鑑賞印"朱文方印。拖尾有張瑋跋二則。

【校錄箋證】

（一）張瑋跋一

自清末敦煌發見石室，唐人寫經傳世者以萬計，然完好者少而殘損者多，其具經名更署書名及年月者加少焉，有之皆以奇貨市諸海外，而前甘肅巡按合肥張勳帛將軍所佚爲尤美[1]。予則物色歷年，迄不得一精品。此卷首缺而尾全，乃啓元伯世講所著[2]，賈人以董文敏公墨跡易得者，因倍其直償之，以備一格。雖未能十分愜意，然在恒見經生書中，此固應居地玄之位，而未可忽視也。昭陵石刻十九漫漶，唐賢用筆運墨之法，即此亦見一斑，正不必鍾紹京真蹟始足爲臨池之助也。況楮素亦千數百年前物，並足珍耶！甲申（1944）夏日固始張瑋識《金剛仙論》卷七殘卷後[3]，時寄居朱宅廳事。（鈐"敧園"朱文方印、"固始張氏鏡菡榭嗣主瑋續收"朱文長方印、"張瑋字曰傚彬"朱文方印、"西溟學士北海行人"白文方印）

　　[1] 張勳帛，指張廣建（1867—？），字勛伯。

　　[2] 啓功（1912—2005），字元白。

　　[3] 張瑋（1885—？），字傚彬，號敧園，河南固始人。早年留學英國劍橋大學。歷任北京法政專門學校教授、外交部政務司科長、駐赤塔領事、駐伊爾庫茨克總領事、外交部參事、北京大學經濟系講師、清華大學經濟系講師。著有《敧園叢草》等。

（二）張瑋跋二

自癸未（1943）春日寄居於此，忽忽已近十年。古物之代薪以去者不計其數，此卷巍然尚存。目擊時艱，又不知物我之關聯與古蹟傳世之修短，究竟誰作主張也，足以娛今日可耳。壬辰（1952）夏閏敧園又及，時年七十有一。（鈐"勁翮數張倜儻瑰瑋"朱文長方印）

【圖版】

榮新江 2018，冊拾第 2052—2054 頁。

【研究】

榮新江、王素、余欣 2007，第 126—137 頁；余欣 2012，第 140—141 頁。

65. 首都博物館藏 Y61《八菩薩四弘誓咒經》卷四周肇祥跋

【概述】

此卷長 117.5 釐米。有首題"八菩薩四弘誓咒經卷四"。卷尾有周肇祥跋。

【校録箋證】

　　燉皇石室寫經初唐多高手,矮行大字,兼有歐褚之勝。開天以後漸衰,而長行細書,尤爲罕見。此《八菩薩四弘誓咒經》,與《大佛頂如來放光悉怛多鉢怛羅大神力攝一切咒王金輪帝殊羅大道場金輪三昧十方如來尊重寶印極大無量陁羅尼神咒經》《瑜伽論雜抄》皆江西德化李木齋家殘餘之物。書非一人,各有秀茂之氣,是足貴也。裝修訖工謹記。辛卯(1951)五月中旬無畏居士。(鈐印二枚,待考)

【著録】

　　榮新江、王素、余欣 2007,第 126—137 頁;余欣 2012,第 139—140 頁。

【圖版】

　　榮新江 2018,册拾第 2073 頁。

66. 北京大學圖書館藏 D014《金剛般若波羅蜜經》沈兼士、顧隨、秦裕、啓功、賈魯跋

【概述】

　　此卷存 6 紙,155 行。卷首題簽:“唐人寫經卷。元白珍藏。雪齋題。”雪齋即溥伒(1893—1966?),清宗室,善畫,1925 年組織松風畫會,啓功先生爲該會晚期成員。

　　據柴劍虹《求真求實會於心》介紹:“此卷啓功先生亦於 1939 年得諸北京琉璃廠,後以之與同好交換藏品,今歸北京大學圖書館所藏。”拖尾有跋五則。

【校録箋證】

(一)沈兼士跋

　　吳興沈兼士敬觀。(鈐“竹墩舊家”白文方印)

(二)顧隨跋

　　顧隨敬觀[1]。(鈐“顧隨”朱文方印)

　　[1] 顧隨(1897—1960),河北清河人。1920 年畢業於北京大學文科英文門。1929 年起執教於燕京大學,抗戰期間轉任輔仁大學教授。1953 年轉任天津師範學院教授。畢生從事古典詩詞曲的創作、研究與教學。

(三)秦裕跋

　　此卷爲吾友啓元伯君所藏,千載黃麻,未免殘脱,而書法精嚴,正如爐火純青,宋元以來得此風趣者惟倪元鎮一人耳[1]。有清嘉道間士夫偶得唐迹數行,便已詫爲奇寶。若此長卷,使吳荷屋見之,必刻入《筠清館帖》中無疑也[2]。元伯羅致種種,意謂近代書法甜熟,庶幾從此以窺晉唐真意,並以發揮於盡,無怪其書畫皆爲當代第一流也。辛巳(1941)冬日群峰拱翠之居借觀累日,題此歸之。梁子河村人秦裕[3]。(鈐“秦裕”白文方印、“中文”白文方印)

　　[1] 倪瓚(1301—1374),字元鎮,江蘇無錫人。元末明初畫家、詩人。

　　[2] 吳榮光(1773—1843),號荷屋。道光十年(1830)吳榮光摹刻《筠清館法帖》,卷二收有《唐人書藏經殘字》。

　　[3] 秦裕(1896—1974),原名秦裕榮,字仲文,河北遵化人。1915 年就讀於北京大學法律系。1920年加入中國畫學研究會。先後任教於北平大學藝術學院、京華美專、國立藝術專科學校。抗日戰爭勝利後任北京大學第八分院教務主任兼中國畫史教授。1949 年後任北京畫院畫師、院務委員。著作有《中國繪畫學史》《秦仲文畫選》等。

(四) 啓功跋

　　右唐人寫《金剛般若波羅蜜經》一卷。首有斷闕,尾損十五字,書體精妙,與世行影印邵陽李氏寶墨軒本相似[1],而筆勢瘦健,殆尤過之。行間句讀,朱墨爛然,是曾經持誦者。己卯(1939)秋日,得之燕市海王村畔。用寶晉題子敬帖韻爲贊[2]。贊曰:

　　虹光字字騰麻紙,六甲西昇誰擅美。李家殘本此最似,佛力所被離火水。緩步層臺見峯趾,日百回看益神智。加持手澤不須洗,墨緣欲傲襄陽米。

　　庚辰殘臘元白啓功書[3]。(鈐"啓功之印"白文方印、"元白居士"朱文方印)

　　[1] 指上海商務印書館 1930 年據邵陽李氏寶墨齋藏本影印《唐人寫金剛般若波羅蜜經》一卷。

　　[2] 寶晉,指宋代書畫家米芾(1051—1107),齋號寶晉。"題子敬帖",指米芾《題唐摹子敬范新婦帖三首》,其一:"貞觀款書丈二紙,不許兒奇專父美。何爲寥寥寶是似,遭亂歸真火兼水。千年誰人能繼趾,不自名家殊未智。嗟爾方來眼須洗,玉躞金題半歸米。"其二:"雲物龍蛇森動紙,父子王家真濟美。張翼小兒寧近似,滄溟浩對蹄涔水。騰蛇無足蜈多趾,以假易真信用智。龜澥雖多手屢洗,卷不生毛誰似米。"其三:"直裂紋勻真古紙,跋印多時俗眼美。誠懸尚復誤疑似,有渭不能辨涇水。真僞頭面拳趺趾,久假中分辨愚智。寶軸開時心一洗,百氏何人傳至米。"(米芾:《寶晉英光集》卷三,上海:商務印書館,1939 年12 月,第 14—15 頁)

　　[3] 庚辰殘臘,即 1941 年 1 月中下旬。

(五) 賈魯跋

　　黃麻千載跡猶存,麟鳳莊嚴且莫論。信是神祇爲守護,至今淪落海王村。

　　壬午(1942)上元後義民賈魯敬觀[1]。(鈐"義民"朱文方印、"墨盒"朱文方印、"賈魯"朱文方印)

　　[1] 賈魯,字義民。宛平人。工山水,善仿古。

【著録】

　　北京大學圖書館、上海古籍出版社 1995,第②册《敘録》第 4 頁。

【録文】

　　張玉範 1990,第 508 頁。啓功 1999,第 297 頁(録有啓功跋);啓功 2011,第 30 頁(録有啓功跋)。

【圖版】

　　北京大學圖書館、上海古籍出版社 1995,第①册彩圖九、第 66—67 頁。

【研究】

　　柴劍虹 2002，第 44—49 頁。Justin M. Jacobs 2019，pp.79‐80；鄭智明 2021，第 216—217 頁。

67. 北京大學圖書館藏 D031《大般涅槃經》卷十四趙惟熙、王樹枏、易順鼎、江瀚、徐琪跋

【概述】

　　此卷存 17 紙，465 行。卷尾題簽：“唐人寫大般涅槃經精品。丙戌五月啓功署簽。”丙戌即 1946 年。拖尾有跋十一則。

【校録箋證】

（一）趙惟熙跋一

　　敦煌縣千佛洞之石室藏經，發見於光緒丙申歲（1896）。先是寺僧治垔，得石室於危壁間，闢之，高廣及丈，藏佛像、法器夥頤，寫經尤亡慮數千卷，均李唐以上人手筆。事爲邑令詗知。令，儈也，但括其金銀寶相以去，經卷仍庋寺中。寺僻在西荒，故悉其事者絶鮮。近年有德意志人某[1]，溯印度河，踰崑崙，道于闐，入古玉門關，以達敦煌。在途頗搜掘古器，過寺時乃選擇遺經中佳品數十，載之行篋。聞有金輪籹藏之件，珠璽灼然、玉軸牙籤、裝潢精絶者，至是始稍稍傳於中原。學部知之，即飛檄盡取所蓄，輦以入都，而名山之寶藏罄矣。右《大般涅槃經》弟十四。余頃以奉使出關，小住肅州。鎮軍柴菘亭洪山招飲[2]，席間偶譚及，愧此慨出四卷見遺，亦得之寺中者。内獨此卷首尾完備，紙墨如新，其字體光圓秀勁，結構緊嚴，足以伯仲虞歐，尤善蓄勢取姿，能兼婀娜剛健之長，洵可珍異。雖未知於學部及德人所取者如何，然以井蛙之見測之，此固初唐聖手矣。全卷共四百六十五行，都七千七百八十八字，一氣貫注，尤爲難得，以一字一珠計之，當不止盈斛也。鎮軍嘉惠，曷可忘哉。吾子孫其永寶諸。宣統二年歲次庚戌九月廿一日（1910.10.23）南豐趙惟熙識於嘉峪關行館[3]。（鈐“惟熙印信”白文方印、“芝珊”朱文方印）

　　[1] 德意志人某，趙惟熙十二月二日跋（見下文）更正其人爲伯希和（Paul Pelliot，1878—1945），但伯希和係由俄國進入新疆，經庫車、烏魯木齊轉赴敦煌，而此跋所述由印度經于闐至敦煌的路綫與斯坦因（Marc Aurel Stein，1862—1943）接近，蓋趙惟熙據傳聞立説，將二人混爲一談。又，此跋所述，如敦煌藏經洞發現時間、斯坦因所得文獻數量等，多係傳聞失實，茲不詳辨。

　　[2] 柴洪山（1843—？），字菘亭，安徽人。曾任肅州鎮總兵。宋伯魯《西輶瑣記》光緒三十二年（1906）七月初八日記柴洪山曾贈長庚敦煌所出《大涅槃經》《般若經》殘本各一卷；斯坦因 1907 年 7 月在肅州曾與之交往（王冀青《斯坦因第四次中國考古日記考釋》，蘭州：甘肅教育出版社，2004 年 12 月，第 274—275 頁）。

　　[3] 趙惟熙（？—1917），字芝珊，號覺園，江西南豐人。光緒十六年（1890）進士。歷任陝西學政、貴州學政、甘肅省寧夏知府、甘肅巡警道、甘肅按察使。宣統二年（1910）奉使出關至烏魯木齊。辛亥革命後

領銜通電共和,1912年3月署甘肅省都督兼民政長。1914年任參政院參政、約法會議議員。工書,能畫。

（二）趙惟熙跋二

日來過安西縣,小極。偃息驛館三日,寂寥寡懽,所恃以遣懷者唯此卷而已。静對久之,則六欲盡去,八垢皆空。關佛力歟,關文人慧業歟? 請以質諸善談談諦者。十月朔日（1910.11.2）,在瓜州行館記。（鈐"惟熙"白文長方印）

（三）趙惟熙跋三

昔人評書,謂"大令用筆外拓而開廓,故散朗多姿"[1],吾於此卷亦云。立冬日（1910.11.8）宿紅柳園再記[2]。芝山。（鈐"芝珊"印）

[1] 語出元袁裒《題書學纂要後》,該文收入《元文類》。"大令"指王獻之（344—386）。王獻之官至中書令,其族弟王珉亦曾任中書令,世稱獻之爲大令,珉爲小令。

[2] 紅柳園,清代驛站,在安西縣（今瓜州縣）城西北78公里。民國元年（1912）改爲郵驛。1958年在其東北8公里處設火車站,稱柳園站。1962年設柳園鎮。

（四）趙惟熙跋四

本日到驛絕早,飯後御馬挾械,出獵荒原,獲黄羊一、雉二以歸。面赤汗流,氣䰜類喘。迺静坐將息,展此卷讀之,頓覺身心清爽,不惟悦目,且可借以懺此番罪案也。立冬之次日（1910.11.9）識於大泉旅邸[1]。蓋已入大戈壁三程矣[2]。（鈐"趙"朱文印）

[1] 大泉,驛站名,在紅柳園西北37公里。

[2] 三程指自安西州西北行,九十里至白墩子,七十里至紅柳園,八十里至大泉。

（五）趙惟熙跋五

前跋以旅况忽忽,未及詳加考訂,操觚率爾,深用怍心。兹爲釐正如左:

一、千佛洞所在之山曰鳴沙,位縣治東南三十里,有上寺、中寺、下寺,古謂之三界寺,洞謂之莫高窟。

一、藏經發現在光緒庚子年（1900）,初鮮知者。至丁未（1907）冬,爲法人伯希和所得,捆載東行,乃大暴於世。

一、取經者爲法國文學碩士,非德人也。碩士通我國學術,任安南東方考古學校教師。其不遠萬里深探石室秘藏,竟入寶山而攫其菁英以去,使我千餘年名山寶墨悉歸巴里之圖書館中,亦吾人之大恥矣。雖然,安知非聖教西被之權輿哉!

十二月朔有二日（1911.1.2）,覺園識於烏魯木齊使館。（鈐"惟熙私印"白文方印）

（六）趙惟熙跋六

西北夙重藏經,關外尤夥,不徒敦煌一處。以其鄰佛國近,故頂禮彼教者深也。昨公畢撤關防,梁素文度部出所藏殘經卷子勾題,亡慮數十種,多六朝人遺墨。云得之吐魯番、鄯善各地,大半掘自土中,西爪東鱗,無一完璧,不似此本之紙墨如新,首尾咸備。然其精者乃壓鄴籤,殊飽眼福矣。素文名玉書,奉天人,現奉使監理新疆財政,性优爽,嗜古如命,

與予傾蓋訂交,一見如舊相識云。辛亥人日(1911.2.5)惟熙誌。(鈐“惟熙之印”朱文橢圓印)

(七)趙惟熙跋七

昨在彭丙庚廉訪處見一經卷[1],題款曰“鄧元穆”[2],與此马筆蹟絶似,當係出之一手,但其爲何許人,不可知已。閏六月二十有五日(1911.7.20)記于蘭垣警署。(鈐“惟熙之印”)

[1] 彭英甲,字丙庚、炳東,奉天承德(今瀋陽)人。光緒三十二年(1906)任蘭州道道尹兼甘肅農工商礦總局總辦,宣統二年(1910)蘭州道改爲勸業道,彭英甲仍繼任。宣統三年(1911)署理陝西布政使。著有《隴右紀實録》。

[2] 帶有鄧元穆題記的寫卷現存多件。如 BD14961《摩訶般若波羅蜜經》卷一卷尾有題記:“弱水府折衝都尉錢塘縣開國男菩薩戒弟子鄧元穆謹爲七世父母敬寫《大品經》一部,願法界衆生同登正覺。”林宵小小脈望館藏《摩訶般若波羅蜜經》卷第三十五亦有題記:“菩薩戒弟子鄧元穆敬寫。”

(八)王樹枏跋

敦煌寫經遇御名多缺筆,此卷當是唐初之物,手和筆調,灑落遒婉,開褚虞一派,甚可寶貴。敦煌洞中所出唐經不下數千卷,然書法多惡劣草率,不堪入目。蓋當時釋教大行,人人佞佛,捨經以祈福,不計書之工拙也。余在西域所得出土經卷鮮完整者,然書法皆不苟,片紙單字不啻金玉,六朝寫經尤古逸雋永。歐陽公所謂“或妍或醜,百態橫生,披卷發函,爛然在目”[1]者也。質之芝山先生,以爲何如? 新城王樹枏識。(鈐“中父”朱文方印)

[1] 語出歐陽脩《集古録跋尾》卷四《晉王獻之法帖一》。

(九)易順鼎跋

敦煌寫經浩如海,數千卷閲數千載。古人於此留精靈,歷劫居然發光采。青牛西去白馬東,此寶深埋石室中。雖免紅羊燒牧火,不逢綠駬獻河宗。賈胡捆載更西走,幸未盡落賈胡手。學官輦取幾駱駝,餘者充薪或覆瓿。趙侯卓犖天人姿,心如閱世老禪師。護法本來一龍象,專征曾領千熊羆。偶得此卷唐人作,焚香日對元和脚[1]。勿同雙劍化雙龍,長伴一琴兼一鶴。唐地獄畫兼寫經,或云右相留丹青。山僧賣與賈胡去,何日歸君九疊屏。(廬山開先宋牧仲所施唐人地獄變相圖並寫經,題者數百家,翁覃谿定爲閻立本畫。余重裝付寺僧,後聞亦歸海客矣[2]。君江西人,故以九疊屏風屬君也。)

芝山先生命題所藏唐人寫經,即正。哭盦易順鼎[3]。(鈐“實甫詩稿”白文方印)

[1] 元和脚,劉禹錫對柳宗元(773—819)書法的戲稱。脚,指筆形中的捺,俗稱捺脚,代指書法;元和爲唐憲宗年號(806—820),時當柳宗元晚年。典出劉禹錫《酬柳柳州家雞之贈》:“柳家新樣元和脚,且盡薑芽斂手徒。”後亦指柳公權(778—865)書法。宋蘇軾《柳氏二外甥求筆跡》詩之一:“君家自有元和脚,莫厭家雞更問人。”

[2] 開先,指廬山開先寺。宋牧仲,即宋犖(1634—1714)。此件“唐人地獄變相圖並寫經”今存美國弗利爾美術館(F1926.1),爲大理國(12—13 世紀)時期作品,現通用擬名爲《釋迦牟尼佛會圖卷》。卷後有

翁方綱(覃谿)、謝啓昆、吳榮光、端方、楊守敬、丘逢甲等題跋十八則,下文云"題者數百家",係誇張之詞。丘逢甲題詩又見《嶺雲海日樓詩鈔》卷十一,題爲《題實甫所藏廬山開先寺宋牧仲施唐人地獄變相圖並寫經殘卷》:"金經已不完,泥犁亦殘墮。茫茫一片匡廬雲,出山遍證人天果。"

[3] 易順鼎(1858—1920),字實父、仲碩、碩甫,號眉枷、哭庵,湖南龍陽(今漢壽)人。光緒元年(1875)舉人。甲午戰後赴臺助劉永福抗日,事敗回鄉,任教兩湖書院。光緒二十七年(1901)起歷任廣西右江道、太平思順道、雲南臨安開廣道、廣東欽廉道、廣肇羅陽道、高雷道道尹。宣統三年(1911)赴香港,轉上海。1913年至1916年任印鑄局參事,曾兩次署任印鑄局局長。

(十) 江瀚跋

唐代選舉,其擇人之法有四,而楷法遒美居其一。太宗尤好書,貞觀初嘗詔京官職五品以上嗜書者二十人隸弘文館,出禁中書法以授之[1]。故海内向風,工書者衆,遠至邊裔,府史里儒,莫不書字有法,流傳碑刻,班班可考。蓋上之所好,其效若此。今敦煌千佛洞莫高窟所出唐人寫經,雖不著年月姓氏,而其天然清勁,迥非宋以逡士夫所及,固可一見而知。曩充京師圖書館長[2],前清學部所輦以入都者咸在焉。聞其精善之本初到時已先爲人攫取,然尚餘八千餘卷,且北魏六朝人所書亦間有存者。晉卿謂敦煌洞中所出唐經書法惡劣草率,多不堪入目,語似稍過,但完整如此卷者實少。芝山先生其寶之。甲寅(1914)三月長汀江瀚識。(鈐"長汀江瀚"白文方印)

[1] 事見《新唐書》卷四十七:"武德四年置修文館于門下省,九年改曰弘文館。貞觀元年,詔京官職事五品已上子嗜書者二十四人,隸館習書,出禁中書法以授之。"江跋於"五品以上"下脱一"子"字。

[2] 江瀚(1853—1935)於1912年5月至1913年2月任京師圖書館館長。

(十一) 徐琪跋

乾坤真氣不磨滅,是以郡國出金石。況此祇園尊勝文,龍天守護有佛力。涪翁發願從茲求[1],松雪寫經真義搜(涪翁所書《發願文》於衆字皆宗此,松雪寫經亦然,蓋二公筆意凡古拙處胥有師法也)。阿卿臨池有正派,更承家學通源流。傳之其人蓄深意,也如衣缽謹授記。翰墨緣契夙世因,前生恐是開山地。倘離文字豈宗道,福慧修來始可教。萬里邊城策騎還,芋爐静對禪燈照。

短歌一首題奉芝珊中卿參政雅教。甲寅除夕前三日(1915.2.10)花農徐琪初稿[2],時年六十有六。(鈐"二叟一香寶經室"朱文方印、"僊源伯裔"朱文方印)

[1] 涪翁,黃庭堅別號。發願,指黃庭堅手書《發願文》,係元豐七年(1084)三月過泗州僧伽塔所書,結體平正疏朗,風格樸拙,爲黃庭堅名蹟之一。

[2] 徐琪(1849—1918),字玉可、花農,號俞樓,浙江仁和(今杭州)人。俞樾弟子。光緒六年(1880)進士,授翰林院編修。歷任山西鄉試副考官、廣東學政、兵部侍郎。工詩文,善書畫。著有《粵東葺勝記》等。

【著録】

北京大學圖書館、上海古籍出版社1995,第②册《敘録》第5—6頁。

【録文】

張玉範 1990,第 512—515 頁。

【圖版】

北京大學圖書館、上海古籍出版社 1995,第①册第 124—128 頁。朱玉麒 2011,第 584頁(載第七則王樹枬跋圖版)。

【研究】

方廣錩 2002B,第 185 頁;方廣錩 2010,第 123 頁。朱玉麒 2011,第 574—590 頁;朱玉麒2019,第 395—418 頁。Justin M. Jacobs 2019, pp.76 - 86;鄭智明 2021,第 212—222 頁。

68. 北京大學圖書館藏 D050《妙法蓮華經·觀世音菩薩普門品》啓功跋

【概述】

此卷存 6 紙,155 行。卷首題簽:"妙法蓮華經觀世音菩薩普門品。啓功敬題。"拖尾有啓功跋二則。

【校録箋證】

(一) 啓功跋一

右唐人書單行《普門品》一卷,前雖殘損,而尾記完好,書體清勁,在寫經中不失爲上品。況年月可徵,足爲考訂之資,尤可寶也。丙戌(1946)夏五觀於海王村畔,啓功。

(二) 啓功跋二

武周天授去唐初未遠,故楷法猶寓六朝遺韻;開天以後,漸趨穠肥;至於五代,風流頓盡。余每以字體斷年代,頗鮮失者,正不必諦察年款,而有年款者益足爲吾眼力之一證耳。與同好展觀既終卷,如射覆偶中,抵掌大噱,信屬快事。元白再記。

【著録】

北京大學圖書館、上海古籍出版社 1995,第②册《敍録》第 8 頁。

【録文】

張玉範 1990,第 521 頁。

【圖版】

北京大學圖書館、上海古籍出版社 1995,第①册第 201 頁。

69. 北京大學圖書館藏 D099《首羅比丘見五百仙人並見月光童子經》陳垣跋

【概述】

此卷存 7 紙。拖尾有陳垣跋。

【校録箋證】

《首羅比丘經》之名,始見於隋《衆經録》疑僞部,唐各録皆載之,宋以後久佚。今北平圖書館藏敦煌寫經八千六百餘軸,此經僅三軸[1],其稀少可知。此軸首題"首羅比丘見五百仙人並見月光童子經"全名,尤可寶貴也。中華民國廿年(1931)六月新會陳垣識。(鈐"陳垣"朱文方印)

[1] 國圖所藏《首羅比丘見月光童子經》共四號,即 BD00687(日 87)、BD05607(李 7)、BD05926(重26)、BD08341(衣 41)。陳垣校錄《敦煌劫餘錄》第十三帙著錄日 87、重 26 二號,第十四帙《續考諸經》著錄衣 41 一號,共計三號,即此跋所謂"三軸"。

【著錄】

北京大學圖書館、上海古籍出版社 1995,第②册《敘録》第 15 頁。

【録文】

張玉範 1990,第 536 頁。

【圖版】

北京大學圖書館、上海古籍出版社 1995,第②册第 56 頁。

70. 北京大學圖書館藏 D188《漢將王陵變》佚名跋

【概述】

此件爲册頁裝,係歸義軍時期寫本。另加封皮裝訂。邵洵美舊藏。

王重民等《敦煌變文集·漢將王陵變》以此卷爲校本(即"戊卷"),並根據筆跡、題記年月,定爲宋太平興國三年(978)至六年(981)間寫成。

題跋附於册首。

【校録箋證】

巴黎國家圖書館藏敦煌本《漢八年楚滅漢興王陵變》,殘存三卷[1],三卷互相銜接,同爲一書,唯卷端有殘缺。又斯坦因所盜五四三七號鈔本亦爲《王陵變文》,今藏大英博物院,殘存前一半。此本亦僅存前八頁,與倫敦藏本一樣,適可補巴黎藏本之缺。此本與倫敦本文字亦互有出入,且較之殘缺更甚,但卻爲國內《王陵變文》最早鈔本。

[1]《敦煌遺書總目索引新編》著錄 P.3627、P.3867 兩號,可綴接。《敦煌變文集》按文獻順序,著錄爲 P.3627(1)、P.3867、P.3627(2)三件,或即此跋"殘存三卷"所本。又按,P.3627、P.3867 爲縫綴裝,外觀爲小册子,此處稱"卷",不確。

【著錄】

北京大學圖書館、上海古籍出版社 1995,第②册《敘録》第 27 頁。

【録文】

張玉範 1990,第 557 頁。

【圖版】

北京大學圖書館、上海古籍出版社 1995,第②册第 203 頁。

71. 中國文化遺産研究院藏 117 號《妙法蓮華經》許承堯、陳闓跋

【概述】

此卷首殘尾全,長 225.7 釐米。卷尾有題記:"顯慶五年(660)三月十四日,濟法寺沙門重遷奉爲師僧父母、法界蒼生敬造《法華經》一部,願以斯景福,拔濟有緣,同離苦源,咸成仏道。"引首有許承堯、陳闓跋。

【校録箋證】

(一) 許承堯跋

鳴沙秘寶(鈐"疑盦"朱文長方印、"許大"朱文長方印)

下方爲唐顯慶五年沙門重遷造《妙法蓮華經》,敦皇莫高窟所出。楮質良好,書法精密,初變隋人之沖和雅澹而爲廉悍勁折,于虞褚外別闢徑途,决爲士大夫書,非經生手筆,所見有蕭大嚴居士寫經及上元官造經[1],差可方駕。雖非滿卷,亦可寶也。壬戌(1922)春孟季侃仁兄省長屬題[2],歙縣許承堯。(鈐"許承堯印"朱文方印)

[1] 蕭大嚴居士寫經,指咸韶齋舊藏《妙法蓮華經》卷五。該卷有題記"菩薩戒弟子蕭大嚴敬造",亦有許承堯題跋。圖版刊於王乃棟《咸韶齋藏書畫集》(上海:上海書畫出版社,2011 年 9 月,第 154—155 頁)。上元官造經,指上元年間武后爲其母祈福所造《妙法蓮華經》《金剛經》,由朝廷派官員監造,書手均來自長安各官署,故稱"官造"。趙和平對這批佛經有深入研究,發表《武則天爲已逝父母寫經發願文及相關敦煌寫卷綜合研究》《兩件高宗、武則天時代"敦煌藏經洞出宮廷寫經"辨僞》《武則天"御製"〈金剛經序〉及〈妙法蓮華經序〉再研究》《唐代咸亨至儀鳳中的長安宮廷寫經》《慧立卒年推測》《S.5710〈金剛般若經序〉初步研究》《唐代咸亨至儀鳳中宮廷寫經機構研究》《俄藏三件敦煌宮廷寫經初步研究》等系列論文。

[2] 陳闓,字季侃。

(二) 陳闓跋

珠圓玉潤,官止神行。初唐人書法,雍容華貴,真盛世文字也。虞褚石刻,遜此真相。陳季侃。

【録文】

赫俊紅 2011,第 180、182 頁。

【圖版】

赫俊紅 2011,第 180—182 頁。

【研究】

朱鳳玉 2016,第 21—33 頁。

72. 中國書店藏 ZSD032《妙法蓮華經》卷五王樹枏跋

【概述】

此卷存 16 紙,長 709.9 釐米。引首題:"隋人寫經壹卷。慕少堂藏。"引首有王樹枏題

跋一則。

【校録箋證】

　　六朝書法皆係方形,且多別體。是卷字皆方體,不脱六朝矩钁而整齊嚴肅,且少別體,蓋在仁壽、大業之間,漸變唐書時也。敦煌石室唐書爲多,又鮮佳者,較新彊出土經卷相去不翅倍蓰。若是卷之工麗,又何多讓焉。此當不止一卷一絹矣。丙寅(1926)三月,少棠年世仁兄屬題[1],敬跋數語歸之。陶廬老人王樹枏,時年七十又六。(鈐"王樹枏印"白文方印)

　　[1] 慕壽祺(1875—1948),字子介,號少堂、少棠,甘肅鎮原人。光緒二十九年(1903)舉人,次年任甘肅文高等學堂教習。同盟會員。民國期間歷任甘肅省臨時議會副議長、民政長署秘書長、參議院議員、參政院參政、甘肅省通志局副總纂、甘肅學院教授。著有《經學概論》《甘寧青史略》《重修鎮原縣志》《中國小説考》等。

【録文】

　　《中國書店藏敦煌文獻》編委會 2007,《圖記》第 8 頁;《中國書店藏敦煌文獻》編委會 2019,《圖記》第 11 頁。

【圖版】

　　《中國書店藏敦煌文獻》編委會 2007,第 106 頁;《中國書店藏敦煌文獻》編委會 2019,第 356 頁。

　　朱玉麒 2011,第 585 頁。

【研究】

　　朱玉麒 2011,第 574—590 頁;朱玉麒 2019,第 395—418 頁。

73. 中國書店藏《敦煌殘拾》黄賓虹跋

【概述】

　　此件册頁裱褙敦煌遺書殘片三十餘件。《中國書店藏敦煌文獻》將其分別編號,編號在 ZSD001 至 ZSD079 之間。原爲方懿枚之物,册中鈐有方氏印記多枚。前有黄賓虹題跋一則。

【校録箋證】

　　敦煌殘拾

　　子才先生藏魏晉六朝寫經[1],多精品,零縑賸楮,尤得瓌異恢奇之作,洵足珍也。辛卯(1951)八十八叟賓虹。(鈐"黄賓虹"白文方印)

　　[1] 方懿枚,字子才,號雨樓。安徽人。1930、1940 年代活躍於京津一帶的古董商。

【圖版】

　　中國書店 2009。

74. 天津圖書館藏 Z145 – 2《唐人寫經殘卷》方爾謙跋

【概述】

　　此册頁粘裱敦煌遺書殘片 58 件。係周叔弢舊藏。周叔弢(1891—1984),名暹,安徽建德(今東至縣)人。清末兩江總督周馥(1837—1921)之孫。實業家,歷任唐山華新紗廠、天津華新紗廠經理,啓新洋灰公司總經理。1949 年後歷任政務院財經委員會委員、天津市副市長、全國工商聯副主席、全國政協副主席等職。藏書既多且精,善本捐贈北京圖書館,普通書及敦煌文獻殘片册捐贈天津圖書館,此册即其中之一。

　　背面有方爾謙題跋二則、詞一則,及敦煌寫經照片 17 幅。

【校錄箋證】

(一) 方爾謙跋一

　　唐人寫經是鈔書,不是臨帖。就各髒觀自在處,玩好既久,得行間静氣,便佳。極力要好,有意學醜,皆非自然。寫經是經生做活,偶出士夫,也是做經生的功課。當其下筆,不欲過好,不得過醜。與八股時期寒士替人鈔書院卷子,正復相似耳。大方[1]。

　　[1] 方爾謙(1871—1936),字地山、無隅,號大方,江蘇江都人。曾任袁世凱家庭教師。好收藏,善書法、聯語。1910 年劫餘敦煌遺書運京,何震彝、李盛鐸等監守自盜,方爾謙參與其事。

(二) 方爾謙跋二

　　量衆生得樂,憐愍饒益諸天人故,是諸菩薩行菩薩道時,以四事攝無量百千衆生,所謂布施、受語、利益、同事[1]。亦以十善道成就衆生,自行初禪。亦教他人,令行初禪,乃至自行非有想非無想處。亦教他人,令行乃至非有想非無想處。

　　未弢自青島來,以美濃呇爲贈。因言唐人寫經字髒,遂拈筆爲此。或不甚遠,尚未自然耳。大方。

　　[1] "受語",當作"愛語"。佛家四攝法,謂布施攝、愛語攝、利益攝、同事攝。

(三) 方爾謙跋

　　踏莎行　用未弢韻

　　望海疑烟,看花迷霧,天涯芳草無尋處。小樓鎮日數歸期,東山底事來何暮。　信步嬉遊,攤書對語,閑中客裏堪依據。一回相見一回忙,匆匆舊雨如新雨。

　　行年五十,語意都如孺子。未弢當信余能過活也。大方。

【錄文】

　　萬群 2007,第 155—156 頁。

【圖版】

　　萬群、劉波 2019,第 92 頁。

75. 天津圖書館藏 S.8440《敦煌石室寫經殘字》周進跋

【概述】

此件係周叔弢舊藏。經折裝,粘裱敦煌遺書殘片 31 件。書名"敦煌石室寫經殘字"係方爾謙題寫。册前附目録二紙,著録經名、葉數;所粘每件敦煌遺書都鈐有騎縫章"叔弢"。背面有方爾謙跋及敦煌遺書影印件、錢幣拓片若干件。其中《妙法蓮華經》卷一殘片(編號爲津圖 168),存文字三行,有周進跋。

【校録箋證】

是册殘經卅餘頁,書法精嚴,應以此三行爲最。丙寅(1926)十二月,季木審定[1]。

[1] 周進(1893—1937),字季木,室名居貞草堂,安徽建德(今東至縣)人。周馥(1837—1921)之孫,周學海四子,周叔弢之弟。收藏家,藏品今存故宫博物院。著有《季木藏印》《新編全本季木藏陶》《貞居草堂漢石影》《魏石經室古璽印景》《周季木遺墨》等。

【著録】

萬群 2007,第 155 頁。

【圖版】

萬群、劉波 2019,第 241 頁。

76. 天津圖書館藏 S.3214《唐人寫經册(殘頁)》祥麟跋

【概述】

此件爲經折裝,粘裱敦煌遺書殘片 8 件。前 7 件爲歸義軍時期寫本《金剛經》,原係卷軸裝,割爲 7 段裝裱;第 8 件爲唐寫本《妙法蓮華經》卷六。經文後鈐有"徐良珍藏"印。有祥麟題跋四則。據題跋、鈐印,此件先後爲黎湛枝、徐良、周叔弢所藏。

【校録箋證】

(一)祥麟跋一

唐人寫經往年罕見真蹟,摹帖所存,間或一遇。自敦煌石室壁破以後,經卷流傳徧海内外,耆古之士多羅致之。摻求既夥,僞作漸出,陳墨染紙,往往而有。此八紙古趣斑駁,饒有售味,當尚是石室中物,可寶也。(前鈐"秋聲"白文長方印,後鈐"麟"朱文長方印)

(二)祥麟跋二

南海吴荷屋中丞《筠清館帖》摹入唐人寫經數葉[1],觀者歆詫。未必是敦煌石室中物,然當時已珍同拱璧矣。(鈐"今不中書"朱文方印)

[1] 吴榮光(1773—1843),號荷屋,官至湖南巡撫,署湖廣總督,"中丞"即巡撫之代稱。道光十年(1830),吴榮光摹刻《筠清館法帖》,卷二收《唐人書藏經殘字》,後有成親王跋,謂:"右唐人書藏經殘字五紙,陳伯恭先生見眎,云南海吴荷屋氏所藏也。"

（三）祥麟跋三

敦煌石室古稱莫高窟，俗稱千佛洞，宋與西夏構兵時藏秘藉之地也。光緒庚子（1900）壁破書見，唐人寫經最夥。佛朗西文學士柏希和席其精者，輦至巴黎。挾其餘至京師，盡歸學部。此或其零頭碎角之肉也。癸丑十一月大雪（1913.12.8），潞盫先生將南下屬題[1]，祥麟[2]。（鈐"麐也"朱文方印、"胡爲乎來"白文方印）

[1] 黎湛枝（1870—1928），字露苑，號潞庵，廣東南海人。光緒二十九年（1903）進士，散館授編修。宣統元年（1909）加侍講銜、太子少保。張勛復辟時授學部右丞。1924 年溥儀遷出紫禁城，隨往天津，不久遷居香港。工書法。

[2] 祥麟，生平不詳，待考。

（四）祥麟跋四

此二十年前爲潞庵所題唐人寫經册也。今潞庵墓有宿草，而此册遂落津市。善伯見而購藏[1]，出以見眎，同爲泫然。壬申三月三日（1932.4.8），祥麟再題於沽上。（鈐"麐"白文方印）

[1] 徐良（1893—1951），字善伯，廣東廣州人。康有爲弟子徐勤之子。早年留學日本、美國。歷任北洋政府司法部、外交部、內務部、駐美國公使館秘書等職。1930 年代到天津，任中原公司董事、中原銀行經理。抗戰期間曾任汪僞政府駐日本大使、外交部長、華北政務委員會委員。抗戰勝利後以漢奸罪被捕。

【録文】

萬群 2007，第 156 頁。

【圖版】

萬群、劉波 2019，第 191、192 頁。

77. 天津圖書館藏 S.3755《蓮華經提婆達多品》惲毓鼎跋

【概述】

此件經羅迪楚、惲毓鼎、周叔弢遞藏。經折裝，粘貼初唐寫本《蓮華經提婆達多品》殘片 12 件，原係卷軸裝，割爲 12 段裝裱。經文前鈐"小松曾觀"白文方印、"澂齋收藏書畫"朱文方印二印，後鈐"大興惲寶惠考藏金石書畫記"朱文方印。小松，即張壽齡（1870—?）。惲寶惠（1885—1979），惲毓鼎之子，清末曾任陸軍大臣行營秘書長、禁衛軍秘書處長，北洋政府時期曾任國務院秘書長、蒙藏院副總裁，後任職於故宮博物院。

有惲毓鼎題跋一則。

【校録箋證】

光緒庚子（1900）四月，甘肅敦煌縣南四十里千佛洞新開沙壓佛龕，掘得複洞，內藏書帖經卷甚多，皆唐五代時物。地方長吏及縣人士不知貴也，先後爲英國印度總督、法國文學士伯希和捆載而去，歸之倫敦、巴黎博物院。事爲學部所聞，急檄有司解送，已餘一麟片甲矣。中國藏之千餘年，幸不爲風雨兵火所傷，卒乃輦諸海外，供卷髮碧瞳之陳列。嗚呼，豈數使然歟！此唐人寫《蓮華經提婆達多品》殘卷五十九行，犍爲羅舍人得於石室中[1]，庚戌(1910)秋歸自天山，持以贈余[2]。余在圖書館見寫經卷不下百種，書法精整者頗鮮。此卷獨茂實挺秀，有歐褚法度。在昔海寧陳氏得《靈飛經》，歙鮑氏得《蓮華》諸經，皆奉爲藝林珍祕，以今日視之，吾輩雅福過前人遠矣。辛亥(1911)初秋大興惲毓鼎跋[3]。（鈐“藏孫”朱文長方印）

[1] 羅舍人，指羅迪楚(1861—?)，字景湘、錦江、肇樟，號南貞，四川犍爲人。光緒十八年(1892)進士。曾任湖北監利知縣、內閣中書。宣統元年(1909)赴蘭州，入陝甘總督長庚(1843—1914)幕府。次年冬回京。光緒三年參加“帝國憲政實進會”。民國初年曾任蒙藏事務局秘書。著有《停琴餘牘》《新疆政見》等。

[2] 惲毓鼎日記宣統二年十二月初九日(1911.1.9)載：“羅景湘自甘肅回京。好友久違，雄談未暢，須更作半夕話也。”宣統三年正月初四日(1911.2.2)，“羅景湘以敦煌石室中唐人寫經墨蹟一卷見貽。硬黃紙毫無損敗，墨光猶炯炯照人。書法完滿而兼勁秀，極類《靈飛》，乃知唐人于書法自有正傳，雖不著名之寫經人，矩矱森然，猶非後世所及。據景湘云，石室所出經卷甚多，此其最精者。良可寶也”。（惲毓鼎著，史曉風整理：《惲毓鼎澄齋日記》，杭州：浙江古籍出版社，2004年4月，第517、521頁）

[3] 惲毓鼎(1862—1917)，字薇孫，一字澄齋。順天府大興人，祖籍江蘇常州。光緒十五年(1889)進士。歷任日講起居注官、翰林院侍講、國史館總纂、憲政研究所總辦等職。民國初年以遺老自居。著有《崇陵傳信錄》《惲毓鼎澄齋日記》。

【著錄】

萬群 2012，第 397 頁。

【圖版】

萬群、劉波 2019，第 258 頁。

78. 天津博物館藏津藝 064(77・5・4405)《佛説佛名經》許以栗跋

【概述】

此卷前粘簽條，題：“唐人寫經。琴伯署。”拖尾裱褙瓷青紙一張，上書許以栗跋一則，後繪佛像一尊，後署“佛曆二千九百九十年春許以栗敬寫”，鈐“許以栗印”；後又有素紙，書許以栗題詩一首。

天津市藝術博物館藏有敦煌遺書三百餘件，大多爲周叔弢舊藏。2004 年，天津市藝術博物館與天津市歷史博物館合併，組建天津博物館。《天津市藝術博物館藏敦煌文獻》“津藝”編號是該館敦煌遺書最常用的編號，本書繼續沿用。

【校錄箋證】

（一）許以栗跋

此唐人所寫《千佛名經》之殘卷，紙越千年，完好如新，筆意亦樸茂不俗，自是當時經生

之善書者所作,至堪珍貴。最初發現于有清中葉敦煌之莫高窟,流傳甚廣。民初遊廠肆,
偶獲五卷。其後有西北行,擬再搜求,竟不可得。近數年分貽同好,賸此片楮,敬以歸之叔
叕太姑丈,永充供養,願祝福壽無量云。一九六三年十一月中旬許以栗記于首都雙修
館[1],時年七十有七。(鈐"許以栗印"朱文方印、"琴伯長壽"白文方印)

[1] 許以栗(1885—1967),字忍盦,號琴伯,浙江杭州人。早年赴日留學,宣統三年(1911)加入同盟
會。民國期間歷任京兆尹秘書、甘肅省政府秘書、禮縣縣長(1926年前後)、西北十三軍政治部長、內政部
視察、霸縣縣長、天津市政府秘書。1949年後任中央文史館館員。工詩,善書法。

(二)許以栗跋

紙本越千年,居然墨色鮮。唐人遺迹在,筆意足深研。諸佛名經卷,書壇結勝緣。香
花常供養,功德自無邊。

佛曆二千九百九十年(1963)春許以栗敬題。(鈐"許以栗印"朱文方印、"琴伯長壽"白
文方印)

【録文】

劉國展、李桂英1987,第87頁(編號"津140")。上海古籍出版社、天津市藝術博物館
1996,第⑦册《敘録》第9—10頁。

【圖版】

上海古籍出版社、天津市藝術博物館1996,第①册第316頁。

【研究】

方廣錩2002B,第187頁;方廣錩2010,第124—125頁。

79. 天津博物館藏津藝242(77·5·4581)《思益經》卷四董士恩跋

【概述】

此卷亦爲周叔弢舊藏。裱褙殘經二段,有首題"思益經卷第四",尾題"思益經卷第四
終"。引首外題"思益經卷第四。敦煌石室出品。葂盦題"。鈐"葂盦"朱文方印。鍾廣生
(1872—1935),名鏞,字葂盦,浙江杭州人,光緒十九年(1893)舉人。清末歷任國史館校
對、實録館協修。因事謫戍新疆,師事王樹枏,任新疆巡撫署總文案。民國初年歷任黑龍
江都督府秘書、吉林軍民兩署秘書、中東路督辦公所諮議、吉林省長顧問等職。著有《西疆
備乘》《西疆交涉志要》等。

拖尾有董士恩跋一則。

【校録箋證】

同譜吳靜山將軍鎮守肅州時[1],得燉煌石室唐人寫經數卷。甲子(1924)歲,靜山解組
言旋,出一卷相貽。筆勢遒逸,楮墨猶新,真唐人遺蹟也。藏諸篋笥有年。吳君子深雅善
丹青[2],今夏北來津沽,邀之下榻儀宣閣[3],朝夕抵掌,歡同舊雨。中秋後三日,將治裝南

歸，握手道別，不勝黯然，輒持以贈，聊當折柳。乙亥中秋（1935.9.12）右岑董士恩記[4]。（鈐“董士恩印”朱文方印）

[1] 吴桐仁（1858—1929），字静山，安徽肥東人。淮軍將領。1914 年張廣建任甘肅都督，以吴桐仁爲新建右軍統領，駐臨洮。1920 年任秦州鎮總兵，駐防天水；同年任肅州鎮守使。1924 年授質威將軍。

[2] 吴子深（1893—1972），原名華源，號桃塢居士，江蘇蘇州人。善畫，尤工山水、蘭竹。出身吴中望族，家藏古畫甚富。1928 年任蘇州美術專科學校校董會主席。1949 年赴香港。1966 年應張大千之邀赴臺北，任教於臺灣藝術學院國畫系。1972 年遷居印度尼西亞。著有《客窗殘影》《吴子深山水竹石集册》等。

[3] 儀宣閣，董士恩書齋名。1941 年董士恩增輯並刊刻《陸宣公全集》二十六卷，扉頁刊“儀宣閣藏板”。

[4] 董士恩（1876—1949），字右岑，江蘇銅山人。本姓陸，自幼過繼給舅父、淮軍將領董全勝。畢業於天津北洋大學堂。清末任直隸宣化知府。1912 年任吉林省榷運局局長，1917 年任黑龍江財政廳長，1919 年 9 月署吉林財政廳長，12 月任濱江道尹，1927 年 3 月任全國煙酒事務署督辦兼署長，6 月任北京政府財政部次長，次年去職。

【著録】

劉國展、李桂英 1987，第 89 頁（編號“津 155”）。上海古籍出版社、天津市藝術博物館 1996，第⑦册《敍録》第 35 頁。

【圖版】

上海古籍出版社、天津市藝術博物館 1996，第⑤册第 162 頁。

80. 天津市文物公司藏 436 號《大智度論》卷三十徐聲金跋

【概述】

此卷首斷尾全，長 977.8 釐米。有尾題“大智度論卷第卅”。卷首鈐“煜青啓事”朱文長方印一枚，煜青即賈纘緒。拖尾有徐聲金跋一則。

【校録箋證】

隋賢書法内吸周齊剛勁之氣，外收梁陳綿麗之風，統合南北，匯成一局[1]。以故生面獨開，古法宛存，自非唐人專講結構者所可比擬。是卷精光外溢，勁氣直達，尤爲隋書中傑作，與余所藏比丘尼惠然於大業四年（608）所造《大般涅槃經》實出一手[2]。定爲隋墨，夫復何疑。煜青老哥其寶藏之。庚申（1920）仲秋靈蘭室主徐聲金題。（前鈐“柳根映翠”朱文印，後鈐“徐聲金印”白文方印、“靈蘭室主”朱文方印）

[1] 語出康有爲《廣藝舟雙楫》：“隋碑内承周齊峻整之緒，外收梁陳綿麗之風，故簡要清通，匯成一局。”

[2] 比丘尼惠然於大業四年所造《大般涅槃經》，現存卷十一（日本三井八郎右衛門藏）、卷十三（京都國立博物館藏）、卷十五（濱田德海舊藏）、卷十七（天津博物館藏津藝 243）、卷十九（臺北“央圖”藏 08756 號）、卷三十六（俄羅斯科學院東方寫本研究所藏 Φ69 號）、卷三十七（日本唐招提寺藏），共計七件。

【録文】

天津市文物公司 1998,第 166—167 頁。

【圖版】

天津市文物公司 1998,第 17 頁。

81. 天津市文物公司藏 437 號《妙法蓮華經》卷五馮开跋

【概述】

此卷首尾均斷,長 197.3 釐米。引首題:"吉光片羽。錢罕。"鈐"錢罕印信"朱文方印。錢罕(1882—1950),字太希、吟棠,浙江寧波人。畢業於復旦大學,歷任嵊縣中學、上海修能學社、效實中學教師。曾從章太炎研小學,從梅調鼎學書法。

拖尾有馮开觀款一則。

【校録箋證】

庚午(1930)三月馮开觀[1]。(鈐"馮君木"白文方印)

[1] 馮开(1873—1931),字君木,號階青,浙江慈溪人。貢生。官麗水訓導、宣平教諭。工詞,與況周頤、朱孝臧(祖謀)等交好。善書。著有《回風堂集》。

【録文】

天津市文物公司 1998,第 171 頁。

【圖版】

天津市文物公司 1998,第 62 頁。

82. 遼寧省博物館藏 LD5004《妙法蓮華經》卷一册頁宋伯魯、寶熙、陳名侃、裴景福、高樹、羅繼祖跋

【概述】

此件原爲卷軸裝,殘存 5 紙,近代割裱爲册頁,共 14 開,106 行。有題簽"初唐人寫妙法蓮華經殘卷"。鈐有"東北博物館珍藏之印"。後有宋伯魯、寶熙、陳名侃、裴景福、高樹、羅繼祖六則題跋。

【校録箋證】

(一)宋伯魯跋

此卷尤完好,真希世珍也。嘗論西儒嗜古過於中國,即西域一隅,若闐特勒等碑數年前已發土得之[1]。近年南疆各城恣意劚掘,所獲梵像、殘經、銅陶之器,不可勝數,皆馳致本國博物院,以資考證。蓋中土考古家但知理會地面,西人則專從地中求之,其懷愚公移山之志,遇事皆然,不僅考古一端,而即此已可見其百倍於吾等矣。因念吾秦爲古帝王州,劫火百番,收歸地底之物不知凡幾,其得諸畊夫鉏頭者,不過漢瓦古玉數事而已,從未有人

終歲荷鍤,不憚煩苦而爲此不急之務者。苟有之人,必以怪物目之矣。然吾恐阿旁、建章、麒麟、白虎二千年瑰寶祕諸地中者,皆將待西人出之,豈直金椀玉魚已哉。爲之三歎。宣統紀元閏二月七日(1909.3.28)夜,醴泉宋伯魯識[2]。(鈐"伯魯"白文方印)

[1] 闕特勒,指闕特勤碑,開元二十年(732)唐玄宗李隆基撰並書,立石於外蒙古和林,19世紀末爲俄國人發現。

[2] 宋伯魯(1853—1932),字芝田,號鈍翁、九嵕山樵等,陝西醴泉人。光緒十二年(1886)進士。清末任順天鄉試同考官、都察院掌印御史等職。二十四年在京發起關西學會,後與康有爲等合組保國會。戊戌政變後被革職。二十八年赴新疆,入伊犂將軍長庚幕府。民國初年任陝西通志館館長等職。撰有《新疆建置志》《新疆山脈志》《西轅瑣記》《星軺日記》《海棠仙館詩集》《知唐桑艾録》等。

(二)寶熙跋

此卷用筆精嚴,初唐經生之書大率如是。謂爲六朝人書,過爲高論,未敢附和。沈堪寶熙題[1]。(鈐"沈盦"朱文方印)

[1] 寶熙(1871—1942),字瑞臣,號沈庵、沈堪,滿洲正藍旗人。光緒十八年(1892)進士,清末歷官翰林院侍讀、山西學政、内閣學士、度支部右侍郎、學部侍郎。民國初年供職於遜清小朝廷,並出任約法會議議員、參政院參政等。僞滿洲國成立,任宮内府大臣、參議府參議等職。工詩善書,精鑒賞,富收藏。著有《工餘談藝》。

(三)陳名侃跋

唐人寫經如此完好者頗不易得,不必定爲六朝始足寶貴也。甲寅(1914)季夏陳名侃題[1]。(鈐"卡之卡中＝之白＝之卡"白文長方印)

[1] 陳名侃(1848—1929),字夢陶,江蘇江陰人。光緒元年(1875)舉人。歷官内閣中書、户部郎中、外務部左丞、宗人府丞、左副都御史。民國初年居北京。工書。

(四)裴景福跋

己酉閏月裴景福敬觀[1]。(鈐"景福私印"白文方印)

[1] 己酉爲宣統元年(1909),是年閏二月。裴景福(1854—1926),字伯謙,號睫闇,安徽霍邱人。光緒十二年(1886)進士。歷任陸豐、番禺、潮陽、南海知縣。光緒二十九年(1903)撤職查辦,遣戍新疆。宣統元年(1909)被赦。民國初年任安徽省公署秘書長、政務廳長。著有《睫闇詩抄》《河海昆侖録》《壯陶閣書畫録》等。

(五)高樹跋一

此唐人書法之學鍾紹京者,未見所書年月,當是高宗武后時。甲寅三月廿二日(1914.4.17),高樹敬觀[1]。(鈐"樹"朱文圓印)

[1] 高樹(1848—1931),字蔚然,號珠岩,四川瀘州人。光緒十五年(1889)進士。歷任兵部郎中、軍機章京、兵部司員、錦州知府等職。工詩文、擅書畫。著有《金鑾瑣記》《鴿原録》。

(六)高樹跋二

題此後,傅沅叔來此[1],適見之,曰:此字未必是唐人書,其筆意似是唐以前六朝人所書,鍾紹京乃其苗裔耳。細審良是。因憶丙戌(1886)在京見初出之《蓮華經》,筆意、結法亦如此,李若農先生寶愛之[2],評定爲六朝人。樹再題。

[1] 傅增湘(1872—1949),字叔和、沅叔,號雙鑑樓主人、藏園居士等,四川江安人。光緒二十四年(1898)進士。後入袁世凱幕府。1914 年任約法會議議員,1915 年後任肅政廳肅政史,1917 年至 1919 年任教育總長。1927 年任故宮博物院圖書館館長。富藏書,精校勘。身後所藏善本捐贈北京圖書館。著有《藏園群書經眼録》《藏園群書題記》《雙鑑樓善本書目》等。

[2] 李文田(1834—1895),字仲約,號芍農、若農,廣東順德人。咸豐九年(1859)探花,官至禮部右侍郎、工部右侍郎。工書善畫。治元史、金石之學,著有《元秘史注》《元史地名考》《西遊録注》《塞北路程考》《和林金石録》《雙溪醉隱集箋》等。

(七) 羅繼祖跋

癸未中秋前一日(1943.9.13),觀於集虛山房,筆意道緊,在隋唐間。遽定爲六朝人書,未敢深信。沈堪侍郎説是也。繼祖識[1]。(鈐"繼祖之印"半白半朱方印)

[1] 羅繼祖(1913—2002),字奉高、甘孺,號鯁庵,浙江上虞人,生於日本京都。羅振玉之孫。1939 年任教於瀋陽醫科大學,1942 年任教於日本京都大學文學部。1946 年任職於旅順市教育局,將家藏書籍九萬餘册捐獻國家。1949 年任瀋陽博物館研究員,1955 年任教於東北人民大學(今吉林大學)歷史系。著有《遼史校勘記》《楓窗脞語》《蜉寄留痕》等,主編《羅振玉學術論著集》。

【研究】

郭丹、劉波 2021,第 38—40 頁。

83. 遼寧省博物館藏 LD29379《大般涅槃經》卷三十五吴士鑑跋

【概述】

此卷首尾完整,19 紙,長 904 釐米。有首題"大般涅槃經卷第卅五",尾題"大般涅槃經第卅五"。引首外有題簽:"敦煌石室唐人寫大般涅槃經。仲恕吾兄鑑藏。士鑑持贈。"拖尾有吴士鑑跋一則。

【校録箋證】

敦煌莫高窟石室秘藏發見於光緒庚子(1900)辛丑(1901)間。匈牙利人斯坦首往游歷[1],購求經籍載歸歐西。法人伯希和繼往,所得唐以前卷子類多中土不傳之書,戊申(1908)秋攜至京師,朝士大夫驚歎欲絶,深恐吾國千餘年古笈一旦盡入他人之手。乃由學部檄取之,僅得寫經卷子七百餘軸,大半前後割裂,無一整卷者。余亟寓書安西州牧侯真甫丈葆文搜求一二[2],以饜好古之心。明年郵寄數卷,皆隋唐間寫經精品,且首尾皆完全無缺,此《大般涅槃經》第三十五卷亦其一也。今以持贈仲恕吾兄[3],願共寶之。甲寅七月既望(1914.9.5)吴士鑑識。(鈐"士鑑題記"朱文方印)

[1] 斯坦,即斯坦因。

[2] 侯葆文,字真甫,陝西郃陽人。光緒十二年(1886)進士。光緒三十三年(1907)任甘肅安西直隸

州知州,在任約一年。後曾署理甘肅慶陽知府。汪康年《汪穰卿筆記》卷七載:"敦煌石室之唐人寫經已送之學部,而前後散于外間者尚多,亦當有留于彼地者。吳綱齋識安西州牧鄗陽侯真甫葆文,得寫經三卷,其一卷爲北周建德二年正月所寫《大般涅槃經》,寫經之人自稱'清信弟子大都督吐知動明',有題識六行。吐知爲代北複姓,一千三百四十之紙本完好無恙,良可寶也。"(汪康年:《汪穰卿筆記》,上海:上海書店出版社,1997 年,第 185 頁)與此跋所述略同。

[3] 陳漢第(1875—1949),字仲恕,號伏廬,浙江杭縣(今杭州)人。清末舉人。留學日本法政大學。清末歷任杭州求是書院監院、浙江高等學堂監督、湖廣總督署文案、四川總督署文案、浙江巡撫衙門民政科參事、東三省總督署交涉科參事。民國初年歷任浙江都督府秘書長、總統府秘書、國務院秘書長、參政院參政。晚年寓居上海。善畫,好金石,藏印甚富,有《伏廬藏印》。

【研究】

郭丹、劉波 2021,第 40—41 頁。

84. 遼寧省博物館藏 LD29380《金光明最勝王經》卷八潘之博、沈曾植、王乃徵、朱孝臧、李孺、羅惇曧、陳方恪、胡嗣芬、徐沅、白廷夔、陳曾壽跋

【概述】

此卷首斷尾全,存 4 紙,長 160 釐米。前有品題"金光明經王法正論品第廿",有尾題"金光明最勝王經卷第八"。卷首下鈐"高繹求"朱文連珠印、"樂只室"朱文方印、"弱盦所有"朱文方印,卷尾鈐"絡園鑑藏"白文方印、"中書房"朱文長方印。高時敷(1886—1976),字繹求,號絡園,浙江杭州人。工書畫,善治印。輯印有《樂只室古璽印存》《樂只室印譜》等。精鑑別,富收藏,所藏部分毀於抗戰時期,1988 年遼寧省博物館自高家後人處購入各類藏品近千件,此卷與 LD29400 均在其中。

引首外有羅惇曧題簽:"唐人寫金光明經。弱海贈。惟仲藏。瘦公題。"引首題:"光明微眇。丁巳(1917)三月。魏戫。"鈐"山陰魏戫"白文方印。魏戫(1860—1927),字鐵三、鐵珊,號匏公,浙江山陰(今紹興)人。光緒十一年(1885)舉人。曾任兩廣總督譚鍾麟督署文案。民國初年居天津。工書,通詩詞聲律。

引首前後又鈐有"活死人"朱文橢圓印、"復盦鑒藏金石文字"朱文方印。可知此卷曾爲楊復(1866—?)收藏。楊復,字見心,浙江杭州人。曾任浙江藏書樓監理、浙江圖書館會辦。家富藏書,繼承其父貴州學政楊文瑩(1838—1908)藏書之外,大事搜羅,後售書還債,所藏大多於 1929 年售予清華大學,成爲該校古籍收藏的基礎。

據題跋及題簽,此卷係羅惇曧贈予潘之博,潘轉贈胡嗣瑗,後爲楊復所得,轉歸高時敷,1988 年入藏遼寧省博物館。拖尾有題跋十一則。

潘之博曾經收藏的敦煌寫卷,除此卷外,另有《金光明經·大吉祥天女品第十六》寫卷。1910 年 12 月 12 日《國風報》刊載署名北山的一首七言絕句"遺經發壁出羌渾,天女拈花謁世尊。惜往傷今忽惆悵,廿年彳亍海王邨",詩題爲"予曩游海王邨,曾見唐人寫經

卷,驚爲瓌寶,今燉煌發壁所出甚多,同人各得一卷,以相夸际,庚戌秋晚,重遇若海於京師,出《金光明經·大吉祥天女品》卷徵題,因感而賦此"。《大吉祥天女品》亦在卷八内,不知與此卷是否爲同一寫卷之割裂爲二者。北山,即安徽廬江人吴保初(1869—1913)。

【校録箋證】

(一) 潘之博跋

北歸塵土尚沾衣,願息勞生甏掩扉。安得抱經長共處,六時花雨夢中飛。

世間勝位寧長保,正法區區亦泛論。尚覺世、好饒舌,不如君我兩忘言。

以唐人所寫《金光明經·王法正論品第廿》寄贈愔公道長[1],並綴二絶句。乙卯六月大暑(1915.7.24)滎陽潘之博題[2]。("世"字下漏"尊"字。)(鈐"弱盒"朱文長方印)

[1] 愔公,指胡嗣瑗(1869—1949),字愔仲,又字晴初、琴初,貴州開陽人。光緒二十九年(1903)進士。清末任天津北洋法政學堂總辦。民國初年入馮國璋幕府。1914年任江蘇將軍府諮議廳廳長,1915年任金陵道尹。1917年6月張勳復辟,任内閣閣丞,失敗後避居上海租界。1932年後任偽滿洲國執政府秘書長、參議府參議。

[2] 潘之博(1869—1916),字若海、弱海,號弱盒。廣東南海人。康有爲弟子。與同門麥孟華(字孺博,1875—1915)齊名。曾任職於民政部。1914年入馮國璋江蘇將軍幕府。袁世凱稱帝,潘、麥並在馮幕,策劃聯絡倒袁。袁怒命嚴捕,遂避往香港,嘔血而死。著有《弱庵詞》。康有爲彙刊潘、麥之作爲《粵兩生集》。

(二) 沈曾植跋

北風振户霜在瓦,東方一士今何之。詩好寧無鄭箋作,琴亡更待成連知。

爲轉光明梵唄書,晴窗淚滴玉蟾蜍。人間豈有藏鋒地,劍氣成虹入太虚。(去歲正月,弱盒詒余三詩,其起句云:藏刀原盡善。)

愔仲以此卷屬題,留余齋經數月矣。每一展視,輒爲氣塞。今晨檢書,見三詩手蹟,重有所感,記數語於此。宣統九年立春日(1917.2.4),植。(鈐"沈"朱文圓印)

(三) 王乃徵跋

淵明宅南村,綢繆素心人。伯牙絶鳴絃,悼彼知音淪。天道與積善,善人常苦辛。仁者不必壽,壽者乃違仁。昔時樽中酒,今日陌上塵。豺狼塞四邑,冥冥鳳與麟。秋風敗叢蘭,驕莠偕時新。莊周見道、,伯夷與跖倫。櫟社木不材,卒逃匠石斤。人天自在力,妙諦繹世尊。欲利諸有情,常轉正法輪。(者)

愔仲避地歇浦[1],始與弱厂同巷居,劈牋唱酬,樂數晨夕,時亦牽引及僕。奄忽之間,死生契濶。愔仲欲壽此卷以塞其悲,因爲率筆題此,不知地下修文於意云何也。宣統丁巳(1917),潛道人[2]。(鈐"王潛"朱文長方印)

[1] 歇浦,代指上海。相傳戰國時期楚國春申君黃歇疏鑿黃浦江,故稱黃歇浦,簡稱歇浦。1915年3月,袁世凱任命胡嗣瑗爲金陵道尹,意在將其調離馮國璋將軍府,胡嗣瑗不得已避居上海。此跋所謂"避地歇浦",即指此而言。

[2] 王乃徵(1861—1933)，字聘三、平珊、病山，四川中江人。光緒十六年(1890)進士。歷官監察御史，江西撫州知府，直隸按察使，順天府尹，湖北、河南、貴州布政使。工書，尤長北碑。清亡後隱居上海，改名王潛，號潛道人，行醫鬻字爲生。

(四) 朱孝臧跋

妙伽陀諦絕傳衣，花雨香中舊楗扉。一迸翩如黃鵠子，刺天海水又群飛。

江左一流今日盡，詩篇連卷共誰論。不如自撥爐煙坐，饒舌豐干已不言。（用弱盦韻。）

惜仲仁兄屬題即政。孝臧。（鈐“彊邨”朱文方印）

(五) 李孺跋

新亭對酒感前游，今日開函涕泗流。海上一龜能住否，勝從地下説埋憂。

佳篇投贈尋常事，別有傷心憶故人。誰造脩羅刀雨劫，乙年殘夏丙年春。

惜仲老棣屬題，孺[1]。（鈐“李孺私印”白文方印）

[1] 李孺，原名李寶巽，字子申。河北遵化人。光緒十一年(1885)舉人。官至湖北提學使。工書畫，善治印。清亡後居天津。1930 年前後爲天津詞社冰社、須社成員。胡嗣瑗、徐沅、白廷夔、陳曾壽均爲該社社員，該社詞作結集爲《煙沽漁唱》，1933 年由郭則沄鉛印行世。

(六) 羅惇曧跋

經卷當年我所貽，故人絕筆有題詩。不堪急劫收枰後，迴念江亭野哭時（丙辰〔1916〕三月，伍憲子自港書報弱海凶問[1]，時禁網急，弱海方在名捕中，余乃獨登江亭爲位哭之）。二士隔年傷共盡（麥甥孺博與弱海生死交，孺先一年逝），同昏八表竟何之。重摩四印齋頭物，合報揚雲趙跂知（余得是經時，方居王幼遐故宅之四印齋[2]，同時分貽孺博及楊昀谷[3]，昀谷轉貽趙堯生[4]，皆弱海故交也）。

惜仲以弱海所貽《金光明經》屬題，傷逝感昔，爲賦長句。丁巳(1917)三月，惇曧記於津門旅邸。

[1] 伍莊(1881—1959)，字憲子，號夢蝶，廣東順德人。早年就學於康有爲萬木草堂。1904 年赴香港，加入保皇會，先後協助徐勤創辦《香港商報》、新加坡《南洋總彙報》、廣州《國事報》，鼓吹立憲。民國初年赴北京辦《國民公報》《唯一日報》。1919 年後，先後創辦或主持香港《共和日報》、《平民周刊》、舊金山《世界日報》、《紐約公報》、香港《人道周刊》等。1957 年任香港聯合書院教授。著有《夢蝶文存》等。

[2] 王鵬運(1848—1904)，字幼遐，號半塘、鶩翁，廣西臨桂(今桂林)人。同治九年(1870)舉人，歷官內閣中書、內閣侍讀、監察御史、禮科給事中。光緒二十八年(1902)南歸，居揚州。工詞，著有《味梨詞》《鶩翁詞》等。匯刻五代宋元諸家詞作爲《四印齋所刻詞》。

[3] 麥孟華(1875—1915)，字孺博，號傷心人、聾僧人，廣東順德人。康有爲弟子。參與“公車上書”。曾任《萬國公報》撰述、編輯，加入康有爲等創立的保國會。戊戌政變後逃亡日本，協助梁啓超創辦《清議報》。後任《新民叢報》撰述、《不忍》雜誌編輯。民國初年入馮國璋幕，參與倒袁。著有《蛻庵詩詞》三卷，收入《粵兩生集》。楊昀谷，即楊增犖(1860—1933)。

[4] 趙熙(1867—1948),字堯生,號香宋,四川榮縣人。光緒十八年(1892)進士。清末歷任國史館纂修、江西道監察御史等職。1912 年避居上海,年底攜眷返川。著有《香宋詩前集》《香宋詞》等,主纂《榮縣志》。

(七) 陳方恪跋

彈指華鬘跡已陳,飛灰無計説能仁。從今俯仰佳人意,此是光明最勝因。

丁巳(1917)暮春與悟仲世丈會於津門旅邸,示兹卷命題,率成一絶,即希莞正。彦通陳方恪[1]。(鈐"彦通"朱文方印)

[1] 陳方恪(1891—1966),字彦通,江西義寧人。陳三立第四子,陳寅恪之弟。畢業於復旦公學。民國初年曾任中華書局雜誌部主任、景德鎮稅務局局長、釐金局長,又任教於無錫國專等校。抗戰期間曾任僞職,後參與抗日活動。1949 年後任職於南京圖書館、《江海學刊》編輯部。少負才名,工詩詞,有《陳方恪詩詞集》。

(八) 胡嗣芬跋

一切本無言可説,故人詩舌玅青蓮。寫經偶記開皇後,成佛能居謝客前。

新擬山游隨惠遠,底須、壁向文殊。倘逢迦葉應微笑,何肉周妻累已無。(禮)

今年閏花朝(1917.3.24)後,悟仲視余來北,並約南游,適苦卧疴,沈頓彌月,病起獲觀此卷,率賦短言。向生思舊之篇,漆園無生之説,不能無所感也。丁巳三月廿九日(1917.5.19),嗣芬並識於沽上厲廔[1]。(鈐"胡嗣芬印"白文方印)

[1] 胡嗣芬,字景威,號宗武,貴州開陽人。胡嗣瑗之兄。光緒二十一年(1895)進士。清末曾任河南夏邑知縣、四川勸業道。民國初年與修《清史稿》。善書畫。

(九) 徐沅跋

滄流賸欲證無生,詩鬢重逢歲幾更。一卷疏鐙相對處,依稀副墨話瞻明。

咒師譯後此抄摩(《隋書·經籍志》曇無懺譯《金光明經》,懺明解咒術,西域號爲大咒師[1]),震旦河山幾劫磨。依舊梵天見清朗,端應閉閣署頭陀。

丁巳(1917)初夏,與悟仲道長話舊海津,屬題是卷,率成二絶,即請方雅教正。矼盦徐沅[2]。

[1] 曇無懺,即東晉十六國時期天竺來華僧人曇無讖(385—433)。《隋書·經籍志》載:"時胡僧至長安者數十輩,惟鳩摩羅什才德最優。其所譯則《維摩》《法華》《成實論》等諸經,及曇無懺所譯《金光明》,曇摩羅懺所譯《泥洹》等經,並爲大乘之學。"梁僧祐《出三藏記集》卷十四、梁慧皎《高僧傳》卷二均有曇無讖傳,謂"讖明解咒術,所向皆驗,西域號爲大咒師"。

[2] 徐沅(1873—1955),字芷生,江蘇吳縣(今蘇州)人。光緒二十年(1894)舉人,二十九年考取經濟特科一等。清末歷任山東聊城知縣、館陶知縣、直隸洋務局會辦、津海關道。1912 年任津海關監督,1915 年任肅政史,次年任山西省政務廳長,1917 年辭職。後於上海設律師事務所。工詞。著有《小薛荔園詞鈔》《檐醉雜記》等。

(十) 白廷夔跋

香火殘經聽夜鐘,故人今住碧蓮峰。疾雷柱下孤吟定,曾記安禪制毒龍。

閉門同是在家僧,詩偈能參最上乘。好待微塵歷三劫,文殊出世證傳鐙。

惺仲道長屬題即正。丁巳(1917)四月,廷夒[1]。(鈐"廷夒"白文方印)

[1] 白廷夒,字曼殊,號栗齋。籍隸滿洲京旗。光緒十二年(1886)進士。官直隸候補道、北洋武備學堂教習。善書畫,工詞。

(十一) 陳曾壽跋

曾校燉煌十萬籤,龍宮寶藏夢如煙。何緣殘偈重披對,卻是人王正法篇。

鳳靡鷗張事可哀,失聲潘麥並奇才。期君直證光明性,釘取虛空一縷來。

惺仲仁兄齋年屬題。戊午(1918)二月,曾壽[1]。(前鈐"蒼虯閣"朱文長方印、"雖九死其猶未悔"朱文長方印)

[1] 陳曾壽(1878—1949),字仁先,湖北蘄水人。光緒二十九年(1903)進士,歷任刑部主事、學部郎中、廣東道監察御史。民初以遺老自居,寓居杭州西湖。1917 年張勛復辟,授學部右侍郎。1925 年赴天津,爲遜帝皇后婉容師傅。後任僞滿洲國宮內府近侍處長、陵廟事務總裁。工詩詞書畫,著有《蒼虯閣詩集》《舊月簃詞》等。

【研究】

郭丹、劉波 2021,第 41—46 頁。

85. 遼寧省博物館藏 LD29400《大般涅槃經》卷十七高時顯跋

【概述】

此卷首殘尾全,存 11 紙,長 385 釐米。有尾題"大般涅槃經第十七"。卷首鈐"野侯審定"白文方印。引首外題簽:"大般涅槃經。敦煌莫高窟藏經之一。六朝人寫本。樂只室藏寶。壬辰(1952)十二月。"引首前鈐"可庵"朱文長方印、"書宗兩漢"白文方印,後鈐"梅王閣主人四遇歲朝春"白文方印。引首有高時顯題耑及跋。此卷係遼寧省博物館 1988 年自高時敷後人處購入。

【校錄箋證】

燉煌莫高窟藏六朝人寫涅槃經

樂弟收藏莫高窟藏漢魏晉六朝隋唐五代人寫經多種[1],柬定極精,均可珍弄。此卷六朝人之秀美者,結體筆蹤絕無可疑,爲題引首以識之。辛卯(1951)嘉平七四叟野侯書於梅王閣[2]。(鈐"紫藏舍人"白文方印、"高野侯印"白文方印)

[1] 樂弟,即高時敷,齋號樂只室。高時敷與其兄高時豐、高時顯並稱"高氏三傑"。

[2] 高時顯(1878—1952),字欣木,號野侯、可庵,齋號梅王閣、五百本畫梅精舍。浙江杭州人。光緒二十九年(1903)舉人,官內閣中書。民國初年參與創辦中華書局,任常務董事、美術部主任。善治印,西泠印社早期社員。善畫山水花鳥,尤工畫梅。

【研究】

郭丹、劉波 2021,第 46 頁。

86. 吉林大學圖書館藏《唐人寫經殘本四種合裝卷》啓功、溥伒、沈兼士、溥修、溥佺、顧隨、秦裕跋

【概述】

此卷原係啓功先生舊藏。據柴劍虹《求真求實會於心》介紹：“啓先生尚記得此敦煌石室所出唐寫本合裝卷中有一段爲《金剛經》殘卷卷頭，有一段爲唐經生摹寫顏體字的寫經。該合裝卷啓先生珍藏了若干年，在 1949 年前經由東北書店雒君之手賣出，今不知流入何處。”按，此卷今藏吉林大學圖書館。

卷前有民國三十年(1941)八月容庚題“敦煌碎金”。卷後有啓功、沈兼士、溥佺、顧隨、秦裕等題跋。啓功跋見於《啓功叢稿·題跋卷》及柴劍虹文。吉林大學圖書館館員董潤麗整理諸跋，撰成《新見啓功舊藏〈唐人寫經殘本四種合裝卷〉諸家跋釋》，今據董文迻錄沈兼士、溥修、溥佺、顧隨、秦裕等諸家跋文。

【校錄箋證】

(一) 啓功跋

右唐人寫經四段，都百九十六行。己卯(1939)春日，偶過廠肆，見裝潢匠人持此殘經裁割斷闋，將以背紙作畫卷引首，諧價得之，合裝一卷。其一使轉售利，體勢肥闊，疑出開元、天寶以後。其二字畫古勁，猶存六朝遺意，“世”字、“愍”字皆不闕筆。避諱闕其點畫，始自高宗之世。此段縱非隋寫，亦在顯慶以前。其三格兼虞、褚，與昔見永徽年款者相似，惟圓潤之中，骨力稍薄。其四結體生疏，非出能手，當是衲子之迹。而亂頭粗服中，妙有顏平原法，不經意處彌見天真。余結習難忘，酷耽書翰，凡石渠舊藏，私家秘籍，因緣所會，寓目已多。晉唐法帖，轉折失於鉤摹；南北名碑，面目成於斧鑿。臨池之士，苟不甘爲棗石氈蠟所愚，則捨古人墨蹟，無從參究筆訣。其確出唐人之手，好事家不視爲難得之貨者，惟寫經殘字耳。此卷飾背既成，出入懷袖，客坐倦談，講肆暇晷，寂寥展對，神契千載之上，人笑其癡，我以爲樂也。昔董思翁以唐寫《靈飛經》質於陳增城[1]，陳氏私割四十三行，以爲至寶。余今所得，四倍增城，而筆法之妙，又過《靈飛》，古緣清福，不已厚乎？贊曰：

羲文頡畫，代有革遷。真書體勢，定於唐賢。敦煌石室，丸泥剖矣。吉光片羽，遂散落乎大千。逃兩宋元明累世塵劫，溯初盛中晚千三百年。晴窗之下，日臨一本，可蟬蛻而登仙。人棄我取，猶勝據舷。信千秋之真賞，不在金題玉躞；濡毫跋尾，殆自忘其媸妍也。唐人寫經殘本合裝卷贊。

庚辰臘月書于燕市寓居之簡靖堂[2]。啓功。（鈐“啓功”白文方印、“元伯”朱文方印、“簡靖堂圖書印”朱文長方印）

[1] 董思翁，指明代畫家、書法家董其昌。董其昌(1555—1636)號思白，故有此稱。陳增城即陳瓛(1565—1626)，字元瑞，又字季常，號增城，浙江海寧人。陳瓛精書學，與董其昌交厚。刻有《玉烟堂法帖》

《渤海藏真帖》等。《渤海藏真帖》卷一即爲鍾紹京書《靈飛經》。

[2] 庚辰臘月,1940 年 12 月 29 日至 1941 年 1 月 26 日。

（二）溥忻跋

己卯(1939)十月望雪道人觀于怡清堂[1]。

[1] 溥忻(1893—1966?),字雪齋,號雪道人、松風等,齋號怡清堂、松風草堂。道光帝旻寧曾孫。善畫。1925 年組織松風畫會,啓功後亦加入該會。

（三）沈兼士跋

幽篁蔭清流,孤蘭悶空谷。仿佛唐寫經,遺世不求襮。王孫藝且賢,學問隨所欲。丹青推妙手,揮灑絕塵俗。論文象離銓,品書眼具獨。偶然閱市廛,纍下獲此軸。寂寞千載墨,琳琅一卷錄。持歸喜欲狂,百日看未足。

元伯先生雅正。兼士[1]。（鈐“竹溪沈氏”印）

[1] 沈兼士(1885—1947),浙江吳興人。沈尹默之弟。早年留學日本,參加中國同盟會,在東京隨章太炎學音韻學。曾任廈門大學、中華大學、清華大學教授,輔仁大學文學院院長。抗戰後期秘密轉往重慶。著有《廣韻聲系》等。

（四）默道人跋

庚辰(1940)秋日,默道人拜觀並識[1]。（鈐“□修□□”印）

[1] 默道人,指溥修(1896—1956),字仲業,號默公。道光帝旻寧曾孫。封鎮國將軍。曾任乾清門行走。善書法,參加松風畫會。1955 年被聘爲北京市文史研究館館員。此跋印章董潤麗文錄爲“□修□□”,辨識不全;據近年拍賣市場所見溥修書畫作品,多鈐有“溥修長壽”白文方印,亦有鈐“溥修印信”白文方印、“溥修之印”白文方印者,或即此三者之一,待核。

（五）溥佺跋

雪溪溥佺觀[1]。（鈐“雪溪道人”印）

[1] 溥佺(1913—1991),字松窗,號雪溪。道光帝旻寧曾孫,溥忻之弟。自幼習畫,1930 年代參加松風畫會。1936 年受聘爲輔仁大學美術系講師,後任國立藝專教授。1949 年後爲北京畫院一級美術師、中央文史研究館特約館員。工山水花卉,尤善竹馬。

（六）顧隨跋

王孫好古復多才,能向纍下識琴材。示我唐人寫經卷,使我懷抱一時開。二王風流遠難溯,趙董入時爭驅驚。對此如參曹洞禪,潛心冥搜得妙悟。中宵雨過生微涼,浮雲四散月當窗。精魂忽通千載上,但覺筆花熠熠墨花香。

元白道兄以唐人寫經卷子殘本囑題,擱置數月,竟無此報命。夏夜雨過,不復思睡,賦得長句,遂漫寫之。字與詩草率無足觀,惶慚惶慚。三十年(1940)七月,顧隨。

（七）秦裕跋

元伯道兄以唐人寫經遺迹種種,皆手自精裝,以爲寶玩。此卷首段尤爲精絕者,元伯日夕涵泳其中,故書法深得晉唐三昧,惜爲畫名所掩耳。[1]

　　[1] 此跋董潤麗文未録題款,標爲秦裕跋。

【録文】

　　啓功 1999,第 295—296 頁(録有啓功跋);啓功 2011,第 29 頁(録有啓功跋)。

【研究】

　　柴劍虹 2002,第 44—49 頁;董潤麗 2019,第 73—74 頁。

87. 呼和浩特楊魯安藏珍館藏《大通方廣經》卷中王襄、楊魯安、陳邦懷、方若跋

【概述】

　　此卷長 608.3 釐米。存尾題"大通方廣經卷中",後有題記:"夫聖理瀾深,非尋教以知其原,今將欲修彼妙果,莫若割財脩福,是以白衣弟子索清信士女索僧伽減割身口之餘,爲亡夫汜及現在眷屬,諸惡波散,万善護助,神越三界,道成正覺,龍花三會,在其初首。復願帝業永途,八表十方,含生之類,證成菩提。神龍元年。"引首前鈐"寶經念古"白文方印。拖尾末鈐"秦權齋審定記"白文方印、"六朝人寫經"朱文方印。

　　原爲楊魯安藏品。楊魯安(1928—2009),原名楊繼曾,號師倉,河北滄州人,生於天津。從事銀行業。富收藏。曾爲西泠印社社員、内蒙古北疆印社社長、内蒙古文史研究館館員。2000 年將畢生收藏文物書畫 8000 餘件、圖書 2000 餘册捐贈呼和浩特市,該市成立楊魯安藏珍館。

【校録箋證】

(一)引首王襄跋

　　六朝人瀘書

　　公元一千九百五十年五月綸閣王襄題[1]。(鈐"王襄私印"朱文方印)

　　[1] 王襄(1876—1965),字綸閣,號符齋、簠室,天津人。1910 年畢業於京師高等實業學堂礦科。1914 年起任職於天津、平潭、廣州、射洪、新堤、杭州等地鹽務稽核所。1954 年任天津市文史研究館館長。撰有《殷代貞史待徵録》《簠室殷契類纂》《簠室殷契徵文》《古陶絮語》《綸閣文稿》等。

(二)引首楊魯安跋

　　此卷得自孟定生家[1]。敦煌流出,方跋較確。審其紙墨筆法,當是晉人手迹,神似新疆出土東晉抄本《三國志·吴志》殘卷[2]。後廿六年重陽魯安題于寒園。(鈐"師倉□□"白文方印)

　　[1] 孟廣慧(1867—1939),字定生,天津人。秀才。工書法。與王襄共同研究、鑒定甲骨。

　　[2] 吐魯番出土晉寫本《三國志·吴志》多種:《吴志·虞翻陸績張温傳》,約出土於 1914—1915 年,爲王樹枏所得,1924 年落入白堅之手,次年白堅影印該卷,1926 年羅振玉《漢晉書影》收録該卷,1930 年前後該卷爲日本人武居綾藏購得,後轉歸日本兵庫人上野淳一;《吴志·虞翻傳》,即《虞翻陸績張温傳》之前半,1925 年白堅獲得並影印,1929 年之後轉入中村不折之手,現藏日本東京書道博物館;《吴志·吴主傳》,1965 年出土於新疆吐魯番英沙古城之南,現藏新疆博物館。另有唐寫本《吴志·韋曜華覈傳》,1909

年出土於吐峪溝，歸新疆布政使王樹枏，王樹枏《新疆訪古録》有跋，該卷現藏日本東京書道博物館。

（三）拖尾王襄跋

　　治書學之家，羅集碑版，求原石，重初揭，豈曰稀有貴哉？爲其去墨蹟近，易見其真也。敦煌石室昔出寫經，六朝唐人之書大著藝林，變化万端，家法燦備，與墨守一家或盲二王流輩，示曰莊衢。生今之世，覩兹珍秘，勝讀名碑審矣。此卷亦出敦煌，是北朝書手所書，富有隸法，以樸拙勝，古韻古香，味之無盡。卷尾記寫經功德，善男信女，篤脩佛法，見當時之民俗。"神龍元年"四字，不知何人所僞，續貂之技，既惜其未工時代之間，更驚其不額厚誣名蹟，好事之過也。是年六月一日郇盧壽人王襄記于居貞土室。"盲"下奪"講"，補書于此。（鈐"王襄"白文方印、"綸閣"朱文方印）

（四）拖尾陳邦懷跋

　　此卷楷隸樸茂，筆筆得到安穩處。後記數行，亦具有蕭散味。展讀數過，至爲快樂，如遊清净國矣。庚寅年（1950）五月十八日。魯盦賢兄攜眎，因題其後。陳邦懷[1]。（鈐"盲"朱文方印、"懷"白文方印）

　　[1] 陳邦懷（1897—1986），字保之，江蘇鎮江人。歷任江蘇南通圖書館編輯、南通女子師範教授、無錫國學專修學校教授、天津市文史研究館館員、天津社會科學院歷史研究所研究員。工書法。著有《殷墟書契考釋小箋》《殷契拾遺》。

（五）拖尾方若跋

　　書法古拙一類之寫經，予嘗與叔言論及[1]，或許在六朝較先。此卷神龍記元，乃市人妄添，作孩兒描墨觀也。歲在庚寅（1950），八二老人方藥雨[2]。（鈐"藥雨"朱文方印）

　　[1] 羅振玉，字叔言。

　　[2] 方若（1869—1954），字藥雨，浙江定海人，寓居天津。清末民初任北洋學堂文案兼教習、《國聞報》編輯、《天津日日新聞》社社長、日租界華人紳商公會會長。抗戰期間曾任天津市代理市長、華北政務委員會委員等僞職。抗戰勝利後以漢奸罪入獄。擅詩詞、繪畫、篆刻，富收藏。撰有《校碑隨筆》《方家長物》《言錢别録》等。

【録文】

　　楊魯安 1996，第 42—44 頁（録有拖尾王、陳、方三跋）；楊魯安 2008，第 67—68 頁。

【圖版】

　　杭桂林 2002，第 290—291 頁。

88. 山東博物館藏 LB.016《大般涅槃經》卷二十七王獻唐跋

【概述】

　　據于芹介紹，此卷首缺尾全，長 639 釐米。有尾題"大般涅槃經卷第二十七"。卷首鈐"獻唐審定"白文長方形印，第 3、4 紙與第 7、8 紙騎縫鈐"獻唐"朱文方印；尾題下鈐"山東省立圖書館善本"朱文方印。

卷尾有王獻唐跋一則。

【校録箋證】

右唐人寫經共三百七十三行。獻唐審定並記[1]。（鈐“王獻唐”朱文長方印）

[1] 王獻唐(1896—1960)，原名家駒，山東日照人。畢業於青島高等專門學校土木工程科。1929 年至 1948 年任山東省立圖書館館長，抗戰期間護送該館珍本入川，兼任國史館纂修。1949 年後任山東省文物管理委員會副主任、故宮博物院銅器研究員等職。著有《公孫龍子懸解》《山東古國考》等。

【録文】

于芹 2012，第 62 頁。

89. 山東博物館藏 LB.061《妙法蓮華經》卷一王獻唐跋

【概述】

據于芹介紹，此卷首缺尾全，長 888 釐米。有尾題“妙法蓮華經第一”。卷首鈐“獻唐審定”白文長方形印；尾題下鈐“山東省立圖書館善本”朱文方印。

卷尾有王獻唐跋一則。

【校録箋證】

右唐人寫《妙法蓮華經》，共四百九十一行。二十年(1931)十二月，獻唐審定並記。（鈐“王獻唐”朱文長方印）

【録文】

于芹 2012，第 68—69 頁。

90. 山東博物館藏 LB.065《妙法蓮華經》卷三殘片樹人跋（存目）

【概述】

據于芹介紹，此册頁裱褙殘片二件，共長 22.6 釐米。有近代人樹人題簽和題跋。

【著録】

于芹 2012，第 69 頁。

91. 青島市博物館藏《四分律》卷三十一許承堯跋

【概述】

此卷存 20 紙，440 行，長 690 釐米。卷首鈐“歙許苣父斿隴所得”朱文長方印。有許承堯題跋一則。

【校録箋證】

北朝人書尼律藏弟二分弖弟八，弖中無題識，以楮質、字體、書法證知爲北朝所寫，且出元魏，非周齊也。樸鷙堅健，古味盎然。今人見一魏碑出土，輒駭汗相告，視此墨迹爲何

如乎？歙許承堯記。（鈐“許承堯印”朱文方印）

【錄文】

青島市博物館 2018，第 2 頁。

【圖版】

青島市博物館 2018，《四分律卷第三十一》卷尾。

【研究】

朱鳳玉 2016，第 21—33 頁。

92. 青島市博物館藏《維摩詰所説經義記》許承堯跋

【概述】

此卷存 6 紙，168 行，長 247.6 釐米。通卷行書。卷首鈐“歙許芚父斿隴所得”朱文長方印。收入第五批國家珍貴古籍名録，名録號 11415。

由上海博物館通卷托裱。拖尾有許承堯 1922 年 1 月題跋一則。據許跋，當時許承堯轉讓 12 件敦煌遺書與鄭筠丞。

【校録箋證】

唐人行書論疏殘卷。考唐人寫經行草書極少，此沙門傳寫本，非經生所爲，最爲可貴也。

上十二卷本余所藏，以力不能有，歸之吾友鄭君筠丞。鄭君雅尚沖澹，竺于嗜古，物得其所，與在吾齋何異。割愛題記，鄭君其永寶諸。承堯。十一年(1922)一月。（鈐“許承堯印”朱文方印）

【錄文】

青島市博物館 2018，第 4 頁。

【圖版】

中國國家圖書館、中國國家古籍保護中心 2016，第 1 册第 74 頁。青島市博物館 2018，《維摩詰所説經義記》卷尾。

【研究】

朱鳳玉 2016，第 21—33 頁。

93. 鄒城博物館藏《大方廣佛華嚴經》卷五十一梓生跋

【概述】

此件通卷托裱，裝於一鏡框内。全長 119 釐米，其中經文部分長 45.5 釐米，存 1 紙 28 行，行 17 字；題跋部分長 43.5 釐米。題跋人落款“梓生”，生平不詳。

【校録箋證】

燉煌石室發現之唐人寫經。

清光緒二十六年庚子(1900),甘肅燉煌發現石室一處,内藏唐代手寫書籍及各種文字經典多種。當時爲西洋考古家所聞,密賄居民,擔載而去。比吾國學者聞知,急起探索,則僅存殘餘,然猶有百餘種也。今北京圖書館尚有保存不少。乙酉(1945)仲夏梓生記。

【圖版】

濟寧市文物局 2017,第 293 頁。

94. 上海博物館藏上博 03(2416)《大般涅槃經》卷六陳閭跋

【概述】

此卷存 15 紙,長 621.3 釐米。引首題簽:"隋寫大般涅槃經第六卷(比丘道舒等款)精品。"卷尾有題記兩則:"比丘道舒受持。""清信尹嘉禮受持。開九、開十、開十一年各一遍。"引首陳閭題:"石室寶書。越州陳閭。"題跋二則書於其後。

【校録箋證】

(一)陳閭跋一

燉煌石室藏經記

清光緒庚子(1900)甘肅燉煌縣莫高窟砂磧中發見石室,室有碑記,封閟於宋太祖太平興國初元,距今千餘歲。以藏經考之,將近二千年。所藏上起西晉,下迄朱梁,紙書帛畫,粲然備具。唐寫佛經爲獨多,晉魏六朝稍更希有矣。經皆成卷,束以絹帶,完好如新,誠天壤間瓌寶也。吾國官民不知愛惜。丁未(1907)歲,法國伯希和博士聞之,自新疆馳詣石室,賄守藏道士,檢去精品數巨篋。英人、日人繼之,咸大獲而歸。余度隴之歲,購求唐寫精品,已不易致。而著有年代及六朝人書,則非以巨價求之巨室不可得也。昔蘇子瞻云:"紙壽一千年。"今兹發見,突破先例,蓋燉煌流沙堆積如阜,高燥逾恒。苟石室永閟,即再經千年,猶當完好。一入人手,則百十年内可淪夷以盡。證之今日,藏經已希如星鳳,其後可知。訪問在隴時朋輩與余競購者,所得多已散亡。余亦何能永保?但求愛護有人,俾古代珍墨不致毀損於吾人之手,吾願已畢。風雨如晦,雞鳴不已。後之好古者寶諸。癸未(1943)春月,六二叟陳季侃,時避難晚補山房。

(二)陳閭跋二

此卷道勁雋秀,已開唐楷之門。卷末有比丘道舒、清信尹嘉禮兩款,並有開皇九年、十年、十一年校誦題識,至足珍貴。

【著録】

上海古籍出版社、上海博物館 1993,第②冊《叙録》第 1—2 頁。

【録文】

上海古籍出版社、上海博物館 1993,第②冊《叙録》第 1—2 頁。

【圖版】

上海古籍出版社、上海博物館1993，第①册彩圖六、第60—61頁。

【研究】

朱鳳玉2017，第74—86頁。Justin M. Jacobs 2019，pp. 83‒84；鄭智明2021，第217—218頁。

95. 上海博物館藏上博05（3260）《大般涅槃經》卷九鄭沅、王仁俊、李瑞清、王存善、沈曾桐、梁鼎芬、朱孝臧、陳曾壽、馬敍倫跋

【概述】

此卷存22紙，1042釐米。首殘，卷末有北周建德二年（573）大都督吐知勤明發願文六行。引首外陳寶琛題簽：“北周建德二年寫經卷子。燉煌莫高窟石室秘藏。宣統二年爲綱齋侍讀所得。寶琛題。”可知此件爲吳士鑑舊藏。拖尾有題跋七則。

【校録箋證】

（一）鄭沅跋

宣統辛亥（1911）二月，綱齋侍讀出示所得燉煌石室北周建德二年寫經卷子[1]，此一千三百四十年紙本也。閩陳寶琛[2]、侯官郭曾炘[3]、陳衍[4]、富順宋育仁[5]、汾陽王式通[6]、蓮花朱益藩[7]、宛平袁勵準[8]、如皋冒廣生[9]、長沙鄭沅同觀。沅並記。（鈐“水出牂牁故且蘭東北入江”朱文方印[10]）

　　[1] 綱齋侍讀，指吳士鑑（1868—1934），字綱齋。光緒十八年（1892）進士。歷任翰林院侍讀、江西學政、資政院議員。著有《補晉書經籍志》《商周彝器例》《九鐘精舍金石跋尾》《含嘉室詩文集》等。

　　[2] 陳寶琛（1848—1935），字伯潛，號弢庵，福建閩縣（今福州）人。同治七年（1868）進士。歷任内閣學士、禮部侍郎、鼇峰書院山長、福建鐵路總辦、福建高等學堂監督。宣統元年（1909）任禮學館總纂，宣統三年在毓慶宮行走，爲宣統帝之師。民國初年以帝傅身份留在清宮，1921年授太傅。有《陳文忠公奏議》等。

　　[3] 郭曾炘（1855—1928），字春榆，號匏庵，福建侯官（今福州）人。光緒六年（1880）進士，官至典禮院掌院學士。辛亥革命後以遺老自居，寓居北京。著有《匏廬詩存》。

　　[4] 陳衍（1856—1937），字叔伊，號石遺，福建侯官（今福州）人。光緒八年（1882）舉人。曾入臺灣巡撫劉銘傳幕。戊戌年入都贊助變法，撰《變法權議》。政變後受湖廣總督張之洞邀，赴武昌任官報局總編纂。後官學部主事，任京師大學堂教習。民國初年任教於廈門大學、暨南大學、無錫國學專修學校。著有《石遺室叢書》等。

　　[5] 宋育仁（1857—1931），字芸子，四川富順人。光緒十二年（1886）進士。二十年任駐英、法、意、比四國公使館參贊。次年加入强學會。光緒二十二年（1896）返川倡立蜀學會，主辦《渝報》《蜀學報》。戊戌政變後被革職。民國初年任國史館修纂、成都國學院院長、四川通志局總纂，主修《四川通志》。著有《時務論》《泰西各國采風記》等。

[6] 王式通(1864—1930),字書衡,號志盦,山西汾陽人。光緒二十四年(1898)進士。光緒三十二年(1906)奉派赴日本考察教育,回國後歷任内閣中書、刑部安徽司員外郎、大理院推事、大理院少卿。民國初年歷任司法部次長、約法會議秘書長、政事堂機要局長、國務院秘書長、全國水利局副總裁。著有《弭兵古義》等。

[7] 朱益藩(1861—1935),字艾卿,號定園,江西蓮花人。光緒十六年(1890)進士。歷任陝西學政、南書房行走、都察院左都御史。宣統三年(1911)在毓慶宮行走。1916年入宮爲遜帝溥儀之師。

[8] 袁勵準(1875—?),字珏生,宛平(今北京)人。光緒二十四年(1898)進士。歷任翰林院編修、京師大學堂提調、工業學堂監督、甲辰會考同考官、南書房行走、翰林院侍講、清史館纂修。善詩工書。與王國維交誼深厚。

[9] 冒廣生(1873—1959),字鶴亭,號鷗隱、疚翁,江蘇如皋人,光緒二十年(1894)舉人。清末官刑部郎中、農工商部郎中。民國年間任浙江甌海關監督、江蘇鎮江關監督、淮陰關監督、全國經濟調查會會長、上海太炎文學院教授、國史館纂修。1949年後任上海文物保管委員會特約顧問、上海文史館館員。著有《小三吾亭文集》《蒙古源流年表》《蒙古世系表》《唐書吐蕃傳世系表》《敦煌舞譜釋詞》等。

[10] 此印文語出《説文解字·水部》:"沇:水,出㠁柯故且蘭,東北入江。"

(二) 王仁俊跋

宣統元年己酉(1909)秋八月,俊從法國博士伯希和叚鈔敦煌石室經卷,成《真跡録》五卷[1]。越三年壬子夏四月初六日(1912.5.22)走訪式齡老同年,於正脩堂敬觀此北周建德二年《涅槃經》寫本,懽憙贊歎,得未曾有。甘岑居士王仁俊書於浄土[2]。

[1] 指王仁俊輯録《敦煌石室真蹟録》,宣統元年(1909)國粹堂石印。宣統元年伯希和攜部分敦煌寫本至北京,王仁俊往訪,以四日之力,將有關歷史、地理、宗教、文學者抄出,並參照伯希和敦煌考察報告詳加考訂,編爲甲、乙、丙、丁、戊五録。所録主要是 P.4638、4640 中的碑記及歸義軍史料。《沙州圖經》《西州圖經》等雖未録原文,但撰有題跋。甲録之前影印《邕禪師塔銘》《温泉銘》及《金剛經》拓本,書後附録吐魯番出土《北涼沮渠安周造寺功德刻石》。

[2] 王仁俊(1866—1913),字捍鄭,江蘇吳縣(今蘇州)人。光緒十八年(1892)進士。歷任吏部主事、禮學館纂修、學部圖書局副局長兼京師大學堂教習。著有《西夏藝文志》《淮南子萬畢術輯證》《金石通考》《白虎通義集校》《周秦諸子學術源流考》等。

(三) 李瑞清跋

癸丑正月十二日(1913.2.17),湘潭王闓運、善化瞿鴻禨[1]、恩施樊增祥、義寧陳三立[2]、龍陽易順鼎、長樂林開謩[3]、廬江劉體乾[4]、臨川清道人同觀[5]。清道人記。

[1] 瞿鴻禨(1850—1918),字子玖,號止庵,湖南善化(今長沙)人。同治十年(1871)進士。歷任侍講學士、侍讀學士、内閣學士、禮部侍郎、工部尚書、外務部尚書、協辦大學士。民國初年寓居上海,以遺老自居。著有《瞿文慎公詩選》。

[2] 陳三立(1852—1937),字伯嚴,號散原,江西義寧(今修水)人。光緒十二年(1886)進士。官吏部主事。輔佐其父湖南巡撫陳寶箴創辦新政、提倡新學、支持變法,多所籌畫。戊戌政變後退居南昌西山。清亡後以遺老自居。1937年日軍侵佔北平,不食而卒。工詩。著有《散原精舍詩》《散原精舍文集》等。

　　[3] 林開謩(1862—?)，字詒書，號放庵，福建長樂人。光緒間進士。清末官河南學政。

　　[4] 劉體乾(? —1940)，字健之，安徽廬江人。歷任蘇州關監督、金陵機器製造局總辦、四川東川道道尹、署理四川巡按使、國民革命軍第五路軍總指揮部參謀處處長、國民政府軍事委員會委員長南昌行營審核處處長、江西省政府委員兼秘書長、江西省政府財政廳代廳長、江西省政府代主席。

　　[5] 清道人，即李瑞清(1867—1920)。

(四)王存善、沈曾桐、梁鼎芬等跋

　　癸丑正月十六日(1913.2.21)，仁和王存善[1]、嘉興沈曾桐[2]、番禺梁鼎芬同觀[3]。

　　[1] 王存善，字子展，浙江仁和(今杭州)人。光緒間署南海知縣、虎門同知，管理廣州稅局。與梁鼎芬、楊銳等人關係密切。光緒二十六年(1900)遷居上海，受盛宣懷之邀主持招商局，並任漢冶萍公司董事等職。藏書甚富。

　　[2] 沈曾桐(1853—1921)，字子封，浙江嘉興人。沈曾植之弟。光緒十二年(1886)進士。歷任國史館協修、八旗小學堂提調、武英殿纂修、文淵閣校理。光緒三十三年(1907)任廣東提學使，宣統三年(1911)任雲南提法使。

　　[3] 梁鼎芬(1859—1919)，字星海，號節庵，廣東番禺人。光緒六年(1880)進士，歷主豐湖、端溪、廣雅、鍾山書院，參張之洞幕府，歷官湖北安襄鄖荊道、湖北按察使。1915 年被徵爲溥儀教師，任二品銜毓慶宮行走。1917 年與張勛共謀復辟。著有《節庵先生遺詩》等。

(五)朱孝臧跋

　　戊午七月十二日(1918.8.18)，歸安朱孝臧觀。

(六)陳曾壽跋

　　乙丑春三月三十日(1925.4.22)，絅齋仁兄同年攜此卷至蒼虬閣[1]，陳三立、汪詒書[2]、楊熊祥[3]、周偉、陳曾壽、曾穀、曾言、曾杰同觀[4]。(鈐"陳曾壽"白文方印)

　　[1] 蒼虬閣，陳曾壽居室，位於杭州小南湖，因懸有吳鎮《蒼虬圖》得名。陳曾壽(1878—1949)，字仁先，湖北蘄水(今浠水)人。光緒二十九年(1903)進士，任刑部主事、學部主事、廣東道監察御史。清亡以遺老自居，張勛復辟時出任學部右侍郎。晚年隨溥儀往東北，任偽近侍處長。

　　[2] 汪詒書(? —1940)，字頌年，號閑止，湖南善化(今長沙)人。光緒十八年(1892)進士。與熊希齡、陳三立、黃遵憲、譚嗣同、梁啓超等創設南學會及時務學堂。光緒二十八年督學廣西，光緒三十年赴日考察學制，宣統元年(1909)任山西提學使，署山西布政使。1913 年任湖南省長沙關監督。民國期間興辦礦業。

　　[3] 楊熊祥，字子安，湖北武昌人。1917 年 1 月任北京政府內務部民治司司長，1922 年 9 月署理農商部次長，1926 年 7 月任國務院參議，1928 年去職。

　　[4] 曾穀、曾言、曾杰，均爲陳曾壽兄弟輩。

(七)馬敍倫跋

　　十七年(1928)十月絅齋姊世先生出示此卷，懽喜無量。馬敍倫。

【著録】

　　上海古籍出版社、上海博物館 1993，第②冊《敘録》第 1—2 頁。

【録文】

上海古籍出版社、上海博物館 1993，第②册《敘録》第 2 頁。

【圖版】

上海博物館、香港中文大學文物館 1987，第 29 頁。上海古籍出版社、上海博物館 1993，第①册彩圖七、第 92—93 頁。Justin M. Jacobs 2019，pp.77‐78；鄭智明 2021，第 213—214 頁。

96. 上海博物館藏上博 23（19714）《佛説佛名經》陳誾、許承堯、高振霄、丁輔之、唐源鄴、胡佐卿、王禔、葉爲銘、邊成、金梁、余重耀、程以道、方巖、徐克芳、黄敦良、葛昌楹跋

【概述】

此卷存 9 紙，長 441.4 釐米。引首題簽：“梁寫繪佛名圖經。庚申（1920）得于蘭州。”函外題：“敦煌石室寫繪佛陀經卷。丙戌（1946）春勁宇署簽。”據許承堯跋，此卷初爲陳誾所藏，後轉入賀揚靈（字培心）之手，約 1946 年爲章松齡（1916—1974，字勁宇）所得。

引首有陳誾題跋三則，拖尾有許承堯等題跋多則。

【校録箋證】

（一）引首陳誾跋一

現衆妙相。

陳誾偶导。

（二）引首陳誾跋二

燉煌石室藏經記

清光緒庚子（1900），甘肅燉煌縣莫高窟砂磧中發見石室，室有碑記，封閼於宋太祖太平興國初元，距今千餘歲。以藏物考之，將近二千年。所藏上自西晉，下迄朱梁，紙書帛畫，粲然備具。唐寫佛經爲獨多，晉魏六朝稍希有矣。紙皆成卷，束以絹帶，完好如新，誠天壤間瓌寶也。吾國官民不知愛惜。丁未（1907）歲，法國文學博士伯希和自新疆馳詣石室，賄守藏道士，檢去精品數巨篋。英人、日人繼之，咸大獲而歸。迨余度隴之歲，購求唐寫精品，已不易得。而著有年代及六朝人書，則非以巨價求之巨室不可得也。蘇子瞻云：“紙壽一千年。”今兹發見，突破先例，蓋燉煌流沙堆積如阜，高燥逾恒。苟石室永閼，即再更千年，猶當完好。一入人手，則百十年間可淪黦以盡。證之今日，藏經已希如星鳳，此後可知。猶憶在隴時朋輩與余競購者，所藏多已散亡。余亦何能永保？但求愛護有人，千百年珍墨不至毁損於吾人之手。風雨如晦，雞鳴不已。藏者寶諸。癸未（1943）春月，前護隴使者陳季侃。（鈐“陳誾”朱文方印）

（三）引首陳閻跋三

　　此卷爲石室希見之品，紫光蓮座，綺采繽紛，如入栴檀林中，結千佛道場。吾人於千百年後發見古代色彩，藻繪如新，歡喜讚歎，得未曾有。陳閻并識。

（四）拖尾許承堯跋

　　燉煌乃瓜沙故都，昔通西域孔道。城外鳴沙山，沙膚石骨，以流沙乘風升降，時時有聲得名。因山爲寺，名三界寺，中多北朝刻象及畫壁，較伊闕、雲岡爲早。其深處石室崩豁，於光緒庚子年（1900）發見二大輪藏，卷籍極富。最先爲英法游士捆載去，清學部乃遣人輦其寫經入都，號五千卷，然佳者寥寥，又皆割裂充數。其留於武威、張掖、皋蘭者不少，且皆精整。予以民國二年（1913）至皋蘭，適市時遇人求售，值頗廉，因遂購訪，先後得二百卷。分類整理，乃知其中不止唐人書，有元魏，有周齊隋，有五代，至趙宋太平興國止，最古者有孫吳甘露年寫，知此室乃昔之圖書館，閉于宋初也。陳君季侃至隴後予數年，時已漸罄，求索不易矣，彼仍得元魏及初唐精書一二卷。此朱梁寫經本不足貴，佳在有畫象耳。惟今北中圖書館所藏已不可問[1]，予所有亦散佚，幸存無多，則此近二千年之寶墨，安可不珍視？且此物不能僞造，較之隋唐宋元之贗畫，迥不同也。因培心先生索題[2]，憶及去塵，如溫舊夢，不覺絮絮。甲申（1944）冬許承堯，時年七十一。（鈐"許承堯印"白文方印、"際唐"白文方印）

　　[1] 北中圖書館，指國立北平圖書館。全面抗戰爆發前，平館所藏敦煌遺書於 1935 年底南遷上海，抗戰期間輾轉上海孤島，至 1950 年方運回北京。

　　[2] 賀揚靈（1901—1947），原名商志，字培心，江西永新人。留學日本早稻田大學文學院。歷任交通部秘書、内政部編審、浙江紹興縣長、浙江省政府秘書長。1939 年任浙西行署主任，組織浙西抗日鬥爭。抗戰勝利後任浙江省政府行轅主任。1946 年任國民黨中央組織部第五處處長。

（五）拖尾高振霄跋

　　丁亥（1947）仲秋，四明東七十峯頑者高振霄拜觀[1]。（鈐印一枚，待考）

　　[1] 高振霄（1876—1950），字雲麓，浙江鄞縣（今寧波）人。光緒三十年（1904）進士，授編修。民國期間寓居上海，授徒鬻書自給。

（六）拖尾丁輔之、唐源鄴跋

　　泉唐丁輔之[1]、長沙唐源鄴合十同觀。（丁輔之、唐源鄴姓名左側各鈐一印，待考）

　　[1] 丁輔之（1879—1949），名仁，號鶴廬，浙江杭州人。與其弟善之創聚珍仿宋活字，成立仿宋印書局，任經理。1921 年併入中華書局，任中華書局聚珍仿宋部主任，《二十四史》《四部備要》以及多種詩文集均用仿宋字排印。工書畫。光緒三十年（1904）與葉爲銘、王褆、吳隱創建西泠印社，並稱"創社四君子"。

（七）拖尾胡佐卿跋

　　丁亥中秋節後三日（1947.10.1），泉唐胡佐卿觀於敏求室[1]。（鈐印二枚，待考）

　　[1] 胡佐卿（1901—1979），號主静居士，室名敏求室，浙江錢塘（今杭州）人。富收藏，精鑒賞。西泠印社早期社員。著有《敏求室藏印》。

（八）拖尾王褆跋

丁亥（1947）中秋勁宇世講過我春住樓，攜此見眎，人間至寶，書識眼福。古杭王褆。（鈐印一枚，待考）

（九）拖尾葉爲銘跋

歲在彊、大淵獻（1947）九秋八一叟葉爲銘觀於西泠印社[1]。（圖）（鈐"八一老人葉爲銘"朱文方印）

[1] 葉爲銘（1867—1948），字盤新、品三，號葉舟，室名鐵華盦，浙江杭州人。精篆刻，尤留心篆刻學史料。西泠印社創始人之一。著有《廣印人傳》《再續印人小傳》，輯有《松石廬印匯》《列仙印玩》《鐵華盦印集》《遁庵遺迹》等。

（十）拖尾邊成跋

丁亥（1947）秋九月邊成獲觀[1]。

[1] 邊成（1905—?），字政平，號宋峰，浙江諸暨人。從事工商管理工作。師從羅振玉研習金石學。上海文史館館員。著有《君子館論書絶句》《習鼎八家真本匯存》等。

（十一）拖尾金梁跋

丁亥（1947）冬金梁拜觀[1]。

[1] 金梁（1878—1962），瓜爾佳氏，字息侯，號小肅，浙江杭州人。滿洲正白旗，世駐防杭州。光緒三十年（1904）進士。歷任京師大學堂提調、内城警廳知事、民政部參議、奉天新民府知府、奉天政務廳廳長、蒙古副都統等職。民國初年任清史館校對。九一八事變後，任奉天地方維持會委員、僞滿奉天博物館館長、奉天通志館總纂。著有《四朝佚聞》《黑龍江通志綱要》等。

（十二）拖尾余重耀跋

丁亥（1947）孟冬余重耀歡喜讚歎[1]，得未曾有。（鈐"芬陀枌華"朱文方印）

[1] 余重耀（1876—1954），號遁廬，浙江諸暨人。光緒二十九年（1903）舉人。民國初年歷任建德、萬載、新建、樂平等縣知事，江蘇督軍署秘書長，浙江省長公署秘書，之江大學文學系教授。抗戰期間任第三戰區中將參議。著有《函雅廬詩文稿》《陽明先生傳纂》《宋儒理學》《金石考古》等。

（十三）拖尾程以道跋

戊子（1948）三月金剛乘弟子程以道拜觀。（鈐"以導"朱文方印）

（十四）拖尾方巖跋

戊子（1948）九月永嘉介堪方巖拜觀[1]。

[1] 方巖（1901—1987），原名文榘，字介堪、介盦，號蟬園老人、晚香堂主，浙江永嘉人。師從吳昌碩。西泠印社社員。長期同張大千合作，有"張畫方印"之譽。著有《金篆樓印學》等。

（十五）拖尾徐克芳跋

德清徐克芳敬觀[1]。（鈐"芷清眼福"朱文印）

[1] 徐克芳（1906—1956），字芷青，浙江德清人。畢業於湖州師範學校，曾任德清縣教育課長。1941年任江西鉛山縣教育科長、縣立初級中學校長。抗戰勝利後任職於浙江陸軍監獄。精書法、篆刻、繪畫。

1946 年加入西泠印社。有《芷青印存》。

（十六）拖尾黃敦良跋

吳興黃敦良敬觀[1]。（鈐“黃敦良印”白文方印）

[1] 黃敦良（1906—1967），字文治，號西爽樓、醒秋，浙江吳興人。出身中醫世家，醫術精湛，名聞一時。工書畫，尤擅水墨山水。西泠印社社員。

（十七）拖尾葛昌楹跋

當湖葛書徵同觀於書林蘭氏勤齋[1]。（鈐“葛昌楹印”白文方印、“書徵”朱文方印）

[1] 葛昌楹（1892—1963），字書徵，號晏廬，一號望莽，浙江平湖人。西泠印社早期社員。善書法，精鑒別，收藏書籍、畫作頗富。輯有《傳樸堂藏印菁華》《吳趙印存》等。

【著録】

上海古籍出版社、上海博物館 1993，第②冊《敘録》第 5 頁。上海博物館、香港中文大學文物館 1987，第 81 頁。

【圖版】

上海博物館、香港中文大學文物館 1987，第 67、69 頁（載陳闇、許承堯二跋圖版）。上海古籍出版社、上海博物館 1993，第①冊彩圖一九、第 199—200 頁。

【研究】

鮑義來 2001，第 23 頁。余欣 2005，第 153—154 頁；余欣 2012，第 86—89 頁。朱鳳玉 2016，第 21—33 頁。朱鳳玉 2017，第 74—86 頁。Justin M. Jacobs 2019，pp.78‑82；鄭智明 2021，第 219—223 頁。

97. 上海博物館藏上博 40（39341）《莫高窟記》張延禮、袁克文跋

【概述】

此卷首尾均殘，存 1 紙，共 28 行，裝裱爲一軸。寫卷右下鈐“友三心賞”印，左上鈐“丹父氏”印。卷前題簽：“唐人莫高窟記殘稿。友三先生屬。羅振玉題。”鈐“臣振玉印”白文方印、“文學侍從”朱文方印。“友三”當即翁友三，收藏家，所藏古錢甚富。

引首、拖尾各有題跋一則。

【校録箋證】

（一）引首張延禮跋

唐僧妙琬清逸不減晉人，真墨寶也。丹斧記[1]。

[1] 張延禮（約 1870—1937），原名張宸，字丹斧，號丹父，江蘇儀徵人。早年任上海《神州日報》編輯，後主管《晶報》內務。南社社員。工詩，精書法，擅篆刻，好收藏。輯有《敬敬齋古鉢印集》《周末各國鍰金考及漢銅玉印》等。

（二）拖尾袁克文跋

此唐人寫唐人造莫高石窟記十八行，森玉檢得於唐人寫經殘帋中以相贈[1]。自鳴沙

山石室出而唐人手澤傳於海内外者夥矣，從未聞有關於石室之文章，此幀不特寶其翰墨已也。寒雲。（鈐“袁克文”白文方印、“寒雲”白文方印）

　　[1] 森玉，當指徐森玉。

【著録】

　　上海博物館、香港中文大學文物館 1987，第 81 頁。

【録文】

　　上海古籍出版社、上海博物館 1993，第②册《叙録》第 8 頁。

【圖版】

　　上海博物館、香港中文大學文物館 1987，第 71 頁。上海古籍出版社、上海博物館 1993，第①册彩圖二、第 324 頁。

98. 上海博物館藏上博 51（44956）《金剛般若波羅蜜經》秦更年、杜進高、梅鉽、沈熙乾、周震良跋

【概述】

　　此卷首尾完整，11 紙，長 534 釐米。引首外題簽：“唐人寫《金剛經》。甲申（1944）初秋易厂署。”題簽者蔡鍾濟（1900—1974），字巨川，號易厂，揚州人，善治印。

　　引首題：“唐賢遺蹟。許寶蘅。”右上有“御賜博涉藝文”長方印、左下鈐“央廬七十後所作”朱文方印。許寶蘅（1875—1961），字季湘、公誠，晚號央廬，浙江杭州人。舉人。清末曾任軍機處章京、承宣廳行走。民國初年任大總統府秘書兼國務院秘書、銓敘局局長、署國務院參議兼内務次長。1932 年任僞滿執政府秘書、大禮官、宫内府總務處處長，1940 年任滿洲棉花會社理事。1945 年回北平。1949 年後被聘爲中央文史館館員。著有《許寶蘅先生文集》《許寶蘅日記》。

　　卷尾裱接蔡鍾濟繪“誦經圖”一幅，正面爲坐佛像，左側一人端坐石几前，几上展佈經卷，右側爲經卷一包。圖右上題：“誦經圖。甲申（1944）秋九月上浣易厂居士。”並鈐“蔡鍾濟印”白文方印。圖右下鈐“慎自廬”朱文方印，左下鈐“樂此不倦”朱文方印、“孫師匡考藏金石書畫”朱文方印，係原收藏者孫鼎鈐印。

　　孫鼎（1908—1977），號師匡，安徽桐城人。周叔弢外甥。畢業於上海交通大學。歷任上海華通電業機器廠總工程師、上海新安電機廠總經理、上海電機工業公司副經理、上海市機電一局總工程師。當選第三、四屆全國政協委員，第三、四、五屆上海市人大代表，民建中央委員。富收藏，以青銅器、封泥、錢幣爲最。1979 年，夫人遵遺願將其所藏文物 2008 件捐獻上海博物館，上博 51 至 57 號敦煌遺書係孫鼎舊藏。

　　“誦經圖”後有題跋多則。

【校録箋證】

(一) 秦更年跋一

　　燉煌石室所出唐人寫經,余僅見方無隅所藏《阿彌陀經》及雜配《妙法蓮華經》爲全本[1],餘多殘帙,今觀此《金剛經》卷首尾完好,略無壞爛,極爲罕覯。今本"説法者無法可説,是名説法"下有"爾時慧命須菩提"至"是名衆生"六十二字,乃長慶二年僧靈幽依豪州鍾離寺石刻本添入(此係元奘譯本),此卷尚無此一節,蓋長慶以前人所書,真千一百餘年前物也。易厂居士爲寫誦經圖於後,莊嚴具足,古秀絶倫,堪爲冬心、兩峰後勁[2],非時史所能夢見。易厂近發心畫佛,付皈依佛乘者修養,已逾百幅。吾知易厂將有不可思議福德,豈僅畫之足傳已耶。甲申重易前五日(1944.10.20)嬰闇居士秦更年題記[3]。(鈐"更年"朱文圓印、"秦嬰闇"白文方印)

　　[1] 方爾謙(1871—1936),字無隅。

　　[2] 金農(1687—1763),字壽門、司農、吉金,號冬心先生,江蘇揚州人,書畫家,揚州八怪之首。羅聘(1733—1799),字遯夫,號兩峰,安徽歙縣人,金農弟子。

　　[3] 秦更年(1885—1956),字曼青,號嬰闇,江蘇江都人。任職金融界。工書法。好藏書,精通目録版本之學。著有《嬰闇題跋》等。

(二) 秦更年跋二

　　靈幽補經事見永明壽禪師《金剛經證驗賦》注[1],因得冥王指示,依石本增入。什師本稱長老,魏譯作慧命[2],此乃譯文之異,無它意也。壽師即作四料簡之延壽[3],宋高僧也。嬰闇又識。(鈐"嬰闇"白文長方印)

　　[1] 永明壽禪師,即五代宋初禪宗高僧永明延壽(904—975)。俗姓王,字仲玄,錢塘(今浙江杭州)人。曾任地方官吏,三十歲棄家投四明(今浙江寧波)翠岩禪師出家,後至天台山師從德韶,爲其傳法弟子。宋建隆元年(960),受吳越王錢俶之請,駐錫杭州靈隱寺新寺,翌年移駐杭州永明寺,前後達十五年,故世稱"永明延壽"。宋開寶三年(970)奉詔於錢塘江畔月輪峰創建六和塔。著有《宗鏡録》一百卷、《萬善同歸集》三卷及《唯心訣》《神棲安養賦》《定慧相資歌》等多種。

　　[2] 鳩摩羅什譯本《金剛經》稱"長老須菩提",菩提流支本譯作"慧命須菩提"。據《佛教大辭典》,梵語 āyuṣmat,意爲具壽命,用作對有德比丘之尊稱。玄奘本《金剛經》正譯作"具壽善現","善現"即"須菩提"意譯。

　　[3] 四料簡,即延壽所撰闡述禪浄雙修要義的偈文:"有禪無浄土,十人九蹉路,陰境若現前,瞥爾隨他去。無禪有浄土,萬修萬人去,但得見彌陀,何愁不開悟。有禪有浄土,猶如戴角虎,現世爲人師,來生作佛祖。無禪無浄土,鐵床並銅柱,萬劫與千生,没個人依怙。"

(三) 杜進高跋

　　唐人寫經卷吾鄉陳蛻庵丈及關中闇甘園先生所藏甚富[1],尤以丁福保先生泥金卷本爲書體最工者,大抵殘餘多於整幅,且有併數卷爲一,如此卷之前後兩段,後者戒烏絲欄,與前合成一經,文字或不相聯屬。又如經文字句,證以今本,亦異同不一,別寫與經幢、造像文字略相似。字體不與流沙簡之放，每以莊嚴出之，較之唐諸大家楷法，則生澀而非端謹，于時代作風微有出入。此外有用梵文者。硬黄尚矣，即繭質亦精，非後世所能仿製，故鑑别較易。此卷妙諦，曼老已暢言之，不必贅述。易厂爲製圖，示余，得飽眼福，洵快事也。瞿唐杜進高[2]。（鈐長方印一枚，待考）

[1] 閻培棠（1864—1942），字甘園，室名晚照樓，陝西藍田人。秀才。光緒二十三年（1897）與王昌傑、王立齋、閻培芝等創辦《廣通報》，主張維新變法。二十九年創辦甘園學堂，次年創辦雅閣女校。三十四年甘園學堂被迫關閉，轉而從事古物收藏，經營仿製古董。擅長書畫。著有《六書講義》等。

[2] 杜進高，字畬孫，室名三定簃，四川萬縣（今重慶萬州）人。1930 年代後寓居上海。工書法，擅篆刻。著有《印學三十五舉》《漢印義法》。

（四）梅鋎跋

唐人弓子本，扃秘已千年。塵劫所不到，佛光自在圓（昔見貴池劉氏所藏一弓，四周皆畫著色佛象爲邊緣，尤多古穆之致）。鴻飛寧見弋，魚得早忘筌。淡墨硬黄紙，姓腮發妙妍。

大寶不能守，狡哉胠篋徒。豈惟資鎮庫，亦足傲扶餘。石室荒煙鎖，經函廢寺虚。書源宗魏晉，攬卷萬唏嘘。

敦煌石室藏經歷千餘年無知者，清季室旁小寺僧人艸屋曝物，忽石陷一方，墮入室内，取出數卷。爲法人伯希和所知，即專往結歡寺僧，破室車載以去。除寫經外，尚有古物及抄本古經籍、古餘素紙若干種。嗣英日學者又往，取載甚多。噫！斯真國之瓌寶也。上虞羅氏振玉有《日本橘氏燉煌藏經目録》，序言石室卷軸入歐洲者先後當不下二萬軸，其餘皆爲英倫、日本攜去，我國學部所得不過五六千卷而已[1]。羅氏所述迄今又數十年，學部所得久已不可稽考。好古之士偶得殘餘，矜夸奇獲，是失夜光之珠而珍玉屑也。可勝長太息耶！

甲申重陽後四日（1944.10.29）晨起坐玉夔龍館，晴窗盆菊乍放，茗香欲浮。崔孫梅鋎題記[2]。（前鈐"宛陵"白文長方印，後鈐"梅鋎"朱文方印、"宜子孫"白文方印、"玉夔龍館"朱文方印）

[1] 羅振玉 1915 年鉛印《雪堂叢刻》，收《日本橘氏敦煌將來藏經目録》，前有羅振玉序，謂："石室卷軸入歐洲者其卷數不可知，然約計先後所出當不下二萬軸，予獲觀者三之一耳。其已編目者，若我學部所得五六千卷，雖草剏而未寫定，今且存亡未可知；法京則編目而未印行，英國聞尚未遑編寫。"即此跋所本。

[2] 梅鶴孫（1894—1964），名鋎，號元卨，江蘇江都（今揚州）人。先後任職於上海國華銀行、中央銀行總行業務局、中央信托局。1957 年任上海文史館館員。工詩詞，善書法，精鑒賞。撰有《玉夔龍館詩詞集》《青溪舊屋儀徵劉氏五世小記》等。

（五）沈熙乾跋

稽首風輪乍定時，烏絲闌外淚如絲。廿年枉識鍾離寺，誰證彌天什法師。　　　三百一十又二行，湛湛心光出硬黄。待懺玉溪詩六卷，眼中文字亦滄桑。　　　無滅無生歷劫留，萬靈齊護芥藏樓。桐城山與燉煌窟，併作西來海一漚。

　　丙戌(1946)春日閒居海上,翫玉溪生詩於師匡姻丈芥藏樓中,獲瞻此卷,歡喜讚歎,敬題三截。太初沈熙乾[1]。(鈐"阿彭"朱文方印)

　　[1] 沈熙乾(1915—1982),字心易,號補翁,上海人。早年就讀於無錫國專。工詩。

(六)周伯鼎跋

　　丙戌(1946)二月安順周兹緒[1]、至德周伯鼎同觀於海上芥藏樓[2]。(鈐"白鼎"朱文方印)

　　[1] 周兹緒,字在文,貴州安順人。1921年由清華學校赴美,攻讀土木工程。學成歸國,從事工程事業。浦薛鳳、李元信《憶清華辛酉級十位級友》(載《傳記文學》1985年第3期)有"周兹緒"一節。

　　[2] 周震良,字伯鼎。周達長子,周叔弢之侄。山東工學院電機系教授。精書法,富收藏。

【著錄】

　　上海古籍出版社、上海博物館1993,第②册《敘錄》第13頁。

【圖版】

　　上海古籍出版社、上海博物館1993,第②册第66—68頁。

99. 上海博物館藏上博 77(69592)《妙法蓮華經序品》沈尹默、趙熙、謝無量、張大千跋

【概述】

　　此卷存3紙,長142.5釐米。係郭有守舊藏。引首有沈尹默跋,拖尾有趙熙、謝無量、張大千跋。

【校錄箋證】

(一)引首沈尹默跋

　　自來六朝唐代經卷書,世目之爲經生體,其實不但經卷,即抄寫其他典籍,悉皆如是。所見晉宋以來經史殘篇,如《春秋經》《三國志》《世説新書》之類,雖字有工拙,而體式不殊,蓋相沿習尚使之然也。至唐鍾紹京有名一時,其經生書之尤工者。此卷字畫可稱精能,觀其下筆及迴轉牽帶,皆有法度。子杰留心字學[1],其寶玩之。甲申端陽前二日(1944.6.23)於重慶嘉陵江畔石田小築,尹默。(鈐"沈"朱文方印、"尹默"白文方印、"石田小築"朱文方印)

　　[1] 郭有守(1901—1977),字子杰,四川資中人。楊度之婿,張大千表弟。畢業於北京大學法科,留學法國巴黎大學。1929年起任職於教育部。1938年至1945年任四川教育廳長。1946年起歷任駐聯合國科教文組織籌委會組長、教科文組織教育處處長、駐法大使館參贊、駐比利時大使館參事。1966年回到北京,曾任全國政協委員。

(二)拖尾趙熙跋

　　燉煌石室藏經,四十年來所見皆唐時經,經書體一律平匀,風會然也。文殊師利在佛前,已爲老師,疑梵本周詳迥出今譯之外,往年何將軍曾寫燉煌諸山見示,旋以贈識著僧。旋聞張君大千特寫此山寄我,因記瑣句云:平生不到雁門關,斷爛遺經遍市圈。憑仗洞天如許地,大千世界筆頭山。及圖至,乃雁宕山也,雖感筆妙,而自歎燉煌之無緣。今子杰先

生過訪，忽出石室經一段屬題，遂縷記今昔。惟瞽目不能成字，罪矣罪矣。趙熙[1]。（鈐
"堯生"朱文方印）

[1] 趙熙(1867—1948)，原名熹，字堯階、堯生，四川榮縣人。光緒十八年(1892)進士。曾任國史館
編修，主講鳳鳴書院、東川書院、川南經緯學堂。宣統二年(1910)任江西道監察御史，以直聲著稱。次年
保路運動中，爲京官川南代表。1914 年返鄉，以講學賣文爲生。

（三）拖尾謝無量跋

燉煌寫經出自清之季年，當時學部捆載數百箱，欲考校譯經異同，其議旋寢。自後經
本往往散落人間，至爲易得。收藏家好蓄燉煌所出雜書畫，於佛經反不甚重視。然其中固
多有六朝人書，不盡爲唐時經生所寫也。要其筆勢古茂者，自足珍翫，安可以流傳較多而
忽之。此卷書法端重，大似隋人所作，爲陳君益廷以贈子杰先生者[1]，又得趙、沈二公作
跋。西州古物輸入極少，即燉煌經亦屬罕見，況此尤稱佳書耶？展觀數過，因漫題，請正。
甲申秋九月一日(1944.10.17)。無量[2]。（鈐"無量"朱文方印）

[1] 陳國棟(1879—1954)，原名言保，字益廷，四川郫縣人。畢業於四川陸軍講武堂、保定陸軍軍官
學校。歷任合川鎮守使、川北衛戍總司令。1924 年加上將銜。1926 年脫離軍界，任四川鹽運使、成都市
總商會主席，創辦福川銀行，並從事公益事業。1940 年任四川省參議員。1950 年任成都市各界人民代表
會議代表。1949 年後將家藏文物、書籍上萬件捐獻給國家。

[2] 謝無量(1884—1964)，號希範、嗇庵，四川樂至人。光緒二十七年(1901)入上海南洋公學，後因
"《蘇報》案"亡命日本。民國初年任《民權報》《獨立周報》《神州日報》主筆，1924 年 5 月任孫中山秘書。
1940 年返成都，以鬻文賣字爲生。1946 年當選國大代表。1949 年後歷任川西博物館館長、中國人民大學
教授、中央文史研究館副館長。善詩詞，工書法。著有《中國大文學史》《詩經研究》等。

（四）拖尾張大千跋

此經端凝，初唐人書也。至開天則漸趨秀媚，晚唐五代則荒率，不復成字。無量先生
稱爲大似隋人，蓋時代相、，胎息狀也(近)。子杰老兄出觀屬題。乙酉(1945)中春大千弟
張爰。（鈐"張爰私印"白文方印）

【著錄】

上海古籍出版社、上海博物館 1993，第②册《敘錄》第 17 頁。

【圖版】

上海古籍出版社、上海博物館 1993，第②册彩圖九、第 243—247 頁。

100. 上海圖書館藏上圖 006（798463）《妙法蓮華經》貢噶活佛、黃元秀、馬一浮、裴麻貝扎、徐映璞、海燈、孫智敏、蔣綱裳、明惠、陳攖寧、吳時、張宗祥、陳錫鈞跋

【概述】

此卷首殘尾全，存 12 紙，466 行，長 847 釐米。有尾題"妙法蓮華經卷第三十"，《上海

圖書館藏敦煌吐魯番文獻》擬名爲“妙法蓮華經馬鳴菩薩品第三十”。

引首外題：“燉煌石室唐人寫經。民國卅六年（1947）放廬珍藏。”放廬爲黄元秀齋名，故址在今杭州上城區南山路 147 號。引首題：“正法久住。丁酉仲冬，塵空敬題。”後鈐“塵空”朱文方印。丁酉即 1957 年。

引首有藏文題跋一則。拖尾附佛像照片一幀，上題“燉煌石佛”，後有題跋七則。

【校録箋證】

（一）引首貢噶活佛藏文題跋①

ༀ༅། ན་མོ་བུདྡྷ་ཡ། ན་མོ་དྷརྨ་ཡ། ན་མོ་སོ་གྷ་ཡ། ཆོས་རྣམས་ཐམས་ཅད་རྒྱུ་ལས་བྱུང་། དེ་རྒྱུ་དེ་བཞིན་གཤེགས་པས་གསུངས། རྒྱུ་ལ་འགོག་པ་གང་ཡིན་པ།

དགེ་སྦྱོང་ཆེན་པོས་འདི་སྐད་གསུང་།

དམ་པའི་ཆོས་པདྨ་དཀར་པོའི་མདོའོ།

×× རྒྱལ་མཚན་གྱི་གངས་དཀར་སྤྲུལ་སྐུ་དབྱིངས་ལ་བཀྲ་ཤིས་དཔལ་འཛམ་གླིང་མཛེས་པའི་རྒྱན་དུ་གྱུར་ཅིག [1]（鈐“輔教廣覺禪師”朱文方印）

　[1]　此跋拉丁轉寫如下：

　　　na mo bungha ya / na mo rdarma ya / na mo so gha ya / chos rnams

　　　thams cad rgyu las byung / de rgyu de bzhin gshegs pas

　　　gsungs / rgyu la vgog pa gang yin pa / dge sbyong chen pos

　　　vdi skad gsung /

　　　dam pavi chos padma dkar povi mdovo /

　　　?? rgyal mtshan gyi gangs dkar sprul sku dbyings la bkra

　　　shis dpal vdzam gling mdzes pavi rgyan du gyur cig

　　　漢譯如下：

　　　　飯依佛、飯依法、飯依僧，佛皆源緣，緣自如來，緣無礙，得自大比丘！

　　　　妙法蓮華經。

　　　　摘自《白蓮華經》，貢噶活佛。願世界吉祥。

（二）拖尾黄元秀跋

敦煌石室在甘肅省敦煌縣東南之鳴沙山，山麓有三界寺，寺旁石室甚多，舊名莫高窟，俗稱千佛洞。石室之一爲書庫，内藏唐人手寫佛經及其他美術品甚多，蓋西夏兵革時保存於此者。清光緒二十六年庚子（1900）發見，國人不知珍惜，大部爲英人斯坦因、法人伯希和運去，藏倫敦啚書館、巴黎國民啚書館，達千餘卷。迨民國十九年（1930），政府始往收拾，舉其殘餘，運至京師啚書館，精萃已傷失殆盡。國有瓌寶不能自保，經曰“諸行無常”，亦秦之無人也。老友許山木君從軍西北有年，抗戰勝利，解甲歸來，持此敦煌石室唐人寫《妙法蓮華經》卷第三十，寫録經文甚長，其字體結構與近世所寫有異。余覯石室藏經多卷，紙墨未有如此卷之整潔者，洵爲奉佛好古者珍藏之寶。據考古家云，唐時后妃有疾，嘗

---

　①　此則藏文題跋承西藏圖書館館長努木幫助録文並翻譯，國家圖書館古籍館副館長薩仁高娃拉丁轉寫，謹此致謝。

命宦官寫經,藏諸寺中,爲免除災厄之功德耳。曩承許君見贈,謹誌因緣於卷末。公元一九五四年歲次甲午黄元秀識於小螺山館[1]。(前鈐"文字因緣"白文長方印,後鈐"黄元秀印"朱文方印、"黄文叔"朱文方印)

[1] 黄元秀(1884—1964),原名鳳之,字文叔,號山樵,浙江杭州人。早年留學日本,参加光復會、同盟會。回國人浙江新軍,主持同盟會杭州分部,1911年参加光復杭州之役。1912年因病脱離軍籍,後任教於浙江兩級師範學校、湖州中學,皈依佛門。後隨貢噶活佛在南京、上海、杭州等地弘法。1947年任中國佛教會杭州分會理事長,並創辦杭州佛教圖書館。著有《金剛乘學》。工書,善畫。

(三)拖尾馬一浮跋

甲午(1954)仲冬蠲叟敬觀[1]。(鈐"蠲叟"白文方印)

[1] 馬一浮(1883—1967),號蠲叟。

(四)拖尾裴麻貝扎跋

佛法浩如煙海,廣博精深,僅以八萬四千法門言,是有八萬四千文。自漢明帝以來,一經數譯者甚多,如《金剛經》六譯,《心經》七譯,《藥師經》三譯,《華嚴》三譯,《涅槃》二譯,《彌陀》二譯,即《法華》三譯,譯不同,經文當異。唐文成公主嫁藏王赤松德真[1],大宏佛法,運唐宮供養者亦貨。此卷經文異於現行者,想譯本不同,或唐宮録自西藏譯本歟?卷首有西康貢噶輔教廣覺禪師題讚[2],足資佐證。至紙質字法確爲近代希有,彌足珍貴。恭讀之下,附録數語,以誌法緣。丙申(1956)仲秋,武林密乘學人 裴麻貝扎 敬誌[3]。

[1] 赤松德真,吐蕃贊普,現一般寫作"赤松德贊",755年至797年在位,其父爲尺帶珠丹(704—755在位)。唐與吐蕃和親,文成公主嫁松贊干布,金城公主嫁尺帶珠丹,此跋所述不確。

[2] 貢噶活佛(1893—1957),名謝朱卻吉僧格,漢譯法獅子。噶瑪噶舉派呼圖克圖,兼承寧瑪派法。居西康貢嘎山木雅康松扎寺。1935年起應邀赴成都、重慶、昆明、漢口、長沙、南京、江陵等地傳法,國民政府授予"輔教廣覺禪師"稱號。著有《大手印講義》《恒河大手印直講》等。1950年代初曾在中央民族學院任教。

[3] 落款"裴麻貝扎"係鈐印。

(五)拖尾徐映璞跋

此卷長達八千餘言,爲世傳燉煌石室藏經中所不易見之巨帙。惟首有缺軼,未詳其名,結尾復載有"妙法蓮花經第三十"字樣,益滋疑惑。蓋今本《法華》只有七卷,即以品爲卷,亦只二十八而止,斷無三十卷之理。其間文辭拙直,五星列宿略如道經,十八地獄略如《地藏經》,三十三天略如《楞嚴經》,敷説生滅因果又絶似《樓炭經》,而二十八宿方位西北互易,尤不可解。中以東方晉國、南方天竺、西方大秦、北方月支爲四大天子,其初撰當出於典午之際,決非後人所能偽造。惜家無全藏,不能確指其出處耳。書法雖不見精,而古趣盎然,紙質黯淡,以樹皮爲之,尤有褚字之遺意,誠希有物也。時丙申歲(1956)蓮房實後題此,應文叔先生印可。清平山人[1]。(鈐"清平山人"朱文方印、"徐映璞印"白文方印)

[1] 徐映璞(1892—1981),字鏡泉,號清平山人,浙江衢州人。長期執教於衢州、湖州、杭州等地。抗戰勝利後被聘爲浙江通志館編纂。1980年受聘爲浙江省文史館館員。著有《九華山志》《兩浙史事叢稿》

《杭州山水寺院名勝志》《清平字說》等。

（六）拖尾海燈跋

　　法行有十,書寫其一也[1]。丁酉(1957)春江西雲居山海燈[2]。（上鈐"嵩山面壁僧"朱文長方印,下鈐"海燈覺印"朱文方印）

　　[1] 典出《瑜伽師地論》卷七十四:"復次,於大乘中有十法行,能令菩薩成熟有情。何等爲十? 謂于大乘相應菩薩藏攝契經等法書持、供養、惠施於他、若他正說恭敬聽聞、或自玩讀、或復領受、受已廣音而爲諷誦、或復爲他廣説開示、獨處空閒思量觀察、隨入修相。"

　　[2] 海燈(1902—1989),俗姓范,名靖鶴、無病,字劍英,四川江油人。二十一歲出家,隨虛雲、静權等法師學佛。曾任雲居山真如禪寺、蘇州吳縣石公寺、觀霧山極樂寺住持。以武術聞名於世。第六、第七届全國政協委員。

（七）拖尾孫智敏跋

　　戊戌(1958)初夏錢唐孫智敏敬觀[1]。（鈐"孫智敏印"朱文方印）

　　[1] 孫智敏(1881—1961),字廑才,浙江杭州人。光緒二十九年(1903)進士。清末歷任浙江圖書館會辦、浙江高等學堂監督、浙江兩級師範學堂代監督,民國期間歷任建德知縣、龍游知縣、之江大學文理學院教授、青島市政府秘書。晚年寓居上海。工詩文,擅書法。著有《知足居文存》《知足居詩存》《知足居聯語録存》等。

（八）拖尾蔣綗裳跋

　　余於釋氏典籍向少寓目,文叔先生出示此卷,雖未能溯其本原,第覺鉤畫模拙,如出奄寺之手,當非近代物也。用綴數語,自慶眼富。丙申(1956)七月泉唐蔣綗裳[1]。（前鈐"愛讀生平未見書"朱文長方印,後鈐"泉塘蔣氏"朱文方印、"綗裳長壽"白文方印）

　　[1] 蔣綗裳,字幸安,浙江杭州人。工書法,西泠印社同人。編著有《錢士青先生年譜》《浙江高等學堂年譜》等。

（九）拖尾明憙跋

　　丁酉(1957)五月展讀黄文叔老居士珍藏石室藏經,紙料蒼老,古色古香,所有文句不似《法華》,卷首缺軼,不載朝代與夫譯人,全藏未收。卷中云,《大樓炭經》百二十卷,廣明世界中事,大經難見,是故此中略勾其要耳。卷尾有"妙法蓮華經第三十",由此觀之,則非《樓炭》、非《法華》明矣。憙知識尠少,不敢確定,希望大德辨明真僞。浙杭遥祥寺净業行人明憙。（鈐"明憙"朱文橢圓印）

（十）拖尾陳攖寧跋

　　十方虛空,三祇劫運。世界恒沙,衆生無盡。地獄天堂,輪轉莫定。善則超昇,惡則墮穽。迷即六凡,悟即四聖。所以智人,咸貴修證。諸佛菩薩,惟一心印。千經萬典,大旨相近。略勾其要,意在起信。是否法華,毋庸辯論。

　　丁酉(1957)中秋陳攖寧題於杭垣銀洞寄廬。（鈐"陳攖寧"朱文方印）

（十一）拖尾吳時跋

　　跋唐人寫經法華卷三十後

此卷首有缺軼,而末載"妙法蓮華經卷第三十",今傳弘始本《法華》只七卷二十八品,與此絶不相符。其間文辭古拙,多道家意味。竊疑《法華》古有此譯,年代遠在姚秦弘始之前,當時或以品爲卷,或卷不止此,後世庸僧以其語近道書而删節之,如《化胡經》之類,未可知也。嘗謂三教本同源流,而道爲之長,觀於釋氏演教,每稱仙人,而比丘東來,輒以道人自號,可證予言之不謬。得此一卷,庶幾少杜緇黃門户之見歟。公元一九五七年上海吴時。(鈐"吴時"朱文方印)

(十二) 拖尾張宗祥跋

敦煌經弓分數種:黄麻用蠟紙極光滑者,皆善書者作品;白麻者,僧衆所書爲多;黄麻無蠟者爲中品,此卷是也。其所界烏絲則爲石墨,故與今鉛墨相因。此弓雖無卷首,然亦尺寸極長,可寶也。己亥(1959)秋海寧張宗祥記。(鈐"冷僧七十歲後作"朱文方印)

(十三) 拖尾陳錫鈞跋

淮陰陳錫鈞伯衡甫觀於西泠厲廬石墨樓[1]。時年八十有一。(鈐"伯衡"朱文長方印)

　　[1] 陳錫鈞,字伯衡,齋名石墨樓,江蘇淮陰人。西泠印社社員。

【著録】

上海圖書館、上海古籍出版社 1999,第④册《敍録》,第 2 頁。

【録文】

吴織、胡群耘 1986,第 102 頁(編號"上圖 084",録出部分跋文)。

【圖版】

上海圖書館、上海古籍出版社 1999,第①册第 56—72 頁。

101. 上海圖書館藏上圖 017(812388)《唐人民間文書集册》許家栻跋

【概述】

此册裱褙敦煌文書殘片七件。引首簽題:"唐人民間文書集册。家書一紙,葬經二紙,僧正書一紙,卜筮法二紙,分家據一紙,雇驢契一紙,字彙一紙。晚暉樓藏。"下鈐"歙許伯龍考藏"朱文長方印。

扉頁有許家栻跋一則。

【校録箋證】

敦皇漠高窟所藏大抵唐經生所書釋氏經典,但亦間有古典籍參雜其中,可供今流行本詮證者。尤異者,其時民間文書亦偶有發見,雖別字重疊,文義聱牙,而用字造句時代氣氛濃厚,絶非後人所能橅擬,資以考證西方風土殊特,俗尚恢奇,何嘗置身千數百年前之異域,較之國史徒津津於統治權移轉之相矸書,有意義多矣。此册九紙,悉出敦煌,當是唐季基層社會之物,洵考古家之瓌寶矣。一九五六年元月許家栻識[1]。(鈐"許家栻印"白文方印、"伯龍"朱文方印)

　　[1] 許家栻(1892—1955),字伯龍,號樗翁,安徽歙縣人。許承堯長子。1914 年畢業於北京高等法律

學堂。歷任四川成都高等法院審判廳推事、甘肅蘭州地方法院院長、甘肅武山知縣、安慶地方法院推事、上海特區地方法院刑庭庭長兼上海持志大學及東吳大學法學院教授、福建廈門高等法院分院院長。

【著録】

　　吴織、胡群耘 1986，第 94 頁（編號“上圖 174”）。

　　上海圖書館、上海古籍出版社 1999，第④册《敘録》第 4 頁。

【圖版】

　　上海圖書館、上海古籍出版社 1999，第①册第 127 頁。

【研究】

　　余欣 2005，第 162 頁；余欣 2012，第 97—98 頁。

102. 上海圖書館藏上圖 020（812397）《金剛般若波羅蜜經》徐世昌跋

【概述】

　　此卷首尾均殘，存 2 紙，長 96 釐米。引首外題：“唐人寫經。五十六行。”卷末鈐“二勿居”白文方印，當爲徐世昌藏印。

　　引首有徐世昌跋一則。

【校録箋證】

　　唐人寫經自敦煌石室開後，世間流傳者甚多，無論其是否當時名賢手蹟，然片紙數行亦足見唐人榘矱也。水竹邨人[1]。（鈐“弢齋”朱文長方印）

　　[1] 徐世昌（1855—1939），字卜五，號菊人、東海、弢齋、水竹邨人等，天津人。光緒十二年（1886）進士。助袁世凱練新軍。清末歷任巡警部尚書、軍機大臣、民政部尚書、東三省總督、郵傳部尚書、體仁閣大學士、內閣協理大臣。民國初年任國務卿，1918 年至 1922 年任大總統。退職後寓居天津。著有《水竹邨人集》等。

【著録】

　　上海圖書館、上海古籍出版社 1999，第④册《敘録》第 5 頁。

【録文】

　　吴織、胡群耘 1986，第 94 頁（編號“上圖 177”）。

【圖版】

　　上海圖書館、上海古籍出版社 1999，第①册第 134 頁。

103. 上海圖書館藏上圖 022（812400）《華嚴經》卷十四姚朋圖跋

【概述】

　　此卷存 16 紙，首缺尾全，長 810 釐米。有尾題“華嚴經卷第十四”，有題記：“開皇十七年四月一日，清信優婆夷袁敬姿，謹捨身口之費，敬造此經一部，永劫供養。願從今已去，災郭殄除，福慶臻集，國界永隆，萬民安泰，七世久遠，一切先靈，並願離苦獲安，遊神淨國，罪滅福生,無諸郭累,三界六道,怨親平等,普共含生,同昇佛地。”引首外題:“隋開皇寫本華嚴經卷。”卷末有跋一則。卷末鈐“寒雲秘笈珍藏之印”朱文長方印,可知爲袁克文舊藏。

【校録箋證】

此寫經與後款識非一時一手所書,出資題名者爲開皇時人,寫經者恐尚在北齊之世,可以字體辨之。寒雲先生屬記此説於卷尾,以諗來者。朋圖[1]。(鈐“壽安”朱文方印)

[1] 姚朋圖(1872—1921),又名鵬圖,字柳屏,江蘇太倉人。光緒十七年(1891)舉人。曾任職於山東省長公署。工書,精鑒賞,富收藏。著有《扶桑百八吟》《柳屏詞》《古風遺草》等。

【著録】

上海圖書館、上海古籍出版社1999,第④册《敘録》第5頁。

【録文】

吳織、胡群耘1986,第96頁(編號“上圖031”)。

【圖版】

上海圖書館、上海古籍出版社1999,第①册彩圖八、第162頁。中國國家圖書館、中國國家古籍保護中心2010,第2册第32頁。

104. 上海圖書館藏上圖059(812467)藏文《聖壽智無量大乘經》吳曼公跋

【概述】

此卷存7紙,長319釐米,高30.5釐米,係硬筆寫本。外盒題簽:“敦煌石室藏文寫聖壽智無量大乘經附漢譯文(内附有貢格譯文)。”

卷尾附譯文,後有吳曼公所録藏文《金剛無量壽如來大光明陀羅尼》一段,並跋三則。

【校録箋證】

(一) 吳曼公跋一

民國廿二年癸酉(1933)得燉煌石室藏文此經于北平,初不之識。十年後持謁持松上師于春申[1],亦未能通。直至戊子(1948)春攜至金陵,質諸貢格活佛[2],始知爲《聖壽智無量大乘經》,適爲貢師門下受持之經,行篋且有譯本,因借得之,托伍興全君抄一本,附藏經之後。十餘年心願竟償,可謂有緣矣。佛弟子聖滄(諦閑上人賜名)、羅桑龍坨(九世班禪活佛賜名)、毘陵吳曼公(原名觀海)敬記[3]。(鈐“吳曼公”朱文方印)

[1] 持松(1894—1972),俗姓張,法名密林。少年出家,民國初年赴日本研習密宗。1947年任上海静安寺住持,兼静安佛學院院長。

[2] 貢格活佛,即貢噶活佛(1893—1957)。

[3] 吳曼公(1895—1979),原名觀海,字頌芄,江蘇武進人。莊藴寬之外甥。畢業於上海中國公學。民國間曾任北平財政局、社會局、教育局、税務局秘書長及公路總局秘書,古物館編纂課主任。1951年任上海文物保管委員會特約編撰。精鑒别,富收藏。自藏文物後捐獻國家,今敦煌研究院所藏《臘八節燃燈分配竈龕名數》即吳曼公捐贈。著有《花曼壽庵詩詞録存》。

（二）吳曼公跋二

　　予不識藏文，何能寫此，蓋依譯本上所印者依樣迻寫，知筆畫錯訛多矣，但不能不留此寶章，以便後來印證也。曼公又記。（鈐“吳”朱文方印）

（三）吳曼公跋三

　　貢師又言此藏文經凡兩通，蓋發願書寫者或什伯仟通也。兩通首尾完具，較現行本略有出入，或古本如此。貢師亦藏一通，乃吳忠信君所贈云[1]。曼公三記，並于原經每通之尾各鈐一小印識之，時戊子三月朔（1948.4.9），記已三日矣。（鈐“珠字堂”朱文方印）

　　[1] 吳忠信（1884—1959），字禮卿，安徽合肥人。光緒三十一年（1905）畢業於江南武備學堂，次年加入同盟會。1912 年任南京警察總監。1932 年起任安徽、貴州省主席。1936 年至 1944 年任國民政府蒙藏委員會委員長。1944 年起歷任新疆省主席、總統府秘書長。

【著録】

　　上海圖書館、上海古籍出版社 1999，第④册《敘録》第 12 頁。

【録文】

　　吳織、胡群耘 1986，第 102 頁（編號“上圖 104”）。

【圖版】

　　上海圖書館、上海古籍出版社 1999，第②册第 41 頁。

105. 上海圖書館藏上圖 064（812494）《大般涅槃經疏》葉恭綽跋

【概述】

　　此卷首尾均殘，存 11 紙半，長 476.5 釐米。卷中有題記二則：“比丘惠瓛所供養”，“曇鸞寫”。引首外題：“曇鸞祖師寫經。恭綽敬題。”

　　後有葉恭綽跋二則。跋一收入葉恭綽《矩園餘墨》，題爲“北魏曇鸞祖師手寫涅槃經注跋”，個別字句略有不同（瀋陽：遼寧教育出版社，1997 年 3 月，第 27—28 頁）。《矩園餘墨》另收“北魏曇鸞祖師手寫涅槃經注文第二跋”一則，不見於此卷。

【校録箋證】

（一）葉恭綽跋一

　　右敦煌鳴沙石窟所出經卷，乃光緒末何嶧威所贈[1]。先是，法蘭西人伯希和方捆載敦煌佛教經籍及法物數千事以歸，朝野大譁。伯希和過北京，吾國人往訪者不絶，吾與羅叔蘊、王挦鄭等亦造焉。目眙瓌寶，心焉恫之。輾轉聞於朝，於是有悉解學部之舉，即今所存於北平圖書館之八千餘卷，而散失于外者已不少。此卷來自何所，已不可徵。余重其有佛教淨土宗曇鸞祖師之名[2]，故特寶之。余供養敦煌經卷不下百事，今僅存十一，惟此卷始終在行篋。今夏與香港諸善信剏設華南學佛院[3]，以止觀爲宗，兼修淨土法門，以此卷出示，同人莫不歡喜贊歎。惟卷缺首尾，不知屬何經典。繼乃考得《嬰兒行品》《十功德品》，皆屬《大涅槃經》,而卷中所釋兩品之辭義,亦與經文相合。因是斷爲此卷乃《大涅槃經》之注文,其前一品文不全,乃《梵行品》也。此經有南北兩譯,北本乃北涼曇無懺法師所譯,鸞祖生於北地,所書宜爲北本。然南本譯於劉宋,鸞祖曾至南方參學,亦能得見南本。故此爲南本抑北本之注,難以懸斷,以兩本之篇第,皆以《梵行》《嬰兒》《十功德》相次也。卷中《十功德品》南北兩本皆稱爲《光明徧照高貴德王菩薩品》,且分六節,未有《十功德品》之稱。此卷不知係據何本,但推度内容,當無差異。至關於《涅槃經》之著述,見於各藏目録者皆在陳隋之後。僅《高僧續傳》載梁慧皎有《涅槃疏》十卷,及梁僧朗有《涅槃經注》七十二卷,然今皆失傳。此卷是否二人所注,無從勘對。至章安之疏,更在其後矣。鸞祖與曇無懺時代相接,可能即鸞祖自撰。惜僅得約二品,又別未見著録,遂成零璣碎錦。考《高僧續傳》及《樂邦文類》與日本所傳鸞祖著述,如《無量壽經優波提舍願生偈注》《略論安樂净土義》《禮净土十二偈》《續龍樹偈》《安樂集》等,皆宏揚净土之文,然自其少時即發心研究諸經,曾爲《大集經》注解,則其注釋《涅槃經》亦意中事,惜别無確證耳。此卷書法樸勁,猶有隸意,與其它北碑同,其爲鸞祖手迹無可疑者。此千餘年之祖師墨蹟,爲字數千,留傳至今,雖不謂之瓌寶不可得矣。計時略後於二王,而書法之妍拙迥異,亦文化轉變速度因區域而不同之證,斯又論史者所宜知也。比邱惠覠之事跡,遍考不得,然能與鸞祖同脩,自非凡輩。行篋書缺,姑志概略如右,希大德鴻彦有以教之。中華民國三十八年(1949)六月,退庵居士葉恭綽敬識。(鈐"退翁"朱文方印、"恭綽之印"白文方印)

　　[1] 何震彝(約 1880—1925),字鬯威,江蘇江陰人。何彦升(1860—1910)之子。光緒三十三年(1907)進士。清末任郵傳部郎中,民國初年任農商部、教育部僉事。著有《鞮芬室詞甲稿》等。宣統元年(1909)敦煌遺書解京,利用其父甘肅布政使何彦升主管押解事務之機,夥同其岳父李盛鐸及李氏同鄉劉廷琛、友人方爾謙,監守自盜。此卷即其所竊之一,葉恭綽此跋聲稱"此卷來自何所已不可徵",故意閃爍其詞。又謂爲光緒末年所贈,亦不確,敦煌遺書抵京約在宣統二年(1910)夏秋之際,因此贈送時間不應早於宣統二年秋。

　　[2] 曇鸞(476—542),南北朝僧人。雁門(今山西代縣)人。少年於五臺山出家。苦節力學,博通諸經。南遊建康,梁武帝蕭衍稱之爲"肉身菩薩"。弘揚《中論》《百論》《十二門論》《大智度論》及佛性學説,後世尊爲四論宗之祖。又作《大集經》注。創立中國净土學説,後世尊爲净土宗初祖。撰有《往生論注》《贊阿彌陀佛偈》《略論安樂净土義》《調氣論》《療百病雜丸方》《論氣治療法》《調氣方》《服氣要訣》等。生平見《續高僧傳》卷六。

　　[3] 華南學佛院,葉恭綽、王學仁、黄傑雲、樓望纘、林楞等於 1948 年在香港創辦,倓虛爲第一任院長,第一屆學僧於 1952 年畢業,1954 年後因招生不易,改爲研究所性質。

(二) 葉恭綽跋二

　　全卷凡二百七十九行,約七千字,不知各家所藏有無與此脗合者,容再考索。北平圖書館所藏八千餘卷原無目録,昔年余屬陳援庵從事[1],加以李證剛諸君合力[2],成《敦煌劫餘録》,今余並此書失之矣。退翁。(鈐"葉"白文方印)

　　[1] 指 1925 年葉恭綽等發起成立敦煌經籍輯存會,推舉陳垣爲採訪部長,編輯敦煌遺書目録事。陳垣經多年努力,編成《敦煌劫餘録》,1931 年由中央研究院歷史語言研究所印行。

　　[2] 李翊灼,字證剛,江西臨川人。早年師從楊仁山研習佛學,與歐陽竟無、桂伯華並稱江西三傑。後曾執教于東北大學、清華大學、中央大學。著作有《西藏佛教史》《佛説摩訶般若波羅蜜多心經密義述》《勸發菩提心論》《佛家哲學》《佛學僞書辯略》《維摩詰經集注》《莊子内篇通誼》等。李翊灼 1911 年即受邀入京師圖書館編敦煌遺書目録,撰成《敦煌石室經卷中未入藏經論著述目録》一卷,初載於鄧實編《古學彙刊》第一集,上海國粹學報社 1912 年鉛印出版,又載 1913 年 10 月《佛學叢報》第八期,後收入《大正藏》卷五十五目録部。陳垣編目時,李翊灼已離開京師圖書館多年。陳垣編目所用底本,爲俞澤箴等所編《敦煌經典目》。此處葉恭綽記憶疏忽,將俞澤箴誤爲李翊灼。

【著録】

　　上海圖書館、上海古籍出版社 1999,第④册《敘録》第 12—13 頁。

【録文】

　　吳織、胡群耘 1986,第 91—92 頁(編號“上圖 147”)。

【圖版】

　　上海圖書館、上海古籍出版社 1999,第②册第 159—160 頁。

106. 上海圖書館藏上圖 068(812510)《盂蘭盆經讚述》《温室經疏》龔釗跋

【概述】

　　此卷存 10 紙,長 420 釐米。抄《盂蘭盆經讚述》《温室經疏》兩部文獻。卷末有題記:“歲次癸卯四月五日沙門海德寫記並勘定。”引首外題:“唐沙門海德寫經卷。”引首内簽題:“唐沙門海德寫經讚述卷。甲戌,釗。”甲戌即 1934 年。

　　原爲許承堯舊藏,經黃賓虹介紹,爲龔釗所得。拖尾有龔釗跋。

【校録箋證】

　　此義浄法師所著《盂蘭盆經讚述》一卷、《温室經疏》一卷,末有“沙門海德寫記”等字,箋共九幅。乃歙縣許際唐於民國初年官甘肅時所得,亦莫高窟中物也。卷經寫者硃筆堪定,一字無誤。義浄著名於唐。此箋紙簾寬近二寸,紋亦極疏。字迹有褚薛意,以各種寫經卷比審之,此當是中晚唐人手筆,在石晉癸卯前也。藏外秘籍,完整如新,良可寶貴。許太史質於黃樸存處[1],黃爲余作介得之。因以舊高麗箋續其前後,麂皮作包手,俾得保護焉。甲戌上元日(1934.2.28)合肥龔釗識。(鈐“懷西翰墨”半朱半白文方印)

　　[1] 黃樸存,即黃賓虹(1865—1955)。

【著録】

　　上海圖書館、上海古籍出版社 1999,第④册《敘録》第 13—14 頁。

【録文】

　　吳織、胡群耘 1986,第 90 頁(編號“上圖 140”)。

【圖版】

　　上海圖書館、上海古籍出版社 1999,第②册第 196 頁。

107. 上海圖書館藏上圖 069(812511)《妙法蓮華經》卷四龔釗跋

【概述】

　　此卷首缺尾全,有尾軸,存 16 紙,長 740 釐米。有尾題"妙法蓮華經卷第四"。後有龔釗跋五則,其中三則書於拖尾,二則書於拖尾所粘夾簽。

【校錄箋證】

（一）龔釗跋一

　　木軸係當時原製,甚可珍。舊藏道州何氏,戊辰(1928)得自何君,辛未(1931)浴佛試君房墨,因記。龔釗。

（二）龔釗跋二

　　乙亥三月望日(1935.4.17),日本人江藤審閲[1],定爲唐人寫經。瞻麓再記。是年六十六。

　　[1] 江藤,疑指江藤濤雄,日本文物商人,在西安開設文物商店長安莊,採購大量古書畫、古寫本、古文物販賣至日本,今日本東京大學、學習院、國學院、龍谷大學、大谷大學、書道博物館等機構的部分收藏即經其手獲得。

（三）龔釗跋三

　　何氏得此卷于項君。項曾官甘肅,此亦出自燉煌也。

（四）龔釗跋四

　　此經卷乃道州何詩孫得自其同鄉向君[1]。向曾官甘肅,此卷亦出自燉煌石室中也。紙光密,無簾無紋,字體已趨秀健,減唐人之腴厚,而開宋代蘇黄之先,當是五季或宋初人所書也。木軸爲原製,尤可珍護。余得自詩孫之嗣星叔。甲戌(1934)正月龔心釗補記。

　　[1] 何惟樸(1842—1922),字詩孫,湖南道州人,何紹基之孫。歷官內閣中書、上海浚浦局局長等職。善書畫、篆刻,精於鑒定。向君疑指向燊(1864—1928),湖南衡山人。清末民初歷任甘肅候補道、甘肅臨時軍政府副都督、隴南觀察使、渭川道尹。上文龔釗跋三所云"項君",疑即"向君"之誤。

（五）龔釗跋五

　　此卷審是李唐經生書,非五季宋人所能及。戊寅(1938)懷希再記。是年六十九歲。

【著錄】

　　上海圖書館、上海古籍出版社 1999,第④册《敘錄》第 14 頁。

【錄文】

　　吴織、胡群耘 1986,第 100 頁(編號"上圖 067")。

【圖版】

　　上海圖書館、上海古籍出版社 1999,第②册第 207 頁;上海圖書館 2018,第 2—3 頁。

【研究】

鄭阿財 2013,第 120 頁。

108. 上海圖書館藏上圖 070(812512)《大般若波羅蜜多經》龔釗跋

【概述】

此卷首尾均殘,存 5 紙,長 177 釐米。卷背有藏文題記五行。引首外題:"隋人寫經卷。來自甘肅,舊稱爲唐人寫。景兄之遺念物也。懷希。"引首有簽條"隋人寫經卷"。

卷尾有龔釗跋五則。

【校録箋證】

(一) 龔釗跋一

乙亥(1935)日本江藤審定是隋人寫經也。

(二) 龔釗跋二

敦煌石室唐人寫經卷。宋以前之紙,退筆所書,似出優婆夷之手。

(三) 龔釗跋三

辛未二月十一日(1931.3.29)景兄所贈記念品之一。

(四) 龔釗跋四

四月初六裝引首紙,因記。釗。

(五) 龔釗跋五

此紙爲藤紙,非楮皮,非竹,非草,字格亦較古于唐。辛巳(1941)再記。

【著録】

上海圖書館、上海古籍出版社 1999,第④册《敘録》第 14 頁。

【録文】

吴織、胡群耘 1986,第 91 頁(編號"上圖 145")。

【圖版】

上海圖書館、上海古籍出版社 1999,第②册第 211 頁。

109. 上海圖書館藏上圖 071(812516)《佛説藥師經》張運跋

【概述】

此卷首缺尾全,存 13 紙,長 530 釐米。有尾題"佛説藥師經"。引首題簽:"唐人寫藥師經殘卷。燉煌石室所出,張琴襄持贈木公。己未(1919)新秋,吴昌碩題記。"下鈐"俊""缶"二印。吴昌碩(1844—1927),原名俊卿,號缶廬,此二印均吴昌碩印記。據吴昌碩題簽可知,此件爲張敬文得自甘肅,後贈與友人李國松。

引首裱有宋刻本書葉一張。拖尾有張運題跋一則。

【校録箋證】

　　琴裏自蘭州歸[1]，頗攜唐人經卷，分贈友人，皆敦煌石室所出，首尾率有殘缺，云得全者價必數倍。琴裏善書學，其取字蹟皆可觀，是足貴矣，惡求其全。貽運者爲《法華經》，首缺若干行，書謹峻可喜；貽訪渠者爲《華嚴經》[2]，尾有缺行，體乃類開吳興者，一見疑勝運本，細視似不相遠；木公先生所得爲《藥師經》[3]。夏間曾以書告今秋稼田回肥[4]，寄以屬題，運開卷一覽，雖首有缺行，疏儁之氣，爽爽豁目，又大疑爲勝。稼田、潤野同時並觀，又取運本覆校，皆謂正等。春間琴裏舉贈，謂諸所貽體致不同，品第皆不相下，理或然也。運於古今名蹟推覽喜勤，頗疑能鑒美好等差，一念校勝，遂失真鑒。吁，可畏哉。他日當檢寄木公先生，更以此卷一校之，謂何如也。己未冬十月十九日(1919.12.10)張運記[5]。(鈐"張運"朱文方印)

　　[1] 張敬文(1869—1938)，字琴裏，安徽合肥人。1914 年任合肥省立二中校長，1915 年應張廣建之邀任甘肅銀號總辦，1918 年返回安徽，任安徽省署高等顧問。1922 年籌辦合肥女中，1923 年當選國會議員，同年 10 月曹錕賄選，憤而離職。1938 年合肥淪陷後投井自盡。工書法。

　　[2] 劉澤源(1862—1923)，又名士端，字訪渠，號懿翁，齋號誦抑軒，安徽合肥人。曾爲李經羲府總管。民國期間被聘爲國務院高等顧問、安徽省署高等顧問。工書，富收藏。

　　[3] 李國松(1878—約 1949)，字健甫，號木公，安徽合肥人。光緒二十三年(1897)舉人。曾任合肥教育學會總理，光緒三十三年任安徽諮議局議長。辛亥革命後寓居上海。藏書甚豐。輯有《集虛草堂叢書》。

　　[4] 樊家穀，一名樊穀，字稼田，室名學稼軒，浙江平湖人。工書畫，擅刻印。爲吳昌碩知交。

　　[5] 張運(1863—1938)，一名文運，字子開，安徽合肥人。光緒十四年(1888)舉人。歷任桐城縣教諭、廬州府中學堂學監，光緒三十四年起於己宅設館授徒，歷三十餘年。1938 年合肥淪陷後絶食三日而亡。富藏書，毀於抗戰期間。工書。

【著録】

　　上海圖書館、上海古籍出版社 1999，第④册《敘録》第 14 頁。

【圖版】

　　上海圖書館、上海古籍出版社 1999，第②册第 220 頁。

110. 上海圖書館藏上圖 077(812524)《大方廣佛華嚴經》卷二陳閎跋

【概述】

　　此卷存 12 紙，長 485 釐米。有尾題"大方廣佛華嚴經卷第二"，有題記"比丘曇詠所供養""一校竟"。引首外題："隋寫《大方廣佛華嚴經》精品。曇詠供養。陳閎珍藏。"下鈐"陳閎之印"白文方印。

　　引首有陳閎題"六朝僧話"。下有陳閎跋一則。

【校録箋證】

　　六朝僧話。

　　此卷書法淵懿静穆,波磔使轉純係元魏筆意。因紙爲羅紋横理,定爲隋寫。卷末有比丘曇詠供養題款,當時猶珍重如此,況在千五百年以後耶!(此紙係清初舊牋,惜字不稱。)越州陳季侃。

【著録】

　　上海圖書館、上海古籍出版社 1999,第④册《敘録》第 15 頁。

【録文】

　　吴織、胡群耘 1986,第 96 頁(編號"上圖 032")。

【圖版】

　　上海圖書館、上海古籍出版社 1999,第②册第 256 頁。

【研究】

　　朱鳳玉 2017,第 74—86 頁。

111. 上海圖書館藏上圖 078(812525)《太玄真一本際經》卷二許承堯、陳閶跋

【概述】

　　此卷首殘尾全,長 125 釐米。有尾題"太玄真一本際經卷第二",卷尾有題記:"大周長壽二年九月一日,沙州神泉觀道□□□洞於京東明觀爲亡妹寫《本際經》一部。"題記中"年""月""日"等字均用武周新字。長壽二年即 693 年。

　　引首外題:"武周《太玄真一本際經》。長壽二年款。石室希見之品。"引首許承堯題"鳴沙秘寶",後有許承堯、陳閶跋。拖尾有陳閶跋三則。

【校録箋證】

(一)引首許承堯跋

　　鳴沙秘寶。

　　下方爲武周長壽二年(693)沙州神泉觀道士所造《太玄真一本際經》弓弟二,敦皇莫高窟所出,書法精整,由北朝蜕化之迹尚可尋繹。考鳴沙寫經佛藏爲多,道藏較少,此經亦不見今道藏中。羅叔言得其《證實品》弓弟五,以刊入《雪堂叢刻》,詫爲秘籍,固可貴也。壬戌(1922)正月爲季侃仁兄省長題。弟許承堯。(鈐"霽堂"朱文方印、"許承堯印"朱文方印)

(二)引首陳閶跋

　　藏經以著有年代者爲希見之品,道經尤屬難得。尾款月日兩字用則天皇后創造文,殊可愛翫。越州陳季侃。

(三)拖尾陳閶跋一

　　此卷蓋出於千佛洞。據法國伯希和考證,唐神泉觀被藏僧所毀,此類道經爲僧徒狼藉,棄置於千佛洞,利其紙質厚靭,於其背面繕寫佛經,吾所得千佛洞道經幾無不若是,數量亦寡,且皆殘闕。據此,則此卷獨未被藏僧塗寫,且有年號題款,彌足珍貴。季侃識。伯

希和訪書記録後。

（四）拖尾陳闓跋二

燉煌石室藏經記

清光緒庚子（1900），甘肅燉煌縣莫高窟砂磧中發見石室，室内所藏上自西晉，下迄朱梁，紙書絹畫，袈裟彝器，粲然備具。室有碑記，於宋太宗太平興國元年開始封閟，距今千餘歲。以所藏歷代寫經考之，將近二千年。唐寫佛經爲獨多，晉魏六朝稍稍希矣。紙皆成卷，束以絹帶，完好如新，誠天壤間瓌寶也。吾國官民不知愛惜。丁未（1907）歲，法國文學博士伯希和自新疆馳詣石室，賂守藏道士，檢去精品數巨篋。英人日人繼之，咸大獲而歸。迨端陶齋赴歐考察憲政，於倫敦博物院見之，歸而訪求，則石室已空，僅於處士家搜得三千卷，藏庋北平圖書館，今不知尚存否。余度隴時，購求唐人精寫者，已極難得。而著有年代及六朝人書，則非以巨價求之巨室不可得也。蘇子瞻云：“紙壽一千年。”今已突破先例。蓋燉煌砂磧堆積如阜，高燥逾恒。苟石室永閟，即再歷千年，猶當完好。一入人手，則百十年間可淪爲以盡。證之今日，藏經已希如星鳳，其後可知。猶憶在隴時朋輩與余競購者，所藏皆已散亡。余亦何能永保？但期愛護有人，千百年珍物不致毀損吾人之手。風雨如晦，雞鳴不已。得者寶諸。癸未（1943）春月，前護隴使者陳季侃記。（前鈐“禪普揖唐之室”朱文方印，後鈐“陳闓”朱文方印）

（五）拖尾陳闓節録伯希和《敦煌石室訪書記》

法國伯希和《敦煌石室訪書記》。吳江陸翔譯。

千佛洞中之道經寫本，其流傳淵源於題誌中考之，蓋皆神泉觀物也。據寫本敦煌地誌，神泉觀在沙州千佛洞東北方四十里外。此類道經寫本皆極整潔，爲西曆五百八十年至七百五十年間墨迹。其後十年，藏僧侵占敦煌，道士絶跡，觀既被毀，此類道經爲僧徒狼藉，棄置於千佛洞，利其紙質厚靫，於其背面繕寫佛經（唐代道佛兩教相攻甚烈）。吾所得千佛洞道經幾無不如是，數量亦寡，且皆殘闕，然於學術上卻有重要關係。吾所得有《老子道德經義疏》卷五[1]。丁亥（1947）仲秋節録於葛嶺山麓之小雲寄廬。季侃。（鈐“陳闓”白文方印、“季侃”朱文方印）

[1] 陸翔譯伯希和《敦煌石室訪書記》，載《國立北平圖書館館刊》第九卷第五號。此跋所録與該刊所載略有差異，原文爲：“千佛洞中之道經寫本，流傳淵源，不難於其題誌中考得，蓋皆神泉觀物也。一睹斯名，即可知爲道觀。據寫本《敦煌地誌》考之，神泉觀位置非與千佛洞同居沙州東南，乃在東北方四十里外。此類道經寫本，均極整潔，五百八十年至七百五十年間墨蹟也。七百六十年時，藏僧遍占敦煌，道士絶跡，其在斯時歟？神泉觀既被廢毀，則此類道經自爲僧徒狼藉棄置于千佛洞。其一部分尚能流傳迄今者，則以僧徒利其紙質厚靫，於其背面繕寫佛經及種種紀録，隨意著筆，書皆率劣。吾所得千佛洞道經，幾無不若是。數量較寡（此次得道經百卷），且皆殘闕。然於學術上，卻有重要關係焉。”（第13頁）

（六）拖尾陳闓跋三

右記載在《國立北京圖書館館采》第九卷五號，爲平湖錢君南揚所有[1]。時正與錢君同修浙江省通志,見案頭有是書,因得借閱節録,始知石室道經之可貴,神泉觀毀餘遺物之尤足珍也。("北平"誤作"北京"。)季侃再識。(鈐"侃叟作"朱文長方印)

[1] 錢南揚(1899—1987),名紹箕,浙江平湖人。1925 年畢業於北京大學。先後任教於浙江省立四中、五中、三中、浙江大學、武漢大學。1945 年任浙江省通志館編纂。1949 年後先後任職於平湖縣中、湖州師範學校、人民文學出版社、浙江師範學院。1959 年任南京大學教授。著有《宋元南戲百一録》《琵琶記校注》《戲文概論》等。

【著録】

上海圖書館、上海古籍出版社 1999,第④册《敘録》第 15 頁。

【録文】

吳織、胡群耘 1986,第 95 頁(編號"上圖 181")。

【圖版】

上海圖書館、上海古籍出版社 1999,第②册第 264—269 頁。中國國家圖書館、中國國家古籍保護中心 2010,第 2 册第 176 頁。

【研究】

朱鳳玉 2017,第 74—86 頁。

112. 上海圖書館藏上圖 079(812526)《大佛頂如來密因修證了義諸菩薩萬行首楞嚴經》陳闓跋

【概述】

此卷首尾均全,共 12 紙,長 612 釐米。首題"大佛頂如來密因修證了義諸菩薩萬行首楞嚴經第六",尾題"大佛頂萬行首楞嚴經卷第六"。首題下鈐"寶晉室主""公亮眼福"朱文方印二方,尾題下鈐"陳闓度隴所得"朱文方印。

引首外題:"唐寫《楞嚴經》第六全卷。極品。"下鈐"陳闓偶得"白文方印。引首有陳闓跋二則及《敦煌石室藏經記》。

【校録箋證】

(一)陳闓跋一

此卷筆法體勢儼然顏柳,蓋中唐時盛行此體,亦猶初唐時盛行右軍。書體可辨時代之先後,觀兹益信。季侃。

(二)陳闓跋二

此經可證知一名《中印度大道場經》,由灌頂部録出別行。佛藏典故殊可珍貴,且首尾俱完,所藏唐經此爲上乘。

(三)陳闓跋三

燉煌石室藏經記

　　清光緒庚子(1900),甘肅燉煌縣莫高窟沙磧中發見石室。室有碑記,封閟於宋太祖太平興國初元,距今千餘歲。以藏經紀年考之,且近二千年。所藏佛經上起西晉,下迄朱梁,紙書帛畫,羅列備具。唐人寫經爲獨多,晉魏六朝稍更希有矣。經皆成卷,束以絹帶,完好如新,誠天壤間瓌寶也。吾國官民不知愛惜。丁未歲(1907),法國文學博士伯希和聞之,自新疆馳詣石室,賄守藏道士,檢去精品數巨篋。英人日人繼之,咸大獲而歸。迫端陶齋赴歐考察憲政,見於倫敦博物院,詗知其故,歸而訪求,則石室已空,僅於處士家搜得佛經三千卷,藏庋北平圖書館,今不知尚存否。余度隴之歲,購求唐寫精品,已不易致。而著有年代及六朝人書,則非以巨價求之巨室不可得也。蘇子瞻云:“紙壽一千年。”今茲發見,突破先例。蓋燉煌戈壁積沙如阜,高燥逾恒。苟石室永閟,即再經千年,猶當完好。一入人手,則百十年間可淪胥以盡。證之今日,藏經已希如星鳳,此後可知。猶憶在隴朋輩與余競購者,訪聞所得多已散亡。余亦何能永保? 但念千百年珍墨閟藏至今,後有得者應知愛護,毋俾毀損於吾人之手,私願已畢。風雨如晦,亂靡有已,其能免兹浩劫否耶? 甲申天中節(1944.6.25),前護隴使者陳季侃。(鈐“陳閎”朱文方印)

【著録】

　　吴織、胡群耘1986,第106頁(編號“上圖118”)。上海圖書館、上海古籍出版社1999,第④册《敘録》第15—16頁。

【圖版】

　　上海圖書館、上海古籍出版社1999,第②册第270—271頁。

【研究】

　　朱鳳玉2017,第74—86頁。

113. 上海圖書館藏上圖 094(812542)《佛頂尊勝陀羅尼經》蔡金臺跋

【概述】

　　此卷首缺尾全,存7紙,長234釐米。有尾題“佛頂尊勝陀羅尼經”,後有題記:“開元五年歲次丁巳十一月六日,清信仏弟子氾感兒减削净財,爲其亡妻公孫敬寫。願亡者神生净土,見佛聞法,合家去離三災九厄,福命延長,及自既身,法界衆生,咸登仏果。”

　　各紙騎縫鈐“君嗇”白文長方印。卷尾有蔡金臺跋一則,拖尾有蔡金臺跋三則。

【校録箋證】

(一)蔡金臺跋一

　　閱十有九丁巳,至大清宣統二年庚戌(1910),凡千一百九十有四年,江右蔡金臺得于甘肅燉煌千佛寺莫高窟,裝裱成卷。

(二)蔡金臺跋二

　　莫高窟藏寫本經卷凡二萬數千,其有年月款識者殆千之一耳。又首數行無一全者。

此《陀羅尼》獨首尾完善,僅損數字,尤難尋可寶。其最古者爲義熙十年沙門道龔之《寶梁經》,次則符秦之甘露,由此迄於北宋之淳化,幾於無代不備。大抵官本與經生所寫皆極精,而字體面目大致相似。惟施主所書,如此卷之類,筆意較活潑,故尤以此種爲可愛。獨其中有《易》《書》《詩》《禮》《左傳》《論語》及《老》《莊》《列子》,或爲長卷,或爲零篇,取較宋以後刻本,異同甚多(《論語》"未若貧而樂道"與遵義黎氏所繕日本古寫本同)。又劉勰《新書》一卷已盡全書之九,真古今未有之鴻寶也。余因監試拔貢[1],坐告奇珍,而出闈後猶能從衆所棄餘中得此及晉義熙、唐咸淳三種[2],亦未嘗非倖幸也。裝竟附記其梗概如此。嗇盦。(鈐"嗇盦清禄"朱文方印)

[1] 監試拔貢,查宣統二年六月十八日(1910.7.24)《申報》報道,"六月十七日内閣奉旨此次考取各省拔貢著於本月二十六(1910.8.1)、二十七日在保和殿覆試";同日報道,"連日學部考試各省拔貢,本限八點鐘截止,乃考生一味延遲,直到夜間兩點鐘始能清場";七月初二(1910.8.6)則報道拔貢廷試録取名單。蔡金臺時任御史,爲監試人員之一。甘肅解京敦煌遺書於 1910 年 8 月入藏京師圖書館,此次學部考試拔貢日期(即蔡金臺獲取敦煌遺書日期)恰好與之相近,爲蔡金臺參與盜竊甘肅解京敦煌遺書添一旁證。

[2] 唐咸淳,當爲"唐咸亨"之誤,中國國家圖書館藏 BD14884《維摩經》卷中係蔡金臺舊藏,有題記"咸亨三年(672)六月上旬弟子氾師僧爲亡妻索敬寫",或即該卷。晉義熙,所指不詳,今所知蔡金臺舊藏尚有中國國家圖書館藏 BD14888《釋肇序鈔義》,有唐大曆紀年題記,並非此跋所稱東晉義熙寫本。

(三) 蔡金臺跋三

某君又得有唐譜唐寫景教經兩種[1],奇古可玩,亦異觀也。當與經文諸卷謀亟影印,以成千古快事。昔莫子偲得唐寫《説文·木部》數頁[2],便自詫爲奇觀,而世亦有疑之者。試令其生當今日,則莫君之自夸與旁觀之疑議皆當自悔其少見多怪矣。

[1] 某君,當指李盛鐸。景教經兩種,即李盛鐸所得景教文獻《志玄安樂經》《宣元本經》,今均藏於日本大阪杏雨書屋,編號分別爲羽 13、羽 431,影本分別載於《敦煌秘笈》第一册、第五册。

[2] 莫友芝(1811—1871),字子偲,貴州獨山人,金石學家、版本目録學家。同治元年(1862),莫友芝自黔縣張廉臣處獲贈唐寫本《説文解字·木部》殘卷。同治三年,莫友芝出版《唐寫本説文解字木部箋異》。此殘卷後輾轉爲日本學者内藤虎次郎所得,今藏日本大阪杏雨書屋。

(四) 蔡金臺跋四

通觀法博士伯希和及此次公家所輦運者,凡官本及經生本皆硬黄紙,獨施寫本及儒書寫本皆多係一種白紙,或厚密如綿(此卷即此種),或毳薄似繭,類皆完潔似百年間物。信乎西北高燥之地,足以保藏古物也。

【著録】

上海圖書館、上海古籍出版社 1999,第④册《敘録》第 18 頁。

【録文】

吳織、胡群耘 1986,第 105 頁(編號"上圖 108")。

【圖版】

　　上海圖書館、上海古籍出版社 1999,第②册第 368 頁。中國國家圖書館、中國國家古籍保護中心 2010,第 2 册第 99 頁。上海圖書館 2018,第 5 頁。

【研究】

　　劉波 2022,第 429—432 頁。

114. 上海圖書館藏上圖 172(826083)《大般涅槃經》卷二十六康有爲跋

【概述】

　　此卷首尾均殘,存 4 紙,長 137 釐米。引首題簽:“敦煌石室唐人寫經。南海康氏萬木草堂。”卷尾鈐“南海康氏萬木草堂珍藏”朱文長方印。

　　引首有康有爲跋一則。

【校録箋證】

　　南海康有爲藏。甲寅(1914)八月。(鈐“更生”朱文橢圓印)

【録文】

　　吳織、胡群耘 1986,第 93 頁(編號“上圖 001”)。上海圖書館、上海古籍出版社 1999,第④册《敘録》第 32 頁。

【圖版】

　　上海圖書館、上海古籍出版社 1999,第④册第 74 頁。

115. 上海圖書館藏上圖 182(826100)大般若波羅蜜多經卷二百一十三孫壯、宋小濂跋

【概述】

　　此卷存 7 紙,首尾均殘,長 244 釐米。引首題:“唐人寫大般若波羅蜜多經。敦煌出土。翼公藏。覺厂題。”引首鈐“湘鄉曾氏收藏書畫印”白文方印二枚,一正一倒,似曾爲曾國藩家族某人收藏。卷末鈐“孫藏眼福”白文方印,此當即孫壯藏印。

　　拖尾有題跋二則。

【校録箋證】

(一) 孫壯跋

　　癸丑(1913)夏五裝成,敬讀一過。孫壯識[1]。(鈐“吉衡”朱文方印)

　　[1] 孫壯(1879—?),字伯恒,號雪園。原籍浙江餘姚,生於直隸大興(今北京)。曾任商務印書館北京分館經理、中國營造學社校理。著有《永樂大典考》《版籍叢録》《集拓魏石經》等。

(二) 宋小濂跋

　　此經用筆古拙,在當時亦是一種筆法,然不及《蓮華經》遠甚矣。翼仲意在存古[1],固

不以書之工拙計也。癸丑(1913)秋鋕某倩裝識[2]。（鈐“宋小濂印”白文方印，“鋕某”朱文方印）

　　[1] 疑指彭詒孫(1864—1921)，字翼仲，江蘇長洲(今蘇州)人，生於北京。創辦《啓蒙畫報》《京話日報》和《中華報》。1906 年至 1913 年流放烏魯木齊。

　　[2] 宋小濂(1863—1926)，字鐵梅、友梅，吉林永吉人。監生。清末歷任黑龍江將軍文案、哈爾濱鐵路交涉局總辦、海倫同知、呼倫貝爾副都統。宣統三年(1911)任黑龍江布政使，署黑龍江巡撫。1912 年 3月任黑龍江都督，次年 1 月兼民政長，8 月去職。1914 年 5 月任參政院參政。後任中東路督辦。

【著録】

　　上海圖書館、上海古籍出版社 1999，第④册《敘録》第 33—34 頁。

【録文】

　　吳織、胡群耘 1986，第 94 頁（編號“上圖 005”）。

【圖版】

　　上海圖書館、上海古籍出版社 1999，第④册第 134 頁。

116. 上海圖書館藏《六朝唐人寫經殘字》鄭文焯、方爾謙、吳昌碩跋

【概述】

　　此件未收入《上海圖書館藏敦煌吐魯番文獻》，見於上海圖書館 2018 年 11 月“縹緗流彩——中國古代書籍裝潢藝術館藏精品文獻展”。索書號善 828996，等級品號 B1699。此件係兩件敦煌文獻合裝，其一爲《妙法蓮華經》卷四《見寶塔品第十一》殘卷，其二爲《摩訶般若波羅蜜經》卷十五殘卷。外題：“六朝唐人寫經殘字。無隅。”無隅，即方爾謙(1871—1936)。引首吳昌碩題：“石室鴻寶。吳昌碩璟尚。”鈐“倉碩”白文方印。

　　有鄭文焯、方爾謙、吳昌碩跋。據方跋，此二殘片係方爾謙自甘肅解京敦煌遺書中竊得，原爲長卷，其弟方爾咸割去十之二三，復各截取部分贈與李緒。

【校録箋證】

(一) 引首鄭文焯跋

　　晉自永嘉巳還，清虛在俗。初唐士夫猶沿其習，玄風染被，雅意薰脩，多目寫經流傳，繼二王之逸體，而緇流開士亦靡不目文翰取重一時。比歲海東估客時目墨跡傳入中土，執林爭相珤貴。審其書法，類多闊扁，世所謂方外經生體也。此卷殘字乃近出自敦煌石室中者。其弟一葉《蓮華經》，似六朝人書，筆意大佀水牛山文殊般若碑[1]，正目拙趣見古茂。弟二葉則爲唐人寫《摩訶波羅密經》，純目宕逸行氣，其哲碩爲硬黃，蓋方外目黃蘗熏染而成，所目辟蟬蝕也。訖今千餘年，名蹟嶄嶄如新著墨，古香滿几，開弓盎然，使人對之神骨清泠，如坐雙珠林下，宜野西居士嗇閟而得天眼焉。

　　癸丑夏五既望(1913.6.20)，大鶴山人鄭文焯記在滬瀆[2]。（鈐“鄭記”白文印）

　　[1] 此碑原立於山東汶上縣東二十里水牛山頂峰,1973 年移至縣文化館。無刻石年月,書體呈隸楷過渡風格,一般將其列爲北齊石刻。

　　[2] 鄭文焯(1856—1918),字俊臣,號小坡,又號叔問、大鶴山人、冷紅詞客。正黄旗漢軍籍,奉天鐵嶺(今屬遼寧)人。光緒元年(1875)舉人。曾任内閣中書,後入江蘇巡撫幕府。民國初年以遺老自居。工詩詞,擅書畫。著有《大鶴山人全書》。

(二) 拖尾方爾謙跋

　　余所得燉煌石室經卷凡二百餘卷,字跡精好者僅六七卷,此二種乃六七卷中最殊異者。弟一節爲六朝人寫《蓮華經》,弟二節爲唐人寫《摩訶波羅蜜經》。六朝寫經帋最薄,此質白,類宋羅文,又甚堅緻,書法倡北朝風尚,不必出自士夫。而後人描摹魏齊墓誌造像之屬,終不逮其自然。石刻之於墨蹟,真所謂竹不如肉也[1]。唐人寫卷多用硬黄帋,亦有精麤厚薄之别。此深黄色,軟薄加光,殆亦如近世藏經箋用棉料煮槌者。字體閑静,無火氣,當時經生多沿習歐虞,晚唐寺子兒倡顏柳,此獨有晉人遺意,疑是好女郎所爲也。余獲此二卷皆長丈餘,家弟尒咸割取十分之二三[2],咸又割二三之一目貽公度[3]。恃佛慈悲,四分五裂,豈非强盜遇見賊耶!他時原卷流落,不爲吾有,或轉賴此區區者目志因緣,未可知也。(弟十行弟四字“卷”作“經”)。

　　中國用新厤之二年(1913)六月江都方尒謙爲廬陵李緒題記。

　　[1] 竹不如肉,係出孟嘉對桓温語。《晉書》卷九十八《孟嘉傳》:“(桓温)又問:‘聽妓,絲不如竹,竹不如肉,何謂也?’嘉答曰:‘漸近使之然。’”《世説新語·識鑒》劉孝標注引孟嘉别傳所記略有不同:“又問:‘聽伎,絲不如竹,竹不如肉,何也?’答曰:‘漸近自然。’”

　　[2] 方爾咸(1872—?),江蘇江都(今揚州)人。方爾謙之弟。光緒十五年(1889)江南鄉試解元。工詩文,善書法。

　　[3] 李緒,字公度,號野西,江西吉安人。

(三) 拖尾吴昌碩跋

　　古人寫經非求福,願仗佛力追誠樸。黄蘗親然製硬黄,握管形端足踖踖。六朝唐人鬥雙璧,簇簇野梅映芳菊。方君持贈祝多壽[1],光賈若論珠量斛。野西好古兼好佛,心香一日百回讀。黄庭對觀雙眼明,佛老相娱各幽獨。我非通人媿野西,世變僅不抛儒服。佛不敢學老豈能,短處況墮方人卜。野西督我演古篆,蝌扁法罄便便腹。只愁佉盧字不識,醜若蹲鴟毒游螇。搜奇之興儻未闌,請置此卷談倉廡。

　　六朝人唐人寫經。野西老兄屬題,幸教我。君新得舊拓黄庭經,故詩中及之。癸丑(1913)八月吴昌碩[2],時年政七十。(鈐“吴俊之印”白文方印、“吴昌石”朱文方印)

　　[1] 方君,指方爾咸。

　　[2] 吴昌碩(1844—1927),原名俊、俊卿,字昌碩、倉石,浙江孝豐(今屬安吉)人。秀才。師從俞樾習文字辭章。光緒十三年(1887)遷居上海。宣統元年(1909)與蒲作英等發起創立上海書畫會。1913 年被推爲西泠印社社長。詩書畫印皆精。

【圖版】

上海圖書館 2018,第 8—10 頁。

117. 南京博物院藏《大般涅槃經》卷三十九吳寶煒跋

【概述】

據凌波介紹,此卷係華東文化部撥交南京博物院。題跋據凌波文迻録。鈐印凌文録爲"宜堂吳寶偉""過客",兹據其他敦煌遺書所鈐吳寶煒印鑒改訂。

【校録箋證】

全卷十九段,共字五百行,《大般涅槃經》初唐人書,首段廿六行係隋人書,二段以下唐人補書,楷法俱精,筆力能扛鼎,紙如黄玉,發異香,末鈐佛像印記,真希世寶也。(鈐"宜常吳寶煒"朱文圓印、"過安"朱文長方印)

【録文】

凌波 2005,第 35 頁。

118. 南京博物院藏《妙法蓮華經》卷三張伯烈跋

【概述】

據凌波介紹,此卷係榮毅仁(1916—2005)於 1964 年捐贈南京博物院,卷末有"五果堂丁珍藏"朱文方印,可知原爲安徽無爲丁氏所藏。題跋據凌波文迻録;因未見圖版,文字無由核正。

據題跋可知,此件最初爲鎮戎縣知事石山儼所得,贈予張伯烈;後張伯烈再轉贈給一位字號爲"寶山"的人,其生平待考,武昌首義功勛人員中有盧寶山,或即其人。

【校録箋證】

至友石春山儼,字莊余,黄梅人也,民國四年選任甘肅鎮戎、富縣知事[1],適敦煌石室之中,因游歷之外國人發現唐人寫經及佛像至多,其完善者均被西人擁載而去,其流落國人之手者,半多殘缺。石君則獲此《妙法蓮華經》以贈予,計藥草喻品、授記品、化城喻品共三品,完全整齊,頗足寶貴,兹特記其顛末,以轉贈寶山仁棣珍玩。如小兄張伯烈謹識[2]。

[1] 王之臣[民國]《朔方道志》卷十三"鎮戎縣知事"下有石山儼,"湖北黄陂人,民國九年任"。朱恩昭[民國]《豫旺縣志》卷四載石山儼爲"湖北黄陂人,民國九年任知事"。按:鎮戎縣係 1913 年改平遠縣置,屬甘肅寧夏道(朔方道),1928 年改名豫旺縣,1938 年改爲同心縣,今屬寧夏回族自治區。1927 年,石山儼任湖北利川縣縣長(湖北省利川市地方志編纂委員會:《利川市志》,武漢:湖北科學技術出版社,1993 年 8 月,第 320 頁)。

[2] 張伯烈(1872—1934),字亞農,湖北隨州人。留學日本,宣統元年(1909)畢業於日本法科大學。二年(1910)任河南提學使,創辦開封女子師範學堂。次年在武昌參加辛亥革命。1912 年 1 月任臨時參議

院議員。1913 年當選衆議院議員,組織共和黨。1922 年任衆議院副議長。著有《商辦湖北鐵路意見書》《假定中國憲法》等。

【録文】

凌波 2005,第 35 頁。

119. 浙江圖書館藏浙敦 001(浙圖 01)《增壹阿含經》余紹宋跋

【概述】

此卷存 3 紙,長 77.8 釐米。引首鈐"越園鑑藏"朱文方印、"寶胡堂印"朱文方印、"浙江圖書館珍藏金石書畫"朱文長方印。

余紹宋舊藏。引首、拖尾各有余紹宋跋一則。

【校録箋證】

（一）引首余紹宋跋

敦煌石室藏經,余所見亡慮百本,多爲唐人所書,隋人書者已鮮。此紙筆勢挺拔而渾樸,與隋人秀硬、唐人鬆朗者不同,實所希見,斷爲北朝人書。識者當知余具眼。戊辰(1928)八月,余紹宋記於杭州寓次[1]。（鈐"余紹宋"白文方印、"越園"白文方印）

[1] 余紹宋(1883—1949),號越園、寒柯,浙江龍游人。留學日本法政大學。清末任外務部主事、浙江法政學堂教務主任。民國初年任司法部參事、修訂法律館編纂、北京政法專門學校校長、北京美術專門學校校長、北京師範大學教授、法政大學教授、司法部次長。1928 年南歸,寓居杭州。後曾任浙江省史料徵集委員會主任委員、浙江省通志館館長。著有《書畫書録解題》《中國畫學源流概論》《寒柯堂集》等。

（二）拖尾余紹宋跋

今世所見北朝石刻,大半板滯或散漫,蓋皆常人所書,又經刻工以一定之刀法隨意鐫刻,故千篇一律,無復生氣。初意北朝人用筆豈皆若是,今證以此紙,雖亦常人書,而絕無板滯散漫之病,益信北朝石刻之陋,其咎多在刻工,不盡在書者也。今人死學北朝體,烏足語此。（鈐"余紹宋"白文方印、"越園"白文方印）

【録文】

浙藏敦煌文獻編纂委員會 2000,《敘録》第 1 頁。黄征、張崇依 2012,第 1—3 頁。

【圖版】

浙藏敦煌文獻編纂委員會 2000,書前彩圖(第一則)、第 1—2 頁。黄征、張崇依 2012,卷首彩圖 2(有第一則彩圖)。

【研究】

方廣錩 2002B,第 193—194 頁(著録卷號爲"浙圖 20");方廣錩 2010,第 130 頁(著録卷號爲"浙圖 20")。

120. 浙江圖書館藏浙敦 005(浙圖 05)《金剛般若波羅蜜經》李叔同跋

【概述】

此卷存 1 紙,長 51 釐米。卷後部地腳有李叔同蠅頭小楷題跋一則。

【校録箋證】

遂在析木[1],沙門曇昉敬觀[2]。(鈐"弘一"白文長方印)

[1] 析木,十二星次之一,對應十二辰之寅。方廣錩《初創期的敦煌學——以寫經題跋爲中心》據李叔同行跡,推定此"析木"爲 1926 年。可從。

[2] 曇昉,李叔同(1880—1942)法號。

【録文】

浙藏敦煌文獻編纂委員會 2000,《叙録》第 2 頁。黄征、張崇依 2012,第 27 頁。

【圖版】

浙藏敦煌文獻編纂委員會 2000,書前彩圖、第 9 頁。

【研究】

方廣錩 2002B,第 179—180 頁;方廣錩 2010,第 119 頁。

121. 浙江圖書館藏浙敦 020(浙圖 20)《佛説如來相好經》邵裴子、馬敍倫跋

【概述】

此卷存 4 紙,首殘尾全,長 165.4 釐米。有尾題"佛説如來相好經一卷"。

引首有邵裴子跋一則,後篆文題:"唐人寫本《佛説如來相好經》殘卷。"鈐"馬○"朱文長方印,即馬敍倫花押印。拖尾有馬敍倫跋二則。

【校録箋證】

(一)引首邵裴子跋

癸亥十一月十日晚(1923.12.17),夷初攜贈此册及魏三體石經[1]。次日爲予初度,晨興燕坐,披閲寫記。弢闇書於樂閑居[2]。(鈐"邵長光印"白文方印、"弢闇"朱文方印)

[1] 馬敍倫(1885—1970),字夷初。

[2] 邵裴子(1884—1968),原名聞泰,又名長光,字裴子、裴之,號弢闇、弢庵,浙江杭州人。清末留學美國斯坦福大學,回國任浙江省高等學堂教務長、校長。1913 年任職於財政部,兼法政大學教務長。1926 年起歷任浙江大學教授、文理學院院長、校長。1949 年後曾任浙江省文管會主任、省文史館副館長。善書法,精鑒賞。

(二)拖尾馬敍倫跋一

此與《天請問經》爲一人所書[1]。《天請問經》在此紙後,一卷完好無闕,末有題記,説發願寫經造種種福利之意,後署"辛未弟六月一日祖遠(此二字少漫)馬報達在伊州作客寫

記之耳"廿一字。余考唐太宗貞觀初始寘伊州,而唐代紀年值辛未者凡四,弟一爲高宗咸亨二年(671)。此書體近六朝,決是初唐人書也。敦煌所出六朝唐人寫品,不署紀年、書人名氏者多,此獨具題記,記年月日、書人名氏本貫及作書之地,可不謂珍物耶?此經凡四紙相聯,兹因付裝,依舊解之,亦藉以見唐紙尺度,復留此餘幀,容余記蒇,抑何多幸乃爾。願余子孫能永寶之。中華民國十一年(1922)八月三十一日石屋書於嚼梅咀雪之盦。(鈐"夷初"朱文方印、"石屋"白文方印)

　　[1]《天請問經》,即中國國家圖書館藏 BD14813 號。該件亦有馬敘倫題跋。

(三) 拖尾馬敘倫跋二

　　前記"祖遠"二字少漫,馬叔平謂是"埋匠"二字[1],諦視誠然其言也。此卷曾舉眂裴子尊兄。裴子精鑒賞,於六朝人書尤能一攬別真偽善惡,亦許此爲法度近六朝,是初唐人書。明日裴子四十初度,余無以爲醻,即舉是貽之。十二年(1923)十二月十七日夷初弟馬敘倫記於嚼梅咀雪之盦。(鈐"夷初"朱文方印)

　　[1] 馬叔平,即馬衡(1881—1955)。

【録文】

　　浙藏敦煌文獻編纂委員會 2000,《敍録》第 4—5 頁。黃征、張崇依 2012,第 147—152 頁。

【圖版】

　　浙藏敦煌文獻編纂委員會 2000,第 68、71 頁。

【研究】

　　方廣錩 2002B,第 193 頁(著録卷號爲"浙圖 09");方廣錩 2010,第 129 頁(著録卷號爲"浙圖 09")。

122. 杭州市文物保護管理所藏浙敦 022(文保所 02)《大方廣十輪經》卷六趙惟熙、翁斌孫、譚祖任、鄭孝檉、張壽齡、吴用威、陳夔龍、何剛德跋

【概述】

　　此卷首尾均殘,存 3 紙,長 90.4 釐米。引首題:"唐人寫經卷。拱北老兄同年命篆。習叟沅。"鈐"鄭沅之印"白文方印、"叔進"朱文方印。

　　拖尾有題跋多則。據跋文可知,此卷最初爲肅州鎮總兵柴洪山所得,贈與趙惟熙,又經黃小農轉入拱北之手。拱北生平不詳,待考。

【校録箋證】

(一) 趙惟熙跋

　　此卷得於肅州鎮署,於是敦煌藏經出土已十二年矣。雖首尾不完,然紙墨如新,洵堪寶貴。其書法秀挺,在虞歐之間,蓋唐人多工楷法,故凡寫經均無甚劣品也。柴菘亭鎮軍

以此見錫[1]，不啻百兩之畫矣。宣統二年(1910)秋九月南豐趙惟熙識於嘉峪關使館。(前鈐"趙○"朱文長方印，後鈐"趙惟熙印"白文方印、"芝珊翰墨"白文方印)

　　[1] 北京大學圖書館藏 D031《大般涅槃經》卷十四亦係柴洪山贈予趙惟熙。

(二)翁斌孫跋

　　敦煌石室藏經爲法人所發見，官斯土者往往攜取以歸，一麟片爪，皆可寶貴。向見一卷，逯署隋開皇年號，是石室所儲廼隋唐時物，不得竟目爲唐寫經也。此卷僅五十二行，然筆筆有《靈飛經》意，非尋常寫經生所能爲，真希世瑶也。筱蓑丈其珍秘之[1]。丁巳(1917)秋日虞山翁斌孫扶病題[2]。(鈐"笏齋小印"白文方印)

　　[1] 筱蓑，指黄小農。清末曾任湖北農業學堂監督、湖北巡警道。民國初年曾任湖北官産處總辦。

　　[2] 翁斌孫(1860—1922)，字弢夫，號笏齋、簡齋、笏庵等，江蘇常熟人。翁同書之孫，翁同龢姪孫。光緒三年(1877)進士。歷任武英殿纂修、翰林院侍講、山西大同知府、山西冀寧道、署理山西提學使、山西勸業道、直隸提法使。民國初年寓居天津。富收藏，精鑒賞。著有《笏齋詩集》《笏齋覆瓿集》《笏齋漫記》等。

(三)譚祖任跋

　　唐人寫經世不多見，曩時蘇齋、荷屋諸老偶得片楮[1]，珍逾球璧。自敦煌石室發見後，遂稍稍流布人間矣。此卷筆致古拙，神味淵永，彌可寶也。戊午(1918)長夏筱農世丈屬題，姪譚祖任[2]。(鈐"祖任"白文方印、"瑞青"朱文方印)

　　[1] 翁方綱(1733—1818)，字蘇齋；吳榮光(1773—1843)，號荷屋。

　　[2] 譚祖任，字篆青，廣東南海人。清末任郵傳部員外郎。民國初年曾任國會議員及財政部、交通部、平綏鐵路局、教育總署、內務總署、實業總署秘書或專門委員。所創譚家菜聲名頗著。

(四)鄭孝檉跋

　　拱北仁兄同年出視此卷，蓋爲黄筱農觀詧割愛目壽公者。晚近士夫喜談內典，斯物出世垂三十年，更歷四姓，象教流衍若置郵然，疑有佛力也。己巳(1929)夏五弟孝檉識[1]。(鈐"稚辛"朱文長方印)

　　[1] 鄭孝檉(1862—1946)，字稚辛，福建閩侯人。光緒十七年(1891)舉人。歷任兩廣督署憲政文案、福建西路觀察使、農商部秘書、海軍總司令公署書記官長等職。1915年任安徽省政務廳廳長。1917年任廣西省政務廳廳長。1930年代因其兄鄭孝胥任僞滿洲國總理，憂憤填膺，杜門不出。著有《稚辛詩存》。

(五)張壽齡跋

　　唐代重佛學，士大夫多以寫經自課，惟年湮代遠，流傳殊尠，往往得片紙隻字，珍逾球璧。自敦煌石室爲法夷竊發，金石文字皆以輪舶載之而去，所餘者區區經卷遺留中土耳。此卷雖僅五十餘行，而其用筆皆從隸書中出，斷非尋常鈔胥之作，彌可寶也。己巳(1929)夏六月，拱北仁兄大人屬題，弟張壽齡[1]。(前鈐"張"朱文圓印，後鈐"小松"朱文方印)

　　[1] 張壽齡(1870—?)，字筱松，號淡如，江蘇武進人。留學日本。清末歷任天津知縣、吳橋知縣、易州知州、奉天糧餉總辦、軍備處總辦。辛亥革命時任江蘇都督府秘書長。1913年任江蘇財政司司長。

1914 年任財政部次長。1919 年任全國烟酒事務署督辦,1921 年去職。1922 年創立煙酒商業銀行,後任中華懋業銀行經理。

(六) 吴用威跋

敦煌石室藏書散落人間,聞德化李氏所獲最精且夥。就余廿年來經眼者,自六朝人寫本以迄五代,亦不下百數十卷,似此楷法雋逸,當爲初唐人手筆,殊不多覯。拱北同年其善藏之,毋飲缸面酒爲蕭郎賺去也[1]。弟用威識[2]。(鈐"展齋"朱文橢圓印)

[1] 飲缸面酒爲蕭郎賺去,用唐何延之《蘭亭記》(載《法書要録》卷三)所記蕭翼騙奪辨才《蘭亭集序》事。辨才《設缸面酒款蕭翼探得來字》詩云:"初醞一缸開,新知萬里來。披雲同落寞,步月共裴回。夜久孤琴思,風長旅鴈哀。非君有秘術,誰照不然灰。"

[2] 吴用威,字晉卿,號展齋,浙江仁和(今杭州)人。曾任財政部參事、福建鹽運使。1938 年任僞維新政府行政院秘書長。

(七) 陳夔龍跋

不用馱經煩白馬,幾番歷劫换紅羊。臨池字字皆空色,開卷時時發古香。寫罷案頭花繞筆,賺防缸面酒流漿。虞書歐體同珍護,多寶而今説大唐。

拱北仁兄屬題,己巳(1929)八月,七十三叟陳夔龍[1]。(鈐"庸庵"朱文方印)

[1] 陳夔龍(1857—1948),字筱石,號庸庵,貴州貴陽人。光緒十二年(1886)進士。清末歷任總理衙門章京、順天府尹、太僕寺卿、河南布政使、漕運總督、河南巡撫、江蘇巡撫、湖廣總督、直隸總督兼北洋大臣。民國期間寓居天津、上海。著有《夢蕉亭雜記》《松壽堂詩存》《花近樓詩集》《庸庵尚書奏議》等。

(八) 何剛德跋

羲之曾有俗書留,最是唐人善效尤。數紙儘餘姿媚意,未知博得白鵝不。

拱北觀察屬題,平齋何剛德[1]。(鈐"何剛德印"白文方印、"平齋"朱文方印)

[1] 何剛德,字肖雅,號平齋,福建閩侯(今福州)人。光緒三年(1877)進士。清末歷任吏部主事、江西建昌知府、江蘇蘇州知府。民國初年任江西内務司長、代理江西省省長等職。著有《平齋詩存》。

【録文】

浙藏敦煌文獻編纂委員會 2000,《敘録》第 5—6 頁。黄征、張崇依 2012,第 169—170 頁。

【圖版】

浙藏敦煌文獻編纂委員會 2000,第 76—77 頁。

123. 杭州靈隱寺藏浙敦 025(靈隱寺 01)《摩訶般若波羅蜜經》卷二十五陳誾跋

【概述】

此卷首斷尾全,存 10 紙,長 482.2 釐米。首行爲品題"摩訶般若波羅蜜經燈炷品第五十六",有尾題"摩訶般若波羅蜜經卷廿五"。

引首題:"唐人墨妙。諸暨陳誾偶得。"下鈐"陳誾"朱文方印。引首有陳誾《燉煌石室藏經記》一則，拖尾有陳閩録杜甫詩二首、跋一則。

【校録箋證】

（一）引首跋

　　燉煌石室藏經記

　　清光緒庚子（1900），甘肅燉煌縣莫高窟砂磧中發見石室，室内所藏上自西晉，下迄朱梁，紙書絹畫，袈裟彝器，粲然備具。室有碑記，於宋太祖太平興國初元實始封閟，距今千餘歲。以藏經考之，將近二千年。唐寫佛經爲獨多，晉魏六朝稍希有矣。紙皆成卷，束以絹帶，完好如新，誠天壤間瓌寶也。吾國官民不知愛惜。丁未（1907）歲，法國文學博士伯希和自新疆馳詣石室，賂守藏道士，檢去精品數巨篋。英人日人繼之，咸大獲而歸。迨端陶齋赴歐考察憲政，見於倫敦博物院，歸而訪求，則石室已空，僅於處士家搜得佛經三千卷，藏庋北平圖書館，今不知尚存否？余度隴之歲，購求唐人精寫者，已極難得。而著有年代及六朝人書，則非以巨價求之巨室不可得也。蘇子瞻云：“紙壽一千年。”今已突破先例。蓋燉煌砂磧堆積如阜，高燥逾恒。苟石室永閟，即再歷千年，猶當完好。一入人手，則百十年可淪戔以盡。證之今日，藏經已希如星鳳，其後可知。猶憶在隴時朋輩與余競購者，所藏皆已散亡。余亦何能永保？但求愛護有人。風雨如晦，雞鳴不已。得者珍諸。癸未（1943）春月陳季侃記。（鈐“陳閩”朱文方印）

（二）拖尾録杜甫詩及跋

　　背郭堂成蔭白茆，緣江路熟頫青郊。榿林礙日吟風葉，籠竹和煙滴露梢。暫止飛烏將嗽子，頻來語燕定新巢。旁人錯比揚雄宅，嬾惰無心作《解嘲》。東坡詩[1]。

　　錦里先生烏角巾，園收芋粟未全貧。慣看賓客兒童喜，得食階除鳥雀馴。秋水纔添四五尺，野航恰受兩三人。白沙翠竹江村暮，相送柴門月色新。杜工部詩。

　　甲申（1944）楓里寇至，家室蕩然，避難于尚典晚補山房。自春徂夏，客居無聊，紙筆印硯都已被劫，并無法自遣，因借禿筆就膡紙寫所憶古詩以消永晝。阮生《途窮》、屈子《天問》，同兹慨歎。諸暨陳閩。（鈐“陳閩”朱文方印）

　　[1] 此詩實爲杜甫作品，詩題爲《堂成》。陳閩記憶有誤。

【録文】

　　浙藏敦煌文獻編纂委員會 2000，《敘録》第 6 頁。黃征、張崇依 2012，第 193、201—202 頁。

【圖版】

　　浙藏敦煌文獻編纂委員會 2000，書前彩圖，第 85—86、93 頁。黃征、張崇依 2012，卷首彩圖 5（有引首跋前部數行）。

【研究】

　　朱鳳玉 2017，第 74—86 頁。

124. 浙江博物館藏浙敦 027（浙博 002）《大智度論》卷九十陳閎跋

【概述】

此卷浙博原藏品號 21296。首斷尾全，存 19 紙，長 981.3 釐米。有尾題"大智度論卷第九十"，卷尾有題記："昔雪山菩薩八字捨身，香城大士一言析骨，況我凡愚，而不迴向？佛弟子田豐躬率己財，兼勸有心，仰爲皇帝、文武百僚、七世父母、過見師尊及法界衆生，敬寫一切經論，願共成佛。"

引首題："石室冠冕。陳季侃。"引首有陳閎《燉煌石室藏經記》及跋一則，拖尾有陳閎録郭璞詩二首。

【校録箋證】

（一）引首跋一

燉煌石室藏經記

清光緒庚子（1900），甘肅燉煌縣莫高窟砂磧中發見石室。室有碑記，封閟於宋太祖太平興國初元，距今千餘歲。以藏經考之，將近二千年。唐寫佛經爲獨多，晉魏六朝稍希有矣。紙皆成卷，束以絹帶。上自西晉，下迄朱梁，紙書帛畫，粲然備具，誠天壤間瓌寶也。吾國官民不知愛惜。丁未（1907）歲，法國文學博士伯希和聞之，自新疆馳詣石室，賄守藏道士，檢去精品數巨篋。英人日人繼之，咸大獲而歸。迨端陶齋赴歐考察憲政，見於倫敦博物院，詢知其故，歸而訪求，則石室已空，僅於處士家搜得佛經三千卷，藏庋北平圖書館，今不尚存否。余度隴之歲，購求唐寫精品，已極難得。而著有年代及六朝人書，則非以巨價求之巨家不可得也。昔蘇子瞻云："紙壽一千年。"今兹發見，突破先例。蓋燉煌流沙堆積如阜，高地風燥。苟石室永閟，即再經千年，猶當完好。一入人間，則百十年内可淪驪以盡。證之今日，藏經已希如星鳳，其後可知。猶憶在隴時朋輩與余競購者，所得多已散亡。余亦何能永保？但求愛護有人，千百年珍物不致損毁於吾人之手，私願已畢。風雨如晦，雞鳴不已。識者寶諸。壬午（1942）秋月，前護隴使者陳閎記。

（二）引首跋二

卷末有田豐題款，造詞雅馴，書法剛健婀娜，唐人無此風味。卷亦特長，六朝精品也。季侃。

（三）拖尾録郭璞詩

郭璞《游仙詩》

青谿千餘仞，中有一道士。雲生梁棟間，風出窗户裏。借問此爲誰，云是鬼谷子。翹跡企潁陽，臨河思洗耳。閶闔西南來，潛波渙鱗起。靈妃顧我笑，粲然啓玉齒。蹇脩時不存，要之將誰使？

翡翠戲蘭苕，容色更相鮮。緑蘿結高林，蒙籠蓋一山。中有冥寂士，静嘯撫清弦。放情陵霄外,嚼藥挹飛泉。赤松臨上游,駕鴻乘紫煙。左把浮丘袖,右拍洪崖肩。借問蜉蝣輩,寧知龜鶴年?　季侃。

【録文】

浙藏敦煌文獻編纂委員會 2000,《敘録》第 7 頁。黄征、張崇依 2012,第 193、201—202 頁。

【圖版】

浙藏敦煌文獻編纂委員會 2000,第 106—107、122—123 頁。

【研究】

朱鳳玉 2017,第 74—86 頁。

125. 浙江博物館藏浙敦 029(浙博 004)《太子慕魄經》許承堯跋

【概述】

此卷浙博原藏品號 21286。存 2 紙,長 94.1 釐米。卷尾有題記:"大隋開皇九年四月八日,皇后爲法界衆生敬造一切經流通供養。"據黄征等研究,此卷可與 BD05729《佛説太子慕魄經》綴合(《浙藏敦煌文獻校録整理》,第 292 頁)。引首有許承堯跋。

【校録箋證】

鳴沙祕寶。

隋開皇九年皇后造《太子慕魄經》。考敦皇石室所出寫經,以隋爲最精。書法至隋,集南北之大成,別有一種沖穌廉穆態度,迥非唐人可及。此弓出自椒房,尤爲異寶。季侃仁兄省長屬題。弟許承堯。(前鈐"疑盦"朱文長方印,後鈐"際唐"白文方印)

【録文】

浙藏敦煌文獻編纂委員會 2000,《敘録》第 7—8 頁。黄征、張崇依 2012,第 290—291 頁。

【圖版】

浙藏敦煌文獻編纂委員會 2000,第 135 頁。

【研究】

朱鳳玉 2016,第 21—33 頁。

126. 浙江博物館藏浙敦 034(浙博 009)《大般涅槃經》卷十一馬敘倫跋

【概述】

此卷浙博原藏品號 23992。首尾均殘,存 7 紙,長 284.8 釐米。引首題:"唐人寫經殘卷。敘倫。"鈐"馬敘倫印"白文方印。拖尾有馬敘倫跋一則。

【校録箋證】

　　十四年(1925)秋，陳生萬里自燉煌歸[1]，以此見貽。十五年二月記，杭縣馬敍倫。（鈐"夷初"朱文方印）

　　[1] 陳萬里(1892—1969)，江蘇吳縣(今蘇州)人。1917 年畢業於北京醫學專門學校，任北京大學校醫。1919 年任北京大學研究所國學門教員。1925 年春，隨同美國哈佛大學華爾納(Landon Warner，1881—1955)考古隊赴敦煌考察，2 月 16 日從北京出發，7 月 31 日回到北京，歷時五個半月，撰有《西行日記》。後歷任廈門大學國學院導師、浙江省衛生處長、江蘇省衛生署長等職。1949 年 11 月任故宮博物院研究員。著有《宋代北方民間瓷器》《中國青瓷史略》《陶俑》等。

【録文】

　　浙藏敦煌文獻編纂委員會 2000，《敍録》第 9 頁。黄征、張崇依 2012，第 335 頁。

【圖版】

　　浙藏敦煌文獻編纂委員會 2000，第 166 頁。黄征、張崇依 2012，卷首彩圖 9(有馬敍倫跋彩圖，卷號誤標爲"浙敦 030 唐寫本《妙法蓮華經》")。

127. 浙江博物館藏 23279 敦煌文獻殘片册頁張宗祥跋

【概述】

　　此册頁浙江博物館原編爲 33 個號，即 23279·1 至 23279·33，似係每葉編爲一號；《浙藏敦煌文獻》將其編爲 61 個號，即浙敦 068(浙博 043)至浙敦 128(浙博 103)，係每組或每件文獻編爲一號。多件殘片有張宗祥識語。

【校録箋證】

(一) 浙敦 070(浙博 045)《寺院欠經請經賬目雜鈔》張宗祥跋

　　鈔經帳目。

(二) 浙敦 087(浙博 062)《金剛般若波羅蜜經》張宗祥跋

　　唐人寫經凡字佳者紙亦光滑細緻，似以最佳麻紙用油或蠟使之光滑，惟紙性脆而易裂，此紙是其一。（鈐"張宗祥印"白文方印）

(三) 浙敦 112(浙博 087)《十誦比丘尼波羅提木叉戒本》張宗祥跋

　　北魏寫經。魏時書法隨地有異同，河南、山東、陝西各成風氣。此頁拙而厚，蓋陝宗也。白麻紙。（鈐"張宗祥印"白文方印）

(四) 浙敦 113(浙博 088)《曲子詞及雜鈔》張宗祥跋

　　此爲後唐時人書。

(五) 浙敦 116(浙博 091)《子年金光明寺麵油等破曆》張宗祥跋

　　寺中賬本。

(六) 浙敦 117(浙博 092)正面《七言敦煌詩》張宗祥跋

　　詩。

（七）浙敦 117（浙博 092）背面《殘書儀》張宗祥跋

　　手札。

【録文】

　　浙藏敦煌文獻編纂委員會 2000,《叙録》第 14—21 頁。黄征、張崇依 2012,第 410—494 頁。

【圖版】

　　浙藏敦煌文獻編纂委員會 2000,書前彩圖、第 195—209 頁。黄征、張崇依 2012,卷首彩圖 12—19。

128. 浙江博物館藏 23280 敦煌文獻殘片册頁張宗祥跋

【概述】

　　此册頁浙江博物館原編爲 35 個號,即 23280・1 至 23280・35,似係每葉編爲一號;《浙藏敦煌文獻》將其編爲 64 個號,即浙敦 129（浙博 104）至浙敦 192（浙博 167）,係每組或每件文獻編爲一號。多件殘片有張宗祥識語,内容多爲對文獻内容的判斷。

【校録箋證】

（一）浙敦 129（浙博 104）"經卷引首物"右上織錦殘片張宗祥跋

　　經卷護手之絹。

（二）浙敦 129（浙博 104）"經卷引首物"中縹帶張宗祥跋

　　束經卷之帶。

（三）浙敦 129（浙博 104）"經卷引首物"左簽條張宗祥跋

　　綾籤。雙層天頭,裱時頭已破碎,截平改單層。

（四）浙敦 131（浙博 106）《卜筮書》張宗祥跋

　　此爲卜筮之書。

（五）浙敦 132（浙博 107）《宋佛奴等捐木條記》張宗祥跋

　　捐木修寺者姓名。

（六）浙敦 135（浙博 110）《敦煌鄉百姓曹海員訴狀並判》張宗祥跋

　　此爲曹氏求免差役呈文。潑墨大字即批示也。（鈐"鹽官張氏"白文方印）

（七）浙敦 148（浙博 123）《妙法蓮華經》卷五張宗祥跋

　　血書。

（八）浙敦 154（浙博 129）《某寺修舍告疏》張宗祥跋

　　此爲修葺房屋疏。

（九）浙敦 155（浙博 130）《領軍械狀》張宗祥跋

　　此爲領物者領狀,末爲押字。

（十）浙敦 156（浙博 131）《付軍械狀》張宗祥跋

　　此爲付狀。

（十一）浙敦 183（浙博 158）《大般若波羅蜜經》卷三百張宗祥跋

　　凡標"兑"字者，即"脱"字省筆[1]。（鈐"張季子"白文長方印）

　　　［1］此説不確。"兑"意爲兑廢。

【録文】

　　浙藏敦煌文獻編纂委員會 2000，《敘録》第 23—31 頁。黄征、張崇依 2012，第 514—590 頁。

【圖版】

　　浙藏敦煌文獻編纂委員會 2000，書前彩圖、第 212—226 頁。黄征、張崇依 2012，卷首彩圖 20—26。

129. 浙江博物館藏浙敦 193（浙博 168）《妙法蓮華經》卷四陳闇跋

【概述】

　　此卷浙博原藏品號 26089。首斷尾全，存 14 紙，長 618 釐米。首行爲品題"妙法蓮華經見寶塔品第十一"，有尾題"妙法蓮華經卷第四"。

　　引首題籤："唐寫《妙法蓮華經》精品。"下鈐"陳闇偶得"白文方印。引首有陳闇跋及《燉煌石室藏經記》，拖尾有陳闇録蘇軾詞及跋。

【校録箋證】

（一）引首陳闇跋一

　　瘦硬通神。

　　此卷書法特爲超妙，積健爲雄，勁折如髮，尚有六朝沉著意味，爲褚河南嫡派。翫其使轉處，非石刻所得見也。季侃。（鈐"陳闇"白文方印）

（二）引首陳闇跋二

　　燉煌石室藏經記

　　清光緒庚子（1900），甘肅燉煌縣莫高窟砂磧中發見石室。室有碑記，封閟於宋太祖太平興國初元，距今千餘歲。以藏經紀年考之，且近二千年。所藏佛經上起西晉，下迄朱梁，紙書帛畫，粲然備具。唐人寫經爲獨多，晉魏六朝稍更希有矣。經皆成卷，束以絹帶，完好如新，誠天壤間瓌寶也。吾國官民不知愛惜。丁未（1907）歲，法國文學博士伯希和聞之，自新疆馳詣石室，賄守藏道士，檢去精品數巨篋。英人日人繼之，咸大獲而歸。余度隴之歲，購求唐寫精品，已不易致。而著有年代及六朝人書，則非以巨價求之巨室不可得也。蘇子瞻云："紙壽一千年。"今兹發見，突破先例。蓋燉煌戈壁，沙積如阜，高燥愈恒。苟石室永閟，即再經千年，猶當完好。一入人手，則百十年内可淪夷以盡。證之今日，藏經已希如星鳳,此後可知。猶憶在隴時朋輩與余競購者,訪問所藏,多已散亡。余亦何能永保?但念千百年珍墨,閟藏至今,得者應知愛護,不使毀損於吾人之手,私願已畢。風雨如晦,亂靡有已,其能免兹浩劫否耶?甲申端午(1644.6.25),前護隴使者陳季侃。(鈐"陳闇"朱文方印)

(三)拖尾陳闇録蘇軾詞及跋

世事一場大夢,人生幾度秋涼。夜來風葉已鳴廊,看取眉頭鬢上。　酒賤常愁客少,月明多被雲妨。中秋誰與共雲光[1],把盞淒然北望。　《西江月·黄州中秋》

花褪殘紅青杏小。燕子來時,緑水人家繞。枝上柳綿吹又少,天涯何處無芳艸?　牆裏秋千牆外道。牆外行人,牆裏佳人笑。笑漸不聞聲漸悄,多情卻被無情惱。　《蝶戀花》

水是眼波横,山是眉峰聚。欲問行人去那邊,眉眼盈盈處。　纔是送春歸,又送君歸去。若到江南趕上春,千萬和春住。　《卜算子》

甲申(1944)寇至,家室蕩然,紙筆書物,並付一劫,僅攜唐經小篋避難周君子豪家。自春徂秋,客居無聊,因借秃筆就賸紙寫東坡詞以自遣,亦一奇也。陳季侃。(鈐"陳闇"朱文方印)

[1] 雲光,通行本作"孤光"。

【録文】

浙藏敦煌文獻編纂委員會 2000,《敘録》第 33 頁。黄征、張崇依 2012,第 608—619頁。黄征 2018,第 96、106 頁。

【圖版】

浙藏敦煌文獻編纂委員會 2000,第 230—231、239—240 頁。黄征 2018,第 5—13、82—93 頁。

【研究】

朱鳳玉 2017,第 74—86 頁。

130. 浙江博物館藏浙敦 200(浙博 175)《敦煌零拾》黄賓虹跋

【概述】

此件爲折頁,浙博原藏品號 25857。共裱褙殘片十三件。右上角題:"敦煌零拾。"各殘片右側均有黄賓虹題識。

【校録箋證】

(一)回鶻文殘片右側黄賓虹跋

晚唐回紇文字。

(二)墨印佛像右側黄賓虹跋

唐木刻佛佛像。

（三）經紙殘片右側黄賓虹跋

　　唐古忒經原縫補綫。

（四）經卷引首紙殘片右側黄賓虹跋

　　蓮藏經接縫木記。

（五）殘紙片右側黄賓虹跋

　　唐裝經色紙一。

（六）殘紙片右側黄賓虹跋

　　色紙二。

（七）殘紙片右側黄賓虹跋

　　色紙三。

（八）殘布片右側黄賓虹跋

　　唐布。

（九）殘紗片右側黄賓虹跋

　　唐紗。

（十）殘絹片右側黄賓虹跋

　　唐紅色絹一。

（十一）殘絹片右側黄賓虹跋

　　色絹二。

（十二）殘絹片右側黄賓虹跋

　　色絹三。

（十三）殘絹片右側黄賓虹跋

　　色絹四。

【録文】

　　浙藏敦煌文獻編纂委員會 2000,《敘録》第 34—35 頁。

【圖版】

　　浙藏敦煌文獻編纂委員會 2000,書前彩圖、第 259 頁。黄征、張崇依 2012,第 649 頁。

131. 常州博物館藏《金剛般若波羅蜜經》徐琦、史耜孫、錢振鍠、太虚跋

【概述】

　　此卷長 214 釐米。引首莊蘊寬題:"唐人書般若殘經。庚午春暮莊蘊寬敬爲敬安居士題首。"鈐"莊蘊寬印"白文方印、"思緘長壽"朱文方印。庚午即 1930 年。

　　拖尾有徐琦、史耜孫、錢振鍠、太虚題跋四則,題跋長 389 釐米。

【校録箋證】

(一) 徐琦跋

此唐人寫經也。自敦煌石室發見後,太半流入外域。余宦遊隴右逾二十年,僅蒐得四卷,均非此中上乘,然觀其筆意古奧,大有北魏風韻。今以一卷分贈敬安從弟[1]。敬安善畫嗜古,什襲而藏,余爲斯卷慶得所矣。敬安四弟永寶。兄琦識。(鈐"余企"朱文方印)

[1] 徐欽(1886—1968),號敬安,江蘇常州人。歷任中小學教師。江蘇省文史研究館館員。善畫,工花卉。

(二) 史耜孫跋

唐人篤信内典,故寫經有經生書,有士大夫書。此卷千年黄麻完好,墨色爛然,真神物也。昔劉文清、吳荷屋於唐人寫經推許甚至[1],謂海内墨皇,合作旃檀秘篋,供養静室,必焚登流眉香一銖,乃可展觀,吾於此卷亦然[2]。庚午(1930)春莫敬安先生屬跋并教,雲邁史耜孫[3]。(前鈐"史〇"朱文長方印,後鈐"耜孫"朱文長方印)

[1] 劉文清,即劉墉(1719—1804),號石庵,卒謚文清。吳榮光(1773—1843),號荷屋。

[2]《神州國光集》第一集(1908)刊有"唐人書藏經殘字六幀"之一、二,及"劉石庵跋唐人寫經""吳荷屋跋唐人寫經"書影,又録跋文數則。劉跋謂"唐人寫經有經生書,有士大夫書",此跋與之同。所録跋文中,首則有云"而千年黄麻完好,墨色爛然,真神物也",亦爲此跋襲用。又録彭麟保跋:"此册本三衢余氏家藏,寶同出水。人往物移,今爲吾友邃翁所得。邃翁善鑒,具正法眼,其致重將逾於前而保於久也。唐人真蹟世不多見,宜劉文清、吳荷屋珍重題記。可謂海内墨皇,合作栴檀秘篋,供養静室,必焚登流眉香一銖,乃可展觀。時光緒甲辰正月惺庵彭麟保識。"此跋襲用彭麟保跋"海内墨皇……乃可展觀"句,又涉上文誤以爲劉墉、吳榮光語。可知史耜孫此跋,純係抄撮《神州國光集》第一集文句而成,其中又有張冠李戴之誤。

[3] 史耜孫,字雲邁,清末民初人。工篆刻。

(三) 錢振鍠跋

漢魏石刻未必盡出名人之手,或直匠人爲之。唐石經亦出一時鈔胥耳,佳者遂似虞永興[1]。古人之藝有不可及,豈必皆名世哉。敬安徐君出示燉煌石室《金經》,樸屬微至,古法盡在是矣。書雖小道,可以覘風俗之盛衰。今之名人書,皆野狐禪耳,何從與之論古法? 薄俗不競,不亦宜乎? 壬申(1932)七月錢振鍠跋[2]。(鈐"臣振鍠印"白文方印)

[1] 虞世南(558—638),字伯施。歷仕陳隋唐三代,唐初淩烟閣二十四功臣之一。先後封永興縣開國子、永興縣開國公,世稱虞永興。

[2] 錢名山(1875—1944),字夢鯨、振鍠,江蘇常州人。光緒二十九年(1903)進士,官刑部主事。著有《名山集》《名山詩集》等。

(四) 太虛跋

敬安居士珍藏唐人寫《金剛般若經》。丙子(1936)夏太虛在常州拜觀[1]。(鈐"釋太虛"朱文方印)

　　[1]　太虛(1890—1947)，俗名呂沛林，浙江崇德人。近代高僧，提倡"人生佛教"。

【圖版】

　　陳麗華 2008，第 2—3 頁。

132. 安徽博物院藏《敦煌石室古墨拾遺》册頁許承堯、梁烈亞跋

【概述】

　　此册頁共四開，裱褙寫經殘片三件。首開有陳曾佑題："敦煌石室古墨拾遺。苊公命題，陳曾佑。"鈐"曾佑"白文方印。

　　三件殘片各有題跋：其一存 6 行，有許承堯跋一則；其二存 8 行，有許承堯跋一則；其三存 9 行，左下鈐許承堯"晉魏隋唐四十卷寫經樓"朱文長方印，有許承堯跋、梁烈亞跋各一則。兹據李艷紅文迻録如下。

【校録箋證】

（一）殘片一許承堯跋

　　近人羅叔言影印晉元康六年所寫《諸佛要集經》殘紙，又西凉建初七年辛亥當晉義熙七年所寫《妙法蓮花經》殘紙書法、行格皆與此同[1]，以此證爲晉人所寫。雖殘字數行，亦希有物也。歙縣許承堯題記。（鈐"疑盦"朱文印）

　　[1]　元康六年(296)所寫《諸佛要集經》殘卷係日本大谷探險隊得自吐魯番吐峪溝，建初七年(411)《妙法蓮花經》殘卷係日本大谷探險隊得自庫車，圖版均刊於香川默識編《西域考古圖譜》(日本國華社，1915 年)下册，列爲"佛典及佛典附録"類第 1 號、第 4 號；1918 年羅振玉影印《漢晉書影》，亦收入其中。

（二）殘片二許承堯跋

　　此當與"二王"同時，而書法殊異若此。一可見敦煌僬野尚守古法，一可見"二王"楷書乃以變古取盛名，惟專尚妍媚，所以見誚爲俗書。又晉帖經唐人臨摹，亦未必皆真面目也。承堯記。（鈐"疑盦"朱文長方印）

（三）殘片三許承堯跋

　　合肥孔少軒所藏仁壽四年楊維珍寫經書法、紙色、行格皆與此同[1]，以此證爲隋人所寫，唐人便無此氣味矣。承堯記，丁卯(1927)冬時居檀干眠琴別圃。（鈐"許范"朱文方印）

　　[1]　孔少軒，指孔憲廷(？—1928)。仁壽四年楊維珍寫經，指今北京大學圖書館藏 D083《優婆塞戒經》，卷尾有題記："仁壽四年四月八日楗雅珍爲亡父寫《灌頂經》一部、《優婆塞》一部、《善惡因果》一部、《太子成道》一部、《五百問事》一部、《千五百佛名》一部、《觀無量壽》一部，造觀世音像一軀，造九尺幡一口。所造功德，爲法界衆生一時成佛。"楗雅珍同時所造《優婆塞戒經》敦煌遺書中另存有四件，即 S.4162、S.4570、甘博 005、P.2276。據林世田等研究，這批寫經爲利用早先舊經，更改分卷並塗改尾題卷次而成(林世田、汪桂海：《敦煌寫本優婆塞戒經版本研究》，《文獻》2008 年第 2 期，第 33—41 頁)，其抄寫年代應早於隋，當係南北朝寫本。

（四）殘片三梁烈亞跋

漢代譯經胥沿秦體，晉隋乃隨漢格，故均得厚樸。魏以後就輕薄，更用以爲間架工夫，細賞此三頁，即得秦漢書法矣。粵西梁烈亞題[1]。（鈐“梁烈亞印”白文方印）

[1] 梁烈亞（1892—1982），廣西南寧人。光緒三十三年（1907）11月隨父參加孫中山領導的鎮南關起義。1911年中學畢業後投身革命，曾任孫中山機要員及多家報社記者、社長。1926年至1928年歷任北伐軍總政治部政治監察、安徽省電政管理局局長、山東省電政管理局局長。1936年定居上海。1949年後任上海控江中學歷史教師、上海市文史館館員。

【録文】

李艷紅 2019，第 14 頁。

133. 安徽博物院藏《大般涅槃經》卷三十三許承堯跋

【概述】

此卷存 4 紙，79 行，長 139.7 釐米。引首外有許承堯題簽：“最精北朝周齊時寫經七十九行。”卷尾鈐“疑盦秘笈”朱文方印。

此跋文據余欣、李艷紅文迻録，復以《佛光恒常》刊佈圖版核校。

【校録箋證】

燉煌鳴沙山古三界寺石室最精寫經七十九行，考其時代當在元魏中葉以後、隋以前。何以明之？以他滿卷之有年代題記者證知之。紙質同、字體同，則時代同，灼然無可疑也。予遊隴中八年，先後得古寫經近二百卷，唐最多，初唐即較希，隋以上尤希，其中精書更難导。此卷乃予所藏中最精品，整潔妍雅，筆筆如斷金截玉，导漢分之遺而去元魏墓志造象記之獷，較世傳之小隋碑古樸過之。此一千數百年前墨迹，真所謂世間鴻寶。非燉煌有此發見，殆無從寓目者也。在予篋中近三十年，他物可捐，此不可去。今老矣，期破貪執，因備記之，俾見者知重也。乙酉（1945）芑宧許承堯，時年七十有二。（鈐“疑盦”朱文長方印，“許承堯印”白文方印，“際唐”白文方印）

【録文】

李艷紅 2019，第 15 頁。

【圖版】

安徽博物院 2017，第 12—13 頁。

【研究】

余欣 2005，第 162 頁；余欣 2012，第 111—114 頁。朱鳳玉 2016，第 21—33 頁。

134. 安徽博物院藏《二娘子家書》許承堯、方兆鼇、何振岱、程炎震、李景坤、吳承仕跋

【概述】

此卷爲許承堯舊藏，1紙，長 43.4 釐米，高 31 釐米，19 行。1984年全國古代書畫鑒定

小組鑒定爲“精品”，著録於《全國古代書畫一級藏品目録》；李正宇《安徽省博物館藏敦煌遺書〈二娘子家書〉》（《敦煌研究》2001 年第 3 期）對相關問題有深入探討。

　　據余欣介紹，此家書連同跋文裱成三頁，裝爲一册。第一頁有許承堯跋。第二頁先録鄧之誠《骨董瑣記》文，後有許承堯跋；許跋後爲方兆鼇跋及題詩，稱“疑盦同年于敦煌寫經紙背得二娘子書徵題”，又稱“疑唐人使倭，其閨人效倭語寄回中土者”；後爲何振岱《壺中天慢》詞一首，落款爲“疑盦老先生以所藏唐二娘子墨蹟屬題，戊辰（1928）孟冬梅生弟何振岱”。第三頁前爲程炎震題詩，落款爲“民國第一壬戌（1922）春禊日程炎震記”；後爲李景坤詞一首，落款爲“戊辰（1928）十月李景坤”；末爲吳承仕跋。

　　許跋、吳跋據余欣文迻録，無緣據原卷校核。其他題跋未見，暫列存目。

【校録箋證】

（一）第一頁許承堯跋

　　漢家西首，苜蓿石榴來，無名勝閑花。度春風關柳，郎能射雉，妾便隨鴉。借足明駝日下，別夢繞秋笳。一路青青草，燕燕天涯。　笑汝凡心禮佛，轉莊嚴貝葉，紅字搔爬。透錦鱗消息，兒女話呫呀。料難邀小楊妹子，爲題名，押角印丹霞。紙千載，作琵琶語，淺碧籠紗。　《八聲甘州》。　此前年故友汪舊翁寄題[1]，甲戌（1934）爲補録之。承堯記。（鈐“疑盦”朱文長方印）

　　[1] 汪律本（1867—1930），字鞠鹵，號舊遊。汪宗沂子。光緒二十年（1894）舉人。協助李瑞清管理兩江師範多年，一度治新軍於九江。民國初隱居池州。善畫山水、花卉。著有《萍蓬庵詩》《壺中詩》等。

（二）第二頁許承堯跋

　　英國博物院藏敦煌寫本有婦女書範[1]，内婦人題“上翁婆父母狀”云：遠離日久，馳戀增深，不奉誨示，無慰下情，寒温，伏惟大君大家尊體動止萬福（如與父母，云伏惟耶孃尊體動止萬福）。次郎（某郎）使君差使入京，伏惟照察，拜覲未由，伏深戀結，謹因使，謹奉狀不宣。次第新婦再拜（與父即不宣，某氏次第　娘再拜）大君大家几前（耶孃几前），某新婦狀封。謹按，此唐時婦女書式，可與此書參看，其云承擔娘者，即第幾娘耳，某娘即其名，亦即女對父母之通稱也。甲戌（1934）四月芘翁許承堯記。（鈐“疑盦”朱文長方印）

　　[1] 即 S.5613 書儀。

（三）方兆鼇跋（存目）

（四）何振岱跋（存目）

（五）程炎震跋（存目）

（六）李景坤跋（存目）

（七）吳承仕跋

　　一事：《説文》云孃字訓煩擾，此本言室。《玉篇》始以孃爲母稱，以娘爲少女之號。《唐韻》説同。段玉裁曰：“唐人此二字分用畫然，故耶孃字斷無有作娘者，今人罕知之矣。”

此中孃、娘分用,與段説相應。二事:飰者,飯之俗;煞者,殺之俗。陸氏《釋文》説飯飰之異,錢大昕駁之是事。以煞作殺,見於玄應、慧琳諸書,安皆唐人行用之字。三事,褻字不知所以。今案,《玉燭寶典》引《夏小正》,"操泥而就家",爲泥之訛,其從衣者,隨意爲之,不可訓知,亦六朝俗書,隋唐人承用之耳。民國十一年(1922)四月二日吳承仕記。(鈐"吳承仕"白文方印)

【著録】

　　書法叢刊 2002,第 22 頁。李艷紅 2019,第 15 頁。

【研究】

　　余欣 2005,第 176—178 頁;余欣 2012,第 114—118 頁。朱鳳玉 2016,第 21—33 頁。

135. 安徽博物院藏《唐人遺墨》軸許承堯跋

【概述】

　　此軸裱褙敦煌遺書殘片二件。每件長 42.1 釐米。上件 2 段,26 行,係《大般若波羅蜜多經》卷五百六十六、《大般若波羅蜜多經》卷五百七十八;下件 22 行,係《大般涅槃經略出》。每件左下角鈐"苐父所得"朱文方印。

【校録箋證】

　　唐代名僧講經,分章攝義,必有撰述。上二篇各具端委,似聽講者臨時記録之詞。下篇略出,亦提要以便記誦者,當出沙彌手,與尋常經生寫經不同。二紙俱得之敦煌鳴沙山石室。千年前之楮墨,古香古色,盎然可愛,書之奇拙亦時代爲之,自非宋以後人所能夢到也。乙卯(1915)孟夏重裝之,因題記,疑翁許承堯。(鈐"疑盦"朱文長方印,"許承堯印"白文方印)

【録文】

　　李艷紅 2019,第 15 頁。

【圖版】

　　李艷紅 2019,第 14 頁。

136. 安徽博物院藏《大般若波羅蜜經》卷一百九十許承堯、羅長銘跋

【概述】

　　此卷存 4 紙,長 165.5 釐米。係許承堯晚年贈與姪女許悦音者。

　　跋文據余欣、李艷紅文迻録。二文録文略有異同,待據原卷覆核。

【校録箋證】

(一)許承堯跋

　　此敦煌石室古三界寺唐人寫經,清光緒庚子發見,彼時流轉頗多,今皆輪海外,存國中

者希矣。千年前之古墨，勁拙意味由篆分出，躍躍紙上，如親見古人作書。墨緣勝事，豈尋常金石拓本所可並論邪！苊叟記。（鈐"疑盦"朱文方印）

（二）羅長銘跋

苊丈以此卷遺愛女悦音，悦音以送身奉[1]。甲申（1944）五月亡羊居士歡喜敬觀[2]。（鈐"羅更"白文方印）

　　[1] 此據李艷紅文迻録。余欣文録作"苊丈之此卷遺至（侄）女悦音，悦音又遺牙奉"。録文待核。

　　[2] 羅長銘（1904—1971），又名更，號亡羊，安徽歙縣人。曾任神州國光社編輯、安徽省通志館編纂。1949 年後任職於歙縣中學、安徽省博物館。撰有《鄂君啓節新探》《屈原賦二十五篇考》《歙西音録》《長銘詩詞鈔》等。

【研究】

余欣 2005，第 166—168 頁；余欣 2012，第 103—105 頁。朱鳳玉 2016，第 21—33 頁。李艷紅 2019，第 15 頁。

137. 安徽博物院藏《大般若波羅蜜多經》卷五十七許承堯跋

【概述】

此卷存 17 紙，長 782 釐米。卷首鈐"歙許苊父斿隴所得"朱文印、"悔庵"白文印、"疑盦"朱文印。卷後有許承堯題跋一則。此據李艷紅文迻録。

【校録箋證】

大般若波羅蜜多第五十七一全卷，此卷爲敦煌石室所出，晚唐人所寫，三藏法師譯。長約二丈，一字不缺，乃千年墨寶，海内稀有之奇珍也。

【録文】

李艷紅 2019，第 16 頁。

138. 安徽博物院藏敦煌寫經殘卷曹一塵跋

【概述】

此件經名待考。有曹一塵題簽："唐人寫經，許太史扎，一塵記。"引首曹一塵題："唐人寫經，戊子春日一塵主人題。"後有曹一塵跋。此據李艷紅文迻録。

【校録箋證】

此敦煌鳴沙山古三界寺所發見經僧古寫經，白棉紙本，當是中唐時體。檀干許苊公見貽。世間奇物，絶不易得，書此志感。戊子（1948）孟春上浣益丞記[1]。

　　[1] 曹一塵（1902—1988），原名頌增，字益丞，號一塵，安徽歙縣人。1925 年畢業於復旦大學文史系。先後任教於安徽省立第四女中、徽州師範學校。

【録文】

李艷紅 2019，第 16 頁。

139. 安徽博物院藏《妙法蓮華經》卷七許世球跋

【概述】

此卷卷首鈐"許世球印"朱文印、"歙許芚父旂隴所得"朱文長方印、"許芚"朱文方印。據李艷紅介紹,此經卷一至卷七共七卷,係1958年在歙縣古籍書店收購。卷七有許世球跋。此據李艷紅文迻録。

李艷紅據王衛東《許承堯題跋文物及其跋文》(《徽州社會科學》2018年第10期)指出,歙縣博物館藏《許承堯爲唐人寫經題記》,其文字前半與許世球跋相同而更細緻翔實,推測係許世球收得許承堯舊藏《妙法蓮華經》卷一至七後,參考許承堯跋文作跋。

【校録箋證】

敦煌鳴沙山莫高窟石室所藏唐人寫經,以《妙法蓮華經》爲獨多,而斷闕亦特甚,滿卷即已希有,何論全部?惟日本人橘瑞超尋求最先,徵其記録,得全部者四。吾國所有僅見方君地山所藏一焉[1]。書非一手,亦頗粗率。此部先後搜索七年,儲此經卅許卷,割裁補掇,第一、第二、第四卷端仍有少許殘失,經蘄水陳蘇生先生整修[2],幸乃成之。猶復簡別劣書,務取精筆,點畫有法,光氣盎然,斯爲可貴,識者珍之。玉田許世球[3]。(鈐"許世球印"朱文印)

[1] 方君地山,即方爾謙(1872—1936)。

[2] 即陳曾佑(1857—1920)。

[3] 許世球,字玉田,安徽歙縣人。參與纂修民國《歙縣志》,任總校。

【研究】

李艷紅2019,第16—17頁。

140. 安徽博物院藏《藥師琉璃光如來本願功德經》卷一許承堯跋

【概述】

此卷下部文字殘缺。引首有許承堯跋。此跋文據余欣、李艷紅文迻録。

【校録箋證】

唐敦煌鳴沙山古三界寺石室寫經。書法至唐一大變,古樸之意漓,而勁鋭之鋒露。此卷筋骨峭健,的爲唐人佳品。疑盦題。(鈐"疑盦"朱文方印)

【研究】

余欣2005,第175頁;余欣2012,第114頁。朱鳳玉2016,第21—33頁。李艷紅2019,第17頁。

141. 安徽博物院藏《大般涅槃經》卷二十陳衍、葉爾愷、朱孝臧、鄭孝胥、陶濟、魏家驊、劉朝敘、狄葆賢、持松、何積勳、張志沂、劉朝瑞、慧西、瞿曇度、吳道生、方爾謙、袁克文、顧祖彭、黄節、陳三立、余肇康、李宗唐、常惺、體參、張運、江伯瑟跋

【概述】

此卷首尾完整，18 紙，長 774.7 釐米。有首題"大般涅槃經梵行品之七"，下注卷次"廿"；有尾題"大般涅槃經卷第廿"。卷前陶濟題："唐人寫涅盤經梵行嬰兒行品卷子。瞻明道人屬書。玉畊陶濟。"前鈐"囗松廬主人"白文方印，後鈐"玉畊"朱文方印，及另一白文方印，印文待考。陶濟，號石泉，工書畫。

此卷前鈐"合肥劉氏"白文長方印、"天台舊衲"白文方印、"瞻明"朱文長方印、"頌彝居"朱文印、"頌彝居鑑藏書畫之章"朱文方印、"劉朝敘字薇莊合肥人"白文方印、"壯肅公第七孫"朱文方印，後鈐"離垢居"朱文方印、"虢盤亭主"朱文方印。可知此卷爲清末淮軍將領、臺灣首任巡撫劉銘傳（1836—1896）之孫劉朝敘舊藏。壯肅，劉銘傳謚號。

據陶濟跋，此卷係劉朝敘之兄任官甘肅時所得，爲其贈予劉朝敘四卷之一。劉朝敘獲此卷後，遍請滬上名家題跋。《佛光恒常》刊佈此卷及題跋圖版，謹據之録文。惜圖片較小，若干文字、印章無法辨識，姑俟異日。

【校録箋證】

（一）陳衍跋

敦煌石室發見唐人寫經最夥，嗜古者家藏户弄，余所見無慮百十事，皆樸拙如出一手。且輦至京師，典守者巧偷大半以售善價，亓術以原卷皆長數丈，或合數章數節爲一卷，於是分段割裂，化一卷爲二三出售，則所剩固無減本來卷數也，稽核者雖知亦無以難之。獨此卷筆力雄駿不苟，卷第廿《涅槃經》首尾完具，獲爲可貴矣。薇莊出此屬題。余於佛理所知大涉，然竊以爲佛者實悲憫衆生，種種苦惱不出於"食飲男女"四字，造物無力使享平等快樂，爭奪仇殺乃日相尋而靡有已。且一快樂即有一苦惱隨乎其後，其分量如物價交易之略相等，乃先從薄嗜慾，以至於絶嗜欲，久之不生不滅，乾坤或幾乎息矣。而亓它佛説皆其末流，而非清濁之源也。然一切果報，使怵然於惡之不可爲、善之可行，罪孽或可少作。至謂誦經念佛，遂以免禍而獲福，則直淫辭助攻，所當辭而闢之者矣。薇莊佛理至深，不知以爲一二有當否？癸亥正月二有七日（1923.3.14）衍書。（前鈐"書有未曾經我讀"白文長方印，後鈐"衍"朱文方印）

（二）葉爾愷跋

龍藏浩烟海，涅槃最後説。唐人所手寫，秘藏古石穴。世更千餘歲，浩劫不能奪。劉君忻得之，示我眼爲豁。梵行嬰兒行，兩品卷無闕。筆力劇蒼勁，氣與歐褚埒。古芬發楮墨,慧光照眉睫。世尊昔示寂,悲感人天徹。㫋檀香樹林,枯萎不復活。千輻輪相收,留兹渡津筏。末運際陽九,狂瀾恣盪决。珍重此卷軸,毋令鼠蟫齧。

　　癸亥(1923)季春蘐莊居士屬題,即祈兩政。仁和葉爾愷[1]。(鈐"柏皋"白文方印)

　　[1]葉爾愷(1864—1937),字柏皋、悌臣,浙江仁和(今杭州)人。光緒十八年(1892)進士,清末任陝西學政、雲南提學使。工書,民國初年在滬以字畫爲生。協修《清史稿》。

(三)朱孝臧跋

　　等閒文字,直證人天堪涕淚。香嚴栴檀,想見金剛湧筆端。　殺機天發,猿鶴沙蟲同一劫。千偈瀾翻,誰解吹燈受涅槃。　《減字木蘭花》

　　蘐莊仁兄屬題。朱孝臧。(鈐"彊邨"朱文方印)

(四)鄭孝胥跋

　　衆生佛性終未斷,片楮莊嚴資雅玩。何人發願寫此經,精力難銷光燦爛。歷劫還逢厭世人,摩挲讚歎認前因。劉侯夙世積慧業,對案時時看絶塵。

　　蘐莊仁兄正。癸亥(1923)六月,孝胥[1]。(鈐"太夷"朱文長方印)

　　[1]鄭孝胥(1860—1938),福建閩縣(今福州)人,字太夷,號蘇堪。光緒年間舉人。清末歷任駐日本使館書記官,駐大阪、神户領事,廣西邊防大臣,安徽、廣東按察使,湖南布政使。1923年任遜清小朝廷總理内務府首席大臣。1932年任僞滿洲國國務總理。著有《海藏樓詩集》。此詩不見於該集。

(五)陶濟跋

　　閒思誕日過離垢居,蘐莊居士出眎此卷,筆力洞達,行間茂密,所見經卷無逾此者。居士曰:余兄官隴得之敦皇[1],歸以四卷相遺,自留二,以一贈大杲上人,一爲魏梅蓀先生壽[2],先生界泯物我,旋施金山,然字體之佳、篇幅之長,皆不若此。鄭海藏先生云[3]:不必定爲唐寫,古色古香,或隋以前物。余以爲天地萬物相召以類,居士清齋宏誓,夙具靈根,前年法寶,萬里來歸,亦一大因緣也。居士家藏號季子白盤、周史頌敦[4],皆數千年物,爲天下至寶,此卷庶幾配之。不禁摩挲讚歎而説偈曰:

　　世尊昔示寂,説法雙林間。涅槃非涅槃,大道垂人天。法藏歷劫存,獲之非偶然。妙諦雖如雲,我作無字觀。

　　癸亥(1923)六月,長沙天囂道人陶濟。(前鈐"人間何世"白文長方印、"忍頭陀孫"白文方印,後鈐"玉庚"朱文印)

　　[1]余兄,疑指劉朝英或劉朝陸。劉朝英於1919年任甘肅禮縣知事(張津《重纂禮縣新志》,1933年鉛印本)。1920年初,甘肅省長張廣建考核屬吏,"劉朝英才具開展、勇於任事,署古浪縣知事"(1920年1月15日《申報》)。或謂其爲劉銘傳之孫,但馬琪《首任臺灣巡撫劉銘傳家族〈劉氏宗譜〉研究》(《合肥教育學院學報》2001年第3期,第23頁)羅列劉銘傳後裔,未見劉朝英,其人或爲劉銘傳從孫。劉朝陸(1858—1929),字建侯,劉銘傳從孫。清末任直隸隆平知縣。1918年任甘肅臨洮縣知事。1919年至1920年任民勤縣知事。1921年署鎮番縣知事,爲《續修鎮番縣志》監審。

　　[2]魏家驊(1863—1933),字梅蓀,號剛長居士,江蘇南京人。光緒二十四年(1898)進士,二十九年

考取經濟特科。歷任山東東昌知府、雲貴總督署總文案、雲南提法使等職。民國初年居寧滬經商,從事慈善事業。

[3] 鄭海藏先生,即鄭孝胥。

[4] 虢季子白盤,1864年劉銘傳得於常州太平天國護王陳坤書府内,後於故鄉合肥建盤亭以誌慶,1950年其曾孫劉文彪(字肅曾,1911—1978)捐獻國家,今藏中國國家博物館。史頌敦,劉氏堂號"頌彝居"即取義於此。

(六)魏家驊跋

瞻明居士以敦皇石室所藏唐人寫經卷子屬題,海上嗜古諸公謂此卷書法遒古,或隋以前物。石室所藏寫經多矣,無如此卷之首尾完好者。瞻明篤信佛乘,嗜奇愛古,其得之喜可知已。予竊謂此好古者之所尚,而非真學佛法者之所尚也。《楞嚴》大䴰至章:"佛問圓通,我無選擇。"當下意根,即不用事,意根在六根中最有力,意根能攝則六根都攝矣。三祖《信心銘》云:"至道無難,惟嫌揀擇。但莫憎愛,洞然明白。"又四祖謂融禪師曰:"境緣無好醜,好醜起於心。心若不强名,妄情從何起?"皆是直破意根。禪淨兩家,歸根得旨,都不外此。蓋一有揀擇,即有好醜;一有好醜,即有憎愛;一有憎愛,是非紛起。天鷲道人偈云:"妙諦雖如雲,我作無字觀。"得其旨矣。《華嚴》有一智人剖微塵出大千經卷,大千即微塵,微塵即大千,安所用其揀擇哉!《楞嚴》"知見無見,斯即涅槃,無漏真淨",此之謂也。瞻明夙具靈根,尚其諦思而深味之。癸亥(1923)八月剛長居士。(前鈐"悲智雙修"朱文橢圓印,後鈐"剛長"白文方印)

(七)劉朝敘跋

剛長居士,魏梅蓀先生所自號也。先生湛深教理,此跋尤可味。敘注。

(八)狄葆賢跋

敦煌石室藏經有唐人書者,有爲六朝時人書者。余在廠肆中收得數十種,内有《千佛名經》一卷,落筆方而重,當爲六朝人書。此卷筆法頗與相似,當亦非唐人書也。敦煌祕寶盡爲法人白希和氏攜之以去,尚存國中者大都遺網之珠,《千佛名經》與此卷皆是。癸亥初冬瞻明居士囑題。平子狄葆賢[1]。(鈐"平等閣主"朱文方印)

[1] 狄葆賢(1873—1921),江蘇溧陽人,字楚青,號平子。舉人。主張變法維新,戊戌政變後逃亡日本。光緒三十年(1904)回上海創辦《時報》,宣傳立憲。光緒三十四年當選江蘇省諮議局議員。清末創辦《小説時報》《婦女時報》《佛學時報》及有正書局。工詩詞書畫,著有《平等閣詩話》《平等閣筆記》等。

(九)持松跋

癸亥(1923)冬,瞻明居士以所藏敦煌室《涅槃經》見示,並屬題誌數語。夫大覺醫王以月愛三昧,等視衆生,如一羅睺,其所立教門,亦如楊葉止嬰兒之啼,諸有智者尚應舍於楊葉之濾,而況於妄念分别非濾所計之博古而猶珍之奇之以爲難得者與?雖然,楊葉既能止啼,其爲用亦大矣。苟嬰兒之啼未息,此楊葉烏可須臾離。且世人因覽古而讀斯經,讀已信受,乃至得般涅槃,是亦藏者度人之善巧,寧特如湯盤孔鼎,徒供摩玩而已哉。師奘沙門

密林持松謹識[1]。（前鈐"曾經滄海"白文長方印）

[1] 持松(1894—1972)，俗姓張，法名密林，號師奘沙門，湖北荆門人。十七歲出家。畢業於上海華嚴大學。遊學日本。1927 年歸國，於湖北、上海、遼寧等地弘法。1956 年任上海市佛教協會會長。工詩詞、書法。著有《菩提心論纂注》《密教通關》等。

（十）何積勳跋

甲子二月四日(1924.3.8)道州何積勳敬觀於頌彝居[1]。（鈐"方□□□"朱文方印）

[1] 何積勳，字冬彦，湖南道州人。精醫術，工書畫。

（十一）張志沂跋

曩歲居滬，瞻明勸讀竺乘，輒以鈍根，未能領悟。比年塵勞牽率，益未遑静心覃討。頃自津沽南來，瞻明手此卷相示，古香沁心，妙諦祛縛，屏息三誦，妄念俱泯。蓮池大師云：静中求静，無時可静；動中求静，時時可静。而近世歐土治哲學者亦云，人當於適應環境之時能脱離環境而具超意識界之觀念，與蓮池之言隱相吻合。然非身歷其境，蓋未易體會。他年息肩人事，與瞻明緇衣入山，於泉石幽邃間一展斯卷，當更有不同於今日者矣。甲子(1924)仲春湦陽張志沂[1]。（前鈐"我思古人"白文長方印，後鈐白文方印一枚，待考）

[1] 張志沂(1896—1953)，又名廷重，河北豐潤人。張佩綸(1848—1903)之子，李鴻章外孫，作家張愛玲(1920—1995)之父。湦陽，豐潤別稱。

（十二）劉朝瑞跋

予弟瞻明篤學嗜古，年十五六時嘗獨居室中，垂目趺坐，人多異之。後負笈海隅，與予不相見者十有餘年。從人問狀況，輒述其清齋奉佛，日扃户頌《法華經》，心益異之，以其春秋正富，無哀樂憂患之來，何脱屣世緣、當下徹悟之早也。今年旅食滬濱，昕夕過從，掃地焚香，參禪説偈。弟見予日書《般若經》，亦歡喜贊歎不已，出斯卷屬識數語。予所見敦皇石室藏經多矣，頗思闡發一二，以貢於弟。繼頌吾友陶且匋先生偈，不禁當下空空，無法可説。擲卷而起，月色滿窗。吾弟笑謂予曰：兄其有所悟耶！予仰天作嘘嘘聲。甲子花朝(1924.3.16)素仁劉朝瑞。（鈐白文方印二枚，待考）

（十三）慧西跋

本懷已暢，扶律譚常。四衆弟子，永爲典章。依教奉行，佛法長光。爰題斯卷，以誌勿忘。

瞻明居士囑題。蜀東慧西謹識。（鈐"神□天□"白文方印）

（十四）瞿曇度跋

六祖不識字，能解涅槃經。慧眼定超凡，離塵豈鈍根。祇樹闢靈境，菩提外色空。法藏傳千載，遠至非無因。　居士早聞道，婼修忘苦辛。開卷誦琳琅，蓬萊方丈中。我來深贊歎，三界一誠通。神彩動毫芒，字字金粟身。

瞻明居士囑題。湘西瞿曇度。（鈐印二枚，待考）

（十五）吳道生跋

　　甲子長至（1924.6.22）合肥吳道生敬觀於頌彝居[1]。（鈐白文方印一枚,待考）

　　[1]吳道生,名承祖,號了邨,安徽合肥人。工書。民國間有正書局印行《吳了村臨石鼓墨蹟》《吳了村臨散氏鬲墨蹟》等。

（十六）方爾謙跋

　　余所見燉煌石室六朝唐人寫經不止千卷,所得不止百卷,然如此卷之杲墨精好,亦無幾也。余初獲此,近於竊取[1]。既竊取矣,遂至販賣。既販賣矣,遂至割裂。余每見此種卷子,覺罪過無量,歡喜亦無量。今身邊所存尚七八十卷。中間因販賣更易,取他氏所有補我所無,得《蓮華經》七卷一字不闕,《維摩經》三卷一字不闕,他小卷如《阿彌陀經》《藥師經》之屬完全者十數種,有年號者僅三五種。每當静坐,用以自娱。而十餘年來水火刀兵之厄,往往挾以俱走,爲之恐懼,有累方寸。明知有有必有無,乃患得患失,並此區區莫能解脱,亦由吾於經卷但知竊取、販賣、割裂之,未嘗一日持誦校勘,而其中所以爲佛者,更絶無知焉,無怪恐懼多、歡喜少耳。瞻明一笑。大方。（鈐"大方"朱文方印）

　　[1]竊取,指1910年夏敦煌遺書解京爲何震彝、李盛鐸、劉廷琛、方爾謙等盗竊事。此跋自道竊取解京敦煌遺書心境,爲當日參與其事者中所僅見。

（十七）袁克文跋

　　唐人寫經字秀足而少勁拔,此与方健剛儁,乃六朝人所乍也。近時吐魯番忽有晉人寫經及古本書出,其古麗尤勝于此。然六朝經与其精整完好若此者,亦不可多有也。瞻明其善寶之。乙丑（1925）三月識于津沽旅舍。克文。（鈐朱文長方印一枚,待考）

（十八）顧祖彭跋

　　我佛閔人如恒沙,欲度苦海乘三車。唐賢發願寫此卷,硬黄走筆猶龍蛇。藏者何人劉居士,悟徹彼法無終始。更爲蛇奴劚鈍根,人天法界俱歡喜。

　　瞻明年姻世兄屬題。上元顧祖彭[1]。（鈐"壽人"朱文方印）

　　[1]顧祖彭,字壽人,江蘇江寧（今南京）人。光緒二十年（1894）進士。官農工商部郎中。民國間寓居天津。

（十九）黄節跋

　　遺經深鐍少完函,斷卷烏闌出石龕。獨有劉侯珍重意,徵題親爲過城南。

　　瞻明居士屬題。黄節[1]。（鈐"黄節之鉨"白文方印）

　　[1]黄節（1873—1935）,字晦聞,廣東順德人。光緒三十一年（1905）與鄧實等在上海組織國學保存會、國粹學社,創辦《國粹學報》。宣統元年（1909）加入同盟會。民國初年任廣東高等學堂監督。1917年任北京大學文學院教授。1928年任廣東教育廳長。次年復任北大教授,兼任清華大學、北京師範大學教職。著有《兼葭樓詩》。

（二十）陳三立跋

　　光緒壬辰、癸巳間（1892—1893）,余客武昌,獲覿楊惺吾翁由日本所購北齊暨唐人寫經凡數卷,詫爲奇祕。及近歲歐洲人發揭燉煌石室,其唐以前寫經留遺中土爲士大夫所收玩者,始數見不鮮。惟吴綑齋藏有近萬字之北周建德間大都督吐知勤明軸稍誇爲希有[1],余亦從瞠視而已[2]。然今觀蘅莊居士此卷,雖號爲唐人書,雖不具名氏官爵年號,而篇幅繁長完好與之埒,書勢精美或尚欲過之。居士據而持誦,以與其人精氣奥澤相接,不可謂非善結佛緣者也。丁卯(1927)三月陳三立題記,年七十有五。(鈐"散原"朱文長方印)

[1] 吴綑齋,指吴士鑑(1868—1934)。北周建德間大都督吐知勤明軸,即上博 05(3260)《大般涅槃經》卷九,卷末有北周建德二年(573)吐知勤明發願文六行。

[2] 據上博 05 卷後題跋(已收入本書),陳三立於癸丑正月十二日(1913.2.17)、乙丑春三月三十日(1925.4.22)兩次觀覽該卷。

(二十一) 余肇康跋

丁卯浴佛日(1927.5.8)中江王潛,湘鄉曾廣鈞[1],如皋冒廣生,新建夏敬觀[2],建德周達,湘潭袁思亮[3]、袁榮法[4],長沙余肇康同觀[5]。肇康識,子襄傳侍[6]。

[1] 曾廣鈞(1866—1929),字重伯,號馭庵、環天,湖南湘鄉人。曾國藩之孫。光緒十五年(1889)進士。官廣西知府。同情戊戌變法。工詩詞,著有《環天室詩集》《環天室詞》。

[2] 夏敬觀(1875—1953),字劍丞、盦人,號映庵,江西新建人。光緒二十年(1894)舉人。清末曾任江蘇提學使,上海復旦公學、中國公學監督。1919 年任浙江省教育廳廳長。1924 年棄官居滬。工詩詞,善畫山水花卉。著有《詞調溯源》《映庵詞》《忍古樓詩集》《忍古樓詞話》等。

[3] 袁思亮(1881—1939),字伯夔,湖南湘潭人。光緒二十九年(1903)舉人。民國初年曾任工商部秘書、國務院秘書、印鑄局局長。袁世凱復辟,棄官寓居上海。藏書甚豐。

[4] 袁榮法(1907—1976),字帥南,號滄州,湖南湘潭人。袁思亮從子。臺灣東吳大學教授。撰有《剛伐邑齋藏書志》。

[5] 余肇康(1854—1930),字堯衢,號敏齋,倦知老人,湖南長沙人。光緒十二年(1886)進士。歷任工部主事、武昌知府、山東按察使、江西按察使、法部左參議、湖南粵漢鐵路總公司總理。晚年寓居上海。著有《讀書雜識》《敏齋隨筆》等。

[6] 余襄傳,余肇康之子,生平不詳。

(二十二) 李宗唐跋

觀善居士以所藏唐人寫《涅槃經》卷屬題。謹按:佛説《涅槃經》迄今未已,以大海爲墨,畫地爲筆,虛空爲紙,去來今一切人書猶不能寫毛頭許,則唐人區區卷子,何足以盡之。雖然,唐人未着筆前書已竟,居士其已知而更珍之乎。佛曆二九五六年涅槃前十日大愚題于滬濱[1]。(鈐"傳□"白文方印、"大愚"朱文方印)

[1] 大愚,本名李宗唐,號時諳,湖北武漢人。曾任湖北省議員。1923 年出家。1928 年赴滬,次年轉北平,後居四川成都。佛曆二九五六年涅槃前十日,指 1929 年農曆二月初五(3.15)。

(二十三) 常惺跋

諸佛法身,非生非滅。化佛八相中之示現涅槃,殆亦應以涅槃身得度者,即現涅槃身而爲説法耳，非真有死生去來相也。故《華嚴》中善財參牌瑟底羅居士時見三世諸佛，無一入涅槃者。然則今日讀《涅槃》一偈一句，雖謂釋迦仍現身説法可也。質之觀善居士，以爲如何？己巳仲春二月六日（1929.3.16）雉水常惺識於海上[1]。（鈐“常惺”朱文方印）

[1] 常惺（1896—1939），原名朱寂祥，江蘇如皋人。幼孤，十二歲出家。1925 年至廈門協助太虚創辦閩南佛學院。1928 年從持松法師修習密法。1929 年在杭州昭慶寺主持僧侣師範學院。後相繼住持北平萬壽寺、泰州光孝寺、廈門南普陀寺等。著有《佛學概論》《大乘起信論親聞記》等。

（二十四）體參跋

吞竭大海墨，粉粹盡地筆。抓破個虚空，爾曹怎生寫。識得麽爾教，居士作麽珍。體參[1]。（鈐“體參”朱文方印）

[1] 體參，俗姓李，湖北人。1922 年入武昌佛學院，1925 年入南京支那内學院。1930 年任教於北平拈花寺佛學院。次年赴印度，受聘爲國際大學華文教授。曾任印度日報英文翻譯。

（二十五）張運跋

劉君荃莊[1]、蘅莊昆弟早負詩文聲，所交並當世聞人，不見餘十年，一日偕過，劇談歡甚。蘅莊並攜示此卷，題識數十人，或稱爲唐，或上推爲六朝。要之，歷千餘年兵火摧殘，物之隨世湮滅者多矣，而居然獨完，豈其有與爲不敝者乎！斯可異也。癸酉（1933）四月張文運記[2]。（鈐“武道”朱文方印）

[1] 劉朝望（1882—1962），字荃莊。劉銘傳之孫。舉人。清末任刑部郎中、四川永寧道。武昌起義後，1911 年 11 月宣佈成立川南軍政府，任都督。1913 年授陸軍中將。後任參政院參政。

[2] 張文運，即張運（1863—1938）。

（二十六）江伯瑟跋

誰能好致沈埋底，山靈呵護獻鬼使。禹碑何處石鼓殘，不共淄磷片紙耳。劉侯開卷心神、，此寧偶得餘則殊。射寺發覆幾名章，我不能此言其粗。君家大父天下賢，江流崛起清塵烟。志業競老人代遠，如毛盜寇還當年。當年號盤快一得，振旅毘陵剛獻捷。肆筵主客恣摩挲，軍命分明有時樂。海内拓本論萬千，每懷得者同流傳。岷山無名待人著，公不假與誰當宣。公孫陳才計以斗，素白光陰曹謝手。更看契分劫餘經，盛事遥同世稀有。爲君三歎歌垂勛，起家霜載世以文。龍虎變逝鷟鸘吟，今之視昔後視今。子孫永寶遥南金。（心神下脱□□字。）

瞻明道人命題。伯瑟[1]。（鈐“江○”朱文長方印）

[1] 江伯瑟，合肥人。光緒十六年（1890）進士江雲龍（字潛之）之孫。工詩文。

【圖版】

安徽博物院 2017，第 27—30 頁。

142. 安徽博物院藏 2：13878 寫經殘片册頁囿之跋

【概述】

此件爲寫經殘片册頁。兹據方廣錩文迻録題跋二則。

【校録箋證】

（一）囿之跋一

唐人寫經十二行，行二十九字不等，起“也三名頗”，止“虚廓無相”，凡三百零七字。紙色深黄，殘損頗多，書法亦差，乃唐時經生所書。辛卯（1951）夏日囿之寫記於肥濱。

（二）囿之跋二

昔人於經生書多加菲薄，以爲不足觀，非篤論也。經生書固有劣者，然亦有絶佳者。如此册一至七頁北魏隋唐等篇，變化百出，各臻其妙，爲楷法正宗，千載而下，典型賴以不墜。是則經生何嘗無佳書，第昔人未見耳，惡得以經生書少之？余謂敦煌石室藏經之出，不僅是歷史上重要文獻，亦可爲經生書一吐不平之氣。乙未四月浴佛日（1955.5.29）囿之記於平梁[1]。

[1] 平梁，指肥東。據《安徽省志・建制沿革志》（北京：方志出版社，1999 年），東魏改南梁郡置平梁郡，屬譙州，治慎縣（今安徽肥東梁園鎮）；入北齊，復改爲南梁郡。

【研究】

方廣錩 2002B，第 186 頁；方廣錩 2010，第 124 頁。

143. 歙縣博物館藏武周時期寫經許承堯跋

【概述】

據王衛東文，此跋附於“唐武則天新造字寫經”。該卷或即寫於武周時期。經名、鈐印等情況不詳。跋文據王衛東文迻録。

【校録箋證】

唐精書。經内有武氏新造字，疑庵藏。余所藏敦煌寫經甚多，有武氏新造字者竟未一觀，得此可備一格。

【録文】

王衛東 2018，第 27 頁。

144. 歙縣博物館藏唐人寫經許承堯跋

【概述】

據王衛東文，此跋附於“唐人寫經”。經名、鈐印等情況不詳。跋文據王衛東文迻録。

【校録箋證】

此敦煌鳴沙山古三界寺唐人寫經，千年前之墨寶，楮色如新，且非經生書。爲經生書多腴澤整滿,如世所傳《靈飛經》;此則瘦勁古拙,有篆分餘意,當爲沙門或居士所寫。至不易得,非尋常金石碑帖所可同語也。壬午苣廎記。

【録文】

　　王衛東 2018,第 27 頁。

145. 歙縣博物館藏《妙法蓮華經》許承堯跋

【概述】

　　此跋王衛東文擬題爲“許承堯爲唐人寫經題記”。據許跋,此整部《妙法蓮華經》,係其以三十餘卷割綴而成。跋文據王衛東文迻録。

【校録箋證】

　　敦煌鳴沙山莫高窟石室所出唐人寫經,以《妙法蓮華經》爲獨多,而斷闕亦特甚,何論全部。惟日本人橘瑞超尋求最先,徵其記録,得全部者四。吾國所有僅見方君地山所藏一焉。書非一手,亦頗粗率。此部乃余游隴時所得,先後搜索七年,儲此經三十許卷,割截補掇,幸乃成之,猶復簡别劣,書務取精,兼點畫有法,光氣益然,斯爲可貴。第一、第二、第四卷端仍有少許殘失,百計不完,乃求蘄水陳蘇生先生曾佑端書補之。先生凤研唐楷,年已七十,精神不衰,書之工堅,不懈毫髮。余由隴入都,載更寒暑,先生遂覓殂化,尋瞻遺墨,感舊傷懷。中華民國十一年(1922)十一月歙縣許承堯記。

【録文】

　　王衛東 2018,第 27 頁。

146. 湖北省博物館藏《律藏第三分》卷十康有爲跋

【概述】

　　據王倚平、唐剛卯介紹,此卷存 15 紙,長 678.5 釐米。有首題、尾題“律藏第三分卷第十”。卷尾鈐“靈蘭室珍藏鳴沙秘寶”朱文方印。靈蘭室,徐聲金書齋名,此件係徐氏舊藏。拖尾有康有爲跋一則。

【校録箋證】

　　此寫經當是魏時。康有爲。（鈐“康有爲印”白文方印）

【録文】

　　王倚平、唐剛卯 2001,第 270 頁(第 1 號)。

【圖版】

　　湖北省博物館 2019,第 31 頁。

147. 湖北省博物館藏《大般涅槃經》卷三十一康有爲跋

【概述】

據王倚平、唐剛卯介紹,此卷 18 紙,長 707.7 釐米。有尾題"大般涅槃經卷第三十一",尾題後有題記"比丘道舒受持"。

卷首騎縫鈐"聲金"朱文圓印,下鈐"靈蘭室主"朱文方印,中另有一長方印,印文待考。尾題下鈐"靈蘭室珍藏鳴沙秘寶"朱文方印。卷尾鈐"徐聲金印"白文方印、"湖南高等法院院長"朱文方印。可知爲徐聲金舊藏。

卷尾有康有爲跋。

【校錄箋證】

此寫經綿密佚麗,與刁遵筆意略同[1],當是北魏時佳手。癸亥(1923)三月康有爲。(鈐"康有爲印"白文方印)

[1] 刁遵,指《刁遵墓誌》,北魏熙平二年(517)刻石,清雍正年間出土於直隸南皮。以書法端莊秀美著稱,結體綿密,圓腴遒勁,爲北魏墓誌書法代表作之一。康有爲《廣藝舟雙楫》謂:"《刁遵志》如西湖之水,以秀美名寰中。""《刁遵》爲虛和圓静之宗。"

【録文】

王倚平、唐剛卯 2001,第 270 頁(第 2 號)。

148. 湖北省博物館藏《華嚴經》卷二十九康有爲跋

【概述】

據王倚平、唐剛卯介紹,此卷存 12 紙,長 649.3 釐米。卷首騎縫鈐"蘭"朱文方印;另鈐一長方印,印文待考。卷尾鈐"徐聲金印"白文方印。可知爲徐聲金舊藏。

卷尾有康有爲跋一則。

【校錄箋證】

此經筆意開龍藏寺[1]、虞永興之先[2],亦有弔比干意[3],似是北齊人書,高妙甚矣。癸亥(1923)三月南海康有爲。(鈐"康有爲印"白文方印)

[1] 龍藏寺,指《恒州刺史鄂國公爲國勸造龍藏寺碑》,通稱《龍藏寺碑》。隋開皇六年(586)立,石在河北正定隆興寺。書風端莊俊麗,結體平正寬博,用筆遒勁沉著,爲隋代第一名碑。康有爲《廣藝舟雙楫》謂:"隋碑漸失古意,體多闓爽,絶少虛和高穆之風。一綫之延,惟有《龍藏》。《龍藏》統合分隸,並《弔比干文》《鄭文公》《敬使君》《劉懿》《李仲璇》諸派,薈萃爲一,安静渾穆,骨鯁不減曲江,而風度端凝,此六朝集成之碑,非獨爲隋碑第一也。"又謂:"《龍藏寺》秀韻芳情,馨香溢時,然所得自齊碑出。齊碑中《靈塔銘》《百人造像》皆於瘦硬中有清腴氣,《龍藏》變化加以活筆,遂覺青出於藍耳。"

[2] 虞世南(558—638),封永興縣開國公,世稱"虞永興"。

[3] 弔比干,指《魏孝文帝弔比干文碑》,北魏太和十八年(494)立於河南衛輝比干墓祠。原碑已不

存,宋元祐五年(1090)重刻。字體方整,用筆峻直,魏碑書法代表作之一。康有爲《廣藝舟雙楫》謂:"《孝文弔比干文》是崔浩書,亦以筋骨瘦硬爲長。"又謂:"《弔比干文》爲瘦硬峻拔之宗。"又謂:"《弔比干文》若陽朔之山,以瘦峭甲天下。"

【録文】

　　王倚平、唐剛卯 2001,第 270 頁(第 4 號)。

149. 湖北省博物館藏《大般涅槃經》卷四十康有爲跋

【概述】

　　據王倚平、唐剛卯介紹,此卷 9 紙,長 433.2 釐米。有尾題"大般涅槃經卷第四十"。卷尾有貞觀二年二月八日題記。

　　卷首鈐"東至日出西至日入"朱文方印、"靈蘭室主"朱文方印;另有一長方印,印文待考。尾題下鈐"徐聲金印"白文方印、"湖南高等法院院長"朱文方印。可知爲徐聲金舊藏。

　　卷尾有康有爲跋一則。

【校録箋證】

　　此經筆意當在魏齊間,又有貞觀人跋,尤爲罕見。癸亥(1923)三月康有爲。(鈐"康有爲印"白文方印)

【録文】

　　王倚平、唐剛卯 2001,第 271 頁(第 6 號)。

150. 湖北省博物館藏《大般涅槃經》卷十八康有爲跋

【概述】

　　據王倚平、唐剛卯介紹,此卷 19 紙,長 808.4 釐米。卷首鈐"徐聲金印"朱文方印;另有一長方印,印文待考。卷尾鈐"徐聲金印"白文方印、"湖南高等法院院長"朱文方印。可知爲徐聲金舊藏。

　　拖尾有康有爲跋一則。

【校録箋證】

　　此寫經與靈廟碑陰及新出土之秦建元四年碑筆法略同[1],且類流沙簡,必在北魏以前。鴻寶奇珍,當與閻浮國士人共珍護。康有爲。(鈐"康有爲印"白文方印)

　　[1] 靈廟碑,指《中嶽嵩高靈廟碑》,北魏太安二年(456)立,傳爲寇謙之書,碑陰尤佳。康有爲《廣藝舟雙楫》謂:"《靈廟碑陰》佳絶,其'將''軍''寧''烏''洛''陵''江''高''州'等字,筆墨渾穆,大有《石鼓》《琅邪臺》《石經》筆意,真正書之極則,得其指甲,可無唐宋人矣。"又謂:"《爨龍顏》爲雄强茂美之宗,《靈廟碑陰》輔之。"秦建元四年碑,即《前秦建元四年産碑》,前秦建元年四年(368)立,1920 年發現於陝西白水,1972 年入藏西安碑林。1923 年康有爲跋此碑一拓本:"北碑近新出土以此爲古雅第一。《關中金石志》名爲廣武將軍則非也,乃廣武將軍曾孫産耳。惟碑爲苻秦建元元年四年,去王右軍《蘭亭》僅十二年,故字多隸

體,實開《靈廟碑》之先,淵茂且過之,應與《好大王碑》並驅争先。此拓有碑額,碑陰尤爲完美,碑陰字似流沙墜簡,古逸至矣。吾擬名此碑曰《秦建元四年産碑》。此碑在陝,亦爲關中楷隷冠。扶萬弟珍藏此而修金石時易此名也。癸亥冬,天游化人康有爲。"(影本見《文藝研究》2016年第10期)内容可與此跋參看。

【録文】

王倚平、唐剛卯2001,第274—275頁(第26號)。

151. 重慶圖書館藏《大通方廣懺悔滅罪莊嚴成佛經》卷中徐森玉、張國溶、嚴天駿、李權跋

【概述】

此件存1紙,23行,長41釐米。裱於一張白紙,殘片左側爲徐森玉、張國溶跋,右爲李權跋,下爲嚴天駿跋。據華海燕、袁佳紅介紹,此件可能爲抗戰勝利初期徐森玉護送至重慶的古籍之一,約在抗戰結束後入藏羅斯福圖書館(重慶圖書館前身)。諸跋據華海燕、袁佳紅文迻録。

【校録箋證】

(一)徐森玉跋

此卷出自敦煌,爲仲和先生所藏[1],風格端凝,氣力充滿,無經生庸俗之習,酷似孔祭酒碑[2],是初唐名手書也。鄭重展觀,自幸眼福非淺。壬戌冬至(1922.12.22),吳興徐鴻寶題。(鈐"森玉長壽"白文方印)

[1] 鄧仲和(1904—1983),江蘇江陰人。實業家,在上海創辦大慶紗布號、安樂棉毛紡織染廠等企業。1979年赴港定居。

[2] 孔祭酒碑,又稱《孔穎達碑》,碑額篆書"大唐故國子祭酒曲阜憲公孔公之碑銘",于志寧撰文,唐貞觀二十二年(648)立。原立於陝西禮泉孔穎達墓前,現存昭陵博物館。

(二)張國溶跋

仲和與余交,取諗此幅,年前由秋史夫人交來題識。屢晤仲和,亦未經道及,疑另爲一人。久之亦無索者,庋諸畫軸中,漸忘之矣。月前面詢仲和,始悉此幅爲胡西樵同年所贈[1],而嚮森玉乞題者,蓋厤有年所也。敦煌寫經泰半流入東西洋,全幅至不易得,六朝人書尤不易覯。余友徐蘭如君曾贈得六朝殘幅[2],邇來檢尋,已失所在,得此琇瑄,忻慰奚如。然此幅在森玉處閣置數年,經過余所,抑又年餘,大有思主之意,敢瀕於懷璧之嫌,亟述其經過而歸之。時丙寅重九前一日(1926.10.14),獨園海若識於二録石齋[3]。(鈐"張海"白文方印)

[1] 張國溶此跋稱胡西樵爲同年,查光緒三十年(1904)進士胡姓者僅胡家鈺一人,或即其人。胡家鈺(1871—1936),直隷承德(今屬河北)人,字式如。清末官禮部員外郎。民國初年任熱河教育廳長,籌辦熱河圖書館,纂修《承德縣志》。1930年辭職,遷居北平。

[2] 徐聲金(1874—1958),字蘭如。

[3] 張國溶(1879—1943),字海若,號月波,湖北蒲圻人。光緒三十年進士,授翰林院編修。留學日

本。回國任漢口商業學堂學監、湖北諮議局副議長。武昌起義後任湖北軍政府政事部編制局局長。1912年任政事堂參議,1914 年當選約法會議議員。五四運動後脱離政界,寓居北京從事書畫。

（三）嚴天駿跋

　　敦煌寫經爲有唐冣著之作,近代流傳及於海外,國中反成吉光片羽。仲和得此帙,藏之數歲,丙寅(1926)冬日甫出見眎,古意溢於行間,洵墨寶也。爲識數語歸之。玉溪嚴天駿題於宣南寓齋[1]。（鈐“嚴二”朱文方印、“天駿”白文方印）

　　[1] 嚴天駿(1868—1927),字仲良,雲南玉溪人。光緒十七年(1891)舉人。1904 年留學日本弘文學院師範科。曾任雲南澂江府師範傳習所所長、湖北長陽縣知縣。民國初年任衆議院議員、約法會議議員。著有《玉湖詩文集》《日京參觀瑣録》《行政隨録》等。

（四）李權跋

　　丁巳(1917)、戊午(1918)間,吾友鄧君良甫自隴貽《延壽經》全帙,云得自敦煌石室者。予於書家源流夙未研究,偶一展視,意若爲移,然終不能領其妙處,姑藏之而已。越十年,仲和出是卷囑題。予觀卷内題者若徐君森玉、張君海若、嚴君仲良,皆精鑒別,仲和又號稱書家,於此卷既均愛玩不已,其爲稀世珍可決言也。亟檢舊藏與仲和同觀,仲和謂首尾完全,尤爲難得,慫恿善爲裝潢。予於此卷雖不能贊一詞,爰述梗概,以識予愧,即作此卷題詞可也。丁卯清明後十日(1927.4.16),鍾祥李權博父題於都門雙槐寄廬[1]。（鈐“博父”朱文印）

　　[1] 李權(1868—1947),號博父,湖北鍾祥人。考古學家李濟(1896—1979)之父。清末任職於學部,民國初年任職於内務部警政司。撰有《鍾祥金石考》,總纂《鍾祥縣志》。

【研究】

　　方廣錩 2002B,第 186 頁;方廣錩 2010,第 124 頁。華海燕、袁佳紅 2015,第 118 頁。

152. 中國三峽博物館（重慶博物館）藏《金剛經》馮國瑞跋

【概述】

　　據楊銘介紹,此卷首尾均殘,存 5 紙,長 208.5 釐米。卷首題“敦煌中唐寫本金剛經殘卷”。每兩紙間騎縫鈐“鄧憲廷”印。鄧憲廷生平不詳,待考。

【校録箋證】

　　此卷雖殘,而得其强半部,二千餘字。敦煌寫經體多褚、虞風逸,韻律溢一,望而知爲中唐開元、上元間作也。萬先學兄供養[1],永珍幸甚。馮國瑞敬跋。

　　[1] 萬先,疑爲鄧憲廷字。

【録文】

　　楊銘 2002,第 355 頁。

【研究】

　　方廣錩 2002B,第 185 頁;方廣錩 2010,第 123 頁。

153. 中國三峽博物館(重慶博物館)藏《維摩詰所説經》徐正庵跋

【概述】

　　據楊銘介紹,此卷首尾均殘,存1紙,12行,長21.5釐米。卷首題"唐人寫經真跡墨。壬申八月中秋節爲景軒仁兄題首,徐正庵觀並記"。後鈐"正庵之印"。景軒,生平不詳;徐正庵,清末民國期間北京印泥製作名手,與西泠印社張魯庵並稱爲"南張北徐"。

【校録箋證】

　　唐人寫經舊藏敦煌石室內,歷千百年向無知者,海內諸名家未見載録。以迄清末,山忽崩,此石室開裂,經遂得顯。有年號、姓名者,盡爲西國有力者購去,國內存者無幾。遊敦煌者尋得殘片枝字者,幾同星鳳。今景軒兄出此命題,觀字畫俊整挺秀,或出徐季海、褚河南二公之手[1],尚未可定。今本物歷千劫而不磨,定有佛法護持,故風韻完好如初,壬申(1932)秋八月。正庵識。(鈐"正闇父章")

　　[1] 徐季海,指唐代書法家徐浩(703—782),字季海,越州(今浙江紹興)人。張九齡之外甥。累官工部侍郎、嶺南節度觀察使、吏部侍郎、集賢殿學士。褚河南,指褚遂良(596—658或659)。

【録文】

　　楊銘2002,第356頁。

154. 中國三峽博物館(重慶博物館)藏《妙法蓮華經》卷一佚名跋

【概述】

　　據楊銘介紹,此卷首尾均殘,存1紙,28行,長46.5釐米。所裱絲帶上題"敦煌石室殘經"。楊銘文著録爲"寫經殘卷",據其所録首句"我慢自矜高有絲諂曲心不實"及末句"乃至一小音皆已成佛道",可查得爲《妙法蓮華經》卷一。

　　據楊銘文,右側及下邊絲帶有跋文,楊銘文録文似不全,姑據以迻録如下。

【校録箋證】

　　此敦煌石室所出之唐人所寫殘經也。石室在甘肅敦煌縣東南鳴沙山山麓,有三界寺,寺有石室千餘,舊名莫高窟,俗稱千佛洞,以四壁皆佛像也。清光緒庚子年(1900),有道士掃除積沙於複壁,破處見一室,內藏甚富。發之皆唐及五代人所手書之件,並有雕本及佛像、彝器等類,佛經尤多,蓋西夏兵革時保存於此者。英人史泰、法人伯希和先後至其地,擇完好者捆載而去,存於彼國博物院中。至我國政府更往搜求,精好者已不可覓矣。近人據伯希和所得本印行者有《敦煌石室遺書》《鳴沙石室古佚書》二種,皆前所未見之秘笈也。此幀係彰明人蘇子培君官敦煌典史時所得,而以詒林者也[1]。雖殘本,實爲唐人手書,古色盎然,殊可珍玩[2]……

　　[1] 蘇子培,名念祖,四川彰明(今江油)人,宣統元年(1909)任敦煌縣典史(據吕鐘修纂《重修敦煌縣

志》)。林,爲此卷舊藏者,亦即此跋作者,全名不詳。

　　[2] 楊銘文録文至此,似未完,待考。

【録文】

　　楊銘 2002,第 356—357 頁。

155. 中國三峽博物館(重慶博物館)藏藏文《無量壽經》心道、高一涵跋

【概述】

　　據楊銘介紹,此卷首尾全,3 紙,長 137.5 釐米。卷首有"蘭州人法幢寺方丈心道和尚"跋,末有高一涵跋,此據楊銘文迻録。

　　心道(1905—1968),俗姓李,湖北松滋人。1922 年出家,法名源福,號心道。先後在鎮江金山寺、常州天寧寺、上海興慈寺、寧波觀宗寺研習佛法,1930 年畢業於閩南佛學院,後任福州鼓山佛學院教授、督學及教務主任。1934 年後兩度赴青海學習密宗。1942 年赴河西講經,應張掖古佛寺之請任該寺方丈,改寺名爲大法幢寺,在該寺創立法幢宗。1943 年春至安西、敦煌講經,並遊覽莫高窟。

【校録箋證】

(一) 心道跋

　　舜公參謀長翊贊戎機,功博邊陲。精研内典,扶掖佛教,婆心濟世,非僅以政事稱也。聞公之有今日,在得力於母教獨支,並悉其太夫人張母李老居士,曾皈依佛門,誠信不衰,其所以庇蔭及昆,並增福壽,在固有也。兹以太夫人八旬晉八榮慶,遥祝於蘭垣,謹以敦煌縣古藏無量壽藏經申獻慶之意云爾。

(二) 高一涵跋

　　心道法師持此卷屬題,予於莫高窟藏經素無研究,但觀其紙張及書法,當是一千年前之物。今敦煌藝術所成立[1],願心道法師提倡,不論僧俗,多寫經卷,當爲多辟藏經洞藏之,俾得保存久遠焉。民國三十二年中秋節(1943.9.14),高一涵識[2],時客蘭州。(鈐"高一涵印")

　　[1] 敦煌藝術所,即今敦煌研究院之前身敦煌藝術研究所。該所籌建於 1942 年,正式成立於 1944 年 2 月。高一涵撰此跋時,該所尚在籌備時期。

　　[2] 高一涵(1884—1968),安徽六安人。民國初年畢業於日本明治大學政治科。1916 年回國,參與《每週評論》《新青年》編務,歷任北京大學、武昌中山大學、中國大學、中國公學教授。1931 年任監察院監察委員,1935 年任湘鄂區監察使,1940 年任甘寧青區監察使,1943 年 1 月任敦煌藝術研究所籌備委員會主任,1946 年當選國民大會代表。1949 年後任南京大學法學院院長。著有《歐洲政治思想史》《政治學綱要》《中國御史制度的沿革》等。

【録文】

　　楊銘 2002,第 358 頁。

156. 中國三峽博物館（重慶博物館）藏《霄雲山房精秘册》黄世銘跋

【概述】

中國三峽博物館藏《霄雲山房精秘册》（館藏登記號 74433）爲四件書畫文獻合装册頁，其一爲敦煌所出《大般若波羅蜜經》卷三十八殘片，長 33.1 釐米，存 17 行。此件敦煌遺書殘片長期未爲敦煌學界所知，近年全國第一次可移動文物普查中始受到注意，由該館劉興亮撰文揭示。據劉興亮考證，此殘片或與上圖 025（812403 - 2）爲同一寫卷的兩段殘片。後有黄世銘題跋一則。

【校録箋證】

兹册共四品。首爲清末發現之敦煌石室藏北魏人寫《般若經》折子一段，繭紙本，質甚堅韌，書法古樸，猶存漢晋遺風，觀此可悟古人運筆之妙，石刻者徒存其形骸耳。次則川北龍泉寺佛像裝藏之宋人繒畫《荷花水禽》一幅，土改時像毀得之，聞其中藏經甚多，均被焚去，此則幸存，雖爲土氣所熏，而野逸風姿泛出繒素之外，此宋物，蜀中流行之没骨畫法也。第三爲秀水朱竹垞繪《研經閣圖》，康熙南巡時御書"研經博物"之額賜之，因以名其居。此畫林木蒼勁，雖山頭小草無不苟，不因紙質破損而減色，蓋有金石之氣貫注之。末爲宋拓《星鳳樓帖褚臨蘭亭序》殘片，原石宋時已毀于兵火，世傳此拓本多爲僞作。此南昌袁氏舊藏，吉光片羽，真稀若星鳳焉。余僻此半生，所珍者僅此耳。癸卯（1963）春乃手裝成册，于時老母健在，不顧衣食，故有此閒情。今則棄養，一身已孑然，不復有此佳興矣。嗚呼！痛哉！略誌因緣如此。歲在乙巳（1965）新秋涼雨之夕。巴人笑芸黄世銘題于塗山之海屋[1]。（鈐"笑芸"朱文方印、"黄世銘印"白文方印）

[1] 黄世銘（1916—1998），號笑芸，重慶江北人。工篆刻，巴人印社成員。重慶市文史研究館館員。

【録文】

劉興亮 2018，第 68 頁。

【圖版】

劉興亮 2018，第 68 頁。

157. 四川博物院藏 SCM.D.02411《妙法蓮華經》卷六沈中擇、唐鴻昌跋

【概述】

據林玉、董華鋒介紹，此卷首尾完整，19 紙，長 859.6 釐米。卷前鈐"唐鴻昌印""如此至寶存豈多"二印。唐鴻昌，字少坡，雲南大關人，家族排行第九。其父唐友耕（1839—1882）以擒獲太平天國翼王石達開之功官至雲南提督、四川提督，卒於成都任所。唐氏在四川大邑等地置産甚豐，唐鴻昌爲清末及民國年間收藏與鑒定名家，晚年寓居成都。"如

此至寶存豈多"印,林玉、董華鋒文指爲孫毓汶(1833—1899)藏印,但孫氏早在敦煌遺書出土前即已離世,無收藏此卷的可能;疑其亦爲唐鴻昌藏印,待考。

卷後有跋四則,今據林玉、董華鋒文迻録如下。

【校録箋證】

(一) 沈中擇跋

彰明蘇念祖獲于敦煌[1],怡蘭堂所藏經卷第二法品[2]。沈中擇題[3]。(鈐滿漢文合璧"敦煌縣印")

　　[1] 蘇念祖,即蘇子培。

　　[2] 怡蘭堂,雲南大關唐氏藏書樓。唐鴻昌之兄唐鴻學刊有《怡蘭堂叢書》。林玉、董華鋒文因句讀疏失,將怡蘭堂係於敦煌,有誤。

　　[3] 沈中擇(1872—1943),原名忠澤,字靖卿,號瘦梅、壯泉,浙江錢塘(今杭州)人。寓居四川成都。工篆刻。輯有《壯泉簃印譜》。

(二) 唐鴻昌跋一

經卷丙戌(1946)夏至由大邑老友張繼雲作緣[1],歸之於公同邑楊茂如道兄齋中[2],余喜其得同好所珍重矣。鴻昌又並書。(鈐"唐九"朱文方印)

　　[1] 張繼雲,四川大邑人,生平不詳。

　　[2] 楊茂如,四川大邑人,曾任匯通銀行總經理。四川博物院藏 SCM.D.02634 敦煌遺書册頁亦爲楊茂如舊藏,係 1951 年捐贈。

(三) 唐鴻昌跋二

此卷是唐代原造用硬黃紙書,唐經中之罕見者,宜秘籍寶之。後三十五年唐鴻昌重記[1]。

　　[1] 後三十五年,即民國三十五年(1946)。

(四) 唐鴻昌跋三

沈題咶乃清光緒時俄國小箋。昌又記。(鈐"唐鴻昌"朱文方印、"怡蘭堂書畫印"朱文長方印)

【録文】

林玉、董華鋒 2013,第 47 頁。

158. 四川博物院藏 SCM.D.08683《妙法蓮華經》殘卷劉瑞琛跋

【概述】

據林玉、董華鋒介紹,此件爲蝴蝶裝,高 21.2 釐米,寬 11 釐米,分爲 13 頁,存尾題"妙法蓮華經卷第三"。封面有題簽"唐人經生寫法華經""唐經生寫法華經卷三""精,一册十三頁,殘本"。首頁鈐"蕪蔞亭主珍藏"朱文橢圓印,末頁鈐"佩珩秘玩"白文方印,可知爲劉瑞琛舊藏。後轉爲巫紹修所得,1951 年巫紹修捐贈四川博物院。

册末有劉瑞琛跋二頁，今據林玉、董華鋒文迻録如下。

【校録箋證】

癸亥(1923)展重陽，日曜正休息。偶遊廠西門，書肆橫南北。惟有述古齋[1]，縹緗獨奇異。唐人寫佛經，一見目眩惑。書法逼晉魏，用筆善用墨。紙黃性且澀，古香兼古色。回想宣統時，發見在西域。敦煌石室中，幽光難終匿。緘閟千百年，荒煙埋荆棘。乃未致毀滅，鬼神呵護力。初泄於人間，鄉愚多不識。精本與畫像，悉被法人得。傳播日既久，搜查始孔亟。學部派專員，輸送車結轄。充棟八千卷，一旦聚京國。斷簡與殘篇，半不介胸臆。無款無題志，茫茫莫可測。迨徐爲研究，珍重逾唐刻。士夫競搜求，價昂值兆億。適獲此一册，弗敢稍吝嗇。展玩意殊愜，足爲楷法式。蓮華經卷三，殘秩加裝飾。字字如珠璣，朝夕供案側。彝鼎生寶光，風雨勿剥蝕。傳之子與孫，保守牢記憶。（第二行"奇異"係"奇特"之誤。）

劉瑞琛佩珩跋[2]。（鈐"劉瑞琛印"朱文長方印）

[1] 廠西門，指北京琉璃廠西門一帶。林海音《家住書坊邊》謂："琉璃廠西頭俗稱廠西門，名稱的由來是因爲有一座鐵製的牌樓，上面鑲著'琉璃廠西門'幾個大字，就設立在琉璃廠西頭上。"述古齋，琉璃廠書肆，或即述古堂，店主于魁祥，字瑞臣，河北深縣人。

[2] 劉瑞琛，字佩珩，河北饒陽人。曾任司法官，善繪山水。與黃賓虹、陸和久、潘齡皋、劉善錡、吳觀等書畫大家有交往，蕪蔞亭主當爲其別號。

【録文】

林玉、董華鋒 2013，第 48—49 頁。

159. 四川博物院藏 SCM.D.104238《大般涅槃經》卷三十二殘卷王仁泉跋

【概述】

據林玉、董華鋒介紹，此件首缺尾全，存 1 紙，長 49 釐米，高 26.4 釐米，引首題"晉人寫經殘卷"。前鈐"如是"朱文葫蘆印、"國原"朱文方印。此件係 1970 年代末由成都市東城區移交四川博物院。

卷尾有跋一則，今據林玉、董華鋒文迻録如下。

【校録箋證】

抗日戰争中内江張大千遊敦煌歸來所贈與六朝人寫經[1]，共爲兩卷。今此卷□存，餘成灰燼矣。寒香館藏[2]。（鈐"仁泉"朱文方印）

[1] 張大千於 1941 年 3 月率領家人弟子離開成都赴敦煌，1943 年 11 月返回成都。

[2] 王仁泉，號寒香館主人。四川華陽篆刻家喬大壯(1892—1948)姻親。生平不詳。

【録文】

林玉、董華鋒 2013，第 49 頁。

160. 成都市温江區博物館藏《妙法蓮華經》卷二朱青長、商衍鎏跋

【概述】

此卷裱有《妙法蓮華經》三段，文字見於《譬喻品第三》，共 68 行。前後各有題跋一則。兹據張振剛文迻録題跋並覆校。

【校録箋證】

（一）朱青長跋

還齋老人爲魚鳧戴君文遠跋所藏燉煌六朝古洞藏經墨蹟[1]。

燉煌郡，玉門關外之大郡也。《漢書》作“敦煌”，在武帝時割酒泉郡之邊胡者爲大郡。漢番雜處，無文化之流入，而吐番素奉胡之回教，教徒之有力者以寫經鑄像爲功德林。其土自北周隋以前已有此宏大廟建，石洞之寫經不自唐始。其藏經至多，以不著姓氏爲功德，悉番習也。然其中間書魏徵者，徵本隋臣，降唐，在寫經時則隋代之措大也。文遠出所藏以求考定，其卷與晉卿方伯之卷暨余所藏卷[2]，紙色筆趣無一不合，蓋珍墨也。近日此種書毁于兵火者，僅存有十分之一二，文遠善寶之，以貽子孫，亦古魚鳧之文化珍玩，世所稀有者已。

歲癸未（1943）七月中伏之末，晨氣頗清，天完敬跋[3]。（鈐“青長”朱文方印）

[1] 魚鳧，温江的别稱。戴文遠，四川成都温江人。民國年間曾任温江縣參議會候補參議員。1947 年與族人創辦私立鳳池圖書館，以己宅爲館址，藏書捐贈該館，並任館長。該館後由温江文教館圖書室接收，1956 年擴建爲温江縣圖書館。

[2] 晉卿方伯，指王樹柟（1851—1936）。

[3] 朱青長（1861—1947），名策勛，字篤臣，號還齋、天完，四川江安人。清光緒二十九年（1903）舉人。民國初年任國史館顧問。朱德任護國軍旅長駐瀘州時，常與其切磋詩詞。1922 年任四川長寧縣長。1927 年後居成都講學著述，撰有《還齋詩》《還齋雜述》等。

（二）商衍鎏跋

敦煌石室中寫經三紙，爲温江戴文遠先生所藏。石室古物先後被英人斯坦因、法人白希和取去甚多，嗣爲政府所聞，始禁止封閉，旋派人將餘物運北京學部，約數十箱，此清末光宣間事也。民國後漸漸流落人間，字體精觕美惡不等。此三紙書法清剛，佳者可與龍藏寺碑、衛景武公碑不相上下，殆爲隨末唐初人手筆。戴君珍而藏之也宜哉。乙酉（1945）初春商衍鎏題[1]。（鈐“商衍鎏鉨”白文方印、“甲辰探花”朱文方印）

[1] 商衍鎏（1879—1963），字藻亭，廣東番禺人。光緒三十年（1904）探花，留學日本，歸國後任國史館協修。民國初年曾任江蘇督軍署秘書、總統府諮議。1927 年任國民政府財政部秘書。1937 年 11 月旅居四川。1949 年後歷任中央文史館副館長、廣東省政協常委、廣東省文史研究館副館長等職。著有《清代科舉考試述録》等。

【録文】

　　張振剛 2021,第 80—81 頁。

【圖版】

　　張振剛 2021,第 80—81 頁。

161. 陝西省美術博物館藏"敦煌遺書殘片"裱軸高一涵跋

【概述】

　　此卷裱褙敦煌遺書殘片一百三十餘塊,有漢文、回鶻文、藏文殘片。漢文殘片最大者爲《金光明最勝王經》卷一,存 6 行之上半,計 30 餘字,其他率皆零碎殘片。前鈐"教育部藝術文物考察團"朱文方印、"王子雲"朱文方印,後鈐"子雲鑑賞"朱文方印。據周伯衍介紹,此卷爲王子雲家人捐贈,係王子雲考察敦煌時所得。卷尾有時任監察院甘寧青區監察使高一涵題跋一則,稱其係"子雲先生從砂礫及灰燼中檢得"。

【校録箋證】

　　敦煌千佛洞中有稀世之寶三,即壁畫、塑像、藏經是也。今壁畫雖多破壞,但所存尚多,至塑像、藏經則存者甚少,塑像之殘破者盡堆砌於千佛塔中,至今尚在,惟殘闕藏經則多被焚化。子雲先生從砂礫及灰燼中檢得斷片殘簡碎金,殊堪珍貴,願子雲先生永寶之[1]。三十二年(1943)六月中旬高一涵識於蘭州。(鈐"涵廬"白文方印、"高一涵印"朱文方印)

　　[1] 王子雲(1897—1990),安徽蕭縣人。1923 年畢業於北京美術學校,先後任職於孔德學校、第四中山大學民衆教育館、西湖藝術院。1931 年赴法國留學。1937 年任杭州藝術專科學校雕塑系教授。1940 年至 1945 年任教育部西北藝術文物考察團團長,其間於 1942 年考察敦煌。1945 年起歷任西北大學、成都藝術專科學校、西北藝術學院、西安美術學院教授。著有《中國古代雕塑藝術史》《中外美術考古紀遊》等。

【録文】

　　周伯衍 2014,第 13 頁。

【圖版】

　　周伯衍 2014,第 13 頁。陝西省美術博物館 2016,第 142—143 頁。

162. 西安博物院藏西博 006《妙法蓮華經》卷八徐錫祺、汪宗翰跋

【概述】

　　此卷首殘尾全,長 521.1 釐米。卷末有尾題"妙法蓮華經卷第八",後有徐錫祺、汪宗翰二跋。徐跋落款爲光緒三十一年(1905),爲現知最早的敦煌遺書近人題跋。此卷入選第二批《國家珍貴古籍名録》,名録號 2445。

【校録箋證】

（一）徐錫祺跋

　　光緒三十一年秋七月朔七日（1905.8.7），分巡安肅使者徐錫祺敬閲於酒泉節署[1]。
（鈐“分巡安肅兼管水利兵備道之關防”滿漢合璧朱文長方官印）

　　[1] 徐錫祺，清末曾任寧夏觀察使。書此跋時任安肅分巡道，1906 年 5 月離任。其繼任者即廷棟。

（二）汪宗翰跋

　　花翎同知銜知敦煌縣事前吏部主政楚北汪宗翰敬閲[1]。（鈐“敦煌縣印”滿漢合璧朱
文方官印）

　　[1] 汪宗翰，字栗庵，湖北通山人。清光緒十六年庚寅（1890）進士。光緒二十八年三月至三十二年
二月九日任敦煌知縣。

【圖版】

　　陝西省文物局 2019，第 135 頁。王慶衛 2019，第 137 頁。

【研究】

　　王慶衛 2019，第 137—141 頁。

163. 西安博物院藏西博 008《佛説相好經》《妙法蓮華經》卷六徐錫祺、汪宗翰跋

【概述】

　　此卷長 282 釐米。抄《佛説相好經》及《妙法蓮華經》卷六。《佛説相好經》尾題前有徐
錫祺跋，其後《如意輪陀羅尼咒》下有汪宗翰跋；《妙法蓮華經》行間有汪宗翰跋。此卷入選
第二批《國家珍貴古籍名録》，名録號 2508。

【校録箋證】

（一）徐錫祺跋

　　光緒三十一年乙巳新秋朔七日（1905.8.7），分巡安肅使者徐錫祺敬閲於酒泉節署。
（鈐“分巡安肅兼管水利兵備道之關防”滿漢合璧朱文長方官印）

（二）汪宗翰跋

　　花翎同知銜知敦煌縣事前吏部主政楚北汪宗翰敬閲。（鈐“敦煌縣印”滿漢合璧朱文
方官印）

（三）汪宗翰跋

　　敦煌令庚寅進士楚北汪宗翰敬觀。（鈐“敦煌縣印”滿漢合璧朱文方官印）

【圖版】

　　中國國家圖書館、中國國家古籍保護中心 2010，第 2 册第 149—150 頁。陝西省文物
局 2019，第 141 頁。王慶衛 2019，第 138 頁。

【研究】

　　王慶衛 2019，第 138—141 頁。

164. 甘肅省圖書館藏甘圖 023《妙法蓮華經》卷六程宗伊、高鏡寰跋

【概述】

此卷存 121 行，長 216 釐米。拖尾有程宗伊、高鏡寰二跋。

【校錄箋證】

（一）程宗伊跋

僕署任酒泉時，見坊肆所售敦煌經數十種，迄少善本。茲炳然先生出此捲共閲，其間結構緊嚴，精神團結，墨色紙色，俱臻絕頂，洵唐經之最佳者。雖非全璧，然吉光片羽，亦可寶諸。時辛酉（1921）秋八月，注此以誌眼福。大梁程宗伊[1]。（鈐印二枚，待考）

[1] 程宗伊，河南祥符人。宣統元年（1909）至民國二年（1913）任甘肅法政學堂教員。1920 年任酒泉縣知事，次年以違法苛捐、玩視功令、私製狀紙，甘肅省長陳閎提請文官高等懲戒委員會依法給予懲戒。

（二）高鏡寰跋

此唐經而胎息魏碑者，可寶也。湘陰高鏡寰跋[1]。（鈐“秉清長壽”朱文方印）

[1] 高鏡寰，字秉清，湖南湘陰人。光緒三十三年（1907）任蘭州黃河鐵橋駐西安接運料委員。民國初年曾任崇信縣知事，1915 年倡修縣志，次年調任張掖縣知事。

【錄文】

段文傑 1999，第三卷第 355—356 頁。邵國秀、曾雪梅 1999，第 73 頁。

【圖版】

段文傑 1999，第三卷卷首彩圖第 2 頁、第 152 頁。中國國家圖書館、中國國家古籍保護中心 2010，第 2 冊第 69 頁。

165. 甘肅省圖書館藏甘圖 031《妙法蓮華經》卷二慕壽祺跋

【概述】

此卷存 84 行，長 143 釐米。係慕壽祺舊藏。拖尾有慕壽祺跋。

【校錄箋證】

古今政事學術至唐一變，書法亦然。開元、天寶之際，亦與詩稱盛唐，同一媲美。蓋隋世混一南北，書體漸亦趣同。貞觀之世，文運郅隆，醞釀古芳，出以新意，化龐獷而歸魚雅，斯所謂文質彬彬乎！率更、中令，其極則也；魯公、北海，一變其風，而根柢醇厚，氣韻渾成；至河東矯以清挺[1]，而氣斯漓矣。此卷敦煌郭孝廉璞存所贈[2]，云係唐人寫經。然唐人避太宗諱，其他經卷“世”字皆缺一筆，此獨不然。意者其在五代之時耶？至其筆秀而挺，似學柳河東，雖未能上比率更、中令，而規矩森嚴，仍不失雍容安雅之態。後學肄此不懈，而反諸隆古，亦足息躁競而臻恬密。鎮原慕少堂跋。金城史筱文書。（鈐“慕壽祺印”朱文方印、“少堂”朱文橢圓印）

　　[1] 率更,指歐陽詢(557—641);中令,指褚遂良(596—658 或 659);魯公,指顏真卿(709—784);北海,指李邕(678—747);河東,指柳公權(778—865)。

　　[2] 郭孝廉璞存,指郭璘(? —1930),甘肅敦煌人。《重修敦煌縣志》載其字璞叢。光緒二十三年(1897)舉人。主講鳴沙書院。清末爲新疆候補知縣,光緒三十年任高等檢察廳檢察官,以母老辭歸。生平見民國《敦煌縣鄉土志》、吕鐘修纂《重修敦煌縣志》。

【著録】

　　段文傑 1999,第三卷第 358—359 頁。邵國秀、曾雪梅 1999,第 75 頁。

【録文】

　　陳樂道 2006,第 29 頁。

【圖版】

　　段文傑 1999,第三卷第 184—185 頁。

166. 甘肅省博物館藏甘博 017《[十戒經]道士索澄空題記盟文》張元漺跋

【概述】

　　此殘片存 8 行,14 釐米。殘存部分爲卷尾題記,與此件文字相同而所投法師不同者,有 P.2347、P.2350、P.3417、S.6454 及羅振玉舊藏等五件,均爲《十戒經》,故此件擬名爲"[十戒經]道士索澄空題記盟文"。

　　卷尾有張元漺跋。據此跋文,此件係張元漺民國三年(1914)前往敦煌公幹時,從藏經洞中所得,可見當時藏經洞中仍有殘碎敦煌遺書。

【校録箋證】

　　中華民國三年四月冀生十三葉,距余宰敦煌歷一百一十七甲子矣[1]。昨因公到敦,父老云城南卅里千佛洞前清光緒庚子四月八日(1900.5.6)洞壁忽崩裂,内藏古書數十種,佛經尤夥,多漢晉唐宋名公書,爲法人伯希和購取殆盡。余亟往觀之,於故紙堆中搜羅一二,字跡似在晉唐間,惜殘缺不全,遺憾何如! 内有景龍三年(709)沙州敦煌縣神泉觀道士索澄空賣三洞法師盟約一紙。考索氏在晉唐時爲敦煌世族,代出偉人,澄空豈其苗裔耶? 唯文稱沙州敦煌縣,考敦煌本沙州衛地,前清乾隆廿五年(1760)改衛置敦煌縣治,古皆稱郡,似無縣名。及考《唐書》,武德五年(622)置西沙州,貞觀七年(633)曰沙州,領敦煌、壽昌二縣。是敦煌本唐時縣治,隸沙州,故文稱沙州敦煌縣也。然字不甚精工,文亦截然不全,而觀其紙色,係千年故物也。吉光片羽,棄之可惜,攜歸裝裱,懸諸座右,以俟考古家鑒斾。關中筱山氏題並識[2]。

　　[1] 據楊富學、李永平推算,自光緒二十三年四月一日(1897.5.2)張元漺任敦煌知縣至民國三年四月十三日(1914.5.7)因公再到敦煌,恰好歷時一百一十七甲子(7020 天)。

　　[2] 關中筱山氏,即光緒二十三年短期任敦煌知縣的張元漺(? —1926),字曉珊,陝西涇陽人。

【著録】

段文傑 1999,第四卷第 375 頁(録有部分文字)。

【圖版】

段文傑 1999,第四卷第 144 頁。

【研究】

楊富學、李永平 2001,第 97—100、111 頁。

167. 甘肅省博物館藏甘博 023《妙法蓮華經》卷五許以栗跋

【概述】

此卷係八卷本《妙法蓮華經》之卷五,首尾均全,212 行,長 356.5 釐米。有題記:"董處亮爲身患寫此經。"

【校録箋證】

敦煌石室相傳有三,光緒間發現其一,蓋唐代藏經之所。或謂當日經至是地,陡遇旋風,遂埋没於此,故經卷至今有未卸架者,時久年湮,無可考證。余意此中所藏,不僅唐代,或更古亦未可知。紙本整碎不齊,書法妍媸不一,劣者當係經生所書,優者自必士大夫手筆,然寥寥,殊不多覯。此卷紙既完好,書亦精良,洵稱經中神品。今秋九如道兄得之成紀[1],出以見示。栗愛不忍釋,因識數語,用誌眼福云。丙寅(1926)十月上澣杭縣許以栗題于秦州旅次。(鈐"許以栗"白文方印、"琴伯"朱文方印)

[1] 俞方皋(1893—1981),字九如,甘肅蘭州人。陸軍中將。畢業於保定陸軍軍官學校。1921 年任天水陸軍軍官學校軍事教官,1925 年起任馮玉祥部國民軍第 13 師(後改編爲第 13 軍、第六方面軍)參謀長。1931 年起歷任西安綏靖公署駐甘行署特派員、第 21 軍團參謀長、晉陝綏邊區駐軍副總司令兼參謀長。1949 年 9 月在綏遠起義。1949 年後任甘肅省人民政府委員、甘肅省政協常委。

【著録】

段文傑 1999,第四卷第 376 頁。

【圖版】

段文傑 1999,第四卷第 182 頁。

【研究】

方廣錩 2002B,第 187 頁;方廣錩 2010,第 124 頁。

168. 甘肅省博物館藏甘博 031《大般涅槃經》卷四十二于右任跋

【概述】

此件首全尾殘,存 139 行,長 243 釐米。卷首有于右任跋。

【校録箋證】

民國三十二年(1943)十月,于右任敬觀。(鈐"右任"朱文方印)

【圖版】

　　段文傑 1999,第四卷卷首彩圖第 4 頁、第 216 頁。寧夏博物館 2017,第 300 頁。

169. 甘肅省博物館藏甘博 048《金剛般若波羅蜜經》佚名跋

【概述】

　　此卷存 306 行,長 542 釐米。12 紙,第 1 紙爲白麻紙,後 11 紙爲黃麻紙;第 1 紙經文不能與後部連結,當爲後世所綴補。

【校録箋證】

　　此卷前尺餘是補接,紙字不佳;後全卷紙字極佳,凡《金剛經》卷均如此,補接前段,不知何故。並可證明後段比前段佳,自比前段早;或前段爲誦者磨損而另補耶? 八□。

【圖版】

　　段文傑 1999,第五卷第 9 頁。

170. 甘肅省博物館藏甘博 059《諸星母陀羅尼經》鄧隆跋(存目)

【概述】

　　此卷首尾俱全,共 95 行,長 166.5 釐米。首題下署"沙門法成於甘州修多寺譯"。

　　據《甘肅藏敦煌文獻》第四卷《敘録》介紹,卷尾另紙附鄧隆《諸星母陀羅尼經考證》,末鈐"鄧隆""德興"二印。鄧隆(1884—1938),字德興,號玉堂,睫巢居士,甘肅河州(今臨夏)人。光緒三十年(1904)進士。清末歷任新都、南充知縣,署順慶知府。民國期間歷任甘肅省議會議員、印花稅處處長、造幣廠監督、榷運局局長、夏河縣長等職,曾任甘肅佛教會會長。著譯有《拙圖文存》《西夏文華嚴經普賢行願品考證》《大智宗喀巴大傳事略》《密藏問津録》等。

　　《甘肅藏敦煌文獻》第四卷未影印鄧隆所撰《考證》,兹列爲存目。

【著録】

　　段文傑 1999,第五卷第 345 頁。

171. 甘肅省檔案館藏《金剛經》李鼎文、甄載明、張思温、張芸生、袁第鋭、楊遇春跋

【概述】

　　此卷原爲甘肅書法家楊遇春所藏,係 1958 年從單位收購的破銅爛鐵等廢品中撿出,當時楊遇春爲甘肅省交通局營業所會計。2007 年 4 月 12 日,楊遇春將所藏兩件敦煌遺書捐贈甘肅省檔案館(《甘肅省檔案局舉行楊遇春先生珍藏史料捐贈儀式兩件敦煌卷子入藏甘肅省檔案館》,《檔案》2007 年第 3 期)。

　　據甘肅省檔案館陳樂道撰文介紹,此卷存 93 行,長 160 釐米,有題跋六則。兹據陳文

逐録諸家題跋如下。

【校録箋證】

(一) 李鼎文跋

　　文物紛隨渡海船，敦煌卷子散如煙。中華學術傷心史，留待今人理斷篇。

　　昔年曾到古沙州，石室丹青照兩眸。悵望西涼佳麗地，三危山上月如鈎。

　　楊公嗜古擅詞章，手跡唐人善寶藏。老人自誇饒眼福，銀鈎鐵畫墨凝香[1]。

　　癸酉(1993)季秋爲楊遇春題唐代寫經卷子，武威李鼎文[2]。(鈐"鼎文"印)

　　[1] 以上三首收入許寄佛主編《玉壺集》，題爲《題楊遇春先生藏敦煌殘卷》(中國民主同盟甘肅省委員會、蘭州匯文輕印社，1995 年，第 107 頁)。《玉壺集》所收，第一首第四句"斷篇"作"斷編"，第四首第三句"老人"作"老去"，與陳樂道文所録不同。

　　[2] 李鼎文(1919—2014)，甘肅武威人。1950 年畢業於西北師範學院，同年任教於武威師範學校，1956 年調入甘肅師專，1957 年起任教於西北師範學院中文系。甘肅省文史研究館館員。著有《甘肅文史叢稿》《敦煌文學作品選注》等。晚年移居新西蘭。

(二) 甄載明跋

　　敦煌石室唐人寫經卷子大部爲外人盜去，但流散於我省者，在舊社會恒能見之。解放後，一因國家文物部門之大力搜求，二因文化大革命之浩劫，今則不復多覯矣。楊遇春兄頃攜此卷屬跋，使僕於暮年又得睹此，自幸眼福不小。予所見不多，但此卷確屬上品。惟願遇春兄加意呵護，使千年古物永放光芒，亦壹大功德也。癸酉中秋節前十日(1993.9.20)甄載明謹識[1]。(鈐"甄""載明"二印)

　　[1] 甄載明(1912—2001)，甘肅天水人。畢業於陸軍獸醫大學。歷任新編第一軍秘書、陸軍獸醫學校西北分校教官兼實驗牧場場長、晉陝綏邊區總司令部秘書等職。1949 年後在西北軍區從事馬政。曾任甘肅省政協委員、省文史研究館館員。善書法，工詩。

(三) 張思温跋

　　敦煌石室所藏經卷流傳於世者，今已不多。此雖殘本，尚見唐人規矩。楊遇春君得之，甚爲寶愛，其珍藏之！公元一九九三年九月河州張思温拜題[1]，時年八一。(鈐"玉如""跋記"二印)

　　[1] 張思温(1913—1996)，字玉如，號千忍老人，甘肅臨夏人。民國期間先後任職於甘肅造幣廠，甘肅省民政廳、建設廳，甘肅貿易公司、水泥公司，1949 年後任職於省工業廳、臨夏市文教局。1981 年任甘肅省文史研究館副館長。向甘肅省圖書館捐贈所藏敦煌遺書《瑜珈師地論》卷二十三。著有《積石録》等。

(四) 張芸生跋

　　癸酉(1993)秋洛門張芸生觀[1]。(鈐"張芸生印")

　　[1] 張芸生(1915—?)，甘肅省武山縣洛門鎮人。曾爲小學語文教師，後任蘭州第一汽車運輸公司高級會計師。工詩，甘肅詩詞學會會員。編有《汽車運輸會計》。

(五) 袁第鋭跋

　　乍睹黃繒感慨深，珍藏模寫兩知音。須將殘卷當完璧，中有幽香沁古今。

　　題楊遇春先生所藏唐寫《金剛經》卷，袁第鋭[1]。（鈐"恬園塗鴉"印）。

　　[1] 袁第鋭（1923—2010），四川永川（今屬重慶）人。畢業於中央政治大學。1940 年代歷任重慶新民報記者、甘肅省政府編譯室主任、法制室主任、臨澤縣縣長。1949 年起任教於西北人民革命大學蘭州分校（今中共甘肅省委黨校）、甘肅省商業廳幹部學校（今蘭州商學院）。曾任甘肅省政協常委、省文史研究館館員、詩詞學會會長。著有《恬園詩話》《恬園詩詞曲存稿》等。

（六）楊遇春跋

　　此千年物也，有唐一代釋教盛行，朝野信佛之風不亞于魏晉南北朝時期，玄奘有天竺之行，鑒貞之扶桑東渡，尤爲佛教史生輝增色。敦煌莫高窟地處絲綢之路要隘，僅從窟藏文物一鱗半爪中，亦可略窺盛唐時期經濟文化繁榮昌盛之景。當是時也，佛教影響至深且廣，寫獻佛經，蔚爲風尚，故無名書法家應時而生，其中不乏出類拔萃者，惜多不傳其名爾。此即千佛洞唐寫經也，乃劫後餘生之物，係《金剛經》前半部殘篇，所幸千載後紙墨如新，且書法雋秀，觀其用筆之法，似與近人小有差異，雖出自無名氏之手，但其功力深厚，字跡遒勁，不失魏晉風範，較之歷代名家法書，毫無遜色。清嘉道間，鄉先輩唐介亭先生精于書畫[1]，左文襄對其作品極爲欣賞[2]，時人有"精斯篆，工小楷"之評語，其小字尤爲絶倫，蓋實得于敦煌經也。友人曾言《神州國光集》廿四集前後印有此經後半部[3]，余未之見也。余不敏，乃效古人，因並所藏夔龍硯、程君房墨，名吾齋曰"經石墨緣堂"，故人葉寓塵曾爲治印一方[4]，聊以自娛耳。辛未（1991）長夏書此，以俟博雅君子之鑒賞也。楊遇春，時年七十二。（鈐"楊""遇春"二印）

　　[1] 唐璉（1756—1836），字汝器，號介亭，甘肅皋蘭（今蘭州）人。工書善畫。著有《松石齋集》。此跋稱其小楷"蓋實得于敦煌經"，不確。

　　[2] 左宗棠（1812—1885），謚文襄。

　　[3]《神州國光集》係清末民初以刊佈金石書畫爲宗旨的藝術刊物，光緒三十四年（1908）年創刊，出版 21 集；更名《神州大觀》，重計期數，出版 4 號，但封面仍括注《神州國光集》期次，《神州大觀》1 至 4 號即《神州國光集》22 至 25 集；1928 年 12 月起，繼續出版《神州大觀續編》，出 11 期，於 1931 年停刊。此跋所謂"《神州國光集》廿四集"，即《神州大觀》第 3 號。查檢該號並遍查該刊，未見刊載《金剛經》後半部，楊遇春"友人"所言不確。

　　[4] 葉寓塵，甘肅蘭州人。民國期間曾任甘肅省政府秘書。後任教於蘭州大學邊疆語文系藏文組、西北民族學院（今西北民族大學），精通梵、藏、日文。工書法，善篆刻。

【録文】

　　陳樂道 2016，第 39—40 頁。陳樂道 2007A，第 32—33 頁。

172. 敦煌研究院藏敦研 322《臘八燃燈分配窟龕名數》吳曼公跋

【概述】

　　此件存 18 行，長 47 釐米。裝裱時曾施水，字跡變淡，部分模糊難識。首行爲："辛亥年(951)十二月八日夜□□□社人遍窟燃燈分配窟龕名數。"文中開列闍黎、禪師、僧政、法律、都頭、押衙、行者等燃燈社人分別分配到的燃燈窟龕名稱與盞數，申明所列社人的責任及處罰規定，末署"辛亥年十二月七日□門僧政道真"。後有吳曼公題跋一則。

原爲吳曼公所藏，1931 年得於北京；後捐贈敦煌研究院。吳曼公撰有論文《敦煌石窟臘八燃燈分配窟龕名數》，載《文物》1959 年第 5 期。

【校錄箋證】

此臘八燃燈執事名單，都頭、押衙等皆唐時官名，乃爲僧政統轄。有關唐代莫高窟文獻，較寫經尤可貴，當寶藏之。丁酉八月朔(1957.8.25)毗陵吳曼公題，時年六十有三。（鈐"珠字翁"朱文方印、"毗陵吳觀海曼公審藏"白文方印）

【錄文】

段文傑 1999，第二卷第 304 頁。

【圖版】

段文傑 1999，第二卷第 14 頁。

173. 敦煌研究院藏敦研 328《説苑·反質第廿》于右任跋

【概述】

此卷存 185 行，長 383 釐米。"民"字不缺筆，當爲隋或初唐人所書。有尾題"説苑反質第廿"。

趙萬里曾據此卷校勘《漢魏叢書》本，撰有《唐寫本〈説苑·反質篇〉讀後記》，舉出文字優勝者 24 條，補脱文 2 條，認爲"唐寫本《説苑》不僅是校訂明刻本《説苑》的重要資料；同時，也是校訂《晏子春秋·雜篇》《漢書·楊王孫傳》《孔子家語·觀周篇》等書的輔助資料"。趙文載《文物》1961 年第 3 期，收入《趙萬里文集》第二卷。

尾題下有于右任跋一則。

【校錄箋證】

民國三十六年(1947)于右任、王新令同觀於南京[1]。（鈐"右任"朱文方印）

[1] 王新令(1904—1965)，字鼎若，號楚青，甘肅天水人。曾任國民政府監察院監察委員。1949 年後任甘肅省各族各界人民代表大會秘書長、民盟甘肅省委員會秘書長、甘肅省政協委員。善詩詞，工書法。

【錄文】

段文傑 1999，第二卷第 306 頁。

【圖版】

段文傑 1999，第二卷第 51 頁。中國國家圖書館、中國國家古籍保護中心 2010，第 2 冊第 193 頁。

174. 敦煌研究院藏敦研 378《佛説佛名經》卷七張子高跋

【概述】

此殘片存 8 行,長 12.7 釐米。係張子高舊藏。後有張子高跋一則。

【校録箋證】

由北魏書中脱胎换骨,一氣舒卷,夭矯不群,提毫處挺拔,鋪毫處沉鬱,隨意所之,縱横掃蕩,書此者其顔柳之先導乎? 尤與誠懸《圭峰碑》相近[1],使蝯叟見之[2],定當北面,或把臂入室。芷皋妄評[3]。(鈐"芷皋"朱文方印、"享荼"朱文半圓印)

[1] 柳公權(778—865),字誠懸。《圭峰碑》,指《唐故圭峰定慧師傳法碑並序》,唐大中九年(855)立,裴休(791—864)撰並書,柳公權篆額,現存陝西鄠縣草堂寺。

[2] 何紹基(1799—1873),字子貞,號東洲、蝯叟,湖南道州(今道縣)人。道光十六年(1836)進士。官至四川學政。以書法聞名於世,尤擅草書,人稱清代第一。

[3] 張子高(1886—1976),名準,字芷皋,湖北枝江人。秀才。宣統三年(1911)留學美國麻省理工學院。中國科學社發起人之一。回國後歷任南京高等師範學校、金陵大學、浙江大學、清華大學等校化學教授。1949 年後曾任清華大學副校長。著有《中國化學史稿》等。藏古墨逾千碇,1970 年代捐贈故宫博物院。

【録文】

段文傑 1999,第二卷第 316 頁。

【圖版】

段文傑 1999,第二卷第 176 頁。

175. 敦煌研究院藏 Dy.t.026《大乘無量壽宗要經》背面任子宜抄《太上神化神咒經》任子宜跋

【概述】

任子宜舊藏敦煌遺書若干,如唐寫本《大般若經》、後唐長興五年(934)三界寺道真書《三界寺藏内經論目録》及禪籍《南宗定是非論》《壇語》《六祖壇經》《注般若心經》等。他在多件敦煌藏文文獻的背面,抄録了若干漢文宗教文獻。如 Dy.t.025《大乘無量壽宗要經》背面,抄有一份戒律文獻,所據爲"天監二年八月宕泉寺比丘法通敬抄"寫卷;又如 Dy.t.028《大乘無量壽宗要經》背面,抄有佛經二段,其一出自《正法念處經》卷二十一,其二出自《妙法蓮華經》卷四。

此 Dy.t.026《大乘無量壽宗要經》背面,抄録文獻三段:第一段首句爲"將釋此經文";第二段爲《太上神化神咒經》,後有任子宜題跋一則;第三段首句爲"厥令次會置寶地以傾心獻花之勝會者",内文與 P.2765《尚紇心兒聖光寺功德頌》有部分文字相同,或爲類似文獻。兹校録題跋如下,任子宜所抄經文不録。

【校録箋證】

此經或係《老子化胡經》[1]，亦不可知。余於民國卅三年(1944)夏見此殘篇於魏化南家中，因借來照鈔一過，以備參考。任子宜記[2]。

[1] 任子宜所録，前題"太上神化神咒經，敦煌任子宜鈔録石室發現本"，起"道言大劫垂至"，止"若用吾言吾復何憂之也"，爲《太上洞淵神咒經》卷五之殘卷。該卷原本今未見著録，下落待考。

[2] 任禄(1901—1972)，字子宜，甘肅敦煌人。民國時期曾任敦煌縣教育局長、民衆教育館館長。1949 年後任敦煌縣人民委員會文教衛生科副科長、甘肅省政協委員。

【圖版】

馬德 2017，第 37—38 頁。

176. 敦煌研究院藏 Dy.t.027《大乘無量壽宗要經》背面任子宜抄《御注金剛般若經卷宣演》卷上任子宜跋

【概述】

任子宜在此經背面，抄録文獻三段：第一段出自《集一切福德三昧經》卷上；第二段爲《御注金剛般若經卷宣演》卷上，前後各有任子宜題跋一則；第三段爲《道行般若經·摩訶般若波羅蜜漚惒拘舍羅勸助品第四》。兹校録題跋二則如下，任子宜所抄經文不録。

【校録箋證】

(一) 任子宜跋一

大中華民國三十四年兒童節(1945.4.4)，余參加還來，有喬延年者持此經請余鑑賞，余以斯經名義罕見，因照鈔一過。後面"正觀二年瓜沙刺史撰書"字一行，殆時人妄加者，不特字跡不類，且訛"貞"字爲"正"，殊屬可笑。然瓜沙刺史之結銜，似與曹延禄有涉云。敦煌任子宜敬誌。

(二) 任子宜跋二

以上各種字樣悉照原本鈔録，毫没更改，並且每行字數一概如舊，蓋欲存真面目也。卅四年春清明日(1945.4.5)敦煌任子宜敬誌。

【圖版】

馬德 2017，第 46—52 頁。

177. 敦煌博物館藏敦博 051《大佛頂萬行首楞嚴經》卷十王鴻武跋

【概述】

此卷首尾均全，共 327 行，長 578 釐米。卷尾及兩紙接縫處鈐有"王鴻武"印，可知爲王鴻武舊藏。卷尾此則題跋無落款，當爲王鴻武所書。王鴻武 1949 年前曾任敦煌縣中學教師。

【校錄箋證】

閒閱《聊齋》"寧齊"一段[1]，內有白居易詩云："人間大病治無藥，惟有楞嚴四卷經。"[2]幸在唐經內檢出此經一卷保存。嗣後家中人如有疾病，虔心持誦，以試靈驗否。

[1] 當指《聊齋志異》卷二《聶小倩》中"寧齋臨野，因營墳葬諸齋外"一段，中有語云："久之，問：'夜讀否？ 妾少誦《楞嚴經》，今強半遺忘。浼求一卷，夜暇，就兄正之。'寧諾。"此段實未引白居易詩。

[2] 語出白居易《見元九悼亡詩因以此寄》："夜淚暗銷明月幌，春腸遙斷牡丹庭。人間此病治無藥，唯有楞伽四卷經。"白居易詩原作"楞伽"，不作"楞嚴"，此處王鴻武記憶有誤。

【錄文】

段文傑 1999，第六卷第 361 頁。

【圖版】

段文傑 1999，第六卷第 121 頁。中國國家圖書館、中國國家古籍保護中心 2012，第 1 冊第 44 頁。

178. 敦煌博物館藏敦博 054《妙法蓮華經節鈔》佚名跋

【概述】

此卷首尾均殘，存 19 行，長 30 釐米。有題記："唐貞觀十五年（641）四月朔三日女瘥去沐手敬錄。"

此則題跋書於卷背，無落款、鈐印，收藏者不詳。據此跋可知，晚至 1920 年莫高窟道士王圓籙手中仍有敦煌遺書。

【校錄箋證】

庚申春三月廿八日（1920.5.16）王道送來。

【錄文】

段文傑 1999，第六卷第 361 頁。

【圖版】

段文傑 1999，第六卷第 145 頁。

179. 敦煌博物館藏敦博 077《南陽和上頓教解脱禪門直了性壇語》任子宜跋

【概述】

此件為册頁裝，共 93 頁，錄六件文獻，依次為：《菩提達摩南宗定是非論》、《南陽和上頓教解脱禪門直了性壇語》、《南宗定邪正五更轉》、《南宗頓教最上大乘摩訶般若波羅蜜經六祖慧能大師於韶州大梵寺施法壇經一卷》（《甘肅藏敦煌文獻》擬名"敦煌新本六祖壇經"）、《目錄兩行》（擬）、《注般若波羅蜜多心經》。據榮恩奇《敦煌市博物館藏敦煌文獻》介紹，此册出於敦煌藏經洞，後保存於莫高窟上寺，1935 年任子宜從上寺獲得此册（《甘肅藏敦煌文獻》第六卷《敘録》,第 368 頁)。

一般認爲此册抄寫於歸義軍時期。張湧泉根據《注般若波羅蜜多心經》存在一批敦煌寫本罕見甚至未見、大多是宋代甚至元代以後才産生的俗字,認爲最後一件文獻"很可能是元代以後甚至近人補抄的"(張湧泉:《敦博本〈注心經〉抄寫時間考》,《漢字漢語研究》2018 年第 1 期)。

《南陽和上頓教解脱禪門直了性壇語》首題之前有任子宜題跋一則。

【校録箋證】

民國廿四年四月八日(1935.5.10),獲此經於敦煌千佛山之上寺[1]。任子宜敬誌。

[1] 莫高窟上寺,即雷音寺。約元末明初由古寺改名,清代莫高窟佛事、管理由此寺主持。

【録文】

段文傑 1999,第六卷第 367 頁。

【圖版】

段文傑 1999,第六卷第 246 頁。

180. 香港中文大學文物館藏《大般若波羅蜜多經》卷三百一十五饒宗頤跋

【概述】

此卷原爲利榮森(1915—2007)北山堂藏品,捐贈香港中文大學文物館。存 16 紙,長680 釐米。整卷托裱。引首張大千題:"晚唐人書大般若波羅蜜多經。癸未(1943)六月宣澤仁兄出示,因題。大千張爰。"後鈐"爰尒"白文方印、"大千"朱文方印。宣澤,即張宣澤,1943 年時任新疆省政府委員兼迪化市市長,同年獲贈張大千繪《荷花嬌》。

拖尾有饒宗頤跋。

【校録箋證】

此弓爲書奘師譯《大般若波羅蜜多經》第三百一十五初分真善友品第四十五之三,只欠開首"佛言善現如是如是"以下約一百五十餘字,自餘整卷具全。其中别字如"戴卯"之作"鬓卯",頗罕見。敦煌石窟所出是經多至不可僂指。英倫有斯坦因六四六八號,巴黎有伯希和二五二○號,北京有岡字八十六號,合兹得四卷。"世"字不避太宗諱,疑初譯出不久所寫。大千居士謂爲晚唐人書,恐未必然也。乙丑(1965)皋月選堂敬跋。(鈐"饒宗頤印"白文方印)

【録文】

莫家良 2014,别册第 143 頁。

【圖版】

上海博物館、香港中文大學文物館 1987,第 64 頁。莫家良 2014,上册第 32 頁。

181. 香港中文大學文物館藏《佛名經》周墨南跋

【概述】

此卷長 150 釐米。分兩列，佛名上各有彩繪佛像。整卷托裱。曾見於中國嘉德 2000 春季拍賣會古籍善本專場（2000 年 5 月 7 日），編號 484。原爲利榮森北山堂藏品，捐贈香港中文大學文物館。

拖尾有周墨南題詩。周墨南（1916—1992），山東膠縣人。畢業於復旦大學。加入青年遠征軍，入軍委會幹訓團受訓，任職於國防部新聞局、人民服務總隊。後退役赴臺，經營書畫古董。

【校録箋證】

相傳卷本二百佛，來自燉煌古寺壁。卅年供奉延陵家，幾歷人間桑海劫。我佛自有神護持，法相莊嚴喜無缺。居士將軍善知識，願寶藏之永無極。（鈐“墨南寶愛”白文方印、“墨南考藏書畫碑版”朱文方印）

【録文】

莫家良 2014，別冊第 144 頁。

【圖版】

嘉德 2000，編號 484 號。莫家良 2014，上冊第 35 頁。

雅昌藝術網：http://auction.artron.net/paimai-art01070034/

182. 香港藝術館藏 XB1992.0001《究竟大悲經》卷四翁斌孫跋

【概述】

據香港藝術館網站介紹，此《究竟大悲經》卷四爲“虛白齋藏中國書畫”之一。虛白齋爲香港銀行家、收藏家劉作籌齋號。劉作籌（1911—1993），字均量，廣東潮安人。其父爲新加坡富商，愛好收藏。劉作籌早年求學於暨南大學，從謝公展、黃賓虹學畫。1949 年任新加坡四海通銀行香港分行經理，大量收購内地流散到香港的書畫作品。1989 年向香港藝術館捐贈書畫 600 餘件，主要爲明清兩朝名家作品。

香港藝術館著録此卷爲六朝寫本。存 11 紙，長 554.5 釐米。拖尾有翁斌孫跋一則。

【校録箋證】

敦煌石經爲遊歷法人所發見，攜歸其國無慮數百卷。我國官知之，收其所餘，送入學部，因之流傳人間者亦復不少。予所見凡十數卷，書法各異，大抵出唐經生手，亦有書隋開皇、金大定年號者，前半畫佛象者尤爲精妙。此《究、大悲經》半卷，字體踈朗，氣息古垔，真逸品也。楚碧其寶之[1]。（竟。）丁巳二月望日（1917.4.6）翁斌孫題。（鈐“翁斌孫印”白文方印）

[1] 吳楚碧，廣東潮安人。民國初年曾任國會議員，1946 年任《潮州志》分纂。

【著録】

上海博物館、香港中文大學文物館 1987,第 76 頁。

【圖版】

上海博物館、香港中文大學文物館 1987,第 31 頁。

香港藝術館網站: https://hkmasvr.lcsd.gov.hk/HKMACS_DATA/web/Object. nsf/HKMACS_DATA /web/Object. nsf/0/DF2C32F3BE8DBE6948257068000E8E56? Open Document&charset=big5&lang=c

183. 臺北"臺灣圖書館"藏第 65 號《妙法蓮華經》卷五傅嶽棻跋

【概述】

此卷存 5 紙,116 行。首行品題"妙法蓮華經如來壽量品第十六",下有傅嶽棻題跋一則。

【校録箋證】

《如來壽量品》乃唐人寫經真跡,以介席卿老兄同年五十壽[1]。弟嶽棻識[2]。(鈐"嶽棻"白文長方印)

[1] 朱鳳玉文舉出字號"席卿"者二人,河南桐柏人韓殿英(1876—1926),浙江奉化人張家瑞(1873—1957),均非其人。此跋所稱"席卿老兄同年"指良揆,字席卿。清末軍機大臣榮禄(1836—1903)繼子,宣統皇帝溥儀之舅。光緒三十三年(1907)任禮部右參議。宣統元年(1909)與江亢虎(1883—1954)等發起成立世界教育公會,同年底赴美考察新政。宣統三年任正紅旗蒙古副都統。據《新天津》報之"車站紀事"欄目報導,1930 年至 1931 年前後,良揆屢次往返京津。

[2] 傅嶽棻(1878—1951),字治薌,湖北江夏人。光緒年間舉人。清末歷任山西大學堂教務長、山西大學堂代理總監督、學部總務司司長、普通司司長。1919 年任教育部次長,次年辭職。歷任中國學院、河北大學、北京大學、北京師範大學等校教授。工書法,精鑒賞。著有《西洋史講義》《遺芳室詩文集》等。

【録文】

潘重規 1975,第 25 頁。"臺灣圖書館"2021,《敘録》第 74—75 號(臺 063 號)。

【圖版】

潘重規 1976,第 561 頁。朱鳳玉 2018,第 66 頁。"臺灣圖書館"2021,第 2 册第 224 頁(臺 063 號)。

【研究】

朱鳳玉 2018,第 66—67 頁。

184. 臺北"臺灣圖書館"藏第 98 號《十地論》袁克文跋

【概述】

此卷首殘尾全,存 19 紙,393 行。有尾題"十地論不動地第八卷之十",有題記"一校”。引首有袁克文題跋一則。

【校録箋證】

六朝人書十地不動論弓子。

燉煌莫高窟所出六朝隋唐人書夥矣。古籍固罕,若經論、經疏亦鮮于寫經。此《十地不動論》確爲北朝人書,弓末有“一姣”二字,殆書者之名也[1]。據此以校大藏,勝于經典遠矣。乙丑(1925)冬月,克文[2]。(前鈐“洹上寒雲”朱文方印,後鈐“雙爰盦”朱文方印)

[1] 潘重規《“國立中央圖書館”所藏敦煌卷子題記》已指出,袁克文跋此處有誤,卷尾題記實爲“一校”,記録校對情况,並非抄寫者人名。

[2] 袁克文(1889—1931),字豹岑,號寒雲,河南項城人。袁世凱第二子。工詩文,善書畫,富收藏,精鑒賞。

【録文】

潘重規 1975,第 37 頁。“臺灣圖書館”2021,《敘録》第 125 頁(臺 096 號)。

【圖版】

潘重規 1976,第 991 頁。俞小明 2012,第 55 頁。朱鳳玉 2018,第 67 頁。“臺灣圖書館”2021,第 4 册第 104 頁(臺 096 號)。

【研究】

朱鳳玉 2018,第 67—68 頁。

185. 臺北“故宫博物院”藏國贈 05866《大方廣佛華嚴經》卷三曾熙、張大千跋

【概述】

據朱鳳玉介紹,此卷係向燊舊藏,後由其家人向李蘭女士捐贈臺北“故宫博物院”。此卷首尾俱全,長 778.2 釐米。柴劍虹、趙聲良曾對此卷真僞提出疑問(柴劍虹:《劍虹日記》,青島出版社,2019 年 1 月,第 313 頁)。引首有曾熙、張大千跋。

【校録箋證】

(一) 曾熙跋

此燉煌石室藏北魏人書《大方廣華嚴經》也。《華嚴》有晉唐兩譯,唐譯號新經,流傳最廣,晉譯則等於鳳星。抱蜀主人得此卷[1],爲晉譯,其用筆方折,古健勁峭,可與北魏諸碑參看。古人書碑誌嚴正,且已經石工之手,故無趣,多失之。丼近來最喜晉魏人墨迹,每臨碑石,而心眼必嘐嘐求與墨迹參合。此卷如“導”從“小”,“竭”從“㫄”之類,北魏人習氣,碑誌可互證也。首尾既完善,黳墨如新,海内有數之物,願主人重寶之,勿輕以示人也。歲辛酉(1921)十一月。農髯熙識於海上。(鈐“農髯”朱文方印,另一枚印文待考)

[1] 抱蜀主人,指向燊(1864—1928)。

（二）張大千跋

　　此晉人所書，爲石室最希有之品。外方内圓，吾宗廉卿所從出[1]，惜廉卿未能得其俊葉耳。甲辰（1964）夏五，蜀人張大千爰。

　　[1] 張裕釗（1823—1894），字廉卿，號濂亭，湖北武昌人。道光二十六年（1846）舉人。歷任金陵文正書院、江漢鹿門書院、保定蓮池書院主講。詩文、書法名重一時，其書宗北碑，外方内圓，自成一家。著有《濂亭文集》等。

【著録】

　　朱鳳玉 2013，第 144 頁。

【圖版】

　　朱鳳玉 2018，第 76 頁。

【研究】

　　朱鳳玉 2018，第 75—77 頁。

186. "中研院"史語所傅斯年圖書館藏傅圖 19（188089）《大般涅槃經》卷二十五吴寶煒跋

【概述】

　　此卷係吴寶煒舊藏，首殘尾全，存 18 紙，412 行，長 677.2 釐米。傅斯年圖書館編號 188089。卷尾有題記"元年七月十五日畫法持寫"，《傅斯年圖書館藏敦煌遺書敘録》判定爲近人僞造。

　　引首背面有吴寶煒跋三行。

【校録箋證】

　　全卷十八段，共字四百拾式行。

　　大般涅槃經卷第廿五。此卷字極古雅，紙墨有異香。（前鈐"宜常吴寶煒"朱文圓印，後鈐"遇安"朱文長方印）

　　北魏　元年七月十五日畫法持寫。

【著録】

　　鄭阿財 2000，第 370 頁（編號 17）。

【録文】

　　方廣錩 2013B，第 15—16 頁。

【圖版】

　　方廣錩 2013B，第 161 頁。

　　傅斯年圖書館敦煌文獻網站：http://lib.ihp.sinica.edu.tw/03-rare/dunhuang/metadatahtml/188089.htm

國際敦煌項目（IDP）網站：http://idp.nlc.cn

187. "中研院"史語所傅斯年圖書館藏傅圖 27（188097）《隨求即得大自在陀羅尼神咒經》許承堯、吳博全跋

【概述】

此卷首殘尾全，存 8 紙，186 行，長 337.2 釐米。有尾題："隨求即得大自在陀羅尼神咒經"。尾題後有題記二行："長壽二年（693）歲次癸巳天宮寺罽賓國沙門尸利難等奉詔譯。"傅斯年圖書館編號 188097。

拖尾有題跋三則。函内另有手書文稿三紙，兹不録。

【校録箋證】

（一）許承堯跋一

《隨求即得大自在陀羅尼神咒經》，敦煌鳴沙山古三界寺石室出，唐初精寫，後題"天宮寺罽賓國沙門尸利難等奉詔譯"，知此乃譯經寫定本，故極精工。書法厚重勁達，鋒鋩鋭利，有劃沙印泥之妙，與經生書迥不同。《聖教序》所謂"遠涉恒河，終期滿字，頻登雪嶺，更獲半珠"，即是物也。敦煌爲昔日通西域諸國大都會，鳴沙以流沙得風終日夜上下有聲得名，石室封閉於北宋初，崩豁於清光緒庚子（1900）。所藏圖書有紀年可考者，上溯晉魏，下至宋初止，而唐爲多。然如此種精寫卷子亦不易覓，近歲則更希矣！乙酉（1945）芚叟記。（鈐"許承堯"白文方印、"際唐"白文方印）

（二）許承堯跋二

一千數百年前之墨寶，楮墨如新，毫髮畢見，漿黏不脱，軸木亦唐人舊物。若非親見，誰能置信？今人眼福，遠勝古人。惜近日之鳴沙山窟，僅存畫壁，餘片紙亦罄矣！此卷不流轉海東西，仍留吾國，固未始非幸也。乙酉（1945）芚叟又記。（鈐"疑盦"朱文長方印、"許承堯印"白文方印）

（三）吳博全跋

是卷乃先師許太史際唐所遺。先生遊隴中八年，所收近二百卷，滿字極稀，有紀年可考者四五本耳，矜重之至。海上餘生，不堪游想。前塵夢影，撫之愴然。博全識後並記一詩[1]，時壬辰（1952）八月。（鈐"吳博全印"白文方印）

烏絲欄格寫黄麻，頭面于今也不差。正要有心人管領，莫隨兵火下塵沙。

[1] 吳博全，安徽廬江人。能詩善文。民國時期曾任屯溪《復興日報》社長，1949 年後任職於《徵信新聞報》《聯合報》。

【録文】

鄭阿財 2000，第 394—395 頁（編號 49）。方廣錩 2013B，第 22 頁。

【圖版】

方廣錩 2013B，第 273—275 頁。朱鳳玉 2018，第 69 頁。

傅斯年圖書館敦煌文獻網站：http://lib. ihp. sinica. edu. tw/03-rare/dunhuang/metadatahtml/188097.htm

國際敦煌項目（IDP）網站：http://idp.nlc.cn

【研究】

余欣 2005，第 168、180 頁；余欣 2012，第 105—106、121 頁。朱鳳玉 2016，第 21—33 頁。朱鳳玉 2018，第 68—71 頁。

188. "中研院"史語所傅斯年圖書館藏傅圖 28（188098）《法華義記》卷一吳寶煒跋

【概述】

此卷係吳寶煒舊藏，首殘尾全，存 13 紙，長 439.1 釐米。有尾題"法華義記第一"。下有題記二則："曇慶寫。流通後代。""一校竟。"傅斯年圖書館編號 188098。

引首背面有跋四行。卷首部分蟲蝕嚴重，題跋部分亦多爲所損，則此蟲蝕係近代保管不善所致。

【校錄箋證】

此卷書法兼行草，猶未盡脱篆隸筆意。在六朝法書中亦獨見精妙，署款下注明流通後代，在當時即下筆便存千載想。白麻紙，有微妙異香，或佛力爲呵護也。（鈐"遇安"朱文長方印）

全卷十三段，共字二百七十五行。（前鈐"宜常吳寶煒"朱文圓印）

《法華義記》一卷，六朝人曇慶寫，流通後代。

【錄文】

鄭阿財 2000，第 379 頁（編號 28）。方廣錩 2013B，第 37 頁。

【圖版】

方廣錩 2013B，第 277 頁。朱鳳玉 2018，第 72 頁。

傅斯年圖書館敦煌文獻網站：http://lib. ihp. sinica. edu. tw/03-rare/dunhuang/metadatahtml/188098.htm

國際敦煌項目（IDP）網站：http://idp.nlc.cn

【研究】

朱鳳玉 2018，第 72—73 頁。

189. "中研院"史語所傅斯年圖書館藏傅圖 29（188099）《四分律》卷一周樹模、沈曾植、楊鍾羲、樊增祥跋

【概述】

此卷首殘尾全，存 2 紙，長 99.3 釐米。傅斯年圖書館編號 188099。引首題："唐人寫經殘卷。少樸夫子命題。清道人。"鈐"阿某"朱文長方印。清道人即李瑞清（1867—

1920)。拖尾之末後鈐"受硯齋藏"朱文方印,爲周樹模藏印。

拖尾前端下册貼"空謹上啓聞伏"六字殘片,附識語一則。拖尾另有題跋六則。

【校録箋證】

（一）拖尾六字殘片周樹模跋

右六字襯紙背破損處,棄之可惜,因帖於此。

（二）周樹模跋

此唐經殘本,蘭州友人寄以贈予,來書云:經凡三段,前段爲佛郎西人伯希來取去[1],後段爲某道尹購得,此其中段也。中有則天所造字,意當時臣工所書,紙墨黯淡,書勢如今院體,殆亦燉煌石室中物,雖斷爛,有足珍者。第不識所寫何經,有待博雅君子考定焉。歲丙辰嘉平月除日(1917.1.22)記於海上泊園,樹模[2]。（鈐"沈觀居士"白文方印）

　　[1] 佛郎西人伯希來,指伯希和。

　　[2] 周樹模(1860—1925),字少樸、考甄,號沈觀、泊園,湖北天門人。光緒十五年(1889)進士。光緒三十一年(1905)隨五大臣赴英國考察。後歷任江蘇提學使、黑龍江巡撫、會辦鹽務大臣、中俄勘界大臣、黑龍江保安會會長。民國初年任平政院院長、高等文官懲戒委員會委員長等職。著有《黑龍江備忘録》《沈觀齋詩集》等。

（三）沈曾植跋

此殘頁爲《四分律》卷一文,校今藏本,字句皆同,惟"如所尖漂","漂"字藏本作"標"耳。其金輪新字,"㞢"即"人"字,"圔"即"初"字,皆唐碑常見者。書習褚體,有殷令名、王知敬風[1],甚可愛也。丁巳(1917)三月㝷叟記。（鈐"植"朱文方印）

　　[1] 殷令名,陳郡(今河南淮陽)人,官至光禄卿。王知敬,懷州河内(今河南沁陽)人,武則天時期官麟臺少監。二人均以書法著稱。

（四）楊鍾羲跋

共飫餐餞具五杯,聚奎堂上校文來。廿三年後春三月,對影融舟是劫灰。

殘文截斷《四分律》,風味省識三唐書。不似時賢講碑字,但有壯浪無紆徐。

苦行平生黯自持,學書人笑凍蠅癡。屠鯨歸佛都無意,日寫中州一卷書。

丁巳三月既望(1917.5.6)題奉泊園中丞同年是正,鍾羲[1]。（鈐"聖遺"朱文長方印）

　　[1] 楊鍾羲(1865—1940),漢軍正黃旗人,姓尼堪氏,原名鍾慶,戊戌政變後改爲鍾羲,冠姓楊,字子勤,號雪橋、雪樵。光緒十五年(1889)進士。歷任國史館協修、會典館圖畫處協修、襄陽知府、淮安知府、江寧知府。辛亥革命後寓居上海。富藏書。著有《雪橋詩話》。

（五）樊增祥跋一

經曰:"男女,人之大欲。"[1]聖人教人,曰"遠色"[2],曰"賢賢易色"[3],曰"血氣未定,戒之在色"[4],如是而已。佛説則曰:"寧持男根著毒蛇口中,不著女根中。"[5]然則佛以耶須爲妻,亦明知故蹈矣。聖人不遠人情,但戒泰甚,若嚴父之訓子,僞理學之授徒,視佛説加嚴,而其子與徒之縱慾敗度,乃適得其反,何也? 言之過當,則亦妄言妄聽而已。世間諸比邱，鮮不入淫舍者，佛語何益哉。戊午臘八日(1919.1.9)樊山戲書[6]。

　　[1]語出《禮記·禮運》：“飲食男女，人之大欲存焉。死亡貧苦，人之大惡存焉。故欲惡者，心之大端也。”

　　[2]語出《禮記·中庸》：“齊明盛服，非禮不動，所以脩身也。去讒遠色，賤貨而貴德，所以勸賢也。”又《禮記·坊記》：“子云：好德如好色，諸侯不下漁色，故君子遠色以爲民紀，故男女授受不親。”

　　[3]語出《論語·學而》：“子夏曰：賢賢易色，事父母能竭其力，事君能致其身，與朋友交，言而有信，雖曰未學，吾必謂之學矣。”

　　[4]語出《論語·季氏》：“孔子曰：君子有三戒。少之時，血氣未定，戒之在色；及其壯也，血氣方剛，戒之在鬥；及其老也，血氣既衰，戒之在得。”

　　[5]語出《四分律》卷一：“告諸比丘：寧持男根著毒蛇口中，不持著女根中。何以故？不以此緣墮於惡道。若犯女人，身壞命終墮三惡道。”《根本説一切有部毘奈耶》卷一亦謂：“寧以男根置在猛害毒蛇口中，不安女根中。”

　　[6]樊山，即樊增祥(1846—1931)。

（六）樊增祥跋二

　　此卷在唐人寫經中尚非精本，吾與朴公破一月工夫，足造此境矣。又識。

（七）樊增祥跋三

　　墨盒兑茶寫字，我之慣技，朴公見之，又當作鐵秀之訶矣。笑笑。

【録文】

　　方廣錩2013B，第37—38頁。

【圖版】

　　方廣錩2013B，第299—302頁；朱鳳玉2018，第73—74頁。

　　傅斯年圖書館敦煌文獻網站：http://lib.ihp.sinica.edu.tw/03-rare/dunhuang/metadatahtml/188099.htm

　　國際敦煌項目(IDP)網站：http://idp.nlc.cn

【研究】

　　鄭阿財2000，第363—366頁(編號09)；朱鳳玉2018，第73—75頁。

190. 啓功藏《敦皇石室寫經殘字》張廣建、許承堯跋

【概述】

　　啓功先生藏有敦煌遺書殘片裱本二册，此爲其一。此册24頁，粘貼殘片36件。封面題：“敦皇石室寫經殘字。己未春得於蘭州。”己未即1919年。鈐印已不清晰，難以辨識。

　　第二頁、第二十四頁均鈐橢圓印，啓功先生於封面背面録有印文“合肥磨鍊僧張氏伯子勛帛父收藏歷代金石古書字畫碑帖經卷之印”，注明“此張廣建收藏印文”。第二十四頁所裱殘片左下角鈐朱文方印一枚，封底啓功先生釋爲“黄海春父”，注明“此許際唐印”。

據鈐印、跋文等可知,此件初爲許承堯所得,後轉奉與張廣建。

此册與啓功先生藏《唐人楷書殘紙》合編爲《敦煌寫經殘片》一册,影印出版,列爲"堅净居叢帖"之一,但該書未標注經名。劉毅超利用該書刊佈的圖版,考定所有殘片的文獻題名,並重新編號爲啓敦 001 號至啓敦 036 號,纂成《啓功珍藏敦煌寫經殘片敘録》。兹據劉文編號與考訂,依序迻録題跋。

【校録箋證】

(一)第一頁啓敦 001《佛説十一面觀世音神咒經》殘片許承堯跋

隋書。

(二)第二頁啓敦 002《大方廣佛華嚴經》卷二十殘片許承堯跋一

友人從敦皇來,得此於古三界寺燬字爐旁,吉光片羽,零星掇拾,皆中郎爨下桼也[1]。惟北周書十四行云别從殘卷割取[2]。余擇其可證定爲何代物者分識之[3],疑闕。苊。(鈐"許苊"朱文方印)

　　[1] 中郎爨下桼,喻指幸免於難的珍貴材料,典出《後漢書·蔡邕傳》:"在吴,吴人有燒桐以爨者,邕聞火裂之聲,知其良木,因請而裁爲琴。果有美音,而其尾猶焦,故時人名曰焦尾琴焉。"此比喻承上文燬字爐而設,然所謂燬字爐者,恐係傳聞失實。

　　[2] 指此本所裱第五頁。

　　[3] 裱本各頁有許承堯所書判斷時代、品評書法的識語多則,已逐一録出。

(三)第二頁啓敦 002《大方廣佛華嚴經》卷二十殘片許承堯跋二

周齊書已整飭,此當是魏書也。

(四)第二頁啓敦 002《大方廣佛華嚴經》卷二十殘片許承堯跋三

隋以前書。(鈐"際唐"朱文方印)

(五)第三頁啓敦 003《大方廣佛華嚴經》卷二十殘片許承堯跋

横斜奇致,足移我情。

(六)第五頁啓敦 006 佛經論釋殘片許承堯跋

此殘昪迺從全卷割下,云尾有北周天和某年題識[1]。(鈐"疑盦"朱文長方印)

　　[1] 天和(566—572),北周武帝宇文邕的年號,行用七年。

(七)第六頁啓敦 007《妙法蓮華經》卷二殘片許承堯跋

唐精書。

(八)第七頁啓敦 008《佛説觀彌勒菩薩上生兜率天經》殘片許承堯跋

唐書。

(九)第八頁啓敦 010《妙法蓮華經》卷七殘片許承堯跋

唐精書。

(十)第十頁啓敦 011《妙法蓮華經》卷七殘片許承堯跋

袁文叜以二百金得唐人一精卷,視此伯仲耳。

（十一）第十頁啓敦 011《妙法蓮華經》卷七殘片啓功跋

　　袁毓麐字文藪,亦作文叟,杭州人[1]。

　　[1] 袁毓麐(1877—1934),浙江錢塘(今杭州)人。清光緒舉人。留學日本東京法政大學,歸國任奉天法政學堂教務長、奉天清理財政局坐辦。民國初年歷任浙江省視學、國會議員、國稅廳廳長、財政部錢幣司司長等職,1917 年 11 月至 1919 年底任甘肅省財政廳廳長。著有《辛未南行日記》等。

（十二）第十一頁啓敦 012《七佛八菩薩所説大陀羅尼神咒經》卷四殘片許承堯跋

　　似唐書。

（十三）第十二頁啓敦 013《大方廣佛華嚴經》卷六十九許承堯跋

　　唐書。

（十四）第十四頁啓敦 015 佛經論釋殘片許承堯跋

　　唐書。

（十五）第十六頁啓敦 017 佛經論釋殘片許承堯跋

　　唐書。

（十六）第十七頁許承堯跋

　　右三隋以前書,左二唐書[1]。

　　[1] 右三,指本頁右側所裱啓敦 018《佛説救疾經》殘片、啓敦 019《法句經》卷上殘片、啓敦 022《正法華經》卷九殘片;左二,指本頁左側所裱啓敦 020《維摩詰所説經》卷上殘片、啓敦 021《維摩詰所説經》卷上殘片。

（十七）第十九頁啓敦 025《大智度論》卷六十三許承堯跋

　　隋書。

（十八）第二十頁啓敦 026 佛經論釋殘片許承堯跋

　　唐書。

（十九）第二十頁啓敦 027 佛教咒語殘片許承堯跋

　　精警若此,如獲全璧,豈非奇寶。

（二十）第二十頁啓敦 027 佛教咒語殘片許承堯跋

　　唐精書。

（二十一）第二十一頁啓敦 028《大乘起信論》殘片許承堯跋

　　晚唐書。

（二十二）第二十一頁啓敦 030 殘佛經許承堯跋

　　隋書。

（二十三）第二十二頁啓敦 031《正法華經》卷九殘片許承堯跋

　　北朝書。

（二十四）第二十二頁啓敦 032《四分比丘尼羯磨法》殘片許承堯跋

　　隋前書。

（二十五）第二十二頁啓敦033《佛説灌頂經》卷一殘片許承堯跋

　　疑隋書。

（二十六）第二十三頁啓敦035《大般若波羅蜜多經》卷二百六十三殘片許承堯跋

　　晚唐經生劣書。

（二十七）第二十四頁啓敦036《洞淵神咒經》卷三許承堯跋

　　唐精書。

【圖版】

　　啓功2006，第3—28頁。

【研究】

　　柴劍虹2006，第61—65頁。朱鳳玉2016，第21—33頁。劉毅超2020，第160—178頁。

191. 啓功藏《唐人楷書殘紙》啓功跋

【概述】

　　此件爲啓功先生所藏敦煌遺書殘片裱本二册之二，係啓功先生自粘的敦煌寫本碎片，共25頁，粘134片，裝在一個牛皮紙信封内，信封題“碎寫經”。據柴劍虹介紹，大概從1955年開始，啓功先生將自己尋獲的敦煌寫經殘片粘貼在該册上。

　　此册與啓功先生藏《敦皇石室寫經殘字》合編爲《敦煌寫經殘片》一册，影印出版，列爲“堅净居叢帖”之一，但該書未標注經名。劉毅超利用該書刊佈的圖版，考定所有殘片的文獻題名，並重新編號爲啓敦037號至啓敦164號。

【校録箋證】

　　唐人楷書殘紙

　　存完字三十四，半字三[1]。乙未（1955）五月粘存。七年前得自方氏[2]。啓功記。

　　[1]“完字三十四，半字三”，記此册第一片啓敦037佛經殘片之字數。

　　[2]方氏，指方鑫枚。

【圖版】

　　啓功2006，第33頁。

【研究】

　　柴劍虹2006，第61—65頁。劉毅超2020，第160—178頁。

192. 啓功藏《妙法蓮花經》啓功跋

【概述】

　　據柴劍虹先生介紹：“此《法華經》寫本爲啓功先生珍藏的敦煌殘卷中尺幅最大者，先

生曾數次出示我一同觀賞。”(見《求真求實會於心》)

【校録箋證】

　　右唐人寫《妙法蓮花經》卷一《序品》後半《方便品》前半，共二百二十九行。硬黄紙本。前有“大興樂氏考藏金石書畫之記”朱文印[1]。余以重值得之遵化秦氏。以書體斷之，蓋爲初唐之迹。“世”字已有缺筆，當在高宗顯慶以後耳。此卷筆法骨肉得中，意態飛動，足以抗顏歐、褚。在鳴沙遺墨中，實推上品。或曰：此經生俗書，何足貴乎？應之曰：自袁清容誤題《靈飛經》爲鍾紹京，後世悉以經生爲可大[2]，雖精鑒如董香光[3]，尚未能悟。夫紹京書家也，經生之筆竟足以當之，然則經生之俗處何在？其與書家之别又何在？固非有真憑實據也[4]。余生平所見唐人經卷，不可勝計。其頡頏名家碑版者更難指數。而墨迹之筆鋒使轉，墨華絢爛處，俱碑版中所絶不可見者。乃知古人之書托石刻以傳者，皆形在神亡，迥非真面矣[5]。世既號寫經爲俗書，故久不爲好事家所重，而其值甚廉。余今竟以卑辭厚幣聘此殘卷，正以先賢妙用，於斯可窺；古拓名高，徒成駿骨耳。贊曰：

　　墨瀋欲流，紙光可照。唐人見我，相視而笑。

　　[1]據此鈐印，該卷曾爲中藥世家同仁堂樂氏樂紹虞、樂守勛父子舊藏。樂紹虞之父樂達聰（1872—1954，號鏡宇）在濟南創辦宏濟堂藥店。樂紹虞（？—1953）繼承家業，1948年接任宏濟堂藥店經理，後曾任濟南市副市長。樂紹虞之子樂守勛，好金石書畫，收藏甚豐，不少藏品捐入故宮博物院（如北宋薛紹彭刻唐摹《蘭亭序》拓本，即“游相蘭亭”）或其他博物館。

　　[2]袁桷（1266—1327），字伯長，號清容居士，元慶元路鄞縣（今屬浙江）人，官至侍講學士。《靈飛經》墨本，宋代曾藏內府，明末爲董其昌所得，其中四十三行爲海寧陳氏摹刻《渤海藏真帖》時扣留，1839年爲翁心存購得，翁氏數代珍藏，1948年翁萬戈攜往美國，長期由大都會博物館代爲保管，現已轉讓給該館。袁桷《清容居士集》卷四十七《題唐玉貞公主六甲經》稱：“《靈飛六甲經》一卷，唐開元間書。當時名能書者，莫若李泰和、徐季海，然皆變習行體，獨鍾紹京守鍾王舊法。余嘗見《愛州刺史碑》《黄庭經》，無毫髮違越。至開元間，從貶所入朝，一時字畫，皆出其手。此卷沉著遒正，知非經生輩可到，審定爲紹京無疑。”認定《靈飛經》出自鍾紹京之手。鍾紹京（659—746），字可大，虔州贛縣（今江西贛州）人，官至中書令，封越國公。工書。

　　[3]董其昌（1555—1636），號香光居士。明末董其昌得宋內府舊藏《靈飛經》，題跋其後：“此卷有宋徽宗標題及大觀、政和小璽，內諱字如‘泯’、‘泄’二字，皆缺其偏，不止‘世民’二字避諱已也，開元時經生皆仿褚河南，此獨宗右軍《黄庭》，袁清容定爲鍾紹京，亦以宋思陵於經生書不收入內府，而書家品韻可望而知耳。”

　　[4]啓功曾撰文批評袁桷、董其昌推測《靈飛經》爲鍾紹京手書：“至於什麼鍾紹京書等等臆測之論，實是自古鑒賞家的一項通病，無款的書畫，常要給它派一個作者，有的在卷外題簽或在卷後跋中指定，這還不傷原迹；有的即在卷內添加偽款，破壞文物，莫此爲甚。《靈飛》從元人袁桷指爲鍾紹京後，明、清相承，有此一説。至今若干唐人真迹已爲世人共見，那此一推測已無辯駁，而古人所見不多，有所揣度，也就不足爲奇了。”（啓功：《記〈靈飛經〉四十三行本》，《藝苑掇英》第34期，1987年1月）

　　[5]關於《靈飛經》墨本的價值，以及石刻與墨本的差異，啓功曾論道：“從《靈飛》的書法論，它那秀美中有古趣的風格，舒展中有團聚的結體，平易中有變化的用筆，都已把唐人書法的特色表達無餘。此外對學書者有更重要的啓示兩端：一是明白了任何精工的石刻，也難把墨蹟中最重要的活氣顯示出來。這可

譬如看樂譜上排列的音符,即使是記得再細的,把主旋律外的各個裝飾音都寫上去的,也不如聽一次演奏。這不但《靈飛》墨迹與刻本有别,一切石刻都與原寫墨蹟有别。看了《靈飛》墨蹟,可以豁然心胸。這項啓示的價值,又豈止在欣賞《靈飛》一帖爲然? 它有助於學書者臨習一切石刻時,懂得石刻與墨蹟的關係是怎樣的。不致再把死板刀痕,看成毛錐所寫的完全效果。"(啓功:《記〈靈飛經〉四十三行本》,《藝苑掇英》第 34 期,1987 年 1 月)其觀點與此跋相同。

【録文】

啓功 1999,第 298 頁;啓功 2011,第 31 頁。

【研究】

柴劍虹 2002,第 44—49 頁。

193. 石谷風藏《晉魏隋唐殘墨》册頁啓功、唐雲、謝稚柳、楊仁愷跋

【概述】

此册爲石谷風藏品。石谷風(1919—2016),湖北黄梅人。1938 年畢業於北平藝專國畫科。安徽省博物館研究員。擅畫山水、花鳥、走獸。著有《古風堂藝談》等。

據石谷風《晉魏隋唐殘墨》前言介紹,此册所收殘片爲抗戰期間經黄賓虹介紹,從文物商人方懿枚手中購得,按時代編排,裝成一册,收敦煌遺書殘片 75 件,黄賓虹題"晉魏隋唐殘墨"。1992 年,安徽美術出版社影印此册。

册中四件有啓功、唐雲跋,各件概況如下:

《大般涅槃經》卷三十一殘片,殘存 4 行,長 8.3 釐米,高 5.7 釐米。鈐"古風堂"白文長方印、"谷風審定"朱文方印。有啓功跋一則。

《大般涅槃經》卷二十六殘片,首尾均殘,長 18.2 釐米,高 25.4 釐米。鈐"黄梅石谷風藏書印"朱文長方印、"谷風審定"朱文方印、"黄山方懿枚藏晉魏隋唐殘墨"白文方印。有啓功跋一則。

《妙法蓮華經玄贊科判》殘片,殘存 6 行,長 12.8 釐米,高 20.2 釐米。鈐有"杭人唐雲之鉢"朱文方印、"古風堂"白文長方印。有啓功跋一則。

法相宗論著殘片,章草書。首尾均殘,長 17.1 釐米,高 24.2 釐米。鈐有"古風堂"白文長方印、"谷風審定"朱文方印、"唐雲之印"白文方印、"黄梅石谷風藏書印"朱文長方印、"大石齋"朱文方印。有啓功、唐雲跋各一則。

册尾有啓功、謝稚柳、唐仁愷跋各一則。

【校録箋證】

(一)《大般涅槃經》卷三十一殘片啓功跋

此西晉時寫本也,筆勢重拙,彌見古樸。然由拙而巧,由疎而密,乃藝發展之規律,故此格後不復見。(鈐"啓功"白文方印)

(二)《大般涅槃經》卷二十六殘片啓功跋

此隋人筆。余亦曾獲殘卷,以校有款識者,知爲開皇間書也。啓功獲觀因記,時一九七六年冬日。(鈐"啓功"白文方印)

(三)《妙法蓮華經玄贊科判》殘片啓功跋

佛學疏抄科並重,敦煌寫本中科判獨少。此雖殘片,彌足珍貴。一九七六年冬日,啓功觀題。(鈐"啓功"白文方印)

(四) 法相宗論著殘片啓功跋

此法相宗經論。唐代前期之迹。南宋《群玉堂帖》曾刻數十行[1],安知近日屢遘真迹耶! 啓功。(鈐"啓功"朱文方印)

[1]《群玉堂帖》,原名《閱古堂帖》,係韓侂胄(? —1207)以家藏墨蹟令門客向水編刻,韓侂胄被殺後帖石入秘書省,改爲《群玉堂帖》。全帖十卷,以摹勒精善著稱。今僅有殘本存世。故宮博物院藏本有章草《唯識論注》,36 行,即此跋所稱"南宋《群玉堂帖》曾刻數十行"。影印本收入《中國美術分類全集·中國法帖全集 7》,武漢: 湖北美術出版社,2002 年 3 月,第 49—53 頁。

(五) 法相宗論著殘片唐雲跋

壬寅(1962)九月杭州唐雲觀於稻香樓[1]。(鈐"杭州唐雲"白文方印、"大石齋"朱文方印)

[1] 唐雲(1910—1993),字俠塵,號藥城、藥塵、大石翁等,浙江杭州人。善繪花鳥,富收藏。曾任中國美術家協會上海分會副主席、上海中國畫院副院長、上海市文物保管委員會委員等職。稻香樓,即合肥稻香樓賓館,位於合肥市蜀山區金寨路 311 號,始建於 1956 年。

(六) 册尾啓功跋

一九七六年冬,谷風同志出示所集六朝隋唐古迹一册,雖多殘紙,而零金碎玉,俱堪珍貴。功亦收得一册,每紙不過掌大,而什襲摩挲,見者嗤之。今觀斯册,富於散篋之物十倍。燈前把玩,不能釋手,因書其後,以紀眼福,且見世更有癡於我者,谷風同志是也。然先民之文化遺迹正賴以存,而谷風之宏願偉績,又不僅在此戔戔數紙也。啓功識於北京西城小乘巷寓舍。(鈐"啓功"朱文方印、"元白"朱文方印)

(七) 册尾謝稚柳跋

谷風同志所收唐以前諸代書,其中多卷爲寫經,而以西晉及隋人正筆書尤爲難得,於以見當時之風格情采,雖斷簡殘篇,一鱗一爪,尤彌足珍惜也。丁卯(1987)夏初過合肥觀因題,謝稚柳[1],七十有八。(鈐"壯暮堂"白文方印、"稚柳"朱文方印)

[1] 謝稚柳(1910—1997),江蘇常州人。晚號壯暮翁。曾任上海市文物保護委員會副主任。擅長書法及書畫鑒定。著有《敦煌藝術敘録》等。

(八) 册尾楊仁愷跋

友人石谷風先生數十年來從事歷代寫經文字之搜求,即片瓦隻字概不棄置,積年累月,所得益夥,斐然可觀。從而鑒定其真贋,區別其篇目,辨識其風貌,考核其時代,非深於此道並對之研究有素者,實難有此成就也。頃來合肥,晤譚甚歡,承出示晉魏隋唐殘墨集錦,光采照人,天道酬勤,爲之肅然起敬耳。歲次丁卯(1987)夏五月仁愷拜觀并題[1]。(前鈐"精勤"朱文橢圓印,後鈐"蜀人"朱文方印、"楊仁愷"白文方印)

[1] 楊仁愷(1915—2008),四川岳池人。1949 年受聘爲東北人民政府文化部文物處研究室研究員。1952 年 6 月任東北博物館(今遼寧省博物館)研究員。工書法,擅長文物鑒定。1980 年代初期與啓功、謝稚柳等七人組成鑒定小組,巡回鑒定全國各機構藏古代書畫。

【録文】

方廣錩 2002A,第 298—333 頁(録一至五則)。

【圖版】

石谷風 1992,第 2、41、44、86、88—90 頁。

【研究】

方廣錩 2002B,第 193 頁;方廣錩 2010,第 129 頁(論及第一則)。

194. 劉作籌虛白齋藏《妙法蓮華經》陳伯陶、羅惇曧、胡璧城跋

【概述】

此卷 5 紙,長 200 釐米。拖尾有陳伯陶、羅惇曧、胡璧城跋。據跋文所述,此卷爲葉恭綽贈與楊增犖,楊轉贈倫明。

此件不見於香港藝術館藏品資料庫"虛白齋藏中國書畫",或未在劉作籌捐贈該館藝術品之列。

【校録箋證】

(一)陳伯陶跋

唐人寫經字體工拙雖各不同,然自是晉唐法度,非宋以後所能及。昔在匋齋尚書處見一卷[1],筆意極類徐季海[2],尚書囑爲跋尾,捨之焦山寺中。聞吳荷屋中丞藏本筆力結構逼真信本[3],惜未之見。此卷書法稍遜,然"世"作"世","愍"作"愍",避太宗諱,其爲唐人筆無疑。哲如兄稱此爲新建楊昀谷太守所贈[4],云得之燉煌石室中,故紙墨完好如新,洵瓌寶也。辛亥夏至日(1911.6.22)礪道人陳伯陶記[5]。(鈐"伯陶長壽"白文方印)

[1] 匋齋尚書,即端方(1861—1911)。

[2] 徐浩(703—782),字季海。

[3] 吳榮光(1773—1843),號荷屋。吳榮光摹刻《筠清館法帖》,卷二收《唐人書藏經殘字》,即其所藏。歐陽詢(557—641),字信本。

[4] 倫明(1875—1944),字哲如,廣東東莞人。光緒三十三年(1907)畢業於京師大學堂優級師範科,任廣東模範高等小學堂校長、兩廣方言學堂教務長。1912 年任廣東省視學官。1917 年任參議院秘書。1918 年任北京大學教授。1937 年任廣州省立圖書館副館長、嶺南大學教授。著有《續書樓藏書記》《續書樓讀書記》《辛亥以來藏書記事詩》等。昀谷太守,指楊增犖(1860—1933),楊官至四川候補知府,故稱

太守。

[5] 陳伯陶(1855—1930)，字象華，號子礪，廣東東莞人。幼年師從陳澧。光緒十八年(1892)探花。充國史館協修，入直南書房，光緒三十二年(1906)奉派赴日本考察學務，回國任江寧提學使，署江寧布政使。宣統三年(1911)任廣東教育總會會長。民國期間寓居香港九龍。富藏書。著有《宋東莞遺民錄》《明東莞五忠傳》《勝朝粵東遺民錄》等。

(二) 羅惇曧跋

敦煌鳴沙岩石室古名莫高窟，俗呼千佛洞，爲宋初西夏搆兵時藏書之所，外蔽以壁，飾以佛像，歷千年無知者。光緒庚子(1900)，壁破書見，稍稍流傳。丁未(1907)冬，法國文學士伯希和遊迪化，覘其書，審爲六朝唐人寫本，購至夥，輦歸法京。宣統己酉(1909)游京師，行篋所攜，都人爭覘。學部乃請甘督大索其餘以致京師，新疆巡撫何秋輦中丞實董其事[1]。比至京師，流出頗多。余所得有開元二年十月道士索洞玄所書《太玄真一本際經》[2]，長丈餘，爲《道藏》所不載，至奇寶矣。此卷爲葉玉父所得，以貽新建楊昀谷。昀谷至粵，以贈哲如大令。哲如相攜京師，屬志如此。宣統三年(1911)九月順德羅惇曧志於宣南四印齋。(鈐"羅惇曧印"白文方印)

[1] 何彦升(1860—1910)，字秋輦，江蘇江陰人。光緒十五年(1889)舉人。曾任駐美、俄外交官。光緒後期歷任山東登萊青道、東海關監督、湖南嶽常澧道、山東登萊青膠道、直隸按察使。宣統元年(1909)任甘肅布政使，次年調任新疆巡撫，赴任途中病卒。何彦升主管敦煌藏經洞遺書運京事務，時其子何鬯威(震彝)在京，押解委員傅寶書、武相臣抵京，先將敦煌遺書運至何宅，何鬯威夥同其岳父李盛鐸、李氏同鄉劉廷琛、友人方爾謙，監守自盜，各得佳者數百卷，以其餘歸學部，入藏京師圖書館。下文所謂"比至京師，流出頗多"，即指此而言。

[2] 參中國國家圖書館藏 BD14813《天請問經》馬敘倫跋注釋。

(三) 胡璧城跋

昨在廠肆獲侯雪苑寫扇[1]、王雅宜寫詩卷[2]、宋拓秘閣殘帖[3]、姚雲東畫松鶴立軸[4]，挾以歸廣，見案頭哲如同學贈葉衍蘭寫刻《李長吉詩》二册[5]，又唐人寫經卷一。閉門埽轍，一一展玩，門外高樹，綠蔭在窗，古色古香，紛湧几案。《長吉詩》黎二樵先生批點既工[6]，雕琢復纱。唐人寫經卷千餘言，紙墨完潔如新，尤爲難得。自燉煌石室發見後，碎墨零箋，士林詫爲鴻寶，今存京圖書館者尚萬卷[7]，餘亦浸散失矣。往年長汀江叔海先生[8]、順德羅瘦公嘗割所愛小幅以贈[9]，視哲如此本略工，朝夕摩挲，珍如球璧，它日當乞哲如詩於後以張之。今哲如乃以此卷索題，字跡之真與燉煌寫經之顛末，前跋既詳之，獨余於一日間獲不經見之蹟種種如此，其快慰可想也。癸丑(1913)六月安吳胡璧城寫記[10]。(鈐"安定後人"朱文方印)

[1] 侯方域(1618—1654)，字朝宗，號雪苑，河南商丘人。少有才名，工詩，善古文。曾主盟復社。著有《壯晦堂文集》《四憶堂詩集》等。

[2] 王寵(1494—1533)，字履仁、履吉，號雅宜山人，江蘇長洲(今蘇州)人。工書，善畫。著有《雅宜山人集》。

　　［3］當指《淳化閣帖》。

　　［4］姚綬(1423—1495)，字公綬，號雲東、丹丘子等，浙江嘉善人。明天順八年(1464)進士，官監察御史、江西永寧知府。工詩，善書畫。著有《穀庵集》。

　　［5］指清光緒十八年(1892)葉衍蘭刻朱墨套印本《李長吉集》四卷，該本有黄陶庵評、黎二樵批點。葉衍蘭(1823—1897)，字蘭雪、南雪，廣東番禺人。葉恭綽之祖父。咸豐六年(1856)進士。歷官户部主事、軍機章京，後主講越華書院。工詩，擅書畫。編有《清代學者象傳》，著有《海岳樓詩集》《秋夢庵詞草》。

　　［6］黎簡(1747—1799)，字簡民、未裁，號二樵、石鼎，廣東順德人。乾隆五十四年(1789)拔貢。詩、書、畫、篆刻俱工。著有《五百四峰堂詩鈔》《藥煙閣詞鈔》《芙蓉亭樂府》等。

　　［7］即京師圖書館，此處遺漏一字。

　　［8］江瀚(1853—1935)，字叔海。

　　［9］羅瘦公，即羅惇曧(1872—1924)。

　　［10］胡璧城(1885—1925)，字夔文，號藕冰，安徽涇縣安吳鄉人。光緒二十三年(1897)舉人。畢業於京師大學堂師範館。參與創辦安慶府中學。清末任安徽諮議局秘書長。1911年冬當選安徽臨時省議會議長，次年當選參議院議員。後曾任審計院審計官。工詩，著有《知困齋詩存》。胡氏郡望安定，故胡璧城有"安定後人"印。

【著録】

　　上海博物館、香港中文大學文物館 1987，第 79 頁。

【圖版】

　　上海博物館、香港中文大學文物館 1987，第 52—53 頁。

【研究】

　　榮新江 1996B，第 193 頁。

195. 王伯敏藏《四分律小抄》馮國瑞、張宗祥、陸維釗、王伯敏跋

【概述】

　　此卷爲王伯敏藏品，係馮國瑞所贈。王伯敏因得此敦煌寫經，取室名半唐齋。此卷原無標題，黄征擬作"四分律小抄"，校録全文並撰箋釋、解題。其後，宗舜法師撰《〈王伯敏先生藏敦煌唐寫本《四分律小抄一卷》(擬)殘卷研究〉商榷》(《戒幢佛學》第三卷，長沙：嶽麓書社，2005 年)、釋定源撰《〈王伯敏先生藏敦煌唐寫本《四分律小抄一卷》(擬)殘卷研究〉再商榷》(《敦煌學輯刊》2011 年第 3 期)，各有所補正。

　　據黄征所撰解題，此卷有多則題跋。兹據黄征文迻録如下。

【校録箋證】

（一）馮國瑞跋

　　壬寅年夏五月廿四日(1962.6.25)，王伯敏自杭州至敦煌[1]，過蘭州，以莫高窟唐人寫

經殘卷贈之，以作紀念。天水馮國瑞。（鈐"馮國瑞"白文方印）

　　[1] 王伯敏(1924—2013)，別名柏閩，浙江台州人。1947年畢業於上海美專。中國美術學院教授。著有《中國繪畫通史》《中國美術通史》《敦煌壁畫山水研究》等。

（二）張宗祥跋

　　莫高窟古書，佛經之外，一切訴狀、帳記、捐疏均有，此爲注解佛經之卷。凡此種種，字皆草率，紙皆白麻，蓋隨筆所書者。然其中往往有諺語、俗字，可以見當時社會真相，故予向重視之。此論不知伯敏兄以爲然否？一千年後人書一千年紙，更後千年之人見之，不知又作何想？壬寅立冬前四日(1962.11.4)，海寧張宗祥記。時年八十有一。（鈐"冷僧八十以後作"朱文方印）

（三）陸維釗跋

　　佛教東流，其始番僧支婁迦讖等，專譯經典，本無所謂宗派也。嗣後諸家所見漸有異同，自魏晉六朝迄於三唐，前後有十三宗之稱，律其一也。此卷爲律宗之書，在佛家三藏並重而尤嚴戒律。曹魏有曇柯迦羅者，始譯戒律於中土。其後魏僧法聰講《四分律》，唐僧智首作《五部區分鈔》，即此卷所云四分、五部也。雖爲殘卷，尋其體制，似爲民間講疏之類。如卷中所述有災告罪者云云，攝僧界者云云，攝衣食界者云云，□來者云云，非相者云云，薩婆多者云云，彌沙塞者云云，可以概見。亦有不加"者"字爲識而直疏其義者。惜寫者不工，錯別字時時有之。伯敏兄珍視此弓，不特重在考史，亦以志馮君相贈之高誼也。余未讀佛書，姑妄記之如此。陸維釗。（前鈐"圓昌樓"長方印，後鈐"陸維釗"方印、"微昭手識"方印）

（四）王伯敏跋

　　補唐人寫經卷後（鈐印一枚，待考）

　　卷首背面書有百餘字，錄之如下：

　　故妙之繁異取聚，理何晦没略也。固令撮略正文，包括諸意也。略取要義，不盡終文，妙字若干，即捨綴之，義取其要。若金者有二義，一利刃義，二牢固義。利刃剔割刪繁文，牢固即金剛織素等，如共功臣之賜其素，令其家久固不破。金鉢之義，金意明其妙被時要，人所欽崇，流傳不固者。

　　卷中背面書廿八字：

　　大德我已足，汝知足看足，彼取夕食已，告云：長老，我已食。記訖，止汝貪心。

　　甲子(1984)春王伯敏書。（鈐"王伯敏印"白文方印）

【圖版】

　　黃征2002，第332、334頁。

【研究】

　　黃征2001，第167頁；黃征2002，第333—334頁。

196. 韓天衡藏《大智度經》張運跋

【概述】

此件爲現代書畫篆刻家韓天衡藏品。韓天衡(1940—)，號豆廬、味閑，又號近墨者，室名百樂齋、味閑草堂。原籍江蘇蘇州，生於上海。從方介堪、方去疾治金石及印學，從馬公愚、陸維釗習書法，從謝稚柳、陸儼少研習國畫及美術理論。現爲上海中國畫院副院長、一級美術師、西泠印社副社長。著有《中國印學年表》《天衡印譚》《天衡藝譚》《韓天衡書畫篆刻》等。

2005年1月，上海書畫出版社影印出版此卷，書名《唐人書大智度經》。據韓天衡所撰《唐人書大智度經卷簡介》，"卷長六米"，其師"謝稚柳先先生審定爲初唐人書"。

【校録箋證】

自敦煌石室開後，頗流出古物，皆唐末五季之遺，而經卷尤多。南人官彼土者及隨從之士類有購取，歸或贈人。予前後得數軸[1]，然帋之精粗、書之工拙至不等，又半有殘損，要之爲真宋以前物，斯可貴耳。復初此卷首尾獨完善[2]，書筆亦佳，甚不易覯。云得之李眉公後人[3]。去冬攜滬裝背，留萬君茂之處，尚擬寄肥屬題。今夏予適至滬，萬君出賉，遂爲記之。庚午六月十四日(1930.7.9)張運書。(鈐"張運"朱文方印)

[1] 如上圖藏敦煌遺書071號《佛説藥師經》爲張運舊藏，鈐有"張運"印。

[2] 程銘善(1879—?)，字復初，安徽合肥人。清末舉人，曾任廬州府中學堂經學、國文科教習。民國初年曾任宿松、興城、蒙城等縣知事。

[3] 指李誠(? —1928)，字仲琴，號眉盒，廣西臨桂人。曾任合肥、六安、宣城等縣知事，吳佩孚秘書。著有《匏園詩存》。

【圖版】

上海書畫出版社2004，第28—29頁。

197. 成賢齋藏CXZ020藏文《無量壽宗要經》郭培元跋

【概述】

此卷15紙，長677.3釐米，抄藏文《無量壽宗要經》五部。鈐收藏者王洋閑章五枚："慧"白文圓印、"净行樂壽"朱文圓印、"净行樂壽禮"朱文方印、"上善"朱文方印、"樂壽"朱文方印。第十五紙背有郭培元題跋一則，又另紙附郭培元題跋一則。

此件曾見於中國嘉德國際拍賣有限公司嘉德四季第十七期拍賣會古籍善本碑帖法書專場(2009年3月29日)，編號3676。

【校録箋證】

(一) 第十五紙背郭培元跋

清光緒二十六年四月庚子四月二十七日(1900.6.23)，道士王圓籙在敦煌千佛洞藏經洞發現之藏文佛經。野王郭培元藏[1]。

[1] 郭培元(1928—2000)，河南沁陽人(沁陽隋代爲河内郡)，居甘肅蘭州。甘肅省社會科學聯合會研究會會員、甘肅省錢幣學會會員。醉心收藏，所得古籍善本、古泉、金石頗豐。1986年向中國軍事博物館捐贈左宗棠"用兵西北會計決算奏稿"等3件。中國嘉德國際拍賣有限公司2004春季拍賣會古籍善本專場(2004年5月17日)拍賣"隋唐時期唐人寫經"一組七件(編號2475)，亦係郭培元舊藏。

(二)另紙郭培元跋

此敦煌千佛洞所出藏文佛經，紙則爲益府造黄蘇紙。敦煌即唐之沙州，其陷於土蕃，《元和志》爲建中二年(公元七八一)。至開成末，土蕃國政漸亂，大中三年(公元八四九)七月，其統治下的秦州、原州、安樂州及石門、木硤、驛藏、制勝、石硤、六盤、蕭關七關來歸。大中四年(公元八五〇)沙州人張義潮逐土蕃守將，五年以沙、瓜、伊、西、甘、肅、蘭、鄯、河、岷、廓十一州圖籍歸唐。咸通二年(公元八六一)又復涼州。於是河隴始告光復。此經余抗日戰争時得於蘭州，售者存數尚夥。可知爲土蕃佔據時所寫，或爲統治者所獻，未及譯考也。河内郭培元志，一九六五年元旦。

【録文】

方廣錩2014，《條記目録》第11—12頁。于華剛、翁連溪2014，第477頁。

【圖版】

方廣錩2014，第316—317頁。于華剛、翁連溪2014，第316—317頁。

198. 成賢齋藏CXZ024藏文《思益梵天所問經》卷四周慶基跋

【概述】

此卷存9紙，237行，長422.7釐米。卷首背面方爾謙題"大方"。卷首鈐"慧"白文圓印、"上善"朱文方印、"樂壽"朱文長方印，均爲王洋所用印章；卷尾鈐"受研齋"朱文方印、"慶基不惑"白文方印、"如意寶藏"朱文長方印、"廣錩審定之印"朱文方印。

另紙附周慶基題跋一則。周慶基(1923—2008)，湖北天門人，河北大學教授，著有《新編世界史》《古代埃及》《新文學舊事叢話》等。其夫人袁家詒係袁世凱之孫女。

【校録箋證】

《思益梵天所問經》，後半完好，方爾謙太夫子舊藏。經爲姚秦羅什譯，揚大抑小，實摩訶衍那之要籍，又名《莊嚴佛法經》。前有晉竺法護譯本，名《持心梵天所問經》。(前鈐"長壽"朱文印，後鈐"周慶基"白文方印)

【録文】

方廣錩2014，《條記目録》第14頁。于華剛、翁連溪2014，第480頁。

【圖版】

方廣錩2014，第381頁。于華剛、翁連溪2014，第381頁。

199. 小小脈望館藏《唐人寫經集錦》沈曾植、孫鼎跋

【概述】

此册現藏林霄小小脈望館。據"脈望林霄的博客"所貼出的照片,共 30 頁,粘裱殘片 37 片。封面有題簽:"唐人寫經集錦。海日樓藏。頻題。"可知其爲沈曾植舊藏。沈頻 (1898—1963),又名慈護,沈曾樾(1855—1922,字子林)三子,沈曾植繼子。又據孫鼎跋, 此册後曾爲孫鼎芥藏樓所得。

【校録箋證】

(一)沈曾植跋

丁巳(1917)六月,寓五弟南半截衙齋中[1],王毗持此册來,言是圖書館某君所綴緝[2], 蓋自甘肅解館時竹頭木屑也。(鈐"曾植"朱文長方印、"海日樓"白文方印)

[1] 五弟,指沈曾桐(1853—1921),字子封,號同叔,浙江嘉興人。光緒十二年(1886)進士。强學會 發起人之一。官至廣東提學使。好藏書,得孔廣陶舊藏甚多。南半截衙,即今北京市西城區菜市口南半 截胡同。

[2] 圖書館某君,疑即京師圖書館館員魏家驥。魏家驥曾於 1917 年盜竊館藏敦煌遺書岡 37 號(今 編號 BD04536,係空號)。國圖藏《敦煌經卷總目》第五册該號處粘浮簽一張,載:"岡字卅七卷被竊失去, 未經追回(空盒收回)。"《敦煌經卷總目》第八册民國七年(1918)趙憲曾題記中又載:"去年被魏家驥等盜 竊一卷,已送審判廳判罪。教追,尚未追回。"所指即爲岡 37 號。《敦煌劫餘録》則記載:"岡 37 號已裝裱。 民國六年(1917)被竊,僅存空盒。"魏家驥盜竊案發生時間與沈曾植收入此册的時間相合,因此"圖書館某 君"指魏家驥的可能性非常大。魏家驥所竊岡 37 號有開元五年(717)紀年題記,入館之初曾經裝裱,是當 年接待參觀常用的一件,一旦遺失比較容易發現,而此件所收 37 件均爲殘片,尚未登記造册,可能因此長 期未被發現。

(二)孫鼎跋

芥藏樓藏唐人寫經之一[1]。(鈐"曾在孫師匡處"朱文長方印)

[1] 芥藏樓,孫鼎(字師匡,1906—1977)齋號。

【圖版】

《沈曾植舊藏敦煌寫經殘片集》,見"脈望林霄的博客",網址爲: http://blog.sina. com.cn/s/blog_aff35b1b01016cn4.html

200. 務本堂藏務本 005《妙法蓮華經》卷五張虹跋

【概述】

此卷現藏鄒盛華務本堂。原爲李啓嚴群玉齋舊藏,曾見於 1992 年紐約佳士得拍賣行 "李氏群玉齋藏書畫精品選"專場、北京保利國際拍賣有限公司 2008 春季拍賣會鑑古齋藏 中國古代書畫專題(2008 年 5 月 30 日,編號 1515)。李啓嚴(1919—1984),廣東新會人,

從業於香港商界,富收藏。

　　此卷首殘尾全,存16紙,長695.3釐米。首行爲品題"妙法蓮華經從地踴出品第十五",有尾題"妙法蓮華經卷第五"。前部有蟲蛀,《務本堂藏敦煌遺書》①條記目錄謂爲"現代保管不善所致"。全卷托裱。卷前鈐"務本堂藏"朱文方印,卷尾鈐"廣錩審定"朱文方印。

　　引首外題簽"妙法蓮華經卷,敦煌石室本"。引首題:"鳴沙法寶。廿五年(1936)九月魯庵居士屬彭熀霖指書。"後鈐"妙觀指書"朱文方印。拖尾有張虹題跋二則。

【校錄箋證】

(一) 張虹跋一

　　此敦煌本經卷凡一十五接紙,四百二十餘行。卷首"妙法蓮華經從地踴出品第十五",至十六、十七,共三品。卷末"妙法蓮華經卷第五"(另行)。卷末餘紙無殘缺,書勁利有致,較之北朝書體質樸方整,殆有別也,審爲初唐寫本。卷中"訊"作"訉","綱"作"綱","那"作"郍"(按西魏寫本《菩薩處胎經》卷同),"缺"作"猷"(《佩觿》云:《干祿字書》缺從垂旁。《玉篇》云:作蚙。《集韻》云:作觖,同决),"驕"作"憍"(北朝人書《大毗婆沙》卷十三同),"惱"作"悩","莊"作"荘",書筆結體,尚有六朝風規。卷中"治"字兩見,末筆俱未減省。按唐高宗諱"治"(字爲善),兹卷"治"字不避諱,證之敦煌石室出土寫本殘卷伯希和編目二五一七號(現存巴黎)唐人寫本《道德經義疏》殘卷第五(見羅振玉刊《群書敍錄》),羅振玉考定爲唐高宗前寫本,與兹卷"治"字具合之。據唐代書風,自歐陽率更《八法》、虞世南《筆髓》、太宗《筆訣》,楷法大備,風盛於世。當六朝之際,有南北之分,書道亦如之。至隋唐,南北統一。太宗推重王右軍之書,乃以右軍爲正傳,虞世南、褚河南、柳誠懸、孫過庭諸公是也。惟是北朝渾厚書風尚未零替,如李北海、蘇靈芝是也。是則南北之分,非迥別之異體也。審玩此卷,書筆之使轉純自然,尚未爲楷則所囿。流傳唐代書蹟,當推《麻姑儒壇記》,楷則嚴謹。至於唐人寫本經卷,嘉道間屬希有之品。晚近敦煌出土數量之多,書法之遞演,就寫本經卷而論,有書筆絕佳,有潦草拙劣,一般初學俗工,或則鈔胥、經生及諸比丘手筆,未可作書藝之論定。惟是徵考年代,愈降愈薄,愈潦草急迫,無可諱言。善鑒者先審時代,以辨別史實,乃文獻之遺,然後論書筆之工拙。此卷書筆遙接六朝風規,雖無年月題誌,但"治"字不避諱,可推考也。申齋張虹識於寄傳庵。(前鈐"張○"朱文長方印,後鈐"張虹"白文圓印、"谷雛常吉"白文方印)

(二) 張虹跋二

　　按大藏本《妙法蓮華經》八卷,姚秦三藏法師鳩摩羅什譯。初譯本七卷二十七品。《出三藏記》謂:朱士行赴于闐得《光讚般若》原本時得之,遂得有此《法華》正本,於于闐大國輝光重壤,踴出空中[1]。惟原本無《提婆品》,則《寶塔》《提婆》附入《法華》,蕭齊時達摩摩提與法獻共譯《妙法蓮華經·提婆達多品》一卷,有謂法獻得於于闐,與其他諸品頗多相

異。惟此卷在卷末另行"妙法蓮華經卷第五"，乃羅什初譯本。申齋學人識。（鈐"寄傳庵藏"朱文長方印）

　　[1] 事見《出三藏記集》卷五《長安叡法師喻疑第六》："昔朱士行既襲真式，以大法爲己任，於雒中講中小品，亦往往不通，乃出流沙尋求大品。既至于填，果得真本，即遣弟子十人送至雒陽，出爲晉音。未發之間，彼土小乘學者乃以聞王，云漢地沙門乃以婆羅門書或亂真言，王爲地主，若不折之，斷絶大法，聾盲漢地，王之咎也。王即不聽。時朱士行乃求燒經爲證，王亦從其所求，積薪十車於殿階下，以火焚之。士行臨階而發誠誓，若漢地大化應流布者，經當不燒，若其不應命也如何。言已投之，火即爲滅，不損一字，遂得有此法華正本。於于填大國，輝光重壞，踊出空中，而得流此。"

【録文】

　　方廣錩 2013A，第①册《條記目録》第 3—4 頁。

【圖版】

　　保利 2008，編號 1515。方廣錩 2013A，第①册第 39 頁。

　　雅昌藝術網：http://auction.artron.net/paimai-art53071515/

201. 務本堂藏務本 006《金剛般若波羅蜜經》吳寶煒跋

【概述】

　　此卷現藏鄔盛華務本堂。首殘尾全，存 12 紙，長 524.8 釐米。有尾題"金剛般若波羅蜜經"。卷前鈐"務本堂藏"朱文方印，卷尾鈐"廣錩審定"朱文方印。引首外有吳寶煒跋二則。

【校録箋證】

（一）吳寶煒跋一

　　唐人書金剛般若波羅蜜經。全卷十二段，共字三百十二行。（鈐"宜常吳寶煒"朱文圓印）

（二）吳寶煒跋二

　　此卷字勢莊嚴，唐經生書，正法極軌。擬覓補殘缺，爲景印流通。（鈐"遇安"朱文長方印）

【録文】

　　方廣錩 2013A，第①册《條記目録》第 4 頁。

【圖版】

　　方廣錩 2013A，第①册第 40 頁。

202. 務本堂藏務本 007《金剛般若波羅蜜經》吳寶煒跋

【概述】

　　此卷現藏鄔盛華務本堂。首全尾殘，存 1 紙，21 行，長 35.4 釐米。有首題"金剛般若波羅蜜經”。卷前鈐“務本堂藏”朱文方印，卷尾鈐“廣錩審定”朱文方印。引首有吳寶煒跋一則。

【校錄箋證】

燉煌石室出唐人寫經。潢川吳氏藏。（鈐“寶煒”朱文長方印）

【錄文】

方廣錩 2013A，第①册《條記目録》第 4 頁。

【圖版】

方廣錩 2013A，第①册第 48 頁。

203. 務本堂藏務本 014《妙法蓮華經》卷五方廣錩跋

【概述】

此卷現藏鄢盛華務本堂。首尾均殘，存 5 紙，長 205.3 釐米。卷前鈐“務本堂藏”朱文方印，卷尾鈐“廣錩審定”朱文方印。引首外題：“六朝人寫經壹卷。慕少堂藏。”慕少堂即慕壽祺（1875—1948）。拖尾有方廣錩題跋二則。

據《務本堂藏敦煌遺書·條記目録》，此卷裝於木盒，盒底墨書：“隋經壹卷，王晉老跋。”王樹枏跋未見。

【校錄箋證】

（一）方廣錩跋一

本遺書存五紙百十二行，首殘尾斷，爲七八世紀唐寫教煌遺書。原屬《妙法蓮華經》卷五之一部分，爲如來壽量品第十六。原卷其後應續有分別功德品第十七，惜夫被書賈割截。然首第四行“汝等諦聽”之“汝”，可校《大正藏》本“如”之誤，由此亦知天下無棄物也。方廣錩跋於乙巳夏。（鈐“方廣錩鉢”朱文方印）

（二）方廣錩跋二

乙巳爲壬辰（2012）之誤，愧甚。方廣錩又識。

【錄文】

方廣錩 2013A，第①册《條記目録》第 5 頁。

【圖版】

方廣錩 2013A，第①册第 93 頁。

204. 務本堂藏務本 016《金剛般若波羅蜜經》秦裕、張伯駒跋

【概述】

此卷現藏鄢盛華務本堂。首尾均殘，存 3 紙，84 行，長 150 釐米。通卷托裱。引首外有秦裕題簽：“真迹《金剛經》八十四行。乙酉十月市得。梁子河村人珍藏并□同月補寫松

風賞古圖卷尾。"鈐"仲文"朱文方印。乙酉即 1945 年。

引首篆文題:"盛唐墨寶。容庚爲仲文先生題。"前鈐"關内侯印"白文方印、"三千年后必有易子云"朱文印,後鈐"容庚"朱文方印。

拖尾繪《松風賞古圖》一幅、松林圖一幅。二畫之間有秦裕題跋二則、張伯駒題跋一則。

【校録箋證】

（一）秦裕跋一

松風賞古圖。乙酉(1945)十月得唐賢書《金剛經》寫此。梁子河村人,時年五十有一。（鈐"秦裕之印"白文方印）

（二）秦裕跋二

蔡君謨書,評者謂具有唐人風格,爲有宋第一[1]。余曾見公楷書《謝賜御書詩表》文,風度端凝。董文敏跋語謂從《和尚碑》來[2]。季海真跡世所罕見,觀和尚碑,蓋脱胎于魯公而稍腴潤。君謨效之,益以精嚴,遂絕今古。思老之言不謬也[3]。此唐書《金剛經》八十四行,古茂淵雅,極與君謨相似,蓋經生高手之宗法徐季海者,其工力固未足雁行君謨,風格實伯仲也。千載黄麻,墨楮如新。設非燉煌啓秘,何克有此!明代士夫寶重唐跡,苟遇寫經一行,輒估十金之值,有清道、咸之際猶爾。使吴荷屋諸公遇有此卷,必刻入《筠清帖》中無疑也。乙酉(1945)十月偶于北平市肆購得,補寫《松風賞古圖》以誌欣賞,并記卷尾。梁子河村人秦裕,時年五十有一。（前鈐"群峰拱翠之居"白文方印,後鈐"仲文"白文方印、"秦裕"白文方印）

[1] 如蘇軾《東坡志林》卷八謂:"唐末五代文章藻麗,字畫隨之,而楊公凝式筆蹟獨雄强,往往與顔柳相上下,甚可怪也。今世多稱李建中、宋宣獻,此二人書僕所不要,宋寒而李俗,殆是浪得名。惟近日蔡君謨天資既高,學識亦至當,爲本朝第一。"蔡君謨,即蔡襄(1012—1067)。

[2] 蔡襄《謝賜御書詩表》墨蹟本,今藏日本書道博物館。後有米芾、鮮于樞、解縉、吴寬、陳繼儒、董其昌等跋。董其昌跋謂:"蔡君謨此詩學韓昌黎《石鼓歌》,此書學歐陽率更《化度碑》及徐季海《三藏和尚碑》。古人書法無一筆無來處,不獨君謨也。"徐季海,即徐浩(703—782)。

[3] 董其昌號思白,故稱"思老"。

（三）張伯駒跋

唐人書法之可貴,蓋不出晉人書法之傳統也。朱文公謂天下書法爲蘇、黄所壞[1],即其離晉、唐法爲遠。蔡忠惠書爲右軍正宗[2],其楷書絕似唐人寫經。自燉煌寫經流出後,人遂以其多而不珍視,竟忘其爲書法正宗之楷模也,安可忽之。庚寅(1950)九秋叢碧題記[3]。（鈐"叢碧"白文方印、"張伯駒印"朱文方印）

[1] 語出朱熹《朱子語類》卷一百四十:"字被蘇、黄胡亂寫壞了。近見蔡君謨一帖,字字有法度,如端人正士,方是字。"蘇、黄,即蘇軾、黄庭堅。

[2] 蔡襄,謚忠惠。

　　[3]　張伯駒(1898—1982),字家騏,號叢碧、游春主人、好好先生,河南項城人。河南都督張鎮芳之子,袁世凱表侄。歷任鹽業銀行總管理處稽核、南京鹽業銀行經理、秦隴實業銀行經理等職。精書畫鑒定,富收藏,1956 年將所藏文物精品捐獻故宮博物院。1962 年任吉林省博物館副館長。著作有《叢碧詞》《叢碧書畫録》等。

【録文】

　　方廣錩 2013A,第①册《條記目録》第 6 頁。

【圖版】

　　方廣錩 2013A,第①册第 97—98 頁。

205. 務本堂藏務本 020《法句經》方廣錩跋

【概述】

　　此卷現藏鄞盛華務本堂。首殘尾全,存 11 紙,285 行,長 514.1 釐米。有尾題:"佛説法句經一卷。"卷前鈐"務本堂藏"朱文方印,卷尾鈐"廣錩審定"朱文方印。拖尾有方廣錩題跋二則。

【校録箋證】

(一)方廣錩跋一

　　此《法句經》爲中國人所撰,因屬僞經,故被秘寢,今重見於藏經洞,快何如之。本遺書十一紙,首殘尾全,存尾題。書法雖非上乘,然可知乃功德主自書,亦可窺該經流傳之一斑。且本遺書僅殘缺卷首第一品,餘皆完好,爲敦煌遺書中少見,甚可寶之。乙巳年五月方廣錩識於申江。(鈐"方廣錩鉢"朱文方印)

(二)方廣錩跋二

　　乙巳應爲壬辰(2012)。手誤,愧甚。方廣錩又識。

【録文】

　　方廣錩 2013A,第①册《條記目録》第 7 頁。

【圖版】

　　方廣錩 2013A,第①册第 120 頁。

206. 務本堂藏務本 027《妙法蓮華經》卷六張群、楊歗谷跋

【概述】

　　此卷現藏鄞盛華務本堂。首尾均殘,存 5 紙,102 行,長 167.5 釐米。卷前鈐"中行廬主"朱文方印、"務本堂藏"朱文方印,卷尾鈐"廣錩審定"朱文方印。

　　卷末有張群短跋一則,卷背有楊歗谷跋、張群鋼筆書題跋各一則。據題跋,楊歗谷1947 年將此卷贈予張群,1955 年張群轉贈日本外交官清水董三。

【校録箋證】

（一）卷尾張群跋

中行廬珍藏。（鈐“岳軍”朱文葫蘆形印）

（二）卷背楊歗谷跋

此燉煌石室掘出唐人寫《妙法蓮華經》，黄麻紙本，岳公惠存[1]。弟楊歗谷[2]持贈。丁亥上元（1947.2.5）。（鈐“歗谷”朱文長方印）

[1] 岳公，指張群（1888—1990），字岳軍，齋名中行廬，四川華陽（今屬雙流）人。求學於保定陸軍軍官學校、日本陸軍士官學校。1911 年回國參加革命。歷任軍政部次長、上海市長、外交部長、軍事委員會秘書長、行政院副院長、四川省政府主席、行政院長等職。1954 年至 1972 年任“總統府秘書長”。著有《中日關係密録》等。

[2] 楊歗谷（1885—1967），字竹扉，四川大邑人。早年求學於成都尊經書院。1932 年赴日本任職於奈良正倉院、東京國立博物館。1937 年回國，1940 年任北平國立藝術專科學校教授。1946 年任華西協和大學教授、該校博物館研究員。著有《歗谷説紙》等。

（三）卷背張群跋

清水先生惠存[1]。弟張群敬贈。民國四十四年一月。（鈐“張群”白文橢圓印）

[1] 清水先生，即清水董三（1893—1970），號東翠。曾任上海東亞同文書院教授、日本大使館書記官。

【録文】

方廣錩 2013A，第①册《條記目録》第 8 頁。

【圖版】

方廣錩 2013A，第①册第 163 頁。

207. 海華堂藏 HHT005《大般涅槃經》卷三十六竇景椿跋

【概述】

此卷今藏王水衷海華堂。首尾完整，7 紙，長 956.6 釐米。卷背粘補白紙一張，有竇景椿題跋一則。

【校録箋證】

《大般涅槃經》卷第卅六全卷。自卷首“善男子如來”起，至卷終“三藐三佛陁”止，共計伍百伍拾貳行。此注。景椿[1]。（鈐“竇景椿”朱文方印）

[1] 竇景椿（1913—1989），字壽五，甘肅敦煌人。畢業於甘肅省立酒泉師範學校，曾任敦煌南關小學校長、東街小學校長。抗戰時期任職於國民政府監察院，1941 年秋隨監察院長于右任考察西北。1943 年任國立敦煌藝術研究所籌備委員。1949 年赴香港。

【録文】

于華剛、翁連溪 2017，第 718 頁。

【圖版】

于華剛、翁連溪 2017,第 84 頁。

208. 海華堂藏 HHT014《金剛般若波羅蜜經》竇景椿、于右任跋

【概述】

此卷今藏王水衷海華堂。首殘尾全,存 14 紙,長 603.9 釐米。卷尾有題記:"總章二年二月八日弟子令狐石住爲父長袍患疹,今發阿耨多羅三若三菩提心,爲父母寫《金剛般若經》二部。伏願十方大地三千大千世界諸佛及諸大菩薩、諸天賢、聖善神王、七世師長父母,含靈閏動,救濟一切,離苦解奪,所有書寫一字公德,願住父百病消除,無諸災鄣,耶孃百歲,恒發菩提心,恒聞正法,無有退轉。"

此件原係竇景椿藏本,曾在臺灣影印。竇景椿 1973 年所撰影印自序中稱:"時先嚴星五翁見邑人持有《金剛般若波羅蜜經》,卷末有施書者姓名及年代,甚奇之,遂價購珍藏焉。"可知此件爲其父竇星五購得。

有竇景椿題跋一則、于右任題跋二則。

【校錄箋證】

(一) 竇景椿跋

《金剛般若經》。自前段兩半行(八字)起,至卷終止,共計叄佰伍拾行,後載年代,不在數内。此注。景椿。(鈐"竇景椿"朱文方印)

(二) 于右任跋一

敦煌竇君景椿以其家藏唐人寫《金剛般若經》見示,書法極開展,寫經中上等手筆也。英國不列顛博物院藏敦煌卷子漢文寫本約七千卷,此則滄海遺珠,幸未爲史坦因與伯希和所採中耳。余翻近人所抄倫敦藏經簡目中,有令狐大娘牒[1],此則令狐石柱爲其父長袍所施書者,可知令狐一族當時爲其地著姓,更證明彼時西移人民生活優裕也。此卷有施書者人名,極不易得,其善寶之。民國廿九年(1940)三月十六日于右任記於重慶之陶園。(鈐"右任"朱文方印)

[1] 指 S.5812《丑年八月沙州女婦令狐大娘牒》。

(三) 于右任跋二

敦煌竇君景椿以其家藏唐人寫經《金剛般若經》見示,書法極開展,寫經中上等手筆也。英國博物院藏敦煌卷子漢文寫經約七千卷,此則幸未爲史坦因與伯希和所採中耳。余翻近人所抄倫敦藏經簡目中,有令狐大娘牒,此則令狐石柱爲其父長袍所施書者,可知令狐一族當時爲其地著姓,更證明彼時西移人民生活優裕也。此卷有施書者人名,極不易得,其善寶之。中華民國四十七年(1958)十月于右任再書於臺灣。(鈐"右任"朱文方印)

【録文】

寶景椿 1991,第 141—143 頁。于華剛、翁連溪 2017,第 723 頁。

【圖版】

寶俠父 1983,第 244 頁。寶景椿 1991,第 141—143 頁。俞小明 2012,第 73 頁。于華剛、翁連溪 2017,第 338、364—367 頁。朱鳳玉 2018,第 77 頁。

【研究】

朱鳳玉 2018,第 77—78 頁。

209. 海華堂藏 HHT015《合部金光明經》卷四陳重慶、鮑毓東跋

【概述】

此卷今藏王水衷海華堂。首殘尾全,存 10 紙,長 419.8 釐米。有尾題"金光明經卷第四"。引首有陳重慶題詩、鮑毓東題詩。

【校録箋證】

(一)陳重慶跋

石室遺經。辛亥(1911)臘月,霬卿[1]。(鈐"恨古人不見吾書"白文方印)

迦葉經文五百卷,祇林石室二千年。請看結字齊梁體,定在文皇譯布前。

寶氣如虹貫月時,龍天佛力儘維持。可憐局鐍緘封固,偏待虯髯碧眼兒。

七寶金輪貝葉書,兜沙一卷價璠璵。平泉草木都灰燼,手捧瑶函一感予。

界畫烏絲紙硬黄,珠璣滿幅浣天香。寫經不寫人名姓,早識心空禮覺王。

豈獨心空禮覺王,也知塵世有滄桑。玉關捧杖渾如夢,膡對爐香泪數行。

玉連環館主人。(前鈐"丙午年生"白文橢圓印,後鈐"霬卿父"半朱半白文方印)

[1] 陳重慶(1846—1928),字霬卿、巽卿、遜卿,晚號蘇叟,江蘇儀徵人,居揚州。光緒元年(1875)舉人,官至湖北鹽法道。詩書畫俱工。著有《默齋詩稿》《辛酉消夏詩録》。

(二)鮑毓東跋

驪珠萬顆墨千行,石室金經蘊古香。自是山神勤護守,天花如雨擁禪床。

昔聞吾友羅昭諫,曾著西陲寶藏編[1]。媿我佛頭今着穢,靈山也證墨因緣。

先德生平似子瞻,聖賢仙佛一身兼。定知憂國憂民意,上界還應百倍添。

可憐我是在家僧,除却閒吟百不能。稽首詞壇參島佛,拈花倘許咲傳鐙。(羅叔蘊學部曾采輯石室藏物成書。)

玉連環館主人索題,即乞正之。辛亥小除(1912.2.16)西泠漁隱鮑端虛率稿[2]。(鈐"端虛學"白文長方印、"石室主人"朱文方印)

[1] 指羅振玉編印《貞松堂藏西陲秘籍叢殘》。

[2] 鮑毓東(1845—?),字紫來,號石室主人,浙江仁和(今杭州)人。曾任海州知州。著有《端虛室賸

稿》《端虛室隨筆》。

【錄文】

于華剛、翁連溪 2017,第 724 頁。

【圖版】

俞小明 2012,第 76—77 頁。于華剛、翁連溪 2017,第 368—372 頁。朱鳳玉 2018,第 79 頁。

【研究】

朱鳳玉 2018,第 78—79 頁。

210. 海華堂藏 HHT033《大般若波羅蜜多經》卷二百四十一吳平跋

【概述】

此卷今藏王水衷海華堂。首尾均殘,存 6 紙,長 224.9 釐米。引首外題:“敦煌石室所出唐人寫經殘卷。乙亥堪白吳平。”鈐“吳平”白文方印、“堪白”朱文方印。引首謝稚柳題:“敦煌石室所出唐人寫經殘卷。壯暮翁稚柳觀因題。”鈐“壯暮翁”白文方印、“稚柳”朱文方印。拖尾有吳平題跋一則。

【校錄箋證】

古寫佛經殘卷以發現於敦煌石室者爲最著,但大部分已因當年初發現時爲英人斯坦因、法人派里奥二氏攜出海外[1],分藏於英國博物館及巴黎法國國立圖書館。若干流落國內民間者,或將之售與日本。雖然,民間流傳仍不乏所見。根據各著錄記載,抄經時之年號,有屬魏、有屬隋、有屬唐等不一,但時人統稱之爲唐人寫經。本卷顯爲某經中間一段之經文,前無經題,後亦無年號及抄寫人名。引首經謝稚翁鑒定,署爲“敦煌石室所出唐人寫經殘卷”。以稚老之精鑒,且又曾與張大千翁親莅敦煌,所見應毋置疑。有幸獲觀,識之以慶眼福。乙亥(1995)冬十二月下澣餘姚堪白吳平[2]。(鈐“吳平小鈢”白文方印、“堪白長年”朱文方印)

[1] 派里奥,即伯希和(Paul Pelliot,1878—1945)。

[2] 吳平(1920—2019),字堪白。書畫家。曾任臺北“故宮博物院”書畫處處長。

【錄文】

于華剛、翁連溪 2017,第 730 頁。

【圖版】

俞小明 2012,第 70—71 頁。于華剛、翁連溪 2017,第 615—617 頁。朱鳳玉 2018,第 80 頁。

【研究】

朱鳳玉 2018,第 80—81 頁。

211.《般若波羅蜜多心經》許承堯、張伯駒跋

【概述】

此卷見於中國嘉德國際拍賣有限公司 1995 春季拍賣會古籍善本專場(1995 年 5 月 10 日),編號 413。存 1 紙。引首許承堯題:"敦皇鳴沙山石室唐寫經。"卷首下鈐"歙許苣父斿隴所得"朱文長方印。拖尾有題跋二則。

【校録箋證】

(一) 許承堯跋

乙丑(1925)八月贈綺川世大兄清鑒[1]。許承堯。(鈐"許承堯印"白文方印)

[1] 吳永焕(1890—1973),字綺川,安徽歙縣人。許承堯弟子。民國期間曾任歙縣私立崇文小學校長。

(二) 張伯駒跋

此唐人寫經殘本,仍可寶也。庚申(1980)春張伯駒題。(鈐"張伯駒印"朱文方印、"好好先生"朱文方印)

【圖版】

嘉德 1995,第 413 號。余欣 2012,彩圖第 9 頁。

雅昌拍賣網: https://auction.artron.net/paimai-art19440023/

【研究】

余欣 2005,第 164—165 頁;余欣 2012,第 101 頁。朱鳳玉 2016,第 21—33 頁。

212. "仁王護國般若經義問答"于懷跋

【概述】

此件見於北京翰海拍賣有限公司 1995 秋季拍賣會中國書法專場(1995 年 10 月 6 日),編號 511。據拍賣公司介紹,該卷首尾均殘,長 1244 釐米,係羅振玉舊藏,1946 年爲于懷所得,卷後鈐有"蓮客鑑賞"白文方印一枚。前後有于懷跋各一則。

【校録箋證】

(一) 護首于懷跋

六朝人寫本仁王護國般若經義問答殘卷。

起自二諦品第四,訖于屬累品第八。乃上虞羅叔言先生所得燉煌石室藏經之精品也。丙戌(1946)八月長春劫餘所得。(鈐朱文方印一枚,待考)

(二) 拖尾于懷跋

右六朝寫本仁王護國般若經義問會殘卷,起二諦品第四,訖屬累品第八,乃羅雪堂從燉煌石室中所得者。丙戌秋八月長春兵燹後所得。蓮客于懷[1]。(鈐"于懷"朱文圓印)

[1] 于懷(1899—1980)，滿族人，字蓮客。努爾哈赤次子代善之後。工書善畫。

【圖版】

翰海 1995，第 90—91 頁。

北京翰海拍賣有限公司網站：https://auction.artron.net/paimai-art20410123

213.《妙法蓮華經》卷一成多禄跋

【概述】

此卷見於中國嘉德國際拍賣有限公司 1997 秋季拍賣會古籍善本專場(1997 年 10 月 24 日)，編號 517。卷長 515 釐米。引首前鈐"暫爲徐氏憩園所有""退思堂印""家在松花江畔"三印，知爲徐鼐霖舊藏。引首有成多禄題跋一則，據跋文可知，此件爲宋伯魯贈送徐鼐霖之物。

【校録箋證】

經生清課。

唐人寫經約分兩種：一種爲士大夫書，多有款識；一種無款識者，蓋皆經生書也。此卷爲宋芝田兄留別之物[1]，敬宜寶之[2]，屬題數言於首。丁卯(1927)二月成多禄[3]。(鈐"成澹堪"半白半朱文方印、"多禄"白文方印)

[1] 宋伯魯(1853—1932)，字芝田。

[2] 徐鼐霖(1867—?)，字敬宜、敬芹，號憩園、退思，吉林永吉人。與成多禄爲崇文書院同學。清末歷任黑龍江興東兵備道、黑龍江都督府參謀長、代理都督兼民政長。1914 年任參議院參政、約法會議議員。1919 年至 1920 年任吉林省省長。後任徐世昌大總統府顧問。著有《憩園詩草》《籌邊芻言》等。

[3] 成多禄(1864—1928)，原名恩齡，字竹山，號澹堪。吉林人，籍隸漢軍正黃旗。光緒間先後爲盛京將軍依克唐阿、齊齊哈爾副都統程德全幕僚，後任綏化知府。民國初年任參議員、中東鐵路理事會董事、教育部審核處處長等職，1927 年 8 月至 1928 年 5 月兼任京師圖書館副館長。工詩。著有《澹堪詩草》等。

【圖版】

雅昌藝術網：http://auction.artron.net/paimai-art01160027/

214.《楞伽阿跋多羅寶經》卷四金城跋

【概述】

此卷見於上海國際商品拍賣有限公司 2001 春季藝術品拍賣會古籍善本專場(2001 年 6 月 10 日)，編號 2。據拍賣公司介紹，鈐有"金城印""金鞏伯精鑒印"二印。據跋文，金城得此件於北京廠肆，後贈予"仲暄硯弟"，其人生平不詳，稱爲"硯弟"，則二人有同窗之誼。

【校録箋證】

　　燉煌石室唐人寫經多至萬卷，自英人司丹博士、法人柏希和等先後恣取[1]，所存僅殘破之本矣。柏至京師，余首發現（因美友馬克密克之介[2]），集同好三十餘人燕之[3]，都人始稍稍知有此物（陶齋尚書實先余識柏[4]，彼欲留爲自取，始終秘其事）。後由學部電何秋輦學政[5]，就近擇尤運京，途中又爲點者截每卷爲二而私其半，相與朋分之，故京師圖書館中所存，實殘之又殘也。此片紙余購之廠肆，審亦爲唐物同出燉煌者。仲暄硯弟好古不倦，以未得古人墨本爲憾，因持此歸之。今年又值其四十初度，即以祝壽可也。乙丑（1925）六月金城題記[6]。（後鈐白文方印一枚，待考）

　　[1] 司丹，即斯坦因；柏希和，即伯希和。

　　[2] 馬克密克（Fredrick McCormick, 1870—1951），美國記者。生於密蘇里州布魯克費爾德（Brookfield）。1900 年來華，先後爲《哈珀周刊》、《倫敦畫報》、《紐約太陽報》、拉凡新聞社、路透社、美聯社駐華記者。1905 年轉駐朝鮮半島。1908 年 11 月返回北京，響應美國總統塔夫脱（William Howard Taft, 1857—1930）的呼籲，從事中國文物保護，參與創建"亞洲文藝會"（Asiatic Institute）及其分支"中國古物保存會"（China Monuments Society），任幹事（王冀青：《伯希和 1909 年北京之行相關事件雜考》，《敦煌學輯刊》2017 年第 4 期，第 173—174 頁）。1922 年回美國，繼續從事媒體工作。著有《日本的威脅》（The Menace of Japan）、《俄國在亞太地區的悲劇》（The Tragedy of Russia in Pacific Asia）、《中華民國》（The Flowery Republic）等。《江瀚日記》亦稱其爲"馬克密"。

　　[3] 指宣統元年八月二十一日（1909.10.4）北京學者公宴伯希和事。關於這一事件的最新研究，爲王冀青《伯希和 1909 年北京之行相關事件雜考》（《敦煌學輯刊》2017 年第 4 期，第 167—176 頁）、秦樺林《1909 年北京學界公宴伯希和事件補考——兼論王國維與早期敦煌學》（《浙江大學學報（人文社會科學版）》2018 年第 3 期，第 44—56 頁），據新刊佈的《江瀚日記》，考出伯希和、馬克密之外出席宴會的中國學者 16 人。按，關於中國學者們獲悉伯希和到京的渠道，此前有多種推測，但均缺乏確切證據。金城此跋透露了幾個重要信息，即：馬克密是北京學者獲悉伯希和來京的消息來源，金城是最早獲得這一信息並將之傳遞給其他中國學者的關鍵人物。

　　[4] 陶齋尚書，即端方（1861—1911），時任兩江總督。伯希和 1909 年 5 月 21 自越南北上，途經江寧（今南京），曾拜會端方，並出示部分敦煌文獻，"端制軍聞之扼腕，擬購回一部分，不允，則諄囑他日以精印本寄與，且曰：此中國考據學上一生死問題也"（沈紘譯：《伯希和（Paul Pelliot）氏演説》，載羅振玉輯《流沙訪古記》，清宣統元年鉛印本，第三十七頁；此據《敦煌叢刊初集》第 7 册，臺北：新文豐出版公司，1985 年，第 207 頁）。

　　[5] 何秋輦學政，指何彥升（1860—1910），字秋輦。宣統元年（1909）任甘肅布政使，次年升新疆巡撫。何彥升爲宣統二年（1910）敦煌遺書解京的主管官員。此跋稱何彥升爲學政，有誤。光緒三十一年（1905）清廷停止科舉、興辦學堂，裁撤各省學政，改設提學使，管理全省教育事務，宣統年間已無"學政"官職。

　　[6] 金城（1878—1926），又名紹城，字拱北、鞏伯，號北樓、藕湖，浙江吳興人。光緒二十八年（1902）留學英國，攻讀法律，曾赴美、法等國考察法制及美術。三十一年（1905）回國，任上海公共租界會審公廨

襄讚委員。三十三年(1907)任編訂法制館協修、大理院刑科推事。民國初年任眾議院議員、北京大學商科學長、國務秘書。善畫。著有《藕廬詩草》《北樓論畫》《畫學講義》等。

【圖版】

雅昌藝術網：http://auction.artron.net/paimai-art14400002/

【研究】

劉波 2022,第 425—429 頁。

215.《妙法蓮華經》卷二王式通、嚴復、端方、葉恭綽、劉若曾跋

【概述】

此卷見於北京萬隆拍賣有限公司 2001 藝術品拍賣會古籍文獻專場(2001 年 11 月 3 日),編號 23。據拍賣公司介紹,鈐有"公度所藏隋唐墨寶""馮公度審寶記"等印,可知爲馮恕舊藏。

拖尾有王式通、嚴復、端方、葉恭綽、劉若曾等人題跋。雅昌藝術網刊有題跋部分的部分圖片,茲據以迻録跋文。圖片首尾不全,首則、第四則僅能録出一部分,末二則未能録出,待考。

【校録箋證】

(一) 王式通跋

……法護所譯名《正法華》;次爲晉安帝隆安時(□□宏始)鳩摩羅什所譯,名《妙法蓮華》;次爲隋文帝仁壽時闍那笈多所譯,亦名《妙法蓮華》。此寫經係鳩摩羅什譯文,世所通行之本也。式通交公度道兄有年[1],敬其獨行。辛丑(1901)秋寓教場三巷,過從頗密。邇來牽於人事,恒累月不相見。比因有義舉,數數晤談,出此屬題,得校勘一過。殆佛氏所謂因緣者,非耶? 宣統二年(1910)仲春下澣書衡王式通識[2]。(鈐"王式通印"白文方印、"志盦"朱文方印)

[1] 馮恕(1867—1948),字公度,號華農,原籍浙江慈溪,寄籍直隸大興。清光緒進士。徐世昌幕僚。清末歷任海軍部參事、海軍協都統等職。民國期間居北京辦實業,任華商電燈公司總辦。收藏書畫古玩甚多。工書,北平商號匾額多其手書,有"無匾不恕"之稱。編有《馮氏金文研譜》《蘊真堂石刻》等。

[2] 王式通(1864—1930),字書衡,號志盦,山西汾陽人。光緒二十四年(1898)進士。1906 年奉派赴日考察教育。歷任內閣中書、大理院少卿等職。民國初年歷任代司法總長、約法會議秘書長、政治會議秘書長、政事堂機要局長、國務院秘書長、清史館纂修、故宮博物院管理委員會副委員長等職。著有《弭兵古義》等。

(二) 嚴復跋一

宣統二年五月十九日(1910.7.5)嚴復觀[1]。(鈐"嚴復"白文方印,另一印待考)

[1] 嚴復(1854—1921),字又陵、幾道,號尊疑、尺盦等,福建侯官(今福州)人。光緒三年(1877)留學

英國學習駕駛。光緒五年任教於福州船政學堂,次年任北洋水師學堂總教習,後升總辦。二十三年創辦《國聞報》,介紹西學,倡導變法維新。譯有《天演論》《原富》《法意》等。二十八年任京師大學堂譯局總辦,三十一年參與創辦復旦公學,曾任校長。1912 年任北京大學校長。

（三）嚴復跋二

　　震旦舊物住者日稀,即幸而有存,亦僅僅爲私家藏弄,無公共保持之法,後人不知寶貴,或經兵燹,靡有孑遺耗矣。邇日敦煌石室發見,其中千數百年物,爲西人所輦而去者,至以頓量。上虞羅叔藴參事爲書載其事物甚悉[1]。公度吾兄,振奇好事人也,今日來言客歲從洵貝勒遊歐[2],遇法人名薩完者[3],極精東方金石,所藏多兩漢古物,叩所由來,則大抵皆玉關以西所發掘而得者也。又復於乙巳(1905)遊法[4],亦見西晉竹符,經千五百年不爛。嗟乎! 物有精氣,不終湮没,特吾國人不能寶之,而西人寶之。楚弓不必楚得,聊用斯語與公度相遣慰而已。同日弟復又識。（鈐長方印一枚,待考）

　　[1] 指羅振玉所撰《鳴沙山石室秘録》,國粹學報社印行,出版時間約在 1909 年底或 1910 年初。

　　[2] 洵貝勒,即載洵(1885—1949),字仲泉,號癡雲。醇親王奕譞第六子,光緒帝之弟。宣統元年(1909)任籌辦海軍大臣,赴歐美考察海軍。宣統三年(1911)任海軍部大臣。辛亥革命後寓居京津。

　　[3] 薩完,即沙畹(Édouard Émmannuel Chavannes,1865—1918),法國漢學家。

　　[4] 1904 年 12 月,嚴復前往英國參與開平礦務局案訴訟,1905 年 2 月從倫敦轉往法國巴黎,5 月回到上海。

（四）端方跋

　　敦煌石室發現古書内典無慮數萬種,其精華半爲法人伯希和輦之歐西,良爲憾事。此殘……

（五）葉恭綽跋（存目）

（六）劉若曾跋（存目）

【圖版】

　　萬隆 2001,第 23 號。

　　雅昌藝術網: http://auction.artron.net/paimai-art16020023/

216.《大方便佛報恩經》王樹枏、路朝鑾跋

【概述】

　　此卷見於上海崇源藝術品拍賣有限公司 2002 首次大型藝術品拍賣會"古籍善本・名家尺牘" 專場(2002 年 10 月),編號 429;2013 年 3 月紐約蘇富比再拍,著録爲"Anonymous (Tang dynasty) BUDDHIST SUTRA IN REGULAR SCRIPT",編號 515。據拍賣公司介紹,此卷長 820 釐米。

　　有題簽:"唐人寫佛説報恩經品,聽心館藏。"係聽心館主梅光遠舊藏。拖尾有王樹枏、路朝鑾跋。

【校録箋證】

（一）王樹枏跋

敦煌石室所出寫經亡慮數千種，而唐以上經卷甚稀。六朝人書結體方而扁，而喜爲異文別字，蓋當時習尚，《顏氏家訓》曾痛言之[1]。唐人書結體長，整齊謹嚴，一規於正，無放軼詭怪之習。是卷結構漸趨長勢，而運筆猶是六朝人法，專取姿媚，其於唐諱若“世”“民”“治”等字，皆不缺筆。又“律”“儀”等字，或作“肀”“儀”，隨意增減，仍沿六朝之習。蓋在隋唐之際乎？斐猗先生屬題[2]，爲之考訂如此。鄙人在新疆得六朝人寫經甚夥，泰半皆善書者爲之，供人諷誦，與敦煌所出專爲捨經佞佛者不同，故優劣易辨也。先生以爲何如？癸亥（1923）十月新城王樹枏。（鈐“王樹枏印”白文方印、“晉卿長壽”朱文方印）

[1] 語見顏之推《顏氏家訓》卷七《雜藝》：“晉宋以來多能書者，故其時俗，遞相染尚，所有部帙，楷正可觀，不無俗字，非爲大損。至梁天監之間，斯風未變；大同之末，訛替滋生。蕭子雲改易字體，邵陵王頗行僞字。朝野翕然，以爲楷式，畫虎不成，多所傷敗。至爲一字唯見數點，或妄斟酌，逐便轉移。爾後墳籍略不可看。北朝喪亂之餘，書跡鄙陋，加以專輒造字，猥拙甚於江南，乃以百念爲憂，言反爲變，不用爲罷，追來爲歸，更生爲蘇，先人爲老，如此非一，遍滿經傳。”

[2] 梅光遠（1881—1940），字斐猗，江西南昌人。光緒二十三年（1897）舉人。清末歷任上海清丈局總辦、江南師範學堂監督、江南四區模範小學總理、南華僑學堂監督等職。1913 年當選衆議員。1916 年兼財政部清理官產處處長，1918 年任山東官產處處長，1920 年任國務院經濟調查局專員，1923 年任國史編纂處處長，1927 年後任僑務局副總裁。

（二）路朝鑾跋

昔董文敏購得右丞小景[1]，自詫秘篋，籤題增一唐字，微特重其迹、重其人，抑且重其時代矣。今距董又三百年，去古彌遠，乃忽有萬千數唐人寫經湧現高原石窟中，淪而勿壞，閟而終出，謂非佛力護持不可也。斯卷筆意樸拙，晉老謂係隋唐間人所書，信然。斐猗居士鄭重收庋，裝成徵題，且工書耽禪，深得是中三昧，固不徒以古物矜鑒賞也。敬書數語歸之。癸亥（1923）十一月畢節路朝鑾[2]。（鈐“路朝鑾印”白文方印、“瓠盦辭翰”朱文方印）

[1] 董文敏，指明代書畫家董其昌（1555—1636），文敏爲其謚號。右丞，指唐代畫家、詩人王維（701—761）。

[2] 路朝鑾（1880—1954），別名金波，貴州畢節人。清末舉人。1913 年任教育部秘書。1927 年任教於奉天（今瀋陽）同澤中學。1930 年任青島市政府秘書。1937 年任教於四川大學，兼四川通志館副總纂；後任東北大學教授。1953 年任上海文史館館員。擅書畫，工詩。

【圖版】

崇源 2002，編號 429。朱玉麒 2019，第 409 頁。

雅昌藝術網：https://auction.artron.net/paimai-art18290160/

蘇富比拍賣公司網站：https://www.sothebys.com/en/auctions/ecatalogue/2013/fine-classical-chinese-paintings-n08973/lot.515.html

【研究】

朱玉麒 2019,第 395—418 頁。

217.《摩訶般若波羅蜜經》葉恭綽、吴湖帆跋

【概述】

此卷見於上海崇源藝術品拍賣有限公司 2003 年春季藝術品拍賣會古籍善本、名家尺牘專場(2003 年 4 月 20 日),編號 1067。據拍賣圖録著録及天津市藝術博物館雲希正所撰《唐人寫〈摩訶般若波羅蜜經〉考釋》介紹,全卷 15 紙,長 656.8 釐米,保存較完整。卷尾有題記"菩薩戒弟子令狐智達大品",無紀年,雲希正據紙質等推定爲唐初抄本。又見於中國嘉德 2004 年春季拍賣會古籍善本專場(2004 年 5 月 17 日),編號 2474。

引首題簽:"敦煌出土唐人寫摩訶般若波羅蜜經。遐道人敬題。"引首張大千題:"漠高窟唐寫摩訶般若波羅蜜經。壬申夏仁裕先生囑題,蜀郡張爰。"鈐"張爰之印"白文方印、"大千"朱文方印。壬申即 1932 年。原收藏者名曹仁裕,生平不詳,施蟄存 1965 年 5 月 16 日日記稱其爲"碑估曹仁裕"。

拖尾有葉恭綽、吴湖帆二跋。葉恭綽跋收入《矩園餘墨》,題爲"敦煌出土經卷跋"(瀋陽:遼寧教育出版社,1997 年 3 月,第 159 頁)。

【校録箋證】

(一)葉恭綽跋

此《摩訶般若波羅蜜經》長卷,當是唐經生書。敦煌出土經卷車載斗量,然如此長卷亦頗罕見。吾曩欲徧徵世界公私所藏敦煌文字之目,彙爲一編,然終未成書[1]。今薦經變亂,恐燬于兵劫者不少。吾國藏家如李木齋、劉幼雲、許疑庵、張勛伯、白堅父、羅叔言所藏[2],亦或燬或散。吾深願有心人廣爲收輯,使神州瓌寶仍存天壤間,庶聊盡國民之責。仁裕先生其有意乎? 遐翁綽。(鈐"遐盦"朱文方印)

[1] 指葉恭綽等 1920 年代發起成立敦煌經籍輯存會事。該會成立時間有多種説法,據俞澤箴日記,爲 1925 年 9 月 1 日。該會推動著譯的敦煌遺書目録,有陳垣校録《敦煌劫餘録》及羅福萇譯《倫敦博物館敦煌書目》《巴黎圖書館敦煌書目》等。

[2] 李盛鐸(1859—1934),號木齋,所藏今大多在日本大阪杏雨書屋;劉廷琛(1867—1932),字幼雲,所藏大部今存中國國家圖書館;許承堯(1874—1964),號疑庵,所藏今散存安徽博物院、中國國家圖書館等處;張廣建(1867—?),字勛伯,所藏今散存安徽博物院、中國國家圖書館等處;白堅(1883—?),字堅父、堅甫,號戈齋,四川西充人,留學日本早稻田大學,抗戰期間曾任職於汪僞政府,富收藏,將大量敦煌遺書等文物販賣至日本,包括李盛鐸舊藏;羅振玉(1866—1940),字叔言,所藏今散存中國國家圖書館等處。

(二)吴湖帆跋

唐代經生寫經爲功德日課,寫就後施舍叢林藏之,自唐歷今,經千百餘載,廟宇盡毀,世亦罕存,故劉文清、吴荷屋輩,得經生書數行,視若天壤瓌寶[1]。迄清末光緒間,甘肅敦

煌漠高窟發現中藏六朝唐代寫經凡數以萬卷計，始遍寰中。然殘者較多，整者尤少，短卷較繁而長者尤罕，如此卷之完整，可謂千中擇一，自當寶貴，觀者勿以慣見而忽之。

仁裕先生屬書數言于末，丁亥(1947)夏吳湖帆[2]。(鈐"吳湖帆"半朱半白文方印)

[1]劉墉(1719—1804)，謚文清。吳榮光(1773—1843)，號荷屋。二人均爲清代名書法家。《神州國光集》第一集(1908年)刊有"唐人書藏經殘字六幀"之一、二，及"劉石庵跋唐人寫經""吳荷屋跋唐人寫經"書影。吳跋稱："予所得一分，恰補舊藏唐經册之後，墨緣快幸，有如此者。"劉跋稱："唐人寫經，有經生書，有士大夫書。香光謂宋思陵於經生書不收入内府，亦不取院畫之意耳。然經生書亦各有師承，此卷乃學鍾紹京。靈文密語，在在當有吉祥雲湧現，滿字半字，固無異也。"啓功《劉墉跋唐人寫經》論曰："有清中葉，流傳唐人寫經殘本數段，南海葉氏舊藏二段，割裂爲册。其一爲《法華經》五十六行，其二爲《善見律》二十四行，其後有劉墉及吳荷屋諸人跋，曾影印于《神州國光集》。……劉墉所謂鍾紹京，蓋指《靈飛經》。無論《靈飛》之非紹京，藉使果屬鍾書，而貞觀時人何從預學之？以字跡風格言，此本與《靈飛》亦並不似。或謂劉跋原應在《法華經》殘本之後，見耕霞溪館、山海仙館諸帖，後世與《善見律》殘本合裝，故劉跋遂次於册後。然《法華》五十六行亦初唐人書，字體與《靈飛》亦不類也。又佛家稱靈文密語，蓋謂真言，故譯者不翻，非謂經論，尤與律藏無關。而滿字半字，乃佛家借喻大乘小乘者，更非謂卷册之完缺。董香光語見《靈飛經》跋，已屬無據，而劉墉此跋，竟無一語不誤，亦云奇已！"(啓功：《啓功全集》第四卷，北京：北京師範大學出版社，2011年4月，第31頁)

[2]吳湖帆(1894—1968)，原名翼燕，字東莊，號倩庵，江蘇蘇州人。畫家，尤擅山水、花卉。曾任上海大學美術學院副教授、上海市文史館館員、上海市文物保管委員會委員。收藏宏富，善鑒別。著有《聯珠集》《梅景書屋全集》《吳湖帆山水集錦》等。

【録文】

陳樂道 2007B，第 48 頁。

【圖版】

崇源 2003，第 1067 號。姜尋 2005，第 15 頁。

雅昌藝術網：http://auction.artron.net/paimai-art20030057/

【研究】

沈佳玥 2018，第 117—118 頁。

218.《摩訶般若波羅蜜經》卷八梁啓超、姜殿揚、蔣鴻林、莊俞、錢智修、吳澂、王蘊章、張元濟、湯寶榮、周慶雲、潘飛聲、徐萬昌、陳樗、黄賓虹、高燮、嚴昌、楊仁愷跋

【概述】

此卷見於太平洋國際拍賣有限公司 2003 春季藝術品拍賣會中國書畫(古代)專場(2003 年 7 月 9 日)，編號 533。又見於深圳市藝術品拍賣行 2003 年冬季拍賣會中國書畫、古董專場(2003 年 12 月 28 日)，編號 230。據拍賣圖録介紹，卷長 507 釐米。

　　原爲梁啓超舊藏，1918年贈與徐新六。引首汪洛年題：“鳴沙石室唐人寫經卷。戊午（1918）十一月，徐振飛世講屬。鷗客汪洛年。”鈐“汪洛年”白文方印、“社耆”朱文方印。汪洛年（1870—1925），字社耆，號鷗客，浙江錢塘（今杭州）人。兼擅書畫篆刻，尤以山水聞名。曾受張之洞聘爲兩湖師範等校圖畫教員。辛亥革命後寓居上海，賣畫爲生。

　　此據拍賣圖録刊佈圖版録文。圖録圖版較小，且不夠清晰，題跋、鈐印多不能辨識，俟後詳考。

【校録箋證】

(一) 梁啓超跋

　　振飛世講新得子[1]，檢舊藏鳴沙石室唐人寫經卷，贈作記莂。時振飛方從余作歐遊[2]。呱呱弗子[3]，其勤至矣。

　　戊午（1918）十一月，梁啓超。（鈐“啓超私印”朱文方印、“新會梁氏”白文方印）

　　[1] 徐新六（1890—1938），字振飛，浙江餘杭（今杭州）人。早年留學英、法。1914年任財政部僉事，兼任北京大學教授。1917年夏任財政總長梁啓超秘書，1919年隨梁啓超赴歐洲考察。1921年起任浙江興業銀行董事會秘書、副總經理、常務董事兼總經理。1933年任全國經濟委員會委員。1938年8月24日由香港乘機赴渝，擬參加國民政府代表團赴英國商談借款事宜，爲日機截擊遇難。著有《幣法考》等。

　　[2] 第一次世界大戰結束後，總統徐世昌敦請梁啓超赴歐洲，以巴黎和會中國代表團會外顧問及記者身份，與各國人士聯絡，開展會外活動。徐新六隨行，並被委任爲巴黎和會賠款委員會中國代表和中國代表團專門委員。1918年12月29日，梁啓超與蔣方震、張君勱、劉崇傑、丁文江、徐新六、楊維新等人乘船離開上海。1920年3月5日回到上海，回國後棄政從教。梁啓超此行，撰有《歐遊心影録》。

　　[3] 語出《尚書·益稷》：“啓呱呱而泣，予弗子，惟荒度土功。”

(二) 姜殿揚跋一

　　鳴沙山在甘肅敦煌縣（清屬安西州）東南三十里，濱小川。山麓有寺，俗稱上寺、中寺、下寺，上中爲道觀，下爲僧刹[1]。寺之左近有石室千餘，自唐迄元，皆曰莫高窟，一名千佛洞（以四壁皆有佛象，故名。洞中繪佛象，有壁面其上截爲佛象，下截爲造象人畫象，並記其人之姓名、籍里。而壁畫之中有五臺山圖，又有西夏文題記之西夏壁畫。清雍正中汪漋《遊千佛洞》詩“色相嗟多毀，丹青訝尚鮮”是也[2]）。爲西夏兵亂秘藏之所，洞外加以僞飾，故千年以來無或知者。清光緒庚子（1900），以積沙壓佛龕，糞除之而複壁見，發之則一室藏書滿中，多雕本經籍及唐五代人之手寫本，而佛經尤富，並得銅鑄佛像、紗絹繪造佛像及古器石刻。且見有鑴“大唐大中五年沙門洪辯立”十一字之碑，以是知爲西夏兵亂所保藏者也。英印度總督聞之，遣司待納求得旁行書之梵夾文甚多[3]，致之倫敦博物院。法文學士伯希和，通東方學術，爾雅有鑒裁，安南河内之東方考古學校教授也，丁未（1907）冬遊迪化，新疆長將軍庚以曾藏石室書一卷語之，繼謁載公瀾及安西州牧[4]，各贈佛經一卷。伯君審爲唐人寫本出自石室者，大悦，更詣石室左右窮搜之。閲三月，所獲逾十巨篋，歸而儲之巴黎圖書館。自是而四部書及佛經之精好者垂盡矣。此烏絲欄硬黃牋《摩訶般若波羅蜜經》第八卷爲唐寫真迹,波磔遒勁,紙墨如新,石室精品也。戊午(1918)十一月新會梁任公先生以贈同遊徐振飛參事。時振飛方被擬考察海外財政也。□□□□□□□□□□考述源流,題記而歸之。振飛壯遊海外,蹤跡所及,英法名邦,已一再至。比年以來,天下多故,文物凋殘,流落海外之石室神品亦無恙否? 過倫敦之博物院、巴黎之圖書館,其亦追感昔遊,裴裴而不忍去耶。庚申(1920)上元吳縣姜殿揚佐禹識[5]。(時閑寓滬上。)(鈐"殿揚之印"白文方印、"佐禹長壽"朱文方印)

[1] 此處所述不確,清末民初,莫高窟上寺、中寺爲喇嘛廟,下寺爲道士王圓籙之三清宮。

[2] 汪滉《遊千佛洞》:"古郡敦煌遠,幽崖佛洞傳。建垣新日月,訪勝舊山川。寶啓琳宮現,沙凝法象填。神工勞劈割,匠手巧雕鐫。排列雲迢遞,嵌空境接連。金身騰百丈,碧影蕭諸天。貝葉雙林展,維摩一榻眠。威尊龍象伏,慧昭寶珠懸。大地形容盛,靈光繪畫宣。莊嚴揮四壁,妙善寫重巓。門擁層層塔,巖盤朵朵蓮。恒河難指數,法界詎云千。側立衣冠偉,分行劍佩聯。炫奇疑異域,締造自何年。宗字唐家繼,西涼李氏延。但誇祇樹景,不惜水衡錢。霜雪時頻易,兵戈伐屢遷。汗塵迷淨土,戰血染流泉。閴寂馮誰顧,摧頹實可憐。茲逢清塞暇,閑眺化城邊。色相嗟多毀,丹青訝尚鮮。問禪無釋侶,稽首冷香煙。字落殘碑在,叢深蔓草纏。徘徊荒利外,懷往意悠然。"汪滉(1669—1742),字岵懷,號荇洲,安徽休寧人。康熙三十三年(1694)進士。康熙五十三年以翰林侍讀學士提督浙江學政。雍正二年(1724)升詹事府少詹事。雍正三年任廣西巡撫。雍正四年轉任江西巡撫,左遷光禄少卿,督理口外城工,重修敦煌城,撰有敦煌記遊懷古詩多篇,如七律《敦煌懷古》六首、《城工告成》四首、《出郊看千佛洞墩臺》二首、《黃墩堡》一首,五古《遊千佛洞》等。後歷任工部左侍郎、户部右侍郎、大理寺卿。

[3] 司待納,即斯坦因。

[4] 安西州牧,指恩光,滿族人,光緒三十三年(1907)任安西直隸州知州。敦煌縣爲安西直隸州下轄縣。

[5] 姜殿揚(? —1957),別名佐禹,江蘇吳縣(今蘇州)人。曾任職於商務印書館,1949 年後任上海文史館館員。擅長書法。

(三) 姜殿揚跋二

跋既竟,振飛尊人仲可中翰見之[1],曰:子據羅叔藴《莫高窟石室秘録》、王捍鄭《敦煌石室真跡録》考述藏經源流審矣,亦知莫高窟建自何代乎? 余瞠然。仲可乃出《瑞芍軒詩》一卷,曰:中有《千佛岩歌》《招鶴篇》,詩序二首,於鳴沙山莫高窟時代建築狀述尤備,爲清道光間吾杭許玉年令敦煌時所作也[2],曷不併録之以詳羅、王所略乎? 予因節録於左:

敦煌城南月牙泉,廣卅餘畝,深不測底,沙山壁立其上,時有聲自山出,如殷雷,如銅鼓,故曰鳴沙。(下略。《招鶴篇》序)

敦煌城南四十里,有千佛岩,即雷音寺。三危峙其北,山錯沙石堅若鐵。高下鑿龕千百,其中圮者數百,沙擁者數百,危梯已斷不能登者又數百,而佛像如新、畫壁斑斕者尚不可以數計。莫高窟前有周李君重修莫高窟佛龕碑文,中敍前秦剙建之由,及李君修葺千佛龕之事。紀武氏聖曆元年,實唐中宗嗣聖十五年也。睡佛洞外,有唐隴西李府君修功德碑文,載靈悟法師,爲李大賓之弟。按其世系,大賓即周李君之昆孫,以故重修。復旁開虛洞,橫建危樓,時則庚辰,開元二十八年也。(中略)余謂既有唐碑,必有前秦碑。訪之耆士,趙秀才吉云:"乾隆癸卯,曾於岩畔沙土中得斷碑一片,書前秦建元二年(苻堅年號)沙門樂僔立。"旋爲沙壓,遍尋不得。蓋前秦刱建,唐一再修。宋元繼之,力大功鉅,吁其至矣。爰爲作歌,且以是數碑者,爲金石家所未著錄,志乘内亦未搜入,因詳及之。(節《千佛岩歌》序)

　　一龕無數佛,四壁無萬像。丹黄千百年,斑駁還炫晃。就中一佛聳百丈,天外昂頭出雲上。一坐一臥大無量,人入耳輪倚藤杖。額珠百斛伊誰拾,慧燈千盞何由集。負此擎天拄地材,膜拜無人自山立。(節《千佛岩歌》。)[3] 殿揚。(鈐印一枚,待考)

　　[1] 徐珂(1869—1928),原名昌,字仲可,浙江餘杭(今杭州)人。徐振飛之父。南社社員。光緒十五年(1889)舉人,授内閣中書。應聘佐袁世凱小站練兵。曾任商務印書館編輯,爲《辭源》編輯人之一。善詩文,尤工詞。著有《小自立齋文》《真如室詩》《純飛館詞》《大受堂劄記》《可言》《五刑考略》等,編有《清稗類鈔》。

　　[2] 許乃穀(1785—1835),字玉年,浙江錢塘(今杭州)人。道光元年(1821)舉人,後任咸安宮官學教習從事。八年調任甘肅環縣知縣,九年調任皋蘭、山丹知縣,十一年(1831)任敦煌知縣,十四年署安西直隸州,次年卒於安西任所。著有《瑞芍軒詩鈔》《瑞芍軒詞鈔》。

　　[3] 冶秋《夜讀偶記》(載《文物》1963年第5期),迻錄並考述《千佛岩歌》序;李陽《許乃穀與瑞芍軒詩鈔研究》校錄二詩全文,論述中亦涉及此二則詩序。

(四)蔣鴻林跋

　　甲子(1924)孟冬蔣鴻林敬觀[1]。時閑寓上海範園。

　　[1] 蔣鴻林(1875—1940),原名玉林,字一枝、抑卮,浙江杭州人。諸生,以賑捐官至民政部郎中。光緒末留學日本,創辦《浙江潮》。歸國後從事實業,合資創辦浙江興業銀行、上海廣昌隆綢緞莊等企業。上海合衆圖書館創辦時,出資5萬元贊助,並捐書5萬册,該館編有《杭州蔣氏凡將草堂藏書目錄》。

(五)莊俞跋

　　壬戌人日(1922.2.3)武進莊俞敬觀[1]。(鈐"□□手筆"朱文方印)

　　[1] 莊俞(1877—1938),字百俞,號我一、夢校樓主,江蘇武進人。早年在家鄉參與創辦體育會、演説會、天足會、私塾改良會、藏書閲報社等,後入商務印書館,歷任編譯員、國文部部長、總管理處秘書等職。撰有《莊獻可年譜》《莊鼎臣年譜》《我一遊記》等。

(六)錢智修跋

　　庚申(1920)三月嵊縣錢智修拜觀[1]。(鈐"經宇"朱文方印,另一白文方印待考)

　　[1] 錢智修(1883—1948),字經宇,浙江嵊縣人。畢業於復旦公學,任商務印書館編輯,主辦《東方雜誌》及國文函授學社,參編《辭源》及人名、地名辭典。1931年3月任國民政府監察院秘書。1942年至1947年任監察院監察委員。著有《拿破侖》《美共和政鑑》《宇宙與物質》《近代社會主義》等。

(七)吳澂跋

　　庚申上巳日(1920.4.21)石門吳澂敬觀[1]。時客海上。(鈐"待秋"朱文方印)

[1] 吳徵(1877—1949)，字待秋，號春暉外史、鷺鷥灣人、括蒼亭長，浙江崇德(今桐鄉)人。曾主持商務印書館美術部。工山水、花卉，亦善治印。

(八) 王藴章跋

硬黃初展澄香蜜，雪白靜觀散雨花。比似娜嬛天一閣，猶留殘卷在胡沙。

衆生無盡劫無盡，大願人天只寫經。略記年時杳雨夜，楞伽堆案一燈青。

庚申穀雨日(1920.4.20)題奉振飛道長法正。蓴農王藴章並書[1]。(前後各鈐一印，待考)

[1] 王藴章(1884—1942)，字蓴農，江蘇無錫人。南社社員。通英文。宣統二年(1910)應商務印書館之聘，赴滬創辦《小説月報》，任主編十年；1915年創辦《婦女雜誌》。又在上海辦中國文學院，自任院長。文、詩、詞並工。著有《西神雜識》《留佳庵文集》《玉晚香簃詩草》《秋平雲室詞鈔》等。

(九) 張元濟跋

光緒末年，敦煌石室藏書既出，英人司泰音、法人伯利和先後戾止[1]，捆載而去。宣統二年(1910)，余游歐美，歷倫敦、巴黎[2]，往觀其圖書館，司泰音、伯利和導觀其所，得於敦煌者，盈箱累篋，不可勝數。伯君語余，謂吾若不取，將爲寺中道人火之矣。次年，余至京師，聞已設圖書館，且輦敦煌遺書至，庋藏於中。余往觀之，僅唐人寫經寥寥數篋而已。友人爲余言，甘省大吏受政府命輦書入關時，已盡取其精者而有之，沿塗吏役，復競相盜竊，而卷帙有額，不得短闕，則任意割裂，但求於原額無減，故經文無一完者。噫！可慨已。是卷書法精湛，紙墨均勝，余近年亦收得十餘卷，無及此者。振飛世講受任公之贈，裝潢既竟，仲可同年出以示余[3]，爲書數言以歸之，願振飛永保守，他年倘至倫敦、巴黎，並一示司、伯兩君也。庚申(1920)初夏海鹽張元濟。(鈐"元濟"朱文方印)

[1] 司泰音，即斯坦因；伯利和，即伯希和。

[2] 1910春至次年初，張元濟遊歷歐美考察教育出版事業。1910年3月17日自上海起程，5月4日到達英國，7月赴歐洲大陸，10月18日抵法國，10月30日復返英國，11月9日自英國出發前往美國，最後經日本於1911年1月18日回到上海。此次訪歐，張元濟曾與伯希和、斯坦因協商影印其所得敦煌四部書寫卷，惜未能實行。

[3] 張元濟與徐珂均爲光緒十五年(1889)舉人，故稱徐珂爲同年。

(十) 湯寶榮跋

唐人寫仏經多爲家人祈福，與觥象意同。陳君叔通言亦有一卷[1]，即具有祈福人姓名。振飛從世兄攜此來滬，因得捧觀。時庚申(1920)四月，湯寶榮[2]。(鈐橢圓印一枚，待考)

[1] 陳敬第(1876—1966)，字叔通，浙江杭州人。光緒二十九年(1903)進士，授翰林院編修。次年留學日本東京法政大學。清末任憲政調查局會辦、資政院民選議員，民國初年當選國會議員，任大總統秘書、國務院秘書長。1915年任商務印書館董事。1927年任浙江興業銀行董事。1949年後任政協全國委員會副主席、全國人大常委會副委員長、全國工商聯主席。著有《政治學》《政法通論》《百梅書屋詩存》等。

　　[2] 湯實榮(？—約1932前)，字伯遲，號頤瑣，江蘇吳縣(今蘇州)人。早年師事俞樾。工詩，著有《頤瑣室詩》《賓香詞》《黃繡球》(小説)等。

(十一) 周慶雲跋

　　淨土訪祇園，把臂逢城北。示我經卷子，云自敦煌得。唐人慣寫經，以是矜功德。敦煌屬西安，佛巖聳千尺。莫高窟題名，雷音寺標額。造象何紛紛，莊嚴鐫四壁。其地曰鳴沙，風碾沙成磧。佛面閟金容，鼓醉汎埽責。偶然事糞除，一洞豁焉闢。室小不可居，猶堪藏故籍。迺見般若經，筆花飛五色。因之考唐年，大中字能識。嘗聞西夏時，避亂於茲集。當丞寫經人，迢自鳩摩譯。烏絲界硬黃，麝墨辨沉黑。幾度經滄桑，何處見波磔。客從海外來，偏向山中覓。著手發秘扃，快心訢奇覿。展轉歸君家，楚弓仍楚執。呵護仗空王，開卷先合十。方今又苦兵，側身天地窄。彷彿祖龍朝，摧燒到典册。倘遇魯王宫，聲或聞金石。應同墜簡看，珍重羽陵迹。

　　番禺潘蘭史徵士招集淞北之淨土庵，仲可社長出令子所藏鳴沙石室唐人寫卷屬題，賦此應教。辛酉(1921)臘八日烏程周慶雲[1]。(鈐印一枚，待考)

　　[1] 周慶雲(1864—1934)，字景星，一字逢吉，號湘舲、夢坡，浙江吳興(今湖州)人。從事工商業。精金石書畫，能詩。與張宗祥等主持補抄文瀾閣《四庫全書》。著有《夢坡詩文》《南潯鎮志》《莫干山志》《西溪秋可庵志》《歷代兩浙詞人小傳》等。

(十二) 潘飛聲跋

　　敦煌石室冷邱山，誰寫摩訶宗肖顔。比似恒河沙數佛，萬千經卷滋人間。

　　蘭亭父子擅詩書，永字流傳八法圖。更向唐賢證龍象，只應一字一明珠。

　　辛酉十一月二十日(1921.12.18)水晶庵道士潘飛聲敬題於淨土庵[1]，應仲可先生教。是日備蔬筍筵，同觀者蘭陵徐積餘、吳興周湘舲、石門沈醉愚[2]、錫山王蕘農、香山甘璧生、金山衛明禪、南海潘廷章及余姬人姜鳳章，並記。(鈐"潘飛聲"白文方印，另一印待考)

　　[1] 潘飛聲(1858—1934)，字劍士，號蘭史，室名水晶庵，廣東番禺(今廣州)人。早年隨洪鈞出使德國三年，後任香港《華字日報》《實報》主筆。民國初年寓居上海。南社社員。文、詩、詞兼擅，善行書、折枝花卉。

　　[2] 沈焜(1871—1938)，字醉愚，浙江石門(今桐鄉)人。工詩善畫。

(十三) 陳樗跋

　　壬戌(中華民國十一年)人日(1922.2.3)諸暨陳樗敬觀[1]。(鈐"藥叉"白文方印)

　　[1] 陳樗(？—1923)，字藥叉，號越流，浙江諸暨人。南社社員。

(十四) 徐乃昌跋

　　幽溪石室啓鳴沙，秘笈驚人富五車。福地嬛嬛行復有，俊遊只惜少張華。

　　周易雖知出佛臍，□將呵護有闍梨。名山寶氣騰虹玉，光映安西到海西。

　　般若經從貝葉摹，硬黃紙須墨華腴。千年文字□□□，□□□□□□□。

　　蘭史徵君招集淨土庵，仲可社長以哲嗣振飛先生所藏唐人寫經卷相示，屬同人賦詩記

之,敬乞求教正。南陵徐乃昌[1]。（前鈐一印,後鈐二印,待考）

是日乃昌亦出舊藏蜀王鍇書《法華經》卷、元至元己卯(1339)覆東坡居士書《金剛經》梵夾片,乞同人審定,因附記之[2]。

[1] 徐乃昌(1868—1936),字積餘,號隨庵,安徽南陵人。光緒十九年(1893)舉人。光緒二十七年任淮安知府。光緒三十年率領江南遣送學生留日並考察學務,回國後督辦三江師範學堂。宣統三年(1911)任江南鹽法道兼金陵關監督。民國期間遷居上海。富藏書,室名積學齋。編刊《積學齋叢書》《南陵先哲遺書》等。

[2] 徐乃昌壬戌年正月初七(1922.2.3)日記載:"晚,潘蘭史約都益處消寒弟六集(録近作詩詞相贈)。"(《徐乃昌日記》,北京:國家圖書館出版社,2015年,第2冊第196頁)未記録攜寫經與衆人共賞。

（十五）黄賓虹跋

近代古物發現,若湯陰之甲骨、齊魯之泥封、周秦漢魏之泉刀鈢印,類皆不脛而走,傳播藝林,足供中外士人之研求。敦煌鳴沙石室尤稱晚出,圖籍碑版,轉輸異域,已不易覯,唯唐人寫經時或遇之。然非有博疋好古之士,幾□湮没。振飛仁兄方闓劬學,復廣交遊,攜此卷歸,用獻尊甫仲可先生清賞,日真諸君家珊瑚筆架之右,雖與彝鼎同珍可也。壬戌(1922)初夏,賓虹黄樸存。（鈐印一枚,待考）

（十六）高燮跋

甲子(1925)十月避難來滬,仲可先生出此卷見示,書此以識眼福。金山吹萬居士高燮拜觀[1]。（鈐印一枚,待考）

[1] 高燮(1878—1958),字時若,號吹萬、寒隱等,江蘇金山(今屬上海)人。南社社員。主持國學商兑會、寒隱社,刊行《國學叢選》。喜藏書,搜集有關《詩經》典籍數千種。工書法。

（十七）嚴昌跋

丁卯(1928)嘉平下浣,徐仲可中翰、夏劍丞提學招集夏氏寓齋[1],作消寒弟三集,中翰出哲嗣振飛仁兄所藏唐人寫經卷屬題,漫賦三絶句呈教:

饞眼摩揩展硬黄,陵夷庚子洩謨觴。愧余自比方回處,佶屈聱牙讀幾行。

般若經從墨妙看,丈餘長況不稍殘。唐人楷灋存規範,讚歎多君結古歡。

當時兵亂驚西夏,韞櫝忙將美玉藏。一晦千年重一顯,竟叫末路閲滄桑。

海上嚴昌埖琴稿[2]。（前鈐一印,後鈐二印,待考）

[1] 夏劍丞,即夏敬觀(1875—1953)。

[2] 嚴昌,號畸厂。上海人。工書,擅畫。

（十八）楊仁愷跋

唐人寫經有出自名家手筆者,惟大多爲當時寫經生所書,但楷灋均有高深造詣,可爲後世法。此卷出自敦煌,余新得全卷經文流傳,且書法清麗,乃唐中後期高手所書。今人寶此墨跡,作爲模範,當較之拓本臨摹,甚過多多焉。

壬申(1932)初夏穌溪仁愷書[1]。（鈐印二枚,待考）

［1］穌溪，岳池古名。楊仁愷（1915—2008）爲四川岳池人。

【圖版】

深圳 2003，第 230 號。

雅昌藝術網：http://auction.artron.net/paimai-art20630122/

雅昌藝術網：https://auction.artron.net/paimai-art24400108/

219.《大般涅槃經》卷十八許承堯跋

【概述】

此件見於北京華辰拍賣有限公司 2003 年秋季拍賣會中國書畫（一）專場（2003 年 11 月 26 日），編號 301，拍賣公司擬名爲“魏晉南北朝寫經”。查核經文，即《大般涅槃經》卷十八。首尾均殘，長 157 釐米。陳閆舊藏，有許承堯跋一則。

【校録箋證】

右敦皇石室寫經九十一行，以字體、筆法及他卷之有題識者證知爲元魏人作。畫沙印泥，嶄嶄不苟，力透紙背，由隸入楷蜕化之迹尚可尋味。今人見一魏石出土，輒喘汗相告，矧兹手墨，宜何如珍視耶。季侃仁兄省長屬題，弟許承堯，時居珠盦。（鈐“疑盦”朱文方印）

【圖版】

華辰 2003，第 301 號。

220.《大般涅槃經》卷二白冠西、啓功、忻鼎立跋

【概述】

此卷見於廣州華藝國際拍賣有限公司中國嘉德 2004 廣州夏季拍賣會暨廣州嘉德十周年誌慶拍賣會中國書畫專場（2004 年 6 月 14 日），編號 1354；又見於北京保利國際拍賣有限公司 2011 年春季拍賣會中國古代書畫專場（2011 年 6 月 5 日），編號 6197。據拍賣公司提供的資料，此卷長 169 釐米。

引首題：“敦煌石室所出初唐寫經。乙丑（1985）之夏壯暮翁稚柳。”鈐“稚柳”“謝”“壯暮翁”三印。又題：“石室遺珍。選堂。”鈐“饒宗頤”“固庵”二印。拖尾有題跋三則。

據跋文，此卷初爲肥東吳中英任官甘肅時所獲，後爲温祖芳購得，轉贈汪浩。

【校録箋證】

（一）白冠西跋

右敦煌石室所出初唐寫經，甲辰（1964）三月温祖芳以善價得之肥東陸家汎吳氏[1]，動亂中多方護持，得免劫火。先是，合肥人張廣建爲甘肅督軍，皖人投效者甚多。時值敦煌文物發現，跟隨張之皖人莫不收集珍藏，其最著者爲歙縣許承堯、合肥孫少吉、壽縣之時孟

伯及陸家汎之吳氏等多人，敦煌文物流入安徽，濫觴於此。初時卷尚完好，後爲人所分割，至爲可惜。此卷書法極精，頗有晉人遺意，是出自能書者之手，與經生書大有區别。且"世"字不避諱，紙爲硬黄，與曩時所見隋大業間寫經紙相同，字亦相近。今春温君持此以贈汪公[2]，余知其端倪，綴而記之。物得其所，可爲慶幸，汪公其善保之。乙丑（1985）十又二月東海白冠西謹志[3]。（鈐"白冠西印"白文方印）

[1] 陸家汎，又作六家畈。吳氏，即吳中英（1879—1938），字霖生。1909 年畢業於陸軍軍官學堂，留校任教。次年調入禁衛軍第一協。1912 年任陸軍部參軍。1914 年任甘肅都督署軍務廳長，同年冬任隴東鎮守使，1915 年因兵變免職。1917 年任段祺瑞討逆軍參謀處副處長，反對張勛復辟。1924 年任段祺瑞執政府高等顧問兼機要秘書。段祺瑞下臺後，在安徽蕪湖創辦湖濱墾務公司。抗戰初期遭構陷爲漢奸，被處决。

[2] 汪公，即汪浩。居安徽合肥。收藏書畫甚多，近年屢見於拍賣會。

[3] 白冠西，山東人。曾任職於安徽省博物館。著有論文《郢爰考釋》（《考古通訊》1957 年第 1 期）、《安慶市棋盤山發現的元墓介紹》（《文物考古資料》1957 年第 5 期）。

（二）啓功跋

敦煌所出古寫本可貴者三：已佚内外典籍或異文足資考訂者，一也；精寫經卷紙墨如新足供把玩臨習者，二也；西域諸民族古文字於漢文史料之外足補中土典籍之遺者，三也。僕學書好觀唐人墨迹，雖零箋斷墨亦覺異於棗石氈拓之本，故遇殘經之筆精墨妙者，無不翻覆把玩，怡心悦目。此殘卷蓋初唐經生之筆，安詳雅正，堪稱上品。紙用硬黄大麻，每張八十餘行。此卷爲前一張之尾，後一張之頭，不見整紙一幅之迹，稍可惜耳。一九八九年秋日啓功。（鈐"啓功私印""元伯"二印）

（三）忻鼎立跋

己巳年（1989）仲冬鄞人忻鼎立拜觀於九九齋[1]。（鈐"鼎立之印""字號小漁"二印）

[1] 忻鼎立（1927—2008），字可權，號小漁，浙江鄞縣人。工書，善畫，長於篆刻。

【圖版】

雅昌藝術網：http://auction.artron.net/paimai-art26971354/

雅昌藝術網：http://auction.artron.net/paimai-art5002996197/

221.《金光明最勝王經》卷八鄭孝胥、湯壽潛、宋育仁、江瀚、陳三立、楊增犖、周善培、趙熙、胡薇元、鄧鴻荃、林思進跋

【概述】

此件見於上海崇源藝術品拍賣有限公司 2005 春季大型藝術品拍賣會中國古代書畫專場（2005 年 6 月 30 日），編號 684。又見於北京匡時國際拍賣有限公司 2015 秋季拍賣會古代書法專場，編號 1447，拍賣圖録附有清晰圖版。

按，此卷原係四川省圖書館所藏，2004 年 12 月該館古籍庫房失竊，10 件古籍被盜，此件

爲其中之一，並於次年見於拍賣市場。公安部、國家文物局"中國被盜（丢失）文物信息發佈平臺"收録有該卷及題跋信息與不太清晰的圖版（網址爲：http://bdww.ncha.gov.cn/w/list/detail?fbbh=BD2020121809335295）。據該平臺著録，此卷全長 7 米，經卷長 90 釐米，全綾裝裱。2021 年此案告破，竊賊被捕。據悉，此件文獻的購買人擬將其贈回川圖。

此卷前存品題"金光明最勝王經堅牢地神品第十八"。後有趙熙、鄭孝胥、湯壽潛、宋育仁、江瀚、陳三立、楊增犖、周善培、胡薇元、鄧鴻荃、林思進等十一人題詩。據諸公詩作可知，此卷係羅惇曧贈予楊增犖，楊轉贈趙熙，趙遍邀友朋題跋。

【校録箋證】

（一）鄭孝胥跋

袖中有諫書，不顧上怒喜。直聲雖如雷，貪墨殊未止。史魚事無道，伯玉恥君子。心腸一木石，面目安能改。緣何獨佞佛，正坐文字美。結習不易除，覺癢因有技。以經名其室，意特重唐楷。誰能白世尊，何以置此士。欲識堅牢神，現身只公是。[1]

辛亥（1911）二月。堯生侍御屬題，孝胥。（鈐"太""夷"朱文方印）

[1] 此詩收入鄭孝胥《海藏樓詩》卷第七，題爲"趙堯生侍御屬題唐人寫金光明經"（鄭孝胥著，黄坤、楊曉波校點：《海藏樓詩集》，上海：上海古籍出版社，2003 年，第 211 頁），文字與本卷所題相同。

（二）湯壽潛跋

夷甫解清談，遂任陸沈責。如何殿中虎，忽墮苦只窟。皈心寂勝王，取經額其室。豈以光明金，奪此積立鐵。文字所纏縛，賢者未易脱。九關獰豹蹲，擊之其勿失。功成歸耦畊，我如江待溺。大地皆沃壤，經王無乃贅。世無堅牢神，碁劫日益急。小詩幸解頤，未敢作棒喝。

堯生侍御同歲命題。宣統三年（1911）春仲壽潛草於小站畏壘居[1]。（鈐"蟄先"朱文長方印）

[1] 湯壽潛（1856—1917），字蟄先，浙江山陰（今紹興）人。光緒十八年（1892）進士。後入張之洞幕府。1905 年任浙江全省鐵路公司總理。1909 年任浙江諮議局議長。1911 年 11 月被推舉爲浙江都督。1912 年 1 月，被任命爲交通部總長，未赴任。8 月任浙江鐵路公司理事長。著有《危言》《三通考輯要》等。

（三）宋育仁跋

丈室身隨不繫舟，風輪無住悟閻浮。漱塵衆現堅牢地，中土名從贍部洲（經中語）。寶月常明諸品净，人天最勝幾生修。陸沈坐看田成海，好作桃源避世謀。[1]

爲堯生侍御老先生題寫經卷，時宣統三年（1911）秋九月。問琴閣主宋育仁芸子。

[1] 此詩不見於宋育仁《問琴閣詩録》（收入董凌鋒選編《宋育仁文集》第 12 册）。

（四）江瀚跋

論交自巴渝，歷歷廿年事。中更幾別離，每見輒狂喜。秋泛木瀆舟，春攬江亭巒。嵩嶽鐫題石，津門還避地。欻應舊雨招，將即滄波駛。臨歧詎無感，匡時亮有計。言笑怨敵伏，指顧人天利。願君葆此經，毋望堅牢意。

　　堯生吾仲屬題，並以送別。辛亥十一月江瀚未海。（鈐"未海所作"朱文方印）

（五）陳三立跋[1]

　　昔過宜都楊廣文[2]，示我鐇笥寫經卷。北齊唐宋各數幅，購歸東瀛私禁臠。風離雨散二十秋，夢想珠璣爛兩眼。近歲燉煌古石室，掘發祕籍雜釋典。唐人墨瀋益光怪，好事攫取競流轉。鄉井詩翁客嶺嶠（謂新建楊筠谷）[3]，喜獲二本皆精善。一紙割遺趙御史，其一歸裝爐烽燹。海宇鼎沸橫干戈，鼠匿尾閭對杯棬。殘年趙侯亦南奔，向詬堅牢果上選。楚弓趙璧浪比擬，坐歎神物有晦顯。趙侯自是百世士，天製高文知者鮮。據臺論列抒至痛，諫疏都成陸沈讞。況今龍蛇發殺機，猿鶴蟲沙供一眄[4]。吾儕死徙誰復念，妄冀佛力保餘喘。胸中造化幾虧成，世外狡獪無擇揀。儘除文字了語言，屢劫靈臺示不染。

　　題奉堯生先生。陳三立。（鈐"陳三立印"白文方印）

　　[1] 此詩收入陳三立《散原精舍詩續集》卷上，題爲"題趙堯生侍御所藏唐人寫金光明最勝王經堅牢地神品第十八卷子"（陳三立著，李開軍校點：《散原精舍詩文集》，上海：上海古籍出版社，2003年，第318頁），文字與本卷所題基本一致。

　　[2] 宜都楊廣文，指楊守敬（1839—1915）。安徽博物院藏《大般涅槃經》卷二十陳三立跋謂："光緒壬辰癸巳間，余客武昌，獲覩楊惺吾翁由日本所購北齊暨唐人寫經凡數卷，詫爲奇祕。"與此詩所記可互相印證。

　　[3] 楊筠谷，指楊增犖（1860—1933），字昀谷。

　　[4] 蟲沙，《散原精舍詩續集》録作"沙蟲"，誤倒。

（六）楊增犖跋[1]

　　有唐士人名寫經，燉煌之室藏者精[2]。羅浮故人能好我，金剛以外金光明（葉槃持詒《金剛經》，羅瘦广詒《金光明》《法華》數卷）[3]。我留金剛警衰廢，取光明卷歸臺卿[4]。自從嶺海經鄂渚，盡失所寶歸瑤京。而君此卷仍在笥[5]，喜極不忍思平生。一官燕市坐貧病，十載滄桑多變更。頻年上書百不省，一朝發難成都城。武昌繼起天下應，秋來五色揚民旌。與君逃死不擇地，歲暮海天陰復晴。此中浩劫佛所閔，妙明一朵無盡燈。造物于君怪多取，馬揚李杜幾欲并。陶令辭官更嗜酒，魯連蹈海空圍城。願君從此鑱百念，坐斷衆墊如枯僧。堅牢在中不在外，乞與經王論上乘。（"歸臺卿"作"分臺卿"。）

　　滬上爲雪王龕題《金光明經》唐寫本[6]。辛亥臘月新建楊增犖。（鈐"僧若"朱文長方印）

　　[1] 此詩收入《楊昀谷先生遺詩》卷四，題爲"滬上爲雪王題金光明經唐寫本"。

　　[2] 藏，《楊昀谷先生遺詩》録作"儲"。

　　[3] 《楊昀谷先生遺詩》所録無小注。羅瘦广，指羅惇曧（1872—1924）。

　　[4] 歸，《楊昀谷先生遺詩》録作"分"。

　　[5] 而，《楊昀谷先生遺詩》録作"喜"，與下句首字重複。

[6] 雪王龕,趙熙書齋名。

（七）周善培跋

無可奈何聊奉佛,應知佛意遠常情。萬桑苓落悲三宿,一念堅牢誤半生。劫後家人安寂寞,尊前言論許縱橫。禮堂願借殘經寫,莫問中原處處兵。

雪王堪師命題。善培壬子(1912)五月同家瀞上。

（八）趙熙跋

蘭陵王[1]

李唐筆。千歲香嚴手迹。何人考、年月姓名,惟有堅牢字千百。宣南四立壁。收得。禪心一篋。是楊雲,宣統二年,手割燉煌萬山色。　秋風滿京國。歎諫草無功,天黯南北。傷心馬角烏頭白。便水遠山遠,一聲去也,燕雲如夢萬里隔。謄身外經册。　榮德。故山碧。準白髮頭陀,身傍諸佛。梵天花雨峨眉宅。祗甚日攜手,卷中詞客。金光明卷字,月一片,照石室[2]。

丙辰(1916)秋榮縣山中自題,趙熙記。（前鈐"香宋"朱文長方印、"赫生"朱文方印,後鈐"不可時旅只以自嬉"朱文方印）

[1] 此詞收入《香宋詞》卷一,有副標題"題唐寫金光明最勝王經堅牢地神品第十八卷子"（趙熙著,王仲鏞主編:《趙熙集》,杭州:浙江古籍出版社,2014年,第868—869頁）,文字與此卷偶有差異。

[2] 此句《趙熙集》本作"金光明字,月一片,照淨室"。

（九）胡薇元跋

碑碣世眇漢與秦,流傳至斯摧漫湮。于今世字習輭媚,勁拙經、師唐人。何須戳鐵尚分隸,石室敦煌轉遺棄。烏蘭黑水久錮扃,零落瓜州任沈黳。詩翁筠谷收珊瑚,金剛光明雙曇矔。割詒金光最聖卷,榮州侍御珍楷模。搜求幽荒心獨苦,寶存堅牢深汲古。陽關龍勒發秘藏,免教精粹失中土。從來百事皆有癖,笑君篤嗜同金石。試問何物果堅牢,神品不以三公易。卷中諸人皆絶倫,奈何拙劣求逸民。我書庸茶常自媿,夸賞逢君多精神。展卷流連不忍去,榆檁盛經多典據。若令供養久護持,他日爭傳萬松處。（生）

成都爲雪王龕題《金光明勝王經》唐寫本。丙辰(1916)七月山陰胡薇元[1]。（鈐"百梅亭長"白文方印）

[1] 胡薇元(1850—約1920),字孝博,號詩舲、壺庵、玉津居士、百梅亭長等。原籍直隸大興(今北京),寄籍浙江山陰(今紹興)。光緒三年(1877)進士。清末任廣西天河、四川西昌知縣,興安知府,陝西鳳翔同知。工詩文,善詞曲。著作匯編爲《玉津閣叢書》。

（十）鄧鴻荃跋

桑海今何世[1]。記搜從、燉煌石室,釋家文字。寫入烏闌神采在,聊似浣花牋唐[2]。語語是,無生真諦。不恨唐人吾不見,恨今人[3]、無佛稱尊耳。造刦者,大都是。　榮州侍御奇男子[4]。把昔年、丰棱嶽嶽,盡情收起。好飲耽詩還結客,抱定堅牢宗旨[5]。更不説[6]，河清難俟。願得光明周八表[7]，度衆生、苦厄兵戈裏。施法力[8]，共悲喜。

　　右調《金縷曲》。丙辰(1916)秋八月爲堯生先生題。鄧鴻荃[9]。（鈐“雨人”朱文方印）

　　[1] 此詞收入鄧鴻荃《秋雁詞》，題爲“爲堯生題唐人手寫金光明經卷子”，文字頗有異同。首句“桑海今何世”，《秋雁詞》本作“夏鼎商彝似”。

　　[2] 聊似，《秋雁詞》本作“依約”。

　　[3] 今人，《秋雁詞》本作“世人”。

　　[4] 侍御，《秋雁詞》本作“御史”。

　　[5] 抱定，《秋雁詞》本作“守定”。

　　[6] 更不説，《秋雁詞》本作“不信道”。

　　[7] 願得，《秋雁詞》本作“願放”。

　　[8] 施法力，《秋雁詞》本作“與我佛”。

　　[9] 鄧鴻荃(1868—約 1926)，字雨人，號休庵，廣西臨桂人。王鵬運(1849—1904)妹婿。光緒十五年(1889)舉人。曾任京官，後爲四川候補道。工詞，作品輯爲《秋雁詞》，民國七年(1918)刻於成都。

（十一）林思進跋

　　重展金光一卷經，諸公名姓似新亭。祇因攜上峨峰頂，頌與山猿夜夜聽。

　　衆生擾擾火煎膏，道力寧容著一豪。但得冱彊腰腳健，此身何處不堅牢。

　　堯生先生命題唐人寫《金光明經堅牢地神品》卷子。曩曾見之京師雪王龕，忽忽六年矣。感書二絶乞教。丙辰八月思進録似[1]。（鈐“林思進印”白文方印）

　　[1] 林思進(1873—1953)，字山腴，號清寂翁，四川華陽(今雙流)人。清末舉人，曾任内閣中書。民國年間任四川圖書館館長、成都府學堂監督、華陽中學校長及成都高等師範學校、成都大學、四川大學、華西協和大學教授。新中國成立後任四川大學教授、四川省文史館副館長。著有《中國文學概要》《華陽人物志》等。詩文匯爲《清寂堂集》(巴蜀書社，1989 年)，此二詩未見該集。

【著録】

　　崇源 2005，第 684 號。

【圖版】

　　匡時 2015，第 1447 號。

222.《佛説八陽神咒經》吳湖帆跋

【概述】

　　此卷見於上海朵雲軒拍賣有限公司 2005 春季藝術品拍賣會古代書畫專場(2005 年 7 月 8 日)，編號 169。據拍賣公司介紹，鈐有“歙許芑父斿隴所得”，可知爲許承堯舊藏。

　　此卷與元王振鵬《應真圖》裱爲一卷。《應真圖》前有吳湖帆跋一則：“王振鵬渡海應真圖。元王振鵬以善寫宮殿，嘗奉勅製圖。余曾見元宮圖及大明宮等圖，皆有大長公主題字，又見揭鉢圖，與此堪伯仲。此卷宋箋潔白如新，筆如遊絲，尤見精采，爲真定梁氏舊物，今歸邦瑞吾兄秘笈。庚辰(1940)春日,吳湖帆敬觀並識。"

《應真圖》與《佛説八陽神咒經》之間,有吳湖帆跋一則;另有題簽:"唐人書蓮花經真迹。敦煌石室發現本。"

【校録箋證】

邦瑞兄得此[1],裝于元王振鵬真迹卷後,永充供養。倩盦又識。(鈐"吳湖帆印""梅景書屋"二印)

[1] 孫邦瑞(1903—1972),江蘇江陰人。書畫收藏家。

【圖版】

雅昌藝術網:https://auction.artron.net/paimai-art33520169/

223.《妙法蓮華經》卷二徐純原跋

【概述】

此卷見於江蘇愛濤拍賣有限公司 2005 秋季大型藝術品拍賣會中國書畫精品第一場(2005 年 10 月 5 日),編號 71。據拍賣公司介紹,此卷長 485 釐米。卷前、卷後鈐" 昆堂"朱文方印。

引首徐純原題:"唐人寫經卷。鈍廬純原題,時庚辰(2000)。"末鈐二印,待考。拖尾有徐純原題跋二則。

【校録箋證】

(一) 徐純原跋一

是卷一九七八年於北京寶真齋購得,越五年,由蘇州紀森發兄裝池[1]。字長四百五十八公分。乙亥(1995)初冬月純原記[2],時五十又三。(前鈐朱印一枚,印文待考;後鈐"徐鈞鑑藏"朱文方印、"徐純原印"白文方印)

[1] 紀森發,蘇州書畫裝裱名手,出身書畫裝裱世家,"蘇州裝裱技藝"非物質文化遺産傳承人。

[2] 徐純原(1943—),名煦,號鈍廬,江蘇蘇州人。書畫家。

(二) 徐純原跋二

唐人寫經出自敦煌石室之藏經洞,自一九○一年發現訖今整百年矣。所出文物及經卷大都流失海外,尚傳於國内者微乎其微矣,故國人得其片紙,珍如拱璧。余此卷長近五米,善不多有。余能得此,亦緣也,當寶之。辛酉冬鈍廬識[1]。(鈐"徐"白文長方印、"純原"朱文長方印)

[1] 此處干支有誤。辛酉爲 1981 年。按跋文指撰寫年爲 1901 年之後一百年,當爲辛巳(2001)。

【圖版】

愛濤 2005,第 71 號。

雅昌藝術網:http://auction.artron.net/paimai-art34280071/

224.《勝思惟梵天所問經》卷二余肇康、馮煦、王秉恩、鄒嘉來、沈曾植、陳夔麟、朱孝臧、王乃徵跋

【概述】

此卷見於北京翰海拍賣有限公司 2006 春季拍賣會古籍善本專場（2006 年 6 月 25日），編號 1652。

引首有左孝同題款。左孝同（1857—1924），字子異，湖南湘陰人。左宗棠第四子。中日甲午之戰（1895），湘軍出兵，左孝同奉調總理營務，屯駐山海關。光緒二十三年（1897）去職回湘。陳寶箴在湖南推行新政，會辦湖南保衛局。後任河南按察使、江蘇按察使等職。民初居上海。

拖尾有余肇康、沈曾植等題跋。

【校錄箋證】

（一）余肇康跋

光緒之季，敦煌石室發見古籍甚多，率人間未見文字，完善精本大半爲外人輦去，比縣官知之，往收，十才得二三耳，近事之至堪痛惜者。此二幅唐人寫經，即從石室中得來。當武德、貞觀間，吾鄉大小歐書法卓然開一朝風氣[1]，其後開成、廣政諸石經皆仿其體。此本秀勁俊逸，尤得神髓，千數百年墨瀋如新，吉光片羽，眂石刻更爲可貴。瀏覽不能釋手，又重感焉。庚申（1920）小除前六日，長沙余肇康識於申江倦知寓廬，時年六十又七。（前鈐"僕本恨人"朱文長方印，後鈐"余氏伯子"白文朱印、"敬齋"朱文方印）

[1] 指唐初書法家歐陽詢、歐陽通父子。歐陽詢（557—641），字信本，潭州臨湘（今長沙）人。仕唐官至太子率更令、弘文館學士，世稱"歐陽率更"。歐陽通（625—691），字通師，歐陽詢第四子。天授二年（691）拜相，因反對立武承嗣爲太子被害。工楷書，與其父齊名，世稱"大小歐陽"。

（二）馮煦跋

庚申東坡生日金壇馮煦觀[1]，時年七十有八。

[1] 蘇東坡生日爲農曆十二月十九日。據此，當日應爲 1921 年 1 月 27 日。馮煦（1843—1926），字夢華，號蒿庵、蒿叟，江蘇金壇人。光緒十二年（1886）進士。歷任安徽鳳陽知府、山西按察使、安徽布政使、安徽巡撫。民國初年纂修《江南通志》。著有《蒙香室詞集》《蒿盦類稿》《蒿盦隨筆》等。

（三）王秉恩跋

同日華陽王秉恩敬觀[1]，時年七十有六。

[1] 王秉恩（1845—1928），字息存，號雪澄、雪岑，四川華陽人。同治十二年（1873）舉人，官廣東按察使。曾任廣雅書局提調。精目錄校勘之學，收藏書籍、金石、書畫甚富。晚年寓居上海。

（四）鄒嘉來跋

同日吳縣鄒嘉來敬觀[1]，時年六十有八。

[1] 鄒嘉來（1853—1921），字孟芳、紫東，號遺邨，江蘇吳縣（今蘇州）人。光緒十二年（1886）進士。

清末官至外務部尚書。

(五) 沈曾植跋

此書極似薛少保[1]，開天後無此秀發矣。寐叟。（鈐“植”朱文圓印）

[1] 薛少保，指薛稷（649—713），字嗣通，蒲州汾陰（今山西萬榮）人。官至禮部尚書、太子少保。工書，與褚遂良、歐陽詢、虞世南並稱爲初唐四大家。代表作《隨大善知識信行禪師興教之碑》，通稱《信行禪師碑》。

(六) 陳夔麟跋

貴陽陳夔麟敬觀[1]。吉光片羽，亦希世珍也。時坡公生日，消寒第五集。

[1] 陳夔麟（1855—1928），字少石，號少室、少樵，貴州貴陽人。曾任官於廣東、湖北。精鑒賞，富收藏，工書。

(七) 朱孝臧跋

朱祖謀敬觀。

(八) 王乃徵跋

王乃徵敬觀。

【圖版】

雅昌藝術網：http://auction.artron.net/paimai-art41351652/

225.《金剛般若波羅蜜經》胡光煒、沈尹默跋

【概述】

此卷見於北京榮寶拍賣有限公司 2006 秋季書畫拍賣會玉蓮齋藏畫專場（2006 年 12 月 27 日），編號 49。又見於北京匡時國際拍賣有限公司 2010 春季藝術品拍賣會古代書法專場（2010 年 6 月 5 日），編號 810。卷中及卷末鈐有“右任”“徐平羽”“長隨行篋”“平羽鑒賞”等印，可知爲徐平羽舊藏。引首題：“唐人手跡。一九六〇年初冬，平羽。”鈐“徐平羽”白文方印。拖尾有胡光煒、沈尹默跋各一則。

【校録箋證】

(一) 胡光煒跋

右唐寫《金剛般若波羅蜜經》殘卷，凡存一百十二行，所用爲什譯分分本[1]，與柳寫本略同[2]。蓋緇素持誦，於諸譯中多采此本，爲當時通尚。筆勢疏宕秀發，當出李朝晚期，或有致疑其正贋者。唐經生書面貌至夥，未可執一以繩，且書體自定時代，固一見即知爲唐人風格也。平羽先生論之[3]。庚寅元夕（1950.3.3）光煒[4]。（鈐“夏廬”朱文方印）

[1] 指鳩摩羅什譯本。初不科分，後人將其分爲三十二段，是爲三十二分本，流傳甚廣；此外亦有十二分本（羅慕君、張湧泉：《〈金剛經〉“十二分本”鈎沉》，《宗教學研究》2019 年第 2 期）。

[2] 柳寫本，指柳公權書《金剛經》，敦煌遺書中有唐拓本一種，即法藏 P.4503。王仁俊《敦煌石室真跡録》（1909）、羅振玉《石室秘寶》（1910）均刊有其影本。

　　[3]　徐平羽(1909—1986)，原名王爲雄，字元健，江蘇高郵人。歷任上海市人民委員會秘書長、南京博物院院長、上海市委宣傳部副部長兼文化局長、文化部副部長等職。

　　[4]　胡光煒(1888—1962)，字小石，號夏廬、倩尹，浙江嘉興人。民國時期歷任北京女高師、金陵大學、中山大學、雲南大學等校國文系教授。1949 年後任南京大學教授兼文學院院長、圖書館館長，兼江蘇省文管會主任、書法研究會主席、南京博物院顧問。工書。著有《中國文學史》《甲骨文例》《胡小石論文集》等。

(二) 沈尹默跋

　　余平生所見六朝唐人寫經卷子，其字跡雖各具有其時代性，而書格則頗相類似，蓋世所稱爲經生體者。平羽先生見示此《金剛經》殘卷，其爲唐代經生書無疑。燉煌經卷完整者，悉爲伯希和、斯坦因輩捆載以去，中土存者無幾。即此殘卷，亦復可珍。更自其書法言之，固與長慶間柳公權爲右街僧録準公書者風格迥異[1]，然觀其下筆處無一不合法度，正不得以其爲經生書而忽視之也。一千九百五十年十一月十日觀畢題記，尹默。（前鈐"匏瓜庵"一印，後鈐"沈""尹默"二印）

　　[1]　長慶間柳公權爲右街僧録準公書者，指法藏 P.4503 柳公權書《金剛經》拓本。後有題記："長慶四年四月六日翰林侍書學士朝議郎行右補闕上輕車都尉賜緋魚袋柳公權爲右街僧録準公書。强演邵建和刻。"

【圖版】

　　雅昌藝術網：http：//auction.artron.net/paimai-art45460049/

226.《大乘大集地藏十輪經》卷二許承堯跋

【概述】

　　此件見於西泠印社拍賣有限公司 2008 年春季拍賣會中國書畫古代作品專場（2008年 6 月 28 日），編號 391。臺灣戴勝山房出版社 2009 年以珂羅版影印，標注爲"太倉雙松樓王氏"典藏，可知當時該件爲蘇州王福雙松樓藏品。2010 年 1 月 31 日，此件在深圳博物館《翰墨萃珍——雙松樓藏中國書畫展》中展出。後又見於中貿聖佳國際拍賣有限公司2018 春季藝術品拍賣會"璀璨③——'弘曆的帝王品味'古代藝術珍品及宮廷瓷器專場"（2018 年 6 月 20 日），編號 637。

　　原爲卷軸，割裱爲册頁，共 15 開，存 75 行。有許承堯題簽："隋人書十輪經七十五行册"。後有許承堯跋。據跋文，許承堯將此件贈送張知競。

【校録箋證】

　　右隋人書《十輪經》七十五行，出敦煌鳴沙山古三界寺石室。以所見開皇、仁壽寫經之有紀年者校之，字體紙質皆同，故可定爲隋書。敦煌舊爲西域要衝，鳴沙山以沙因風聚、上下自鳴得名，凤稱勝地。石室造象略同雲岡、龍門。其中一室封閉于北宋初，至光緒庚子(1900)崩豁，奇書秘籍悉爲外人攫去，寫經其殘餘也。余遊隴十年，見甚多，然皆唐經生書,唐以前即頗希見,且昔無人知,自余發之,歎爲奇遇。此紙雅秀蒼勁,可敵世傳張波、元公、尉富娘諸隋誌[1]。然彼乃拓本,此爲千餘年前之寶墨,尤可珍異。余意隋書實集南北大成,儀態天然而古味深厚。初唐以降即稍漓矣。晉人小楷俱出唐摹,唐宗虞、褚,仍在隋後,此紙乃虞、褚先河,亦即真書鼻祖也。己卯(1939)敬奉子晉先生清鑒[2]。疑翁許承堯。(前鈐"疑盦"朱文長方印,後鈐"許承堯印"白文方印)

[1] 張波墓誌,隋大業十一年(615)刻,出土於河南洛陽,石藏河南博物院。元公墓誌,即大隋故朝請大夫夷陵郡太守太僕卿元公之墓誌銘,隋大業十一年刻,清嘉慶二十年(1815)出土於陝西咸寧。尉富娘墓誌,隋大業十一年刻,清同治十年(1871)陝西西安龍首鄉出土。均以書法方整嚴勁著稱。

[2] 張知競(1877?—1940),字子晉,四川雲陽人。1902年入日本東京法政大學專門部,加入中國同盟會、共進會,奉孫中山命回國組織革命。1912年任重慶蜀軍政府司法部部長,當選第一屆國會衆議院議員。抗戰期間組織中華民族抗建互助社。

【圖版】

戴勝山房 2009。

雅昌藝術網：http://auction.artron.net/paimai-art86710391/

雅昌藝術網：http://auction.artron.net/paimai-art0076010637/

【研究】

朱鳳玉 2016,第 21—33 頁。

227.《妙法蓮華經》卷七謝稚柳、啓功跋

【概述】

此件見於太平洋國際拍賣有限公司 2008 年第三季藝術品拍賣會"盛世和光——佛教藝術專場"(2008 年 9 月 28 日),編號 72。據拍賣公司介紹,該卷長 180 釐米。拍賣圖録刊出全卷及啓功題跋圖版。

據陳樂道介紹,此卷原爲甘肅省政協副主席俞正(1936—2018)所藏,係其父俞方皋(1893—1981)將軍得自甘肅書法家顧子惠(1904—2005)者。有謝稚柳、啓功題跋,兹據陳樂道文補録謝稚柳題跋。

【校録箋證】

(一)謝稚柳跋

右《妙法蓮華經》卷二十六[1],爲唐人所書,蓋敦煌石窟所出。敦煌經卷散落中外,此卷殊難得也。庚午(1990)秋日謝稚柳觀因題。(鈐"謝稚柳"印)

[1]《妙法蓮華經》通行本爲七卷。此處稱"卷二十六",係因此卷卷尾存品名"妙法蓮華經普賢菩薩勸發品第二十八終",誤以品次爲卷次。

(二)啓功跋

此敦煌所出唐寫經卷,紙質略粗,故筆畫斑駁。反復展觀,彌見古趣。僕於唐人墨跡

夙有癖嗜，零箋碎葉莫不拳拳寶玩。今見此卷，幾無殘缺，誠堪珍惜也。一九九一年冬日啓功。（鈐"啓功私印"白文方印、"元伯"朱文方印）

【録文】

陳樂道 2007A，第 34 頁。

【圖版】

太平洋 2008，第 72 號。

228.《大般若波羅蜜多經》卷五十二謝緒璠、端方跋

【概述】

此卷爲英國 Sam Fogg 文物商店舊藏，國際敦煌項目（IDP）數據庫著録其編號爲 SF1807028。見於北京德寶國際拍賣有限公司 2009 年秋拍佛教文獻專場（2009 年 11 月 21 日），編號 301。據拍賣公司介紹，此卷長 1213.8 釐米。又見於東京中央拍賣（香港）有限公司 2016 春季拍賣會中國古代書畫專場（2016 年 5 月 29 日），據拍賣公司介紹，此卷長 1018.5 釐米。

有題簽"敦煌石室唐人寫大般若經卷五十二"。首題下鈐有"文叔子所藏金石圖書"朱文方印，卷末尾題後鈐"文炳長壽"白文方印、"文叔子所藏金石圖書"朱文方印。引首有謝緒璠跋，拖尾有端方跋。此卷部分圖版刊佈於國際敦煌項目（IDP）網站，但不完整，僅有謝緒璠跋前半。幸而作爲東京中央拍賣（香港）有限公司 2016 春季拍賣會的拍品，其圖版可在雅昌藝術網查得，今據之録文如下。

【校録箋證】

（一）引首謝緒璠跋

《大般若經》爲卷六百，凡數百萬言。今時學人無鈔寫之勞，開藏即得，然能卒讀者蓋鮮矣。觀於此卷，字跡雖不謂精巧，然能發勝心寫此大部，是其信進二根已自卓立，比於今之僧徒，爲何如耶？叔寅寶而藏之[1]，意蓋有在，豈獨好古而已。將因文字般若，以植寶相善根，比佛制多，三時供養，福慧勝因，終不唐捐也。丙辰（1916）夏朔三臺謝緒璠敬跋[2]。（鈐"謝緒璠印"白文方印）

　　[1] 叔寅，蓋文炳之字。其人生平不詳。

　　[2] 謝緒璠（1871—1919），字魯卿，四川三臺人。光緒二十四年（1898）進士。歷任順天鄉試同考官、國史館協修官、纂修官、總纂官、提調官，武英殿、功臣館、實録館纂修官。民國初年任政事堂法制局秘書、僉事。

（二）拖尾端方跋

光緒辛丑[1]，甘肅敦煌忽現一石室，中存古書名經甚多。其尤者皆爲英法兩國人捆載而去，守土者不加瞥省，爲可惜也。此本爲叔寅世講所得，甚加寶異，良爲難得。特書數語

歸之。宣統元年(1909)十二月。渒陽端方。（鈐"端方之印"白文方印）

[1] 辛丑爲 1901 年。按，敦煌藏經洞發現於 1900 年 6 月，端方此跋記爲"光緒辛丑"，當係傳聞失實。

【圖版】

北京德寶國際拍賣有限公司網站：http://www.dbpm.cn/auction/sdetail.asp?id=29075&cid=96

雅昌藝術網：http://auction.artron.net/paimai-art5087020049/

國際敦煌項目(IDP)網站：http://idp.nlc.cn(僅刊佈部分題跋圖版)

229.《妙法蓮華經》卷五、《大般若波羅蜜多經》卷九十六、《般若波羅蜜多心經》王兆麟、馮國瑞跋

【概述】

此卷見於北京翰海拍賣有限公司 2010 春季拍賣會古籍善本專場(2010 年 6 月 6 日)，編號 2303。據拍賣公司介紹，此卷連綴三件敦煌寫經，裱爲一長卷，長 1275 釐米。卷尾餘紙有王兆麟跋一則；拖尾有署名馮國瑞的題跋一則，筆跡似與國家圖書館藏 BD15248、BD15351、BD15352 馮國瑞跋不同。

【校録箋證】

(一) 卷尾王兆麟跋

謹按此經乃佛門不傳之秘，不知何時摹寫，濟世救人，同臻菩提，而竟由敦煌地内閃出。紙字斑爛，足徵古物，惜篇幅不全。俟諸異日，必能成爲全璧，重爲裝裱，以誌珍藏云。時在中華民國三年甲寅端節日(1914.5.29)信士王兆麟敬識。

(二) 拖尾馮國瑞跋

奉爲半丁老人壽[1]。壬寅(1962)三月天水馮國瑞肅上。（鈐"仲翔"朱文方印、"馮國瑞印"白文方印）

[1] 陳半丁(1876—1970)，原名年，字静山，號半丁，浙江紹興人。居北京。工書畫，善治印。

【圖版】

翰海 2010，第 2303 號。

230.《妙法蓮華經》卷五王宗炎等跋

【概述】

此件見於蘇州市吳門拍賣有限公司 2010 年春季藝術品拍賣會中國名家書畫專場(一)(2010 年 6 月 12 日)，編號 153。

據拍賣公司介紹，此件裱爲册頁，共八開；有題跋二則，其一落款爲"夢龍先生雅屬"，其二爲王宗炎篆文跋。拍賣圖録僅載録經文圖版一開，王宗炎跋圖版一開，適當跋文後

半。兹據以録出王宗炎跋後半。

【校録箋證】

(一) □□□跋(存目)

(二) 王宗炎跋

……臧同,而尤超逸,非宋以後所能假託。昔曾氏得唐人寫經,刻入《滋蕙堂帖》[1],目爲神品。今乃得其墨迹,以共展翫,苟精心研橅,即此七百餘字,已足上溯晉賢遺軌,又求多乎哉。丙辰(1916)三月四日,王宗炎題[2]。(鈐"曇夏"白文方印、"王宗炎印"朱文方印)

　　[1]《滋蕙堂帖》,即《滋蕙堂墨寶》,清乾隆三十三年(1768)江西曾恒德刻。所收唐人寫經《大般若波羅蜜多經》卷第十三實爲北宋寫金粟山藏本,並非唐寫本。

　　[2] 王宗炎(1865—1936),字雷夏,號燕樵,江蘇泰州人。光緒二十三年(1897)舉人。二十七年任駐日公使館文案兼管留學生事務。二十九年回國。後歷任南京高等實業學堂、高等商業學堂、稅務學堂、陸軍小學堂等校監督。宣統三年(1911)任南京金陵刻經處董事。民國初年歷任上海江海關監督公署文書科長,金陵、江陰等分關監督等職。

【圖版】

吳門 2010,第 153 頁。

雅昌藝術網: http://auction.artron.net/paimai-art65630153/

231.《大般若波羅蜜多經》卷六十七葉恭綽、唐恩溥、鄧爾疋、鄭宇跋

【概述】

此卷見於香港富得拍賣行有限公司 2010 年第 97 期拍賣會中國書畫專場(2010 年 8 月 28 日),編號 158。卷長 638 釐米。存尾題"大般若波羅蜜多經卷第六十七"。卷尾鈐"小臨池館藏"朱文方印,知其爲雷君軾舊藏。

拖尾有跋四則。

【校録箋證】

(一) 葉恭綽跋

敦煌出土經卷大宗之散在海内外者,余幾皆得見之。此卷爲斯坦因、伯希和未盜竊以前由石窟寺流出之物。審其筆墨,似在隋唐間。字固不工,尚有六朝餘韻。昏亦非黄蘗製者。南中流傳敦煌經卷甚希,此自可寶也。卷首黄籤,研花箋所製,至少當爲宋代物,考文房者宜注意及之。民國二十八年(1939)十一月君軾出示因題[1]。恭綽。(鈐"葉"白文方印)

　　[1] 雷君軾,廣東新會人(一説番禺人)。久居香港。經營藥業。嗜書畫,收藏頗豐。室名深杏樓、小臨池館。

(二) 唐恩溥跋

壬子(1912)、癸丑(1913)之交,余赴京師,偶至教育部,於秘書室中見敦煌出土經卷充

積篋衍[1]，隨手抽閱，皆隨唐間人所寫。交遊中亦多家藏是經，而吾友瘦公所收至四十餘卷[2]，卷大者如牛腰，書法皆精妙可喜。余雖愛奇嗜博，以其習見易得，未之珍也。癸亥(1923)春，予復至京師，視瘦公疾，瘦公擇其尤精者三卷以貽予，晦聞、勗公爲識其後[3]。予旋以事入雒，遂留弃瘦公插架中。瘦公病少瘳，亦赴滬，往返數月，其婢定兒盜事發，檢視經卷，所藏與遺予者皆盡。至教育部所存經卷，復移送京師圖書館中，而故都淪陷，計亦什不存一矣[4]。廠肆居奇，遂價逾拱璧，而南方流傳尤鮮。今君軾得此，出眎屬題。經卷字雖不工，而首尾完好，古意盎然，故可寶也。而予又歎夫物之聚散有時。時其聚也，固快意當前。及其散也，如太空之雲，寓吾目焉。其聚其散，毫無所容心於其間，而歐陽永叔所謂"足吾所好，玩而老焉"者[5]，猶未爲達觀也。展玩此卷，追撫今夕，不禁憮然。因拉雜記此，題而歸之。君軾殆有契乎？己卯十二月大寒日(1940.1.21)唐恩溥識[6]。（鈐"恩溥"白文方印）

[1] 按甘肅解京敦煌遺書最晚於 1910 年秋以前，已由京師圖書館接收；學部官員監守自盜事發後，自押解委員處追繳的二十二卷，亦於 1910 年 12 月 15 日由京師圖書館派員接收（參劉波《國家圖書館與敦煌學》，北京：國家圖書館出版社，2018 年 4 月，第 12 頁）。至 1912 年底，教育部秘書室不至於仍然敦煌遺書"充積篋衍"，可供"隨手抽閱"。唐恩溥記憶或有誤。

[2] 瘦公，指廣東順德人羅惇曧(1885—1924)。羅惇曧藏卷鮮見介紹，唐恩溥此跋謂多至四十餘卷，爲婢所盜。

[3] 晦聞，指廣東順德人黃節(1873—1935)。勗公，指羅惇曩。羅惇曩(1874—1954)，字照岩、季孺，號敷堪、敷庵、復堪、羯蒙老人、風嶺詩人，齋號唐牒樓、三山簃，廣東順德人。羅惇曧之堂弟。康有爲弟子。清末歷任郵傳部郎中、禮制館編纂。民國初年任教育部、財政部、司法部參事及内政部秘書。工詩，善書。著有《三山簃學詩淺説》《羯蒙老人隨筆》等。

[4] 此處所述不確。國立北平圖書館(京師圖書館 1928 年改名)所藏敦煌遺書，於 1933 年裝箱寄存於北京德華銀行保險庫，1935 年南遷上海，存於上海商業儲蓄銀行第一倉庫，抗戰期間、解放戰争期間幾經輾轉，於 1950 年初運回北京（參劉波《國家圖書館與敦煌學》，第 32—36 頁），其間並無損壞遺失。唯事屬機密，當時外人不得而知。此跋疑其"什不存一"，係推測之詞，並非事實。

[5] 語出歐陽脩《集古錄序》："又以謂聚多而終必散，乃撮其大要，別爲錄目，因並載夫可與史傳正其闕謬者，以傳後學，庶益於多聞。或譏予曰：物多則其勢難聚，聚久而無不散，何必區區於是哉！予對曰：足吾所好，玩而老焉，可也。象犀金玉之聚，其能果不散乎？予固未能以此而易彼也。"

[6] 唐恩溥(1881—1961)，原名兆溥，字啓湛、天如，廣東新會人。光緒二十九年(1903)舉人。清末任教於兩廣工業學堂。民國初年曾任清史館纂修、司法部文案、吳佩孚秘書。後居香港。著有《文章學》等。

（三）鄧爾疋跋

君軾先生出示所藏唐人寫經屬題，口占絶句二首：

書法初唐迥不同，寫經仍屬晉賢風。當時縱出鈔胥手，絶異光宣衮衮公。

歐化東趨亦華化，敦煌片紙直千金。後人眼學先修福，萬里梯航一賞心。

十年前北京大學雜志有《歐人華化考》一篇[1]，引胡元馬祖常諸人爲證。當時歐人仕於元朝者甚夥，而馬氏先世本景教之一派，久居中國，遂習慣尊崇孔子也。

癸未元旦立春(1943.2.5)東官鄧爾疋[2]。（前鈐"可久長"朱文長方印、"爾雅眼福"朱文方印，後鈐"焱疋"朱文方印、"介"朱文圓印、"爾〇"白文方印）

[1] 指陳垣《元西域人華化考》。1923年撰成，全書八卷，前四卷刊載於北京大學《國學季刊》第1卷第4號(1923年12月)，後四卷刊載於《燕京學報》第2期(1927年12月)。

[2] 鄧爾疋(1883—1954)，原名溥，字季雨，號爾疋，廣東東莞人。江西按察使、名儒鄧蓉鏡(1831—1900)之子。幼承家學，工書，擅治印。曾留學日本。家藏古籍文物頗豐。精研金石、書法，著有《文字源流》《鄧齋筆記》《藝瓻草稿》等。

（四）鄭宇跋

嚴浩贋視此卷，余視爲真品，意與恭老同也。一九八三年十一月十四日於香港，鄭宇。

【圖版】

TREASURE 2010，pp.68.

雅昌藝術網：http://auction.artron.net/paimai-art67700158/

232.《妙法蓮華經》啓功跋

【概述】

此卷見於廣東寶通拍賣有限公司2011年仲夏藝術品拍賣會・古籍善本專場(2011年8月21日)，編號39。卷長150釐米。惜網上刊佈圖片較模糊，部分文字難以辨識。

【校錄箋證】

墨瀋欲流，紙光可照。唐人見我，相視而笑。

唐人寫《妙法蓮華經》殘卷，硬黄紙本，墨痕如滴，啓迪書秘，校益無窮，歿□屢更，惟存此寶，一再書之。□□年啓功□□。（鈐印二枚，待考）

【圖版】

孔夫子舊書網：http://pmgs.kongfz.com/detail/110_222616/

233.《妙法蓮華經》卷四周慶雲、潘飛聲跋

【概述】

此卷見於中國嘉德國際拍賣有限公司嘉德四季第27期拍賣會"中國書畫（十七）"專場(2011年9月19日)，編號2310。有木盒，上刻"唐人寫經。妙法蓮花經六卷。夢坡珍玩"。有題簽"唐人寫妙法蓮花經殘本。夢坡室藏"。引首前鈐"息園所藏"一印，卷尾鈐"息園所藏""七佛龕"二印。爲周慶雲夢坡室舊藏。

引首有周慶雲篆書題"唐人寫經"及跋一則；拖尾有潘飛聲跋二則。

【校錄箋證】

(一) 周慶雲跋

唐人寫經。

甘肅敦煌縣有鳴沙山,其麓有雷音寺,寺旁石室舊名莫高窟,俗名千佛洞,四壁皆造像。光緒庚子(1900),有羽士掃除積沙,於複壁破處忽一洞豁焉,中有石室,小不可居,藏鈔本秘籍及經卷多種,皆唐及五代之物,蓋西夏兵革時保存於此也。石室秘籍大半爲英人史泰[1]、法法人伯希和購歸海外[2],藏於彼國博物院。所餘經卷亦皆殘闕。唐人以寫經矜功德,不拘何經,亦不署姓氏,稽其年號則會昌、大中爲多。予得此卷寫《妙法蓮華經》六卷,第四、第九至十三,其九卷經文稍殘,餘卷完善,聊堪珍祕。夢坡居士識。(鈐"烏程周慶雲印"朱文方印)

[1] 史泰,指斯坦因。

[2] 此句衍一"法"字。

(二) 潘飛聲跋一

唐人寫經嘗見多種,有名家書,有經生書。余家聽颿樓曾刻數齣[1],大率與鍾紹京《靈飛經》相類。唐經生手亦皆一時之選,所謂銀鉤蠆尾[2],用筆天然。唐人重書學,於此可見。此《妙法蓮華經》雖非全本,的爲唐法,楷則正宗,直入虞褚堂奧,千載而下,典型未墜,惡得以經生書而少之耶? 夢坡先生收藏於夢坡室,禺山潘飛聲假觀半月謹題。丁卯(1927)四月年七十。(鈐一印,待考)

[1] 聽颿樓,潘正煒藏書樓。潘正煒(1791—1850),字榆庭,號季彤、聽颿樓主人,廣東番禺人。繼承祖業同文洋行,富有資財。收藏古錢、古印、書畫等甚豐,精鑒賞。著有《聽帆樓詩鈔》《聽帆樓書畫記》。

[2] 典出南朝齊王僧虔《論書》(載《法書要錄》卷一)謂索靖"散騎常侍張芝姊之孫也,傳芝草而形異,甚矜其書,名其字勢曰'銀鉤蠆尾'"。

(三) 潘飛聲跋二

昔人云:小字莫作癡凍蠅[1]。又云:小楷貴能寬綽[2],能拓之令大。皆小楷要訣也。夢坡工書,六十後作小字尤精到,由唐人而上溯晉賢,蓋得力於經马深矣。佛祖誕日盡將歸趙,飛聲薰沐又題。(鈐一印,待考)

[1] 語出黃庭堅《以右軍書數種贈丘十四》:"丘郎氣如春景晴,風暄百果草木生。眼如霜鶻齒玉冰,擁書環坐愛窗明。松花泛硯摹真行,字身藏穎秀勁清。問誰學之果《蘭亭》,我昔頗復喜墨卿。銀鉤蠆尾爛箱篆,贈君鋪案黏曲屏。小字莫作癡凍蠅,《樂毅論》勝《遺教經》。大字無過《瘞鶴銘》,官奴作草欺伯英。隨人作計終後人,自成一家始逼真。卿家小女名阿潛,眉目似翁有精神。試留此書他日學,往往不減衛夫人。"又,黃庭堅《論作字》引及此詩,而略有不同:"往嘗有丘敬和者摹仿右軍書,筆意亦潤澤,便爲繩墨所縛,不得左右。予嘗贈之詩,中有句云:'字身藏穎秀勁清,問誰學之果《蘭亭》。大字無過《瘞鶴銘》,晚有石崖《頌中興》。小字莫作癡凍蠅,《樂毅論》勝《遺教經》。隨人作計終後人,自成一家始逼真。'"黃庭堅《題樂毅論後》亦曾引述此詩部分詩句。

[2] 語出黃庭堅《書贈福州陳繼月》:"東坡先生云:大字難於結密而無間,小字難於寬綽而有餘。"此

句又見黃庭堅《書王周彦東坡帖》。

【圖版】

嘉德 2011,第 2310 號。

雅昌藝術網：http://auction.artron.net/paimai-art5007292310/

234.《維摩詰經》黃濬跋

【概述】

此卷見於北京匡時國際拍賣有限公司 2011 年秋季藝術品拍賣會古代書畫專場(2011 年 12 月 4 日),編號 2209。又見於北京匡時國際拍賣有限公司 2015 秋季拍賣會古代書法專場 (2015 年 12 月 5 日),編號 1445。據拍賣公司介紹,此卷長 331 釐米,鈐有"頡頏樓藏"印。

陳衡恪題簽："維摩經弟子品。唐人手寫本。陳衡恪題。"拖尾有黃濬跋一則。據題 簽、題跋可知,此卷原係陳衡恪舊藏,後爲黃濬所得,轉贈曾仲鳴。

【校録箋證】

此義寧陳師曾槐堂遺物[1]。燉煌出品如斯完好者不多見,弟子品尤難得。今以贈仲 鳴先生[2],試一絜較,當知非廠肆所常遇也。秋岳黃濬[3]。(前鈐"聆風簃"朱文方印,後鈐 "侯官黃濬"白文方印)

[1] 陳衡恪(1876—1923),字師曾,號槐堂,江西義寧(今修水)人。陳寅恪(1890—1969)長兄。早年 留學日本。先後任教於江蘇南通師範學校、長沙湖南第一師範、北京女子師範大學、北京美術專門學校。 著有《槐堂詩抄》《陳師曾先生詩文集》《中國繪畫史》等。

[2] 曾仲鳴(1896—1939),福建閩侯人。1912 年留學法國,獲里昂大學文學博士學位。1921 年冬任 里昂中法大學秘書長。1925 年回國任廣東大學教授。同年 7 月起歷任廣東軍政府秘書、國民政府秘書、行 政院秘書長、鐵道部常務次長、中央政治委員會副秘書長、國防最高會議秘書主任。1938 年 12 月隨汪精衛 由重慶經昆明赴河内,次年 3 月 21 日被刺身亡。著有《中國文學史》(法文)、《中國詩史》(法文)、《中國與和 平》、《中國與法國》等,譯有《堪克賓》《神聖的童年》等。其妻方君璧(1898—1986),畫家,頡頏樓主人。

[3] 黃濬(1890—1937),字秋岳,福建閩侯人。清末畢業於北京譯學館,授舉人。民國期間歷任陸軍 部承政廳秘書科科員、交通部秘書、財政部參事、行政院高級機要秘書等職。1937 年以通謀敵國罪處死 刑。著有《花隨人聖盦摭憶》《壺舟筆記》《聆風簃詩》《聆風簃詞》等。

【圖版】

匡時 2015,第 1445 號。

雅昌藝術網：http://auction.artron.net/paimai-art0008462209/

235.《妙法蓮華經》卷五許承堯、劉九庵跋

【概述】

此卷見於廣州華藝國際拍賣有限公司 2011 冬季藝術品拍賣會咸韶齋藏書畫專場

（2011 年 12 月 11 日），編號 999。存 2 紙，74 釐米，37 行。引首有許承堯題跋一則，拖尾有劉九庵題跋一則。

【校録箋證】

（一）許承堯跋

　　此卷後有"菩薩戒弟子蕭大嚴敬造"十字，不著年代，自是初唐士大夫書，亦少軒所藏[1]。（鈐"黃海艽父"朱文方印）

　　[1] 孔憲廷（? —1928），字少軒。

（二）劉九庵跋

　　據前人題記，此經卷後有"菩薩戒弟子蕭大嚴敬造"十字，不著年月，亦無經名。界烏絲細欄，現僅遺存三十七行。書法工整謹嚴，的係唐人風格。其第一行與末行"世"字均寫作"卋"，是避唐太宗李世民諱而缺筆也。此與唐人書《善見律》及《轉輪經》有相通處，雖殘缺亦可寶。一九八七年夏日劉九庵獲觀並題。（鈐"劉"朱文方印、"九庵"朱文方印）

【録文】

　　王乃棟 2011，第 154 頁。

【圖版】

　　王乃棟 2011，第 155 頁。

　　雅昌藝術網：http://auction.artron.net/paimai-art5012540999/

236.《妙法蓮華經》卷六康有爲跋

【概述】

　　此卷見於西泠印社拍賣有限公司 2011 秋季拍賣會近現代名人手跡暨紀念辛亥革命專場（2011 年 12 月 30 日），編號 0332。存 1 紙 28 行。據跋文，康有爲於 1911 年將之贈與其弟子湯睿。

【校録箋證】

　　此燉煌石室所發唐人寫經也，紙墨完新，筆意沉着，所寫《法華經》不經義。陽明所謂滿街皆是聖人[1]，爲人經而忍受；宋銒之見侮不辱，强聒不舍[2]，傳教之妙道也。寫此經時，英、普在榛狄之世，感此千載矣。南海楞伽山吾登之，覺頓弟寶藏之[3]。康有爲，辛亥九月十三日（1911.11.3）。（鈐"有爲"白文方印）

　　[1] 語出王守仁《傳習録》卷下："一日，王汝止出遊歸，先生問曰：'遊何見?'對曰：'見滿街人都是聖人。'先生曰：'你看滿街人是聖人，滿街人倒看你是聖人在。'"

　　[2] 語出《莊子·天下》："宋銒、尹文聞其風而悦之。作爲華山之冠以自表，接萬物以別宥爲始；語心之容，命之曰心之行，以聏合驩，以調海内，請欲置之以爲主。見侮不辱，救民之鬭，禁攻寢兵，救世之戰。以此周行天下，上説下教，雖天下不取，强聒而不舍者也，故曰上下見厭而强見也。"

　　[3] 湯睿(1878—1916)，字覺頓，廣東番禺人。康有爲弟子。室名勉益居。參與戊戌維新運動，後赴日本從事反清革命活動。民國初年歷任財政部顧問、中國銀行總裁。袁世凱復辟，與梁啓超、蔡鍔共謀討袁，在廣州遇襲身亡。

【圖版】

　　孔夫子舊書網：http://pmgs.kongfz.com/detail/49_267905/

　　雅昌藝術網：http://auction.artron.net/paimai-art5015540332/

237.《妙法蓮華經》卷二康有爲、沈曾植跋

【概述】

　　此卷見於北京保利國際拍賣有限公司2013秋季藝術品拍賣會古籍文獻、名家翰墨專場(2013年12月3日)，編號4018。長1033.5釐米。前有題跋二則。

【校録箋證】

（一）康有爲跋

　　敦煌石室唐人所寫法華經

　　南海康有爲藏。宣統辛亥(1911)九月得于日本須磨天風海濤樓[1]。（鈐“康有爲印”白文方印）

　　[1] 天風海濤樓，康有爲宣統三年(1911)流寓日本須磨時期所築居所。康文珮《康南海（有爲）先生年譜續編》載康有爲於當年“五月十一日重游日本，寓須磨門人梁啓超之雙濤園，自筑小樓臨海，名曰天風海濤樓”（臺北：文海出版社，1972年，第88頁）。

（二）沈曾植跋

　　越十年辛酉(1921)寐翁借觀於滬寓之海日樓[1]，敬識歲月，時年七十有二。（鈐“海日樓”“沈”二印）

　　[1] 寐翁，沈曾植(1850—1922)別號。海日樓，沈曾植晚年寓居上海之住所。保利拍賣介紹此件爲康有爲、沈曾植舊藏，此跋稱“借觀”，可見並非沈曾植藏品。

【圖版】

　　雅昌藝術網：http://auction.artron.net/paimai-art5042104018/

238.“三寶”殘片方若跋

【概述】

　　此殘片見於北京匡時國際拍賣有限公司2014春季拍賣會古代書法專場(2014年6月3日)，編號0058。存大字楷書“三寶”二字。據方若跋文，此殘片係揭自敦煌寫經卷背，本爲古人用以修補殘經之補紙。方若將之贈予日人野崎誠近。

【校録箋證】

　　唐人殘字在寫經背間揭下者，存有年矣。野崎先生見而愛之[1]，即以爲贈，知珍重必

將過于予也。此紙得其所哉，得其所哉。戊寅(1938)夏方若記。(鈐"藥雨"朱文方印)

[1] 野崎先生，即野崎誠近，日本文物商人，長期旅居天津。曾任王揖唐秘書，從事侵華活動。著有《吉祥図案解題：支那風俗の一研究》等。

【圖版】

匡時 2014，第 58 號。

雅昌藝術網：http://auction.artron.net/paimai-art0035050058/

【研究】

劉九洲 2014。

239.《首陀羅比丘見五百仙人並見月光童子經》王禔跋

【概述】

此件見於北京保利國際拍賣有限公司 2014 春季拍賣會"翰不虚動——中國古代書法專場"(2014 年 6 月 4 日)。首尾全，割裱爲册頁，共四十四開。據拍賣公司介紹，鈐"炳東珍藏""潔廬""風雨樓""秋枚寶愛"諸印。有題簽"大唐首羅比丘經，古杭王禔敬題"，鈐"王禔"一印。

此册爲鄧實舊藏。鄧實(1877—1951)，字秋枚，號風雨樓主，廣東順德人。光緒二十八年(1902)創辦《政藝通報》，後與章太炎、馬敍倫、劉師培等創立國學保存會、神州國光社，編輯出版《古學彙刊》《國粹學報》《風雨樓叢書》等。

【校録箋證】

此唐人書首羅比丘經，出自敦煌石室，得其完帙者尤爲罕見，至可寶也。炳東先生囑題[1]。昭易協洽黄鐘之月福厂王禔識[2]。(鈐"王禔私印"白文方印、"福厂六十歲後書"白文方印)

[1] 炳東先生，疑指彭英甲，字炳東，河北承德人。光緒三十二年(1906)任蘭州道。任内倡實業建設，規劃農商、礦務、航運等。宣統三年(1911)署陝西布政使。著有《隴右紀實録》。

[2] 昭易協洽，即癸未(1943)；黄鐘之月，即農曆十一月。

【圖版】

北京保利國際拍賣有限公司網站：http://www.polypm.com.cn/assest/detail/0/art5052405492/34

雅昌藝術網：http://auction.artron.net/paimai-art5052405492/

240.《大寶積經》卷五十四、《佛本行集經》卷四十六林熊光跋

【概述】

此卷見於株式會社東京中央拍賣 2014 年秋季拍賣會古籍善本專場(2014 年 9 月 5

日），編號 1061。據拍賣公司公佈的圖版及介紹,此卷首尾均殘,長 82.5 釐米。首尾各有印章一枚,印文待考。

此卷接裱寫經二紙,紙色差異明顯,文字亦不相接。考第一紙爲《大寶積經》卷五十四殘斷,第二紙爲《佛本行集經》卷四十六殘斷。

拖尾有林熊光跋。林熊光（1897—1971）,字朗庵、磊齋,出身臺灣臺北板橋林家。1923 年畢業於東京帝國大學經濟學部商業科,創辦大成火災海上保險株式會社,1930 年代旅日經商,抗戰勝利後返臺。精鑒賞,富收藏,因藏有宋徐熙《蟬蝶圖》、米友仁《江上圖》、李公麟《春宴圖》、燕文貴《夏山行旅圖》等,名其書齋爲寶宋室。著有《寶宋室筆記》。

【校録箋證】

右唐人寫經兩種,計四十六行。前廿四行爲一人,後廿二行另出一人手,然均整勁有神,乃寫經中之佳者。云出自燉煌石窟寺也。辛丑（1901）冬得於日京。（鈐“朗盦”朱文方印、“寶宋室”朱文方印、“林氏家藏”朱文方印）

【圖版】

雅昌藝術網：http://auction.artron.net/paimai-art5056741061/

241.《大般若波羅蜜多經》卷四百五十一静志居士跋

【概述】

此件見於北京泰和嘉成拍賣有限公司 2014 年泰和嘉成拍賣會古籍善本暨書畫紙專場（2014 年 9 月 20 日）,編號 1114。長 33 釐米,存一紙 20 行。引首有朱筆題跋一則,署静志居士,其人生平不詳。

【校録箋證】

辛未（1931）之春,在東郊民巷中興商行見有殘寫經,觀之,沙洲之物也。李廊軒爲李盛鐸後裔,所有珍品也,以重金收之,不匪耳。静志居士識。

【圖版】

北京泰和嘉成拍賣有限公司網站：http://www.thjc.cn/web/auctionShow/viewAuctionItem?auctionItemId=48675&fromPage=auctionResult

242.《妙法蓮華經》卷三常任俠跋

【概述】

此卷見於北京翰海拍賣有限公司 2015 春季拍賣會古籍善本專場（2015 年 6 月 27 日）,拍品標爲“敦煌唐人寫經一卷”,編號 1671。存 6 紙,150 行,長 252 釐米。拖尾鈐“逸園秘笈”朱文方印、“榮叔章鑒藏印”白文長方印。原爲民國初年吉林省財政廳長榮叔章舊藏,1950 年爲常任俠所得。引首有題簽：“敦煌唐人寫經一卷。潁上常任俠藏。一九五〇年北京。”

有常任俠題詩四首。常任俠（1904—1996），安徽潁上人。留學日本東京帝國大學，1936 年回國任教於中央大學，1942 年任國立藝專教授，1945 年應泰戈爾之邀赴印度國際大學任教，1949 年回國，後任中央美術學院教授兼圖書館館長。

【校録箋證】

佛教藝術展覽四絶句[1]

敦煌彩繪放奇光，千劫如新石窟藏。四國總理齊贊嘆，東方佛畫數隋唐。

佛教藝術展覽開幕後，印度總理尼赫魯、緬甸總理吳巴瑞、錫蘭總理班答納宜克、印度尼西亞總理沙斯特羅阿米佐約等，俱來參觀，深致贊美，並曾在中國佛教藝術前留影，余代表選致《中國佛教畫集》《釋迦牟尼佛像集》以爲紀念。

雲岡麥積與龍門，石刻千秋禮世尊。吳努遠來瞻佛面，蒼巖方廣氣融渾。

緬甸前總理吳努先生告我，曾往中國巡禮佛迹，對於石刻，永留雄偉印象。

文殊問疾坐經筵，雄辯維摩妙相傳。達賴班禪同攜手，凝神壁上探幽玄。

敦煌畫中有文殊問疾一畾，彷彿閻立本、吳道子筆意。班禪、達賴兩喇嘛來觀時[2]，余攜手親爲講解，互相親愛，極爲歡洽。

緙絲刺繡共稱奇，彩綫金針細品題。求法西方傳净土，鐘聲梵唄出招提。

展品中有緙絲刺繡佛像及西方净土畾，係故宫博物院藏寶，深受群衆贊美，各國政治領袖及專家學者，多曾攝影留念。

[1] 1956 年 12 月至 1957 年 2 月，受國務院委派，常任俠率領中國工作組五人赴印度新德里，籌備國際佛教藝術展覽。這次展覽是印度政府主辦的佛滅二千五百年紀念活動之一，常任俠爲這次展覽的中國部顧問。此四絶句即作於展覽期間。

[2] 1956 年 11 月，達賴喇嘛、班禪額爾德尼訪問印度，25 日抵達新德里。班禪額爾德尼於次年 1 月 28 日回國，達賴喇嘛於次年 2 月 14 日回國。訪印期間，達賴喇嘛、班禪額爾德尼參觀了國際佛教藝術展覽。

【圖版】

雅昌藝術網：http://auction.artron.net/paimai-art5072951671/

243.《大般涅槃經》卷十四半聾、常任俠跋

【概述】

此卷見於北京翰海拍賣有限公司 2015 春季拍賣會古籍善本專場（2015 年 6 月 27 日），編號 1670。又見於北京保利國際拍賣有限公司 2018 春季拍賣會古籍文獻、唐宋遺書、翰墨菁萃、西文經典專場（2018 年 6 月 18 日），編號 143。存三紙，60 行，長 109 釐米。引首有題簽：“六朝人寫經，竹銘藏，癸未夏半聾題。”鈐“元□”朱文方印。癸未即 1943 年，半聾生平待考。

拖尾鈐“常任俠”朱文方印，爲常任俠舊藏。

【校録箋證】

（一）引首半聾跋

六朝人寫經。竹銘都護屬題[1]，半聾。（鈐“世琛之印”白文方印，“半聾”朱文方印）

[1] 馬世傑，字竹銘，滿洲鑲黃旗人。慶親王奕劻之婿。宣統三年（1911）任御前頭等侍衛。精鑒藏。

（二）常任俠跋

待人宜寬，律己宜嚴。勤能補拙，儉可養廉。

此四語爲祖傳家訓，録之爲座右銘。乙丑元日（1985.2.20），任翁書。（鈐白文方印一枚）

【圖版】

雅昌藝術網：http://auction.artron.net/paimai-art5072951670/

北京翰海拍賣有限公司網站：http://www.hanhai.net/Auction-results-Terminal.php?SpecialCode=PZ2025470&ArtCode=art5072951670&page=0

北京保利國際拍賣有限公司網站：http://www.polypm.com.cn/assest/detail/1/art5088130143/35/8

244.《報恩經》卷三高時敷跋

【概述】

此卷見於株式會社東京中央拍賣東京中央 5 周年 2015 年 9 月拍賣會古籍善本專場（2015 年 9 月 4 日），編號 1466。長 825.5 釐米。卷尾完整，有尾題“報恩經卷第三”，下鈐“淨土寺藏經”長方墨記二枚，一正一反。拖尾有高時敷跋一則。

【校録箋證】

敦煌石室藏報恩經卷三。絡園鑒藏。（鈐“樂只室”朱文方印）

淨土寺唐初改爲三界寺[1]，此卷“世”字未缺筆，定是六朝人手書。字之結體頗類魏黑女墓志[2]，在隋時已爲可寶，故有“淨土寺藏經”印記兩方。卷首雖有殘缺，尚得兩丈餘。卷尾木桿完全，尤爲難得，殊可寶也。庚寅（1950）十月絡園記於滬厲之求是居。（鈐“絡園”朱文方印、“高繹求”白文方印、“光緒丙戌生”白文方印）

[1] 此論有誤。淨土寺、三界寺均爲唐末宋初敦煌名寺，二者無傳承關係。淨土寺至北宋太平興國四年（979）仍存。題跋以錯誤的寺院存在時代爲據，認定此卷爲六朝人書，亦不確。

[2] 即《魏故南陽張府君墓誌》，張府君名張玄，字黑女，清人習稱爲“張黑女墓誌”。此誌字體扁方，多參隸意，疏朗雋秀，敦厚典雅，爲魏碑書法代表作。

【圖版】

東京中央拍賣公司網站：https://www.chuo-auction.co.jp/ebook/cat_2015_09_10/

mobile/index.html♯p＝61

　　雅昌藝術網：http://auction.artron.net/paimai-art5076041466/

245.《敦煌寫經殘叢》許承堯跋

【概述】

　　此卷見於中國嘉德 2016 年春季拍賣會古籍善本專場（2016 年 5 月 16 日），編號 2087。又見於中國嘉德 2020 年春季拍賣會古籍善本、金石碑帖專場（2020 年 8 月 16 日），編號 2038。托裱敦煌遺書三件，其一爲《摩訶般若波羅蜜經》卷二殘卷，存 9 行；其二爲《摩訶般若波羅蜜經》卷二十殘卷，存 18 行；其三爲《大方廣佛華嚴經》卷四十二殘卷，存 14 行。引首及三件殘卷之後，各有許承堯題跋一則。據跋文所述，許承堯將此卷贈予"穉成"，其人生平不詳。

【校録箋證】

（一）引首許承堯跋

　　敦皇鳴沙山莫高窟石室寫經。

　　石室於前清庚子年（1900）發見，奇書秘録，俱爲法人伯希和攫去，餘亦捆載京師。隴中所見唐人寫經居多，此叢殘三紙確爲唐以前物，彌足貴也。（鈐"許大"朱文長方印）

（二）《摩訶般若波羅蜜經》卷二殘卷許承堯跋

　　上幅銕畫銀鉤，有畫沙印泥之妙，較唐人書氣味淵厚不可以道里計。余入隴以來所見寫經不下數百卷，端凝整穆此其冠矣。（鈐"許芚"朱文方印）

（三）《摩訶般若波羅蜜經》卷二十殘卷許承堯跋

　　唐經無無界綫者。上幅無直格，用筆古厚，可窺見鍾太傅遺意[1]。以孔少軒道尹所藏仁壽四年楊維珍寫經證之[2]，氣味相似，疑隋人所爲，亦稀有之品。（鈐"黄海芚父"朱文方印）

　　[1] 鍾繇（151—230），字元常，仕三國魏官至太傅。書法家，尤擅長楷書，張懷瓘《書斷》稱其"真書絶世"，"點畫之間，多有異趣，可謂幽深無際，古雅有餘，秦漢以來一人而已"。《宣和書譜》稱其"備盡法度，爲正書之祖"。

　　[2] 孔少軒道尹，指孔憲廷（？—1928）。仁壽四年楊維珍寫經，指今北京大學圖書館藏 D083《優婆塞戒經》，卷尾有題記："仁壽四年四月八日楹雅珍爲亡父寫《灌頂經》一部、《優婆塞》一部、《善惡因果》一部、《太子成道》一部、《五百問事》一部、《千五百佛名》一部、《觀無量壽》一部，造觀世音像一軀，造九尺幡一口。所造功德，爲法界衆生一時成佛。"安徽博物院藏《敦煌石室古墨拾遺》册頁許承堯跋亦謂"合肥孔少軒所藏仁壽四年楊維珍寫經書法、紙色、行格皆與此同"。

（四）《大方廣佛華嚴經卷》第四十二殘卷許承堯跋

　　上幅以紙色結構定爲北朝物。雖經生急就之作，光氣亦自不凡。

　　民國六年（1917）丁巳識於蘭州節園方圃，以詒穉成收藏寶玩。疑龕許承堯。（鈐"承

堯"白文方印、"際唐"白文方印）

【圖版】

嘉德 2016，第 2087 號。

中國嘉德國際拍賣有限公司網站：http://www.cguardian.com/AuctionDetails.html? id＝627366&categoryId＝1877&itemCode＝2087

http://www.cguardian.com/AuctionDetails.html? id＝1920050025&categoryId＝GD-2020-CN005-008-029&itemCode＝2038

246.《大般若波羅蜜多經》卷三百三十佚名跋

【概述】

此件見於北京保利國際拍賣有限公司 2016 春季拍賣會古籍文獻、唐宋遺書、翰墨菁萃、西文經典專場（2016 年 6 月 5 日），編號 142。此卷首殘尾全，長 823 釐米。有題簽："初唐（武周）寫大般若波羅蜜多經卷三百卅。敦煌所出。□□□藏。民國三十五年。"旁注"約長二十六尺"。護首有題跋二則，其一朱筆，其二墨筆。此卷所鈐印章及題跋落款姓名等處均被塗抹，不可辨識，拍賣公司介紹稱係文革期間所爲。

【校錄箋證】

（一）跋一

一、起止：起：地善惠地法雲地亦無增無減五眼亦無增。（本行之前尚有五行殘缺，存字廿八。）

止：大般若波羅蜜多經第三百卅。

二、現存：二十五市尺，縱二十五.二釐米。

三、時代：初唐（武周）。

四、紙質：麻紙。

注：現北京、巴黎、倫敦所藏本經抄本最早的爲唐僖宗乾符五年（公元八六八年），此本則在六九〇年前後，較其他藏本早一百七十年。

□□□識。一九六〇年五月三日。

□□□家寶，子孫永保。

（二）跋二

此武周時寫經，内有武則天造新字，如"地"寫作"埊"。此經□保持原有長度，首行之背有唐時僧人寫"三百卅"字樣，即此經之卷數也。

【圖版】

保利 2016，第 142 號。

北京保利國際拍賣有限公司網站：https://www.polypm.com.cn/assest/detail/0/

art5088130142/34/8

247. 伍倫 18 號《釋摩男經》曹善祥跋

【概述】

此卷係濱田德海舊藏,見於北京伍倫國際拍賣有限公司 2016 年秋季文物藝術品拍賣會濱田德海舊藏敦煌遺書專場(2016 年 9 月 25 日),編號 18。

首殘尾全,存 5 紙,共 93 行。有尾題"佛説釋摩男經"。通卷托裱。卷前近人墨書"唐人寫佛説釋摩男經"。引首有曹善祥跋一則。

【校録箋證】

斯物産於甘肅燉煌縣,發現在光緒二十六年。經考古家法人貝西亞查閲[1],確係唐朝時代,即唐僧佛經。歐洲賽會時,全球古物以唐經墨汁爲古物中不可多得之墨寶。前清西太后曾電陝甘總督全數收歸國有[2]。所尚有遺漏之經卷,被當地人民私賣,以致散佚不齊。民國十九年(1930)夏,曹善祥[3]。(首鈐"爲善最樂"白文長方印、"賜壽"白文長方印,末鈐"曹善祥印"白文長方印)

[1] 貝西亞,即伯希和(Paul Pelliot,1878—1945)。

[2] 學部發出"行陝甘總督請飭查檢齊千佛洞書籍解部並造像古碑勿令外人購買電"的時間爲宣統元年八月二十二日(1909.10.5),慈禧太后已先此於 1908 年 11 月 15 日辭世。此謂西太后電陝甘總督,顯係傳聞失實。

[3] 曹善祥,畢業於北洋大學,留學法國。1925 年受聘爲上海新申學院副院長、華英海關郵務商業專門學校(後更名中國郵電税務專門學校)校長。

【録文】

方廣錩 2016,《條記目録》第 19—20 頁。

【圖版】

方廣錩 2016,第 126—128 頁。

雅昌藝術網: https://auction.artron.net/paimai-art0059960018/

248. 伍倫 45 號《金光明經》梁鴻志跋

【概述】

此卷見於北京伍倫國際拍賣有限公司 2017 年秋季文物藝術品拍賣會"寫經書畫外國手跡專場"(2017 年 11 月 15 日),編號 0008。據拍賣公司介紹,全卷長 294 釐米。方廣錩、李際寧主編《伍倫經眼古經圖録》收録,編號爲伍倫 45 號。

引首題:"金光明經。毓雋。"鈐"雲沛"朱文方印。曾毓雋(1875—1967),原名以烺,字雲霈,福建長樂人,曾任北洋政府交通總長。1956 年任中央文史研究館館員。

拖尾有梁鴻志題跋一則。據梁跋，此卷是其贈送給妾室林今雪的禮物。

【校錄箋證】

光緒季年，燉煌經卷出土甚夥。此其一也。聖情廔主人工書善繪[1]，喜臨摹唐人寫經，乃檢篋以此貽之，亦文字海中一段因緣也。丁丑(1937)十月爰居閣主人記[2]。（前鈐"丁丑"白文長方印、"爰居閣主"白文方印）

［1］聖情廔主人，即林今雪，梁鴻志妾室。工詩善畫。

［2］爰居閣主人，即梁鴻志(1882—1946)，字衆異，號無畏，室名爰居閣、三十三宋齋，福建長樂人。梁章鉅曾孫。光緒二十九年(1903)舉人。曾任段祺瑞政府秘書長。1938年任南京僞維新政府行政院長，1940年任僞監察院長。抗戰勝利後以漢奸罪被處決。

【錄文】

方廣錩、李際寧2023，《條記目錄》第11頁。

【圖版】

雅昌藝術網：http://auction.artron.net/paimai-art0070180008/

方廣錩、李際寧2023，第188頁。

249.《大方等如來藏經》張虹跋

【概述】

此卷見於北京泰和嘉成拍賣有限公司2017年泰和嘉成秋季藝術品拍賣會"餉經堂舊藏暨佛教文獻・文物專場"(2017年12月17日)，編號2371。據拍賣公司介紹，卷長267釐米，題跋部分長43釐米。又見於北京榮寶齋拍賣公司2018春季藝術品拍賣會"一念蓮花開・敦煌寫經及佛教藝術專場"(2018年6月14日)，編號1256。引首張虹題簽："大方等如來藏經卷。敦煌石室本。"鈐"寄傳盦藏"朱文長方印。拖尾有張虹題跋三則。

【校錄箋證】

（一）張虹跋一

此卷"治"字末筆完整，不避唐高宗諱，高宗諱"治"字爲善，乃高宗前寫本，雖無年月之據，以此可證。卷中異文如劁(剛)、惚(惱)、斳(斳)、烏王(烏字待考，疑烏爲象)、唤(喚)、辟(譬)、蔽(蔽)，屬當時結體。唐初距六朝年代相接，書筆有六朝遺意。嘗見葉氏風滿樓舊藏唐人寫經斷本册[1]（今歸友人劉均量[2]）徐用錫題跋云[3]："右唐人書經十二頁，點畫波磔，鋒正力足，精神迸現，結體是當時書經體，要其本領筆法，雖君謨、子瞻恐不能有加。方唐之時，魏晉遺法必有傳者，又身判以此取士，故經生傭夫皆後世專門名家不能及。"此卷《寶藏經》敦煌石室本，書筆結體與葉氏風滿樓舊藏本檢校，同爲唐代僧伽書經體，惜斷本不完整，每見流傳唐人經卷多如是。申齋學人張虹題於寄傳庵。

卷内惡人(惡字漢碑西狹頌作)，惠之蜕變。（前鈐"張氏"朱文長方印，後鈐"張虹"白

文圓印、"谷雛常吉"白文方印）

　　［1］葉氏，即葉夢龍（1775—1832），字仲山，號雲谷，廣東南海人。官户部郎中。工詩文，善畫蘭竹。收藏書畫圖籍甚富，風滿樓爲其藏書樓。編有《風滿樓書畫録》，刻有《貞隱園古篆法帖》《友石齋集古帖》《風滿樓集帖》。

　　［2］劉作籌（1911—1993），字均量。

　　［3］徐用錫（1657—1736），字壇長，號晝堂，江蘇宿遷人。康熙四十八年（1709）進士。預修《朱子全書》《周易折衷》《性理精義》等。官至翰林院侍讀。

（二）張虹跋二

　　《春明退朝録》云："高宗上元三年閏三月戊子□：制□施行，既爲永式，比用白昏多蟲蝕，自今以逡，尚書省頒下諸司及州下縣，宜並用黄紙。"[1]可證染昏原爲辟蟲蝕。當唐初之際，未經染料之昏，而染紙見於功令。惟兹卷昏色未經染料，可供考證。與"治"字末筆完整，乃高宗前寫本，殆有合也。此卷麻紙本。己亥歲冬十月既望（1959.11.16）申齋再誌。（鈐"虹"白文方印）

　　［1］語出宋敏求《春明退朝録》最後一則："唐日曆正（正字犯仁宗嫌名）觀十年十月，詔始用黄麻紙寫詔敕。上元三年閏三月戊子敕：制敕施行，既爲永式，比用白紙，多有蟲蠹，自今已後，尚書省頒下諸司及州下縣，宜並用黄紙。（《魏志》劉放、孫資勸明帝召司馬宣王，帝納其言，即以黄紙令放作詔。）"（宋敏求撰，誠剛點校：《春明退朝録》，北京：中華書局，1980 年 9 月，第 49 頁）張虹跋所引文字略有參差。

（三）張虹跋三

　　按《出三藏記》，《大方等如來藏經》一卷[1]。東晉元熙二年（420）佛陀跋陀羅譯於建康道場寺。此經東晉白法祖第一譯[2]，今佚，經名亦同。佛陀跋陀羅爲第二譯。《高僧傳》云：佛陀意譯爲覺，跋陀羅意譯爲賢，簡稱覺賢。此經要旨，一切衆生心中雖爲煩惱所覆蔽，實有如來寶藏，種種譬喻説明，文詞趣妙。東晉恭帝元熙二年禪位，是年劉宋武帝永初元年，南朝僧伽通達梵文，首推法顯三藏與覺賢，道場寺遂爲譯場，粹會衆望景仰。劉宋文帝元嘉六年（429），覺賢圓寂。申齋學人沐手記。（鈐"寄傳盦"白文長方印）

　　［1］《出三藏記》，指南朝僧祐《出三藏記集》。該書"新集經律論録第一""新集異出經録第二"均著録《大方等如來藏經》，但未注明翻譯年月、地點。《開元釋教録》卷三"總括群經録上之三"載："大方等如來藏經一卷（或直云如來藏經，第三，出元熙二年，於道場寺譯，見竺道祖《晉世雜録》及僧祐録）"。

　　［2］白法祖，又作帛法祖。據《開元釋教録》卷十四"別録中有譯無本録第二之一"，《大方等如來藏經》有三譯，第一譯係西晉沙門法立共法炬譯（一名佛藏方等經），第二譯係西晉河内沙門帛法祖譯，佛陀跋陀羅所譯爲第三譯。

【圖版】

　　榮寶 2018，第 1256 號。

　　北京泰和嘉成拍賣有限公司網站：http://www.thjc.cn/web/auctionShow/

viewAuctionItem？auctionItemId＝99732＆fromPage＝

雅昌藝術網：https：//auction.artron.net/paimai-art0070422371/

250.《增一阿含經》卷十七高明德、曹伯庸跋

【概述】

此卷見於西泠印社拍賣有限公司 2017 年秋季拍賣會古籍善本專場（2017 年 12 月 25 日），編號 4024。據拍賣公司介紹，全卷長 785 釐米。

引首曹伯庸題：“隋人書增一阿含經。甲申（2004）新秋曹伯庸題。”前鈐“雕藝小技”白文長方印，後鈐“伯庸”朱文方印。卷末有高明德跋一則；拖尾有曹伯庸題跋，長 57 釐米。

【校錄箋證】

（一）高明德跋

隋經。最可寶貴。（鈐“師佛軒”朱文方印）

（二）曹伯庸跋

右隋人書《增一阿含經》當是百餘年前敦煌千佛洞散出之物。據載當年洞中所藏先後被斯坦因、伯希和輩捆載以去，劫後所餘經卷等物，清政府始督促裝車押運抵京，然沿途州縣官員亦有從中挑選竊取者，恐爲數不鮮。此類經卷今大半散落民間，推想此卷或即其一也。此卷長度近九米，恐爲目前隋寫經中最長之鴻篇巨製，亟爲罕見。敦煌經卷因經生書法造詣高下不一，致其作品亦良莠不齊。細審斯卷書法，筆畫勁健，法度嚴謹，精神連貫，一氣呵成，非深於書道者不能臻此境界，於此可知其作者澄心靜慮之心境與夫功力之深厚。《增一阿含經》乃天地之至文，佛經中之瑰寶。此卷迄今已歷一千四百餘年，又經丙午浩劫[1]，而品相完好，似有神靈呵護，當以瓌璧視之，珍藏也。時在甲申（2004）新秋之月曹伯庸盥手敬識。（前鈐“雕藝小技”白文長方印，後鈐“伯庸”白文方印）

[1] 丙午，即 1966 年。丙午浩劫，指“文化大革命”。

【圖版】

西泠印社 2017，第 4024 號。

西泠印社拍賣有限公司網站：http：//www.xlysauc.com/auction5_det.php？ccid＝1015＆id＝141193＆n＝4024

雅昌藝術網：http：//auction.artron.net/paimai-art5119324024/

251.《大般若波羅蜜多經》卷二百一十七周有光、李佑增跋

【概述】

此卷見於北京保利國際拍賣有限公司 2018 春季拍賣會古籍文獻、唐宋遺書、翰墨菁萃、西文經典專場（2018 年 6 月 18 日），編號 0337。存 3 行 50 字。

引首有舒乙題：“敦煌遺珍。舒乙題。”鈐“舒乙”朱文方印。舒乙（1935—2021），文學家老舍（舒慶春，1899—1966）之子，生於青島。1954 年留學蘇聯，1959 年回國在中國林業科學院工作。1984 年調入中國作家協會，籌建中國現代文學館，歷任副館長、館長。

又有豐一吟題：“花開見佛。丙申年七月豐一吟書。”鈐“豐一吟”朱文方印。豐一吟（1929—2021），浙江桐鄉人，畫家豐子愷（1898—1975）之子。曾任職於上海人民出版社編譯所、上海社科院文學研究所。畫家、翻譯學家。

引首有周有光題跋一則，拖尾有周有光題跋一則、李佑增題跋一則。

【校録箋證】

（一）周有光跋一

敦煌文明是盛唐文明的代表，也是中印文化交流史上的一顆明珠。儘管歷經磨難，但仍代表著盛唐最優秀的文化。隨著英國人馬爾克·奧萊爾·斯坦因的到來，無數敦煌文物被迫流失海外，珍貴的石室寫經也被各國的考古者盜走，成爲了敦煌學上深深的一道傷疤。當今敦煌學再次得到了人們的重視，而珍貴的敦煌寫經卻大多流失海外。

敦煌寫本不僅是珍貴的佛教典籍文獻，更記載了唐代政治、經濟、文化等諸多領域的信息，堪稱唐代歷史的百科全書，也成爲世界漢學領域重要的珍貴的歷史史料。

今有幸親見千載敦煌寫經，雖爲殘卷，但寸墨勝金，稀有珍貴，令觀者陶醉其中。查閱典籍資料再書此文，又因百十一歲精神不濟，眼花字拙，難以凝神聚氣，誠惶誠恐，沐手書奉，願後人永傳永存。

歲在丙申年（2016）秋月於北京。周有光[1]。時年百十一歲于病中。（鈐“有光”朱文長方印）

[1] 周有光（1906—2017），江蘇常州人。早年任職於金融界，1955 年調入中國文字改革委員會，參與製訂漢語拼音方案。著有《中國拼音文字研究》《世界文字發展史》《比較文字學初探》等。

（二）周有光跋二

此敦煌文書《大般若波羅蜜多經》原出敦煌千佛洞。北宋初敦煌僧衆爲護典籍，躲避西夏戰火，遂將歷代佛經論藏藏於洞窟複室，砌墻封存。九百餘年，秘而不宣，成爲享譽世界的敦煌遺書。

後至公元一九〇〇年，敦煌王道士無意發現秘藏唐代文書後，英國人斯坦因、法國人伯希和、日本人橘瑞超和吉小川一郎[1]、俄國人奧登堡盜走敦煌文書數萬件，如今分散於世界各地，成爲敦煌學的重要史料。

此件文書殘卷，歷經千餘年流傳至今，又經橘瑞超和吉小川一郎之手，流落日本近一百年，終經故人之手輾轉回國，實爲不易之事、歡喜之事。

世界雖日趨大同化，但國寶乃一個民族的根，文化可輸出，但文化不宜以文物的流失而交流，中華文物只宜永存於中華大地，代代傳承。

吾雖年老體衰，執筆無力，但應老友之托，爲此盛唐寫本題跋，以恭敬心沐手謹書。願敦煌學常興，敦煌寫經永存，更盼敦煌文物早歸故土。

歲在丙申年（2016）秋月。周有光。時年百十一歲於病中。（鈐“有光”朱文長方印）

［1］當作“吉川小一郎”。

（三）李佑增跋

此《大般若經》殘卷係敦煌石室盛唐寫本，流落日本百餘年，於乙未年復歸中華。海晏河清，圓滿功成。乙未（2015）夏李佑增於台北[1]。（鈐“李佑增”朱文方印、“康廬”朱文方印）

［1］李佑增（1927—2020），號康廬，湖南湘鄉人。現居臺北。竹雕藝術家、書法家。

【圖版】

雅昌藝術網：http://auction.artron.net/paimai-art5127460337/

252.《合部金光明經》卷六馮汝玠跋

【概述】

此卷見於北京榮寶拍賣有限公司 2018 秋季藝術品拍賣會“一念蓮花開·敦煌寫經及佛教藝術專場”（2018 年 12 月 3 日），編號 1256。存 2 紙，長 85 釐米，存 43 行。卷首品名完整。前有馮汝玠題跋。據馮跋，此件曾爲日人大槻氏收藏。

【校錄箋證】

唐人寫經。

寫經出唐人手蹟，其用筆之法，一一從其落筆處皆可尋繹，勝石刻遠矣。乙亥（1935）秋書，乞大槻先生正之。志青馮汝玠題于環璽齋[1]。（鈐“志青”朱文長方印）

［1］馮汝玠（1873—1940），字志青，號環璽齋主人，浙江桐鄉人。清末任職於海軍部，民國初年曾任官於浙江多地，後爲北京大學教授。著有《文字總樞》《説文舉例》《環璽齋巨印簡樞搨考釋》等。

【圖版】

雅昌藝術網：http://auction.artron.net/paimai-art5137351256/

253.《大般若波羅蜜多經》卷三十六拓曉堂跋

【概述】

此件見於北京保利國際拍賣有限公司 2018 秋季拍賣會古籍文獻、唐宋遺書、翰墨菁萃、西文經典專場（2018 年 12 月 7 日），編號 120。長 990 釐米。引首題：“無上法藏。拓曉堂，戊戌（2018）仲秋。”卷後有拓曉堂跋一則。

【校錄箋證】

唐寫大般若波羅蜜多經跋

　　右大般若波羅蜜多經卷卅六捲,唐名僧玄奘法師譯。以此捲行文、字體、硬黄紙及簾紋、界欄格等審之,當爲盛唐時鈔經者。此卷寫經書法古拙剛勁,頗有魏晉遺風,運筆流暢瀟灑,可稱寫經高手,絶非俗手之作也。此捲雖係殘帙,然首尾齊十米之巨,無水漬蟲噬之侵,亦爲存世罕見罕得之物。千數百年來故物,傳承至今,收藏界呼之爲神佑,得之者寶之護之,即做功德、修正果也。拓曉堂戊戌(2018)仲秋沐手敬題[1]。(鈐"拓曉堂印"白文方印)

　　[1] 拓曉堂,1987年畢業於西北大學歷史系,同年就職於國家圖書館善本部。1993年任職於中國嘉德國際拍賣有限公司,曾任該公司古籍部總經理,主持古籍善本拍賣業務。著有《槐市書話》《嘉德親歷:古籍拍賣風雲録》等。

【圖版】

　　北京保利國際拍賣有限公司網站:https://www.polypm.com.cn/assest/detail/0/art5138340120/34/6

　　雅昌藝術網:https://auction.artron.net/paimai-art5138340120

254. "唐人墨筆真迹"静滋、宋伯魯跋

【概述】

　　此卷見於北京保利國際拍賣有限公司2019春季拍賣會唐宋遺書、翰墨菁萃、西文經典專場(2019年6月4日),編號0219。托裱敦煌遺書二件:其一爲《妙法蓮華經》卷五,存五紙,前四紙完整,各存28行,據拍賣公司介紹,各長46釐米有餘;第五紙長1.8釐米,存1行。其二爲《金剛經》,存22行,長37.3釐米。兩經均無首題尾題。

　　引首有静滋跋,拖尾有宋伯魯跋。

【校録箋證】

(一)静滋跋

　　唐人墨筆真跡

　　此卷乃屬敦煌石室中所藏之寫經,雖係小幅,尤宜珍貴,況有歷史價值,藉以考據矣。丁丑(1937)冬月。静滋謹識。(鈐"結金石緣"朱文方印)

(二)宋伯魯跋

　　敦煌石室唐人寫經自長恭厚奏解學部後[1],外間得之者絶少,唯時存者尚二千餘卷,京曹之嗜古者或乞諸學部,或購諸友人,蓋不啻曾青、丹干焉[2]。第當時經生書法工拙不一,有極整贍者,有頗草率者,有隨意增減不成字體者,然咸用羅紋、界以烏絲則一也。此卷朋經三種,前跋盡之矣[3]。但細玩第一種,結體用筆依然唐人軌躅,特點畫稍肥耳。第二較工整,三又次之。以其唐代物,故人頗重之。余昔藏有數卷,其工者醫類《靈飛經》,辛亥劫後皆佚去,對此能毋悵然。己巳(1929)夏五端節後,七十六翁宋伯魯跋。(鈐"鈍翁"朱文方印)

　　[1] 長庚(?—1915),謚恭厚。學部於宣統元年八月二十二日(10月5日)發出"行陝甘總督請飭查

檢齊千佛洞書籍解部並造像古碑勿令外人購買電",命甘肅地方清點藏經洞文物運送京師,長庚時任陝甘總督,但當時尚未到任,當年十月長庚到任前其總督職務由甘肅布政使毛慶藩代理。此跋稱"長恭厚奏解學部",與史實不盡相符。

[2] 曾青、丹干,語出《荀子·王制》:"南海有羽翮、齒革、曾青、丹干焉。"

[3] 跋文稱此卷有殘經三種,今僅見二種,或已裁去;又謂"前跋盡之",但引首靜滋跋並未提及殘經内容,則似另有一跋,今已裁去。

【圖版】

北京保利國際拍賣有限公司網站:http://www.polypm.com.cn/assest/detail/0/art5149890219/34

雅昌藝術網:https://auction.artron.net/paimai-art5149890219/

255.《鳴沙石室殘經》錢玄同跋

【概述】

此件見於北京泰和嘉成拍賣有限公司 2019 秋季藝術品拍賣會古籍善本、金石碑版專場(2019 年 11 月 30 日),編號 2043。該件首尾均殘,長 41 釐米,存 34 行,裱爲鏡心。據拍賣圖録所附李際寧《〈鳴沙石室殘經〉淺述》的研究,該卷内容爲《維摩詰經》注,時代在東晉十六國晚期至南北朝早期。

裱紙前側上方有錢玄同題簽:"鳴沙石室殘經。"鈐"玄同"朱文方印。下方有錢玄同跋一則。據跋文,此係錢玄同舊藏,贈予沈士遠。前側及卷中空隙處鈐"吳興""沈士遠""鑑齋""吳興沈士遠劫餘圖書記""樂此不倦""康父長壽""士遠""□之經眼"等印。

【校録箋證】

考此卷系爲六朝人寫本。士遠我兄見而愛之[1],因以奉贈。疑古誌[2]。

[1] 沈士遠(1880—1950),浙江吳興(今湖州)人。沈尹默、沈兼士之兄。民國期間曾任北京大學國文系、燕京大學國文教授,及浙江省政府秘書長、考試院考選委員會秘書長、湖北省教育廳廳長、江西省教育廳廳長、考試院考選部政務次長等職。

[2] 錢玄同(1887—1939),原名夏,號疑古,浙江吳興(今湖州)人。早年留學日本早稻田大學,並從章太炎研習文字學。1910 年回國,曾任北平師範大學教授、《中國大辭典》編纂處主任、北京大學教授、《新青年》編輯。著有《文字學音篇》《中國文字概略》《經學史略》《音韻學》等。

【圖版】

泰和嘉成 2019,第 2043 號。

256.《摩訶般若波羅蜜經》卷四許承堯跋

【概述】

此卷見於北京榮寶拍賣有限公司 2019 秋季藝術品拍賣會"一念蓮花開·敦煌寫經及

佛教藝術專場"(2019 年 12 月 1 日),編號 841。據拍賣公司介紹,全卷存 7 紙 176 行,長 301.1 釐米。

前鈐"歙許芚父斿隴所得"朱文長方印。拖尾有許承堯題跋一則。

【校録箋證】

隋人書《摩訶般若波羅蜜經》,無題識,以楮質、書法證知爲隋書。漸端整,已開唐風,惟其神味淵懿,終非唐人所能到,則時代限之也。又唐紙俱硬黄,無此等薄紙。歙許承堯記。(鈐"許承堯印"朱文方印)

【圖版】

北京榮寶拍賣有限公司網站:http://www.n21ce.com:8080/live/livepreview_detail.aspx?a=5065&t=841&v=1

257.《金剛經》裴景福、張一麐、沈同芳、羅良鑑、胡念修、潘復、成多禄、馮煦跋

【概述】

此件見於北京榮寶拍賣有限公司 2021 春季藝術品拍賣會"一念蓮花開·佛教典籍及古籍善本"專場(2021 年 6 月 19 日),編號 2561。首殘尾全,12 紙,長 755 釐米,首缺約 2 行,保存較完整。

包首外有裴景福題簽:"唐人……班侯藏。睫闇署,庚戌(1910)冬日。"每兩紙間騎縫鈐劉超藏印,卷後鈐"班侯書畫"朱文方印。劉超,字班侯,江西南豐人。清末曾在甘肅任知縣,1917 年任江蘇鹽城縣知事。胡念修跋謂"同直吳門節院",潘復跋稱"幕府同人題咏殆徧",則宣統三年(1911)劉超在蘇州,爲江蘇巡撫程德全或江蘇布政使陸鍾琦幕僚。

卷前另鈐"淮安何寶善字楚侯亦字守拙"朱文方印,可知後爲何寶善所得。何寶善(1896—1979),字楚侯,淮安人。畢業於震旦大學,經營祖業仁壽堂藥店,主持江北慈幼院,創辦淮安集一圖書館。1934 年任職於北平大陸銀行,從事書畫收藏。抗戰後創辦真賞齋文玩店,該店 1958 年歸入西單商場特藝商品部。

拖尾有裴景福等八人題跋、題詩。

【校録箋證】

(一)裴景福跋

庚子(1900)夏,燉煌千佛巖圮,出唐人寫經卷甚衆。乙巳(1905)冬,余西上抵蘭州,於葉提學處見十餘卷[1],並綵畫佛像,均不精。及抵迪化,戊申(1908)夏,吐魯番同知湘鄉曾曉棠司馬於所治某廢寺掘得唐寫經數百種[2]。余得見殘損百餘片,大半精好。己酉(1909)入關,十一月過蘭,班侯大令示此卷,亦云出自燉煌。蒼勁渾厚,筆堪屈鐵,唐寫正宗,大約高宗以前物。庚戌(1910)冬晤於錫山,已裝潢完整索跋。適齋頭有松雪道人書此經[3],乃仲姬管公樓供奉者[4]。取以相校,此卷尚未分三十二相,章數、字句與松雪書多

異，然皆以此卷爲勝，存此可証後代書經之變。辛亥（1911）初夏景福記。（鈐“景福私印”白文方印）

[1] 葉提學，即葉昌熾，光緒二十八年（1902）任甘肅學政，光緒三十一年各省學政改稱提學使，葉昌熾任甘肅提學使至光緒三十二年。

[2] 曾曉棠，即曾炳熿。

[3] 松雪道人，即趙孟頫（1254—1322）。

[4] 仲姬，即趙孟頫夫人管道升（1262—1319），吳興（今浙江湖州）人。

（二）張一麐跋

石室千年似有神，至今寶墨尚如新。恒河沙數無量劫，猶是金剛不壞身。

班侯仁兄出蘭州所得唐寫《金剛經》見示，漫題一絶，即希訶正。辛亥（1911）夏五月元和張一麐[1]。（鈐“民傭”朱文橢圓印一枚）

[1] 張一麐（1867—1943），字仲仁，號公紱、民傭、紅梅閣主，江蘇元和（今蘇州）人。光緒八年（1882）舉人。後入袁世凱幕府，曾任直隷總督署文案、《法政學報》主筆，清末爲江蘇巡撫程德全幕僚。民國初年歷任大總統府秘書長、政事堂機要局局長、教育總長等職。著有《心太平室集》等。該集卷九、卷十收詩詞，但不載此詩。

（三）沈同芳跋

寫經不題名，唐人多有之。一笑問金剛，瞠目若有思。劉子既耆古，裴侯復好奇。謂爲唐初物，知之謂之知。此僻流海外，賈胡載日歸。埃及千年碑，或者相報施。撫昔彌拱璧，還以質所司。（“癖”誤“僻”。）

班侯仁兄有道囑題即正。辛亥（1911）五月沈同芳[1]。（鈐“沈同芳”白文方印）

[1] 沈同芳（1872—1917），字友卿、幼卿，號炊累，江蘇武進人。光緒二十年（1894）進士。曾任河南唐縣知縣。1905 年與同年張謇等創辦江蘇學務總會（次年改爲江蘇教育總會），爲首任駐會幹事。撰有《刻鵠集》《公言集》《中國漁業歷史》等。

（四）羅良鑑跋

燉煌千佛岩初圮時，法國人柏希河輦去經卷書籍無數，率皆精本，厥逡士夫漸漸聞風求之，然精本已不可得。若此卷之堅樸梳朗，蓋如鳳毛麟角。豈存古之觀念，外人更富於吾國士夫耶！宣統三年（1911）五月湘西羅良鑑記[1]。（鈐“羅良鑑”半朱半白文方印）

[1] 羅良鑑（1877—1948），字佶子，湖南善化（今長沙）人。光緒二十年（1894）舉人。三十二年隨端方等五大臣出洋考察，後任江蘇丹陽知縣。宣統二年（1910）爲江蘇巡撫程德全幕僚。1912 年任江蘇都督府秘書長。後曾任安徽省民政廳廳長，1944 年任國民政府蒙藏委員會委員長。

（五）胡念修跋

鳩摩東渡玉門烟，元奘西行雪嶺天。戎馬中原千佛盡，留乾淨土紀唐年。

章句未分超宋本，經幢何必羡歐陽。比他龍壽三生業，同作千秋碧血光。

班侯大令前客蘭州，曾得燉煌石室唐寫《金剛經》一卷。今歲同直吳門節院[1]，啓篋見

示,並以屬題,勉成二詩,聊誌眼福,並希法家匡謬。宣統辛亥(1911)山陰胡念修識[2]。(鈐"盾叔"主文方印)

[1] 吳門節院,當指江蘇巡撫衙門,時任巡撫爲程德全(1860—1930)。

[2] 胡念修(1873—1915)字耀庭、右階,號幼嘉、盾盦、壺盦,浙江建德人。光緒二十五年(1899)主講台州椒江書院,次年赴蘇州任職。工駢文。著有《問湘樓駢文初稿》《靈芝仙館詩鈔》《卷秋亭詞鈔》等。

(六)潘復跋

不負劉郎行萬里,得來神物足千秋。何人爲説金剛偈,祇把新詞記壯遊。

班侯仁兄出际唐人寫《金剛經》,乃客蘭州時從燉煌石室所得,鑒爲永徽以前本,幕府同人題咏殆偏矣,既飽眼福,兼誌爪痕。宣統辛亥(1911)夏五月,濟寧潘復[1]。(鈐"濟寧馨子"朱文圓印)

[1] 作此跋時,潘復任事於江蘇布政使陸鍾琦(1848—1911)幕府。宣統三年(1911)六月,即此跋之後約一個月,陸鍾琦升任山西巡撫,潘復隨同前往太原。不久,閻錫山率新軍起義,陸鍾琦被殺。1912年潘復赴南京任職於財政部,4月任江蘇都督程德全秘書。

(七)成多禄跋

天山風雪有人歸,豔説瑯嬛世所希。四壁雲留唐代物,千年塵點老僧衣(石室中僧衣甚多)。味兼黃蘗經原苦,價重青萍字欲飛。我不解禪愛禪理,楞嚴寫罷炷香微。

當年舅氏曾持節(先母舅榮潤庭將軍鎮守伊犁[1],曾駐甘肅),招我燉煌萬里游。今日玉門空悵望,此中寶墨足捴求。曇花嬠破崑侖曉,佛火光涵大海秋。知有前期勳業在,然令證果悞封侯。

歐理年來共醉心,雞碑雀籙漫追尋。九洲文字因緣遠,一卷滄桑閱歷深。古刻果能珍白璧(陶氏在埃及得古刻,謂爲五千年物)[2],奇書何必犖黃金(近東西人犖金購書者甚多,不獨柏氏也)。翁(松禪)潘(文勤)已逝風流杳[3],獨對殘經感不禁。

班侯仁兄以唐人《金剛經》卷子屬題,因成長句三章,即乞法家兩正。辛亥(1911)六月澹厂多禄記[4]。(前鈐"澹厂詩"朱文方印,後鈐"多禄之印"白文方印、"吉林成氏"朱文方印)

[1] 榮潤庭將軍,指榮全(? —1879),滿洲正黃旗人,瓜爾佳氏。成多禄之舅。同治三年(1865)任伊犁參贊大臣,次年任伊犁將軍,光緒二年(1876)奉調回京。

[2] 光緒三十一年(1905)端方(號陶齋)奉命出洋考察憲政,歸國途中路經開羅,購得一批古埃及文物。國家圖書館所藏抄本《陶齋所藏石刻》附有"埃及等國運來各種石刻古象等件",著録有埃及石刻36種(潘崇《清末端方的古物收藏及藏品著述》,《中國國家博物館館刊》2011年第7期,第131頁)。端方曾將埃及石刻拓印成扇面,分贈友人,題款多稱"埃及五千年古刻"。

[3] 翁同龢(1830—1904),字叔平,號松禪;潘祖蔭(1830—1890),謚文勤。

[4] 光緒三十年至三十一年(1904—1905)程德全任齊齊哈爾副都統期間,成多禄曾爲其幕僚。宣統二年(1910),程德全調任江蘇巡撫,成多禄再入幕府。

（八）馮煦跋

往者房山崩，六朝寫經出。輦下爭奔藏，僕亦得其一。既聞古敦煌，經亦出石室。萬軸亂無次，云是唐人筆。彼都昏不知，它族藏之密。流傳逮好事，名蹟半遺佚。劉君得此卷，展翫古芬溢。時校房山本，剛健正無匹。慨自世教夷，五蘊日相汩。修羅紛塞馗，貪嗔乃天祆。憧憧夫何爲，狐埋而狐掘。兹經闡妙義，燭心如白日。一空一切空，能放六根輕。君亦洞其扃，剗僞葆真寔。偉長徒應陳，懷抱文與質。難落塵網中，故步初不失。願更手此卷，一起斯民疾。

班侯世一兄囑題，乙卯白露（1915.9.9）馮煦。（鈐“蒿叟”白文方印）

【圖版】

榮寶2021。

北京榮寶拍賣有限公司網站：http://www.n21ce.com：8080/live/liveresult_detail.aspx?a=5415&t=2561&v=1

258.《救疾經》許承堯跋

【概述】

據許承堯跋，1940年許承堯將此件贈送唐式遵。今藏地不詳。題跋據鮑義來文迻錄。

【校錄箋證】

甘肅敦煌縣在昔爲通西域要衝，佛法由此入中夏，故玄風流灑，象設弘盛。其地有鳴沙之山，以山高多風，沙爲搏卷循環，上下不息，日夜有聲得名也。山有三界寺，因石爲窟，雕刻繪畫，皆北朝、唐人所爲，媲美龍門、雲岡，以地僻，遊跡罕至，世不甚知之。光緒庚子年（1900），寺之複壁忽圮，發現内窟中藏晉魏隋唐迄北宋寫經寫書卷軸極多，盈二巨輪，並氍毹瓶罍諸物。卷中紀年至太平興國止，以是推知此壁蓋扃閉於北宋初也。法人伯希和遊歷過此，喜出望外，擇其精異者捆載而去。英人踵至，亦有所得[1]。於是敦煌石室之名，流播五洲。爲清學部所聞，檄取其餘，儲之圖書館。然閲時既久，多所散佚，甘涼蘭州，時復見之。余游隴時，斥資收貯，數歲頓盡，今於西陲求片楮不可得矣。此卷爲唐人用硬紙書，書筆沈穆，古味盎然，首尾完全，頗不易得耳。《救疾經》爲藏外佚經，不見全藏目録。單本孤傳，尤可珍異。軸亦唐製。余堅守之亦二十年。今年仁壽唐子晉將軍駐軍吾里[2]，將軍轉戰皖南，殲除狂寇，功高望重，又復沖雅嗜古，與余譚藝至洽，荷有漸江畫幅之貺，因持此卷奉獻，以志一時因緣，且留他日紀念也。民國廿九年（1940）十一月歙許承堯記。

[1] 此處誤將伯希和、斯坦因到訪敦煌莫高窟先後順序顛倒。

[2] 唐式遵（1884—1950），字子晉，四川仁壽人。陸軍上將。光緒三十四年（1908）入四川陸軍速成學堂，畢業後任川軍將領。抗戰期間捐獻成都私宅爲軍費並率部出川抗日。1938年任第二十三集團軍總

司令,駐守皖南七年,1940年集團軍總部移駐許承堯所居唐模村,唐式遵借寓許承堯宅第檀干園。1945年12月任國民政府軍事委員會委員長武漢行營副主任,1949年任西南軍政長官公署副長官兼西南第二路遊擊總司令。1950年初任四川省政府主席,3月戰死。

【研究】

　　鮑義來2001,第25頁。余欣2005,第166—168頁;余欣2012,第103—105頁。朱鳳玉2016,第21—33頁。

259. 敦煌寫經殘卷許承堯跋

【概述】

　　據許承堯跋,1941年許承堯將此件贈送唐式遵。經名待考,今藏地不詳。題跋據鮑義來文迻録。

　　此跋收入許承堯《重威堂所藏書畫題記》(1944年印行),標題爲"唐人寫經"。唐式遵曾獲北洋政府頒授重威將軍,遂以重威堂爲號。《重威堂所藏書畫題記》所收即許承堯爲唐式遵駐扎皖西期間收得書畫所作的題跋。

【校録箋證】

　　右敦煌鳴沙山千佛洞寫經三十九行,校其時代,當出隋唐時人所寫。紙爲硬黄,而較盛唐爲薄。用筆堅重,結構嚴緊,尚帶周齊遺意,下開唐風,此虞褚以前之楷書[1],吾國千餘年前之寶墨也。嘗疑世所傳晉人楷書決非真跡,當出初唐人虞褚輩潤色裝點。以楷書至隋,始和合南北,別開面目,乃有妍逸之觀,如元公墓志等是已[2],在晉時不應有此。自敦煌寫經書遂可證實吾説,推翻自唐宋以來書家舊案,誠一大快事也。試觀此紙,更取晉帖一校,即可證入。承堯遊隴八年,所見鳴沙寫經達數百卷,比勘所署年代,乃知有晉人書,有元魏北周北齊人書,有隋唐五代人書,至北宋初年爲止。書法蜕變之跡徵然可尋,確鑿可信,非向壁虚造,妄爲高論也,欲著一書述之,以懶不果。今所見所藏各卷,悉歸海外,零箋斷楮,亦復無多。晚得遇蜀中唐子晉將軍,博雅好古,超異時流,私心景慕,略分論交,因搜殘笥,一再奉獻,並述鄙言,冀得就正云爾。辛巳(1941)滁玄叟許承堯記。

　　[1] 虞褚,指初唐書法家虞世南(558—638)、褚遂良(596—658或659)。

　　[2] 元公墓志,即"大隋故朝請大夫夷陵郡太守太僕卿元公之墓誌銘"。隋大業十一年(615)刻石,清嘉慶二十年(1815)出土於陝西咸寧。論者謂其書法方正古樸、規整嚴謹,融南北書風於一體,爲唐代書風之先導。

【研究】

　　鮑義來2001,第25頁。余欣2005,第166—168頁;余欣2012,第103—105頁。朱鳳玉2016,第21—33頁。

260. "金書佛經"許承堯跋

【概述】

　　鮑義來以爲此件係許承堯贈送唐式遵；余欣據落款"重威將軍屬題"，推斷係唐式遵從其他處獲得，可從。今藏地待考。題跋據鮑義來文迻録。

【校録箋證】

　　鳴沙三界寺，遠在古敦煌。孔道通番漢，遺經寶晉唐。旁行存異跡，梵夾侈新裝。奇字誰能譯，珍持亦吉祥。重威將軍屬題[1]，許承堯。

　　[1] 重威將軍，指唐式遵。1923 年，北洋政府授予唐式遵重威將軍號、陸軍中將銜。

【研究】

　　鮑義來 2001，第 25 頁。余欣 2005，第 166—168 頁；余欣 2012，第 103—105 頁。朱鳳玉 2016，第 21—33 頁。

261.《佛母大孔雀明王經》許承堯跋

【概述】

　　此件今藏地不詳。題跋據鮑義來文迻録。

【校録箋證】

　　此書《佛母大孔雀明王經》，精極，雖非滿字，而結構奇古，用筆駿逸絶倫，持較《靈飛》，允堪伯仲。晉公得此索題[1]，愧未能確定時代，然珠光劍氣，奕奕逼人，固望而知爲神物也。壬午(1942)許承堯。

　　[1] 唐式遵字子晉，故稱晉公。

【研究】

　　鮑義來 2001，第 25 頁。余欣 2005，第 166—168 頁；余欣 2012，第 103—105 頁。朱鳳玉 2016，第 21—33 頁。

262. 曹仁裕舊藏《華嚴經》卷二十一葉恭綽跋

【概述】

　　此卷原件下落不詳。葉恭綽跋據沈佳玥文迻録。據葉跋，此件初爲哈同舊藏，後爲曹仁裕所得。葉恭綽跋收入《矩園餘墨》，爲"敦煌出土經卷跋"之二(瀋陽：遼寧教育出版社，1997 年 3 月，第 159 頁)。

【校録箋證】

　　此《華嚴經》第二十一卷舊題唐人寫，審爲頻迦精舍所藏[1]。余意此決非唐人書，蓋用筆勁拙，純似北朝人，且字多別體，如"離"作"離"、"邪"作"耶"、"滅"作"减"、"溉"作"漑"、

"哭"作"吳"、"覆"作"覄"、"起"作"起"、"惚"作"㤉"、"華"作"芉"、"順"作"慎"、"聖"作"聣"之類，不勝枚舉，皆屬六朝時習，至唐已殆絶跡，故可斷爲魏、齊、周時人手跡。不知誰爲愛儷園司鑒，致目迷五色也。承仁裕先生屬跋，故特爲拈出。民國三十六年（1947）四月，葉恭綽。

　　［1］頻迦精舍，指頻伽精舍，位於猶太富商哈同（Silas Aaron Hardoon，1851—1931）、羅迦陵夫婦在上海所建愛儷園（俗稱哈同花園）。光緒三十四年（1908）起，哈同出資，延請黃宗仰編校刊行《頻伽精舍校刊大藏經》。

【研究】

　　沈佳玥 2018，第 118—119 頁。

263. 方約舊藏唐人寫經葉恭綽跋

【概述】

　　此卷爲方約舊藏，今下落不詳。葉恭綽跋收入《矩園餘墨》，題爲"題方節庵藏唐人寫經"（瀋陽：遼寧教育出版社，1997 年 3 月，第 169 頁）。沈佳玥文所録較《矩園餘墨》所收增詩二首，茲據沈文迻録如下。

【校録箋證】

　　右魏氏所藏寫經五紙，似與世傳金粟大藏爲一脈，而字體尚在其前。前二紙與後三紙復不一致，可斷爲非宋後物，張樗寮寫經即全仿此[1]，但加瘦挺耳。伏廬所補數紙則出自敦煌[2]，一望而知當是唐中葉物。各紙本皆卷子，今改裝成册，亦頗類儒家典籍之演變也。余往考釋藏源流，頗從事于廣惠、法喜之研究[3]，又欲搜輯世存敦煌經籍編爲總目[4]，皆未成，僅屬陳援庵所編北平圖書館八千餘卷之目録已經出版[5]。世變方殷，成書無日，而於敦煌最有關係之法人伯希和已於今年十月逝世，復失一商榷之友，余曾有詩悼之。茲拉雜録之於後，節盦先生其不訝其曼羨乎[6]？

　　驚心文物出遐荒，訪逸相從過曲坊。聯袂四人今剩我，隔鄰聞篴更凄涼。

　　闡發幽潛會有時，不須苦憾壑舟移。輯存總目編猶待，更向何人借一鴟。（伯希和至北都，余訪之八寶胡同，羅叔蘊、王捍鄭、蔣伯斧同至，今三人皆殁矣。三人於敦煌皆有著述，余愧未能也。）

　　民國三十四年（1945）十一月。

　　［1］張即之（1186—1263），字温夫，號樗寮，南宋歷陽（今安徽和縣）人。歷官監平江府糧科院、將作監簿、司農寺丞、直秘閣。工書，學米芾而参用歐陽詢、褚遂良筆勢。傳世寫經墨蹟有故宫博物院藏《佛遺教經》、安徽博物院藏《華嚴經》、遼寧省博物館藏《金剛經》、普林斯頓大學博物館藏《金剛經》等。

　　［2］伏廬，陳漢第（1875—1949）別號。

　　［3］廣惠，指海鹽金粟山金粟寺廣惠禪院，金粟山藏經卷端題"海鹽金粟山廣惠禪院大藏"。法喜，指海鹽法喜寺，寫造有"法喜寺轉輪大藏"，風格與金粟山藏接近。此處以"廣惠法喜"泛稱宋代寫本藏經。

　　[4] 1925 年 9 月 1 日，葉恭綽會集同人，組織敦煌經籍輯存會，會址設於歷史博物館（故宮午門）。該會"擬徵集公私所藏，匯爲一目"（陳垣《敦煌劫餘録序》語）。

　　[5] 即陳垣校録《敦煌劫餘録》，1931 年 3 月中央研究院歷史語言研究所出版，著録國立北平圖書館所藏敦煌文獻 8738 種。陳垣參加敦煌經籍輯存會，爲採訪部長，編成《敦煌劫餘録》。

　　[6] 方約（1913—1951），號節盦，齋號唐經室，浙江永嘉人。方介堪堂弟，方去疾之兄。善篆刻。1934 年在上海創辦宣和印社（1956 年公私合營併入朵雲軒），所製節盦印泥頗負盛名，編拓《伏廬藏印》《晚清四大家印譜》等數十種。

【研究】

沈佳玥 2018，第 119 頁。

264. 馮國瑞藏《維摩詰經》馮國瑞跋

【概述】

　　馮國瑞《絳華樓詩集》卷一收古風《禹卿丈以所藏敦煌唐人寫〈法華經〉長卷見贈賦謝兼題其尾用任公師自題所藏唐人寫〈維摩詰經〉卷爲敦煌石室物羅瘦公見贈者韻》。據此詩題，賈纘緒以敦煌遺書《維摩詰經》贈送馮國瑞，馮賦詩誌謝，並將該詩題於卷尾；任公詩韻，即中國國家圖書館藏 BD15348《大乘無量壽經》馮國瑞跋引用梁啓超詩"作者款識雖茫昧，瘦硬頗有誠懸風。試從體式考年代，應書大曆泊咸通"之詩韻。

　　此詩之後，附馮國瑞爲賈纘緒藏卷所題箋記二則，並録於此。其一爲《敦煌石室隋人寫經箋記》："吾鄉賈禹卿先生（纘緒）所藏敦煌寫經甚富，晉魏六朝隋唐五代皆有之，中更兵燹，泰半散佚。昨僅見數卷，以隋經一卷爲第一，書法雋逸，書《華嚴經》卷五十，其尾有題記四行曰：'開皇十七年四月一日，清信優婆夷袁敬姿謹摵身口之費，敬造此經一部，永却供。願從今已去，災郵彌滅，福慶臻萃，國家永隆，萬民安泰，七世九遠，一切先靈，並願遲苦獲安，遊神净刹，罪滅福生，無諸郵累，三界六道，旡親六等，普共含生，同日昇仏（疑"佛"字俗寫）。'四行係行書，風韻婀娜，當爲書家傑作，非出經生手者。"其二爲《敦煌石室晉人寫經箋記》："禹卿先生所藏此卷真希世之寶。寫《道行品法句經》凡八章，完整長卷，尾有'咸安三年十月二十日沙彌净明誦習法句起'十七字。東晉簡文帝至咸安三年即卒，晉高僧無净明。意者净明誦習《道行品法句經》起始，所寫此卷，即藏以發願。"

　　該卷下落不詳。此據《絳華樓詩集》卷一迻録全詩如下。

【校録箋證】

　　海潮音沸萬壑松，清裂夜半空山鐘。暗然寂聞人境滅，觀成若定洪濤中。華嚴界界遴滓垢，世尊無語天伐功。遊戲三昧騁百靈，崑崙芥蒂蓮華峰。誰歟樂此託魄魂，我今喪吾净業豐。驅役梵典愧因明，古春寂寂梨雲封。峨峨吾鄉長沙公，歸耕南畝從山農。我亦倦翥戀故林，雨靄靄兮雲濛濛。溪南孤亭號野史，地天荒老世偶容。婆娑幾人興不淺，亦有鐸陽不老桐。秘籍际予味蕁齋,插身似入琳琅叢。就中石室經第一,六朝五季審異同。睨我莊嚴蓮華之長卷,如嬴貝莢心忡忡。硬黄盈丈鳥絲勻,婀娜剛健勁蓄豐。伊誰之作稽無從,八法渾具更率風。憶昔不準(人名)發汲塚,漆書不與今文通。洹陽殷虛龜甲屯,孔周莫覿今相逢。流沙墜簡千佛洞,地不靳寶胡癡慵。剽盜端爲斯坦因,絡繹玉門轂紋重。歐人競誇盛流西,恒沙異典飽碧瞳。吁嗟我國豈陸沉,莽蕩神州沙與蟲。京國前年竊重珍,殃及商彝與周銅。何況西塞瘠且貧,術荒殖廢逃虛空。謫戍猶懷鐵雲老,纈藏賴有崆峒翁。賦此長謝復長嘆,隆準揮斧技未工。

【録文】

馮國瑞 1936,第 5—6 頁。

【研究】

陳樂道 2004,第 67—70 頁。

265. 胡宗珩藏《大般若波羅蜜經》胡宗珩、蘇蕚、楊柄睿、吴佩孚、賈纘緒、丁佩谷、馮國瑞、趙紹祖跋

【概述】

據劉雁翔《天水流傳過的敦煌經卷及學者題跋》《馮國瑞敦煌寫經吐魯番文書題跋敘録》二文介紹,胡宗珩所藏《大般若波羅蜜經》係其友人天水趙紹祖(字堯臣)所贈,經卷長約 1 尺,存 24 行,375 字。此卷今下落不詳。

胡宗珩遍邀名家題跋,有蘇蕚、楊柄睿、吴佩孚、丁佩谷、賈纘緒、馮國瑞、趙紹祖七跋,連載於《隴南日報》1937 年 6 月 5 日至 7 月 31 日《隴光》副刊,其中賈纘緒跋刊於 7 月 10 日《隴光》副刊,馮國瑞跋刊於 7 月 24 日《隴光》副刊,該副刊即係胡宗珩主編。兹據劉雁翔文逐録諸跋如下。

【校録箋證】

(一) 胡宗珩跋

右敦煌寫經殘卷,趙子堯丞(紹祖)持以贈余者[1]。長可一米尺,爲行二十四,計字三百七十有五。聞此物出土於光緒庚子(1900),有番漢釋典多種,類皆隋唐五代人墨蹟,多爲英斯坦因氏所悉,盡載以去,陳諸倫敦博物館。後八年,法國考古家伯希和游其地,從事搜索,所得當亦不少。迨我政府□□往訪,僅餘唾餘而已。當地寺僧、土人所竊,間有一二完好者,又爲海内收藏者重價易去。今則吉光片羽,求之良非易也。此紙雖遭蠹蝕,然經文幸吉無恙。時人得一元槧明鈔,莫不視若拱璧,什襲珍藏,矧千載而外之寫本哉! 一朝得之,殆屬天緣。爰揮毫志此,以快生平云爾。丙寅立冬日(1926.12.22)天水胡宗珩[2]。

[1] 趙紹祖(1901—1957),字堯丞,甘肅天水人。先後任職於天水圖書館、江蘇宿遷縣政府、如皋縣政府、許昌鹽務緝私局、甘肅省禁煙委員會、甘肅省教育廳,1941 年起任教於天水縣中、天水師範、天水中

學等校。與馮國瑞交厚，1941年5月3日（農曆四月初八）馮國瑞考察麥積山石窟，趙堯丞與胡宗珩、張自振、馮國珍、聶幼蒔等偕往。

[2] 胡宗珩（1899—1973），字楚白，齋名琴廬，甘肅天水人。先後任教於私立蘆洲小學、省立第三中學、第六師範、國立第五中學。1935年任《隴南日報》總編，創辦《隴光》副刊。

（二）蘇蓋跋

世無百歲人，而有千年紙。佛藏放光明，唐經啓隴坻。爾來敦煌石室中，發現寫經如櫛比。十九已屬碧眼兒，斷簡零編得猶喜。胡生素具博古才，一幀參玩不得已。珠璣琳琅楮墨新，保無我佛常護視。君不見宋元槧版多什襲，況此貝葉奇文釋家牟尼傑靜理。

楚白姻賢雅好書藏，日前過訪，出所藏敦煌石室經殘卷囑題。鄙以筆墨勞人，頗不自由，未遑應命，今函催，即賦此以報，乞與尊翁政之。己巳花朝（1929.3.12）獻青蘇蓋[1]。

[1] 蘇蓋，字獻青，甘肅天水人。著有《愛日堂日記》《桅子詩抄》等。

（三）楊柄睿跋

寫經自何年，深藏石室後。塵劫歷河沙，紙墨不曾朽。書經者何人？於今爲黃土。一時出塵封，形色自奇古。我聞般若經，能超生死苦。感之縈中懷，彌思彼岸渡。珍重菩提心，請藏圖書庫。應有金剛王，風雲來守護。

楚白同窗以所藏教煌石窟唐人寫經《大般若波羅蜜多》殘卷索題，因書以答之。庚午立冬後二日（1930.11.10）天水楊柄睿於圖書館之西窗[1]。

[1] 楊柄睿，甘肅天水人。曾任天水圖書館館長。

（四）吳佩孚跋

儒曰"存心養性"，釋曰"明心見性"，道曰"修心煉性"。三教原其本宗，始終工夫不離心性。故欲通道經釋典者，不根據四書五經、《大學》《中庸》則誤入歧途，不知凡幾矣，學者慎之。中華民國辛未重九日（1931.10.19）在天水，吳佩孚書[1]。

[1] 吳佩孚（1873—1939），字子玉，山東蓬萊人。北洋軍閥直系首領，官至直魯豫兩湖巡閱使、十四省討賊聯軍總司令。1927年國民革命軍二次北伐，吳佩孚敗退四川，依附楊森。1931年秋離川入隴，在天水設立孚威上將軍行轅，未幾轉赴蘭州，年底回北平。

（五）賈纘緒跋

余昔官蘭山，皖人講佛學者甚囂塵上，一時敦煌石室藏經應運而出，余亦有嗜古癖，不惜重價，購獲很多。既而東北奔馳，中經喪亂，損失者不可以數計。嗣後解□歸里，頻遭兵燹，其所存者亦僅矣。嗟呼！收藏豈易言哉，亦視乎時會如何耳。胡君楚白近得唐人寫經一頁，鄭重珍藏，視若拱璧，出示題跋，藉昭來兹，反復展玩，雖卷帙無多，而神采奕奕，洵屬有唐士大夫手筆。余雖同此嗜，反不若胡君之以少爲貴也。追維往事，不勝感歎，此以見世之搜羅古跡，與古跡之表現於世者，有幸有不幸耳！右詩二章，錄呈楚白方家吟正。

收買唐經近百編，幾經浩劫未能全。回思往事增愴感，過眼滄桑欲問天。

色相空空靜悟禪，菩提一卷憶千年。碧紗籠護傳佳話，爭羨羲之寫玉箋。

蘭林山人賈纘緒,廿三年(1934)九月下浣。

(六)丁佩谷跋

有唐一代,人文蔚起,天地之菁華,至此而爲一泄。所以開元、大曆諸子群以寫經藏塔爲不二法門,風雲所趨,由來尚矣。於今視唐,千年有餘,設獲有當時墨蹟,豈有不奉爲至寶者乎!胡君楚白賦性風騷,耽情書史,近得《波羅蜜多經》半卷,再三鑒衡,斷定唐本,什襲珍藏,遍求題跋,殆欲潤色鴻文,宣傳古蹟。俾彌勒座前,不忘馨香之祝;菩提枝上,永結翰墨之緣。是楚白崇尚經典,尚友古人之意也夫!是爲跋。附詩一首:

家聲溯遠代,令德舊門庭。焚草千秋葉,波羅一卷經。收藏不厭富,文字有餘馨。題跋皆佳句,菩提照簡青。

乙亥(1935)孟夏劍秋丁佩谷題[1]。

[1] 丁佩谷,字劍秋,甘肅天水人。民國時期曾任文縣縣長、徽縣縣長、省議會議員。

(七)馮國瑞跋

晚近以來,西北發現古物甚多,聚沽窮搜,贗品充斥,往往輦來自東,籍名髮握,以瞽眩耳目,鼎彝且習視之,遑論其他。敦煌石室寫經至易作偽,而偽造即出於敦煌,首尾完備,書有寫經人姓名,而紙質畫行,一望而知。然坊間書肆,不僅可惑碧眼客,士大夫且争購之,何也?此本審出唐人寫經者手,烏絲蟲蛀,尤足爲舊物佐證,可寶也!楚白精鑒别,於金石陶瓷近歲皆□求有獨到處。今秋還里,與楚白别忽七年矣,出此卷索題,因書數語歸之。二十三年重陽前二日(1934.10.14)馮國瑞。

(八)趙紹祖跋

此卷爲予曦曩楚白者,楚白極重視之。一時名人如吴子玉、賈宇清、馮仲翔諸先生咸有題詠。今年春奉諱家居,久不托音,楚白命題數語,重違其請,率爾續貂,難免貽笑大方矣。勉題二絶,用之後徵。

敦煌石室六朝經,蟲蛀烏絲□古馨。龍向多君閟願力,殘編持贈伴爐瓶。

蘭林微諷降華文,讚歎征□俱軼群。敗擲屠萬思媚佛,淋漓墨審故將軍。

丙子(1936)六月堯丞趙紹祖。

【録文】

劉雁翔1999,第179—183頁。劉雁翔2008,第55—56頁。

266. 張宣澤藏《觀音經》馮國瑞跋

【概述】

《甘肅民國日報》1947年6月25日第三版《國學》副刊(王秉鈞主編)刊載馮國瑞《題張宣澤所藏武周〈妙法蓮華觀音經〉卷子》,爲馮國瑞"敦煌題詠録"之一。劉雁翔《馮國瑞敦煌寫經吐魯番文書題跋敍録》有録文與介紹。據此跋可知,馮國瑞曾爲張宣澤所藏《觀音經》題跋。原卷今下落不詳。兹據《甘肅民國日報》及劉雁翔文迻録馮跋如下。

張宣澤,貴州盤縣人。1938 年任第八戰區政治部第四組組長兼第八戰區副司令長官駐蘭州辦事處處長,1941 年至 1946 年任新疆省政府委員兼迪化市市長。

《甘肅民國日報》1947 年 8 月 23 日第三版《國學》副刊刊載馮國瑞"敦煌題詠録"之二,包括《題武周妙法蓮華經卷第一》《題開皇照明經一卷》兩則,前者係"與陳果青借觀",因"估人索值甚昂,留齋中一夕歸之",則並非題於原卷裱紙,故不録;後者序文未交待寫卷來歷,亦不録。

【校録箋證】

卷長六尺,尾完無闕,有題記六行,文云:"萬歲登封元年(696)二月十八日,豐林縣沙州道行人張無礙共趙山意,在沙州爲疹患得損及七世父母托生西方阿彌陀佛國土,發願寫此經壹卷。願轉贖者,永離三塗,所有業障、煩惱障,悉皆消滅。寫經金明縣崇德鄉人清信佛弟子呼延萬恭寫。"

敦煌釋典散如煙,經生書體同千篇。殘璣斷羽世所重,開卷十九多唐賢。張子所獲乃尤物,題記六行尾能全。武氏竊國時無幾,猶記萬歲登封年。法華精雪五卷[1],新體字日月地天。豐林金明兩廢縣,補遺史志信可傳。五涼希姓著張澍,崇德氏族增呼延。絲闌精整如新製,楮墨相發有餘妍。邠州石室武周刻,字跡模糊勞椎氊。偃師章草則天筆,黄流前歲淹昇仙。此卷幸存何以故,摩挲真逾金石堅。千劫彈指原俄頃,如參妙諦紀勝緣。

[1]《甘肅民國日報》所載此句脱一字。

【録文】

馮國瑞 1947A。

【研究】

陳樂道 2004,第 67—70 頁。劉雁翔 2008,第 56 頁。

267. 張思温藏《瑜伽師地論》第二十二馮國瑞跋

【概述】

《甘肅民國日報》1947 年 10 月 25 日第三版《國學》副刊刊載馮國瑞《題張玉如思温藏敦煌寫本〈瑜伽師地論〉第二十二》,爲馮國瑞"敦煌題詠録"之三。劉雁翔《馮國瑞敦煌寫經吐魯番文書題跋敘録》有録文與介紹。據此跋可知,馮國瑞曾爲張思温所藏《瑜伽師地論》題跋。原卷今下落不詳。兹據《甘肅民國日報》及劉雁翔文迻録馮跋如下。

【校録箋證】

玉如尊人直生文[1],隴上之博學通人也,有《退思堂詩文稿》。此卷聞自官綏遠時得之。卷長一丈六尺五寸,首行題"瑜珈師地論卷廿三,彌勒菩薩説,沙門玄奘奉詔譯"。次行題"十地分中聲聞地第十三,初瑜珈處出離地第二十二"[2]。末行題"瑜珈師地論第廿三”及“法鏡”二字，當爲寫經僧名。按玄奘法師往返西域，皆曾駐錫敦煌。譯經七十六部。《瑜珈師地論》一百卷，爲内典中極瑰偉者。開元釋教駐稱彌勒菩薩説，貞觀二十年五月十五日於弘福寺翻經院譯，至二十二年五月十五日畢，沙門靈會、朗濬等筆受。《慈恩傳》云：貞觀二十年春，幸玉華宫。六月，追法師赴宫，見於玉華殿。帝問：比翻何經論？答：近翻《瑜珈師地論》訖，凡一百卷。帝曰：此論甚大，何聖所説？復明何義？答曰：論是彌勒菩薩説，明十七地義。又問：何名十七地？奘舉綱提目，陳列大義，帝深愛焉云云。因敕所司簡秘書書手寫新翻經論爲九本，頒與雍、洛、兖、相、荆、揚、涼、益等九大州展轉流通。今敦煌石室寫經諸目，當未見有此論，尤可貴矣！他日假校諸刻本，當有所獲。

　　李唐譯典幾桑門，沙磧往還跡尚存。彌勒決疑空定念，平生俯首一慈恩。

　　瑜珈十七地精詳，百卷玉華舉目綱。寫本九州早星散，今朝開卷重敦煌。

　　[1] 張思温(1913—1996)，字玉如，甘肅臨夏人。1940 年任甘肅建設廳秘書主任。1947 年任甘肅貿易公司協理，9 月轉任水泥公司經理，此時前後與馮國瑞訂交。1981 年任甘肅省文史研究館副館長。著有《張思温詩選》《積石録》《張思温文集》等。直生，指張思温之父張建(1878—1958)，字質生。歷任甘肅省議會秘書、寧夏護軍使署副官長、綏遠都統署參謀長、綏遠墾務總局會辦等職。1949 年後任臨夏回族自治州副州長、甘肅省政協委員。著有《退思堂文稿》《退思堂詩稿》。“文”，疑爲“父”字之訛，或係排版之誤。

　　[2]《瑜伽師地論》卷二十三卷端小題爲“本地分中聲聞地第十三初瑜伽處出離地第三之二”，此或係馮跋誤録，或爲《日報》排字之誤。

【録文】

　　馮國瑞 1947B。

【研究】

　　陳樂道 2004，第 67—70 頁。劉雁翔 2008，第 58—59 頁。

268. 韓國嶺南大學藏《大般涅槃經》卷三潘重規跋

【概述】

　　據鄭廣薰介紹，此卷存 303 行。原爲漢城大學教授李相佰在北京購得，一共三件。李相佰去世後，此件與《大般若波羅蜜多經》卷四百三十八見於集古堂書店，爲嶺南大學教授趙潤濟購得。趙潤濟去世後，藏書捐贈嶺南大學，此件亦在内。

　　以下録文係鄭廣薰示知，據洪禹欽刊佈圖版校訂。

【校録箋證】

　　右大韓民國大邱市嶺南大學藏敦煌寫本《大般涅槃經》卷第三一卷，民國六十六年五月十三日禺中，重規偕門人金君榮華晉謁大學總長李公寅基[1]，中坐出示此卷。楮紙四界，書法精工。起標題“大般涅槃經卷第三”，迄末卷，外復題“大般涅槃經卷第三”題字一行。全卷凡十七紙，紙廿六行，行十七字。“世”字、“治”字，皆不避諱，蓋唐以前物。以書

蹟觀之，疑爲隋代寫本也。又第一行"疑""今"，第二行"脩學"之"學"諸字頗有損泐，余與
沈載完教授諦觀乃得辨識[2]。聞沈教授云：此卷本李相伯教授舊藏[3]。李氏遊學燕京，
嗜收文物資料，嘗得敦煌寫本多卷，返國時攜歸大邱故居，卒後散出。此卷流入考古堂書
肆[4]，趙潤濟博士[5]瞥見，商之載完教授，遂以廉值獲之。書肆主人後悔而訟之官，載完教
授造法曹作證，書肆計不得逞。趙博士歿後，遺書贈獻嶺南大學，此卷在焉。總長李公珍
逾拱璧，而希世之寶遂得長存於學府。然後知神物流傳，必有高見深心績學之士，愛護之
如頭目腦髓，保任之如赤子嬰兒，乃不致湮没遺佚。余欽總長李公暨諸教授菁莪作育之苦
心、百年作人之大計，故天下英傑之士、瑰奇之寶，皆輻湊而歸趨之。今觀此卷，益信所見
之非謬。爰泚筆記之，用誌嘉幸。中華民國六十六年五月十三日，婺源潘重規於大邱鳳德
洞慕山書齋[6]。

　　[1] 金榮華(1936—　)，江蘇無錫人。畢業於臺灣師範大學中國文學研究所。曾任中國文化大學中
國文學系主任、中國文學研究所所長。著有《敦煌吐魯番論集》《敦煌俗字索引》《中韓交通史事論叢》《韓
國俗字譜》《民間故事類型索引》《中國歷代筆記小説故事類型索引》等。李寅基(1907—1987)，生於慶尚
北道。1931 年畢業於日本東京大學教育系。1945 年任韓國京城經濟專門學院院長，1946 年任漢城大學
教授，1969 年任淑明女子大學校長，1974 年任嶺南大學校長。著作有《교육사》(《教育史》)、《교육과사
상》(《教育與思想》)等。

　　[2] 沈載完(1918—2011)，號慕山，生於韓國慶尚北道善山郡。韓國嶺南大學教授，博物館館長。論
著有《金剛經三家解》《古時調千首選》《時調의文獻的研究》《韓國의冠帽：嶺南地方의冠帽調查를中心으
로》《慕山沈載完博士文集》等。

　　[3] 李相佰(1904—1966)，生於韓國大邱。畢業於日本早稻田大學，1939 年起以早稻田大學研究員
身份前往北京從事研究，歷時兩年半。韓國光復後任漢城國立大學人文學院教授，曾任社會學系主任、博
物館系主任和東亞文化研究所所長。1964 年任韓國奥委會主席。著作有《韓國文化史研究論考》《韓國社
會史研究論考》《李朝建國의研究》《韓國史：近世前期篇》《韓國史：近世後期篇》等。

　　[4] 考古堂，鄭廣薰指出，應爲集古堂。

　　[5] 趙潤濟(1904—1976)，號陶南。1929 年畢業於京城帝國大學。1946 年任漢城大學教授。1965
年至 1973 年任嶺南大學教授。著作有《韓國文學史》《朝鮮詩歌의研究》《朝鮮詩歌史綱》《陶南雜識》等。

　　[6] 潘重規(1907—2003)，江西婺源人。畢業於中央大學中文系。曾任東北大學、暨南大學、四川大
學、安徽大學中文系教授，1949 年後歷任臺灣師範大學國文系、新加坡南洋大學中文系、香港中文大學新
亞書院中文系、臺灣中國文化大學中文系、東吳大學中文研究所教授。1974 年獲法蘭西學術儒蓮獎。
1976 年獲韓國嶺南大學頒授名譽文學博士學位。著有《敦煌詩經卷子研究論文集》《瀛涯敦煌韵輯新編》
《列寧格勒十日記》《敦煌俗字譜》《敦煌變文集新書》等。

【著録】
　　洪禹欽 1981，第 615 頁。
【圖版】
　　洪禹欽 1981，第 641—642 頁。鄭廣薰 2014A，第 75 頁；鄭廣薰 2014B，第 74—75 頁。

269. 日本國立國會圖書館藏 WB32(6)《大乘顯識經》卷上林熊光跋

【概述】

據施萍婷先生介紹,此卷有蟲蛀孔洞。盒蓋書"大唐垂拱元年勅書大乘顯識經卷上"。卷尾有題記:"右大唐永隆元年三藏地婆訶羅于東大原寺譯出。大周録。"卷尾鈐"朗庵祕玩"白文方印、"林氏家藏"白文方印。

日本國立國會圖書館網站未刊佈此卷彩色圖版。跋文據施萍婷文迻録,並據日本國立國會圖書館縮微膠卷覆核。

【校録箋證】

(一) 林熊光跋一

己丑(1949)春正月,朗庵獲於日本東京[1]。(鈐"朗盦秘笈"朱文方印)

　[1] 林熊光(1897－1971),號朗庵。

(二) 林熊光跋二

大乘顯識經卷上。唐垂拱元年。唐人寫經自燉煌石室發見後流傳甚夥,然有年號及前敘後題者頗希,且年號或有後人妄爲添補,不足憑焉。

(三) 林熊光跋三

此卷大乘顯經卷上,有前序、後題。卷上首雖殘缺,然讀其敘文,尚可定爲唐睿宗爲追薦高宗集僧衆於京城大德寺經營佛事並書經拾部裝縹成於垂拱元年之一也。尾題有"大周録"三字者,蓋時武后已稱制,當有移唐稱周之心,以上文有"大唐永隆"年號,故下繼以"大周録",以示兩代並存者歟? 鄙見如是,留質諸高明者。(鈐"磊齋"朱文方印)

【録文】

施萍婷 1995,第 53 頁。榮新江 1996B,第 216 頁。

270. 日本國立國會圖書館藏 WB32(30)《道要》林熊光跋

【概述】

此《道要》殘卷存 4 紙,94 行(首行因修復遮蔽,不確定是否有字,如有則爲 95 行);卷背抄佛教文獻。《國立國會図書館漢籍目録》著録爲"道教叢書殘卷"(東京:國立國會図書館,1987 年 3 月,第 487 頁)。盒蓋墨筆題:"六朝人寫道教叢書殘卷。寶宋室。"實係唐寫本。盒蓋背面有林熊光題跋一則。

【校録箋證】

是卷出自燉煌。北平估人云:再三考究,係《脩文御覽》殘編[1]。然質諸吾友神田喜一郎君[2],云所引均道書,恐是當時道教叢書之一種[3],且所引書中有今已佚唯存目者,殊可寶貴也。今題匣從其説焉。癸酉(1933)夏日,寶宋室主人得此於江户並誌。(鈐"光"朱

文長方印）

　　[1] 此説不確。據王卡研究,此係受羅振玉、劉師培等斷定 P.2526 爲《修文殿御覽》殘卷之誤導,而有此錯誤判斷。詳見王卡《南北朝隋唐時期的道教類書——以敦煌寫本爲中心的考察》。

　　[2] 神田喜一郎(1897—1984),日本敦煌學家。畢業於京都帝國大學支那史學科。曾任臺北帝國大學教授、大阪市立大學教授、京都國立博物館館長等職。日本學士院會員。編有《燉煌秘笈留真》《敦煌秘笈留真新編》,著有《敦煌學五十年》等。

　　[3] 此説不確。該卷分類彙編道教文獻中的資料,性質爲道類書。王卡已考定其爲《道要》殘卷。

【圖版】

　　日本國立國會圖書館網站：http://dl.ndl.go.jp/info：ndljp/pid/2586489?tocOpened=1

【研究】

　　王卡 2013,第 515—519 頁。

271. 日本東京書道博物館藏中村 017《摩訶衍經》卷三十二王樹枏、張培愷、趙惟熙跋

【概述】

　　此卷長 616.8 釐米。卷末有尾題：“摩訶衍經卷第卅二。用紙廿五。”有題記三行：“延昌二年歲次癸巳六月廿日燉煌鎮經生馬天安所寫經成訖。校經道人。典經師令狐崇哲。”可知此卷爲北魏永平四年(511)至延昌三年(514)間令狐崇哲所主持之敦煌官方寫經機構所抄,敦煌遺書中存有其所抄佛經十餘部。

　　此卷爲梁玉書舊藏。梁玉書,字素文,奉天(今遼寧瀋陽)人。曾任度支部郎中。光緒末年任新疆監理財政官。收集大批敦煌遺書、吐魯番文書。

【校錄箋證】

(一) 引首王樹枏跋

　　北魏延昌二年(513)寫經殘卷,出敦煌千佛洞。結體取姿,有一種妍逸之致。《衛恒傳》所謂“方不中矩,員不副規,抑左揚右,望之若崎”者也[1]。末署“典經師令狐崇哲”。考令狐爲敦煌巨族,南北朝之令狐整、令狐休、令狐熙,皆著稱史册[2],崇哲蓋其族人也。

　　庚戌十一月冬至後一日(1910.12.24),新城王樹枏題于古車師後庭之寓廬。(鈐“樹枏之印”白文方印、“晉卿”朱文方印)

　　[1] 語出《晉書》卷三六《衛恒傳》所載衛恒《四體書勢》引漢崔瑗《草勢》。

　　[2]《周書》卷三六、《北史》卷六七均有令狐整傳,附其弟令狐休、其子令狐熙傳。

(二) 拖尾張培愷跋

　　北魏延昌二年距今已一千三百九十有八年,紙墨猶明净不壞,洵可寶也。宣統二年冬十二月張培愷敬觀[1]。(鈐“澤平珍賞”朱文長方印)

　　[1] 宣統二年冬十二月,即 1911 年 1 月 1 日至 1 月 29 日。張培愷,字澤平,湖北黄安(今紅安)人。

光緒三十四年(1908)畢業於日本法政大學清國留學生法政速成科。光緒末年任新疆法政學堂教員。宣統三年(1911)春,署高等檢察廳長,不久因醉酒鬧署被新疆巡撫袁大化參奏革職。

（三）拖尾趙惟熙跋

　　宣統第一庚戌嘉平月望日(1910.1.25),南豐趙惟熙敬觀。（鈐"覺園經眼"朱文方印）

【録文】

　　榮新江 1996B,第 178—179 頁。

【圖版】

　　磯部彰 2005,卷上第 98、101 頁。朱玉麒 2011,第 576—577 頁;朱玉麒 2019,第 399 頁。

【研究】

　　朱玉麒 2011,第 574—590 頁;朱玉麒 2019,第 395—418 頁。周慧 2015,第 83 頁。

272. 日本東京書道博物館藏中村 071《天請問經》成本璞、羅惇曧跋

【概述】

　　此卷長 106.2 釐米。卷末有玄奘譯經列位,最後兩行爲:"銀青光禄大夫行太子左庶子高陽縣開國男臣許敬宗監閲。"後有題記六行:"夫物情斯惑,資于教悟。大聖貽則,寔啓疑徒。而先匠譯辰,箋爾無紀。爰使後學積滯于懷,今故具書以彰來信。願傳寫之儔與余同志,庶幾彌劫永無惑焉。貞觀廿二年八月十五日菩薩戒弟子蘇士方發心,願漸輕寫諸經論等,奉爲至尊皇后殿下諸紀,又爲師僧父母、諸親眷屬、四生六道等出塵勞,法界有窮,斯願無泯,頌曰:寫妙法功德,普施於一切。同證會真如,速成無上覺。"

　　此卷爲梁玉書舊藏。拖尾有題跋二則。

【校録箋證】

（一）成本璞跋

　　烏絲繭紙土花暈,佛力信能迴劫運。便教饒盡廣長舌,今古茫茫天難問。西土龍象流傳久,誰揮慧腕蛟蛇走。琉璃世界大光明,世尊且作獅子吼。

　　題貞觀時蘇士方寫《天問經》尾。素文先生教正。湘鄉成本璞[1]。（鈐"琢如"朱文方印）

　　[1] 成本璞,(1876—?),字琢如,號愚民,湖南湘鄉人。留學日本。清末任浙江候補知府、中書科中書。民國初年任國務院秘書、伊犁外交司司長。南社社員。著有《九經新義》《松園集》《酒痕集》《淚影詞》等,彙編爲《通雅齋叢稿》。

（二）羅惇曧跋

　　甲寅(1914)五月,伊通齊耀珊[1]、興城吳景濂[2]、遼陽陳思[3]、錢唐鍾廣生、新會唐恩溥、順德羅惇曧同集素文先生齋中。惇曧題記。

　　[1] 齊耀珊(1865—1954),字照巖,吉林伊通昌邑縣人。光緒十六年(1890)進士。歷官内閣中書、宜

昌府知府、湖北荆宜道、署湖北提學使。1913 年任北京鹽務籌備處處長,1914 年任約法會議員,1915 年任參政院參政,1917 年至 1918 年任浙江省長,後歷任山東省長、内務總長、農商總長兼署教育總長、農商銀行總裁。與其兄齊耀琳藏書今存哈佛燕京圖書館,樂怡、劉波編有《哈佛燕京圖書館藏二齊舊藏珍稀文獻叢刊》(北京：國家圖書館出版社,2019 年)。

　　[2] 吴景濂(1874—1944),字蓮白、蓮伯、濂伯,奉天興城(今遼寧葫蘆島)人。光緒二十三年(1897)舉人。畢業於京師大學堂優級師範科,留學日本。清末歷任奉天自治會會長、奉天教育會會長、奉天省諮議局議長。1912 年任臨時參議院議員、議長,1913 年任衆議院議員。1917 年任衆議院議長、國會非常會議衆議院議長。

　　[3] 陳思(1873—1932),字慈首,奉天遼陽(今屬遼寧)人。光緒二十八年(1902)舉人。曾任廣西容縣、藤縣知縣,1916 年任江蘇江陰知縣。後執教於北京女子大學、奉天師範學校、東北大學,並任遼寧通志館纂修、文溯閣保管委員。著有《白石道人歌曲疏證》《白石道人年譜》《清真居士年譜》《稼軒先生年譜》等。

【圖版】

　　礒部彰 2005,卷中第 25 頁。

【研究】

　　周慧 2015,第 84 頁。朱玉麒 2018,第 13 頁;朱玉麒 2019,第 219 頁。

273. 日本東京書道博物館藏中村 073《妙法蓮華經》卷二成本璞跋

【概述】

　　此卷長 131.4 釐米。卷尾有題記:"大周長安二年(702)歲次壬寅六月丁酉朔天山府右果毅男宋知古爲亡父敬寫《法華經》一部。"題記中"年""月""天"三字爲武周新字。

　　此卷爲梁玉書舊藏。拖尾有成本璞跋一則。

【校録箋證】

　　六代以來,舉世歸心净土,經典迭譯,於兹遂盛。唐自太宗手定天下,既厭武功,彌研道奥,又勤御翰墨,篤好二王,簡札流傳,風靡海内。其時朝臣如歐陽虞褚之徒,並能卓然名家。至於玄奘訪經,聖教作序,迺集右軍之字,聚千狐之腋,耀慧日於臨池,翔慈雲於墨苑,可云偉矣。此卷出於敦煌石洞,筆勢雅近永興、河南[1],而探源星宿,實出於子敬之《洛神》[2],墨采焕發,玄香斑爛,信希世之奇珍也。當時士大夫以寫經爲功德,追薦先親,以資冥福,殆亦貞觀之流風所衍被,雖在絶域荒陬,亦復留斯妙迹。可見龍象魔力,無遠弗及。西方本爲佛國,波斯、大宛之邦,迷信尤甚,當科學未興時代,惟以宗教爲維繫國脉之妙用,洵今古一轍哉。展覽既竟,喟矣長裏。宣統辛亥(1911)冬十月素文先生大人命題,本璞書。(鈐"本璞小印"白文方印)

　　[1] 永興,指虞世南,封永興縣開國公。河南,指褚遂良,封河南郡開國公。

　　[2] 王獻之,字子敬。《洛神賦十三行》爲王獻之小楷代表作。

【圖版】

　　磯部彰 2005，卷中第 31 頁。

【研究】

　　周慧 2015，第 84—85 頁。

274. 日本東京書道博物館藏中村 075《觀世音經》王樹枏跋

【概述】

　　此卷首殘尾全，長 188.6 釐米。有尾題"觀世音經"，題記兩行："清信佛弟子黎思莊奉爲五道大神敬寫《觀音經》一卷。大曆五年二月十八日功畢永爲受持，願（下缺）。"原卷首紙紙質、書法與此後數紙相比均較差，故王樹枏跋語中有"卷端一紙，書法俗惡，紙色亦不一"之語。首紙文字内容與下文連貫，當爲寫經長期使用以致殘損之後，後人接紙補抄完全，今補接之紙張又殘損不全，可見此經必爲信衆受持甚久。

　　引首有王樹枏跋一則。

【校録箋證】

　　卷端一紙書法俗惡，紙色亦不一。舊與下卷粘連，故仍之。晉卿記。（鈐"樹枏"白文方印）

【圖版】

　　磯部彰 2005，卷中第 38 頁。朱玉麒 2011，第 577 頁。

【研究】

　　朱玉麒 2011，第 574—590 頁；朱玉麒 2019，第 395—418 頁。

275. 日本東京書道博物館藏中村 086《大般若波羅蜜經》卷一百六十八王樹枏跋

【概述】

　　此卷長 517.7 釐米。有尾題"大般若波羅蜜多經第百六十八"，又有題記"吳明達寫。第一校廣真。第二校廣真。第三校勘了"。池田温《中國古代寫本識語集録》推斷其年代爲九世紀前期（第 360 頁），當吐蕃統治敦煌時期。

　　引首有王樹枏題跋一則。

【校録箋證】

　　北涼寫經，古法具在，種種有致。此書相去甚遠，蓋當時傭書人筆意。然唐人真蹟，實世之希寶。嗜痂之癖，與嗜膾炙無異，正未可判其得失也。王充《論衡》云："俗好高古而稱所聞，前人之業，菜果甘甜；後人新造，蜜酪辛苦。"[1]此古今通弊也。紀元己酉十二月二十一日（1910.1.31）新城王樹枏題於北庭。

　　［1］語出王充《論衡》卷十三《超奇》第三十九。

【圖版】

　　磯部彰 2005，卷中第 92 頁；朱玉麒 2011，第 578 頁。

【研究】

　　朱玉麒 2011，第 574—590 頁；朱玉麒 2019，第 395—418 頁。

276. 日本東京書道博物館藏中村 087《大般若波羅蜜經》卷四百六十二王樹枏跋

【概述】

　　此卷首全尾斷，存 5 紙，長 237.6 釐米。有首題“大般若波羅蜜多經卷第四百六十二”。

　　引首有王樹枏跋二則，拖尾有王樹枏跋一則。

【校録箋證】

（一）引首王樹枏跋一

　　此卷出敦煌千佛洞中。李又耕臨春得數卷[1]，持以相贈。光緒辛丑[2]，千佛洞旁沙崩陷，現一洞，藏經甚夥，銅佛以數千計，皆爲土人攫去。法人伯希和遊歷至此，以賤價購諸民間，捆載而歸。今不復多見矣。庚戌季春七日（1910.4.16）新城王樹枏識於北庭藩署。

　　［1］李臨春，字又耕、幼耕。清末畢業於蘭州電報學堂，曾任甘肅電政監督處監督。

　　［2］光緒辛丑，即光緒二十七年（1901）。所記年代較現知敦煌遺書發現年晚一年，當係傳聞失實。

（二）引首王樹枏跋二

　　宋祁《筆記》：“古人寫書，盡用黄紙，故謂之黄卷。”[1]余所得唐人寫經卷子皆係黄紙，質綿緻堅厚，今所罕見。韋大昌《演繁露》云：“古書皆卷，至唐始爲葉子，今書册也。”[2]然觀唐人寫經，無不用卷子者，蓋古制也。（“質”下脱“理”字。）陶廬。

　　［1］語出宋祁《宋景文公筆記》卷上“釋俗”篇。

　　［2］韋大昌，當作“程大昌”。此句出自程大昌《演繁露》卷一〇。

（三）拖尾王樹枏跋

　　《舊唐書》載元奘往遊西域十七年，撰《西域記》十二卷，貞觀十九年（645）歸至京師，太宗詔將梵本六百五十七部於弘福寺翻譯，仍勅右僕射房玄齡、太子左庶子許敬宗廣召碩學沙門五十餘人相助整比。顯慶元年（656），高宗又令左僕射于志寧，侍中許敬宗，中書令來濟、李義府、杜正倫，黄門侍郎薛元超等，共潤色元奘所定之經，國子博士范義碩、太子洗馬郭瑜、弘文館學士高若思等，助加翻譯，凡成七十五部。元奘又移宜君山故玉華宫翻譯六年[1]。此即元奘所譯本也。仲父。

　　［1］以上本於《舊唐書》卷一九一《玄奘傳》：“僧玄奘，姓陳氏，洛州偃師人。大業末出家，博涉經論。嘗謂翻譯者多有訛謬，故就西域廣求異本以參驗之。貞觀初，隨商人往遊西域。玄奘既辯博出群，所在必

爲講釋論難,蕃人遠近咸尊伏之。在西域十七年,經百餘國,悉解其國之語,仍採其山川謡俗,土地所有,撰《西域記》十二卷。貞觀十九年,歸至京師。太宗見之,大悦,與之談論。於是詔將梵本六百五十七部於弘福寺翻譯,仍敕右僕射房玄齡、太子左庶子許敬宗,廣召碩學沙門五十餘人,相助整比。高宗在東宫,爲文德太后追福,造慈恩寺及翻經院,内出大幡,敕九部樂及京城諸寺幡蓋衆伎,送玄奘及所翻經像、諸高僧等入住慈恩寺。顯慶元年,高宗又令左僕射于志寧,侍中許敬宗,中書令來濟、李義府、杜正倫,黄門侍郎薛元超等,共潤色玄奘所定之經,國子博士范義碩、太子洗馬郭瑜、弘文館學士高若思等,助加翻譯。凡成七十五部,奏上之。後以京城人衆競來禮謁,玄奘乃奏請逐静翻譯,敕乃移於宜君山故玉華宫。六年卒,時年五十六,歸葬於白鹿原,士女送葬者數萬人。”

【圖版】

磯部彰 2005,卷中第 96、99 頁。朱玉麒 2011,第 579 頁。

【研究】

朱玉麒 2011,第 574—590 頁;朱玉麒 2019,第 395—418 頁。朱玉麒 2013,第 1075—1100 頁;朱玉麒 2019,第 433—468 頁。

277. 日本東京書道博物館藏中村 089《妙法蓮華經》卷六王樹枏跋

【概述】

此卷首尾完整,18 紙,長 873.6 釐米。有首題“妙法蓮華經如來壽量品第十六”,尾題“妙法蓮華經卷第六”。

引首有王樹枏跋四則。

【校録箋證】

(一) 王樹枏跋一

宣統庚戌(1910),少白制軍奉學部文,購敦煌千佛洞出土唐經[1]。李幼耕以四卷貽余。此其完整可貴者。聞張筱山刺史宰敦煌時[2],所得多精本,惜未之見也。晉卿。

[1] 長庚(? —1915),伊爾根覺羅氏,字少白,滿洲正黄旗人。宣統元年(1909)由伊犁將軍調任陝甘總督。當年十月到任,不久奉學部電,清點藏經洞劫餘文獻運京。

[2] 張筱山,指張元漮(? —1926),光緒二十三年(1897)任敦煌知縣,同年離任。張元漮任敦煌知縣時,藏經洞尚未發現,其獲得敦煌遺書當在任皋蘭知縣前後。

(二) 王樹枏跋二

雷音寺在敦煌縣南四十里,今名千佛洞。沙石堅凝,高下鑿龕以千百計。年祀邈遠,歷經兵燹,沙壓寺圮,而佛相莊嚴,斑爛金碧,粲然照目,故又名千佛岩[1]。光緒庚子(1900)孟夏,新開沙壓佛寺,又掘得複壁,内藏墨寫釋經甚夥。側立一碑,末云“大唐大中五年沙門洪誓立”[2]。余見定甫上公所得是洞唐經卷子[3],末有小字注:“大中五年膡送西方雷音寺。”[4]當時人民佞佛,故争送以祈福也。宣統庚戌九月廿三日(1910.10.25)新城王樹枏題。

[1] 朱玉麒指出,“雷音寺”至“千佛岩”一段文字源自徐松《西域水道記》卷三。原文云:“山東麓有雷

音寺,倚山爲宇。山錯沙石,堅凝似鐵。高下鑿龕,以千百計,年祀邈遠,經歷兵燹,沙壓傾圮,梯級多斷。而佛相莊嚴、斑斕金碧者,猶粲然盈目,故又曰千佛岩。"(徐松著,朱玉麒整理:《西域水道記(外二種)》,北京:中華書局,2005 年 7 月,第 148 頁)

［2］朱玉麒指出,"雷音寺在敦煌縣南四十里,今名千佛洞"一句及"光緒庚子"至"洪誓立"一段文字,改抄自《敦煌縣鄉土志》,原文云:"縣治南四十里千佛洞,光緒庚子孟夏,新開沙壓佛龕,乃掘得複洞,内藏番漢釋典、銅鑄佛像、紗絹繪造佛像。側立碑云:'大唐大中五年沙門洪誓立。'"

［3］載瀾(1856—1916),字定甫,嘉慶帝曾孫,惇郡王奕誴第三子。光緒十五年(1889)晉封輔國公。義和團興起,載瀾與載漪主張利用其攻打洋人。光緒二十六年(1900)四月,清廷派載勳、剛毅統率京津義和團,載瀾署右翼總兵,會同辦理,借義和團勢力劫掠財物,處事殘暴。八國聯軍攻佔北京,隨慈禧、光緒西逃。聯軍列載瀾爲"首禍"之一,清廷遂奪其爵位,發配新疆。辛亥革命後取道西伯利亞回東北。

［4］大連圖書館編輯《書香》第十六卷第三號(1944)載島田好《本館所藏稀覲書解題》(一),著録敦煌出土唐寫經"太上妙本通微妙經卷第十"一卷,解題謂卷末題"唐大中五年謄送西方雷音寺",或即該卷。今下落不明。

(三)王樹枏跋三

光緒壬辰(1892),陳衡堂矩以所得日本唐人寫經二紙贈余[1]。裴伯謙同年見之[2],謂爲唐人寫經之冠。今得此卷,遒媚雖不逮,然的是初唐筆意。晉老。三月廿一日。

［1］陳矩(1851—1939),字衡堂,貴州貴陽人。陳田之弟。監生。隨黎庶昌出使日本。光緒十七年(1891)回國後,歷任四川合州、石泉、三台、天全、井研、犍爲知縣,成都知府。民國初年任貴州圖書館館長、貴州通志局編纂。著有《日本金石志》《靈峰草堂集》《貴州通志·金石志稿》等。

［2］裴景福(1854—1926),字伯謙。

(四)王樹枏跋四

庚戌二月廿四(1910.4.3),接兒政敷未亡前三月書[1],並封寄衣食兩篋。見之痛不自勝。癸君出唐人寫經卷子裝池成軸示余[2],揮涕展卷,玩覲三時許,哀情頓豁。仲父題於鳳巢。(鈐"臣樹枏印"白文方印)

［1］王政敷(1871—1910),王樹枏長子。光緒末年署河南新鄭、西華知縣,升任道員,未及赴任,於宣統二年正月初五日(1910.2.14)卒於開封。

［2］癸君,王樹枏夫人劉氏(1852—?),王政敷生母,河北雄縣人。

【圖版】

磯部彰 2005,卷中第 102 頁。朱玉麒 2011,第 580 頁。

【研究】

朱玉麒 2011,第 574—590 頁;朱玉麒 2019,第 395—418 頁。

278. 日本東京書道博物館藏中村 091《大乘無量壽經》王樹枏跋

【概述】

此卷首尾完整,5 紙,長 213.4 釐米。有首題"大乘無量壽經",尾題"佛説無量壽宗要經”。引首有王樹枏題跋一則。

【校録箋證】

此卷爲徐星吾建國所貽。宣統庚戌(1910)，少白制軍輦敦煌千佛洞墨寫佛經送之學部[1]，其完整者五千餘卷。據星吾言，内有後趙石宏延熙元年(334)寫經卷子[2]，紙色、墨色、字體皆與此同。此蓋同時之物，故定爲後趙時所寫經也。晉卿記。庚戌十一月初七日(1910.12.8)。(鈐“樹枏之印”白文方印)

[1] 長庚(？ —1915)，字少白，宣統元年(1909)至三年任陝甘總督。

[2] 石宏，當作“石弘”，避清高宗弘曆諱改字。此延熙元年寫經今下落不明。目前所知敦煌遺書年代最早者爲上海博物館藏後涼麟嘉五年(393)寫本《維摩詰經》，晚於該件60年。

【圖版】

磯部彰2005，卷中第118頁。朱玉麒2011，第582頁。

【研究】

朱玉麒2011，第574—590頁；朱玉麒2019，第395—418頁。

279. 日本東京書道博物館藏中村132《抱朴子》殘卷許承堯、孔憲廷跋

【概述】

此件首尾均殘斷，存49行，長89.2釐米。經日本文部省認定爲“重要文化財”。引首有許承堯跋，拖尾有孔憲廷跋。據孔跋，此件係其從長卷割裂贈送親家許承堯，而自留下半截。孔憲廷自存部分，下落尚待查考。

【校録箋證】

(一) 引首許承堯跋

北朝人書《抱朴子》，奇寶也。戊午(1918)冬疑盦記[1]。(鈐“黄海范父”朱文方印)

棱棱瘦挺，視《弔比干文》當何如耶[2]？此上篇之尾，少軒全有中下二弓[3]，喜可知矣。

[1] 許承堯(1874—1964)，號疑盦。

[2] 即《孝文皇帝弔比干墓文》，北魏太和十八年(494)十一月刻，傳爲崔浩所書。原石久佚，宋代翻刻，碑存在河南汲縣比干廟。此碑結體寬博，筆畫方正勻稱。楊守敬評“瘦削獨出，險不可近”，康有爲論其爲“瘦硬峻峭之宗”。

[3] 孔憲廷(？ —1928)，字少軒。

(二) 拖尾孔憲廷跋

敦煌石室初發現時，佛經外所有鈔書銘傳及墨拓均爲外人取去，國之中幾無存者，予冥心搜索，得《抱朴子》一弓，昏薄而長，字勁而古，以他經證之，似非唐人手筆。乃展玩未竟，背面復見艸書數行，載有唐僖宗中和年號，當是正書在前，背書在後，爲北朝人所書無疑。際唐親家考古精博，一見而是予言，因割此四十九行畀之。予所自有中卷至下卷完好無缺，質之海内藏經家，當許我別樹一幟。民國八年(1919)元日。(鈐“孔憲廷”朱文長方印)

【圖版】

　　磯部彰 2005，卷中第 292、295 頁。

【研究】

　　朱鳳玉 2016，第 21—33 頁。黄征、周慧 2016，第 194 頁。

280. 日本東京書道博物館藏中村 136《南華真經·知北遊品第廿二》龔煦春跋

【概述】

　　此唐寫本《莊子》長 397.1 釐米，卷中“世”“淵”等字缺筆。卷末有“淨土寺藏經”墨印。寫卷前部卷背有滿漢文“敦煌縣印”。經日本文部省認定爲“重要文化財”。

　　據龔煦春跋，此卷初爲蘇子培所得，寄贈其弟蘇季培，隨後入龔煦春之手，不久轉歸四川廣安人顧鼇（巨六）。1922 年傅增湘曾通過白堅校閲此卷，校記書於傅增湘舊藏明世德堂刊本《南華真經注》十卷，該書有傅增湘跋：“顧巨六家藏唐人寫《南華真經·知北遊》一篇，計十紙，白堅父持以相視，因就校於此本上，其異同他日更考訂之。壬戌十月十七日（1922.12.5），沅叔記。”

　　又，余欣據中村不折將其列爲許承堯舊藏，指出其曾經許承堯之手（余欣：《搜奇癖古入肝膈：許承堯舊藏敦煌文獻的調查與研究》，載余欣《博望鳴沙——中古寫本研究與現代中國學術史之會通》，上海：上海古籍出版社，2012 年 6 月，第 110 頁）

　　龔煦春跋文對蘇季培藏品的概貌、流傳經過有比較詳細的記載，是調查蘇子培藏品的重要綫索。

【校録箋證】

　　此敦煌莫高窟中所藏唐人手寫《莊子》卷也。窟中經卷發見於光緒二十六年（1900），其後英國、日本及北京學部先後搜採，發見愈夥，然不詳所得何書也。惟三十四年（1908）法人伯希來募工搜掘[1]，所獲凡數十種，大抵中國四部書及敦煌掌故爲多，其目具詳王仁俊所輯《敦煌石室真跡録》中，目内亦列有《莊子》[2]。據劉聲叔言，曾親校過，係《山木篇》，篇首殘闕[3]，字較此本稍大，或非一本也。此卷乃光緒三十一二年間彰明蘇子培任敦煌典史時所得以寄其弟季培者。書法醇厚，頗似初唐人所書，然篇首題目稱“南華真經”，則玄宗以後人所書矣（《新唐書》：天寶元年，始號《莊子》爲《南華真經》[4]）。通幅“曰”字皆作窄體，與“日月”之“日”字同，唐人書碑版大率如此，觀李北海《雲麾將軍碑》自可見[5]。惟“形體”之“形”通作“刑”，義不可曉。考《詩》“刑於寡妻”“儀式刑文王之典”，義皆訓“形”，猶喜形於色之意。《詩》中“刑”字蓋古字之僅存者。卷中字句與《經典釋文》校，微有異同，而與注中所稱他本作某者合，蓋即陸氏所見之别本也。卷中“淵”字、“世”字皆缺筆，自餘唐諱字罕見，無從考知書字歲月，然筆意清醇，可決爲中唐初人所作（中唐初習褚體者尚多）。末有“淨土寺藏經”圖記。上海所印珂羅版伯希來《敦煌秘寶》中有佛經一段，末尾亦有此圖記[6]，與此絲毫不異，蓋皆同時藏弆於一寺者。而子培寄其弟之卷凡六,中有佛經一卷,係武德四年(621)長安令李某監造,字體類鍾紹京;又佛經三卷,漢中田承伯、康星甫暨余各得其一,字皆方整,諦審乃晚唐人筆;又道科一卷,亦在余處,字甚拙劣。知此經雖同藏石窟,其由來非一時所聚也。不審浄土寺者,或長安之寺,抑敦煌之寺,尚須詳考耳。唐末距今已千年,等而上之,已千二三百年矣,此卷尚首尾全具,紙墨如新。非有神靈呵,藏之名山,更千餘年乃發見於世,則後之人又何從得見唐代手寫書卷程式乎?考中國所存唐寫本書籍,惟蔣季斧所藏唐寫本《玉篇》爲著[7],然識者猶謂其無確據,其餘無聞焉。此外若《説文》木部,則遠在日本[8]。伯希來所得敦煌各籍,已大半存之法蘭西博物院。而此歸然靈光,獨留存吾國,安得不球圖視之,以爲一代之寶典乎! 余素不識季培,綿竹馮春翹以余留心古迹,乃爲余介紹,以歸於余,春翹亦可謂善成人之美者矣。季培,綿竹楊叔橋之婿,長安令造經一卷歸叔橋之長嗣思永。附記於此。辛亥(1911)十月,成都亂起,余攜此卷歸井研,藏之古美堂。明年壬子正月六日(1912.2.23),獨坐山窗,反覆展玩,因記此卷發見原始及購得之緣於此,俾後有考焉。熙台龔煦春[9]。

[1] 伯希來,即伯希和。

[2] 王仁俊輯《敦煌石室真蹟録》,分甲乙丙丁戊五録,宣統元年(1909)九月國粹堂石印。該書爲我國出版的第一部敦煌文獻資料集,所録多碑記及歸義軍時期文書。目録後附四部書寫本簡目(31種),注明"以上俟伯希和寄照印本上石",内有"莊子"。

[3] 劉聲叔,指劉師培(1884—1919,字申叔)。劉師培《敦煌新出唐寫本提要》(載《國粹學報》第七十五至八十二期,1911年)有《莊子郭象注殘卷》一篇,謂:"《莊子》郭象注一百五十八行,由《外篇·山木篇》'夜行晝居'起,至篇末止,計分十節。節各另行注,均夾行小字。首行及第八行、第十行、第十一行、第十二行、第十三行、第十四行、第十八行字數漫滅多寡弗等。書法秀逸。淵、民及從虎之字,字均缺筆,恒字獨否,則書於穆宗以前矣。今以明刊郭注本校之,計增字一十有二、省字二十有二、異字四十有四、倒易及互有損益者五事,郭注之中舍語助損益異同外,異字七、省字四、倒字一、挩字二、誤字一、衍字二。合正文、注文勘之,舍衍羡訛挩外,並較今本爲長,惜所存之止於斯也。"

[4] 語出《新唐書》卷五十九《藝文志》:"天寶元年,詔號《莊子》爲南華真經,《列子》爲沖虛真經,《文子》爲通玄真經,《亢桑子》爲洞靈真經。"

[5] 李北海《雲麾將軍碑》,即《唐故雲麾將軍右武衛大將軍贈秦州都督彭國公謚曰昭公李府君神道碑并序》,又稱《李思訓碑》。李邕(678—747,官北海太守)撰文並書,唐開元八年(720)立。

[6] 上海所印珂羅版伯希來《敦煌秘寶》,指上海有正書局珂羅版影印《石室秘寶》。該書所收《老子化胡經》卷十,卷末有此印,跋文中稱"佛經",恐爲記憶失實。見《敦煌叢刊初集》九,臺北:新文豐出版公司,1985年,第471頁。

[7] 蔣斧所得並非《玉篇》,而是《唐韻》。蔣斧於光緒三十四年(1908)經羅振玉介紹,在北京琉璃廠書肆購得唐寫本《唐韻》殘卷,存去聲、入聲兩卷,同年上海國粹學報社影印《唐寫本唐韻》。《玉篇》唐寫本零卷,清末黎庶昌在日本發現,遂向各藏家摹寫刻印,收入所編《古逸叢書》,羅振玉又影印言、系二卷及魚部殘卷。

[8] 唐寫本《説文解字·木部》殘卷,同治元年(1862)莫友芝得自黔縣張廉臣,後輾轉爲日本學者内藤虎次郎所得,今藏日本大阪杏雨書屋。

　　［9］龔煦春，字熙台，清末民初四川井研人，廩生。曾任華陽小學堂教習。編有《四川郡縣志》，與修［光緒］《井研縣志》。

【圖版】

　　磯部彰 2005，卷中第 316 頁。

【研究】

　　榮新江 2001，第 67—68 頁。余欣 2005，第 169—172 頁；余欣 2012，第 107—111 頁。王菡 2008，第 95—98 頁。黃征、周慧 2016，第 194—195 頁。

281. 日本大阪杏雨書屋藏羽 013《志玄安樂經》李盛鐸跋

【概述】

　　此卷長 282.7 釐米，5 紙，存首題、尾題"志玄安樂經"。首題下鈐"木齋真賞"朱文方印、"李滂"白文方印，尾題下鈐"木齋審定""嘉麐館印"二朱文方印。尾題後有李盛鐸題記一則。

【校錄箋證】

　　丙辰（1916）秋日，于君歸自肅州，以此見詒。盛鐸記。（鈐"李盛鐸印"白文方印）

【錄文】

　　吉田忠夫 2009A，第 7 頁。杏雨書屋 2020，第 106 頁。

【圖版】

　　羽田亨 1958，第六圖。吉田忠夫 2009B，第 132 頁。杏雨書屋 2020，第 85 頁。

【研究】

　　林悟殊、榮新江 1992，第 19—34 頁；榮新江 2010，第 28—46 頁。

282. 日本大阪杏雨書屋藏羽 470《摩訶衍經》卷九十三向燊跋

【概述】

　　此卷存 20 紙，長 978.4 釐米。有尾題"摩訶衍經卷第九十三"。卷首鈐印二枚，其一爲"端○"朱文長方印；其二爲白文長方印，印文待考，全卷凡兩紙相接處均騎縫鈐有該印。卷末鈐"向燊所藏金石書畫圖籍"朱文長方印、"抱蜀廬"朱文方印、"抱蜀廬藏"白文方印。拖尾有向燊題跋。

【校錄箋證】

　　東魏寫《摩訶衍經》。姚秦譯，燉煌石室藏。（鈐"向燊所藏金石書畫圖籍"朱文方印、"抱蜀廬"朱文方印）

　　東魏人書法漸趨方緊，隋唐之先導也。此卷筆法結體與東魏碑誌相似，如蘇作蒜，濡作濕，奪作奮，射作抴，率作縊，妓作伎，物作牣之類，可按而知也。紙亦不似唐人所造，凡藏經家皆一望而知之。庚申（1920）仲冬避兵申江，爲之考定，故記之。篷累行者向燊。

（此卷余於乙卯〔1915〕得之于京師，有端字印，或云陶齋故物也[1]。）（鈐"樂谷"朱文方印、"向氏中子"白文方印）

[1] 陶齋，即端方（1861—1911）。

【圖版】

　　吉田忠夫 2012A，第 181 頁。

【研究】

　　鄭阿財 2013，第 120 頁。

283. 日本大阪杏雨書屋藏羽 471《摩訶衍經》卷九十五向燊跋

【概述】

　　此卷存 16 紙，長 677.7 釐米。引首外題"釋論"，下鈐"抱蜀廬藏"白文方印。卷末鈐"抱蜀廬藏"白文方印、"向燊所藏金石書畫圖籍"朱文方印。拖尾有向燊題跋。

【校録箋證】

　　東魏寫釋論。姚秦譯。燉煌石室藏。

　　此卷紙色、筆法、結體與所藏《摩訶衍經》同，爲東魏人所書也。中如辨作辦，物作物，俗作俗，穿作穿，演作演，皆與東魏以來碑志相同。（鈐"抱蜀廬"朱文方印，另一朱文方印待考）

　　庚申（1920）仲冬避兵申江，詳爲考定，故記之。辰廬老人向燊。（鈐"樂谷"朱文方印、"向氏中子"白文方印）

【圖版】

　　吉田忠夫 2012A，第 191 頁。

【研究】

　　鄭阿財 2013，第 120 頁。

284. 日本大阪杏雨書屋藏羽 474《大般若波羅蜜多經》卷二百八十七王廷楨跋

【概述】

　　此卷存 16 紙，長 742.7 釐米。引首外題"唐人寫本《大般若波羅蜜多經》殘卷"，下有"小萬柳堂"印。寫卷前鈐"唐經閣"朱文方印、"南湖鑑藏"朱文方印、"暫止便去"朱文長方印，末鈐"唐經閣"朱文方印、"寫經室"白文方印、"吳芝瑛印"白文方印、"小萬柳堂收藏金石書畫印記"白文長方印。引首有王廷楨題跋一則。

【校録箋證】

　　唐人寫本《大般若波羅蜜多經》殘卷。

　　歲在癸亥臘八日（1924.1.13）廉泉仝妻吳芝瑛爲先考姚奉呈潭柘山岫雲寺唐經閣珍

藏[1]，以此功德，伏願永依佛光，超生浄土。王廷楨敬題[2]。（鈐"王廷楨印"朱文方印、"楨威將軍"白文方印）

　　[1] 廉泉（1868—1931），字惠卿，號南湖居士、岫雲，齋號小萬柳堂、三十六峰草堂等，江蘇金匱（今無錫）人。光緒二十年（1894）舉人，次年參與"公車上書"。精詩文，善書法，嗜書畫金石。辛亥革命後隱居北平潭柘寺。後曾任故宮保管委員等職。著有《南湖集》《潭柘集》《夢還集》《夢還遺集》等。吳芝瑛（1868—1934），字紫英，別號萬柳夫人，安徽桐城人。吳康之之女，吳汝綸堂姪。光緒二十九年（1903）與秋瑾結爲姐妹，後資助秋瑾赴日留學，三十三年（1907）秋瑾遇害，吳芝瑛與徐自華爲之營葬於杭州西泠橋畔。潭柘山岫雲寺，俗稱潭柘寺，在北京西郊門頭溝區。

　　[2] 王廷楨（1876—1940），字子銘，又作子明，直隸人。日本士官學校第一期畢業。清末任禁衛軍協統。民國初年任天津鎮守使、江寧鎮守使、陸軍第十六師師長、長江巡閲副使。1917 年授將軍府禎威將軍。1940 年遭日本特務下毒身亡。

【録文】

　　吉田忠夫 2012A，第 201 頁。

【圖版】

　　吉田忠夫 2012A，第 202—203 頁。

【研究】

　　鄭阿財 2013，第 118—120 頁。

285. 日本大阪杏雨書屋藏羽 475《金光明最勝王經》卷十侯毅跋

【概述】

　　此卷存 7 紙，長 271.2 釐米。卷首鈐"唐經閣"朱文方印、"南湖鑑藏"朱文方印，拖尾鈐"寫經室"白文方印、"吳芝瑛印"白文方印。引首外題簽"唐人寫本《金光明最勝王經》殘卷"，下鈐"小萬柳堂"印。引首有侯毅跋。

【校録箋證】

　　唐人寫本《金光明最勝王經》殘卷。（鈐"藐女史"朱文長方印）

　　歲在癸亥臘八日（1924.1.13），廉泉仝妻吳芝瑛爲先考妣奉呈潭柘山岫雲寺唐經閣珍藏，以此功德，伏願永依佛光，超生浄土。侯朱藐承命敬題於京都籀雲室[1]。（鈐"朱藐"朱文方印、"疑始堂"白文方印）

　　[1] 侯朱藐，即侯毅（1885—1951），字雪農，號疑始（一作凝始），江蘇無錫人。留學日本。曾任海軍部秘書、河北省政府秘書。師從嚴復。工篆刻。著有《疑始詩詞》等。

【録文】

　　吉田忠夫 2012A，第 212 頁。

【圖版】

　　吉田忠夫 2012A，第 213—214 頁。

【研究】

鄭阿財 2013,第 118—120 頁。

286. 日本大阪杏雨書屋藏羽 476《金光明最勝王經》卷十侯毅跋

【概述】

此卷存 9 紙,長 334.5 釐米。引首外題"唐人寫本《金光明最勝王經》殘卷",下鈐"小萬柳堂"印。卷首鈐"唐經閣"朱文方印、"南湖鑑藏"朱文方印、"小萬柳堂"白文長方印,拖尾鈐"墨林星鳳"朱文方印、"寫經室"白文方印、"吳芝瑛印"白文方印。引首有侯毅題跋一則。

【校録箋證】

唐人寫本《金光明最勝王經》殘卷。(鈐"無錫侯毅"白文方印)

歲在癸亥臘八日(1924.1.13),廉泉仝妻吳芝瑛爲先考妣奉呈潭柘山岫雲寺唐經閣珍藏,以此功德,伏願永依佛光,超生淨土。姪壻侯毅承命敬題於京都籀雲室。(鈐"東里侯氏"朱文方印、"疑始"朱文方印)

【録文】

吉田忠夫 2012A,第 218 頁。

【圖版】

吉田忠夫 2012A,第 219—220 頁。

【研究】

鄭阿財 2013,第 118—120 頁。

287. 日本大阪杏雨書屋藏羽 477《大般若波羅蜜多經卷》卷四百六孫揆均跋

【概述】

此卷存 18 紙,長 842.3 釐米。引首外題"唐人寫本《大般若波羅蜜多經》殘卷",下鈐"小萬柳堂"印。卷首鈐"唐經閣"朱文方印、"南湖鑑藏"朱文方印、"小萬柳堂"白文長方印,卷尾鈐"唐經閣"朱文方印、"南湖鑑藏"朱文方印、"寫經室"白文方印、"吳芝瑛印"白文方印。引首有孫揆均題跋一則。

【校録箋證】

唐人寫本《大般若波羅蜜多經》殘卷。

歲在癸亥臘八日(1924.1.13),廉泉仝妻吳芝瑛爲其先考妣奉呈潭柘山岫雲寺唐經閣珍藏,以此功德,伏願永依佛光,超生淨土。寒厓奉題[1]。(鈐"孫"朱文印)

[1] 孫揆均(1866—1941),又名道毅,字叔方,號寒厓,江蘇無錫人。光緒二十年(1894)舉人。留學日本。清末任內閣中書、軍機章京、甘肅蘭州道臺衙門文案。民國時期曾任江陰縣長、教育部秘書。工

書,能詩,有《寒厓集》。

【録文】

　　吉田忠夫 2012A,第 225 頁。

【圖版】

　　吉田忠夫 2012A,第 226 頁。

【研究】

　　鄭阿財 2013,第 118—120 頁。

288. 日本大阪杏雨書屋藏羽 480《佛頂尊勝陀羅尼經》董玉書跋

【概述】

　　此卷存 4 紙,長 160.7 釐米。引首外題"唐人寫本寫經殘卷",下鈐"小萬柳堂"印。卷首鈐"唐經閣"朱文方印、"墨林星鳳"朱文方印、"小萬柳堂"白文長方印,卷尾鈐"寫經室"白文方印、"吳芝瑛印"白文方印。引首有董玉書題跋一則。

【校録箋證】

　　敦煌石室唐人寫經殘卷。

　　歲在癸亥臘八日(1924.1.13),廉泉仝妻吳芝瑛爲先考妣奉呈潭柘山岫雲寺唐經閣珍藏,以此功德,伏願永依佛光,超生淨土。董玉書敬題[1]。(鈐"董氏玉書"白文方印、"逸滄印信"朱文方印)

　　[1] 董玉書(1869—1952),字逸滄,晚號拙修老人,齋名拙修草堂、寒松庵,江蘇江都(今揚州)人。清末拔貢。歷任安徽天長、霍邱知縣。流寓居庸關、張家口一帶近十年,晚年寓居北平。工詩,善書。著有《寒松庵詩集》《蕪城懷舊録》《蒙國紀聞》《寶昌雜録》等。

【録文】

　　吉田忠夫 2012A,第 247 頁。

【圖版】

　　吉田忠夫 2012A,第 248—249 頁。

【研究】

　　鄭阿財 2013,第 118—120 頁。

289. 日本大阪杏雨書屋藏羽 553《佛名經》潛山跋

【概述】

　　此卷存 3 紙。引首外題:"唐人寫《佛名經》。敦煌出土。"引首題:"唐《佛名經》。昭和戊辰十二月斬水。"前鈐"徜徉逍遥"白文長方印,後鈐"川上斬水"白文方印、"士鴻"朱文方印。昭和戊辰即日本昭和三年(1928)。拖尾有跋二則,落款署"潛山"。

【校録箋證】

（一）潛山跋一

千金至寶，子孫保之。

（二）潛山跋二

宣統元年（1909）得之日本，三年裝于京師怡墨堂。端午日（1911.6.1）潛山記。（鈐"潛"朱文圓印、"山"朱文圓印、"田〇"朱文長方印）

【録文】

吉田忠夫 2012B，第 222 頁。

【圖版】

吉田忠夫 2012B，第 224—226 頁。

290. 日本大阪杏雨書屋藏羽 628《佛説延壽命經》許承堯跋

【概述】

此卷裱褙文獻二件：其一爲《佛説延壽命經》，3 紙。末有題記二則："顯德二年（955）乙卯歲四月十五日，弟子都頭知四大口銀青光禄大夫檢校右散騎常侍兼御史大夫上柱國上騎都慰賈彦俊因染微疾，寫斯《延壽命經》，附此福因，伏願身心輕利，然後延年益壽，慶集災消，長幼闔門，同霑喜樂，發心持念記耳"；"太平興國伍年（980）庚辰歲八月卅日顯德寺法律善明敬發無上勝心，集得《延壽命經》一卷，一心持念，不得心散，日日專心讀誦，爲後因果報，同霑喜樂，伏願身心輕利，早成佛道，莫落三塗，乘生浄土，長壽快樂。"其二爲刻本經折裝《妙法蓮華經普門品》，文字版畫相間；高 12.7 釐米，開本較小。

卷前鈐"歙許芚父斿隴所得"朱文長方印、"卿五鑑藏"朱文方印。張書雲，字卿五，號慰農，廣西臨桂人，光緒二十九年（1903）進士，官至弼德院參議，善書法。可知此卷曾經許承堯、張書雲遞藏。

《延壽命經》之後，有許承堯題跋一則，書於"甘肅政務廳用箋"，二紙。

【校録箋證】

此卷爲龔佛平前輩令張扐時所獲[1]，余攫得之。經爲顯德時賈彦俊所造，而太平興國時僧善明加題，尤爲奇特。曩在京師方地山處見一小卷[2]，與此略同，後有題跋四五行。渠爲袁克定代購[3]，索價至五百圓，其希有可知。考敦皇石室扃閉於太平興國時，以其中無太平興國以後物也。《延壽命經》全藏未著録，更屬可貴。余别得晚唐畫佛象一帋，右書"清信弟子節度押衙翟儒秀供養"，左書"㳄壽命菩薩供養"，"㳄"字與此同，當是"延"字。其時大法已衰，似皆縈心罪福，不求真理。又所見五代寫經，以《無量壽宗要經》爲最多，各卷一律，書皆陋劣，帋亦粗糙，與此略同，亦可考見世變。又計周顯德二年乙卯距宋太平興國伍年庚辰相去二十六年，爲時無幾，此爲石室最晚之物。由太平興國五年逆溯至余所藏最古寫經有題識之熙平元年(516)，中隔四百六十五年，可見石室建立之古、儲藏之久。其時名寺刹寶存古物，殆已與今之歐洲博物院同一性質。但城市多劫灰，而荒山少錐鑿，獨邀幸運，留示後人，固亦非偶然也。八年(1919)八月十六夜。

[1] 龔元凱(1869—約1928)，字福屏、黼屏，號君黼、佛平，安徽合肥人。光緒二十九年(1903)進士，授翰林院編修。1915年5月署甘涼道尹，1917年10月卸任，其繼任者即許承堯。善書法。著有《蛻龕集》。

[2] 方爾謙(1871—1936)，字地山，曾任袁世凱家庭教師。

[3] 袁克定(1878—1955)，字雲臺，河南項城人。袁世凱長子。清末任農工商部參議、右丞。鼓吹帝制，助其父袁世凱稱帝。復辟失敗，寓居天津。

【錄文】

吉田忠夫2012C，第313頁。

【圖版】

吉田忠夫2012C，第316頁。

【研究】

鄭阿財2013，第123—124頁。朱鳳玉2016，第21—33頁。

291. 日本大阪杏雨書屋藏羽774《大般涅槃經》卷七李盛鐸、黑板勝美、內藤虎次郎跋

【概述】

此卷存10紙，長448釐米。卷尾有題記："比丘尼慶輝供養。"據《敦煌秘笈》目錄，係中尾萬三寄贈。中尾萬三(1882—1936)，日本現代學者，治陶瓷史、本草學，著有《支那陶磁源流圖考》(1922)、《漢書藝文志より本草衍義に至る本草書目の考察》(1928)、《食療本草の考察》(1930)、《科學：支那思想：本草の思潮》(1934)等。

拖尾有李盛鐸、黑板勝美、內藤虎次郎跋。

【校錄箋證】

(一) 拖尾李盛鐸跋

元魏石刻自張猛龍、賈思伯三數碑志外[1]，造象爲多。俗匠所鐫，筆意全失。至小楷尤絕無僅有，況墨蹟乎？此北派書法所以流傳甚稀也。自敦煌莫高窟發見寫經後，而晉魏六朝之妙墨始流播宇內。然世風不古，贗造亦多，魚目混珠，幾於莫辨。此卷筆意遒健，紙墨亦古，確爲北魏人所書。余購得數年，以其破損，加之潢治，置諸坐右，備平日之臨模。今藤田先生來游析津，重蒙厚貺，以此輒贈，藉供高齋鑒賞，非敢云瓊瑤之報也。壬申霜降日(1932.10.23)李盛鐸識。(鈐"李盛鐸印"白文方印、"木齋"朱文方印)

[1] 張猛龍，即《張猛龍碑》，北魏正光三年(522)刻，石今存山東曲阜漢魏碑刻陳列館。賈思伯，即

《賈思伯碑》,北魏神龜二年(519)立,石今存曲阜孔廟。

(二) 拖尾黑板勝美跋

日本昭和第八(1933)之孟春日虚心黑板勝稽顙觀之[1]。

[1] 黑板勝美(1874—1946),號虚心,日本長崎人。東京大學教授。1910 年自歐洲留學回日,介紹勒柯克、斯坦因所得敦煌西域文物文獻,引發日本學界對此産生濃厚興趣。著有《虚心文集》《國史の研究》等。

(三) 拖尾内藤虎次郎跋

甲戌(1934)二月觀於恭仁山莊[1]。此北魏寫經之致佳者。内藤虎。(鈐"寶馬盦"白文方印)

[1] 恭仁山莊,日本京都大學教授内藤虎次郎(1866—1934,號湖南)退休後的居所,位於京都府南郊加茂町瓶原村。内藤湖南收藏甚富,其中北宋刊本《史記集解》、宋刊本《毛詩正義》單疏本、唐寫本《説文解字》木部殘卷、平安朝寫本《春秋經傳集解》殘篇,被日本文部省指定爲"日本國寶",合稱"恭仁山莊四寶"。1938 年,其家族將恭仁山莊宋元刊本 67 種、唐宋元明抄本 31 種,轉讓大阪杏雨書屋。1983 年,關西大學購入恭仁山莊及其附設書庫與藏書,關西大學圖書館特闢"内藤文庫"專室收藏。

【圖版】

吉田忠夫 2013,第 480—481 頁。

292. 日本天理大學圖書館藏 183 － イ 279《西夏文經斷簡》張大千跋

【概述】

此件裱褙西夏文佛經殘片四十四件。1960 年入藏天理大學圖書館。有張大千題跋三則,此據王三慶文逐録。

【校録箋證】

(一) 第七件張大千跋

此四頁是回鶻人書,用楊木削爲筆,如今日之鋼筆也。(鈐"張爰"白文方形套印、"大千"朱文方印)

(二) 第十件張大千跋

此西夏文墨蹟,至不易得。草書傳世尤尠,伯西和、斯坦因俱未得見者。(鈐"大千立存"朱文方印)

(三) 第四十四件張大千跋

此日光天子,中國傳説之三足烏也。(鈐"大千居士"白文方形套印)

【研究】

王三慶 1991,第 85 頁。

293. 日本天理大學圖書館藏 183 – イ 109《大智度論》卷六十九中村不折跋

【概述】

此卷存 19 紙。尾題後有題記："大業三年(607)三月十五日,弟子蘇七寶爲亡父母敬寫大智度論經一部供養。"拖尾有中村不折題跋。此據王三慶文迻錄。

【校錄箋證】

此《大智論》書法遒勁,隨人法度爲可見。筆者蘇七寶,余亦藏此人寫經。不折記。(鈐"中村延印"白文方印、"不折山人"朱文方印)

【研究】

王三慶 1991,第 91 頁。

294. 日本天理大學圖書館藏 222 – イ 47《敦煌石室遺珠》陶祖光跋

【概述】

此册裱褙殘片七種,有何晏注《論語》、清泰二年(935)社司轉帖、《毛詩鄭箋》、本草書、《開蒙要訓》等。外有茶色紙簽,題"石室遺珠,彝齋秘笈"。内有金砂薄紅紙簽,上書題跋。此據王三慶、榮新江文迻錄。

【校錄箋證】

莫高碎壁,伯奮得唐寫《論語》等卷[1],真天壤法寶,爰爲書此,壬申(1932)端陽後,陶祖光北溟識[2]。(有鈐印,待考)

[1] 程琦(1911—1988),字伯奮,號二石老人、可庵,安徽歙縣人。旅日僑商、古物鑒賞家。與盛宣懷第七子盛升頤關係密切。

[2] 陶祖光(1882—1956),字伯銘、北溟,江蘇武進(今常州)人。工篆刻,精鑒別。著有《翔鶯閣金石文字考釋》等。

【研究】

王三慶 1991,第 80 頁。榮新江 1996B,第 204—210 頁。

295. 日本天理大學圖書館藏 329.2 – イ 15《張君義公驗》張大千跋

【概述】

此件爲唐景龍三年(709)張君義以傔人殺敵有功發給之公驗三通,鈐官印數枚。卷首題："初唐景龍三年張君義告身三通,漠高山發現。蜀郡張大千爰。"鈐"張爰印""大千"二印。有張大千題跋一則。此據王三慶、施萍婷文迻錄。

【校錄箋證】

辛巳(1941)之夏,予與門人子姪坐石室積沙間食哈密瓜。食罷,以無從得水盥洗,以手掬沙而擦,忽覺沙中有麻布袋,因扒出之。中有人頭一,左手至腕一,右手大拇指一。兩手雖乾,而指紋猶清晰可辨。其頭無頂骨,如刀削去者,遂疑爲喇嘛之頭。蓋蕃僧於命終前,往往許頭骨爲供佛水盂也。既而於後腦下發現紙卷一,彷彿若有字迹,惟血肉模糊,不易揭出。乃攜還寺中,浸水中二日,始得展布案上。細繹而句讀之,知爲景龍初敦煌白丁張君義以傔人而奮勇殺敵而陞爲驍騎尉者,則此頭與手當爲敵人所戕,其從者以布囊盛之,附以戰功狀,而藏之窟中積沙下,猶冀他時改葬,不意轉戰萬里,永埋窟中也。初唐文書傳世者僅此而已,況有官印,尤可寶貴。其頭與手,今存上寺敦煌藝術研究所。大千張爰記於敦煌莫高窟上寺。(鈐"張爰之印"白文方印、"大千居士"朱文方印)

【研究】

王三慶 1991,第 81—82 頁。施萍婷 1999,第 9 頁。

296. 日本天理大學圖書館藏 180－イ1《敦煌遺片》張大千跋

【概述】

此卷裱褙殘片八件,首片有題記"僧録廣福大師管主八施大藏經於沙州文殊舍利塔寺永遠流通供養",管主八爲元代西藏僧人,曾任松江府僧録,主持刊刻河西字(西夏文)大藏經及續刻《磧砂藏》。每件均有張大千跋。此據王三慶文迻録。

【校録箋證】

(一)第一件張大千跋

西夏殘經,癸未歲(1944)得於敦煌石室。壬辰(1952)秋日裝成。蜀郡張大千爰。(鈐"張爰之印"白文方印、"蜀郡張爰"白文方印、"大千居士"朱文方印)

(二)第二件張大千跋

莫高窟發現西夏文有手印者,此爲創見,至可貴也。壬辰(1952)秋日裝成題記。蜀人張大千爰。(鈐"大千鉢"白文方形套印)

(三)第三件張大千跋一

六道輪回圖,面部衣冠大似唐人,其晚唐五代間人筆乎。(鈐"張爰"白文方形套印、"大千鉢"朱文方印)

(四)第三件張大千跋二

此敘利亞文墨蹟及殘畫皆莫高窟發現,斯坦因攜去數片外,他無所見。大千居士記。(鈐"張爰印信"白文方印)

(五)第四件張大千跋

此亦地獄變也,令人想像吳生粉本。莫高發現回鶻經典甚少,況此墨蹟書畫耶!壬辰(1952)之秋大千居士題。(鈐"張爰"白文方印、"大千"朱文方印)

（六）第五件張大千跋

　　此敍利亞文木刻著色畫，莫高窟發見初來物也。大千居士題記。（鈐“張爰印”白文方印、“大千居士”朱文方印）

（七）第六件張大千跋

　　敍利亞文，蒙古文所從出也。此畫當是密教，與西藏所畫大有相似虛。壬辰（1952）秋日蜀郡張大千題記。（鈐“大千鉢”朱文方印）

（八）第八件張大千跋

　　此西夏人借據，漢蕃對照，兼有三字人花押，尤可甎也。大千居士爰。（鈐“張爰”白文方印、“大千居士”朱文方印）

【研究】

　　王三慶 1991，第 82—83 頁。

297. 日本天理大學圖書館藏 183－イ293《般若波羅蜜多心經注本》李宗瀚、許乃普、周壽昌、林熊光跋

【概述】

　　此件首缺尾全，存 11 紙，371 行。卷首題：“唐人書心經墨蹟。棲霞仙館珍藏。”

　　據李宗瀚跋文，此件係道光七年（1827）以前出於敦煌塔，爲敦煌藏經洞之外出土的一件珍貴文物。最初由流放伊犁的某君所得，後贈與素訥，復轉歸李宗瀚之同年字號爲雲心者。道光二十九年（1849）年許乃普以五十金購得。許乃普（1787—1866），字滇生、季鴻，號養園，浙江錢塘（今杭州）人。嘉慶二十五年（1820）榜眼，官至吏部尚書。著有《堪喜齋集》。此卷後轉爲盛宣懷所得，約 1952 年歸林熊光，不久入藏日本天理大學圖書館。

　　李宗瀚、許乃普、周壽昌跋據王三慶《〈般若波羅蜜多心經〉注本價值試論》迻録；林熊光跋據榮新江《海外敦煌吐魯番文獻知見録》迻録。

【校録箋證】

（一）李宗瀚跋

　　右唐人書心經並注，不下四千字，開首微有缺失。聞此卷乃某君遣戍伊江時[1]，得於敦煌塔中，後攜至武昌，以贈素夢蟾方伯[2]，今歸雲心同年[3]。紙品墨色，殆千餘年物。昔松雪手補唐人臨十七帖不完處數行，陸友仁謂其沉著不逮[4]，此其所以爲唐人歟！道光丁亥（1827）孟夏，臨川李宗瀚並識[5]。（鈐“李宗瀚”半朱半白文方印）

　　[1] 伊江，指伊犁。某君，王三慶推測爲長齡。

　　[2] 素訥，字夢蟾、夢詹，蒙古鑲黃旗人。乾隆五十一年（1786）十月由内閣中書入直，官至直隸布政使。

　　[3] 雲心，王三慶推測爲陳希曾（1766—1816），字集正、雪香，江西新城（今黎川）人，乾隆五十八年

(1793)進士,官至工部左侍郎。待考。王三慶文論該卷在"清代史料上的價值"一節,又謂其人爲陳起詩。陳起詩(1795—1842),字敦甫,號筠心、雲心,嘉慶十五年(1810)秀才,道光五年(1825)舉人,九年進士,官吏部主事。與李宗瀚無同年之誼,恐非其人。

[4] 趙孟頫(1254—1322),字子昂,號松雪。明朱存理編《珊瑚木難》卷五"唐人臨十七帖"條著録鄧文原跋:"此帖唐人書無疑,得子昂完補,遂成全物。"陸行直跋:"松雪翁負書名於當世,然八法四韓之際,真不愧古人,觀唐人所摹帖不完處數行,但神采沈著處,知公不逮古人多矣。"後一則《鐵網珊瑚》《清河書畫録》《式古堂書畫彙考》均著録爲陸行直撰,此跋則謂爲陸友仁。按陸行直爲宋末元初人,字季道,號壺天,蘇州人,與張炎(1248—約1320)有交往;陸友仁,字輔之,蘇州人,與虞集(1272—1348)友善,撰有《吳中舊事》《研北雜誌》。此跋將二人混同。

[5] 李宗瀚(1769—1831),字公博,號春湖、北溟,江西臨川人。乾隆五十八年(1793)進士,授編修。嘉慶三年(1798)擢侍讀學士,典試福建,督湖南學政,歷官太僕寺卿、左副都御史。道光八年(1828)擢工部侍郎,典試浙江。善書法,喜藏書。

(二) 許乃普跋一

僕於内典尤所未聞,惟《心經》注尚見數種,未若此注之得真實義,非僅書法圓勁秀厚,非北宋以後所能追步也。己酉(1849)秋以五十金得之,自幸緣法不淺。道光庚戌元日(1850.2.12),記於卧室南窗下,時感冒小愈,不可以風。貞錫居士。(鈐"丁未生"朱文長方印,"滇生"白文方印)

(三) 許乃普跋二

咸豐元年辛亥春正月戊子朔(1851.2.1),和風朗日,如春登臺,予以寅正即起,率彭壽於佛前暨影堂拈香[1],後由西長安門至太和殿行慶賀禮,復入直南齋,歸而記之如右。(鈐"臣許乃普"朱文方印、"翰林供奉"白文方印、"高暘"朱文長方印)

[1] 許彭壽(1821—1866),字仁山。許乃普之子。道光二十七年(1847)進士。官至内閣學士署禮部左侍郎。

(四) 許乃普跋三

壬子年壬寅月壬子日(1852.2.20)壬寅時,齋袚行禮後,即由西華門進内。辰初於乾清門行三跪九叩首禮,入直南齋,復至懋勤殿。巳刻,出東長安門,詣翰林院聖人前,並正陽門觀音、武帝廟拈香。是日天氣晴和,與歲前迥異,交午後始風。(鈐"乃普"白文方印、"滇生"朱文方印)

(五) 許乃普跋四

壬子(1852)入秋後,楚氛日惡,近且竄入漢陽,連陷武昌、黄州,窺伺九江、安慶矣[1]！獨使至尊憂社稷,令人憤恨。我佛慈悲,庶幾護國佑民,俾得以餘年快睹昇平耳。咸豐三年癸丑元日(1853.2.8),書於和鳴館。(鈐"臣乃普印"白文方印)

[1] 指太平天國進佔湖北,威脅長江中下游一帶。咸豐二年十一月十三日(1852.12.23),太平軍攻克漢陽,圍武昌,十二月四日(1853.1.12)攻克武昌,十一日(1.19)攻克黄州,隨後退回。咸豐三年正月初二

(1853.2.9)棄武漢東進,初四(2.11)再佔黃州。此後於正月十一日(2.18)攻克九江,十七(2.24)攻克安慶,二月初十(3.19)攻入南京。

(六) 許乃普跋五

烏遠芳蘭泰都護[1]、江岷樵忠源中丞[2],皆心交也,先後以身殉國,孤忠壯節,生氣凜然,足爲千秋臣鵠。彼受閫寄而擁重兵者,獨何心哉。甲寅元旦(1854.1.19)午後書,時雪深尺餘,除夕快晴,頃又同雲欲雪矣。(鈐"臣許乃普"白文方印、"滇生"朱文方印)

[1] 烏蘭泰(?—1852),字遠芳,滿洲正紅旗人。咸豐元年(1851)幫辦廣西軍務,統兵鎮壓太平軍,次年春在桂林南郊中炮身亡。

[2] 江忠源(1812—1854),字常孺,號岷樵,湖南新寧人。道光十七(1837)舉人。咸豐元年組建"楚勇",與太平軍作戰,多有戰功,咸豐三年升任安徽巡撫,十二月十六日(1854.1.14)太平軍攻克廬州,投水自殺。

(七) 許乃普跋六

余向有嘔吐疾,近復加以頭眩,甲寅歲除,患此甚劇。元日(1855.2.17),皇上升殿,余職應與富中丞糾儀。時王、袁兩中丞方以防勦在外,聯總憲兼御前侍衛執金吾差使[1],勢難代予執事,不得已扶病而往,成禮而退。是日風寒而極晴朗,午後記於臥室之南窗,冥冥中殆有默相之者,志幸且志感也。咸豐五年乙卯(1855)。(鈐"滇生"朱文方印、"季鴻"朱文方印)

[1] 許乃普於咸豐四年十一月遷都察院漢左都御史兼代吏部尚書。富中丞,指富興阿,時任左副都御史。王中丞指王履謙,袁中丞指袁甲三,二人爲左副都御史。聯總憲,即聯順,時任滿左都御史。

(八) 許乃普跋七

咸豐六年丙辰(1856),予年七十矣。默揣體氣似無痼疾,實荷我佛慈佑,從此當益兢兢,以冀長蒙福蔭;要是一念貪癡,誓求解脫世纏,應向蒲團上靜觀,莫向俗緣中繫戀。(鈐"臣許乃普"白文方印、"滇生"朱文方印)

(九) 許乃普跋八

予仕官四十年,尚僦屋而居。往歲,屋主官成而歸,索屋甚亟,予乃卜居西四牌樓北當街廟石老孃胡同祥宅,屋少於舊。喜宅東有隙地,可以種竹藝花;庭前有古槐,三樹藤陰;南有井,其甘如醴。又有井在東墻之陰,亦可供汎掃,記以詩云:

一井流甘擬鑿垣,十椽移向便迎暄。軒窗要足容書史,堂構何妨待子孫。

小有坡陀供眺覽,廣栽花木當屏藩。老夫比似萊公富,未有樓臺已有園。

退直後,時倨仰其間,亦覺攸然自得,非有索屋甚亟之主人,予且安土重遷矣。天下事水流雲在,何不可作如是觀也。

咸豐七年丁巳元日(1857.1.26)午後,七十一翁記於新居福慧雙脩之室。(鈐"臣許乃普"白文方印、"滇生"朱文方印)

(十) 許乃普跋九

咸豐八年戊午元日(1858.2.14)，上御乾清宮受賀，因聖躬已報大安，而起居尚宜節勞也。已初禮成，出東安門，詣翰林院聖人前行禮，並正陽門觀音、關帝廟叩頭。午正回寓。飯後復至蔗林、煦齋兩師相影堂瞻拜[1]，歸而敬記如右。時已申初，天氣暖甚。養園老人。

(鈐"養園老人"朱文長方印、"臣許乃普"半朱半白文方印)

[1] 董誥(1740—1818)，字雅倫，號蔗林，浙江富陽人，乾隆二十八年(1763)進士，官至文華殿大學士，工書畫。英和(1771—1840)，索綽絡氏，字定圃，號煦齋，隸滿洲正白旗，乾隆五十八年(1793)進士，官至户部尚書、協辦大學士。

(十一) 許乃普跋十

戊午之夏，哦、咪、嘆、咈四國妄有要求[1]，内憂未靖，外釁又萌，老臣恨無涓補。茲聞彭兒云，適有六百里上海報到，似夷務漸有頭緒，眼前且可無事，亦足仰慰聖懷。己未元日(1859.2.3)，恭記於和鳴館北窗。本日於辰初二刻升殿受賀，予循往年年例，以午正回家，未正書此。

去年九月，有遼陽之行。服余郎中述祖鹿茸方劑，舊疾不作，眠食較佳。

[1] 哦、咪、嘆、咈，即俄、美、英、法四國。第二次鴉片戰爭期間，英、法、俄、美四國公使率艦隊於1858年4月陸續抵達大沽口外，5月大沽失陷，6月清廷分別與俄、英、法、美簽訂《天津條約》。

(十二) 許乃普跋十一

予少壯時，役於科舉之學；五十後，泛覽載籍，於世故人情，粗有閲歷；六十後，名心頗澹，道心漸生；今年七十有四矣，然尚承乏銓曹，老不求退，則以金陵及皖南軍務未竣，一經旋浙，籌防籌饟，正非衰朽所能從事。若擇地而蹈，自爲計則得矣，於此心殊未安也。僕僕緇塵中，惟有愧汗而已。庚申元日(1860.1.23)，以侍宴太和殿，未及書此卷，後人字補記。是日，大風寒甚。

(十三) 許乃普跋十二

同治元年壬戌元日(1862.1.30)，六合清朗，春意盎然，洵是中興氣象。予自庚申八月引疾去官後，目睹時艱，都無意賴，辛酉新正，未著一字。茲復展卷著筆，以老朽仰蒙慈佑，目未昏，手未顫耳！

(十四) 許乃普跋十三

去年十一月廿八日(1861.12.29)，浙省復陷[1]，杭州將軍瑞昌、浙江巡撫王有齡殉之，由蘇撫薛焕自上海譯奏到京[2]，松楸桑梓，令人不堪設想，奈何奈何。尚幸廬州收復[3]，差強人意耳。初三日巳刻記。

[1] 咸豐十年二月二十七日(1860.3.19)，太平天國忠王李秀成攻佔杭州，三月三日(3.24)退出；咸豐十一年十一月二十八日(1861.12.29)李秀成再次攻佔杭州，是爲"浙省復陷"。

[2] 瑞昌(? —1861)，字雲閣，鈕祜禄氏，滿洲鑲黃旗人，咸豐三年(1853)升杭州將軍，十一年冬太平軍再克杭州，自焚死。王有齡(? —1861)，字雪軒，福建侯官(今福州)人，咸豐十年任浙江巡撫，次年冬太

平軍再克杭州,兵敗自殺。薛煥(1815—1880),字覲堂,四川興文人,舉人,咸豐十年任江蘇巡撫。

[3] 同治元年正月十七日(1862.2.15),清軍多隆阿部進逼廬州,四月十五日(5.13)太平天國英王陳玉成棄廬州,是爲"廬州收復"。

(十五) 周壽昌跋

平泉結構近丹垣,暑恰迎涼凍納暄。南海煙雲同證佛,西江桃李又生孫。(師早年督學江西,今世兄仁山侍郎復典試其地[1]。)

老臣憂國文成史,朝士求書紙滿藩。我侍溫公居洛下,許從獨樂叩名園。

同治甲子(1864)九月,錢唐尚書出唐人《心經》卷見示,並命題句,敬和原韻七律一首,以代跋語,即求鈞誨。門下士周壽昌謹呈[2]。(鈐"荇農"朱文長方印)

[1] 道光十四年(1834),許乃普以侍讀學士提督江西學政。仁山侍郎,即許乃普之子、禮部左侍郎許彭壽。據《清實録·同治朝實録》卷一百十一,同治三年八月丁丑(1864.9.9),"以内閣學士許彭壽爲江西鄉試正考官,翰林院編修蔣彬蔚爲副考官"。

[2] 周壽昌(1814—1884),字應甫、荇農,湖南長沙人。道光二十五年(1845)進士。官至内閣學士兼禮部侍郎。著有《漢書注校補》《後漢書注補正》《三國志注證遺》《思益堂集》等。許乃普爲道光二十五年乙巳科會試副總裁,故周壽昌稱其爲師。

(十六) 林熊光跋一

此唐人書《心經》並注卷,最可貴者三:

一、同爲敦煌發見寫經,而此卷最早李春湖跋於道光七年,是較斯坦因、伯希和發見敦煌藏經早數拾年;

一、字體較習見寫經者爲大,且雄勁非常,猶帶有隸筆,的是出初唐人手;

一、注釋尤詳,且得真實義,而咒語翻成華文,是爲未曾有。

卷本武進盛氏舊藏,今歸寶宋室[1],歡喜無量,距許文恪公得此已壹百零三年矣[2]。(鈐"寶宋室"印)

[1] 寶宋室,林熊光(1897—1971)齋號。

[2] 榮新江據此推定此跋書於 1952 年。許乃普,謚文恪。

(十七) 林熊光跋二

《般若心經》乃鳩摩羅什所譯。羅什,天竺人,符堅遣吕光伐龜兹得之,光還而堅已卒。姚興伐涼,迎至長安,禮以國師,居逍遥園,與群僧共譯經論三百餘卷,居秦九年卒。故《心經》譯成至唐初已二百餘年,此間當有注釋多種,而此卷注釋未知出諸誰氏,神田博士云係佚書之一。至於末段咒文,翻成華語並注,係由近時羅將軍赴彼中天,承傳而來者,尤足供研究佛教歷史之大好資料也。壬辰(1952)冬日,朗庵。(鈐"林熊光印")

(十八) 林熊光跋三

共和卅二年(1953)癸巳元旦,天氣晴和,諷誦一過。朗庵,時年五十有六,寓居於東京吉祥寺。

【著録】

王三慶 1991,第 92 頁。

【研究】

王三慶 1992,第 87—108 頁。榮新江 1996B,第 204—206 頁。

298. 日本東京大東急記念文庫藏 107－5－1－1《敦煌寫經英萃》清野謙次跋

【概述】

"東急"係東京急行電車公司簡稱。1949 年,爲紀念東急、東浜急行、京王帝都、小田急、東横百貨等五公司聯合,設立大東急記念文庫,其藏書以久原文庫、井上文庫爲基礎。2011 年,大東急記念文庫與五島美術館合併。

據施萍婷介紹,此卷裱褙敦煌遺書殘片二十件。後有原收藏者清野謙次跋一則。此據施萍婷文迻録。

【校録箋證】

余好索敦煌石室寫經之斷片,從獲則藏之,收集有年於兹。頃者探匣底,始知其既及二十種,閲而查之,最古者即成于晉代,雖其稍新者亦是五代之物,皆無不當時能書者之筆跡。余知川上漸君深愛古寫經[1],乃就各斷片其數行乃至二十數行,命匠綴緝裝潢而作卷軸二,贈君以其一。君其朝夕卷舒,與余同樂,則雖東西異居,猶是對坐歡晤也。昭和七年(1932)十一月一日亡父勇七周忌紀念日于平安古都[2],清野謙次識[3]。(鈐"清野""謙次"二印)

　　[1] 川上漸,慶應義塾大學醫學部病理學教授。著有《病理組織學實習説明集》等。

　　[2] 清野勇(？—1925),東京帝國大學醫學部第一期卒業生,歷任岡山縣醫學校長兼病院長、大阪醫學校校長兼病院長。

　　[3] 清野謙次(1885—1955),清野勇長子,生於日本岡山縣。1909 年畢業於京都帝國大學醫學院,留學德國。京都大學醫學部教授,病理學家、人類學家和考古學家。著作有《生體染色の研究》《日本原人の研究》《古代人骨の研究に基づく日本人種論》《日本考古學・人類學史》《日本貝塚の研究》等。

【録文】

施萍婷 1995,第 63 頁。

299. 日本東京大東急記念文庫藏 107－8－1－1《大方等大集經》卷五李盛鐸跋

【概述】

據施萍婷介紹,此件存 16 紙。尾有李盛鐸跋。此據施萍婷文迻録。

【校録箋證】

此敦煌石室所藏六朝人書經卷之一。別有此經第二十卷,末有"開皇十五年(595)董

孝纘爲亡考鳴沙縣令董哲造"等字[1]，今藏江陰何氏[2]。盛鐸記。（鈐"李盛鐸印""木齋"二印）

　　[1] 該卷今藏日本書道博物館。編號中村054，長799.2釐米，存尾題"大方等大集經卷第廿"，後有題記："弟子州省事董孝纘仰爲亡考鳴沙縣令董哲敬寫，願亡考及法界有形同成正覺。大隨開皇十五年歲次乙卯十月十九日寫訖。"圖版見磯部彰編：《台東區立書道博物館所藏中村不折舊藏禹域墨書集成》（上），東京：文部科學省科學研究費特定領域研究〈東アジア出版文化の研究〉總括班發行，2005年3月，第294—301頁。

　　[2] 江陰何氏，即何彦升（1860—1910）。

【録文】

　　施萍婷1995，第64頁。

300. 日本東京大東急記念文庫藏107‐22‐1‐1《大般涅槃經》卷二十九彭契聖跋

【概述】

　　據施萍婷介紹，此卷存19紙。背鈐"德化李氏凡將閣珍藏"朱文印一方。引首有題跋一則，書於"正本堂監製"信箋。此據施萍婷文迻録。

【校録箋證】

　　此卷有張孟龍[1]、景和妻二碑筆意[2]，其爲魏墨無疑。己未（1919）五月彭契聖觀于安西縣署[3]。（鈐"契聖"白文印）

　　[1] 張孟龍，指《張猛龍碑》，北魏正光三年（522）刻，石今存山東曲阜漢魏碑刻陳列館。

　　[2] 景和妻，即《魏代揚州長史南梁郡太守宜陽子司馬景和妻墓誌銘》，北魏延昌三年（514）刻石，清乾隆二十年（1755）出土於河南孟縣。

　　[3] 彭契聖，湖南長沙人，1919年任安西縣長。

【録文】

　　施萍婷1995，第62頁。

301. 日本東京三井文庫藏025‐014‐017《僧伽吒經》卷四許承堯跋（存目）

【概述】

　　據赤尾榮慶《三井文庫所藏敦煌寫經目録》，此件長46.7釐米，存28行，有許承堯跋。詳情待考。施萍亭《日本公私收藏敦煌遺書敘録（一）——三井文庫所藏敦煌遺書》（《敦煌研究》1993年第2期）謂"此件曾裝裱修理"，但未著録題跋。

【著録】

　　赤尾榮慶2003，第27頁。三井文庫2004，第64頁。余欣2012，第122頁。

302. 英國國家圖書館藏敦煌遺書殘片夾啓功跋

【概述】

據柴劍虹介紹,此跋書於英國國家圖書館某敦煌遺書殘片夾之後。

【校録箋證】

一九九六年十月十日下午,獲觀館藏敦煌經卷,其中有晚唐五代寫生拙筆所書者,聞有妄人指爲僞作,因爲誌此以奉告典藏諸君,自古法書有真有僞,而此輩妄人囈語,切莫聽也。王世襄、莊壽彦、李良娱、傅熹年、章景懷、啓功。

【録文】

柴劍虹 2002,第 47 頁。

303. 德國巴伐利亞州立圖書館藏 Cod.sin.89/1《妙法蓮華經》卷四方若跋

【概述】

據榮新江介紹,此卷原爲張頤所藏,1977 年與 Cod.sin.90《大般若波羅蜜多經》一起入藏巴伐利亞州立圖書館。

此卷長 225 釐米,卷前有“魯德福印”白文方印。魯德福(Richard C. Rudolph),美國加州大學洛杉磯分校東亞圖書館原館長。引首有外題:“紗法蓮花經五百弟子受記品。張頤謹題。”張頤(約 1880—約 1950),字一香,浙江寧波人,後寓居天津,收藏碑帖甚富。

該館所藏同批文獻中,Cod.sin.89/2《妙法蓮華經》卷四,長 334 釐米,有外題:“妙法連華經授學無學人記品第九,張頤謹題。”Cod.sin.89/3《妙法蓮華經》卷四,長 272 釐米,有外題:“妙法連華經見寶塔品第十一,張頤謹題”。Cod.sin.89/4《妙法蓮華經》卷四,長 297 釐米,有外題:“紗法蓮花經提婆達多品。癸丑(1913)二月張頤謹題。”均鈐有“魯德福印”。

此則題跋據榮新江《海外敦煌吐魯番文獻知見録》轉録,復據巴伐利亞州立圖書館東亞數字資源庫發佈圖版核校。

【校録箋證】

(一) 方若跋一

唐人寫經出敦煌千佛洞複壁中,發見最早爲匈牙利地學協會會長羅克喜博士[1],時在西曆千八百九十七年,但盛稱洞中壁畫及彫刻精美。于是歐洲探險家相繼而至,罔不攫取書籍、經卷、搨本。今之影印數種,風行一時,即晚近法蘭西人所得以之歸巴黎圖書館者也。噫! 一洞之藏,探險家取之,地方强有力取之,前清學部聞而又派人取之,中途復有人竊取之,寶藏安得不罄。就中最著名如李邕寫經一卷,其半卷爲長庚所得[2]。柳公權書《金剛經》唐搨,《化度寺塔銘》《唐溫泉銘》唐搨[3],皆爲人間奇寶,故尋常經生之寫經,予不欲得焉。考千佛洞去敦煌二十六里餘，洞在鳴沙山絶頂，人工爲之者，洞口架以棧橋，二三重至十餘重不等。千佛洞面積方四十五六尺，是爲各洞之中心，洞壁彩畫雖爲後世俗工填補，究其精美處，尚不至掩滅。予友羅叔藴曾以影片贈予[4]，目想神遊，且爲之廢食，況身歷其境乎！明牕净几，展對小貫先生所得石洞遺經[5]，爰誌數言歸之。定海方若。（前鈐"識堂"朱文長方印）

[1] 羅克喜博士，即 Lajos Lóczy（1849—1920），現一般譯作洛克濟，或作洛克齊、魯克西，匈牙利地理學家。曾任約瑟夫技術大學地理學教授、布達佩斯大學地理系教授，1900 至 1914 年任匈牙利地理學會（Magyar Földrajzi Társaság）會長。1877—1880 年，匈牙利貝拉·塞切尼伯爵（Béla Széchenyi）率領探險隊進行東亞考察，洛克濟負責考古工作。探險隊於 1879 年 4 月下旬到達敦煌，參觀莫高窟，記錄所存石窟、壁畫、塑像以及寺院、僧人的情況，洛克濟還留下了第一幅西方人描繪的莫高窟素描圖。1902 年，洛克濟在漢堡的東方學會上介紹了莫高窟美術。洛克濟編輯了塞切尼探險隊的報告《東亞遊歷學術成果》，全書三册；他在中亞和中國西北地區的地形學和古生物學研究上有突出成就，1886 年出版《中華帝國的自然特徵與國情描述：根據貝拉·塞切尼伯爵東亞旅行期間親身經歷和現存文獻》（*A description of the natural features and countries of the Chinese Empire*，*based on the experience collected during the East Asian travels of Count Béla Széchenyi and on extant literature*）。斯坦因探訪敦煌，和洛克濟的引導有一定關係。洛克濟還幫助斯坦因編輯了匈牙利文版《沙埋和闐廢址記》。

[2] 李邕寫經，今不知下落。長庚（？—1915），宣統元年（1909）至三年任陝甘總督。

[3] 柳公權書《金剛經》唐搨，即法藏 P.4503。《化度寺塔銘》唐搨，即法藏 P.4510 歐陽詢書《化度寺故僧邕禪師舍利塔銘》。《唐温泉銘》唐搨，即法藏 P.4508 唐太宗李世民書《温泉銘》。1909 年王仁俊出版《敦煌石室真蹟録》，1910 年上海有正書局以珂羅版影印《石室秘寶》，都收録了這三件唐搨本。

[4] 羅振玉（1866—1940），字叔藴。有正書局本《石室秘寶》亦刊佈四幅敦煌壁畫照片，即 221 窟《阿彌陀經變》、251 窟全景、263 窟千佛、217 窟《觀無量壽經變》。

[5] 小貫先生，榮新江認爲係張頤；謝輝疑爲正金銀行天津分社社長小貫慶治，内藤湖南 1899 年訪華時曾邀其與方若等會面（謝輝：《德國巴伐利亞州立圖書館藏漢籍善本初探》，《蘭臺世界》2016 年第 13 期，第 97 頁）。

（二）方若跋二

土魯番寫經出自土中，竟較敦煌石洞所出爲精，有上繪佛像、下書佛號者，有版印經文者，然多片段，少整卷耳。若又識，時癸丑四月立夏日（1913.5.6）。（鈐"定海方若"白文方方印、"方若印"白文方印）

【圖版】

巴伐利亞州立圖書館東亞數字資源庫：https://ostasien.digitale-sammlungen.de/view/bsb00078649/1?localeUrl＝％2Fview％2Fbsb00078649％3Flocale％3D

【研究】

榮新江 1996B，第 107—108 頁。張國剛、榮新江 1995，第 252—257 頁。

304. 美國國會圖書館藏《敦煌唐人寫經》羅惇曧跋

【概述】

此卷館藏號爲 J612.S911。據居蜜《美國國會圖書館敦煌高昌寫經、宋金元本典藏、淵源、版本和數位化》介紹,此件存 1 紙,7 行 119 字,長 12.3 釐米,裱糊於對折卡紙右方。係馮景桂爲美國國會圖書館訪得,1919 年 3 月 28 日入藏。附有英文信函一頁、羅惇曧跋英文譯本二頁、敦煌寫經英文介紹二頁,英文信函署名爲 Hing Kwai Fung,即馮景桂。信函係 1919 年 3 月 28 日寄致國會圖書館館長赫伯特・普特南(Herbert Putnam),稱向國會圖書館致送敦煌經卷一件,並提及羅惇曧跋,稱羅爲其表兄。羅跋譯文亦出於馮景桂之手。

題跋據居蜜文迻録。

【校録箋證】

此敦煌石室中之唐人寫經也。石室在甘肅敦煌縣之千佛山,舊呼莫高窟,爲西夏構兵時寺僧壁藏經卷之地。清光緒八年(1882),壁破經見,移置故陝甘總督左宗棠祠堂。宣統二年(1910),教育部請陝甘總督運至京師,零縑斷簡乃流傳於外。千年遺跡,墨采如新,信可寶也。民國四年(1915)十二月二十三日,廣州羅惇曧跋尾。

【録文】

居蜜 2009,第 60 頁。

305. 美國國會圖書館藏敦煌北魏寫經蘇瑩輝跋

【概述】

據居蜜《美國國會圖書館敦煌高昌寫經、宋金元本典藏、淵源、版本和數位化》介紹,此卷及另一件唐寫本《金光明經》,均係 1944 年出土於敦煌土地廟。1953 年 2 月 26 日由臺北駐美機構寄交美國國會圖書館,同年 3 月 4 日入藏。

蘇瑩輝跋據居蜜文迻録。

【校録箋證】

民國三十三年(1944)秋,敦煌千佛洞附近之土地祠殘塑中,發現北魏寫本佛經等卷子六十餘卷。其發現詳情,見《東方雜誌》第四十一卷第三號《敦煌新出寫本毛詩孝經合考》一文,及北平圖書館《圖書季刊》(重慶版)等刊物。《大陸雜誌》第一卷第九期"敦煌新出北魏本曆日",亦係三十三年新發現者。蘇瑩輝。

北魏寫本佛經殘葉(二十行)

蘇録唐人寫《金光明經》:唐寫本《金光明經》殘葉(十五行)。

以上皆斯坦因後首次發現者。

【録文】

居蜜 2009,第 60—61 頁。

306. 美國芝加哥大學東亞圖書館藏《妙法蓮華經》董作賓跋

【概述】

據錢存訓(1910—2015)介紹,此件係董作賓(1895—1963)在臺灣以 100 美元購得,托人轉送給錢先生,作爲贈給他的壽禮。盒内有金字大紅囍箋,上書:"公垂仁兄、文錦夫人雅賞。平廬敬寄。"公垂,錢存訓字;文錦,即錢夫人許文錦;平廬,董作賓號。

引首題:"敦煌唐寫本《妙法蓮華經》殘卷。莊嚴。"莊嚴(1899—1980),字尚嚴,號慕陵,吉林長春人。1924 年畢業於北京大學哲學系,同年任清室善後委員會事務員。1926 年任故宫博物院古物館科長。1937 年押運故宫博物院 80 箱精品文物赴英國倫敦中國藝術國際展覽會展覽。1948 年參與組織文物遷臺,後任臺北"故宫博物院"副院長。著有《山堂清話》。

錢存訓《芝加哥大學遠東圖書館建館劄記》刊有引首及卷中一段書影。承芝加哥大學東亞圖書館周原館長盛意,筆者於 2014 年 7 月 15 日有幸展閲該卷。兹據當日所攝照片録文。

【校録箋證】

右敦煌唐人寫本《妙法蓮華經》殘卷三種,今合爲一卷,其中陀羅尼品第二十六末段可與妙莊嚴王本事品密接,而二十七卷闕尾[1],普賢菩薩勸發品第二十八又闕首,不相衝貫。中華民國四十二年秋,余於臺北友人家見之,覺其書法秀逸,筆力蒼勁,極爲欣賞,乃攝取其妙莊嚴王品前八行,刊於《大陸雜志》七卷十二期封面,並爲短文介紹之[2]。今讓歸芝加哥大學東方學院中文圖書館保存,珍藏海外,可云得所。敦煌佛經舊藏京師圖書館,號稱八千卷。據國立北平圖書館編目,《妙法蓮華》一種即有一千六百餘卷,占全量五之一。余於民國三十二年寫《敦煌紀年》[3],得此經有年代可考者凡十九種,除西魏、隋及後晉各一之外,唐人寫者十有六。此卷不具首尾,無寫經年月,然必爲唐人手筆,無容疑也。民國四十三年六月十日,裝池既竣,記其經過如此。南陽董作賓謹跋。(鈐"董作賓"白文方印、"彦堂"朱文方印)

[1] 二十七卷,指《妙法蓮華經》妙莊嚴王本事品第二十七,此處誤以品爲卷。

[2] 即董作賓所作《關於敦煌唐寫本妙法蓮華經》一文,後收入《平廬文存》。此跋部分文字見於該文。

[3] 刊於《説文月刊》第三卷第十期。

307. 美國哥倫比亞大學圖書館藏《佛説灌頂經》卷十二張元濟跋

【概述】

此殘片存文字 10 行,已鑲裱,上端裱紙有張元濟題跋一則。據跋文,此爲張元濟贈送美國出版商勃林姆登的禮物。此跋照片承張志清惠示，兹據以録文。

【校録箋證】

余識勃林姆登先生十年矣[1]，今歲先生來游吾國[2]，握手道故，懽愉無極。余知先生酷嗜古人墨蹟，收藏不少，而於吾國歜闕，因出昔年所得唐人寫經片紙爲贈，以助游興。民國九年(1920)春，張元濟。

[1] 勃林姆登，即 George Arthur Plimpton(1855—1936)，美國 Ginn & Co.出版公司經理，張元濟日記中稱其爲勃林姆敦、勃林姆、勃林姆登、潑林姆登、林姆登、勃林登。商務印書館與 Ginn & Co.出版公司有業務合作，張元濟日記中稱其爲美國經恩公司、金恩公司。勃林姆登收藏古書、手稿甚多，尤重教育史資料。1936 年去世前，將藏品捐贈美國哥倫比亞大學巴特勒圖書館 (the Nicholas Murray Butler Library)。

[2] 據張元濟日記，1920 年春勃林姆登到訪上海，3 月 15 日張元濟"訪潑林姆登，晤其夫人及子，約同至李文卿處看古董"；3 月 17 日"金恩經理勃林姆君偕其夫人及其子來廠參觀"；3 月 18 日"七時半約勃林姆登夫婦及其子、彌勒夫婦、樂拔忒夫婦又訂書人德來克在一品香晚餐"；3 月 19 日"午後偕謝福生往訪彌勒、[勃]林姆登談訂約事"；3 月 22 日"謝福生擬定之金恩寄售合同攜至總務處……送交勃林姆登閲看。據稱可用，即囑印成正式合同，於禮拜五日候伊歸至杭州即行簽字。……派吳東初陪勃林姆登到蘇、杭。余在出納科支洋五十元，交東初備用，歸來出賬"；3 月 26 日"傍晚六點鐘約謝福生到匯中與勃林姆登君簽約"(張元濟著，張人鳳整理：《張元濟日記》，石家莊：河北教育出版社，2001 年 1 月，第 962—968 頁)。則張元濟即在 1920 年 3 月中下旬將此殘片贈予勃林姆登。

乙編　西域文獻題跋

308. 中國國家圖書館藏 BD13792《大智度論》王樹枏函、惲毓鼎跋

【概述】

此件本爲卷軸裝,近人裁爲 13 段,裝裱成册頁,首尾加裝木質夾板。封面題:"六朝北涼寫經殘葉。計六十二行。宣統辛亥(1911)九月十八日,澄齋。"係惲毓鼎(1862—1917)手書。扉頁鈐"正紅旗蒙古都統印"朱文方印,惲毓鼎之子惲寶惠(1885—1979)於 1926 年任正紅旗蒙古都統,此印當即惲寶惠所鈐;首頁鈐"惲毓鼎印"白文方印、"澄齋收藏書畫"朱文方印、"小松曾觀"白文方印,"小松"即張壽齡(1870—?)。

此件原係王樹枏 1911 年贈送惲毓鼎之壽禮,第 15 至 20 半頁有王樹枏致惲毓鼎書信;第 21 至 24 半頁有惲毓鼎跋。

【校録箋證】

(一) 王樹枏致惲毓鼎函一

薇孫先生世大人有道:別五十餘日,靡日不思。抵家霖雨兼旬,河水氾溢,棹舟三日至琉璃河,始登輪返都。連日爲冗事牽綴,未及趨教。三二日內,當約期一談也。惟亮詧不宣。世小弟王樹枏頓首。

(二) 王樹枏致惲毓鼎函二

聞八月初十日(1911.10.1)爲先生五十覽揆之辰,樹枏至都,盛筵已畢,未及登堂拜祝,歉疚無似。去歲在吐魯番三堡掘得六朝寫經殘卷,字在楷隸之間,點畫猶存科斗遺意,如佛家所言香色味三者俱備,今之《太平引》也[1]。敬以一紙爲公補壽,並綴以小詩,幸哂存而吟定之。

五年踏徧天山路,搜得蘭臺六代書。持此祝公無量壽,可能酒肉乞齋餘。

樹枏呈稿。(鈐"樹枏之印"白文方印、"晉卿"朱文方印)

[1]《太平引》,琴曲名,即《廣陵散》。《世説新語・雅量第六》:"嵇中散臨刑東市,神氣不變,索琴彈之,奏《廣陵散》。曲終,曰:'袁孝尼嘗請學此散,吾靳固不與。《廣陵散》於今絶矣!'"嵇中散,即嵇康;袁孝尼,即袁準。劉孝標注引《文士傳》:"呂安罹事,康詣獄以明之。……於是録康閉獄。臨死,而兄弟親族

咸與共別，康顏色不變，問其兄曰：'向以琴來不邪？'兄曰：'以來。'康取調之，爲《太平引》，曲成，歎曰：'《太平引》于今絶也！'"

(三) 惲毓鼎跋

　　近二十年新疆吐魯番一帶土人掘沙，往往從沙中得古人寫經殘卷。新城王晉卿方伯所收頗多，撿其一以贈予。方伯爲予言：卷中常有承平某年年號，蓋沮渠安周王高昌時物也。己酉年(1909)予從法蘭西人伯希和許見沮渠安周造寺功德刻石，其末署承平三年(445)，知方伯之言確也。考史北涼沮渠牧犍永和七年(439)爲魏所滅，其弟無諱西渡流沙，擊降鄯善，據高昌自王。無諱卒，安周代立。至宋大明四年(459)爲蠕蠕所滅，距姑臧之亡已二十二年，北涼至是始絶。魏、宋二書於沮渠西徙後紀載殊略，無諱、安周兩世紀年俱無徵，承平年號可以補史之闕。安周都高昌，其故城正在今吐魯番東附近四十里。沮渠氏自蒙遜以來世奉佛法，造寺寫經乃其國俗。安知今之沙磧非即安周時佛寺舊址，故經卷多埋壓沙中歟？經紙粗厚似繭，埋沙中久，不爲風濕所侵，閱二千年彌覺堅固。今人得唐人墨迹，已詫爲天壤瓌寶，況更在魏宋時乎？卷共六十二行，前三行缺角，末二行僅存數字。書法奇古，晉卿手札中已言之。乙卯(1915)春澄齋惲毓鼎識。(鈐"藏孫"朱文方印)

【錄文】

　　中國國家圖書館 2011A，《條記目錄》第 129 頁。

【圖版】

　　中國國家圖書館 2011A，第 341—346 頁。

【研究】

　　榮新江 1998，第 65—92 頁。朱玉麒 2012A，第 91—92 頁；朱玉麒 2019，第 501—502頁。榮新江 2016B，第 37 頁。

309. 中國國家圖書館藏 BD13799《刻經蒙字贖紙雜存》册頁段永恩跋

【概述】

　　此册共 10 頁，裱褙漢文及回鶻文等其他民族文字殘片計 168 件，寫本居多，亦有刻本。封面題："刻經蒙字贖紙雜存。宣統孟秋，素文珍藏。"鈐"版曹末吏"朱文長方印。可知此册原爲梁玉書舊藏。第一頁有段永恩跋一則。

【校錄箋證】

　　按前代書籍皆憑手錄，自唐時創行印書之術，至五代時馮道相後唐，奏令國子監雕印九經，印本普及之端寔啓於是。然余觀公藏東晉罽賓國印版殘經[1]，似不始於隋唐，東晉時西域即有之，當亦流傳至唐而始大興歟？永恩敬考[2]。(鈐"季承"白文方印)

　　[1] 此處蓋因佛經譯著者署名中有國名"罽賓"而誤以罽賓爲雕版印刷處。

　　[2] 段永恩(1875—1947)，字季承，甘肅武威人，曾任新疆温宿、昌吉、孚遠、洛浦、阿克蘇、巴楚等縣

知事。朱玉麒《段永恩生平考略》對其生平有詳細考證(《敦煌吐魯番研究》第 14 卷,上海:上海古籍出版社,2015 年 3 月,第 55—77 頁)。

【録文】

中國國家圖書館 2011A,《條記目録》第 134—137 頁。

【圖版】

中國國家圖書館 2011A,第 380 頁。

【研究】

朱玉麒 2014,第 35—58 頁;朱玉麒 2019,第 545—571 頁。榮新江 2016B,第 37 頁。

310. 中國國家圖書館藏 BD14741 吐魯番文書殘片册頁羅振玉跋

【概述】

此件裱褙吐魯番文書殘片十二件。《敦煌劫餘録續編》著録爲“敦煌零拾册”,不確。末頁有羅振玉題跋。

【校録箋證】

西陲古卷軸近年爲歐人所得者不啻萬卷,平生所見亦不啻三千卷。此册爲藥雨先生所藏[1]。計《佛名經》三紙、彫本二紙、寫本五紙、畏吾文二紙,乃高昌故墟出土。諸紙中以寫本第四種爲冣先,往在日本見大谷光瑞所藏晉人所書《蓮華》初譯本後署元康紀年者[2],與此書迹正同。《佛名經》第一紙乃沙州曹氏時所書,敝齋藏全卷一,末署朱梁年號,與此出自一帙中,爲五代書迹之尤精者。是此册由晉至五代數朝書法備矣。畏吾兒書吾國向未見隻字,德人所得冣多,無傳至東土者,此雖吉光片羽,亦至可寶矣。至彫板始於李唐,吾人所見皆至北宋而止。聞法都藏大中刊本《切韻》,海天數萬里,末由寓目。今觀此册,字體峻整,上承開成石經,下啓天水初槧,爲海内藏書者未獲聞知,一旦入目,眼福無量。乙卯(1915)三月爲京雒之遊,道經津沽,書此以志忻幸。上虞仇亭老民羅振玉記。

[1] 藥雨先生,指方若(1869—1954),字藥雨。

[2] 大谷光瑞所獲署元康紀年者,今僅知元康六年寫本(296)《諸佛要集經》殘卷,影本收入香川默識編《西域考古圖譜》下卷,列爲“佛典”類第一件,並非《妙法蓮華經》。疑羅振玉作此跋時偶然記憶有誤。

【著録】

北京圖書館善本組 1981,第 125 頁。

【録文】

中國國家圖書館 2010E,《條記目録》第 6 頁。

【圖版】

中國國家圖書館 2010E,第 46—47 頁。

國際敦煌項目(IDP)網站:http://idp.nlc.cn

【研究】

　　榮新江 2016B,第 37 頁。

311. 中國國家圖書館藏 BD14915 寫經殘卷裱軸王樹枏、宋育仁跋

【概述】

　　此卷裱褙寫經三段,每段殘經後各有一段題跋。

　　第一段爲《大般涅槃經》卷二十三,存 2 紙,37 行,長 59.4 釐米。有王樹枏跋。收入王樹枏《新疆稽古録》(《中國學報》1913 年第 9 期),又收入王樹枏《新疆訪古録》卷一,爲"六朝寫經殘卷"之第二則,文字略有不同。

　　第二段爲《摩訶般若波羅蜜經》卷七,存 1 紙,29 行,長 53.5 釐米。有宋育仁跋。

　　第三段爲《大般涅槃經》卷三十八,存 2 紙,24 行,長 44.9 釐米。有王樹枏跋。

【校録箋證】

(一) BD14915A《大般涅槃經》卷二十三王樹枏跋

　　右一紙爲晉宋時最初之書,其時科斗古文尚存,故點畫多效其體。趙子昂書《急就章》[1],其捺專用重筆,與此體同。鮮于伯機云:此書不傳久矣,非深於書者未易語也[2]。庚戌十一月七日(1910.12.8),新城王樹枏題於東城寓廬。(鈐"樹枏"白文方印、"陶廬"朱文方印)

　　[1] 趙孟頫(1254—1322,字子昂)大德七年(1303)書《急就章》,真蹟今藏臺北"故宮博物院",收録於《御刻三希堂石渠寶笈法帖》第十八册。後有鮮于樞(1246—1302,字伯機)題跋:"此書不傳久矣,非深於書者未易語也。又《急就章》文字最奇古,得柏梁體制,尤爲可寶。至元辛卯十二月廿八日濟南周密公謹、漁陽鮮于樞伯幾同觀於困學齋之東軒。"

　　[2] 此則題跋《新疆稽古録》《新疆訪古録》所載爲:"晉宋之初,科斗古文尚存。故晉宋之時,寫經卷子點畫多仿科斗筆法。趙子昂書《急就章》,其捺專用重筆,與此體同。鮮于樞云:'此書不傳久矣,非深於書者未易語也。'蓋元時子昂猶及見之。"

(二) BD14915B《摩訶般若波羅蜜經》卷七宋育仁跋

　　燉煌石室出寫經夥頤。晉卿同年得此殘本於鄯善土峪溝。字獨遒勁,帶隸書體,當證其爲北朝書也。甲寅(1914)夏五宋育仁識。

(三) BD14915C《大般涅槃經》卷三十八王樹枏跋

　　余藩新疆,得六朝寫經甚夥。六朝時高昌諸堡廟宇林立,當時號稱佛國,所藏經卷皆腹地善書人所寫,較敦煌石室所出經卷有雅俗之分,而北涼尤盛。涼王大且渠無諱、安周立國高昌,篤信佛法,大興釋教。余於鄯善土峪溝得北涼寫經殘卷,有"歲在己丑"供養經,爲"吳客丹陽郡張然祖寫"二十九字[1]。案己丑爲宋元嘉二十六年(449),一時所出之經,字兼科斗,筆致、譎,愈醜愈妍,雖不盡出一人之手,其體勢大半相類,而異文別字連篇累

牘,蓋當時習尚,至唐始廓而清之。余所藏六朝卷子,凡有年號、人名者,多落于顧巨六、白堅甫之手[2]。緣一時困乏,餬口維艱,割愛出售,亦不得已之舉也。此數紙亦北涼殘卷,賈人將首尾割裂,零售分銷,而年號、人名遂不可考矣。甲戌(1934)仲冬匋廬老人王樹枏跋,時年八十又四。(前鈐"文莫室"朱文長方印,後鈐"王樹枏印"白文方印)

　　"筆致"下落"奇"字。

　　[1] 此件即日本東京書道博物館藏中村 161《北涼寫經》十三之第六件殘片,存尾題"持世第一",有題記:"歲在己丑涼王大且渠安周所供養經。吳客丹揚郡張烋祖寫。用紙廿六枚。"王樹枏亦有題跋。

　　[2] 顧鼇(1879—1956),字巨六;白堅(1883—?),字堅甫。

【録文】

　　中國國家圖書館 2010G,《條記目録》第 12—13 頁。

【圖版】

　　中國國家圖書館 2010G,第 176—178 頁。國家圖書館 2021,第 3 册第 43、48—49、54—55 頁。

　　國際敦煌項目(IDP)網站:http://idp.nlc.cn

【研究】

　　朱玉麒 2012A,第 84—85 頁;朱玉麒 2019,第 490—491 頁。朱玉麒 2013,第 1075—1100 頁;朱玉麒 2019,第 433—468 頁。榮新江 2016B,第 37—38 頁。

312. 中國國家圖書館藏 BD15158《大般若波羅蜜多經》卷四百六十殘卷王樹枏、梁玉書跋

【概述】

　　此卷首尾均殘,存 1 紙,26 行,長 45.7 釐米。

　　引首外題簽:"唐經真跡捲。"下鈐"李"白文方印、"鳳池"朱文方印。下有編號"友字第 15 號"。拖尾前鈐"永明周銑詒字仲澤印"白文方印,周銑詒字仲澤,號荔樵、笠樵,湖南永明(今江永)人,編纂有《共墨齋藏古璽印譜》《永明縣志》等;又鈐"友梧長壽"朱文方印,係李鳳池印鑒;又鈐"瓶翁朝夕摩挲之物"朱文長方印、"瓶齋"朱文方印,係譚澤闓(1889—1947)藏印。拖尾梁玉書跋之後,紙縫一側鈐有"香嚚室主書畫之印"朱文長方印、"李鳳池印"白文方印。

　　由印鑒及題跋可知,此件曾爲劉謨、譚澤闓、周銑詒、李鳳池等收藏。中國嘉德國際拍賣有限公司 2004 春季拍賣會"中國古代書畫"專場(2004 年 5 月 16 日)第 1495 號"雅居高逸圖",爲譚澤闓、周銑詒、李鳳池舊藏;北京保利國際拍賣有限公司 2019 春季拍賣會"仰之彌高——中國古代書畫夜場"(2019 年 6 月 3 日)第 4010 號"新羅山人山水卷真蹟"卷首題簽落款"養性老人友梧珍藏"下鈐"李鳳池印"白文方印,該卷亦係譚澤闓、周銑詒舊藏。

據此可知，李鳳池字友梧，與譚澤闓、周銑詒在書畫收藏方面多有交集。劉、譚、周均爲湘籍人士，疑李鳳池亦爲湖南人。1929 年 4 月 29 日《申報》載湖南省主席何鍵"派李鳳池、王家鼎赴漢呈商討桂軍費"，則其人當時任職於湖南省政府。

拖尾有王樹柟、梁玉書題跋三則。

【校録箋證】

（一）王樹柟跋一

姜堯章《續書譜》云，真書"或者專喜方正，極意歐顏；或者惟務勻圓，專師虞永"。此書殆兼而有之，得倚刀較尺之妙[1]，洵唐經中之特健藥也[2]。芸初其寶之，勿輕示人。樹柟跋。（鈐"臣樹柟印"白文方印）

[1] 倚刀較尺，語出南朝梁庾肩吾《書品》："隸既發源秦史，草乃激流齊相。跨七代而彌遵，將千載而無革。誠開博者也。均其文，總六書之要；指其事，籠八體之奇。能拔篆籀於繁蕪，移楷真於重密。分行紙上，類出繭之蛾；結畫篇中，似聞琴之鶴。峰崿間起，瓊山慚其斂霧；漪瀾遞振，碧海愧其下風。抽絲散水，定其下筆；倚刀較尺，驗於成字。"

[2] 特健藥，指上品，語出唐張彥遠《法書要録》卷三"唐武平一《徐氏法書記》"條："至中宗神龍中，貴戚寵盛，宮禁不嚴，御府之珍多入私室，先盡金璧，次及書法，嬪主之家因此擅出。或有報安樂公主者，主於内出二十餘函。駙馬武延秀久踐虜庭，無功於此，徒聞二王之跡，强學寶重，乃呼薛稷、鄭愔及平一評其善惡。諸人隨事答稱爲'上'者，登時去牙軸紫褾，易以漆軸、黄麻紙褾，題云'特健藥'，云是虜語。"

（二）梁玉書跋

鄯善土峪溝舊隸高昌佛國，近年出土寫經甚多。書于役北庭，尋主省寅好見貽者不下數十紙，雖年代不同，妍媸各異，求如此段之剛方駿整者，殆無幾也。辛亥（1911）冬劉侯寶臣權鄯速[1]，出此屬題，爲識數語，永勒眼福。遼瀋梁玉書。（鈐"素文"朱文圓印、"版曹末吏"朱文長方印）

[1] 劉謨，字寶臣，湖南湘鄉人。清末署鄯善知縣。

（三）王樹柟跋二

右二紙亦六朝書，紙色、墨色均與唐異，所謂"單牘片紙，不啻金玉"者也[1]。辛亥端午（1911.6.1）晉卿觀並識[2]。（前鈐"静專以式其志"朱文方印，後鈐"晉卿"朱文方印）

[1] 語出《元史》卷一四三《康里巎巎傳》："善真行草書，識者謂得晉人筆意，單牘片紙，人爭寶之，不翅金玉。"

[2] 據中國國家圖書館藏 BD15370v 回鶻文文獻王樹柟跋"辛亥五月將有都門之行"之語，可知此跋作於王樹柟 1911 年卸任新疆布政使離疆赴京之前。

【録文】

中國國家圖書館 2011C，《條記目録》第 5 頁。

【圖版】

中國國家圖書館 2011C，第 46—48 頁。

【研究】

朱玉麒 2012A,第 90—91 頁;朱玉麒 2019,第 500 頁。朱玉麒 2013,第 1075—1100頁;朱玉麒 2019,第 433—468 頁。榮新江 2016B,第 38 頁。

313. 中國國家圖書館藏 BD15370v 回鶻文文獻王樹枏跋

【概述】

此卷正面抄《賢愚經》卷一,共 15 斷片,存 194 行;背面抄回鶻文文獻,前有題簽"畏吾兒寫經殘卷"。引首題簽:"唐人寫經殘卷,高昌出土,素文珍藏。第九號。"可知爲梁玉書舊藏。有王樹枏題跋一則,寫於裱紙拖尾卷背,即回鶻文文獻之後。

此卷編號新 1570,應係 1949 年後入藏北圖者。《敦煌劫餘録續編》未著録。陳寅恪曾致函國立北平圖書館副館長袁同禮,談此卷内容與文字:"手卷中文係《賢愚經》第一卷之一段。此經爲六朝時河西沙門八人于于闐聽講時所撰集,並非翻譯成書,故可寶貴。詳見僧祐《出三藏記集》第九卷《賢愚經》序。手卷四書法不甚古,書用毛筆,驟視以爲蒙古文。文中有'菩提薩'等字,當是佛經。但手卷既已割裂,裝裱時又有錯亂顛倒,殊未易知爲何經也。昨夜匆匆繙閲一過,既無參考書籍,又值學校鬧風潮,未能詳考,尚乞諒之。匆上,即叩守和吾兄先生撰安。弟寅恪拜。十三日。元代國書係本藏文,非本畏兀吾文,王晉老跋語有誤。"此函現存國家圖書館,影本載《中國國家圖書館藏敦煌遺書》(南京:江蘇古籍出版社,1999 年)第一册卷首彩圖部分;録文載《陳寅恪集·書信集》,北京:三聯書店,2015 年 7 月,第 5—6 頁(據榮新江提供影印本録入)。

《陳寅恪集·書信集》編者據函中提及清華風潮,推測其"可能寫於 1927 年 11 月 13日"(第 6 頁),恐不確。1926 年 3 月起袁同禮擔任北京圖書館(後改名北平北海圖書館)圖書部主任、副館長、館長,1929 年 8 月北平北海圖書館與國立北平圖書館合併改組爲新的國立北平圖書館之後出任副館長並支持館務,徵集文獻爲其主要工作之一。北平北海圖書館於 1929 年 2 月設置購書委員會,"其旨趣在審定各方面學者介紹之書籍,並規定採購方針"(《購書委員會之組織》,《北平北海圖書館月刊》第 2 卷第 2 期,第 185 頁),推舉丁文江、任鴻雋、陳垣、葉企孫、胡先驌爲委員。1929 年 8 月合組之後,購書委員會改組,成員爲陳垣、傅斯年、陳寅恪、胡先驌、葉企孫、孫洪芬、任鴻雋。袁同禮此函徵求陳寅恪的意見,大概是爲了決定是否採購此卷,故此函應撰寫於陳寅恪擔任購書委員會委員之後,即1929 年 8 月之後。查清華校史,1930 年 5 月至 1931 年 5 月底,清華師生因校務管理問題鬧風潮,相繼逼辭羅家倫、拒絕喬萬選、驅逐吳南軒,一年間三次逐走校長。函中所稱"鬧風潮",可能即指此事而言。可知陳函應當撰於 1930 年至 1931 年。

陳寅恪函中稱"王晉老跋語有誤",即指王樹枏跋文中"元平西域,專用畏吾兒字。後命巴思八造國書,即本畏吾兒,而語言不同"等語而言。

【校録箋證】

　　此畏吾兒書也。"畏吾"爲"回鶻"之轉音,世居高昌,爲西域大國。元平西域,專用畏吾兒字。後命巴思八造國書,即本畏吾兒,而語言不同。蓋當時其種族最繁,皆從釋教者也。畏吾書出吐魯番及鄯善諸境,大半書於唐經紙背,考其時當在唐後。辛亥(1911)五月將有都門之行,澤堂仁兄出此卷屬題[1],因匆匆考訂如右,即希教正。新城王樹枏識於北庭。(鈐"晉卿"朱文方印)

　　[1] 張銑(? —1911),字澤堂,甘肅武威人。光緒二十九年(1903)進士,三十二年任焉耆知府,三十四年修《焉耆府鄉土志》。宣統二年(1910)護理新疆提學使。宣統三年回任焉耆知府。因擁護共和,被哥老會殺害。

【録文】

　　迪拉娜·伊斯拉非爾 2014,第 20 頁。

【圖版】

　　中國國家圖書館 2012,第 165 頁。

　　國際敦煌項目(IDP)網站: http://idp.nlc.cn

【研究】

　　朱玉麒 2012A,第 91 頁;朱玉麒 2019,第 500—501 頁。朱玉麒 2012B,第 128—137 頁;朱玉麒 2019,第 419—432 頁。朱玉麒 2013,第 1075—1100 頁;朱玉麒 2019,第 433—468 頁。榮新江 2016B,第 38 頁。

314. 中國國家博物館藏《六朝以來寫經碎錦》册頁段永恩、王樹枏跋

【概述】

　　此册頁編號 C14.1341,封面有段永恩題簽:"六朝以來寫經碎錦。癸丑端易前三日(1913.6.6)。季承珍藏。"粘裱文書殘片 139 件(部分頁面文書已脱落)、拓片 1 件,附有段永恩題跋 30 則,其中第十六、十七、十八、二十二等 4 則刊佈於《中國歷史博物館藏法書大觀》第 11 卷《晉唐寫經·晉唐文書》,其他未見該書;又粘貼文書與拓片照片 13 張,其中有王樹枏題跋 5 則,内 4 則見於《台東區立書道博物館所藏中村不折舊藏禹域墨書集成》,1 則未見,録於最後。

　　意如、朱玉麒《中國國家博物館藏段永恩舊藏文書題跋釋録》(《中國國家博物館館刊》2022 年第 4 期)校録所有題跋並加以研究,兹據該文迻録。

【校録箋證】

(一)回鶻文文書段永恩跋

　　此畏兀兒字,近亦不易得也。(鈐"季承"白文方印)

(二)《妙法蓮華經》卷二殘片段永恩跋

　　此亦北魏人書法,如寶相莊嚴,芬芳竟體,真不易得也。(鈐"季承"白文方印)

（三）《大般涅槃經》卷十九殘片段永恩跋

此北魏真跡，專以姿態取勝，猗婀妍嫋，如曉風楊柳。癸丑（1913）五月永恩觀。（鈐“季承”朱文橢圓印）

（四）《妙法蓮華經》卷一殘片段永恩跋

此北涼人手筆，吉光片羽，無價之寶也。（鈐“永恩”白文方印、“季承”朱文方印）

（五）《摩訶般若波羅蜜經》卷十九殘片段永恩跋

此書在北魏中最爲儁逸，如霞裳羽衣，阿那有致[1]。永恩自觀。（鈐“季承”朱白文連珠印）

[1] 相似詞句又見於永登縣博物館藏《六朝敦煌經壹卷》、日本東京静嘉堂文庫藏《六朝以來寫經殘字》段永恩跋。

（六）已佚文獻殘片段永恩跋

此唐人筆也。（鈐“季承”朱文圓印）

（七）《十地經論》卷十殘片段永恩跋

《宣和書譜》評蕭思話書，“有鳬鷗雁鶩游戲沙汀之比”[1]，吾於此書亦云[2]。季承題於溫宿[3]。（鈐“季承”朱文圓印）

[1] 語出《宣和書譜》卷三“蕭思話”條：“初，學書於羊欣，下筆縣密娉婷，當時有鳬鷗雁鶩遊戲沙汀之比。至於行草之工，則有連岡盡望勢不斷絶之沙。其風流媚好，殊不在羊欣下。”

[2] 此跋相似語句亦見於日本東京書道博物館藏中村013《佛華嚴經》卷二十八王樹枏跋。

[3] 民國二年（1913）至三年，段永恩任溫宿縣知事。

（八）《大方等陀羅尼經》卷一殘片段永恩跋

此亦六朝人書也。（鈐“永恩”白文方印、“季承”朱文方印）

（九）《金剛般若波羅蜜經論》卷下殘片段永恩跋

此六朝末年書，其捺猶有北魏人筆意，紙色墨色一如新出，可寶也。姑藏段永恩。（鈐“季承”朱白文連珠印）

（十）《楞伽阿跋多羅寶經》卷四殘片段永恩跋

此唐人筆也，得之於敦煌鳴沙山。（鈐“季承”白文方印）

（十一）《大般涅槃經》卷三十一殘片段永恩跋

細玩此紙，亦六朝人筆，紙色墨色猶然如新，洵無價寶也。永恩識。（鈐“季承”朱文橢圓印）

（十二）《摩訶般若波羅蜜經》卷十六殘片段永恩跋

此梁天監時字，有年號者被梁素文截去，亦出敦煌。（鈐“季承”朱白文連珠印）

（十三）《法華經玄贊》卷五殘片段永恩跋

此敦煌所出。（鈐“季承”朱文圓印）

（十四）《大般涅槃經》卷十一殘片段永恩跋一

衛夫人言：王逸少筆勢洞精，字體遒媚[1]。此書殆騎驟，駸駸欲度驊騮前[2]。癸丑

(1913)六月,季承觀。(鈐"季承"白文方印)

[1] 衛夫人,晉代書法家,王羲之(逸少)之師。《淳化閣帖》卷五刊衛夫人《與釋某書》:"衛有一弟子王逸少,甚能學衛真書,咄咄逼人,筆勢洞精,字體遒媚。"

[2] 語出《南齊書》卷三十三《王僧虔傳》:"其論書曰:……亡從祖中書令書,子敬云:'弟書如騎騾,駸駸恒欲度驊騮前。'"中書令,指王僧虔之叔祖父王珉。子敬,即王獻之。

(十五)《大般涅槃經》卷十一殘片段永恩跋二

梁武帝評薄紹之書如龍游在霄,繾綣可愛;衛恒書如插花舞女,援鏡笑春[1]。此書殆兼而有之。《晉書》言王獻之骨力遠不及父,而頗有媚趣[2],此書實當得一"媚"字。永恩書。(鈐"季承"朱文橢圓印)

[1] 語出傳爲梁武帝蕭衍所作《古今書人優劣評》,見於《淳化閣帖》卷五。

[2] 語出《晉書》卷八十《王羲之傳》所附《王獻之傳》:"時議者以爲羲之草隸,江左中朝莫有及者,獻之骨力遠不及父,而頗有媚趣。"

(十六)《十住經》卷四殘卷段永恩跋

裴令公亂頭麤服皆好。劉太常云:楂梨橘柚,皆有其味。吾常以之評此書。晉衛恒所謂"異體同勢"者也[1]。癸丑五月十七日(1913.6.21)季老跋。(鈐"段永恩印"白文方印)

[1] 此跋文字襲用中村160《北涼寫經殘卷》十二王樹枏跋二。

(十七)《首楞嚴三昧經》卷一殘片段永恩跋

此六朝真跡,筆鋒犀利,如胡兒伏劍,偏馬驕嘶。癸丑(1913)夏日,季承自識。(鈐"季承"朱文橢圓印)

(十八)《妙法蓮華經》卷四殘片段永恩跋

把卷細玩,不忍釋手,所謂愈醜愈妍也。永恩評。(鈐"季承"白文方印)

(十九)《佛名經》卷九殘片段永恩跋一

筆力遒勁,如張强弩,是初唐人筆。(鈐"季承"朱文圓印)

(二十)《佛名經》卷九殘片段永恩跋二

右軍性愛鵝,或謂鵝頸似腕力。今觀此書,腕力何如?季承自識。(鈐"季承"朱白文連珠印)

(二十一)《妙法蓮華經》卷七殘片段永恩跋

此梁天監時字也。(鈐"季承"白文方印)

(二十二)《大般涅槃經》卷二十五殘片段永恩跋

蕭散灑落,的是北涼真跡。癸丑(1913)季承記。(鈐"季承"朱白文連珠印)

(二十三)《論語集解》殘片段永恩跋

元魏時所抄寫讀本,學官子弟教授所用也。季承記。(鈐"永恩"白文方印、"季承"朱文方印)

（二十四）回鶻文文獻殘片段永恩跋

　　此印板字均畏吾兒字也。以上七紙。（鈐“永恩”白文方印、“季承”朱文方印）

（二十五）藏文《白傘蓋陀羅尼》殘片段永恩跋

　　此九紙屬西藏文字。（鈐“季承”朱文橢圓印）

（二十六）《大般涅槃經》卷三十七殘片段永恩跋

　　世以歐虞爲鷹隼，褚薛爲鸞翟[1]。此書骨勁神駿，可謂具鷹隼之翰。季承誌。（鈐“季承”朱文圓印）

　　[1]　語出徐浩《論書》：“夫鷹隼乏彩而翰飛戾天，骨勁而氣猛也；鸞翟備色而翱翔百步，肉豐而力沉也；若藻耀而高翔，書之鳳凰矣。歐虞爲鷹隼，褚薛爲鸞翟焉。”

（二十七）《觀無量壽佛經》卷一殘片段永恩跋

　　此梁天監時字也。（鈐“季承”白文方印）

（二十八）佛經印本殘片段永恩跋

　　以上八紙唐時印板經也。季承書。（鈐“季承”朱白文連珠印）

（二十九）《金剛般若波羅蜜經》殘片段永恩跋二十九

　　魏徵稱褚書下筆遒勁，甚得王逸少意[1]。此書智均力敵，猶韓盧之追東郭逡也[2]。癸丑六月二日（1913.7.5），季承觀於古溫宿國。（鈐“段永恩印”白文方印）

　　[1]　語出《舊唐書》卷八十《褚遂良傳》：“太宗嘗謂侍中魏徵曰：‘虞世南死後，無人可以論書。’徵曰：‘褚遂良下筆遒勁，甚得王逸少體。’太宗即日召令侍書。”

　　[2]　語出《戰國策·齊策三》：“韓子盧者，天下之疾犬也。東郭逡者，海内之狡兔也。韓子盧逐東郭逡，環山者三，騰山者五，兔極于前，犬廢于後，犬兔俱罷，各死其處。”

（三十）《大般若波羅蜜多經》卷五二九段永恩跋三十

　　正如智永書，一字值一萬[1]。季承記。（鈐“段永恩印”白文方印）

　　[1]　語出《新唐書》卷一九九《歐陽詢傳》：“褚遂良亦以書自名，嘗問虞世南曰：‘吾書何如智永？’答曰：‘吾聞彼一字直五萬，君豈得此？’”

（三十一）《增壹阿含經》卷十八殘卷王樹枏跋

　　輕圓朗潤，極似唐高宗書。晉老。三月廿六日。

【圖版】

　　史樹青、楊文和 1999，第 206、209、210 頁（刊佈第十六、十七、十八、二十二等 4 則圖版）。意如、朱玉麒 2022，第 117—124 頁（刊佈第三、十二、十三、十四、十五、二十六、三十一等 7 則圖版）。

【研究】

　　榮新江 2016B，第 35 頁。朱玉麒 2014，第 35—58 頁；朱玉麒 2019，第 545—571 頁。意如、朱玉麒 2022，第 116—126 頁。

315. 中國國家博物館藏《唐人真跡》第一卷李晉年跋

【概述】

　　此卷裱褙文書殘片九件。引首外有羅惇㦬題簽："唐人真跡。出鄯善縣。第一弓。復堪珍藏。"鈐"復堪"白文方印。此卷與《唐人真跡》第二卷(見下文),原均係羅惇㦬舊藏,後爲唐蘭所得,1982年唐蘭夫人張晶筠捐贈中國歷史博物館。

　　有李晉年題跋六則。《中國歷史博物館藏法書大觀》第11卷《晉唐寫經 晉唐文書》刊佈其第一件文書《定遠道行軍大總管牒》(即《唐開元五年後西州獻之牒稿爲被懸點入軍事》),但未刊出題跋。王湛《中國國家博物館藏"唐人真跡"文書題跋與遞藏考》(《中國國家博物館館刊》2022年第4期)刊佈該卷題跋的録文與圖版,兹據以迻録,並加校核。

【校録箋證】

(一) 第一件跋

　　近年鄯善縣出土唐代文字甚多,寫經居半,牒文偶一得之,書法絕少佳者,如右幅筆法生動者,實數年所僅見。其牒文蓋西州司判以其人不合格,不應入軍,大旨如此,殘牒不能貫通矣。甲寅(1914)四月誌於新疆迪化都督署。子昭李晉年[1]。(鈐"晉年"朱文長方印)

　　[1] 李晉年(1860—1929),字子昭,直隸灤南人。隸漢軍正白旗。國子監生。八國聯軍入京,以翻譯身份周旋其間,國子監得以保存。光緒二十八年(1902)舉人。伊犁將軍長庚聘入新疆,任新疆鎮西、巴楚、沙雅、墨玉知縣,卒於任所。參與《新疆圖志》編纂。著有《新疆回教考》等。生平載《灤縣志》。

(二) 第二件跋

　　聞裱工云,前二牒粘成一片,拆裱見原以絹素襯背面,揭之已成粉矣。或當日亦以書法絕佳,裱而藏之,不然,以尋常案牘,未必如此鄭重也。四月七日(1914.5.1)又題。子昭。

(三) 第五件跋

　　右七字筆法如生龍活虎,可惜吉光片羽,不得窺全豹耳。四月十九日(1914.5.13)午後重展閱。子昭。

(四) 第六件跋

　　右書法甚劣,不應入選。古書猶古人,取其佳,不徒取其古。尼山、陽虎貌似,而絕無俎豆陽虎者,況不似耶。李晉年。

(五) 第七件跋

　　餞別之詩,前似序文,惜字不全,無由知詩之優劣矣。可知唐代詩學,幾乎人人習之,遊西域者不止一岑嘉州也。然出土殘書惟寫經最多,其次則牒文,詩稿猶未見。物以罕而見珍,不繫詩之工拙也。

(六) 第八件跋

　　右似亭臺序文,故有"接通流以為池"等語,書法亦不俗。甲寅(1914)四月觀於北庭。

各誌數語以應芝生法家之囑。子昭李晉年。

【圖版】

王湛 2022，第 135—137 頁。

【研究】

王湛 2022，第 135—137 頁。

316. 中國國家博物館藏《唐人真跡》第二卷李晉年、黃節、羅惇㬊跋

【概述】

此卷編號 C14.2219，裱褙文書殘片九件。引首外有羅惇㬊題簽："唐人真跡。出鄯善縣。第二弓。復堪珍藏。"鈐"復堪"白文方印。卷前鈐"三山籛長物"朱文長方印，卷後鈐"順德羅惇㬊之印章"白文方印。

前三件文書刊於《中國歷史博物館藏法書大觀》第 11 卷《晉唐寫經 晉唐文書》，各有李晉年題跋一則（該書未刊出題跋圖版）。卷後有黃節、羅惇㬊題跋二則。王湛《中國國家博物館藏"唐人真跡"文書題跋與遞藏考》（《中國國家博物館館刊》2022 年第 4 期）刊佈該卷題跋的録文與圖版，兹據以迻録。

【校録箋證】

（一）第一件《唐開元十三年轉運坊牒伊州爲支草伍萬圍收刈事》殘片李晉年跋

今哈密地，後漢明帝取置都尉，曰伊吾盧地[1]。唐太宗貞觀四年（630），伊吾之長以七城來獻，置西伊州，六年去"西"字[2]。右牒文印文曰"伊州之印"，是去"西"字以後之文。史載開元二年（714）置天山軍于城内，以州將陳氏領州[3]。第轉運司牒州之文仍用"伊州之印"，殊難解耳。子昭[4]。

[1]《後漢書》卷八十八《西域傳》："永平……十六年（73），明帝乃命將帥，北征匈奴，取伊吾盧地，置宜禾都尉以屯田，遂通西域。"

[2]《舊唐書》卷四十《地理》三："伊州下　隋伊吾郡。隋末，西域雜胡據之。貞觀四年歸化，置西伊州。六年，去'西'字。"

[3]《宋史》卷四百九十引王延德行程紀："次歷伊州，州將陳氏，其先自唐開元二年領州，凡數十世，唐時詔敕尚在。"

（二）第二件《唐開元十三年轉運坊典竇元貞牒為催送牛到坊事》殘片李晉年跋

左右兩幅似一文，爲工人割裂，觀所書字跡、印邊而知。今字不可復識，惟所書"廿二日"筆法端嚴挺拔，想見當日官吏多工翰墨，非近人所及也。

（三）第三件《唐開元十三年轉運坊典竇元貞牒請差人助刈事》殘片李晉年跋

近無錫薛叔耘出使各國[1]，著《海外文編》，考行文名稱，曰牒文用之于官稍尊而不相屬者[2]。今觀唐代，則上下通用之名。曰"頻奉牒令"，則上令也；曰"謹牒"，則屬官之詞

也。古今典制不同,存此亦足備考。

[1] 薛福成(1838—1894),字叔耘,號庸庵,江蘇無錫人。同治四年(1865)起先後入曾國藩、李鴻章幕二十年。光緒十年(1884)任寧紹臺道。十五年任出使英、法、意、比四國大臣,二十年任滿歸國。著有《庸庵文編》《庸庵海外文編》《出使六國日記》《出使奏疏》《出使公牘》等。

[2]《庸庵海外文編》卷四《出使四國公牘序》,論及"其施之官稍下而非所屬者,則曰照會",但未涉及牒文,此跋或誤讀薛文。

(四)卷後黄節跋

己未(1919)八月黄節觀于三山簃[1]。(鈐"黄節"朱文方印)

[1] 三山簃,羅惇㠠(1874—1954)齋號。黄節(1873—1935)與羅惇㠠均爲廣東順德人,有同鄉之誼。

(五)卷後羅惇㠠跋

唐牒二卷,此余舊藏,今歸立厂先生[1],可謂得所矣。物既有主,余何憾焉。丁亥穀雨前一日(1947.4.20),羅惇㠠。(鈐"酸丁"白文方印)

[1] 唐蘭(1901—1979),原名張佩,字立庵,浙江嘉興人。1923年畢業於無錫國專。先後任教於東北大學、北京大學、西南聯合大學等校。1952年調入故宫博物院,歷任陳列部主任、美術史部主任、副院長。精研文字學、歷史學,著有《中國文字學》《唐蘭論文集》等。

【圖版】

王湛2022,第137—140頁。

【研究】

王湛2022,第137—140頁。

317. 中國國家博物館藏《北涼以來寫經殘卷》郭鵬、翁廉、吴寶煒跋

【概述】

此卷裱褙寫經殘片五件,《中國歷史博物館藏法書大觀》第11卷《晉唐寫經·晉唐文書》所附解説稱之爲"五段殘經長卷"。引首外有題簽:"北涼以來寫經殘卷。出吐魯番。素文珍藏。"又粘有"宜記"紙簽一條,下鈐"寶煒"朱文長方印。可知此卷爲梁玉書舊藏,後轉入吴寶煒之手。

拖尾有題跋三則。

【校録箋證】

(一)郭鵬跋

吾湘新出土有三國時吴九真太守谷朗碑[1],結體整峻,落筆在分隸之間,而西晉爨寶子、龍顔諸拓[2],亦悉具隸法。蓋中郎以後,元常始變隸爲真[3],其時接續之交,殆别有一種字體源流,可證六朝法乳相承,用筆猶不失隸分本意。此卷堅光凝重,精湛之采溢於毫楮,洵非隋唐人所能到。其第三葉純用圓鋒,無一扁側之筆,牝牡向背,左右具宜,春蚓秋蛇,想見使草如真之妙,尤爲得未曾有,真藝苑奇珍也。願素公寶諸。巴陵郭鵬敬觀並

誌[4]。（前鈐"漱玉"白文長方印，後鈐"摶九"朱文方印）

[1]《谷朗碑》，碑額"吴故九真太守谷府君之碑"，三國吴鳳凰元年（272）刻石，原在湖南耒陽城東谷府君祠，現存耒陽蔡侯祠。無撰書人姓名，字體在隸楷之間。

[2]《爨寶子碑》，碑額"晉故振威將軍建寧太守爨府君之墓"，東晉太亨四年（即義熙元年，405）刻石，清乾隆四十三年（1778）出土於雲南曲靖，今存曲靖一中校園内。《爨龍顔碑》，碑額"宋故龍驤將軍護鎮蠻校尉寧州刺史邛都縣侯爨使君之碑"，南朝宋大明二年（458）刻石，現存雲南陸良薛官堡斗閣寺。

[3] 中郎，指蔡邕（133—192），官至左中郎將，世稱"蔡中郎"。元常，指鍾繇（151—230），字元常。

[4] 郭鵬，字摶九，湖南巴陵（今岳陽）人，1910年底署新疆高等檢察廳檢察長。《國風報》第一年第三十二期"諭旨"載宣統二年十一月二十一日（1910.12.22）上諭"著王國鏞試署新疆高等審判廳廳丞，著郭鵬試署高等檢察廳檢察長"。《新疆圖志》"纂校銜名·協纂"列有"新疆候補知府臣郭鵬"、"總校"列有"新疆候補知縣臣郭鵬"，均即其人。

（二）翁廉跋

此卷計五方，爲六朝人書。予於京師圖書館見晉人寫經卷，氣體逍逸，在六朝唐經生所書之上，神往數年。十載習書，早悟書法不宗篆隸，靡俗而已。此卷勢方力勁，真見分篆面目，近古彌真，由此可窺見中郎右軍規榘。覓之宜常法家，當相與一嘆。戊辰（1928）春二月翁廉[1]識。（鈐"銅有士行"白文方印）

[1] 翁廉，原名彦，字銅士，湖南湘潭人。工章草，善山水。

（三）吴寶煒跋

此卷前三段皆晉人書，後二段亦六朝人書，第三段行草兼篆隸意，純是圓筆，第四段大似崔敬邕志[1]，均希世妙蹟也。吴宜常識。（鈐"寶煒"朱文長方印）

[1] 崔敬邕墓志，即"魏故持節龍驤將軍督營州諸軍事營州刺史征虜將軍太史大夫臨青男崔公之墓誌銘"，北魏熙平二年（517）刻石，清康熙十八年（1679）出土於河北安平，原石不久佚失，有拓本傳世。

【著録】

吕章申 2014，第 385 頁。

【録文】

楊軍 2020，第 33—38 頁。

【圖版】

史樹青、楊文和 1999，第 207 頁。吕章申 2014，第 389 頁。楊軍 2020，第 10—11、33—38 頁。

【研究】

榮新江 2016B，第 35 頁。

318. 中國國家博物館藏《六朝寫經殘卷》王樹枏、潘震、吴寶煒、宋小濂、趙惟熙跋

【概述】

此卷裱褙寫經殘片十四件，《中國歷史博物館藏法書大觀》第 11 卷《晉唐寫經·晉唐

文書》所附解説稱之爲“十四段殘經長卷”。引首外題：“六朝寫經殘卷。素文先生珍藏。晉卿題籤。”鈐“臣樹枏印”白文方印。又粘有“宜記”紙籤一條，下鈐“寶煒”朱文長方印。可知此卷爲梁玉書舊藏，後轉入吳寶煒之手。

引首有王樹枏、潘震、吳寶煒跋，第四件後有吳寶煒跋，第八件《妙法蓮華經》殘片之後有王樹枏跋，第十一件後有宋小濂跋。王樹枏跋收入《新疆稽古録》（《中國學報》1913 年第 9 期），又收入《新疆訪古録》卷一，爲“六朝寫經殘卷”之第七則。

【校録箋證】

（一）引首王樹枏跋

六朝人寫經多異文別體，而書法奇怪，千卷一律，證之當時石刻，多相符合，蓋一時風尚以異爲奇。《顏氏家訓》言：“晉宋以來多能書者，故其時俗，遞相染尚。所有部帙，楷正可觀，不無俗字，非爲大損。至梁天監之間，斯風未變。大同之末，訛替滋生。蕭子雲改易字體，邵陵王頗行譌字，朝野翕然以爲楷式，畫虎不成，多所傷敗。爾後墳籍略不可看。北朝喪亂之餘，書迹鄙陋，加以專輒造字，猥拙甚於江南。”[1] 江式表亦云[2]：“皇魏承百王之季，世易風移，文字改變，篆形錯謬，隸體失真。俗學鄙習，復加虛巧，談辯之士，又以意説炫惑於時，難以釐改。”[3] 蓋文字之不同，人心之好異，莫甚於六朝。自唐時國子監置書學博士，立《説文》《石經》《字林》之學，而顏元孫作《干禄字書》，張參作《五經文字》，唐元度作《九經字樣》，天下之文始昭漸歸於正矣[4]。故吐魯番、鄯善所出唐經皆歸正楷，一變六朝之習。庚戌（1910）仲冬雪夜識此以質素文先生。新城王樹枏。（鈐“樹枏之印”白文方印、“晉卿”朱文方印）

[1] 語出《顏氏家訓》卷七《雜藝第十九》。“邵陵王頗行譌字”句下，《新疆稽古録》《新疆訪古録》有“前上爲卝、能旁作長之類是也”一句；“猥拙甚於江南”之下，《新疆稽古録》《新疆訪古録》有“乃以百念爲憂、言反爲變、不用爲罷、追來爲歸、更生爲蘇、先人爲老，如此非一，遍滿經傳”一句，引文更爲完整。

[2] 亦云，《新疆稽古録》《新疆訪古録》無“亦”字。

[3] 語出《魏書》卷九十一《江式傳》所載其延昌三年三月上表。“皇魏承百王之季”下，《魏書》有“紹五運之緒”一句。“難以釐改”下，《新疆稽古録》《新疆訪古録》有“《周書·趙文深傳》：太祖以隸書紕繆，命文深與黎景熙、沈遐等依《説文》及《字林》刊定六體，成一萬餘言，行於世”一句。

[4] “天下之文始昭漸歸於正矣”之下，《新疆稽古録》《新疆訪古録》有以下一段：“畢沅云：字體之變莫甚於六朝，然其中有用古字處，未可盡非。考《魏書》道武帝天興四年十二月集博士儒生比衆經文字，義類相從，凡四萬餘字，號曰《衆文經》。太武帝始光二年三月初造新字千餘，頒之遠近，以爲楷式。天興之所集者，經傳之所有也。始光之所造者，時俗之所行而《衆文經》之不及收者也。《三國志注》引《會稽典録》言，孫亮時有山陰朱育，依體相類，造作異字千名以上，是別撰之字，自漢而有矣。”此跋下文“故吐魯番、鄯善所出唐經皆歸正楷，一變六朝之習”一句，則不見於《新疆稽古録》《新疆訪古録》。

（二）引首潘震跋

佛始自東漢，經著於西周。宋魏迄唐代，梵音徧中州。法顯游迹遠，元裝譯文優。蓮花並貝葉，充棟而汗牛。當時競鈔寫，健筆無與儔。一變蝌蚪體，鉤畫勒勁道。深藏古蘭若，陵谷經幾秋。塞上本佛國，流傳多退陬。歷劫千百載，埋殘成荒邱。奇書識者少，遺珍任棄投。東西尚稽古，萬里來探搜。國粹輪海外，文明良可差。賞鑑欣有主，執策以相求。菁華待時發，高昌土峪溝。物聚於所好，散帙歸羅收。裝潢成錦製，五色雲煙浮。我亦有眼福，縱觀樂不休。摸索老伽字，舞鳳更蟠虬。歸君囑珍重，餘意遠悠悠。子孫永寶貴，衣缽世傳留。

　　辛亥（1911）閏夏素文觀察大人命題。潘震[1]。（鈐"臣震之印"白文方印、"鹿磧"朱文方印）

　　[1]　潘震（1851—1926），字鹿磧，安徽當塗人。清末歷任甘肅華亭縣知縣、新疆省莎車直隸州知州、和闐直隸州知州（1900）、阿克蘇道道員（1906）、伊塔道道員（1910）。1912 年 5 月任新疆布政使，後曾任新疆省國稅廳籌備處處長兼新疆省審計分處處長，1914 年 5 月任新疆財政廳長。

（三）引首吳寶煒跋

　　梁素文自新疆歸燕，所有名蹟全市于奸商白某[1]，販售東瀛。予與白某奮鬥，得購留三卷。此卷寫經十四段，前四段及弟七、弟八、弟十、弟十二、弟十三各段，皆晉人書；弟五、弟六段，六朝人書；弟九、弟十一、弟十四各段，隋唐人書。王晉老所謂科斗筆法者，實章草筆意耳。各段各有妙法，即其劣處亦非今人所能及。此我國古時文化所在，惜以個人之力未及保存于萬一也。民國戊辰（1928）吳宜常識。（鈐"寶煒"朱文長方印）

　　[1]　白某，指白堅。

（四）第四件後吳寶煒跋

　　右一紙與《漢晉書影》墨迹第九紙同卷[1]，彼卷尾記云："歲在丁卯夏四月廿三日，阿西王世子撫軍將軍錄尚書事大且渠興國歩諸優婆塞等五百餘人，共於都城之內，請天竺法師曇摩讖譯此在家菩薩戒。"按，丁卯歲當晉咸和間，此確爲晉人手迹。書影數種，乃日本大谷光瑞伯所有，羅振玉丐以影印賈利者。余今得此，與彼對峙中外，敢不寶諸。中華民國弟一庚午（1930），吳宜常識。（鈐"吳寶煒印"半朱半白文方印）

　　[1]　《漢晉書影》，1918 年羅振玉影印。

（五）第八件後王樹枏跋

　　右一紙當在六朝之初，純摩科斗筆法。以後仿效此體，點畫漸輕，猶有餘意，前數紙是也。至唐則廓清净盡矣。庚戌（1910）仲冬王樹枏識。（鈐"王樹枏印"白文方印、"晉卿"朱文方印）

（六）第九件後王樹枏跋

　　右一紙確係唐人筆意，與前後筆法全不類。素文先生以此紙爲前經之偈言，故裝至一處，所謂合堯眉舜目爲一人也。樹枏題。（鈐"臣樹枏印"白文方印）

（七）第十一件後宋小濂跋

　　西域爲佛教盛行之地，其注重釋典也固宜。然僻在偏隅，幾與中原文獻相隔絶，而寫

經如此之多且美,亦可覘當時風尚矣。素文先生其寶之。癸丑(1913)秋宋小濂識。(鈐
"宋小濂印"白文方印、"鋕某"朱文方印)

(八)第十四件後趙惟熙跋

　　黄庭真本無從見,得見唐經亦上乘。西爪東鱗並奇絶,好憑墨妙繼吴興。

　　收集殘繒與斷縑,欲將經咒補楞嚴。兹行我亦搜遺墨,豪氣輸君壓鄴籤。

　　庚戌臘八(1911.1.8)素文先生屬題,即希訓正。弟趙惟熙未是草,時同客北庭。(前鈐
"趙〇"朱文長方印,後鈐"南豐趙氏惟熙"白文方印)

【録文】

　　意如 2020,第 16—65 頁。

【圖版】

　　史樹青、楊文和 1999,第 206、211、213、217 頁。吕章申 2014,第 391、393 頁(有五、七
二則圖版)。意如 2020,第 12—65 頁。

【研究】

　　高田時雄 2007,第 1—26 頁。朱玉麒 2012A,第 83—84 頁;朱玉麒 2019,第 488—490
頁。榮新江 2016B,第 34—35 頁。

319. 中國國家博物館藏"八段殘經長卷"吴寶煒跋

【概述】

　　此卷裱褙佛經寫本殘片八件。中國歷史博物館 1964 年購自慶雲堂。末有吴寶煒(宜
常)題跋。

【校録箋證】

　　此吐魯番出土寫經殘字,陳秋白公得于新疆[1],畁其侄陳壬林[2]。予荷壬林先生售
讓,敬慎保持。細審此卷寫經八段,弟三段似三國時人書,弟八段北魏人書,餘各段皆晉人
書,無一不妙。三國人所書與日本景印吴甘露年寫經同筆法[3],不讓彼倭奴擅美矣。吴宜
常志。(鈐"寶煒"朱文長方印)

　　[1]陳秋白,湖南湘鄉人,任官於新疆。生平不詳,待考。

　　[2]陳爾錫(1881—1936),字壬林,號塵禪、半隱廬,湖南湘鄉人。早年留學日本京都帝國大學。清
末曾任教於湖南法政學堂,民國初年任湖南司法司次長、湖南高等審判廳廳長、大理院推事等職。善
書法。

　　[3]吴甘露年寫經,即日本東京書道博物館藏中村 003 號《法句譬喻經》卷三。1925 年,日本大正一
切經刊行會珂羅版影印《法寶留影》,收入該卷。

【圖版】

　　史樹青、楊文和 1999,第 205 頁。

【研究】

榮新江 2016B,第 34 頁。

320. 中國國家博物館藏"三段殘經長卷"王樹枏、吳昌綬、汪律本跋

【概述】

此卷裱褙《增一阿含經》殘片、《賢愚經》殘片、《摩訶般若經》殘片共三件。《中國歷史博物館藏法書大觀》第 11 卷《晉唐寫經·晉唐文書》稱其爲"三段殘經長卷"。引首及第二件後均有王樹枏跋,拖尾有吳昌綬、汪律本跋。

【校録箋證】

（一）引首王樹枏跋

此卷前後兩紙,與余所藏且渠安周所供養經係出一人手書,紙色、烏絲欄、長短大小皆相等,蓋北涼真蹟也。豐姿儁逸,頹然若玉山之將傾。辛亥二月二十二日(1911.3.22)新城王樹枏題於北庭。（鈐"王樹枏印"白文方印、"晉卿"朱文方印）

（二）第二件《賢愚經》殘片王樹枏跋一

庾肩吾《書品》云:"分行紙上,類出繭之蛾;結畫篇中,似聞琴之鶴。"余往見人家所藏且渠書,與此相類,北涼之特健藥也,純以姿媚取勝。仲父。（鈐"樹枏之印"白文方印）

（三）第二件《賢愚經》殘片王樹枏跋二

筆意大似鍾元常《薦季直表》[1]。晉卿,辛亥(1911)孟夏。（鈐"新城王氏"朱文方印）

[1]《薦關內侯季直表》,傳爲三國魏鍾繇所書,19 行,末行署"黃初二年(221)八月司徒東武亭侯臣鍾繇表"。墨蹟本近代已毀,留有照片。

（四）拖尾吳昌綬跋

晉卿先生得鄯善出土殘經,寀是北涼時書。先生譔《新疆稽古録》[1],於且渠遺跡考覈綦詳,足爲後來佳證。此卷前後二段,起伏頓挫,神姿瓌異;中幅加以遒斂,要皆分隸正傳。古人寫經寫書,與碑版、簡札,三者各具體格。年禩寖遠,繐楮易湮。晚近論書,徒見集帖之傳摹僞造,意謂元常、逸少面目如是[2],豈知魏晉風流政在此不在彼,而耆古者又尚意取逕碑刻,以矯其失,刀多於筆,施之柔翰,抑未爲宜。今六朝唐人妙墨日出,曠古如新,固發明書體一轉機也。諦翫累日,謹志眼福。仁和吳昌綬[3]。（鈐"仁和吳昌綬伯宛父印"白文方印）

[1] 王樹枏《新疆訪古録》,分兩次刊於《中國學報》1913 年第 9 期、1916 年第 1 期,標題爲"新疆稽古録",又收入《中國學報彙編》。民國年間聚珍仿宋印書局刊行單行本,名爲"新疆訪古録"。該書收録王樹枏所撰新疆所出漢代以來碑刻、寫經、文書及古器物之題跋,凡四十二條。

[2] 鍾繇(151—230),字元常;王羲之,字逸少。

[3] 吳昌綬,字伯宛、甘遁,號印臣、松鄰,浙江仁和(今杭州)人。光緒二十三年(1897)舉人,官內閣中書。精目録、金石之學。著有《松鄰遺集》。刻有《松鄰叢書》《景刊宋金元明本詞》《十六家墨説》等。

（五）拖尾汪律本跋

　　癸丑（1913）初冬，將治裝南歸，程子均孫剪鐙話別[1]，出王晉卿舊藏鄯善出土北涼寫經殘卷見示。二千年楮墨，雖經斷爛，古馨鬱勃，筆法猶新，點撥用意悉原隸艸，展翫夜午，愛莫釋手。頻年所出燉煌經卷流遍人間，南北藏家得時借覽，方幸眼福。以視此卷，殊覺向所見者筆陣雖整，未脱經生結習，此尤爲生平弟一奇觀也。京華軟紅喧沸，車轍歧歧，均孫棲隱其中，無溝壑之窮愁，而有金石之愉樂，蜕然塵滓，殆素衣而不能化緇者歟。瀕行結得是翰墨緣，爰志數言，以爲記念。律本[2]。（鈐“汪律本印”白文方印）

　　[1] 程均孫，曾任京師大學堂教習。生平不詳。

　　[2] 汪律本（1867—1930），字鞠卣，號舊遊，安徽歙縣人。光緒二十一年（1895）舉人。協助李瑞清管理兩江師範多年。民國初年隱居池州。善畫山水、花卉。著有《萍蓬庵詩》《壺中詩》等。

【圖版】

　　史樹青、楊文和 1999，第 212、215、216 頁。

【研究】

　　朱玉麒 2012A，第 88 頁；朱玉麒 2019，第 496—497 頁。榮新江 2016B，第 35 頁。

321. 中國國家博物館藏《敦煌石室北庭都護府户籍文牒叢殘》册頁唐蘭跋

【概述】

　　據《中國歷史博物館藏法書大觀》第 11 卷《晉唐寫經‧晉唐文書》提要介紹，此册頁裱褙文書十種，1982 年唐蘭家族捐贈中國歷史博物館。此册封面有羅振玉題簽“敦煌石室唐北庭都護府户籍文牒叢殘，貞松堂藏”。册後有唐蘭題跋二則。

【校録箋證】

（一）唐蘭跋一

　　唐開元時西域文書十種，戊子（1948）莫秋見於海王村，傾囊易之。此本爲上虞羅叔言丈舊藏，乃壬戌（1922）得于析津者，去今二十七年矣。余於爾時方讀書無錫，獲與老人通函。甲子（1924）北來，始得進謁。其後相繼東北行。余迭經九一八、七七之變，自遼而平，自平而昆，十餘年來遍閱亂離。丈亦久歸道山矣。後嗣紛散，遺物零失。追念津沽相從講誨之樂，爲之泫然。

　　此爲北庭都護府文書，殆不出於敦煌，丈所題誤也。余别得數事於羅丈復堪許[1]，丈固自署曰唐牒樓者。今二羅劇蹟同會於吾齋，將來若能建一樓於烏有之鄉，必定名爲唐蹟，或可擬叔言丈之唐風、楚雨也[2]。

　　三十七年（1948）十月將盡，秀水唐蘭題記。（鈐“唐蘭”白文方印）

　　[1] 羅丈復堪，指羅惇㬊（1874—1954）。

　　[2] 羅振玉有藏書樓唐風樓、楚雨樓。

（二）唐蘭跋二

此册除最後一帋外，均已印入《西陲秘籍叢殘》，其樂慎知兩牒入《沙州文錄補》[1]。又記。（鈐“唐蘭”白文長方印）

[1]《西陲秘籍叢殘》，即羅振玉輯《貞松堂藏西陲秘笈叢殘》，共三集，影印敦煌西域文獻三十四種。《沙州文錄補》一卷，羅振玉之子羅福葆輯，1924 年上虞羅氏鉛印。

【圖版】

史樹青、楊文和 1999，第 227 頁。

322. 首都博物館藏 32.559《兩朝遺墨》宋伯魯跋

【概述】

此卷裱褙佛經殘片三段，長度分別爲 49.6 釐米、44.7 釐米、50.6 釐米。引首外梁素文題：“兩朝遺墨，辛亥季夏。素文題簽。”拖尾有宋伯魯跋。

【校錄箋證】

自敦煌石室開後，一時梵筴流傳，幾於家手一編。長少白將軍惜其散佚[1]，彙而送部，於是得之者絶少。余從將軍遊西域，與襄丞同在幕府[2]，故吉光片羽，亦得什襲而藏。然當時寫者皆經生輩，略具點畫，至於精工若歐虞，殊不多覯，故余亦不甚惜之。此襄丞所藏，久別來京中，出以見示。書不必佳，然自是舊物，不易致，此後恐益寡。襄臣之寶此也，豈不宜哉。辛酉（1921）冬十月醴泉宋伯魯。（前鈐“知唐桑艾”朱文長方印[3]，後鈐“伯魯私印”白文方印、“九嵕山樵”朱文方印）

[1] 長少白將軍，指長庚（？—1915），字少白，光緒年間曾任伊犁副都統、伊犁將軍。

[2] 襄丞，下文作襄臣，生平不詳，待考。

[3] 知唐桑艾，意爲“所見奇異”，係自《後漢書·西南夷列傳》所載《遠夷樂德歌詩》中擇取譯語組成的隱語。白化文《知唐桑艾》對其來歷、使用有詳細解説（載白化文《退士閒篇》，桂林：廣西師範大學出版社，2011 年 8 月，第 201—202 頁）。

【著錄】

余欣、王素、榮新江 2004，第 166—174 頁；余欣 2012，第 133 頁。

【錄文】

榮新江 2016B，第 33 頁。

【圖版】

榮新江 2018，册陸第 1105—1109 頁。

323. 中國書店藏 ZSD026《金剛般若波羅蜜經》齊聞韶跋

【概述】

此卷首尾均殘，存 1 紙，長 42.6 釐米。卷後鈐“安氏珍藏”白文方印。安氏，即安海瀾。引首題："唐人寫經。丙戌(1946)冬至後，富春室主人，時客瀋陽。"拖尾有齊聞韶題跋一則。據齊跋，此卷係梁玉書得自新疆者。

【校録箋證】

　　新疆敦煌石室出土唐人寫經殘片，寶藏多年，無人發掘。至清季經新城王晉卿始發見羅掘，所得故多。然已早爲西人搜取囊括，而遠涉重洋，流入異國矣。此片爲當時辦理新疆財政監理官梁素文先生所搜羅掘得者。梁君與人者頗多，但較此均不甚整齊，無出此右者。故精爲裝璜，用以寶存。此卷乃希世之珍也。甲申(1944)歲杪客瀋陽，安瀛澄兄以此見視[1]。展玩之餘，不辭剪陋，緣書此以誌其經過云耳。齊聞韶作書并誌[2]。

　　[1] 安海瀾，字瀛澄，遼寧瀋陽人。監生。清末任度支部候補主事。1912 年任財政部主事。1921 年任財政部庫藏司會辦。1926 年任遼寧海城縣稅捐局長(《海城縣志》，1937 年鉛印本，第 232 頁)。1927 年 7 月 16 日東北人士公祭鄉賢祠，列名致祭的有"奉天袁金鎧、安海瀾、梁玉書"(《公祭東三省會館鄉賢祠文》，載《義縣志》中卷，1930 年鉛印本)，可知其人與梁玉書相識。1927 年 8 月張作霖委任其爲財政部參事。

　　[2] 齊聞韶(1915—2001)，原名來卓之，浙江杭州人。1936 年至 1938 年爲香港中華染印廠工人。全面抗戰爆發後參加上海文化界救亡協會"八一三"歌咏隊，1939 年在桂林參加抗敵演劇九隊。1948 年在香港參與建立華南電影界聯合會。1952 年返滬，曾任上海電影製片廠副廠長。

【録文】

　　《中國書店藏敦煌文獻》編委會 2007，《圖記》第 6—7 頁；《中國書店藏敦煌文獻》編委會 2019，《圖記》第 9 頁。

【圖版】

　　《中國書店藏敦煌文獻》編委會 2007，第 79 頁；《中國書店藏敦煌文獻》編委會 2019，第 264—271 頁。

324. 遼寧省博物館藏 LD4983"北魏寫經殘卷"梁玉書跋

【概述】

　　此卷裝裱寫經殘段三種：其一爲《妙法蓮華經》卷一，存 35.3 釐米，20 行。其二爲《長阿含經》卷十五《究羅檀頭經》，存 3 紙，長 95.7 釐米，49 行。其三爲《大般涅槃經》卷二十八、《大悲拔苦懺悔法》，存 4 紙，109.7 釐米，65 行。遼博登録爲"北魏寫經殘卷"。引首外有題簽："北魏寫經殘卷。吐魯番出土，素文珍藏。"拖尾有梁玉書題跋一則。

【校録箋證】

　　宣統初元(1909)，奉使北庭監理財政，公餘與新城王晉卿方伯考訂金石，得歷代文翰不尠，間有具年號者，因以考知爲魏涼墨迹，裝池載鉥，冀爲考古之助。乙丑(1925)春，丹階鄉兄出席善後會議[1]，結果圓滿，國是有夛[2]，昕夕過從，知有同好，爰揀此卷，藉以贈行。民國十四月(年)四月，素文梁玉書敬識。(鈐"曾向天山射獵回"朱文方印、"六代三唐

寫經室主人”朱文方印）

[1]　孫廣庭(1876—1959)，字丹階，號痴俠、不見子，遼寧鐵嶺人。宣統三年(1911)畢業於日本參謀本部士官學校。民國初年任東三省陸軍測量學校校長、長春等地稅捐局長等職。1931年“九一八”事變後辭職，閉門讀書。藏書甚豐，多達20餘萬卷，不乏珍品。1947年12月，將所藏古籍碑帖等捐獻給籌建中的東北圖書館。1949年任東北圖書館研究員。1957年任黑龍江省文史研究館副館長。著有《易巽》。

[2]　1925年2月，臨時政府執政段祺瑞召集各省軍閥、政客舉行“善後會議”，以解決1924年10月馮玉祥北京政變之後留下的政治、財政、軍事問題。此次會議歷時一個多月，於4月21日結束，通過《國民代表會議條例》《軍事善後委員會條例》《財政善後委員會條例》三個主要議案，故此跋稱其“結果圓滿，國是有孚”。

【研究】

郭丹、劉波2021，第36—38頁。

325. 上海博物館藏上博13(3314)《佛説首楞嚴三昧經》卷下王樹枏跋

【概述】

此卷存2紙，長101.5釐米。引首簽題：“晉人寫經。頗具漢魏遺法，陶廬老人得之吐魯番三堡土中，希世之寶耶。”下鈐“浮碧亭主人”印。

【校録箋證】

此書純用隸法，兼蝌斗遺意，纖波濃點，錯落其間。趙子昂曾學此體，娜婀作態，滿紙生妍。蓋數千年未見之物也。余贈紫峰同年《大智度》殘經，的出一人之手。宣統二年(1910)得之吐魯番三堡土中，斷紙零星，惜無完整者。此卷凡五十七行，行十七八字不等。一字千金，可以療飢。公度先生其永寶用享[1]。甲寅(1914)十月王樹枏題贈。（鈐“陶廬”朱文方印）

[1]　公度先生，即馮恕(1867—1948)。

【著録】

上海古籍出版社、上海博物館1993，第②册《敘録》第3頁。

【圖版】

上海古籍出版社、上海博物館1993，第①册第112—113頁。

【研究】

朱玉麒2012A，第94頁；朱玉麒2019，第505頁。榮新江2016B，第31頁。Justin M. Jacobs 2019，pp.79；鄭智明2021，第215—216頁。

326. 中國三峽博物館(重慶博物館)藏《妙法蓮華經》卷一王樹枏、宋小濂跋

【概述】

據楊銘介紹，此卷首殘尾全，存13紙，長575釐米。存尾題“妙法蓮華經卷第一”。

有王樹枏、宋小濂跋。王樹枏題詩收入《陶廬詩續集》。

【校錄箋證】

(一) 王樹枏跋

題高昌所得唐人寫經殘卷。

曾撫晉帖評飛白,更訪唐經辨硬黃(唐人寫經皆用硬黃紙)。武后新章留久視(余所藏有久視元年寫經,署款用武后新造之字)[1],張公舊誌記高昌(吐魯番三堡地新出唐張懷寂墓誌[2],文云長壽三年葬高昌縣西北舊塋,據此知三堡之舊城即唐高昌縣城址也)。卷搜筒蛤餘千劫[3],字賤家雞學二王(唐經多學右軍書法)[4]。雪齧風饕消不得,土花猶帶墨痕香。

學宋人惡體,毫無風趣,大有嚴家餓隸之態[5],錄呈素公先生大騷長吟政。新城王樹枏未是草,庚戌十二月十七日(1911.1.17)。

[1] 此卷今藏日本東京書道博物館,編號中村072,係《彌勒上生經》。有題記:"久視元年九月十五日白衣弟子范德達供養。普照寺僧法浪校定。交河縣龍泉鄉人賈方素杪。"題記中年、月、日、人四字爲武周新字。

[2] 此誌載張懷寂長壽元年(692)從武威軍總管王孝傑征伐吐蕃,收復安西四鎮。長壽三年刻石,宣統二年(1910)出土於新疆吐魯番阿斯塔那,現藏新疆維吾爾自治區博物館。

[3] 典出《夢溪筆談》卷二十:"鄆州漁人擲網于漢水,至一潭底,舉之覺重。得一石,長尺餘,圓直如斷椽,細視之,乃群小蛤,鱗次相比,綢繆鞏固。以物試抉其一端,得一書卷,乃唐天寶年所造《金剛經》,題志甚詳,字法奇古,其末云:醫博士攝比陽縣令朱均施。比陽乃唐州屬邑。不知何年墜水中,首尾略無霑漬。爲土豪李孝源所得,孝源素奉佛,寶佛其書,蛤筒復養之水中。"

[4] 語出《南齊書》卷三十三《王僧虔傳》所載其書論:"庾征西翼書少時與右軍齊名,右軍後進,庾猶不分,在荆州與都下人書云:小兒輩賤家雞,皆學逸少書,須吾下,當比之。"

[5] 語出《晉書》卷八十:"獻之雖有父風,殊非新巧。觀其字勢疏瘦,如隆冬之枯樹;覽其筆蹤拘束,若嚴家之餓隸。其枯樹也,雖槎枒而無屈伸;其餓隸也,則羈羸而不放縱。兼斯二者,故翰墨之病歟!"

(二) 宋小濂跋

自敦煌石室藏書爲法人搜掘以去,國人有所感發,保粹存古之思想用啓發達,此亦吾國人心之進步也。頃者聞梁君素文前歲監理新疆財政,得高昌北朝及唐人寫經與公牘、契約等文字甚多。今秋都門把晤,素文置酒邀同人鑒賞,傾囊倒篋,羅列滿室,竭一日之力,僅閱其半。如入寶山,五光迸露;如游佛國,萬念消除。美矣,侈矣,歎觀止矣!小濂何修得此眼福!此唐人寫《妙法蓮華經》第一卷,入首雖有殘闕,及後完整如新,而書法之清剛雋上,尤爲精品。因歎素文搜羅之富、保存之功爲不小也。不覺歡喜膜拜,附名卷尾,以識欣幸。中華民國二年(1913)癸丑秋宋小濂記。(末有鈐印,似爲"鐵梅",待考)

【著錄】

楊銘1996,第23頁。

【錄文】

楊銘1995,第42—43頁。楊銘2002,第354頁。

【研究】

朱玉麒 2012A,第 86 頁;朱玉麒 2019,第 493—494 頁。

327. 永登縣博物館藏《六朝敦煌經壹卷》段永恩跋

【概述】

此卷引首題"六朝敦煌經壹卷",裱褙寫經殘片四件。第一件《大般涅槃經》卷三十九殘片,《甘肅藏敦煌文獻》編號爲永博附 005;第二件《金剛般若波羅蜜經》殘片,編號爲永博附 006;第三件《妙法蓮華經》卷六殘片,編號爲永博附 007;第四件《妙法蓮華經》卷三殘片,編號爲永博附 008。每種之後均有段永恩跋。

【校錄箋證】

(一)第一件《大般涅槃經》卷三十九殘片跋一

此書在北魏中最爲雋逸,如霞裳,婀娜有致,誠至寶也。惟吐魯番、鄯善兩處出土者有之,若以鳴沙山之庋閣者比之,則彼等遠遜矣。("裳"下脱"羽衣"二字。)(前鈐"奕葉流芳"朱文樹葉形印)

(二)第一件《大般涅槃經》卷三十九殘片跋二

壬子夏六月立秋前十日(1912.7.29),晉三司馬卸迪化篆務[1],又爲檢收行李,接署吐魯番廳事。偶於篋中覓得六朝及唐寫經殘卷,囑余裝池,爲之題跋,以作他日記念。余聊綴數語以歸之。季承弟段永恩。(鈐"段永恩印"白文方印、"季承"朱文方印)

[1] 張華齡,字晉三,甘肅皋蘭(今蘭州)人。清末民初任迪化知縣,1912 年 7 月署吐魯番廳同知,次年撤廳設縣,任吐魯番知縣,1914 年底卸任。

(三)第二件《金剛般若波羅蜜經》殘片跋

此書亦晉魏末世所寫,筆法猶存科斗、隸書之遺意。數千年來,紙色墨氣皆尚完好,洵可貴也。季承又識。(鈐"季承"朱白文連珠印)

(四)第三件《妙法蓮華經》卷六跋

此是六朝人書,而骨肉停勻,與張彥遠《書法要略》之善筆力之説相同[1]。永恩再記。(鈐"季承"白文方印)

[1] 語出唐張彥遠《書法要略·晉衛夫人〈筆陣圖〉》:"善筆力者多骨,不善筆力者多肉。多骨微肉者謂之筋書,多肉微骨者謂之墨豬。多力豐筋者聖,無力無筋者病。"

(五)第四件《妙法蓮華經》卷三跋

世以歐虞爲鷹隼,褚薛爲鸇翟[1]。此書骨勁神駿,可以謂之勁書。質之晉老[2],以爲何如? 姑藏段永恩評。(鈐"季承"朱文橢圓印)

[1] 相似文字亦見於中國國家博物館藏 C14.1341《六朝以來寫經碎錦》册頁《大般涅槃經》卷三十七殘片段永恩跋。

　　［2］指張華齡（字晉三）。

【録文】

　　蘇裕民、譚蟬雪 1992，第 82—83 頁。段文傑 1999，第三卷第 364 頁。

【圖版】

　　段文傑 1999，第三卷，卷首彩圖第 4 頁、第 326、328、329、330 頁。

【研究】

　　蘇裕民、譚蟬雪 1992，第 81—84、88 頁。朱玉麒 2014，第 35—58 頁；朱玉麒 2019，第 545—571 頁。榮新江 2016B，第 33 頁。

328. 馮天瑜藏《妙法蓮華經》卷五孫易、關百益、唐源鄴跋

【概述】

　　此卷存 111 行，有尾題“妙法蓮華經卷第五”。尾題與正文之間有題記“中書令臣魏徵重譯”，尾題後有題記“貞觀六年二月十六日”。題記疑點甚多：其一，魏徵未曾擔任中書令，貞觀六年（632）時其職務爲秘書監；其二，史籍、經録均未見有魏徵重譯《法華經》的記載；其三，重譯屬作者署名，當書於卷端題名下，不應書於尾題之前；其四，年款格式類似公文書，與書籍題記格式不合。

　　此卷爲武漢大學歷史系教授馮天瑜（1942—2023）所藏，係其父馮永軒得自新疆者。馮永軒（1897—1979），名德清，以字行，湖北黄安人。清華學校研究院第一期學生。1935 年受盛世才邀請前往新疆，任新疆師範學校校長、新疆編譯委員會委員長。1936 年返回湖北，後歷任安徽師範學院、西北大學、湖南大學教授。1949 年後任武漢師範學院（今湖北大學）歷史系教授。

　　任職新疆期間，馮永軒獲得此件吐魯番寫經，精心保藏，遍邀名家題跋。引首王葆心題：“高昌出土唐人寫經。永軒先生屬書。七十五叟王葆心。”鈐“王葆心印”白文方印、“季薌”朱文方印。王葆心（1869—1944），字季薌，號晦堂，湖北羅田人。光緒二十九年（1903）舉人。歷任學部主事、湖南省官書報局總纂、湖北國學館館長、武昌高等師範學校教授、武漢大學教授、湖北通志館總纂。

　　拖尾有孫易、關百益、唐源鄴題跋各一則。

【校録箋證】

（一）孫易跋

　　土魯番即古之高昌，自兩漢以還爲西疆重鎮，中原文物多萃集於茲，是以此邑陳蹟徧布。輓近中西考古之士，群趨攫檢，所出古物太半爲西人所輦歸，而存於中土者寥寥。勝朝宣統時，土魯番、鄯善間之土峪溝有大宗古代寫卷出土，見於王晉卿《新疆訪古録》者，有北涼寫經殘卷、北涼《佛説菩薩藏經》殘卷、蠕蠕永康五年寫經殘卷、麴氏所抄《三國志》葦

曜華韡殘傳、梁蕭偉寫《摩訶般若波羅蜜經》、梁大同元年《金剛般若波羅蜜》殘卷、唐武后時寫經殘卷、唐久視元年《彌勒上生經》殘卷。日人羽田亨所著《西域文明史概論》載日人橘瑞超在吐峪溝發掘之西晉元康六年《諸佛要集經》《十住論》《論語》斷片。予至烏垣，嘗與段季丞孝廉相往反[1]，見其藏有高昌出土寫卷，有爲南北朝時物，有爲李唐時物。予得一見，誠幸事也。惜未製作拓片，廣播士林。迪化柴君世居土魯番，錫予家藏高昌出土寫經，長約尺餘，與季丞孝廉所貯校之，其爲唐物無疑。土魯番四時無雨，壤土高燥，故地下之物，累久弗損。聞柴君云：當出土時，有長至數丈者，有破碎爲屑片者。長者多置陶器內，碎者雜於塵土中。予將此經製爲卷，用使收藏耳。（第廿三行"便"字誤作"使"字。）

　　永軒先生酷好金石，與予同具嗜痂之癖，間出眎所藏唐人寫經卷，並爲之跋，囑書於後，予欣然以應。時中華民國三十四年(1945)也。意慶弟子孫易拜書[2]。（鈐"孫百朋鈢"白文方印、"孫易"朱文方印）

　　[1] 即段永恩，字季承。

　　[2] 孫易(1912—1960)，又名孫百朋，安徽壽縣人。無錫國專畢業。1945年前後與馮永軒同任教於安徽學院。1950年代任安徽省博物館文史部主任。1958年劃爲右派，後以反革命分子論處，被迫害致死。

（二）關百益跋

　　中國西陲地高土燥，宜於藏經，古代真蹟埋於地下者不可勝計。自清宣統以來，發見者夥矣。其優者盡爲西人運至法國博物院，惜未能見。其藏于北平大學者[1]，尚有數千卷。羅叔言師所藏亦千餘卷。其餘藏於各家者或數百卷，或數十卷，不可枚數。以有年月、有書人姓名、墨色黝明、書法雋整而首尾完備者爲最寶貴，否則不足貴也。其年代有漢、有三國、有晉、有西秦西涼，皆甚少見，至北魏則漸多，而唐爲尤多。北魏筆法挺拔，幾無卷不美。唐則書法不一，有美有不美。今永軒先生所得殘經一片，無首尾，審其字蹟，蓋唐之中品也。聊備一格，已自罕有，宜什襲寶之。昔在丁亥(1947)三秋，開封關百益題[2]。（鈐"坅"朱文方印）

　　[1] 當指藏於國立北平圖書館者。此謂"北平大學"，係傳聞失實。此跋所述，如羅振玉藏千餘卷，均不確。

　　[2] 關百益(1882—1956)，原名葆謙，河南開封人。畢業於京師大學堂師範館，曾任河南優級師範學校校長、河南通志館纂修、河南省博物館館長、國立西北大學歷史系教授等職。著有《河南金石志圖》《新鄭古器圖録》等。

（三）唐源鄴跋

　　高昌環大山，四時無雪雨。遺黎屬漢魏(因避亂遷自晉代)，積世安居處(見《北史》熙平高昌遺使朝貢請求內徙詔[1])。文字同華夏，坐室畫尼父(坐室畫魯哀公問政孔子像。時高昌即有《毛詩》《論語》《孝經》、歷代子史集，置學宮，子弟以相教授[2])。奉教佛兼儒，經典費搜補(正光元年，復遣使求借五經諸史，許之[3])。兵燹防未然，文物慎收貯。器藏山谷間，代遠迷處所。古物寧終棄，寫經復出土。陳陳佛典中，斷片襍論語。入地幾何年，不隨草木腐。匪關神物護，壤燥故如許。公私皆有藏，西人尤好古。當年輦載去，如何任攜取。半紙亦僅存，尚堪辨毫楮。吾子偶得[4]，同人快先睹。緘庋置巾箱，吉光留片羽。

永軒先生出示唐人所書殘經卷子屬題，即希指政。癸巳小寒(1954.1.6)長沙唐源鄴。(前鈐"日有憙"白文方印，後鈐"源鄴"白文方印、"醉石"朱文方印)

[1]《北史》卷九十七《西域傳》："熙平初，遣使朝獻。詔曰：卿地隔關山，境接荒漠，頻請朝援，徙國内遷。雖來誠可嘉，即於理未帖。何者？彼之甿庶，是漢魏遺黎，自晉氏不綱，因難播越，成家立國，世積已久，惡徙重遷，人懷戀舊。今若動之，恐異同之變，爰在肘腋，不得便如來表也。"

[2]《北史》卷九十七《西域傳》："後至隋時，城有十八。其都城周回一千八百四十步。於坐室畫魯哀公問政於孔子之像。……文字亦同華夏，兼用胡書。有《毛詩》《論語》《孝經》，置學官弟子，以相教授。雖習讀之，而皆爲胡語。"

[3]《北史》卷九十七《西域傳》："正光元年，明帝遣假員外將軍趙義等使於嘉。嘉朝貢不絶，又遣使奉表，自以邊遐，不習典誥，求借五經、諸史，並請國子助教劉燮以爲博士，明帝許之。"

[4]吾子偶得，此句缺一字。疑"偶"字後脱一"然"字。

【録文】

鍾書林 2017，第 106—107 頁。

【圖版】

馮天瑜 2015，第 6—7 頁。

329.《吐魯番出土六朝寫經殘卷》王樹枏、上田桑鳩、梁玉書跋

【概述】

此卷見於中國嘉德國際拍賣有限公司 2019 秋季拍賣會古籍善本、金石碑帖專場(2019 年 11 月 18 日)，編號 2490。全卷長 474 釐米，裱褙東晉至南北朝寫本佛經殘片六種：《佛説太子本起瑞應經》卷上，存 23 行；《優婆塞戒經》卷五，上殘，存 26 行；《金剛般若波羅蜜經》，存 12 行，後有王樹枏跋；《大智度論》卷二十三，存 10 行；《大智度論》卷十五，存 24 行；《大寶積經》卷一百，存 24 行。卷末有王樹枏、上田桑鳩、梁玉書跋。1956 年，日本東京西東書房以珂羅版影印此卷，名爲《六朝寫經殘簡》，該影印本未收録題跋。

【校録箋證】

(一)《金剛般若波羅蜜經》殘片王樹枏跋

西施耶？嫫母耶？愈醜愈妍，別饒姿態。樹枏題。(鈐"晉卿"朱文方印)

(二)拖尾王樹枏跋

右三紙光怪陸離，如親丹文緑字，六朝之精品也。辛亥(1911)五月，余將有都門之役[1]，素文先生約以此卷贈別，楊鼎臣廉訪謂道遠不便攜帶乃止[2]。樹枏。(鈐"樹枏之

印”白文方印、“晉卿”朱文方印）

　　[1] 都門之役，指王樹枏卸任新疆布政使回京。

　　[2] 楊鼎臣，即楊增新(1864—1928)。宣統三年(1911)三月，新疆巡撫袁大化保舉楊增新升任鎮迪道兼提法使，“廉訪”即提法使（由按察使改名）別稱。

（三）拖尾上田桑鳩跋①

　　凡そ古典と稱するに足るものは、格調高く、しかもそれよりさらに新らしいものを創造し得る示唆を與える要素を藏している。この無名の作者の筆になる寫經斷簡、筆路明快、神彩奕奕として、又觀者に夢を抱かせ、書心ある者として、創造せんことを思わしむ。これ又古典と云ふに足る古代の古文書にかかる例多きは何故によるのであろうか。思うに真率なる筆寫による生命力の燮輝と自然なる筆者の個性の顯現によるのではあるまいか。余これを展觀する每に、これを思うて自誡となす。昭和四十一年(1967)丙午秋日桑鳩記[1]。（鈐“桑鳩”白文方印）

　　[1] 上田桑鳩(1899—1968)，原名上田順，日本兵庫縣人。書法家，師從井原雲涯、比田井天來。1933年創立書道藝術社。

（四）拖尾梁玉書跋

　　吐魯番爲古高昌，北涼弘法於前，麴氏重佛於後，經像之盛，鬱乎西方。比來東西人士遊斯土者無不從事羅掘，捆載以去。己酉(1909)夏，余監理新疆財政，簿書之暇，著意搜訪，時歷三年，小有蓄積。唐人寫經出敦煌石室者尚有全卷，六代人書則掘自土中，悉成零墨。得即裝池，未遑排類，工拙膠重，非所計也。癸丑(1913)季秋，遇成都白堅甫先生於都門，先生鑒古，得天眼通，合十讚嘆，得未曾有。承題記於初唐人書《蓮華經》卷尾，報以唐人書《大通方廣經》，用結墨緣。茲復函索，用考書體變遷之迹。檢點筐篋得此卷，共計六紙，雖有殘蝕，六代書體已偹各種，且有新城王晉卿方伯去思手翰。時值遼陽陳慈首通家客余館中[1]，爲檢校題記訖，爰誌緣起，永作蕭齋清供，不審鴻博何教之。（“索”字下脫“隋以前書”四字。）中華民國三年(1914)暮春新民梁玉書題記。

　　[1] 陳思(1873—1932)，字慈首。

【圖版】

　　中國嘉德國際拍賣有限公司網站：http://www.cguardian.com/AuctionDetails.html?id=1919060158&categoryId=GD-2019-CN006-008-037&itemCode=2490

330.《佛説首楞嚴三昧經》卷下王樹枏跋

【概述】

　　此件見於中國嘉德國際拍賣有限公司2020秋季拍賣會古籍善本、金石碑帖專場

---

　　①　此跋承中國國家圖書館外文采編部袁冶女士、黃術志先生協助校正，謹此致謝。

（2020年12月2日），編號2193。朱玉麒經林世田獲得圖版，知其原爲尚林十數年前所得，校録入《瀚海零縑》本《王樹柟吐魯番文書題跋箋釋》。

【校録箋證】

右六朝寫經殘紙二十四行，紙色、墨色、烏闌、字體與贈公度之卷無一不相印合，的係一紙割裂斷爛者[1]。凡六朝人寫經之紙，薄而堅緻，入水不濡，與唐人硬黄迥異。此書筆意古雋，如出繭蠶蛾，蠕蠕欲動。鍾太傅書當以此爲濫觴[2]。所謂"單牘片紙，不啻金玉"者也[3]。藝圃年丈素以善書名世，得此當繫之帳中。甲寅十月十七日（1914.12.4），綿山老牧王樹柟題贈。（鈐"陶廬"朱文方印）

［1］公度，即馮恕。"贈公度之卷"，指上海博物館藏上博13(3314)《佛説首楞嚴三昧經》卷下，係王樹柟贈予馮恕者，亦有王樹柟跋。所謂"一紙割裂斷爛"，指此卷與上博13原係一卷，斷裂爲二。

［2］鍾太傅，即鍾繇(151—230)，仕三國魏官至太傅。工書法，擅長隸、楷諸體，《宣和書譜》稱其爲"正書之祖"。

［3］語出《元史》卷一四三康里巙巙傳："善真行草書，識者謂得晉人筆意，單牘片紙，人爭寶之，不翅金玉。"

【圖版】

中國嘉德國際拍賣有限公司網站：http://www.cguardian.com/Auctions/ItemDetail?id=1920060164&categoryId=GD-2020-CN006-008-043&itemCode=2193

雅昌藝術網：https://auction.artron.net/paimai-art0092672193/

【研究】

朱玉麒2019，第505—506頁。

331.《唐開元十三年西州都督府高牒秦州爲請勘王敬忠舊地殘牒》馮國瑞跋

【概述】

據劉雁翔《馮國瑞敦煌寫經吐魯番文書題跋敘録》介紹，馮國瑞以鉛筆及藍墨水鋼筆輯録了一份自撰敦煌吐魯番題跋集，現藏甘肅省圖書館西北文獻資料庫。此跋即其中之一。兹據劉雁翔文迻録馮跋如下。

此跋所論《唐開元十三年西州都督府高牒秦州爲請勘王敬忠舊地殘牒》，今下落待考。榮新江曾得影本，1996年交與池田温研究，池田温撰有論文《開元十三年西州都督府牒秦州殘牒簡介》，發表於《敦煌吐魯番研究》第3卷，附有陳國燦《讀後記》，對馮跋有切要評述。

【校録箋證】

右牒粘合麻紙三張，共長三尺六寸，高存四寸，下部損壞。前七行行書，後三十行楷書，係一千二百年前舊檔案的遺存，出於吐魯番東南三堡。從吐魯番東行七十五里到勝金口，轉南十五里即三堡。其地于唐爲西州郭下高昌所存地，本地人到現在還叫高昌。唐貞觀十四年（六四〇）滅高昌國，就其王都“田地城”設西州，地從兩漢車師前國起，歷五六百年都是首都，唐安西都護也曾三次駐在這裏。近五六十年來，歐人格倫尉得爾、勒柯克、斯坦因都在這裏一帶，發掘考古，捆載而去，這是他們發掘遺餘罷了。

　　牒爲推勘土地事，故由户曹參軍副署。唐初的土地制度，必於本鄉，家貧營喪葬，可賣“永業田”，遠徙才許賣“口分田”；田産雖可買賣，非“遠役”“外任”無人守家的，不許出租或典質。殘牒中見“外任”字樣，王敬忠在秦州買地，又出租土地，自是秦州人。遠官新疆，買賣土地，必須經地方官呈請，無文書的没收田價，田還原主，王敬忠有文契，證其合法取得，那這殘牒證《通典》所載的土地令，一一皆合，惟令爲開元二十五年，此爲十三年，實早行十二年，説明令不是重行立法，只是綜合舊制。

　　又有一事可注意的，租地並文契也留給佃農。牒内指明王敬忠的“莊地一所三頃，城北一段八十畝，東坡一段三十畝，東嶺一段七十畝，東渠一段一頃二十二畝，東澤……”，這些地名到現在天水還有舊名稱的存在。王敬忠（是）擁有大量土地的地主，外任了邊疆武職官吏，仗着勢力，用西州都督府的文牒，到秦州都督府，堅持他照舊收租，這一封建地主剥削實證有他歷史意義的。

　　都督高，可能是高仙芝，《（新）唐書》列傳第六十：“仙芝，高麗人，父舍雞初以將軍隸河西軍，爲四鎮（龜兹、于闐、焉者、疏勒）校將。仙芝年二十餘，從至安西（安西都護府治高昌），以父功補遊擊將軍。數年，父子並班。（高）仙芝美姿質，善騎射，父以儒緩憂之。初事節度使田仁琬、蓋嘉運等，不甚知名，後復事夫蒙靈察，乃善遇之。開元末，表爲安西副都護，四鎮知兵馬使。”夫蒙靈察無傳，《通鑑》開元十四年九月己丑，以安西副將大都護磧西節度使杜暹同平章事，仙芝當繼杜暹後。殘牒開元十三年的都督高，如是仙芝的話，很可能，但傳中没有序及這一較低的官秩，舊史傳裏也常有此例，拿紀年推求，與史符合。仙芝的重要事蹟，在節度西域以後，所謂“度越蔥嶺，用兵如神”上印度的仙芝行軍遺跡，是被人很稱讚的。中朝兩國的兄弟之邦，在歷史的互相親愛、互相援助的美跡，這殘牒也是一件實證。

【録文】

　　劉雁翔 2008，第 60—61 頁。

【研究】

　　陳國燦 1998，第 126—128 頁。

332.《唐天寶八載柳中縣常平正倉請裁欠糧申》馮國瑞跋

【概述】

　　據劉雁翔《馮國瑞敦煌寫經吐魯番文書題跋敍録》介紹，馮國瑞以鉛筆及藍墨水鋼筆輯録了一份自撰敦煌吐魯番題跋集,現藏甘肅省圖書館西北文獻資料庫。此跋即其中之一。兹據劉文迻録馮跋如下。

此跋所論《唐天寶八載柳中縣常平正倉請裁欠糧申》,今藏地待考。

【校録箋證】

右"申"高度俱尺許,也是檔案的存留,文意係柳中縣向都督府申請裁欠糧的文,府批未准,並依數征納。柳中縣印,約二寸,篆書,陽文朱色,"都督倉曹"就是西州都督府的倉曹參軍。"主簿判尉録事佐"皆上縣職官。縣無吏,屬於郡,當是與交河郡史並銜。"功曹行録事參軍事""廣文"是府官批文書的人。《通鑑》記載:"自王孝傑克復四鎮,置安西都護府,以唐兵三萬戍之,百姓苦其役。"又説:"邊將多貪婪寡恩,未可僕數。"由歷史傳統,對邊疆百姓,尤其少數民族,只有加重的壓榨剥削,這是一實證的文件。

【録文】

劉雁翔 2008,第 61 頁。

333. 日本國立國會圖書館藏 WB32(29)566989《西域法寶遺韻》册頁王樹枏跋

【概述】

此册頁共三十頁,裱褙吐魯番出土佛經殘片七十六件。封面題:"西域法寶遺韻。方南學人題。"第六頁鈐"新城王晉卿"白文方印。第三頁《修行道地經》卷六修行道地經學地品第二十五殘片、第四頁《法苑珠林》卷九十九雜要篇四果部殘片各有王樹枏跋一則。

【校録箋證】

(一)第三頁《修行道地經》卷六殘片跋

自此以下全係六朝人書,吉光片羽,真至寶也。晉卿。(鈐"新城王氏"朱文長方印)

(二)第四頁《法苑珠林》卷九十九殘片跋

畫石者愈醜愈怪愈覺妍媚,吾於此書亦云。陶盧老人。(鈐"晉卿"朱文長方印)

【著録】

榮新江 1996B,第 217 頁。

【録文】

施萍婷 1995,第 58 頁。

【圖版】

日本國立國會圖書館網站:http://dl.ndl.go.jp/info:ndljp/pid/2586488?tocOpened=1

【研究】

朱玉麒 2012A,第 97 頁;朱玉麒 2019,第 510 頁。

334. 日本東京書道博物館藏中村 009《佛説大菩薩藏經》卷一王樹枏、趙惟熙跋

【概述】

此卷出土於吐魯番三堡。長 116.4 釐米。卷尾有題記："一校竟。大涼王大且渠安周所供養經。承平十五年(457)歲在丁酉。書吏臣樊濟寫。法師　第一校。法師　第一校。祠主 道 (下缺)。"據鍋島稻子《不折舊藏寫経類コレクションについて》(載《台東區立書道博物館所藏中村不折舊藏禹域墨書集成》下,此後諸條題簽均出於此文),此卷引首有題簽："北涼承平十五年寫經殘卷,湘鄉陳鎔皆得之吐魯番。"

王樹枏跋收入《新疆訪古錄》卷一,題爲"北涼佛説菩薩藏經殘卷"。該書所收較此卷所題前增一段文字："右經出鄯善土峪溝。經文共五十二行,末題'佛説菩薩藏經第一',下方注云'一校竟',隔一行題曰'大涼王大且渠安周所供養經',次一行題曰'承平十五年歲在丁酉',又次一行題曰'書吏臣樊濟寫',又次一行題曰'法師第一校',又次一行復題曰'法師第一校',又次一行題曰'祠主',以下皆脱爛,經文之尾題曰'二十六紙半'。"後接寫此卷所題部分。兩者文字略有差異,詳見注釋。

王樹枏《新疆稽古錄》(《中國學報》1913 年第 9 期)所收"北涼佛説菩薩藏經殘卷",文字較簡短："此卷亦出鄯善土峪溝,尾署'大涼王且渠安周所供養經,承平十五年歲在丁酉,書吏臣樊濟寫',又有法師、祠主等款,法作㫎,渠作淉,藏作𧅷,皆當時異文。無諱僭號承平,安周因之,其十五年正宋大明之元年也。"

【校録箋證】

(一) 王樹枏跋

案《宋書》元嘉十六年北涼亡,無諱、安周兄弟據鄯善,襲高昌,十九年遣使奉表,太祖詔使持節、散騎常侍、都督涼河沙三州諸軍事、征西大將軍、領護匈奴中郎將、西夷校尉、涼州刺史、河西王。二十一年(魏真君五年)[1],無諱死,安周代立,封如其兄[2]。蓋無諱封王之次年癸未,即僭改私元爲承平元年。明年甲申夏,無諱死,安周立,仍沿用其兄年號。德人在喀喇和綽掘土,得安周造寺功德刻石[3],爲承平三年歲次大梁,即元嘉二十一年乙酉歲。推至大明元年,正承平十五年丁酉歲也。此卷爲湘鄉陳鎔皆阜鈞客吐魯番曾炳燻幕時所得[4]。庚戌(1910)十月持以貽余[5],書法古逸,在隸楷之間,今之《廣陵散》也。新城王樹枏識。(鈐"樹枏之印"白文方印、"晉卿"朱文方印)

[1] 真君,《新疆訪古錄》作"太平真君"。

[2] 大且渠無諱、安周兄弟事見《宋書》卷九十八《大且渠蒙遜傳》。

[3] 喀喇和綽,即哈拉和卓。德人,指德國人格倫威德爾(Albert Grünwedel)。安周造寺功德刻石,又稱沮渠安周造寺碑、沮渠安周造像記。此碑清光緒八年(1882)出土於新疆吐魯番高昌故城,最初爲當

地挖寶人所得,1902 年格倫威德爾率德國第一次吐魯番探險隊從挖寶人手中購得,運至柏林,存於民俗學博物館。國內僅存拓本數種。

[4] 陳卓鈞,字鎔皆,湖南湘鄉人。廩生。吐魯番同知曾炳熿幕客。曾任《新疆圖志》分纂。曾炳熿,字筱堂、筱棠,湖南湘鄉人。光緒三十三年二月二十三日(1907.4.5)至宣統元年八月二十三日(1909.10.6)任吐魯番廳同知。撰有《吐魯番廳鄉土志》等。

[5] 貽余,《新疆訪古錄》作"贈予"。

(二) 趙惟熙跋

解得慈悲義,禪根就此生。香花勳供養,智慧覺通明。

我佛空生滅,藏經轉世多。大涼書法妙,寶偈敬觀摩。

北涼書傳世絕少,此卷看似粗率,及細翫之,則精氣內含,有綿裹裹鐵之妙,其用筆逼真鍾太傅,晉唐以後無繼起者矣。

新城方伯藏此,介友人屬題。賤子素不知書,尤窘於題跋文字,重違公下問之意,輒集卷中字,勉成二絕。小巫見大巫,神氣盡喪,無惑乎左支右絀也。即乞訓正。庚戌除日(1911.1.29)南豐趙惟熙敬題並識,時客北庭。("隋"字誤作"晉"。)(前鈐"趙〇"朱印,後鈐"南豐趙氏惟熙"白文方印、"芝珊"朱文方印)

【著錄】

陳國燦、劉安志 2005,第 495 頁。

【圖版】

磯部彰 2005,卷上第 48—49 頁。

【研究】

朱玉麒 2012A,第 82 頁;朱玉麒 2019,第 487—488 頁。朱玉麒 2013,第 1075—1100頁;朱玉麒 2019,第 433—468 頁。周慧 2015,第 83 頁。

335. 日本東京書道博物館藏中村 010《妙法蓮華經》卷十王樹枏跋

【概述】

此卷係闞氏高昌國時期寫經。長 38.3 釐米,下半截殘斷。卷末存尾題"妙法蓮華經卷第十",後有題記:"永康五年(470)歲在庚戌七月(下缺)常住三寶媚宿緣斯薄(下缺)染累纏結遊浪三有冈(下缺)形浮幻命也難保謹鴻塵表[之](下缺)此躬已遍事諸佛與陁羅尼善(下缺)滯飲定水以去哉想使慶鍾(下缺)。"尾題前又有題記"釋比丘德願"。題記下部殘缺。引首有題簽:"蠕蠕永康五年寫經真跡。出鄯善。素文珍藏。一號。"可知爲梁玉書舊藏。

王樹枏跋收入《新疆稽古錄》(《中國學報》1913 年第 9 期)、《新疆訪古錄》卷一,標題爲"蠕蠕永康五年寫經殘卷"。兩者文字略有差異,詳見注釋。

【校録箋證】

右《蓮華經》殘卷[1]，末署"永康五年歲在庚戌"。案《魏書·蠕蠕傳》，和平五年蠕蠕吐賀真死[2]，子予成立，自稱永康元年[3]。據此卷，蓋予成立二年始建元永康，在魏獻文帝之天安元年，推至皇興四年歲在庚戌[4]，爲蠕蠕永康之五年也（宋泰始六年）。《魏書》概言予成立自稱永康元年，並未詳敘建元之歲，得此可以補史書之缺。是時且渠安周爲蠕蠕所滅，立闞伯周爲高昌王，高昌遂屬蠕蠕，故寫經者署蠕蠕年號也。書法蕭灑而字多別體，蓋沿六朝之習。宣統辛亥三月三日（1911.4.1）素文先生出此卷相示，因考定之如此。新城王樹枏識於迪化東城之寄廬。（鈐"樹枏之印"白文方印、"晉卿"朱文方印）

[1] 此句下《新疆稽古録》《新疆訪古録》有"爲新疆清理財政官梁素文玉書所藏"一句。

[2] 蠕蠕吐賀真，《新疆稽古録》《新疆訪古録》作"吐賀真"。

[3] 《魏書》卷一百三《蠕蠕傳》："和平五年，吐賀真死，子予成立，號受羅部真可汗，魏言惠也。自稱永康元年，率部侵塞，北鎮遊軍大破其衆。"

[4] 歲在，《新疆稽古録》《新疆訪古録》作"歲次"。

【圖版】

磯部彰 2005，卷上第 51 頁。

【研究】

朱玉麒 2012A，第 88—89 頁；朱玉麒 2019，第 497 頁。朱玉麒 2013，第 1075—1100 頁；朱玉麒 2019，第 433—468 頁。

336. 日本東京書道博物館藏中村 013《佛華嚴經》卷二十八王樹枏跋

【概述】

此卷係北涼時期寫經。長 51.4 釐米。卷尾有尾題"佛華嚴經卷第廿八"，後有題記："涼王大且渠安周所供養經。廿咠。"引首有題簽："北涼寫經殘卷。出鄯善。晉卿之寶。"

【校録箋證】

雖少筋骨，然有一種蕭散灑落之致，《宣和書譜》評蕭思話書"有鳧鷗雁鶩遊戲沙汀之比"，吾於此書亦云。晉卿，祭灶日。

【圖版】

磯部彰 2005，卷上第 61 頁。

【研究】

朱玉麒 2012A，第 97 頁；朱玉麒 2019，第 510 頁。

337. 日本東京書道博物館藏中村 014《摩訶般若波羅蜜經》卷十四王樹枏跋

【概述】

此卷係南朝蕭梁天監十一年（512）蕭偉寫經，出土於吐魯番三堡。經日本文部省認定爲"重要文化財"。存 28 紙,長 1179.4 釐米。引首有中村不折題簽:"梁建安王偉手寫經卷。"

卷末殘存尾題"蜜卷第十四",有題記五行:"(上缺)壬辰歲使持節、散騎常侍、都督江州諸軍事、鎮南將軍、開府儀同(上缺)建安王蕭偉敬造衆經一千弖流通,願神徽鑒於六道,清猷(上缺)明靈聿輔,景福咸臻,深信堅明,大悲增上,照環中之奥理,得象(上缺)情,捨身命財,護持正法,脩菩提行,專向一乘,苞舉群生,導達形(上缺)冥實相,俱憩道場。"建安王蕭偉,爲梁武帝蕭衍異母弟,天監元年(502)封建安王,十七年(518)改封南平郡王。紀年"壬辰"上一字僅餘末筆,但可認定爲"壬"字無疑。

據王樹枏跋文,此卷係其子王禹敷得自吐魯番,王樹枏後將其轉贈顧鼇。

王樹枏跋一收入《新疆訪古録》卷一,標題爲"梁蕭偉寫摩訶般若波羅蜜經";不見於《中國學報》本《新疆稽古録》。跋二、跋三不見於《新疆稽古録》《新疆訪古録》。

【校録箋證】

(一)王樹枏跋一

右經自卷第五十起,至五十四止,卷共長慮傂尺五十三尺六寸五分,寬一尺二寸二分,共紙二十八枚,每枚長二尺二寸,每紙三十行,行十七字[1],其末五行署款紙首殘缺[2]。案南北史梁宗室列傳[3],蕭偉字文達[4],武帝母弟,其封建安王在天監元年,傳與本紀皆同。此經乃天監十一年壬辰所書,"壬"字缺爛,尚存下一横畫可見。本紀加鎮南將軍、江州刺史、建安王偉開府儀同三司亦在十一年,與此卷署款皆合。至十七年,始改封南平王。傳言偉"晚年崇信佛理,尤精玄學",觀此可見其迷信矣。巨六先生鑒定[5]。新城王樹枏跋尾,己未閏七月九日(1919.9.2)。(鈐"晉卿"朱文長方印)

[1] 行,《新疆訪古録》作"每行"。

[2] 紙首殘缺,《新疆訪古録》作:"紙首殘缺數字。第一行上缺,'＿辰歲使持節、散騎常侍、都督江州諸軍事、鎮南將軍、開府儀同',第二行上缺,'乂建安王蕭偉敬造衆經一千弖流通,願神徽鑒於六道,清猷',第三行上缺,'明靈聿輔,景福咸臻,深信堅明,大悲增上,照環中之奥理,得象',第四行上缺,'情,捨身命財,護持正法,脩菩提行,專向一乘,苞舉群生,導達形',第五行上缺,'同冥實相,俱憩道場'。"

[3] 《蕭偉傳》見《南史》卷五十二《梁宗室列傳》下。"南北史"之"北"字疑衍。

[4] 蕭偉,《新疆訪古録》作"有蕭偉,偉"。

[5] 顧鼇(1879—1956),字巨六。

(二)王樹枏跋二

此卷出吐魯番三堡中,即漢之高昌壁也。農人掘土得之。兒子禹敷郵寄京師[1]。巨六先生見之,愛不釋手。僕以天下之物應與天下人共之,況物聚於所好者耶?展玩數日,因爲跋而歸之。晉卿。(鈐"樹枏"朱文方印、"新城王氏"白文方印)

[1] 王禹敷(1888—?),王樹枏次子。曾任職於吐魯番統税局(1916 年前後)、哈密統税局(1917 年

前後)。

(三) 王樹枏跋三

六朝書法全出於漢隸,以古拙爲妍麗,是卷尤道媚,姿態橫生,與鍾太傅頗相似,異香活色,千載如新。高昌古爲佛國,蕭書千卷,流播徧海内,此其一也。綿山老牧再觀。(鈐"新城王樹枏"白文方印)

【圖版】

磯部彰 2005,卷上第 77 頁。

【研究】

朱玉麒 2012A,第 93 頁;朱玉麒 2019,第 503—504 頁。朱玉麒 2013,第 1075—1100 頁;朱玉麒 2019,第 433—468 頁。

338. 日本東京書道博物館藏中村 025《佛説金剛般若波羅蜜經》王樹枏、趙惟熙、白堅跋

【概述】

此卷長 81.8 釐米,下半截殘斷。存尾題"佛説金剛般若波羅蜜經",後有題記四行:"大同元年(535)正月一日散騎常侍淳于(下缺)於芮芮,願造《金剛波若經》一百引□(下缺)屆梁朝,謹卒本誓,以斯功果,普施□(下缺)境。"引首有題簽:"梁大同元年寫經殘卷。出鄯善。晉卿珍藏。十四。"有王樹枏、趙惟熙、白堅跋。

王樹枏跋二則又收入《新疆稽古録》(《中國學報》1913 年第 9 期)、《新疆訪古録》卷一,標題爲"梁大同元年金剛般若波羅蜜經殘卷",二則合爲一條:"此卷出鄯善,爲寶臣大令謨所得,末署'大同元年正月一日散騎常侍淳于(下闕)於芮芮願造《金剛波若經》一百引,今(下闕)屆梁朝,謹卒本誓,以斯功果,普施人境'。字體圓整,無異文別體,六朝人書法之極醇正者。芮芮即蠕蠕,亦作茹茹,亦作柔然。滑于某在芮芮時誓造此經,後至梁朝,卒完斯願也。"

【校録箋證】

(一) 王樹枏跋一

此卷出鄯善。宣統庚戌(1910)劉寶臣大令貽余。字體圓整,無異文別字,六朝人書法之極醇正者。仲父。(鈐"臣樹枏印"白文方印)

(二) 王樹枏跋二

芮芮即蠕蠕,亦作茹茹,亦作柔然。滑于某當是居芮芮時誓造此經,迨屆梁朝,卒完斯願也。仲父,庚戌臘八日(1911.1.8)。(鈐"王印樹枏號晉卿"朱文方印)

(三) 趙惟熙跋

一卷殘經信手摩,鷲峰消息近如何。君王尚捨真龍體,休怪民間佞佛多。

寫罷金剛便悟禪,高昌國本近西天(今鄯善縣爲古高昌東境)。巾箱留得叢殘本,玉碎由來勝瓦全。

晉卿方伯大人訓正。庚戌歲除(1911.1.29)南豐趙惟熙呈稿。(前鈐"趙"朱文圓印,後鈐"惟熙"白文長方印)

(四)白堅跋

内梁大同寫經。白堅封。十一月十八日。(字間鈐"白堅"朱文長方印三枚)

【圖版】

磯部彰 2005,卷上第 143 頁。

【研究】

朱玉麒 2012A,第 87 頁;朱玉麒 2019,第 495 頁。周慧 2015,第 83—84 頁。

339. 日本東京書道博物館藏中村 072《彌勒上生經》王樹枏跋

【概述】

此卷首殘尾全,長 266.1 釐米。有尾題"彌勒上生經",後有題記:"久視元秊九囝十五囝白衣弟子氾德達供養。普照寺僧法浪校定。交河縣龍泉鄉爭賈方素抄。"題記中"年""月""日""人"四字爲武周新字。引首有中村不折題簽"彌勒上生經"。

有王樹枏跋,收入《新疆訪古録》卷二,標題爲"唐久視元年彌勒上生經殘卷",首句文字不同。《新疆稽古録》(《中國學報》1916 年第 1 期)所載"唐久視元年彌勒上生經殘卷",文字與此不同:"此卷出吐魯番三堡,尾署'久視元秊元囝十五囝白衣弟子氾德達供養,普照寺僧法浪校定,交河縣龍泉莊鄉爭賈方素抄'。案年月日人等字皆用武后新造,而經文皆遵正楷,不用異文,秀逸有晉人筆意。"

【校録箋證】

此卷出鄯善,劉寶臣得之貽余[1]。經文皆遵正楷,惟署款用武后新造之字。高昌經卷書法多可寶愛,遠出敦煌之上。然破碎斷爛,長幅不易得,蓋埋没地下千餘年,不似敦煌洞中之庋閣整齊也。樹枏記,庚戌季冬朔日(1911.1.1)。(鈐"王樹枏印"白文方印)

[1] "此卷出鄯善,劉寶臣得之貽余",《新疆訪古録》作"右卷凡經一百三十五行,卷首文殘缺,末屬'久視元秊九囝十五囝白衣弟子氾德達供養',次一行'普照寺僧法浪校定',又次一行'交河縣龍泉鄉主賈方素抄'。劉寶臣令鄯善,得之貽余"。

【圖版】

磯部彰 2005,卷中第 29 頁。

【研究】

朱玉麒 2012A,第 85 頁;朱玉麒 2019,第 492 頁;朱玉麒 2013,第 1075—1100 頁;朱玉麒 2019,第 433—468 頁。

340. 日本東京書道博物館藏中村 119《畏吾兒經卷殘片》王樹枏、宋育仁跋

【概述】

此卷裱褙殘片七件，第一、二、四、五、六等五件爲回鶻文寫本殘片，第三件爲回鶻文印本殘片，第七件爲畫像殘片。引首有題簽："畏吾兒殘字。鄯善土峪溝所得。陶廬珍藏。"

王樹枏跋二前段收入《新疆訪古錄》卷二；跋四收入《新疆稽古錄》《中國學報》1916年第1期）、《新疆訪古錄》卷二，標題爲"畏吾兒殘字"。《新疆訪古錄》該條所錄，除見於此卷者之外，尚有多則。

【校錄箋證】

（一）第一件前王樹枏跋一

畏吾兒爲西域大國，語言文字與土耳其同。土耳其文字初體見於闕特勤碑陰，後入歐州，改從阿剌伯字，其遺種之在西域者服屬於畏吾兒，遂用畏吾兒字。元興，亦改從畏吾兒，而語言各異。蓋蒙古字出於畏吾兒，而滿文又出於蒙古，此其源流變遷之迹也。宣統元年十二月二十八日(1910.2.7)新城王樹枏題於西軒。（鈐"樹枏"白文方印）

（二）第一件前王樹枏跋二

陶保廉《辛卯侍行記》云[1]：畏兀兒與回鶻、回回三種人今混而古別[2]。畏兀兒者，本吐谷渾素和貴之裔，降於吐蕃，居排銜川，亦曰計羅川，後訛爲貴和，爲畏吾，爲畏兀，非回紇人，但音近耳。宋神宗時，王韶取西寧，畏兀主懼，遷於瓜沙，徙入交河，降於西遼，封交河王，爲畏兒國，其後亦都護降於元。詳見俞浩《西域考古錄》引唐趙珣《開元十道圖記》及孫承澤《元朝典故編年考》。諸説力辨畏兀非回鶻，而趙子昂云回鶻即畏吾兒者，誤也。（"爲畏兀兒國"句落"兀"字）

《元史·世祖紀》：至元二十一年，"以河西回回、畏吾兒等充萬户府達魯花赤"。是畏吾與回回非一種人也。十七年，"置北庭都護於畏吾境"。《孟速思傳》："畏兀人世居別失八里，古北庭之地。"《明史·安定衛傳》："其地本名撒里畏兀兒。"是自北庭迄敦煌以南，元明皆稱畏兀兒也。庚戌一月三日(1910.2.12)陶廬氏錄。（鈐"中父"朱文方印）

[1] 陶保廉(1862—1938)，字拙存，浙江秀水人。光緒辛卯(1891)隨其父新疆巡撫陶模出關，著有《辛卯侍行記》。

[2] 《新疆訪古錄》所錄無"畏兀兒與回鶻、回回三種人今混而古別"一句。

（三）第一件前王樹枏跋三

陶保廉又云："西遼封吐谷渾之裔畏兀兒於交河，其酋曰月仙帖木兒(人名)亦都護(王號)。傳子巴而尤阿而忒的斤，西遼主遣使監其國，巴而术阿而忒殺之而降於元太祖(詳《哈剌亦哈赤北魯傳》及《岳璘帖穆爾傳》，又《巴爾术阿而忒傳》述畏兀兒開國之迹多荒誕，俞浩已辨之矣)，使尚公主，亦作輝和爾國伊都呼(即亦都護)。時高昌、阿薩蘭並存，尋并

入畏兀兒,三傳爲火赤哈兒的金。至元十二年都哇破火州,徙屯於哈密力,旋爲北軍所殺,於是政令歸朝廷。至元所設官有霍州畏兀按察司、鎮北庭都護府、和州宣慰司(霍州、和州、火州皆諧聲)。仁宗封紐林的斤(火赤哈兒之子)爲高昌王,三尚公主,還火州,復立畏兀兒城池(《明史》火州與安定、曲先諸衛統號畏兀兒)。傳子帖木兒補化,亦尚公主,泰定初召入朝(其後仍襲高昌王爵,爲京朝官)。元末分爲柳州、火州、吐魯番三部,皆設萬户府達魯花赤。明初仍舊稱萬户,正統後併於土魯番,其酋居安樂城(蓋即哈剌和卓之“哈剌”二字,譯者更以美名耳),自稱速檀,亦僭稱王,屢破哈密瓜沙,犯肅州。嘉靖之季,兄弟相争,勢漸衰弱。隆慶初,稱速檀者四人。順治三年入貢,稱蘇勒檀阿布勒阿哈默特阿濟汗(《藩部要略》),四年哈密畏兀兒都督入貢,請給敕印。自後其種概稱纏頭回,舊名泯没矣。”晉老録。(鈐“樹枬之印”白文方印)

(四)第一件後馬洛夫俄文譯文①

Уйгурская рукопись

Переводъ

(предварительный и приблизительный)

⋯⋯ сердцемъ этотъ писанныи законъ ⋯⋯⋯⋯ таковая эта истина необходима для сердца, для правильнаго уразумѣнія истины; всевозможные дары ⋯⋯ парамыть ⋯⋯. бодисатвы свой путь закончгили ⋯⋯. достигли къ вѣрному ному ⋯⋯. есть бурханы тьмы и свѣта ⋯⋯ именуемые народы и города ⋯⋯ безъ ⋯⋯ бодисатвы и вѣстники изучаютъ этотъ неизмѣнный законъ ⋯⋯ земля (или: рашта ?) называемая чамбутайу ⋯⋯есть ⋯⋯; здѣсь восемь бодисатвъ, всѣ тенгріи ⋯⋯ бурханы стоятъ безъ ⋯⋯ и пусть проповѣдуютъ лучшимъ образомъ это писаніе всѣмъ живымъ существамъ, свѣтъ этой дарани (т. е. молитвы) ⋯⋯; и пусть читаетъ и понимаетъ (всякій человѣкъ) самый коренной законъ этой драгоцѣнной дарани; и всѣ сердца бурхановь трепещутъ (при этомъ) ⋯⋯; знающій просвѣтится истинной красотой ⋯⋯ будучи святыми и праведными ⋯⋯ сердца живыхъ и сердца мудрыхъ бурхановъ ⋯⋯ было ⋯⋯

Сер. Маловъ.

Г. Урумчи.

Ноябрь. 1909г.

(五)第一件後周源中文譯文

　　法理從心而出。至誠則明,自有圓明覺悟,天詔下降。靈神出現,總不外乎至誠。天堂地獄,各有神相。人民城郭,無所不有。善惡報應,自有一定不易之理。西藏叫世界名

----

① 此譯文承張惠明研究員、史睿先生幫助核校,特此致謝。

曰薩摩菩提。八識神名曰天格聿。神相全無，以虛無寂滅度化大千世界，一切衆生得此光明。感動天帝降詔，妖魔藏伏觳觫。至誠度化，萬劫不磨，靈空聖明，爲仙爲佛，爲聖爲賢。湘陰周源譯[1]。

　　[1] 周源，字耀崑，湖南湘陰人。曾任新疆呼圖壁縣丞。通俄文。長年參與中俄邊界勘察與談判，著有《中俄地界交涉書》。因功擢廣西天保知縣。

(六) 第一件後王樹枏跋四

　　己酉(1909)冬月，俄人馬禄福訪古烏城[1]，言五大洲識西域畏吾兒字者只有二人[2]，彼其一也。适土魯番土人掘地得畏吾兒字數紙，余出一紙，丐其譒譯俄文，再命周耀崑源由俄文譯成漢字。蓋其族亦宗佛教者也[3]。晉卿。（前鈐"陶廬手澤"白文長方印，後鈐"臣樹枏印"白文方印、"晉卿"朱文方印）

　　[1] 馬禄福，指馬洛夫(Сергей Ефижович Малов，1880—1957)，俄國語言學家。1909—1911 年在中國新疆、甘肅一帶調查研究維吾爾語和裕固語，1913—1915 年第二次在中國西北進行語言調查。烏城，即烏魯木齊。

　　[2] 所謂"只有二人"，指馬洛夫本人及其業師俄國突厥學家拉德洛夫(Василий Васильевич Радлов，1837—1918)。

　　[3] 此則《新疆訪古録》所載文字有所不同，迻録如下："宣統己酉冬月，俄人馬禄甫訪古烏城，言五大洲識西域畏吾兒字者只有二人，彼其一也。适吐魯番土人掘地得畏吾兒字數紙，因出殘紙，丐其譒譯俄文，周縣丞源復由俄文譯成漢字。其教非佛非回，蓋亦西域古教也。其文曰：法理從心而出。至誠則明，自有圓明覺悟，天詔下降。靈神出現，總不外乎至誠。天堂地獄，各有神相。人民都郭，無所不有。善惡報應，自有一定不易之理。西藏叫世界名曰薩摩菩提。八識神名曰天格韋。神相全無，以虛無寂滅度化大千世界，一切衆生得此先明。感動天帝降詔，妖魔藏伏觳觫，至誠度化，萬劫不磨，靈空聖明，爲仙爲佛，爲聖爲賢。"所録周源譯文偶有誤字。

(七) 第三件王樹枏跋

　　右刻本畏吾兒殘字，旁以梵字音注，蓋其種人皆讀佛書者也。庚戌二月朔日(1910.3.11)，晉卿。（鈐"陶廬"朱文方印）

(八) 第七件王樹枏跋

　　余初得畏吾兒畫像，有身而無首。越數月，吐魯番人有持出土殘經見售者，中有一像首，取而合之，適爲一人。天下事湊合之奇，因緣之巧，真有莫之致而致者，數百年殘缺之物頓成完璧，豈夢想所能到邪？庚戌(1910)仲春仲父記。（鈐"樹枏"白文方印）

(九) 第七件宋育仁跋

　　土魯番發見畏兀兒字，陶廬自跋考索遠流甚究。其字體實爲蒙滿文所自出。宇宙間文字爲兩系：華文主形，獨爲一系；餘皆拼音，爲一系。顧拼音皆旁行，而回蒙滿文同屬拼音而下行爲異，則於音系中又別爲一小系矣。重譯讀其文，類可蘭經典，顧原文有殘缺，而譯文完足無脱漏，育仁惑疑焉。再觀殘石，旁注梵書，與昔年所見貝葉經文相似。西文皆自印度傳來,阿剌伯文當亦發源於此。抑凡音系之字,梵其初祖歟? 諦此旁注,從二字拼以至五字拼,此其可識者,蓋以梵文母音讀之也。又畫像一,幞巾、束帶、皂靴,乃唐衣冠,人則漢種,意唐官歟? 抑畏兀受封尚主襲唐制也? 甲寅(1914)閏五月育仁記。(鈐"寸心千里"朱文方印)

【録文】

莊垣内正弘 1979,第 1 頁(有第七則録文)。

【圖版】

莊垣内正弘 1979,圖版Ⅳa(有第七則圖版)。磯部彰 2005,卷中第 242—245 頁。朱玉麒 2019,第 421—422 頁。

【研究】

榮新江 1996B,第 181 頁。朱玉麒 2012A,第 70—72 頁;朱玉麒 2019,第 470—473頁。朱玉麒 2012B,第 128—137 頁;朱玉麒 2019,第 419—432 頁。周慧 2015,第 85—86頁。朱玉麒 2013,第 1075—1100 頁;朱玉麒 2019,第 433—468 頁。

341. 日本東京書道博物館藏中村 124《北館牒》王樹枏跋

【概述】

此卷裱褙文書三件,係王樹枏舊藏。第一件長 78 釐米,第二件長 42.8 釐米,第三件長 24.8 釐米。引首有中村不折題簽:"唐儀鳳北館廚牒。"

第三件文書尾部殘缺處有王樹枏題跋。此跋收入王樹枏《新疆稽古録》(《中國學報》1916 年第 1 期)、《新疆訪古録》卷二,標題爲"唐儀鳳二年北館廚牒"。

【校録箋證】

右牒二紙,寬慮儗尺一尺二寸二分,出土魯番三堡[1],皆草書。三堡爲唐西州故址。柳中縣,據《元和郡縣志》"西至州三十里",《太平寰宇記》"州東四十四里,《漢書》舊縣",蓋在今鄯善境内。貞觀滅高昌麴氏,置西州,升安西都護府,二十二年(648)徙都護府於龜茲,高宗永徽初還治高昌,顯慶三年(658)復移置龜茲,改置西州都督府。此牒當係都督府廚中所需柴醬諸物下柳中縣採供者,都督府官屬有録事參軍、録事史、市令諸職[2],牒中府史即史,市司即市令也。所供物件皆具諸主姓名、官屬手押,井井有條,可以考見當時之制。新城王樹枏識。(鈐"樹枏"朱文方印、"新城王氏"白文方印)

[1] 土魯番,《新疆訪古録》作"吐魯番"。

[2] 職,《新疆訪古録》作"官署"。

【著録】

陳國燦、劉安志 2005,第 488 頁。

【圖版】

磯部彰2005,卷中第273頁。朱玉麒2018,第4頁;朱玉麒2019,第205頁。

【研究】

朱玉麒2012A,第93頁;朱玉麒2019,第504頁。朱玉麒2013,第1075—1100頁;朱玉麒2019,第433—468頁。朱玉麒2018,第10—11頁;朱玉麒2019,第215頁。

342. 日本東京書道博物館藏中村125《户口册》王樹枏、鄭沅、高樹跋

【概述】

此卷裱褙户籍殘片六件,書於武周聖曆二年(699)。卷背爲佛經目録,係以廢棄公文書抄寫者。引首有中村不折題簽"武后時户口册殘片"。

拖尾有題跋三則。

【校録箋證】

(一)王樹枏跋

右唐武后聖曆二年户口單,詳載男女、大小、生死、年歲,其地畝、住址、坐落、四至、永業、租典,無不一一備列,蠅頭細楷,頗爲工秀。余所見户口多書於佛經紙背,與此正同,惜皆殘缺,無完整者。晉卿觀并識。(鈐"臣樹枏印"白文方印)

(二)鄭沅跋

小字草草,甚有風致,唐人蓋未有不工書者。其記年歲,獨用大寫數目字,亦當時體例如是。晉卿丈出示此卷,因題。癸丑(1913)七月,鄭沅。(鈐"卡進"朱文方印)

(三)高樹跋

己酉(1909)、庚戌(1910)間,有司督催表册簿計,急於星火,字小如蠅頭,盈千累萬。自司道以至州縣,書吏不能畢其事,出貲雇人書。士人利其貲,亦往應之。錫清弼制府歎曰[1]:缺一寫章奏者,重金求之而不可得,煩爲物色之。樹應之曰:不可得也,略工書者皆往寫表册簿計矣。當是時,簿書充棟盈屋,長官初不過目,書吏題籤,以大屋數間貯之,未知數百年後能如此册之見珍於世否? 細玩此書,腴潤道健,有鍾紹京風味。武后時鍾書盛行,天下經生皆仿之,書吏亦然。此聞之常熟相國[2],今觀此書,常熟之言益信。甲寅年三月廿二日(1914.4.17)未刻閱晉卿先生所藏唐武后時户口册,因題。高樹。(鈐"樹"朱文圓印)

[1] 錫良(1853—1917),姓巴岳特,字清弼,蒙古鑲藍旗人。同治十三年(1874)進士。歷官湖南巡撫、山西巡撫、河南巡撫、熱河都統、四川總督、雲貴總督。宣統元年(1909)年調爲欽差大臣、東三省總督兼管三省將軍事。武昌起義後重任熱河都統。著有《錫良遺稿》。制府,即總督的别稱。

[2] 常熟相國,指翁同龢(1830—1904),江蘇常熟人,官至協辦大學士,故稱"常熟相國"。

【著録】

陳國燦、劉安志2005,第492頁。

【圖版】

磯部彰 2005，卷中第 275 頁。

【研究】

朱玉麒 2012A，第 94 頁；朱玉麒 2019，第 504—505 頁。周慧 2015，第 86 頁。

343. 日本東京書道博物館藏中村 127《天寶解糧殘牒》王樹枏跋

【概述】

此件存 10 行 62 字，長 31.2 釐米。唐玄宗天寶四載（745）書。引首有題簽：“唐天寶解糧殘牒。出庫車。陶廬之寶。”

引首、拖尾有王樹枏跋四則。各跋又收入《新疆稽古録》《中國學報》1916 年第 1 期）、《新疆訪古録》卷二，標題爲“唐天寶解糧殘狀”，以拖尾跋二、跋三合爲一則，共計三則。

【校録箋證】

（一）引首王樹枏跋

出庫車漢城北門[1]，至刀賴提巴克莊[2]，西北行五六里，皆沙磧，至山峽，西望與鹽水溝大路相隔里許。由山峽蜿蜒而入，望見西山上高墩。循西峽而進，約三四里，山峽東西對峙，山腰鑿佛洞，大小、高低、淺深不等，密如蜂房。山峽口先有孤峰一座，面西二洞已圮。西山之腰高丈餘面東佛洞一，上圓下方，如城門形，高丈餘，寬七尺，深一丈，中留石壁，左右小門二，石壁之間鑿一佛龕，二小門内一孔橫通，寬與二小門等，殊形狹窄。洞之兩壁及頂均係粉塗，所繪佛像密而無隙，惟年久，龕中佛像無存，繪像亦剝落不堪。弟二洞隔第一洞不及一丈，内外大小情形亦同。北行西向，由小峽轉彎處向東北，高約六丈，有佛洞，已傾。過此洞二丈餘，北向有洞二，東洞高丈餘，西洞高六尺許，兩洞之内通一小門，粉壁，隱約有爐灶煙薰之形，疑係僧房。掘得佛經二紙，係印度阿利安人書。過此洞五六丈，有一小門通西南後溝，隔小門四丈許，東向洞二，與前洞相似，亦係僧房。但大洞之内，横砌土台，寬與洞等，若佛座焉。座前掘得佛經三紙，亦印度文。座内掘出中文一紙，草書，殘缺不完，有天寶年月。過此洞，小峽盡矣。此洞上復有兩洞。傾圮過半，洞對面南向有兩洞，亦與僧房等，是處掘得佛經暨蟒形人形繪事數紙。左右尚有四洞，均圮。小峽口轉彎處有已壞洞三，過此東向亦係僧房，房右北向鑿一亭，圓若蒙古包，頂刻八卦，高丈餘。亭之北壁又一亭，形較小，此亭之北有大洞，形與弟一洞同，佛龕之下掘得印度佛經一紙。洞之北有小洞，高五尺，深三尺。小洞之北有一大洞，大洞之内復通大洞，深約五六丈。大洞之北横通大洞，寬廣可容百人。洞北折西有大墾，對面半山南向小洞四，大洞一，其中粉壁佛像，爲好古者挖盡。洞北又一小洞，亦僧房。房對面東山半腰有小佛洞一、僧房一，佛像較顯，因取二尊。此洞稍南，約高十丈，相連小洞四，北二洞陡壁斷岩，攀登無路。四洞之南，又係小洞，類僧房。房南有高洞，再南有小洞五，稍小，偏南又一小洞，亦僧房也。房南壞洞一，壞洞南有山腳分峽，峽盡處南向復有小洞二。此峽東岸由南至北漸高，可登山頂。頂東東向又有小洞，爲雨水沖塌[3]。小洞北過小溝有山峰，南向處有佛洞二所，凋殘殆盡。總計鹽水溝佛洞共三十八處。宣統庚戌九月廿八日（1910.10.30）新城王樹枏記。（前鈐“新城王氏”朱文長方印，後鈐“臣樹枏印”白文方印）

　　[1] 此句之前，《新疆稽古録》有“山維岳《千佛洞記》云”八字，《新疆訪古録》有“聞之維岳云”五字。山維岳，生平不詳。

　　[2] 刀賴提巴克，《新疆稽古録》《新疆訪古録》作“力賴提巴克”。

　　[3] 雨水，《新疆稽古録》《新疆訪古録》作“水雨”。

（二）拖尾王樹枏跋一

　　右唐天寶解糧檄文[1]，“須”“判”“虛”“盈”四字，筆勢蒼勁，矯若遊龍，尋常公牘皆非凡筆，惜殘闕不完，無由究其終始也。仲父，十月九日。（鈐“王樹枏印”白文方印）

　　[1] 右唐天寶解糧檄文，《新疆稽古録》《新疆訪古録》作“右唐天寶四載解糧殘狀”。

（三）拖尾王樹枏跋二

　　案安西大都護府移治龜茲在唐顯慶二年[1]，統于闐[2]、疏勒、碎葉，號四鎮，儀鳳中吐蕃陷四鎮，都護官廢，元壽元年復置。《新書[3]・官志》云：“大都護皆親王遙領，大都護之政以副大都護主之。”此文當是都護解糧之檄[4]。都護府下之官，有長史一人，録事參軍事一人，功曹、倉曹、戶曹、兵曹、法曹參軍事各一人，參軍事三人，録事二人。文中言史陳明[5]，蓋即長史。曰參軍、曰録事、曰録事參軍，皆與志合。龜茲屢遭兵亂，叛服不常，故長壽後置安西大都護府，以兵三萬鎮守，徵糧籌饟，足爲要事[6]。但文殘缺，無由考其地耳[7]。（“最”誤“足”，“長”誤“元”。）仲父，十月十日。（鈐“樹枏之印”白文方印）

　　[1] 二年，《新疆稽古録》《新疆訪古録》作“三年”。按《新唐書・地理志》：“安西大都護府，初治西州。顯慶二年平賀魯，析其地置濛池、崑陵二都護府，分種落列置州縣，西盡波斯國，皆隸安西，又徙治高昌故地。三年徙治龜茲都督府，而故府復爲西州。”作“三年”爲是。

　　[2] “于闐”之前，《新疆稽古録》《新疆訪古録》有“龜茲”二字。

　　[3] 新書，《新疆稽古録》《新疆訪古録》作“新唐書”。

　　[4] 檄，《新疆稽古録》《新疆訪古録》作“狀”。

　　[5] 文中，《新疆稽古録》《新疆訪古録》作“狀中”。

　　[6] 足，《新疆稽古録》《新疆訪古録》作“蓋最”。

　　[7] 《新疆稽古録》《新疆訪古録》所載無“但文殘缺，無由考其地耳”一句。

（四）拖尾王樹枏跋三

　　又案，“録事參軍”下“自記”上當是都護手押，可以見當時之制。晉老。（鈐“王樹枏印”白文方印、“晉卿”白文方印）

【圖版】

　　磯部彰 2005，卷中第 278 頁。

【研究】

　　朱玉麒 2012A,第 81—82 頁;朱玉麒 2019,第 485—487 頁。朱玉麒 2013,第 1075—1100 頁;朱玉麒 2019,第 433—468 頁。

344. 日本東京書道博物館藏中村 129《唐人日課習字卷》王樹枏跋

【概述】

　　此卷習字長達 993.7 釐米。引首有題簽:"唐人墨跡。出吐魯番。陶廬藏。"引首有王樹枏跋一則。

【校録箋證】

　　吐魯番二堡農人掘土得古瓶,瓶中藏字一卷,蓋唐時寺僧習字日課,每一字五行,行自十五字至二十字不等,每日習二十行,而記以月日。其有假放別事,亦必記之,故當時寫經多善書者。庚戌端午日(1910.6.11)晉老識。

【圖版】

　　磯部彰 2005,卷中第 280 頁。

【研究】

　　朱玉麒 2012A,第 79—80 頁;朱玉麒 2019,第 484 頁。朱玉麒 2013,第 1075—1100 頁;朱玉麒 2019,第 433—468 頁。

345. 日本東京書道博物館藏中村 141《三國志·吳志》殘卷王樹枏跋

【概述】

　　此卷出土於吐魯番吐峪溝,存《三國志·吳志》韋曜、華覈二傳的部分文字,長 38.8 釐米。日本文部省認定爲"重要文化財"。

　　拖尾有王樹枏跋一則。此跋又收入《新疆稽古録》(《中國學報》1913 年第 9 期)、《新疆訪古録》卷一,標題爲"麴氏所抄三國志韋曜華覈殘傳"。

【校録箋證】

　　左係《三國·吳志》韋曜、華覈二傳[1],首尾殘斷不完。宣統元年(1909)鄯善農人掘地得之土峪溝。案,元魏之時,高昌王麴嘉好儒術,畫魯哀公問政孔子像於室,有《毛詩》《論語》《孝經》、歷代子史集,置學官,子弟以相教授。正光元年,又遣使奉表求借五經諸史,並請國子助教劉燮以爲博士。此蓋當時傳抄教授之本。卷中又有《論語》"君子易事而難説"一節,亦同時所抄,的爲麴嘉時真蹟也[2]。庚戌九月十六日(1910.10.18)新城王樹枏識。(前鈐"陶廬手澤"白文長方印,後鈐"臣樹枏印"白文方印、"晉卿"朱文方印)

　　[1] 左係,《新疆稽古録》《新疆訪古録》作"此"。按,此跋裱於拖尾,《三國志·吳志》殘片實在此跋之右。

　　[2] 的爲，《新疆稽古録》《新疆訪古録》作"確爲"。

【圖版】

　　磯部彰 2005，卷中第 347 頁。

【研究】

　　朱玉麒 2012A，第 80 頁；朱玉麒 2019，第 485—486 頁。朱玉麒 2013，第 1075—1100 頁；朱玉麒 2019，第 433—468 頁。

346. 日本東京書道博物館藏中村 151《至元通行寶鈔册》段永恩跋

【概述】

　　此册裱褙至元通行寶鈔二張、拓本一張、段永恩摹本一頁，及段永恩題跋二頁。

【校録箋證】

　　宣統紀元(1909)春正月，吐魯番伊拉克户民入山采薪，憩於沙磧，水溝石坍，中有繡金緞袱，敗絮重疊，隱隱有字。獻諸廳署，啓視爲元世祖中統元寶交鈔，棉質，印文漫漶破裂。曾篠棠司馬分貽新城方伯裝池。辛亥秋，清理財政局梁素文監理又得至元通行寶鈔，與中統爲一時之物。恩爲照仿一式，惟"賞格元寶"下數字磨滅，餘皆真切。歷年六百，久霾塵沙，今日始得見之，豈因時顯露，隱與財政相發明耶？謹按，元世祖中統元年，詔整治鈔法。先是，中書傳旨，議："交鈔所起，漢唐以來皆無，自宋紹興初，軍餉不繼，造此以誘商旅，爲沿邊糴買之計，比銅錢易於齎擎。稍有滯礙，即用現錢，尚存古人子母相權之意。日增月益，其法浸弊，欲求目前速效，未見良策。新鈔必欲創造，用權舊鈔。只是改换名目，無金銀作本，稱提軍國支用，不復抑損，三數年後，亦如元寶矣。宋金之弊，所當殷鑒。鑄造銅錢，又當詳究。秦漢隋唐宋金利病，著在史册，不待縷陳。國朝廢錢已久，一旦行之，工費不貲，非爲遠計。大抵利民權物，其要自不妄用始，若欲濟邱壑之用，非惟鑄造不敷，抑亦不久自弊。"屬桑奇謀立尚書省以專國權[1]，議遂罷。世祖嘗以錢幣問太保劉秉忠，對曰："錢用於陽，楮用陰。華夏，陽明之區；沙漠，幽陰之域。今陛下龍興沙漠，君臨華夏，宜用楮幣，俾子孫世守之。若用錢，四海且將不靖。"遂絶不用錢。故中統、至元間立鈔法，造交鈔、元寶鈔，以至元鈔爲母，中統交爲子。武宗時，以物重鈔輕，改造至大銀鈔。元鈔法至是三變矣。順帝至正十年，吏部尚書偰哲篤請以鈔一貫文省權銅錢一千文，鈔爲母而錢爲子。國子祭酒吕思誠曰："中統、至元自有母子，今以故紙爲母而立銅爲子，則輕重不倫。"遂以中統交鈔一貫文省權銅錢一千文，准至元鈔二貫。大抵至元鈔五倍於中統。終元之世，蓋嘗行焉，民亦便之。厥後丞相脱脱入邪臣賈魯之説，別立至正交鈔，料既窳惡易敗，難倒换，遂澀滯不行。及民亂，國用不足，多印鈔以賞兵，鈔賤物貴，其法遂廢。夫元之鈔法，即周之質劑，唐之錢引，宋金之交會。交鈔當其盛時，用鈔以權錢。及當衰叔，財貨不足，止廣造楮幣以爲費。楮幣不足以權變，百貨遂澀而不行。當今變法，宜仿置鈔准錢引之制,如張詠四川行交子之比,使富室主之,引至錢出,引出錢入,錢母引子,相權以制,庶幾可行而無窒礙之理也。素文觀察監理財政有年矣,其於古今中外之利病早已洞悉於中。今以至元通行寶鈔命題緣起,爰考證之如此,不知有當一二否? 武威段永恩敬識。(前鈐"山高月小"白文長方印,後鈐"永恩"白文方印、"季承"朱文圓印)

　　[1] 桑奇,《元史》作"桑哥"。

【圖版】

　　礒部彰 2005,卷中第 374、375 頁。朱玉麒 2015,第 104 頁;朱玉麒 2019,第 237 頁。

【研究】

　　朱玉麒 2014,第 35—58 頁;朱玉麒 2019,第 545—571 頁。朱玉麒 2015,第 97—107 頁;朱玉麒 2019,第 231—240 頁。

347. 日本東京書道博物館藏中村 152《北涼寫經殘卷》一王樹枏跋

【概述】

　　此卷裱褙寫經殘片十六件。引首有題簽:"北涼寫經殘卷。出鄯善土峪溝。最精本。"第一件爲《法華經方便品》殘片,末有題記一行:"歲在己巳六月十二日令狐岌爲賢者董畢狗寫訖校定。"

　　引首有王樹枏跋三則,第一件後有王樹枏跋一通。除引首跋一以外,其他三跋收入王樹枏《新疆稽古録》(《中國學報》1913 年第 9 期)、《新疆訪古録》卷一,引首跋二爲"北涼寫經殘卷"之第三則,引首跋三爲"六朝寫經殘卷"之第五則,第一件跋爲"六朝寫經殘卷"之第四則。

【校録箋證】

(一) 引首跋一

　　宣統紀元(1909),署鄯善知縣劉寶臣謨掘土峪溝古寺遺址,獲六朝以來殘經墨蹟,自中丞以下,分以相貽,星橋中丞[1]、子丹學使罄其所得[2],悉以歸余。昔唐孔若思少時,有人賫褚遂良書迹數卷以遺,若思唯受其一卷。其人曰:此書當今所重,價比黃金,何不總取。若思曰:若價比金寶,此爲多矣。更截半以還之[3]。今余盡其所有而受之,若思有知,得毋笑我貪乎? 庚戌季春十一日(1910.4.20)晉卿王樹枏題于北庭。(鈐"晉卿"朱文方印)

　　[1] 聯魁(1849—?),字星樵、星喬,滿洲鑲紅旗人。貢生。歷任兵部候補員外郎、海軍衙門章京、會典館纂修、兵部郎中、甘肅甘涼道、甘肅西寧道、安徽布政使,光緒三十一年(1905)八月任新疆巡撫,宣統二年(1910)十月卸任進京。

　　[2] 杜彤(1864—1929),字子丹,號仰茲。直隸天津人。光緒十八年(1892)進士。光緒三十二年(1906)任新疆提學使,並署布政使。善行楷。

[3] 事見《新唐書》卷一九九《孔若思傳》："若思早孤，其母躬訓教，長以博學聞。有遺以褚遂良書者，納一卷焉，其人曰：'是書貴千金，何取之廉？'答曰：'審爾，此爲多矣。'更還其半。"

（二）引首跋二

《魏書·胡沮渠蒙遜傳》：蒙遜第三子牧犍自稱河西王，謀反，自裁。弟樂都太守安周奔吐谷渾，酒泉太守無諱奔晉昌。世祖遣兼鴻臚持節策拜無諱爲征西大將軍[1]、涼州牧、酒泉王。尋以叛逆被討，克酒泉。無諱遂謀渡流沙，遣安周西擊鄯善。三年，鄯善王比龍西奔且末，無諱遂渡流沙，據鄯善。先是，高昌太守闞爽爲李寶舅唐契所攻，聞無諱至鄯善，遣使詐降，欲令無諱與唐契相擊。無諱留安周住鄯善，從焉耆東北趣高昌。會蠕蠕殺唐契，爽拒無諱，無諱將衛興奴詐誘爽，屠其城，爽奔蠕蠕。無諱因留高昌。五年夏，無諱死，安周代立。後爲蠕蠕國所并[2]。案，牧犍之死在永和七年，魏太延之五年也，是年北涼亡，無諱奪據高昌[3]。真君五年，無諱死，安周代立，其爲蠕蠕所并之年，史不可考。其寫經卷子則多出於此時[4]。沮渠好佛[5]，曇無讖之醜至不可道，當時迷信若此，無怪胡僧左道倚此爲奸利也[6]。晉老。（鈐"樹枬之印"白文方印）

[1] 世祖，《新疆稽古録》《新疆訪古録》誤作"太祖"。《魏書》作"世祖"，與此跋同。

[2] 此段文字本於《魏書》卷九九《胡沮渠蒙遜傳》："初，牧犍之敗也，弟樂都太守安周南奔吐谷渾，世祖遣鎮南將軍奚眷討之。牧犍弟酒泉太守無諱奔晉昌，乃使弋陽公元絜守酒泉。真君初，無諱圍酒泉，絜輕之，出城與語，爲無諱所執。絜所部相率固守，無諱仍圍之，糧盡爲無諱所陷。無諱又圍張掖，不能克，退保臨松，遂還。世祖下詔喻之。時永昌王健鎮涼州，無諱使其中尉梁偉詣健，求奉酒泉，又送絜及統帥兵士于健軍。二年春，世祖遣兼鴻臚持節策拜無諱爲征西大將軍、涼州牧、酒泉王。尋以無諱復規叛逆，復遣鎮南將軍、南陽公奚眷討酒泉，克之。無諱遂謀渡流沙，遣安周西擊鄯善。鄯善王恐懼欲降，會魏使者勸令拒守。安周遂與連戰，不能克，退保東城。三年春，鄯善王比龍西奔且末，其世子乃從安周，鄯善大亂。無諱遂渡流沙，士卒渴死者太半，仍據鄯善。先是，高昌太守闞爽爲李寶舅唐契所攻，聞無諱至鄯善，遣使詐降，欲令無諱與唐契相擊。無諱留安周住鄯善，從焉耆東北趣高昌。會蠕蠕殺唐契，爽拒無諱，無諱將衛興奴詐誘爽，遂屠其城，爽奔蠕蠕。無諱因留高昌。五年夏，無諱病死，安周代立。後爲蠕蠕國所併。"

[3] 奪，《新疆稽古録》《新疆訪古録》作"奔"。

[4] "其爲蠕蠕所併之年，史不可考。其寫經卷子則多出於此時"，《新疆稽古録》《新疆訪古録》作："案《通鑑》載宋大明四年柔然攻高昌，殺沮渠安周，滅沮渠氏，以闞伯周爲高昌王。宋大明四年，魏和平元年也。諸書皆作'沮渠'，今所得寫經殘卷正作'大且渠'，與《宋書》同。"

[5] 沮渠，《新疆稽古録》《新疆訪古録》作"且渠"。

[6] 倚此，《新疆稽古録》《新疆訪古録》無"此"字。

（三）引首跋三

《魏書·高昌傳》云："昔漢武遣兵西討，師旅頓敝其中，尤困者因住焉。"熙平之詔亦言[1]："彼之氓庶，是漢魏遺黎，自晉氏不綱，因難播越，成家立國，世積已久。"蓋高昌土客皆係漢人，故多善書者。卷中令狐炭、董畢狗皆漢姓也。余所得殘經[2]，惟吐魯番所屬最

佳,山靈呵護,至今紙墨完好,真希世之寶也。晉老。（鈐"臣樹枏印"白文方印）

[1] 熙平之詔,指熙平初,高昌王遣使至北魏朝貢,魏廷下詔不允其內屬。事見《魏書》卷一百一《高昌傳》、《北史》卷九十七《高昌傳》。

[2] 余所得,《新疆稽古録》《新疆訪古録》作"出土"。

（四）第一件《法華經方便品》跋

案,己巳爲宋元嘉六年、北魏神䴥二年、北涼沮渠蒙遜之承玄二年也。當時寫經卷子多出中國人手,筆致奇譎,大半相類,上接隸體,下開北魏一派,一見而知爲北涼書法也[1]。庚戌三月十一日（1910.4.20）仲父跋。（鈐"臣樹枏印"白文方印）

[1]《新疆稽古録》《新疆訪古録》所載爲:"殘經署款有'藏在己巳六月十二日令狐炗爲賢者董畢狗寫訖校定'二十二字,按己巳爲宋元嘉六年、北魏神䴥二年也。令狐爲敦煌巨族。當時寫經卷子多出中國人手,筆致奇譎,大半相類,上接隸體,下開北魏一派,一見而知爲六朝書法也。"文字與此跋有所不同。

【圖版】

磯部彰 2005,卷下第 3 頁。

【研究】

朱玉麒 2012A,第 77—78 頁;朱玉麒 2019,第 480—481 頁。朱玉麒 2013,第 1075—1100 頁;朱玉麒 2019,第 433—468 頁。

348. 日本東京書道博物館藏中村 153《北涼寫經殘卷》四王樹枏跋

【概述】

此卷裱褙寫經殘片八件。引首有題簽:"北涼寫經殘卷。出吐魯番。陶廬之寶。"引首有王樹枏跋一則,第一件《賢愚經》卷八殘片、第三件《辯意長者子經》殘片後各有王樹枏跋一則,拖尾有王樹枏題跋二則。其中二則收入王樹枏《新疆稽古録》（《中國學報》1913 年第 9 期）、《新疆訪古録》卷一,引首跋爲"六朝寫經殘卷"第十則,拖尾跋一爲"六朝寫經殘卷"第四則。

【校録箋證】

（一）引首跋

歐陽公言[1]:"余嘗喜覽魏晉以來筆墨,或妍或醜,百態橫生,披卷發函,爛然在目,使人驟見驚絶,徐而視之,其意態愈無窮盡,故使後世得之,以爲奇玩,而想見其人也。"[2]吾於此書亦云。庚戌二月十三日（1910.3.23）晉卿識。

[1] 此處節引歐陽修《集古録跋尾》卷四《晉王羲之法帖》跋語。原文爲:"余嘗喜覽魏晉以來筆墨遺跡,而想前人之高致也,所謂法帖者,其事率皆弔哀候病、敍暌離、通訊問,施於家人朋友之間,不過數行而已。蓋其初非用意,而逸筆餘興,淋漓揮灑,或妍或醜,百態橫生,披卷發函,爛然在目,使人驟見驚絶;徐而視之,其意態愈益無窮無盡。故使後世得之,以爲奇玩,而想見其人。"見《歷代碑誌叢書》第一冊,南京:江蘇古籍出版社,1998 年 4 月,第 46—47 頁。

[2]想見其人,《新疆稽古録》《新疆訪古録》無"見"字。此句之後,《新疆稽古録》《新疆訪古録》另有一句:"六朝人書別具一種嫣媚姿態,愈醜愈妍,今人學之便造作,失天然風趣。"

(二)第一件《賢愚經》卷八跋

合蝌蚪隸楷三法爲一,可以見字體變遷之跡。陶廬,庚戌二月十二日(1910.3.22)。(鈐"王仲子"白文楠圓印)

(三)第三件《辯意長者子經》跋

吾觀北涼寫經如出一手,在北魏中自爲一體,手和筆調,固可貴尚。晉老。

(四)拖尾跋一

此卷爲吐魯番廳曾司馬炳熿所贈。炳熿字筱堂,好古多文,其在吐魯番,掘土得寫經殘卷甚夥。此書筆意奇拙,純是隸法,間有科斗古文遺意。曾君所藏卷子有北涼敦煌太守沮渠無諱所寫供養經,及大涼王大沮渠安周所供養經,並有建平年號者。此蓋同時物也[1]。宣統紀元十一月五日(1909.12.17)新城王樹枏跋尾。(鈐"晉卿"朱文方印、"王樹枏印"白文方印)

[1]《新疆稽古録》《新疆訪古録》所載此跋爲:"吐魯番廳同知曾炳熿,字筱棠,好古多文,掘土得寫經殘卷甚夥,筆意奇拙,純是隸法,間有科斗古文遺意。曾君所藏卷子有建平年號者。案北魏白亞栗斯及京兆王愉皆有此號,蓋北魏時物也。"

(五)拖尾跋二

殷中軍始看佛經,疑"般若波羅蜜"太多,後見《小品》,恨此語少[1]。余初得出土殘經,頗以爲夥。再三掔玩,始廣爲搜索,雖片紙單字,亦爲護惜整理,奉爲至寶,轉恨所獲之少,常覺歉然。蓋天下事惟真知者能真好之也。陶廬。

[1]語出《世説新語·文學第四》:"殷中軍被廢東陽,始看佛經。初視《維摩詰》,疑'般若波羅蜜'太多,後見《小品》,恨此語少。"殷中軍即殷浩。

【圖版】

磯部彰2005,卷下第8頁。

【研究】

朱玉麒2012A,第74—75頁;朱玉麒2019,第476—477頁。朱玉麒2013,第1075—1100頁;朱玉麒2019,第433—468頁。

349. 日本東京書道博物館藏中村154《北涼寫經殘卷》五王樹枏跋

【概述】

此卷裱褙寫經殘卷二件,均係吐魯番出土。據鍋島稻子《不折舊藏寫経類コレクションについて》,此卷引首有題簽:"六朝以來寫經殘卷。出吐魯番。陶廬珍藏。"引首有王樹枏跋。

【校録箋證】

己酉(1909)庚戌(1910)之間,穀貴民飢,余檄吐魯番廳轉運倉穀以濟民食。王叔平太守既輪穀至省[1]，並以出土殘經餉余。蓋皆六朝以來真蹟。余曰：此豐年玉也，乃與荒年穀同時並至[2]，可稱雙快。晉老。

[1] 王叔平，朱玉麒推定爲王秉章，宣統元年(1909)九月十八日至宣統三年(1911)四月十二日任吐魯番廳同知。

[2] 豐年玉、荒年穀，語出《世説新語・賞譽第八》：“世稱庾文康爲豐年玉，稺恭爲荒年穀。庾家論云：是文康稱恭爲荒年穀，庾長仁爲豐年玉。”庾文康，即庾亮(289—340)。稺恭，即庾翼(305—345)。庾長仁，即庾統。

【圖版】

磯部彰 2005，卷下第 12 頁。

【研究】

朱玉麒 2012A，第 87 頁；朱玉麒 2019，第 495—496 頁。朱玉麒 2013，第 1075—1100 頁；朱玉麒 2019，第 433—468 頁。

350. 日本東京書道博物館藏中村 155《北涼寫經殘卷》六王樹枏跋

【概述】

此卷裱褙寫經殘卷五件。據鍋島稻子《不折舊藏寫経類コレクションについて》，此卷引首有題簽：“六朝人寫經殘卷。出吐魯番。陶廬珍藏。”引首有王樹枏跋一則，文字與 BD14915A《大般涅槃經》卷二三王樹枏跋近似。

【校録箋證】

趙子昂書《急就章》，其捺專用重筆，蓋淵源於此書。鮮于伯機云：此書不傳久矣，非深於書者未易語也。把卷開闉，蘭麝氛氲，宜藏之妙楷臺中[1]。庚戌(1910)九月王樹枏題。

[1] 妙楷臺，隋煬帝收藏古書家墨蹟之處，在東都洛陽觀文殿後。

【圖版】

磯部彰 2005，卷下第 18 頁。

【研究】

朱玉麒 2012A，第 80—81 頁；朱玉麒 2019，第 487 頁。朱玉麒 2013，第 1075—1100 頁；朱玉麒 2019，第 433—468 頁。

351. 日本東京書道博物館藏中村 156《六朝人寫經殘卷》七董雲招、王樹枏、鄭沅跋

【概述】

此卷裱褙寫經殘卷二件，均係吐魯番出土。引首有題簽：“六朝人寫經殘卷。出吐魯番。陶廬珍藏。”

第一件《寶積經》、第二件《法華經》之後，各有題跋若干則。王樹枏跋一文字與BD14915A《大般涅槃經》卷二三王樹枏跋近似。

【校録箋證】

(一) 第一件《寶積經》董雲招跋

玩此寫經乃知六朝人落筆真象，蓋非從金石中可以尋得。曾見六朝製筆者，更悉其妙。是經予自北京購來，遇英國考古家枯司，善察紙墨，并質之王雪澄丈[1]、于晦若侍郎[2]，亦同贊美，皆斷爲六朝名人所寫云。甲寅六月六日(1914.7.28)董雲招識于上海。

[1] 王秉恩(1845—1928)，號雪澄。

[2] 于式枚(1859—1915)，字晦若，廣西賀縣人。光緒六年(1880)進士。曾任李鴻章幕府總文案十餘年。清末歷任禮部員外郎、政務處幫辦提調、京師大學堂總辦、譯學館監督、鴻臚寺少卿、廣東提學使、廣西鐵路總辦、郵傳部侍郎、吏部侍郎、學部侍郎、國史館副總裁。民國初年寓居青島。

(二) 第二件《法華經》王樹枏跋一

趙子昂書《急就章》，其捺專用重筆。鮮于樞云：此書不傳久矣，非深於書者未易語也。今是書與此體正同，晉宋之初科斗古文尚存，故六朝寫經多仿科斗筆法，古拙奇譎，姿態橫生，惜伯機不及見之。壬子(1912)冬月綿山老牧識。(鈐"臣樹枏印"白文方印)

(三) 第二件《法華經》王樹枏跋二

六朝寫經上接隸體，下開北魏一派。《金石史》所謂筆意"如偏面驕嘶，又如辮髮章甫，殊俗揖讓"[1]，真別有一種風態也[2]。樹枏。(鈐"晉卿"朱文長方印)

[1] 此明郭宗昌撰《金石史》評東魏興和三年(541)《李仲璇修孔子廟碑》語。

[2] 《新疆稽古録》(《中國學報》1913年第9期)、《新疆訪古録》卷一所載"六朝寫經殘卷"第十一則，內容與此跋近似："《金石史》跋東魏李仲璇修孔子廟碑云：'筆力勁駿，如偏面驕嘶，又如辮髮章甫，殊俗揖讓。'即是書之謂也。"

(四) 第二件《法華經》鄭沅跋

昔汪容甫自跋所得定武《蘭亭》，謂中有數字猶帶分法[1]，極爲知言。此卷全用此種筆意，唐初率更亦間遇之，宋元以後不復見矣。晉卿丈所藏經卷甚多，當以此爲第一。癸丑(1913)七月鄭沅。(鈐"水出䍧牱故且蘭東北入江"朱文方印)

[1] 乾隆五十年(1785)，汪中(1744—1794，字容甫)收得一件定武本《蘭亭序》，此帖20世紀前期流入日本，今下落不明。汪中爲該帖作長跋，題爲《修禊敘跋尾》，收入汪中《述學》，謂："中往見吳門繆氏所藏淳化帖弟六弟七弟八三卷，點畫波磔皆帶隸法，與別刻迥殊。此本亦然，如'固知''固'字、'向之'二字、'古人云''云'字、'悲夫''夫'字、'斯文''文'字，政與魏始平公造像記、梁吳平侯神道石柱絶相似。因歎前賢遺翰多爲俗刻所汩没，而不見定武真本，終不可與論右軍之書也。"

【圖版】

磯部彰2005，卷下第25頁。

【研究】

朱玉麒 2012A,第 92 頁;朱玉麒 2019,第 502—503 頁。朱玉麒 2013,第 1075—1100 頁;朱玉麒 2019,第 433—468 頁。黄征、周慧 2016,第 195 頁。馬振穎 2016,第 41—42 頁。

352. 日本東京書道博物館藏中村 157《六朝以來寫經殘卷》八王樹枏、杜彤跋

【概述】

此卷裱褙寫經殘卷十五件。引首有題簽:“六朝以來寫經殘卷。出吐魯番。陶廬珍藏。”引首有王樹枏、杜彤跋,第五件、第八件及拖尾亦有王樹枏跋。

【校録箋證】

(一) 引首王樹枏跋

此卷爲曾筱堂司馬所貽[1]。筱堂在吐魯番掘地,得六朝以來寫經卷子甚夥,其署款有沮渠無諱者,筱堂皆自藏,不以予人。然其筆意大半相類,蓋宋魏時真蹟。其書純用隸法,間有科斗遺意,所謂“單牘片紙,不啻金玉”者也[2]。宣統庚戌仲春二日(1910.3.12)新城王樹枏題。(鈐“樹枏之印”白文方印)

[1] 曾炳熿,字筱堂。

[2] 語出《元史》卷一四三《康里巎巎傳》:“善真行草書,識者謂得晉人筆意,單牘片紙,人争寶之,不翅金玉。”

(二) 引首杜彤跋

晉卿鄉丈博學嗜古,旬宣餘暇,著書而外,時寄情於金石翰墨,人既奇雅,所得亦都非凡品。此卷蓋掘獲於吐魯番境頹垢敗寺間,尤所珍惜。余既爲題簽訖,尋玩再四,其一種蒼秀之氣,挹之不盡,信非近代所能摹肖。歲歷縣曖,未與劫灰同盡。睹斯而眙,殆過靈光矣。宣統庚戌(1910)首春杜彤識於北庭學署[1]。(鈐“子丹氏”朱文長印)

[1] 杜彤,字子丹,時任新疆提學使。

(三) 第五件《迦旃延説經》後王樹枏跋

右二紙純是隸法,其住筆尚有蝌蚪遺意。《晉書·衛恒傳》所謂“纖波濃點,錯落其間”,“奇姿譎詭,不可胜原”者也[1]。陶廬。庚戌二月四日(1910.3.14)。(鈐“晉卿”朱文方印)

[1] 語出《晉書》卷三十六《衛恒傳》所載衛恒《隸勢》:“修短相副,異體同勢。奮筆輕舉,離而不絶。纖波濃點,錯落其間。若鐘簴設張,庭燎飛煙。嶄巖嵯峩,高下屬連。似崇臺重宇,增雲冠山。遠而望之,若飛龍在天;近而察之,心亂目眩。奇姿譎詭,不可勝原。研桑所不能計,宰賜所不能言。”

(四) 第八件《金剛般若波羅蜜經》下王樹枏跋

筆姿秀逸,似《靈飛經》。余所得六朝以來寫經殘字此爲第一。晉卿。

（五）拖尾王樹枏跋

"率更令歐陽詢行見古碑，索靖所書，駐馬觀之，良久而去，數百步復還，下馬佇立，疲則布毯坐觀，因宿其旁，三日而後去。"[1]余自得此書，寢食未嘗離左右，公餘無事，輒爲把玩，穆然如相與晤對於鍾王之側，信可樂也。陶廬。二月三日。（鈐"王樹枏印"白文方印）

　　[1] 語出唐劉餗《隋唐嘉話》卷中。

【圖版】

　　磯部彰 2005，卷下第 26、28、31 頁。

【研究】

　　朱玉麒 2012A，第 73—74 頁；朱玉麒 2019，第 475—476 頁。朱玉麒 2013，第 1075—1100 頁；朱玉麒 2019，第 433—468 頁。黃征、周慧 2016，第 195 頁。馬振穎 2016，第 42—43 頁。

353. 日本東京書道博物館藏中村 158《六朝寫經殘卷》九王樹枏跋

【概述】

　　此卷裱褙寫經殘卷八件。引首有題簽："六朝寫經殘卷。出吐魯番。陶廬珍藏。"第一件《妙法蓮華經》後有王樹枏跋一則。

【校錄箋證】

　　唐太宗論王右軍書云："煙霏霧結，狀若斷而還連；鳳煮龍蟠，勢如斜而反正。玩之不覺其倦，覽之莫識其端。"[1]斯書之妙，殆能當之。晉老。（鈐"王印樹枏號晉卿"朱文方印）

　　[1] 語出《晉書·王羲之傳論》。霧，當作"露"；煮，當作"翥"。

【圖版】

　　磯部彰 2005，卷下第 33 頁。

【研究】

　　朱玉麒 2012A，第 96 頁；朱玉麒 2019，第 508—509 頁。朱玉麒 2013，第 1075—1100 頁；朱玉麒 2019，第 433—468 頁。

354. 日本東京書道博物館藏中村 159《六朝寫經殘卷》十王樹枏跋

【概述】

　　此卷裱褙寫經殘卷四件。引首有題簽："六朝寫經殘卷。出土魯番。陶廬之寶。"引首有王樹枏跋四則，卷中有王樹枏跋三則。

【校錄箋證】

（一）引首王樹枏跋一

　　色香美味皆悉具足，宜以華香、纓珞、幢幡、繒蓋、香油、蘇燈供養是卷。晉老。

(二)引首王樹枏跋二

《西域圖志》言:"回部舊無佛法,列史沿譌,率多坿會失實。"[1]案:晉法顯、唐元奘、宋王延德諸紀録[2],皆盛言西域佛教,史言高昌信佛法,蓋其從來者遠矣。今觀墨寫佛經卷子,皆出古高昌之地,而宋魏時真蹟尤夥,古今收藏家所罕見也。庚戌九月廿三日(1910. 10.25)王樹枏題於迪化藩署。

　　[1]　語出《西域圖志》卷三十九《風俗・回部》。

　　[2]　指法顯《佛國記》、玄奘《大唐西域記》及《王延德使高昌記》。

(三)引首王樹枏跋三

《蓮華經》所言三千大千世界上下内外種種諸香,一批是卷,悉撲入於清浄鼻根,三日不滅。仲父。九月二十四日。

(四)引首王樹枏跋四

此亦曾筱堂司馬所贈。蓋北涼時人真蹟。北涼書法不外此前後二體,蓋當時醇樸之氣未散也。仲父。庚戌三月廿(1910.4.29)。

(五)第一件《大智度論》卅九王樹枏跋

以上三紙書法從科斗篆隷變化而出[1],純用懸針之筆,穠纖合度,姿態横生。晉老。

　　[1]　此卷第一件爲《大智度論》卅九,共三片,係同一卷之殘段,故跋文中稱"以上三紙"。

(六)第二件《般若部經》王樹枏跋

張旭所謂"天下奇筆也"[1]。非復人間之物。晉老。

　　[1]　語出《新唐書・張旭傳》:"初,仕爲常熟尉,有老人陳牒求判,宿昔又來,旭怒其煩,責之。老人曰:'觀公筆奇妙,欲以藏家爾。'旭因問所藏,盡出其父書,旭視之,天下奇筆也,自是盡其法。"

(七)第四件《文殊菩薩説般若波羅蜜多經》王樹枏跋

以上二紙書法漸歸矩則[1],北魏體中之最雋整媚麗者。晉老。十月二日。

　　[1]　以上二紙,指第三件《問憍尸迦經》與第四件《文殊菩薩説般若波羅蜜多經》。

【圖版】

磯部彰 2005,卷下第 36、37 頁。

【研究】

朱玉麒 2012A,第 78 頁;朱玉麒 2019,第 481—482 頁。朱玉麒 2013,第 1075—1100頁;朱玉麒 2019,第 433—468 頁。

355. 日本東京書道博物館藏中村 160《北涼寫經殘卷》十二王樹枏、李晉年跋

【概述】

此卷裱褙寫經、繪畫殘卷十一件,均係吐魯番出土。引首有題簽:"北涼寫經殘卷。庚戌仲春。陶廬之寶。"引首有王樹枏跋二則,卷中有王樹枏、李晉年題詩各一則。王樹枏跋

收入《新疆稽古録》(《中國學報》1913 年第 9 期)、《新疆訪古録》卷一,跋一爲"六朝寫經殘卷"之第八則,跋二爲第九則;繪畫殘片王樹枏題詩收入《陶廬詩續集》卷五,題爲"題六朝畫佛殘像"。

【校録箋證】

(一) 引首王樹枏跋一

《隋書[1]・經籍志》[2]:"初,晉元熙中,新豐沙門智猛策杖西行,到華氏城,得《泥洹經》及《僧祇律》,東至高昌,譯《泥洹》爲二十卷。後有天竺沙門曇摩羅什,復齎胡本來至河西。沮渠蒙遜遣使至高昌取猛本,欲相參驗,未還而蒙遜破滅。姚萇弘始十年(408),猛本始至長安[3],譯爲三十卷。曇摩羅什又譯《金光明》等經。時胡僧至長安者數十輩,惟鳩摩羅什才德最優。其所譯則《維摩》《法華》《成實論》等諸經,及曇無懺所譯《金光明經》,曇摩羅識所譯《泥洹》等經,並爲大乘之學。而什又譯《十誦律》,天竺沙門佛陀耶舍譯《長阿含經》及《四方律》[4],兜佉勒沙門雲摩難提譯《增一阿含經》[5],曇摩耶舍譯《阿毗曇論》[6],並爲小乘之學。其餘經論,不可勝記。自是佛法流通,極於四海矣[7]。"案晉元熙元年(419)爲蒙遜玄始八年,越十三年而蒙遜死[8],是時爲宋元嘉九年(432)、魏延和之元年也。姚秦弘始十年前於元熙十載,是時智猛尚未西行,長安何由得猛本而驗之? 志所記恐有舛誤[9]。晉元熙中,姚秦已亡二年矣。晉老。(鈐"臣樹枏印"白文方印)

"曇摩羅識","識"誤作"什"字。晉老記。

[1]《新疆稽古録》《新疆訪古録》所載於"隋書"前另有一段文字:"六朝以來佛教盛行,而高昌古稱爲佛國,出土經卷不計其數。蓋自晉以後,胡僧傳譯經本日多,家家鈔寫供養,西域尤盛。"

[2]"經籍志"後,《新疆稽古録》《新疆訪古録》有"云"字。

[3]《新疆稽古録》《新疆訪古録》無"猛本"二字。按,《隋書》有此二字,《新疆稽古録》《新疆訪古録》誤脱。

[4]四方律,《新疆稽古録》《新疆訪古録》作"四分律",《隋書》同。此跋"分"誤作"方"。

[5]兜佉勒,《新疆稽古録》《新疆訪古録》作"兜法勒",誤。雲摩難提,應作"曇摩難提"。

[6]曇摩耶舍,《新疆稽古録》《新疆訪古録》脱"摩"字。

[7]極,《新疆稽古録》《新疆訪古録》脱。

[8]十三,《新疆稽古録》《新疆訪古録》誤作"三十"。

[9]志,《新疆稽古録》《新疆訪古録》無。

(二) 引首王樹枏跋二

裴令公亂頭麤服皆好[1]。劉太常云:楂梨橘柚,皆有其味[2]。吾常以之評此書。晉衛恒所謂"異體同勢"者也[3]。庚戌三月二日(1910.4.11)晉卿題於藩署西軒。(鈐"王仲子"白文橢圓印)

[1]語出《世説新語・容止第十四》:"裴令公有儁容儀,脱冠冕,麤服亂頭皆好,時人以爲玉人。"裴令公即裴楷(237—291)。

〔2〕語出《世説新語·品藻第九》:"桓玄問劉太常曰:'我何如謝太傅?'劉答曰:'公高,太傅深。'又曰:'何如賢舅子敬?'答曰:'櫨梨橘柚,各有其美。'"劉太常,即劉瑾;謝太傅,即謝安;子敬,指王獻之。典出《莊子·天運》:"故譬三皇五帝之禮義法度,其猶柤梨橘柚邪,其味相反而皆可於口,故禮義法度者應時而變者也。"

〔3〕語出《晉書》卷三十六衛恒傳所載《隸勢》:"隨事從宜,靡有常制。或穹隆恢廓,或櫛比鍼列,或砥平繩直,或蜿蜒膠戾,或長邪角趣,或規旋矩折。修短相副,異體同勢。"

(三) 第十件繪畫殘片王樹枏跋

低眉趺坐見遺形,笑裹香花已半零。神妙正如梅子熟,髮痕猶帶藕絲青。壁間石像留蟻蠹,飯後金身現蛤靈[1]。滾滾恒沙吹不散,千年常護劫餘經。

庚戌季春朔日(1910.4.10)仲父題。

〔1〕現,《陶廬詩續集》作"幻"。

(四) 第十一件佛像版畫李晉年跋

宣統二年(1910)由鄯善土峪溝掘得畫佛像,長三寸許,晉卿方伯購得之。或曰唐物,或曰唐以前物,姑不深辯。第千餘年出土之丹青,光彩焕然,是可寶也。東坡《石鼓歌》云:"人生安得如汝壽。"因作歌以紀之:

吾聞西方有佛,丈六金身高無匹,縮入畫中不盈咫。千劫來歸承宣使,徵詩索書滿案几。共道下筆妙入神,異域何來吳道子。高昌之國,柳谷之川。想見唐初貞觀年,元奘東歸大乘全。尉遲西來開洞天,險崖窮谷梵宇連。畫佛塑佛億萬千,火山崩頹流沙湮。不生不滅佛涅槃,中更西夏西遼元。天方天竺寺變遷,古佛地下冥冥然。今世何世結世緣,劫灰消盡開紅蓮。前有蔡愔之白馬經,後有真卿之畫像贊。我來瞻禮終三嘆。色相本無佛,有佛不須現。在山佛像新,出山佛像變。香火易生塵,染塵何處懺。世尊不見烏斯藏,活佛出游登彼岸(西藏達賴喇嘛俗名活佛,宣統二年〔1910〕微行出藏,詔旨命各省尋訪,聞已入印度)。昔年拉薩城,罕覯滿月面(朝藏佈施者,惟朔望達賴出,伏地得一瞻拜)。養尊二百年,頂禮通番漢。今聞遊錫蘭,佛跡人重見(錫蘭島聞有釋迦足跡)。鬼魅或憑依,神通能變幻。終引恒河沙數人,浩浩南流歸緬甸。轉世復歸來,不見其王殿。吁嗟乎!黃衣佛出已剥黃,畫佛何又出大荒。我勸使君什襲藏,無使觀者燃指來焚香。

六月朔日將捧檄赴鎮西,倚裝作此應晉憲鈞命。屬吏李晉年書於烏垣。(鈐"晉年"朱文長方印)

【圖版】

磯部彰 2005,卷下第 38—41 頁。

【研究】

朱玉麒 2012A,第 76—77 頁;朱玉麒 2019,第 479—480 頁。朱玉麒 2013,第 1075—

1100 頁；朱玉麒 2019，第 433—468 頁。黃征、周慧 2016，第 195—196 頁。馬振穎 2016，第 43—44 頁。

356. 日本東京書道博物館藏中村 161《北涼寫經》十三王樹枏、潘震跋

【概述】

此卷裱褙寫經殘卷六件，均係吐魯番出土。引首有題簽："北涼寫經。"第六件有王樹枏跋，拖尾有潘震題詩。

王樹枏跋又收入《新疆稽古録》(《中國學報》1913 年第 9 期)、《新疆訪古録》卷一，爲"北涼寫經殘卷"下第一則之一部分。

【校録箋證】

(一) 第六件寫經題記殘片王樹枏跋

寫經人張烋祖[1]，"烋"即"休"之異文。北魏《賈思伯碑》[2]，"思伯字士烋"，《魏書》《北史》作"仕休"；《元興墓誌銘》[3]"式述遺烋"，"烋"亦即"休"字。晉人艸書"休"下有一畫，故六朝時人書多作"烋"也[4]。晉卿。

[1] 此殘片存尾題"持世第一"及題記三行："歲在己丑涼王大且渠安周所供養經。吴客丹揚郡張烋祖寫。用紙廿六枚。"王樹枏此則題跋，即考證題記中寫經人張烋祖人名用字。

[2]《賈思伯碑》，又稱《魏兗州賈使君之碑》，北魏神龜二年(519)立。原在兗州，1951 年移入曲阜孔廟。

[3]《元興墓誌銘》，又稱《魏故寧朔將軍固州鎮將鎮東將軍漁陽太守宣陽子司馬元興墓誌銘》。司馬元興，即司馬紹。北魏永平四年(511)刻。乾隆二十年(1755)出土於河南孟縣，後亡佚。嘉慶初湯銘翻刻，置於孟縣縣學側鄉賢祠。傳世拓本多爲翻刻本。

[4]《新疆訪古録》此句後另有一段文字："其紙曰枚者，《語林》云：王右軍爲會稽，庫中有牋紙九萬枚。枚，箇也。黃山谷求范子默染鴉青紙詩'爲染溪藤三百箇'，即三百枚也。"《新疆稽古録》無。

(二) 拖尾潘震跋

河西自昔多藏經，年來散落如晨星。斷帙殘編不可得，宋魏流傳空聞名。造化神奇終不秘，墨華忽見高昌城。搜巖抉藓出妙本，蓮花貝葉羅千層。獻之我公有真賞，洞中發現皆真乘。從來尤物聚所好，什襲何嫌碎與零。浩浩紅羊歷千古，劫餘幸得披荆榛。冰山嵯峨火山熾，風雨呵護疑神靈。裝池成軸庋錦閣，光彩滿字流芳馨。亦篆亦隸亦蝌蚪，不數鼠尾蠅頭形。一回展玩一題字，興至落筆無留停。更拓長句誌顛末，廣長妙舌銀河傾。六朝碑碣公所藪，此書秀逸尤天成。侍公左右見斯卷，入懷出袖逾瓊瑶。旃檀化玄佛法在，爪迹不與龍飛昇。白棘城頭一回首，萬山如對青欞欞。

次韻奉呈晉老憲台大人誨正。屬吏潘震呈稿。(鈐"鹿磧"朱文方印)

【圖版】

磯部彰 2005，卷下第 43 頁。

【研究】

朱玉麒 2012A,第 96 頁;朱玉麒 2019,第 509 頁。朱玉麒 2013,第 1075—1100 頁;朱玉麒 2019,第 433—468 頁。黄征、周慧 2016,第 196 頁。馬振穎 2016,第 44 頁。

357. 日本東京書道博物館藏中村 162《北魏寫經殘卷》十六王樹枏、梁玉書跋

【概述】

此卷裱褙寫經殘卷二件,第一件爲《光讚經》殘卷,第二件爲《阿毘曇八犍度論》卷八殘卷。引首有題簽:"北魏寫經殘卷。吐魯番三堡出土。素文先生珍藏。"可知爲梁玉書舊藏。第一件有王樹枏跋一則,第二件有王樹枏跋二則、梁玉書跋一則。

【校録箋證】

(一) 第一件《光讚經》殘卷王樹枏跋

此書中之江瑶柱也。晉卿。(鈐"王樹枏印"白文方印、"晉卿"朱文方印)

(二) 第二件《阿毘曇八犍度論》卷八殘卷王樹枏跋一

"謝安目支道林如九方皋之相馬,略其元黄,取其儁逸。"[1]今世書家安得有如九方皋者與評此書。樹枏識。(鈐"新城王氏"朱文長方印)

[1] 語出《世説新語·輕詆二十六》。九方皋相馬,典出《列子·説符》:"秦穆公謂伯樂曰:'子之年長矣,子姓有可使求馬者乎?'伯樂對曰:'良馬可形容筋骨相也。天下之馬者,若滅若没,若亡若失。若此者絶塵弭轍,臣之子,皆下才也,可告以良馬,不可告以天下之馬也。臣有所與共擔纆薪菜者,曰九方皋,此其于馬非臣之下也。請見之。'穆公見之,使行求馬。三月而反報曰:'已得之矣,在沙丘。'穆公曰:'何馬也?'對曰:'牝而黄。'使人往取之,牡而驪。穆公不説。召伯樂而謂之曰:'敗矣! 子所使求馬者,色物、牝牡尚弗能知,又何馬之能知也?'伯樂喟然太息曰:'一至於此乎! 是乃其所以千萬臣而無數者也。若皋之所觀,天機也。得其精而忘其粗,在其内而忘其外。見其所見,不見其所不見;視其所視,而遺其所不視。若皋之相者,乃有貴乎馬者也。'馬至,果天下之馬也。"

(三) 第二件《阿毘曇八犍度論》卷八殘卷王樹枏跋二

觀此書如處氈裘毳服之世,見秦漢以上衣冠,不可謂非眼福。今人之學魏碑者,東坡所謂鸚哥嬌耳[1]。宣統辛亥三月穀雨節(1911.4.21)樹枏再識。(鈐"晉卿"朱文方印)

[1] 典出蘇軾《仇池筆記·李十八草書》:"劉十五論李十八草書,謂之'鸚哥嬌'。意謂鸚鵡能言,不過數句,大率雜以鳥語。"劉十五,指劉攽(1023—1089,字貢父);李十八,指李常(1027—1090,字公擇)。

(四) 第二件《阿毘曇八犍度論》卷八殘卷梁玉書跋

近見日本所印《法寶留影》[1],内中村不折所藏甘露元年寫經[2],與此卷第二段筆意無毫髮異,其爲東晉墨寶無疑。吁! 可珍矣。丙寅燈節(1926.2.27)遼濱梁玉書謹識。(鈐"天監苗裔"朱文長方印)

[1] 該書由高楠順次郎等編,大正一切經刊行會 1925 年刊行於日本東京。

[2] 即中村 003 號《法句譬喻經》卷三,尾有題記:"甘露元年三月十七日於酒泉城内齋叢中寫訖。此

月上旬漢人及雜類被誅向二百人，願蒙解脫，生生信敬三寶，無有退轉。"

【圖版】

磯部彰 2005，卷下第 45 頁。

【研究】

朱玉麒 2012A，第 89 頁；朱玉麒 2019，第 497—498 頁。朱玉麒 2013，第 1075—1100 頁；朱玉麒 2019，第 433—468 頁。黃征、周慧 2016，第 196 頁。馬振穎 2016，第 44—45 頁。

358. 日本東京書道博物館藏中村 165《北涼寫經殘卷》十九王樹枏跋

【概述】

此卷裱褙寫經殘卷三件，均係吐魯番出土。引首有題簽："北涼寫經殘卷。宣統己酉。陶廬珍藏。"卷首有王樹枏跋及題詩。跋一收入王樹枏《新疆稽古録》（《中國學報》1913 年第 9 期）、《新疆訪古録》卷一，爲"北涼寫經殘卷"第一則之前半；題詩收入王樹枏《陶廬詩續集》卷五，題爲"題劉寶臣大令謨所贈北涼寫經殘卷"。

從跋一所録題記看，此四則題跋的討論對象爲中村 161《北涼寫經》十三之第六件"持世第一"卷尾殘片，繫於此卷，恐係裝裱之誤。

【校録箋證】

（一）引首王樹枏跋一

此卷爲署鄯善知縣劉寶臣所贈，中有[1]"歲在己丑，涼王大且渠安周所供養經，吳客丹揚郡張怴祖寫[2]，用紙廿六枚"二十九字，考己丑爲宋元嘉二十六年（449）、魏太平真君之十年也。其書雖不盡出一手，而體勢大半相類，蓋宋魏時人真蹟[3]，筆意多似鍾元長而紙色墨色怡心刮目[4]，疑有佛法呵護。昔魏劉芳常爲諸僧傭寫經論，筆跡稱善，卷直一縑，歲中能入百餘匹[5]。六朝時佛教大行，西域尤，故寫經卷子多善書者，惜多爲西人所得。然地不愛寶，後此出土者當更不知凡幾也。（"尤"下奪"盛"字。）宣統庚戌二月二十一日（1910.3.31）新城王樹枏識。（鈐"晉卿"朱文方印、"樹枏之印"白文方印）

[1] 此句《新疆稽古録》《新疆訪古録》作"鄯善土峪溝所出殘經有"。

[2] 丹揚郡，《新疆稽古録》《新疆訪古録》作"丹陽郡"。

[3] 宋魏，《新疆稽古録》《新疆訪古録》作"北涼"。

[4] 此句《新疆稽古録》《新疆訪古録》無"筆意多似鍾元長而"八字。鍾元長，即鍾繇（151—230），字元常。

[5] 語出《魏書》卷五十五《劉芳傳》："芳常爲諸僧傭寫經論，筆跡稱善，卷直以一縑，歲中能入百餘匹，如此數十年，賴以頗振。"

（二）引首王樹枏跋二

去歲有東人欲以重價購此卷者，余曰：佛言護此經如護眼目，寧捨身命，君休矣。天

下有道，某不與易也。晉卿。（鈐“臣樹枏印”白文方印）

（三）引首王樹枏跋三

“王戎目山巨源如璞玉渾金，人皆欽其寶，莫能名其器。”[1]吾於此書亦云。日夕展玩，但覺奇香拂紙，異彩盈字。晉老。

　　[1] 語出《世説新語·賞譽第八》。山巨源，即山濤（205—283）。

（四）引首王樹枏跋

　　宣統初元歲己酉，劉侯貽我涼王經。開函伸紙細熨貼，斷文殘墨多零星。紀年忽見己丑字，署尾更記安周名。高昌由來號佛國，橫截自古爲名城（安周屯橫截城）[1]。百丈浮圖出塵垢，連山寶刹淩雲層。傭書妙手半吴客，插架宏編皆大乘。天方繼興佛教熄，貝葉遂與蓮花零。城郭人民變田海，菴羅堅固埋榛荆。陸沉千載始發現，法護萬劫疑神靈。紙質蒼黄繭絲固，墨華艷䴏龍涎馨。隸楷規模見真法，科斗點畫追遺形。短長結構妙整暇，肥瘠骨肉尤勻停。晴雲淡埽秋宇净，玉人醉倚春山傾。跂蟲飛鳥任意造，渾金璞玉真天成。從來貞石重齊魏，況乃尤物逾瑶瓊。我今獲此重什襲，慎毋輕啓防飛昇。祥光普照洗塵眼，焚香坐對南山青。

　　庚戌仲春念四日（1910.4.3）仲父題於北庭藩署。

　　[1]《陶廬詩續集》無此注；另有注數條，以“勇敷案”引出，係王樹枏之子王勇敷所作，兹不贅録。

【圖版】

　　磯部彰 2005，卷下第 50、51 頁。

【研究】

　　朱玉麒 2012A，第 75—76 頁；朱玉麒 2019，第 477—478 頁。朱玉麒 2013，第 1075—1100 頁；朱玉麒 2019，第 433—468 頁。

359. 日本東京書道博物館藏中村 166《六朝以來寫經殘卷》二十王樹枏、張培愷、潘震跋

【概述】

　　此卷裱褙寫經殘卷八件。引首有題簽：“六朝以來寫經殘卷。出吐魯番。素文珍藏。七十七。”可知爲梁玉書舊藏。有王樹枏、張培愷、潘震題跋四則。王樹枏題詩收入《陶廬詩續集》。

【校録箋證】

（一）引首王樹枏跋

　　六代殘經出劫塵，眼中功德識前因。樝梨橘柚各殊味，珠玉琳瑯皆照人。家訓漫論奇異字，寶章不入水風輪。君家妙墨知多少，蘭麝香圍滿座春。

　　素文先生出六朝寫經卷子屬題，拈此以應，即希吟政。新城王樹枏呈稿。（鈐“樹枏之

印”白文方印、“晉卿”朱文方印）

（二）第一件捺印佛像殘片張培愷跋

　　風饕雪虐爭遺相，佛力天魔幾戰場。悟到法輪員缺處，百千萬劫一蜘蟷。

　　布施功德癡兒女，金碧飄零總未知。剩有低眉無語佛，爲曾親見寫經時。

　　素文監理教正。黃安張培愷謹題。（時辛亥五六月，將以杯酒去官。）（前鈐“眼福”朱文橢圓印，後鈐“澤平珍賞”朱文長方印、“張培愷印”白文方印）

（三）第二件《金光明經》殘片潘震跋

　　秦漢而還尊篆隸，相傳宋魏變其真。換鵝不讓黃庭舊，青鳥銜貝葉新。萬里探奇偏嚴穴，千年遺墨見精神。奇書顯晦原無定，收拾殘編幸有人。（猶）

　　素文觀察出此索題，琳琅在前，自慚形穢，勉以應命，還希教正是幸。潘震學作。（鈐“潘印”白文圓印、“震”朱文圓印）

（四）第七件《大般涅槃經》卷十一殘片王樹枏跋

　　右二紙爲書中雋逸之品。晉卿。（鈐“臣樹枏印”白文方印、“晉卿”朱文方印）

【圖版】

　　磯部彰 2005，卷下第 54、55 頁。

【研究】

　　朱玉麒 2012A，第 91 頁；朱玉麒 2019，第 501 頁。黃征、周慧 2016，第 196—197 頁。馬振穎 2016，第 45 頁。

360. 日本東京書道博物館藏中村 169《吐魯番出土古人墨蹟六朝卷》二十三王樹枏跋

【概述】

　　此卷裱褙六朝及唐文書殘片五件。引首有中村不折題簽：“吐魯番出土古人墨跡六朝卷廿三。”有王樹枏跋四則。

【校録箋證】

（一）第一件地畝文書王樹枏跋

　　一尋常地畝紙單而書法皆楚楚可愛，當亦唐時真蹟。樹枏。（鈐“新城王氏”朱文長方印）

（二）第二件詩文殘片王樹枏跋

　　右詩文確係唐人詞藻，書法亦脱俗。晉卿觀。庚戌祭灶日（1911.1.23）。（鈐“王印樹枏號晉卿”朱文方印）

（三）第三件户口文書王樹枏跋

　　右唐武后永昌以後户口單，男女、大小、丁口、生死一一詳載，其所授之地畝、段落、方向、旱地、水田、典業、已業無不分析開列。今則户口與授田分爲二事,非古法也。晉卿。
(前鈐"王仲子"白文橢圓印,後鈐"樹枏之印"白文方印)

(四)第五件超薦亡夫疏稿殘片王樹枏跋

　　此超薦亡夫疏稿一紙,殘破不完,與六朝行書寫經卷子筆法一律,情詞悲切,哀音動
人,其稱"新婦",蓋嫁未久而寡者,尤可矜也。晉卿跋尾。(鈐"臣樹枏印"白文方印)

【著録】

　　陳國燦、劉安志 2005,第 493、505、506 頁。

【圖版】

　　磯部彰 2005,卷下第 62、63 頁。

【研究】

　　朱玉麒 2012A,第 86—87 頁;朱玉麒 2019,第 494—495 頁。朱玉麒 2013,第 1075—
1100 頁;朱玉麒 2019,第 433—468 頁。

361. 日本東京書道博物館藏中村 170《晉唐屑玉雜卷》王樹枏跋

【概述】

　　此卷裱褙殘片二十六件,均係吐魯番出土。引首有題簽:"晉唐屑玉。吐蕃出土。素
文。七十六號。"可知爲梁玉書舊藏。有王樹枏跋二則。其中第二件佛畫殘片王樹枏題詩
收入《陶廬詩續集》卷五,爲"題素文所藏六朝畫佛"四首之二。

【校録箋證】

(一)第二件佛畫殘片王樹枏跋

　　晉宋風流嬗及唐,摩挲殘像尚凝香。塵銷土蝕禪師窟,猶憶當年鬥佛場。

　　晉老。

(二)第十六件佛經殘片王樹枏跋

　　此經"仏"字即古"佛"字,宋張子賢言京口甘露寺鐵鑊有文"梁天監造仏殿前"[1]。此
爲六朝時真跡無疑。仲父。

　　[1]《康熙字典》人部"仏"字引《正字通》:"古文'佛'字,宋張子賢言京口甘露寺鐵鑊有文'梁天監造
仏殿前'。"

【圖版】

　　磯部彰 2005,卷下第 64、67 頁。

【研究】

　　朱玉麒 2012A,第 96—97 頁;朱玉麒 2019,第 509—510 頁。朱玉麒 2013,第 1075—
1100 頁;朱玉麒 2019,第 433—468 頁。

362. 日本東京書道博物館藏中村 171《唐武后時寫經殘卷》王樹枏、田應璜跋

【概述】

此長卷裱褙武則天時期寫經殘卷二件，第一件爲《目連尊者問説經》，第二件爲《舍利弗尊者問説經》。引首有題簽："唐武后時寫經殘卷。最精品。晉卿藏。"有王樹枏、田應璜跋六則。

【校録箋證】

（一）第一件王樹枏跋一

純是東晉人筆意，虞褚不足過也。晉老。三月廿四日。（鈐"王樹枏印"白文方印）

（二）第一件王樹枏跋二

"宍"古"肉"字，《吴越春秋》載古孝子彈歌"斷竹續竹，飛土逐肉"，"肉"原作"宍"，《淮南子·原道訓》作"宎"。

"圀"爲武后所造"國"字。范成大《桂海虞衡志》載："大理國間有文書至南邊，及商人持其國佛經，題識猶有用武后'圀'字者。"[1]晉老。十二月廿四日。（鈐"樹枏之印"白文方印）

[1] 語出范成大《桂海虞衡志·雜志》："大理國間有文書至南邊，及商人持其國佛經，題識猶有用'圀'字者。圀，武后所作'國'字也。"

（三）第一件田應璜跋

民國三年（1914）七月八日田應璜觀於京師[1]。（鈐"秘齋"朱文方印）

[1] 田應璜（1866—？），字子琮，號秘齋，山西渾源人。舉人。曾任湖北來鳳、恩施知縣。民國初年任山西都督府高等顧問、歸綏觀察使。1913 年任參議院議員。1914 年 6 月任約法會議議員、清史館編修。1926 年署北京政府内務部總長。

（四）第二件王樹枏跋一

娟娟如初日芙蓉，濯濯如曉風楊柳，真令人看死衛玠。晉卿。（鈐"臣樹枏印"白文方印）

（五）第二件王樹枏跋二

姜堯章《續書譜》云，真書"或者喜方正，極意歐顏；或者務勻圓，專師虞永"。此書殆、擅其勝。（兼）晉老。（鈐"樹枏之印"白文方印）

（六）第二件王樹枏跋三

此書若與褚虞歐柳並驅中原，亦猶韓盧之追東郭逡也[1]。庚戌季冬二十五日（1911.1.25）王樹枏跋。（鈐"晉卿"朱文方印）

[1] 語出張懷瓘《書斷》："然歐之與虞，可謂智均力敵，亦猶韓盧之追東郭逡也。論其衆體，則虞所不逮。歐若猛將深入，時或不利；虞若行人妙選，罕有失辭。虞則内含剛柔，歐則外露筋骨。"

【圖版】

磯部彰 2005,卷下第 71 頁。

【研究】

朱玉麒 2012A,第 79 頁;朱玉麒 2019,第 483—484 頁。朱玉麒 2013,第 1075—1100 頁;朱玉麒 2019,第 433—468 頁。黄征、周慧 2016,第 197 頁。馬振穎 2016,第 45—46 頁。

363. 日本東京書道博物館藏中村 172 唐人寫經及藏經目録殘片王樹枏跋

【概述】

此卷裱褙唐人寫經殘片一件、藏經目録殘片一件。引首有題簽:"唐人寫經及藏經目録。出吐魯番。素文珍藏。"可知爲梁玉書舊藏。兩件殘片各有王樹枏題跋一則。

【校録箋證】

(一)第一件《合部金光明經》卷三殘片王樹枏跋

荆浩論畫,謂吴道元有筆而無墨,項容有墨而無筆。有筆無墨者見落筆蹊徑而少自然,有墨無筆者去斧鑿痕而多變態[1]。是書實兼二者所長,温潤遒勁,内含剛柔,正如羅綺嬌春,鵷鴻戲沼[2]。辛亥端午前一日(1911.5.31)王樹枏跋。(鈐"晉卿"朱文方印)

[1] 事見董其昌《畫禪室隨筆》卷二:"荆浩,河南人,自號洪谷子。博雅好古,以山水專門,頗得移向。善爲雲中山頂,四面峻厚。自撰《山水訣》一卷,語人曰:吴道子畫山水有筆而無墨,項容有墨而無筆。我當採二子所長,成一家之體。故關仝北面事之。世論荆浩山水爲唐末之冠。蓋有筆無墨者,見落筆蹊徑而少自然;有墨無筆者,去斧鑿痕而多變態。"

[2] 語出李嗣真《書後品》:"虞世南蕭散灑落,真草惟命,如羅綺嬌春,鵷鴻戲沼,故當子雲之上。"

(二)第二件《大唐内典録》殘片王樹枏跋

右唐藏經目録殘卷,每經若干卷、若干袠並所用紙數及厦架之處皆一一詳記,惜首尾不完,無由觀其大備也。晉時智猛、曇摩羅讖、鳩摩羅什、雲摩難提[1]、伽提婆、支法、法顯輩,爭譯經典,傳之海内。梁武總集釋氏經典,凡五千四百卷,沙門寶唱始撰經目録。隋開皇元年,普詔營造經像,並官寫一切經,置於諸大都邑寺中,又别寫藏於秘閣,天下從風而靡,民間佛經多於六經數十百倍。大業時,沙門智果又撰諸經目,分别條貫。相沿至唐,佛教益盛行於世,而高昌尤爲釋典之淵藪。觀此則當日藏經之富可知也。樹枏觀並識。(鈐"王樹枏印"白文方印、"晉卿"朱文方印)

[1] 雲摩難提,應作"曇摩難提"。

【圖版】

磯部彰 2005,卷下第 73 頁。

【研究】

朱玉麒 2012A,第 90 頁;朱玉麒 2019,第 499—500 頁。朱玉麒 2013,第 1075—1100

頁;朱玉麒 2019,第 433—468 頁。

364. 日本東京書道博物館藏中村 174《北涼寫經殘字册》一王樹枏跋

【概述】

中村 174 號共五册,第一册裱褙寫經殘片約 105 件。引首有題簽:"北涼寫經殘字。出鄯善土峪溝。仲父珍藏。"册尾第 31 頁有王樹枏跋。

【校錄箋證】

此册殘字亦出鄯善土峪溝,星橋中丞得之,悉以遺余,中有"涼都法静所供養"字,蓋亦北涼時真蹟也。北涼字體在隸楷之間,古雋有致,北魏諸碑不及也。晉卿。

[1] 星橋中丞,即聯魁(1849—?)。

【圖版】

磯部彰 2005,卷下第 99 頁。

【研究】

朱玉麒 2012A,第 72—73 頁;朱玉麒 2019,第 473—475 頁。朱玉麒 2013,第 1075—1100 頁;朱玉麒 2019,第 433—468 頁。

365. 日本東京書道博物館藏中村 174《北涼寫經殘字册》四王樹枏、潘震跋

【概述】

此爲中村 174 號第四册,裱褙殘片約 278 片。引首有題簽:"北涼寫經殘字。出鄯善土峪溝。陶廬碎金。"册首第一頁,册尾第二十頁、第二十一頁有王樹枏、潘震題跋。王樹枏題詩收入《陶廬詩續集》卷五,標題爲"題六朝寫經殘卷"。

【校錄箋證】

(一) 第一頁王樹枏跋

余所得北涼殘經,雖片紙隻字,皆整比成袠,不復計其妍醜。王充《論衡》云:"蓺殘滿車,不成爲道;玉屑滿篋,不成爲寶。"[1]余即以此爲蓺殘玉屑,可乎? 宣統庚戌(1910)季春仲父氏題。(鈐"臣樹枏印"白文方印)

[1] 語出《論衡·書解》。

(二) 第二十頁王樹枏跋

蠻觸千年鬪蛙角,栴檀萬國奉牛頭。金仙化去銅駝泣,人佛沉淪共一邱。

天花飛盡呪經樓,貝葉飄零更幾秋。譎詭奇姿多意造,騎驢直欲度驊騮。

曇摩智猛遺編在,歷盡胡塵劫不磨。汲冢航頭有時會,佛經原比六經多(《隋書[1]·經籍志》:"佛經多於六經數十百倍。")。

山靈呵護已千年,雨齧風饕墨更妍。滿紙天香吹不散,等閒枯坐學參禪。

庚戌(1910)季春新城王樹枏題。(鈐"王樹枏印"白文方印、"晉卿"朱文方印)

[1]《陶廬詩續集》"隋書"前有"勇敷案"三字。

(三)第二十一頁潘震跋

訪古停驂土峪溝,更尋橫截上城頭。積書巖下殘經在,好把真詮問比邱。

供養當年古佛樓,香花零落幾千秋。馱經白馬今何在,空向流沙覓紫騮。

鍾王而後無兹本,紙上軒昂字未磨。不惜蕞殘勤補綴,披沙揀得碎金多。

翰墨因緣不計年,一經品藻更生妍。賞心獨有王摩詰,悟徹旃檀一指禪。

次韻奉承晉憲方伯大人誨正。當塗潘震初稿。(鈐"鹿磧"朱文方印)

【圖版】

磯部彰 2005,卷下第 106、108、109 頁。

【研究】

朱玉麒 2012A,第 72—73 頁;朱玉麒 2019,第 473—475 頁。朱玉麒 2013,第 1075—1100 頁;朱玉麒 2019,第 433—468 頁。黃征、周慧 2016,第 197 頁。馬振穎 2016,第 46 頁。

366. 日本東京書道博物館藏中村 174《北涼寫經殘字册》五王樹枏跋

【概述】

此爲中村 174 號第五册,裱褙殘片約 103 件,均爲鄯善吐峪溝出土物。引首有題簽:"北涼寫經殘紙。晉卿藏。"册尾第十八頁、第十九頁有王樹枏題跋。

【校録箋證】

(一)第十八頁王樹枏跋一

宣統紀元(1909),湘鄉劉寶臣謨署理鄯善。其所屬土峪溝土山之上佛寺最多,廑存遺址。土人掘得殘經數種,寶臣馳驛寄余。蓋宋魏時墨寫真蹟,醇樸之氣,撲人眉宇。其稍完整者裝池成卷,而零文斷紙,貴若碎金,愛之不忍釋手,另裱一帙。雪窗展玩,殊有味也。庚戌元旦(1910.2.10)陶廬氏題於北庭州藩署之節愛堂。(鈐"臣樹枏印"白文方印)

(二)第十八頁王樹枏跋二

山谷詩云:"澗松無心古鬚鬣,天球不琢中粹温。"[1]此書似之。陶廬。(鈐"樹枏之印"白文方印)

[1]此黃庭堅《送謝公定作竟陵主簿》中句。

(三)第十九頁王樹枏跋

土峪溝所得殘經,有署"歲在己丑涼王大且渠安周所供養經,吳客丹揚郡張烋祖寫,用紙廿六枚"二十九字,考己丑爲宋元嘉二十六年(449)、後魏太平真君之十年也,時北涼亡已十載,沮渠無諱跳據鄯善,奉表於宋文帝,拜爲西夷校尉、涼州刺史、河西王。真君五年,無諱死,弟安周代,屯横截城。彼時佛教盛行,其寫經卷子多出此前後百年之間。頻年出土者夥矣,署款字體及紙色與此皆相類,故定爲六朝時物也。庚戌(1910)春首雪夜無事,爲考訂如此。聞曾筱堂所得寫經卷子,有署"且渠無諱所供養"者,惜未之見也。晉老跋。(鈐"晉卿"朱文方印、"王樹枏印"白文方印)

【圖版】

磯部彰 2005,卷下第 112、113 頁。

【研究】

朱玉麒 2012A,第 73 頁;朱玉麒 2019,第 473—475 頁。朱玉麒 2013,第 1075—1100 頁;朱玉麒 2019,第 433—468 頁。

367. 日本東京静嘉堂文庫藏《高昌出土寫經殘字》段永恩跋

【概述】

静嘉堂文庫藏有吐魯番文書殘片裱本八册,此爲其一。據榮新江介紹,此册封面題:"高昌出土寫經殘字。宣統辛亥(1911)六月,素文珍藏。八十二號。"可知爲梁玉書舊藏。此册共十四頁。

有段永恩跋二則,此據榮新江《海外敦煌吐魯番文獻知見録》、朱玉麒《段永恩與吐魯番文獻的收藏和研究》轉録。

【校録箋證】

(一)第一頁段永恩跋

此葉五紙[1],均六朝以來墨蹟,經千餘年始出土,而紙質蒼黄、墨色黝黑,真希世之寶也。辛亥(1911)秋日,永恩記。(鈐"永恩""季承"朱白文連珠印)

[1] 據陳國燦、劉安志主編《吐魯番文書總目·日本收藏卷》,此葉裱有殘片五件,分別爲《大方廣佛華嚴經》卷五十五、《大般涅槃經》卷十八、《成實論》卷三、《大般涅槃經》卷三、《大般涅槃經》卷九殘片。

(二)第三頁段永恩跋

以上四紙有落花依艸、素月流雲之致[1],北魏寫經中無上品也。季承跋。(鈐"季承"朱文圓印)

[1] 據陳國燦、劉安志主編《吐魯番文書總目·日本收藏卷》,此頁裱有殘片四件,其中三件爲《大般涅槃經》卷九殘片,一件爲《大般涅槃經》卷二十三殘片。

【録文】

陳國燦、劉安志 2005,第 520、521 頁。

【研究】

榮新江 1996A,第 176—188 頁。榮新江 1996B,第 183—193 頁。朱玉麒 2014,第 35—58 頁;朱玉麒 2019,第 545—571 頁。

368. 日本東京静嘉堂文庫藏《古高昌出土殘經》段永恩跋

【概述】

此爲静嘉堂文庫所藏吐魯番文書殘片裱本八册之一。據榮新江介紹,此册封面題:"古高昌出土殘經。辛亥(1911)七月,素文題。"可知爲梁玉書舊藏。原編號"八十三"。此册共十三頁。

有段永恩跋六則,此據榮新江《海外敦煌吐魯番文獻知見録》、朱玉麒《段永恩與吐魯番文獻的收藏和研究》轉録。

【校録箋證】

(一) 第一頁第一片《道行般若經》段永恩跋

此書糅合鍾畫、科斗、篆隸爲一,如寶相莊嚴,芬芳竟體,吉光片羽,洵無價之寶也。素文先生其珍之。段永恩跋。(鈐"季承"朱白文連珠印)

(二) 第三頁《左傳》殘片段永恩跋

按此爲《左傳》魯人竊寶龜臧氏以其非禮一節,與前所見新城方伯右宰穀拒諫數殘葉爲一紙[1],書法同北魏,蓋亦麴嘉時學官子弟傳抄之本也。季承觀。(鈐"季承"朱文橢圓印)

　　[1] 新城方伯,即王樹枏。

(三) 第四頁《觀無量壽經》殘片段永恩跋

阿僧、慚愧二紙與延和八年寫經卷如出一手。季承記。(鈐"季承"朱文橢圓印)

(四) 第五頁願文殘片段永恩跋

觀此"仏"字即"佛"字,爲梁天監時所造。永恩再識。(鈐"永恩""季承"朱白文連珠印)

(五) 第八頁段永恩跋

北涼書法兼懸針、垂露二者而合之,令人百玩不厭。(鈐"季承"朱文橢圓印)

(六) 第十一頁《論語》殘片段永恩跋

此《論語》仲弓問仁章,亦當時學官子弟傳抄教授之本也。季承恩。(鈐"永恩""季承"朱白文連珠印)

【録文】

陳國燦、劉安志 2005,第 526—532 頁。

【研究】

榮新江 1996A,第 176—188 頁。榮新江 1996B,第 183—193 頁。朱玉麒 2014,第 35—58 頁;朱玉麒 2019,第 545—571 頁。

369. 日本東京静嘉堂文庫藏《六朝以來寫經殘字》段永恩跋

【概述】

　　此爲静嘉堂文庫所藏吐魯番文書殘片裱本八册之一。據榮新江介紹,此册封面題:"六朝以來寫經殘字。庚戌(1910)仲冬,素文藏。八十四號。"可知爲梁玉書舊藏。此册共十二頁。

　　有段永恩跋四則,此據榮新江《海外敦煌吐魯番文獻知見録》、朱玉麒《段永恩與吐魯番文獻的收藏和研究》轉録。

【校録箋證】

（一）第二頁段永恩跋

　　以上二紙書法如嘗卒挽彊弩[1],發必盡力,而亦有神致。季承。（鈐"季承"朱文圓印）

　　[1] 二紙,據陳國燦、劉安志主編《吐魯番文書總目·日本收藏卷》,指《妙法蓮華經·譬喻品》《十方千五百佛名經》殘片。

（二）第三頁貞元十一年文書殘片段永恩跋

　　按貞元十一年(795)爲唐德宗在位之第十七年,此紙僅存數字,下有録事某字,蓋亦録事所上之牒文也。永恩記。（鈐"季承"白文方印）

（三）第三頁《摩訶般若波羅蜜經》卷六殘片段永恩跋

　　此紙與延和寫經同,蓋亦北魏時書也。（鈐"季承"朱白文連珠印）

（四）第四頁《觀無量壽經》殘片段永恩跋

　　此紙在北魏中最爲雋逸,如霞裳羽衣,婀娜有致。辛亥(1911)秋日,永恩觀。（鈐"季承"朱白文連珠印）

【録文】

　　陳國燦、劉安志 2005,第 535—536 頁。

【圖版】

　　朱玉麒 2019,第 553 頁。

【研究】

　　榮新江 1996A,第 176—188 頁。榮新江 1996B,第 183—193 頁。朱玉麒 2014,第 35—58 頁;朱玉麒 2019,第 545—571 頁。

370. 日本東京静嘉堂文庫藏《北魏以來寫經殘字》段永恩跋

【概述】

　　此爲静嘉堂文庫所藏吐魯番文書殘片裱本八册之一。據榮新江介紹,此册封面題:"北魏以來寫經殘字。素文珍藏。"可知爲梁玉書舊藏。原編號"八十五"。此册共十二頁。

　　有段永恩跋四則,此據榮新江《海外敦煌吐魯番文獻知見録》、朱玉麒《段永恩與吐魯番文獻的收藏和研究》轉録。

【校録箋證】

（一）第一頁段永恩跋

　　此二紙均六朝書法[1],其渾樸處令人玩之不置。季承觀。（鈐"永恩""季承"朱白文連珠印）

　　　　[1] 二紙,據陳國燦、劉安志主編《吐魯番文書總目·日本收藏卷》,指《思益梵天所問經》卷四、《金光明經》卷四殘片。

（二）第六頁《長阿含經》卷二十殘片段永恩跋

　　此與前葉書法同爲一紙,頗似鍾元常《薦季直表》。永恩記。（鈐"季承"朱文橢圓印）

（三）第七頁《摩訶般若波羅蜜經》卷二十三段永恩跋

　　上一紙與延和寫經紙墨無一不同。季承跋。（鈐"季承"白文方印）

（四）第十頁安樂公主願文殘片段永恩跋

　　此亦隋經,爲安樂公主所寫,並附願文,意似祈其夫之回心者,上紙亦同。

【録文】

　　陳國燦、劉安志 2005,第 541—544 頁。

【研究】

　　榮新江 1996A,第 176—188 頁。榮新江 1996B,第 183—193 頁。朱玉麒 2014,第35—58 頁;朱玉麒 2019,第 545—571 頁。

371. 日本東京静嘉堂文庫藏《晉宋以來印版藏經》段永恩跋

【概述】

　　此爲静嘉堂文庫所藏吐魯番文書殘片裱本八册之一。據榮新江介紹,此册封面題:"晉宋以來印版藏經。出吐魯番,素文珍藏。八十七號。"可知爲梁玉書舊藏。此册共十二頁。

　　第二頁有段永恩跋一則。此據榮新江《海外敦煌吐魯番文獻知見録》、朱玉麒《段永恩與吐魯番文獻的收藏和研究》轉録。

【校録箋證】

　　此東晉罽賓國印板藏經[1],考古家謂印板始於宋,而不知其東晉即有之,唐亦有之,余見三藏法師所譯印本及宋天竺所譯皆類此。按《漢書·西域傳》:"罽賓國,王治循鮮城,其民巧,雕文刻鏤。"此應爲當時所刊。罽賓即今之痕都斯坦,西與克什米爾接,爲今北印度交界。東晉時佛教正盛,此的爲其時傳經之本。季承記。（鈐"永恩""季承"朱白文連珠印）

[1]　此據該件佛經頁邊殘存"東晉闞"三字立論。然此三字實爲佛經卷首譯者題名,並非版印時代之標識,不足以據之討論印刷術起源問題。段跋所論大謬。榮新江《海外敦煌吐魯番文獻知見録》已辨其誤。

【録文】

陳國燦、劉安志 2005,第 547 頁。

【研究】

榮新江 1996A,第 176—188 頁。榮新江 1996B,第 183—193 頁。朱玉麒 2014,第 35—58 頁;朱玉麒 2019,第 545—571 頁。

372. 日本東京大學附屬圖書館藏 A00 4033(A‑3)《各種殘經》王樹枏跋

【概述】

據余欣介紹,此件裱褙殘卷十四件。綠色引首、淡赤色籤紙,有墨筆題籤:"各種殘經。出鄯善縣土峪溝。素文珍藏。七號。"可知爲梁玉書舊藏。内有標籤:"殘經佛像梵文十五段。鄯善。"有王樹枏跋三則。

【校録箋證】

(一) 第九件《妙法蓮華經》卷六王樹枏跋

如楊枝甘露滴入紙中,展卷把玩,但覺異香盈字。晉卿。(鈐"王樹枏印")

(二) 第十一片婆羅謎字母梵文佛典王樹枏跋

右二紙係亞利安字。晉卿。(鈐"王樹枏印"白文方印、"晉卿"朱文方印)

(三) 第十三片回鶻文印本《摩利支天經》王樹枏跋

右二紙係畏吾兒字。晉卿。(鈐"王仲子"白文橢圓印)

【圖版】

余欣 2012,彩圖第 15 頁(載跋二圖版)。

【研究】

余欣 2010,第 98—108 頁;余欣 2012,第 162—176 頁。朱玉麒 2012A,第 97—98 頁;朱玉麒 2019,第 510—511 頁。朱玉麒 2012B,第 128—137 頁;朱玉麒 2019,第 419—432 頁。榮新江 2016A,第 23 頁。

373. 日本東京大學附屬圖書館館藏 A00 4034(A‑3)《高昌佛蹟》王樹枏、張培愷跋

【概述】

據余欣介紹,此件裱褙殘片二十二件。裝裱形制與上件同,有墨筆題籤:"高昌佛跡。宣統庚戌。素文珍藏。五號(?)。"可知爲梁玉書舊藏。内有標籤:"殘寫印經像二十二段,

殘曆一段,外國文均蠅頭小楷。吐魯番。"

【校録箋證】

（一）第四件唐代曆日殘片王樹枏跋

曆書殘紙,與今式不同,其讀法則由左而右。晉卿。（鈐"王仲子"白文橢圓印）

（二）第七件回鶻文印本《摩利支天經》張培愷跋

畏吾兒稍近中國文化,其刻劂猶能精細若此。古時玉楮刺猴[1],殆非妄語。乃藝成而下[2],自好者不爲,坐令千年工無進化,惜哉。宣統上章淹茂冬十二月朔觀畏吾兒古刻[3],因識數語以誌慨。張培愷。（前鈐"眼福"朱文橢圓印,後鈐"張培愷印"朱文方印）

[1]玉楮,典出《列子·説符》:"宋人有爲其君以玉爲楮葉者,三年而成,鋒殺莖柯,毫芒繁澤,亂之楮葉中而不可别也。此人遂以巧食宋國。"刺猴,典出《韓非子·外儲説左上》:"宋人有請爲燕王以棘刺之端爲母猴者,必三月齋然後能觀之,燕王因以三乘養之。"

[2]語出《禮記·樂記》:"是故德成而上,藝成而下,行成而先,事成而後,是故先王有上有下,有先有後,然後可以有制於天下也。"

[3]太歲在庚曰上章,太陰在戌曰淹茂。庚戌十二月朔,即1911年1月1日。

（三）第八件回鶻文印本《摩利支天經》王樹枏跋

右三紙爲畏吾兒字。畏吾者,回鶻之轉音也。蒙古字出於畏吾兒。晉卿。（鈐"王樹枏印"白文方印、"晉卿"朱文方印）

（四）第十六件西夏文印本佛教文獻王樹枏跋

右三紙爲西夏字,繁複似籀文。晉卿。（鈐"臣樹枏印"白文方印）

（五）第二十件《佛名經》殘片王樹枏跋

佛無我,故不可以形貌求之。今留此頭項,何也? 又出佛骨、佛牙下矣。樹枏識。（鈐"晉卿"朱文方印）

【圖版】

余欣2012,彩圖第16—17頁（載有一、二、三則圖版）。

【研究】

余欣2010,第98—108頁;余欣2012,第178—183頁。朱玉麒2012A,第85—86頁;朱玉麒2019,第492—493頁。朱玉麒2012B,第128—137頁;朱玉麒2019,第419—432頁。榮新江2016A,第23頁。

374. 日本京都有鄰館藏《唐人書寫草書經》王樹枏跋

【概述】

據朱玉麒介紹,此件1990年11月東京"古典籍下見展觀大入札會"展出,編號1928,圖録圖版説明:"唐人書寫草書經。殘卷。紙背にウイグルの書寫有。長尾雨山箱書。"榮新江推測爲京都有鄰館藏品。

有王樹枏跋一則。又收入王樹枏《新疆稽古録》（《中國學報》1913 年第 9 期）、《新疆訪古録》卷一，標題爲“六朝草書殘經”。

【校録箋證】

草字殘經一紙，出吐魯番，其中多言絶欲、知足、精修之法，夾行爲畏吾兒字。畏吾兒書多見佛經卷子紙背及夾行之中，豈其時紙貴而缺與？ 晉卿。庚戌十月十日（1910.11.11）。（前鈐“陶廬手澤”白文長方印，後鈐“王樹枏印”白文方印）

【圖版】

東京古典會 1990，第 43 頁。

【研究】

朱玉麒 2012A，第 78—79 頁；朱玉麒 2019，第 482—483 頁。朱玉麒 2012B，第 128—137 頁；朱玉麒 2019，第 419—432 頁。榮新江 2016A，第 22 頁。

375. 日本京都寧樂美術館藏《唐蒲昌府都督府官文殘牒册》伯希和、張克龢跋

【概述】

據榮新江介紹，寧樂美術館藏蒲昌府文書包在一個很大的錦緞書函内，函外書套上題“唐蒲昌府都督府官文殘牒册”，書函封面篆書題“西垂碎金”。函内有伯希和法文題跋二紙，附漢文譯文（未署名），查 Hartmut Walravens 編《*Paul Pelliot*（*1878 - 1945*）*: his life and works: a bibliography*》（Bloomington, Ind.：Indiana University, Research Institute for Inner Asian Studies, 2001.），伯希和跋似未發表；又有張克龢題跋二紙。

據伯希和、張克龢題跋及陳國燦介紹，此件初爲顧鼇（巨六）所藏。1936 年日本舉辦泛太平洋博覽會，顧巨六托人將其帶到日本求售，時在日本的金祖同見到全部文書，撰有《唐開元二年西州屯戍烽燧殘牒跋》，載《説文月刊》第 1 卷第 5、6 期（1940 年）。後歸張克龢所藏。據文書裱紙上的“程青嵩圖書記”“古董毛志新考藏金石圖書之印”，可知後又經程琦、毛志新收藏。大約 1940 年代末，爲日本兵庫縣橋本五郎所得；1950 年代初，轉歸中村準策所有。寧樂美術館即中村準策於 1969 年創建。

【校録箋證】

（一）伯希和跋[①]

Monsieur K'ou a eu l'obligeance de me communiquer un lot de fragments manuscrits très analogues comme papier de commune écriture à beaucoup de ceux que j'ai recueillis autrefois à Touen-houang. Ils appartiennent tous, semble-t-il, à un même

---

① 此跋録文承國家圖書館古籍館沈艷麗女士幫助核校，特此致謝。

registre, écrit dans la seconde année K'ai Yuan (714). Toutefois ils ne proviennent pas de Touen-houang. Déjà on a publié à diverses reprises des fragments d'archives/registres de recensement, diplômes etc., provenant de la région de Turfan. Le présent registre, ou plutôt ses fragments, ont été sûrement recueillis dans la même région. Le registre appartenait aux archives du 蒲昌府 P'ou-tch'ang-f'ou; nous devrions entendre par là un 都督府 t'ou-tou-fou de P'ou-tch'ang, dont le site situé presque certainement au 縣 hien de P'ou-tch'ang; je n'ai pas souvenir d'avoir rencontré ailleurs, la mention de ce tou-tou-fou. Bien que la localisation du hien de P'ou-tch'ang sous les T'ang ait donné lieu de bonne heure à des opinions contradictoires, je n'ai aucun doute qu'il ait été à l'emplacement de l'actuel Pidjan (à l'est de Turfan), et que le vieux nom de P'ou-tch'ang lui ait été donné sous les T'ang, par une fausse application du vieux nom du P'ou-tch'ang des Han, à raison de l'analogie phonétique qu'il y a entre Pidjan et P'ou-tch'ang; les exemples de ces fausses applications de noms anciens à des circonscriptions administratives nouvelles adviennent sous les T'ang.

Les noms de lieux donnés par les fragments, et qui appartiennent évidemment tous au tou-tou-fou de P'ou-tch'ang, sont nouveaux pour la plupart. Toutefois le 赤亭鎮 tch'e-t'ing-tchen nous est connu par plusieurs textes; c'est l'actuel Tchiktim. (on trouve aussi une mention du hien de 柳中 lieou-tchong, c'est-à-dire de l'actuel Lüktch'ün). Les autres noms sont ceux de petites garnisons et de postes à signaux. Parmi eux figure un 薩捍烽 Sa-han-fong, ou "poste à signaux de Sa-han". Je ne crois pas que le nom de Sa-han se rencontre dans les *Histoires des T'ang* ou dans le *Yuen-houo Kiun-hien Tou-tch'e*, mais j'ai rapporté de Touen-houang un routier donnant les étapes des diverses routes partant de l'ancien 高昌 Kas-Tch'ang (Qara-qotcho à l'est de Turfan); c'est une sorte de 西州四達記 *Ji-Tcheou sseu-ta Ki*, qui a peut-être appartenu à un 西州圖經 *Ji-Tcheou T'ou-king*; une des routes indiquées est celle de Sa-han. Le registre de 714 donne une mention de Sa-han plus ancienne d'un siècle et demi. On a en outre dans le registre une dizaine de noms nouveaux. Ces fragments apporteront ainsi une contribution précieuse à la géographie de la région de Turfan sous les T'ang. Shanghai, 24 avril 1935. Paul Pelliot.

（二）伯希和跋佚名譯文

　　承顧先生之盛意,示余以一種殘牒,頗似余曩昔在敦煌所蒐集之殘篇斷簡手抄本。此項殘牒多書開元二年(714),但決非發見於敦煌者也。前有人曾數次刊行郡縣志一類之印刷物(古史記録之類之手鈔本)(殘本),出於吐魯番地方,而此項殘牒無疑係在同一區域所發見者,蓋屬於蒲昌府之官文書。我人由此項殘牒,得知有一都督府者,其原址無疑係在蒲昌縣,惟余不能遽行憶及在他處所見關於此都督府之記載。至關於蒲昌縣之四至界址,雖在唐代早已有不同之解說,但余認定即爲現在晉昌(在吐魯番之東)之舊址,而舊時所稱之蒲昌,因"晉昌"與"蒲昌"二字之音相近,及由於漢代蒲昌舊名之誤稱,故唐代遂作如此稱謂耳。舊時之名稱誤用於行政區域之劃分者,在唐代誠數見不鮮。

此項殘牒所載地方之名稱(無疑乃屬於蒲昌都督府者),均係新名。惟赤亭鎮爲我人所熟悉者——即現在之階亭。其他一類名稱大都爲屯戍地及烽燧地,其中我人能覓得所謂薩捍烽者,余不信在新舊《唐書》中能覓得此薩捍一名稱。余在敦煌攜歸一幅地圖,上列由"高昌"起分往各路之行程,此乃一種《西州四道記》,或即屬於《西州圖經》者,上有注明之一條路線,即薩捍地方之一條路線。開元二年之殘牒載有一世紀半久歷史之薩捍之記載。此外,我人在殘牒中能覓得十二個左右之新名稱。此項殘牒誠足爲研究唐代吐魯番地方歷史之助也。伯希和於上海。一九三五年四月二十四日。

(三) 張克龢跋一

流沙遺珍。己卯(1939)七月石園居士觀因題。(前鈐"研雲山館"朱文長方印,後鈐"張石園"白文方印、"龢"朱文方印)

(四) 張克龢跋二

唐吐魯番蒲昌府公文殘牒册

此唐蒲昌府官文殘牒也。存百五十有五紙,大者五十八,小者九十七,裝爲三十五葉。蓋顧巨六氏舊藏,珍同拱璧,奉爲至寶。乙亥(1935)春,法國伯希和博士來遊滬上,齎有此册,展轉求得,借觀竟月,嘆賞不置,爰爲親筆題寫其後。世之治唐代吐魯番歷史地理之學者,將於是乎取徵已,謂爲西陲遺珍,不亦宜乎。今歸寒齋,所謂古緣深厚者,非與? 可珍,可珍。

【圖版】

陳國燦、劉永增 1997,第 7—10 頁。

【研究】

榮新江 1996B,第 200—203 頁。陳國燦、劉永增 1997,第 5—15 頁。

376. 日本京都臨川書店《洋古書總合目録》No.865《回鶻寫經殘卷》羅惇曧跋

【概述】

據榮新江介紹,此卷引首外題:"回鶻寫經殘卷。吐魯番出土。素文珍藏。十號。"可知爲梁玉書舊藏。有羅惇曧跋一則,此據榮新江《海外敦煌吐魯番文獻知見録》轉録。

【校録箋證】

右回鶻文殘經,出吐蕃[1],爲素文先生獲於新疆者。曩見法國人柏希和所得敦煌石室回文經卷如巨篋，云當時購於新疆，論斤計直，柏君乃麋載歸於巴黎，至可憫惜。今素文猶得寶此殘經，不至同歸域外，亦大幸事也。甲寅(1914)五月，惇矗並志。(鈐"晉卿"印)

　　[1] 吐蕃，此指吐魯番，"蕃"蓋爲"番"之訛。

【圖版】

　　臨川書店 1990，第 866 號。

【研究】

　　小田壽典 1991，第 1—32 頁。榮新江 1996B，第 191—193 頁。朱玉麒 2013，第 1075—1100 頁；朱玉麒 2019，第 433—468 頁。朱玉麒 2018，第 13 頁；朱玉麒 2019，第 219 頁。

377. 日本京都臨川書店《洋古書總合目録》No.866《唐人寫經卷子》王樹枏跋

【概述】

　　據榮新江介紹，此卷有題簽："唐人寫經卷子。出吐魯番。季承珍藏。十四號。"可知爲段永恩舊藏。有王樹枏跋一則，此據榮新江《海外敦煌吐魯番文獻知見録》轉録。

【校録箋證】

　　右畏吾兒書一卷，顛倒書於唐經之後，每句譯以梵文，與余所藏畏吾兒書每句譯以漢文者其式正同。畏吾即回鶻之轉音，據《元史》，稱其種自和林遷居火州，至阿而忒的斤，已凡百七十餘載，廣有西域之地[1]。近日俄人馬禄夫考其人種至肅州南山中，得畏吾兒書甚夥[2]。其人尚操畏吾兒語，但不識其字耳。元興，文字皆取漢楷及畏吾字，後命國師八思巴創製蒙古新字，頒行諸路，仍各以其國字副之。今觀蒙古字，全出於畏吾兒。英之博士有專研此學者，然五大洲亦寥寥無幾人也。辛亥(1911)孟夏，積丞出此屬題[3]，爰爲考訂之如此。樹枏。(鈐"晉卿"朱文方印)

　　[1] 事見《元史》卷一百二十二《巴而尤阿而忒的斤傳》："巴而尤阿而忒的斤亦都護，亦都護者，高昌國主號也。先世居畏兀兒之地，有和林山，二水出焉，曰禿忽剌，曰薛靈哥。……後七日，玉倫的斤卒，災異屢見，民弗安居，傳位者又數亡，乃遷於交州。交州即火州也。統別失八里之地，北至阿尤河，南接酒泉，東至兀敦、甲石哈，西臨西蕃。居是者凡百七十餘載，而至巴而尤阿而忒的斤，臣於契丹。"

　　[2] 馬禄夫，指俄國語言學家馬洛夫(Сергей Ефижович Малов，1880—1957)。畏吾兒書，指回鶻文文獻，1909—1911 年馬洛夫受俄國中亞東亞研究委員會派遣，在中國新疆、甘肅一帶調查研究維吾爾語和裕固語，於甘肅酒泉文殊溝寺廟中獲得回鶻文《金光明經》寫本等。

　　[3] 積丞，即段永恩，字季承，又作積丞。

【圖版】

　　臨川書店 1990，第 866 號。

【研究】

　　榮新江 1996B，第 191、193 頁。朱玉麒 2012A，第 89—90 頁；朱玉麒 2019，第 498—

499 頁。朱玉麒 2012B,第 128—137 頁;朱玉麒 2019,第 419—432 頁。朱玉麒 2013,第
1075—1100 頁;朱玉麒 2019,第 433—468 頁。

378. 日本大阪杏雨書屋藏羽 561《唐西州交河郡都督府物價表》羅惇曧跋

【概述】

此卷裱褙吐魯番文書殘片二十件,鈐有"交河郡都督府之印"朱文方印。據鄭阿財介
紹,此卷原爲梁玉書舊藏,經白堅轉手流入日本,爲清野謙次所得,後轉入杏雨書屋。

引首外題:"唐時物價單殘紙。吐魯番出土。素文珍藏。"引首題:"吳越同舟,龍蛇混
淆。昭和戊辰冬十二月,斬水。"前鈐朱文長方印一枚,印文待考;後鈐"川上斬水"白文方
印、"士鴻"朱文方印。昭和戊辰即日本昭和三年(1928)。

【校錄箋證】

右唐人物價表,有交河郡都督府印,當時物直猶可考見,殊可寶也。甲寅(1914)五月,
惇曧。

【錄文】

吉田忠夫 2012B,第 284 頁。

【圖版】

吉田忠夫 2012B,第 286—288 頁。

【研究】

鄭阿財 2013,第 118 頁。榮新江 2016A,第 23—24 頁。朱玉麒 2018,第 13 頁;朱玉
麒 2019,第 219 頁。

379. 日本大阪杏雨書屋藏羽 609《六朝寫經殘卷》王樹枬跋

【概述】

此卷裱褙吐魯番文書四件:其一首題"大般涅槃經卷第卅一",三紙;其二首題"摩訶
般若波羅蜜優婆提舍中欲行五波羅蜜義品第卅八",一紙;其三爲《大般涅槃經》卷二十五
殘片;其四爲《增一阿含經》卷三十三殘片。引首有王樹枬題簽:"六朝寫經殘卷。晉卿珍
藏。"引首有王樹枬跋一則。

【校錄箋證】

此卷爲兒子禹敷在吐魯番稅局時所得。書法古樸,而姿態百出,實多得一媚字,望而
知爲新疆出土之六朝經卷,敦煌寫進罕有及之者。余初至新疆,土人持大卷求售,無人過
問,余每以賤價得之。自英法日本游士出重價購買,價遂踴貴。又多將全卷割裂,零星分
售,遂少全經,可惜亦可惡也。癸亥(1923)仲夏陶盧老人識。(鈐"王樹枬印"白文方印)

【録文】

吉田忠夫 2012C,第 201 頁。

【圖版】

吉田忠夫 2012C,第 203 頁。

【研究】

朱玉麒 2012A,第 94 頁;朱玉麒 2019,第 506 頁。鄭阿財 2013,第 118 頁。榮新江 2016A,第 23—24 頁。

380. 日本千葉縣國立歷史民俗博物館藏 H‐1315‐20《唐儀鳳二年北館厨殘牒》羅惇曧、段永恩、胡璧城、羅惇曼跋

【概述】

此卷原爲梁玉書舊藏,後入日本京都有鄰館,今藏於日本千葉縣國立歷史民俗博物館。前有羅惇曧跋一則,後有段永恩、胡璧城、羅惇曼跋各一則。

【校録箋證】

(一)引首羅惇曧跋

唐儀鳳二年北館廚殘牒,文字簡古,當時庭人固自不凡也。甲寅(1914)五月順德羅惇曧。

(二)拖尾段永恩跋

右唐高宗儀鳳二年北館廚殘牒,出吐魯番三堡。與余前觀晉卿方伯所藏爲式紙,惜土人割裂,多售價耳。其中亦有“儀鳳二年”字及“牒市司爲勘醬估報事下柳中縣爲供客柴用門夫採供事”等語。案,三堡爲唐西州故址,據《元和郡縣志》“西至州三十里”,《太平寰宇記》“州東四十里,漢舊縣”,蓋在今鄯善境内。貞觀初滅高昌麴氏置西州,升安西都護府,二十二年(648)徙都護於龜兹,高宗永徽初還治高昌,顯慶三年(658)復移治龜兹,改置西州都督府。其牒當爲都督府廚中所用柴醬諸物下柳中縣採供者。牒内有録事參軍、録事府史、市司諸官,與《新書·官志》都督府下官同,府史即史,市司即市令也。此牒中參軍、録事各官,悉與《志》合。“付司貳分”,以此醬柴分付府市司也;“典周建智”,典守之官也。彼係十一月二十三日,此係十月十八日,先後不同,其事則一。所供物件,皆具諸主姓名、官屬手押,有條不紊,可以考見當時之制。斨,《龍龕》音兜,出釋典。古文“斗”作“斤”,大升也。《漢書·平帝紀》:民捕蝗,吏以石斝受錢。《玉篇》云:俗“斗”字。此斨字,左從豆,右從斤,當即作古“斤”字。勝,《唐韻》《集韻》《韻會》並“詩證切,升”,余見晉老所得唐人食物單,其中斗、升字皆作斨、勝,應亦古人通用也。素文先生以爲是否?姑藏段永恩敬跋。

(鈐“季承”朱白文連珠印)

（三）拖尾胡壁城跋

　　館廚文字古簡如此，真是賣菜傭皆有六朝煙水氣也。寫此以志眼福。安吳胡壁城記。

（四）拖尾羅惇㤿跋

　　右廚牒文字可誦，當時風雅於此，令人神往。惇㤿。

【著錄】

　　陳國燦、劉安志 2005，第 593 頁。

【圖版】

　　朱玉麒 2018，第 5 頁；朱玉麒 2019，第 206 頁。朱玉麒 2019，第 555 頁。

【研究】

　　朱玉麒 2014，第 35—58 頁；朱玉麒 2019，第 545—571 頁。榮新江 2016A，第 22—23 頁。朱玉麒 2018，第 11—13 頁；朱玉麒 2019，第 216—220 頁。

381. 日本上野淳一藏《三國志·吳志·虞翻陸績張温傳》殘卷王樹枏、羅振玉、謝無量、内藤虎次郎跋

【概述】

　　此卷約於 1914—1915 年出土於吐魯番，爲王樹枏所得。1924 年落入白堅之手，次年白堅影印該卷。1926 年羅振玉《漢晉書影》收錄該卷。1930 年前後，該卷爲日本兵庫人武居綾藏（1870—1932）購得，次年影印行世。後轉歸日本兵庫人上野淳一。上野家族是朝日新聞的創辦者，收藏名蹟甚多，包括敦煌所出三十卷本《文選》零篇劉孝標《辯命論》等。

　　據赤尾榮慶介紹，此卷首有鄭孝胥題字“三國志殘卷”，落款署“宣統乙丑”，即 1925 年。《三國志》殘卷之後，有王樹枏、羅振玉、謝無量、内藤湖南題跋。王樹枏跋據朱玉麒文迻錄，羅振玉跋據赤尾榮慶文迻錄，内藤湖南跋據《湖南文存》卷五迻錄（題爲“晉人寫三國志殘卷跋”，收入《内藤湖南全集》第十四卷；亦見高田時雄文），復據武居綾藏影印本核校。

【校錄箋證】

（一）王樹枏跋

　　右晉人寫《三國志》虞翻、陸績、張温三傳殘卷，余曩在吐魯番所得。晉宋寫經，字體大半與此相類，其住筆點畫皆重，專摩漆書科斗。自北魏書興，而此體遂廢。昔趙文敏公曾臨一通，鮮于伯機謂是書千餘年以來人無知者，其爲可寶貴何如也！元旦無事，偶檢今志與是卷校勘一次。案，《虞翻傳》弟一行自“權於是大怒，手劍欲擊之”句始，以上皆闕，而是句又只賸“怒手”二字。二行僅“唯大農劉基”五字，今本作“惟大司農劉基”。三行“煞善士”，今本作“手殺善士”。四行“誰不知之”，今本作“孰知之”。六行“孟德煞孔文舉，孤於虞翻何哉”，今本作“孟德尚殺孔文舉，孤於虞翻何有哉”。七行“孟德輕害士仁”，今本“仁”作“人”。八行“何曾自喻於彼乎”，今本“曾”作“得”。十四行“遽而避之”，今本作“而遽避

之”；又“經芳營中”，今本無“中”字。十五行“芳門吏閉門”，今本無“芳”字。十六行“當開反閉，當閉反開”，今本二句互倒。十九行“世豈有仙人邪”，今本“邪”作“也”；“權責怒”，今本“責”作“積”。二十五行“年□十九卒”，“年”下字闕，今本作“年七十卆”；“有子十一人”，今本作“翻有十一子”。二十八行“記弟中”，今本“中”作“忠”；“竦越騎校尉”，今本“竦”作“聳”。以下全闕。《陸績傳》弟一行“吳郡吳人也”，今本無“吳郡”二字。十行“文德以來之”，今本“文德”上有“則脩”二字。十三行“虞翻□齒成名”，今本“成名”作“名盛”。十七行“著術不廢”，今本“著術”作“著述”。十九行“有漢志民”，今本“民”作“士”。二十行“遘疾逼厄”，今本“逼”作“遇”；“□命不永”，今本“永”作“幸”。《張溫傳》弟一行“吳郡吳人也”，今本“吳郡”下無“吳”字。四行“溫當今與誰爲比也”，今本無“也”字；“大農劉基”，今本作“大司農”。十行“時年卅二”，今本作“三十二”。十三行“便欲大構於丕”，今本“丕”作“蜀”。二十一行“功冒普天”，今本作“溥天”。二十三行“勤恁旅力”，今本“恁”作“任”。二十四行“平壹宇内”，今本“壹”作“一”。二十五行“軍事充煩”，一今本“充”作“興”。二十六行“臣自遠境”，今本“自”下有“入”字。以下均闕。三傳共八十行，其與今本異者都三十三事。案，虞翻及張溫傳兩見“大農劉基”，馬氏《通考》言大農之名始於漢景帝，武帝太和元年更名大司農，建安中又爲大農，魏黄初元年復改爲大司農。考《史記·平準書》《漢書·食貨志》，漢初皆稱大農，自武帝改大司農之後，至建安始稱大農。孫權自承漢制，不但不知有魏制，亦萬無舍漢從仇之理。後人因魏改大司農，遂并此傳而亦改之，失其實矣。幸得是卷以證其誣，而陳承祚史例之嚴，一字不苟，亦可見其一斑矣。是卷陸績、張溫二傳，皆作“吳郡吳人”，而今本《陸績傳》删“吳郡”二字，《張溫傳》“吳郡”下又删“吳”字，傳例皆郡縣並載。朱桓、朱據、陸遜等傳，皆作“吳郡吳人”，今本乃妄爲删改，與全書體例不合。賴有此卷，可證其誣也。其尤謬誤者，莫甚於今本“便欲大構於蜀”一語。案，魏文帝滅漢改元，孫權使命稱藩，外託事魏而誠心不款。及辭任子，魏乃使曹休、曹仁、曹真等攻吳。權以内難未弭，兵力未集，卑辭上書，以通好於丕。又恐蜀人不知所以與曹氏通意之故，故先遣鄭聘昭烈於白帝。黄武三年，又遣張溫以道其志，堅與蜀相約，委心協規，以共禦曹賊，故曰“若山越都除，便欲大構於丕”，是權之心在聯蜀以圖曹，非使蜀而又構蜀也。一字之誤，盲晦至無人能正其失者。今得此卷，乃知“蜀”爲“丕”字之誤，可謂一字千金矣。至《虞翻傳》“大王躬行德義，欲與堯舜比隆，何曾自喻於彼乎”，文義較今本“得”字爲長也；“豈有仙人耶”，“耶”字較今本“也”字爲順。《陸績傳》“□命不永”，績年三十二卒，故云“不永”，“幸”字非也。《張溫傳》“功冒溥天”，宜從此作“普天”；“平一宇内”，宜從此作“平壹”；“軍事興煩”宜從此作“軍事充煩”。其餘互有出入，無關輕重，若翻第五子忠、第六子聳，此卷乃作中、竦，則一時之筆誤也。此卷舊藏兒子禹敷，後歸日本某君。白堅甫以重資購得之，用泰西影印法分貽同志，爲誌其顛末如此。乙丑(1925)元日，陶廬老人王樹枏識。（鈐“王樹枏印”白文方印、“陶廬七十後作”朱文方印）

（二）羅振玉跋

西陲文物沈薶土中者，以燉煌石室所藏發見較早，然最先者不能逾魏初，且多爲梵典。吐魯番古卷軸出土較晚，中多高昌遺迹。往在海東見日本大谷光瑞所得陳之住吉二樂莊者[1]，有兩晉人書，然亦梵典耳。此《三國吳志》雖僅存數尺，而傳世卷軸之最古者莫逾於是，矧可見張鍾筆法，並可正今本之失，豈非人間有一無二之鴻寶耶！謹書卷尾，以記眼福。乙丑（1925）三月松翁羅振玉書于津沽嘉樂里寓居之貞松堂。（鈐“松心老人”朱文方印）

[1]二樂莊，大谷光瑞居所及保存所藏文物之處，位於日本神户住吉驛。

（三）謝無量跋（存目）

（四）内藤湖南跋

自西域墟墓石室出古簡牘卷裘，漢晉人手迹皆得目睹於二千載之下。但其卷裘率多佛經，至于經史百無一二。余遍閲内外收儲，其乙部最古之本爲瑞典人歇丁博士所獲於樓蘭廢墟《戰國策》（燕策）斷簡[1]，小隷書止七行，余睹諸獨國萊不窒古典館[2]，蓋漢魏間書也[3]。在我邦則武居君所藏《三國吳志·虞翻陸績張溫傳》殘卷，隷書八十行，晉人書，出於吐魯蕃土中，爲王陶盧樹枏所獲，既歸戈齋白堅，白堅再歸之於吾友武居君。是二本者實爲宇内無上祕笈矣。古本《吳志》與今本異同之處，陶盧嘗舉三十三事，然尚有遺漏者。《陸績傳》“志存儒雅”，今本“存”作“在”。《張溫傳》“故屈卿行”，今本“故”上有“以”字。又有校語誤者。陸、張二傳皆云“吳郡吳人也”，元刻本、毛刻本並與此同，陶盧謂今本陸傳删“吳郡”二字、張傳“吳郡”下删“吳”字者，未必然也。又《虞翻傳》翻子竦，今本作“聳”，陶盧以古本爲筆誤，張傳“功冒普天”，今本“普”作“溥”，陶盧謂宜從古本，則太拘古字，通用者不須改也。虞傳“竦越騎校尉，晃（諸本作昺）廷尉”，今本“聳越騎校尉”下有“累遷廷尉，湘東、河間太守”十字，“昺廷尉”下有“尚書、濟陰太守”六字，陶盧以爲古本闕文者，非也。按錢辛楣《三國志考異》云：“河間、濟陰二郡不在吳封内，蓋入晉以後所授官也，於史例不當書。”今此古本於竦官不書“廷尉，湘東、河間太守”，於晃官不書“尚書、濟陰太守”，乃陳承祚原文如此，可知今本有後人附加者也（《史記·賈生傳》書誼孫嘉至孝昭時列爲九卿事，前史往往有此例）。武居君獲此本後，白堅復獲其殘簡十行，歸諸中村不折，乃《虞翻傳》文，宜接此本前，余獲其照片，因臨寫于左方，使讀此本者得併考焉。昭和五年（1930）八月内藤虎書於恭任山莊之漢學居[4]。（鈐“滕虎私印”白文方印、“炳卿”白文方印）

[1]歇丁博士，指斯文·赫定（Sven Hedin，1865—1952）。斯文·赫定於1900年3月在羅布泊地區發現樓蘭古城，1901年3月再次前往發掘，所得有漢文文書、佉盧文木簡、古錢幣、木雕佛像、陶器、絲毛織品等，其中有《戰國策·燕策》殘片。

[2]獨國，指德國。萊不窒，指萊比錫。

[3]“漢魏間”，《湖南文存》卷五作“魏晉之間”。

　　[4] 恭任山莊,一般寫作"恭仁山莊",内藤湖南退休後居所,位於日本京都南郊加茂町。内藤湖南
1927 年遷居於此,所藏古籍善本、書畫文物等亦保存於此。

【録文】

　　内藤虎次郎 1976,第 129—130 頁。

【圖版】

　　武居綾藏 1931。

【研究】

　　赤尾榮慶 2002,第 71—78 頁。高田時雄 2007,第 1—26 頁。朱玉麒 2012A,第 94—
96 頁;朱玉麒 2019,第 506—508 頁。榮新江 2016A,第 24—25 頁。

382. 美國國會圖書館藏《大般涅槃經》卷三十七王樹枏、郭鵬跋

【概述】

　　此卷長 282.5 釐米。引首外題:"六朝寫經殘卷。出吐魯番三堡。素文珍藏,季承題
簽。三十四號。"可知爲梁玉書舊藏。另有垂簽題:"大般涅槃經卷三十七。黄紙一段,共
一百四十行,行約十八字。吐魯番。經字第十二號。"

　　1929 年 4 月 3 日入藏美國國會圖書館,入藏號 379064,館藏號 J617.T111。有王樹
枏、郭鵬跋四則。

【校録箋證】

(一) 王樹枏跋一

　　吾觀六朝人書,皆有一種嬌媚姿態,自然生動,今人學之便造作,乏天然之趣。樹枏。
(鈐"樹枏之印"白文方印、"晉卿"朱文方印)

(二) 王樹枏跋二

　　高昌佛經得長卷者甚稀,大抵多出古墓中。六朝人率以佛經殉葬,土人掘得者往往翦
碎零售東西洋遊歷之士,希得重價。素文此卷雖不完備,殊可貴也。晉卿。庚戌十二月十
二日(1911.1.12)。(鈐"王印樹枏號晉卿"朱文方印)

(三) 王樹枏跋三

　　如美人曉起墮髻殘妝,又如名士倒騎驢背,頹然自放。晉卿再題。(鈐"臣樹枏印"白
文方印)

(四) 郭鵬跋

　　名士倒騎驢背,美人墮髻殘妝。都是六朝金粉,裝成七寶琳琅。

　　王公法眼正藏,由來妙造天然。合掌歡聲贊歎,如參迦葉真禪。

　　即用晉老跋語,率占六言二絶,題奉素文觀察藏經。郭鵬敬題。(鈐"漱玉"白文長
方印)

【録文】

居蜜 2009,第 61—62 頁。居蜜 2010,第 24—27 頁。

【圖版】

居蜜 2010,第 24 頁。

【研究】

朱玉麒 2012A,第 85 頁;朱玉麒 2019,第 491—492 頁。朱玉麒 2013,第 1075—1100 頁;朱玉麒 2019,第 433—468 頁。

383. 美國舊金山亞洲藝術博物館藏《唐人玉屑》王樹枏、葉恭綽跋

【概述】

此册頁現藏舊金山亞洲藝術博物館(Asian Art Museum,San Francisco)。封面題:"唐人玉屑。出吐魯番三堡。"館藏號 2014.47,係葉氏家族捐贈(Gift of the Yeh Family)。

此册頁裱褙開元十七年(720)户籍殘片二片、受田簿殘片一片、貞元九年(793)殘狀一片、開元廿一年(733)殘狀一片,各有題跋若干則。末頁有王樹枏跋一則。

【校録箋證】

(一) 開元十七年户籍殘片葉恭綽跋

此户口册印文尚清晰,上爲"西州都督府印",下爲"高昌縣印"。唐以徵兵故,調查户口至爲詳明。今倫敦博物院藏敦煌唐户口册殘片較此登録尤細,該院英人齊而士曾有詳文考訂[1],且屬余助所不及。惜此斷片太略,不能與敦煌者互有發明也。恭綽。(鈐"佩公"白文方印)

[1] 齊而士,即翟林奈(Lionel Giles,1875—1958),英國人,任職於大英博物館,敦煌遺書整理編目事務由其負責,編有《英倫博物館藏敦煌漢文寫本注記目録》(*Descriptive Catalogue of the Chinese Manuscripts from Tunhuang in the British Museum*. London:British Museum,1957)。該目有人口清單類(List of Population),編號 G.7871 - G.7886A,共 17 件,户籍歸入該類。其中 G.7874(即 S.4682)、G.7875(即 S.4583)、G.7876(即 S.3907)3 件爲唐代户籍。翟林奈考訂論文即:Lionel Giles. "A Census of Tun-huang." *T'oung Pao*. Second Series,Vol. 16,No. 4 (Oct.,1915),pp.468 - 488。該文研究 S.113(即 G.7871)《西涼建初十二年(416)正月敦煌郡敦煌縣西宕鄉高昌里籍》。

(二) 開元十七年户籍殘片王樹枏跋一

此唐開元十七年户口單,書於佛經紙背,而年號則記於佛經之旁。余觀此單對面經文,實一紙也。

(三) 開元十七年户籍殘片王樹枏跋二

高昌縣爲唐西州附郭,在今吐魯番三堡地,城址猶存。《漢書·酷吏傳》:張次公"以勇悍從軍,敢深入,有功,封爲岸頭侯"。高昌當時必有封岸頭侯者,久之,即以其府爲地名

也[1]。晉卿。

　　[1] 此殘片下部兩見地名"岸頭府"。

（四）受田簿殘片王樹枏跋

　　唐時地契。（鈐"樹枏之印"白文方印）

（五）受田簿殘片葉恭綽跋

　　此恐非地契，乃開荒屯墾授田之册籍也。容考唐代邊屯制一説之。綽。（鈐"叚盦"朱文方印）

（六）貞元九年殘狀王樹枏跋

　　此狀殘闕，只餘年號。（鈐"晉卿"朱文方印）

（七）開元廿一年殘狀王樹枏跋一

　　此唐開元廿一年行倉曹狀也。（鈐"晉卿"朱文方印）

（八）開元廿一年殘狀王樹枏跋二

　　左一角爲紙背之字，非狀文也。

（九）開元廿一年殘狀王樹枏跋三

　　《舊唐書》諸府有折衝都尉、左右果毅都尉各一人，見《職官志》。又《志》言諸鎮惟上鎮有倉曹參軍，此蓋上鎮狀也。印色如新，惜紙破缺不完。晉老。（鈐"臣樹枏印"白文方印）

（十）開元廿一年殘狀王樹枏跋四

　　余遣人在吐魯番三堡掘土，得瓦罐，内盛黍米，均粉碎。米中藏鴿蛋二枚。一蛋破裂，黄堅如石。一完好。此狀即覆米上。皆千餘年物也。（鈐"王樹枏印"白文方印、"晉卿"朱文方印）

（十一）末頁王樹枏跋

　　吐魯番東九十里三堡之地掘土得六紙，皆破碎不足道。據新出土之張懷寂墓誌[1]，三堡確爲唐高昌縣治。王充云："玉屑滿筐，不成爲寶。"[2]其即以斯册爲玉屑可乎！宣統庚戌十一月廿二日（1910.12.23）新城王樹枏識於北庭東城之寄廬。（鈐"王樹枏印"白文方印、"晉卿"朱文方印）

　　[1] 即張懷寂墓誌。1910年新疆吐魯番阿斯塔那（三堡）張懷寂墓出土，現藏新疆博物館。墓誌刻於唐長壽三年（694）二月六日。誌稱張懷寂先祖爲"南陽白水人"，後"餘裔遷波，奄居蒲渚，遂爲高昌人也"。

　　[2] 語出王充《論衡・書解第八十二》。

【圖版】

　　舊金山亞洲藝術博物館網站：http://asianart.emuseum.com/view/objects/asitem/search@/19?t：state：flow=691e966d-fab1-4f19-8257-7edd1fc6f79f

【研究】

　　朱玉麒 2019，第 511—512 頁。

丙編 敦煌西域藝術品題跋

384. 中國國家圖書館藏 BD13796"大聖文殊師利菩薩"版畫賈敬顏跋

【概述】

此單葉版畫上部爲文殊師利菩薩像,下部爲發願文及陀羅尼,歸義軍時期所刻。裝裱成册。扉頁羅振玉題簽:"唐雕本文殊聖像。壬戌(1922)五月抱殘文庫藏。"下鈐"羅振玉印"白文方印。

册中有原收藏者賈敬顏題跋一則。賈敬顏(1924—1990),河北束鹿人。1949 年畢業於北平中法大學文史系,任中國科學院考古研究所任助理員,1952 年任教於中央民族學院。著有《民族歷史文化萃要》《東北古代民族古代地理叢考》《五代宋金元人邊疆行記十三種疏證稿》,合著《〈中國歷史地圖集〉釋文彙編·東北卷》,點校《契丹國志》,譯注蒙古文《黃金史》等。

【校録箋證】

傳世版畫今存確有年代可稽考者,以燉煌所出唐咸通九年(868)王玠造《金剛般若經》引首"枳樹給孤獨圖"爲最早。餘多曹氏所刊印,若"大聖毗沙門天王"署開運四年(947),與"觀世音菩薩"並有匠人雷延美名,知與天福十五年(950)己酉歲彫造《一切如來尊勝佛頂陀羅尼》《金剛般若波羅蜜經》同出一手。此"大聖文殊師利菩薩"及"聖觀自在菩薩""四十八願阿彌陀佛"及"大聖普賢菩薩",乃至"無量壽陀羅尼輪""千輪陀羅尼輪"等,從刀法、格式上可審定屬同時或較晚。"普賢菩薩"有"弟子歸義軍節度押衙□□芊彫造"題名。"文殊"以在釋迦五部,故不落款識,其匠人亦雷延美耶?燉煌文物什九爲外人捆載以去,此又德化李木齋與其婿何氏串通作弊而中飽者[1],劫餘之劫,大半於壬戌歲(1922)爲羅雪堂所有,著録於《沙州文録補》,但題爲"唐彫",未免失實。國內所存燉煌版畫計南林蔣氏藏"毗沙門天"與"文殊菩薩"(北大圖及長樂鄭氏均有)二種而已[2]。

一九五一年九月得自子期先生[3],五二年二月記。(鈐"賈敬顏藏西陸圖籍"朱文長方印、"賈敬顏印"白文方印)

[1] 何氏,指何彥升(1860—1910)之子何震彝(約 1880—1925),爲李盛鐸(1859—1934)之婿。

[2] 南林蔣氏,指蔣汝藻(1877—1954)。長樂鄭氏,指鄭振鐸(1898—1958),福建長樂人。

[3] 子期先生,指羅振玉四子羅福頤(1905—1981),字子期。

【録文】

中國國家圖書館 2011A,《條記目録》第 131—132 頁。

【圖版】

中國國家圖書館 2011A,第 366—367 頁。

385. 故宫博物院藏新 21123 菩薩坐像殘片何遂跋

【概述】

據孟嗣徽介紹,此殘片爲紙本,長 22.5 釐米,高 5.5 釐米,畫面爲菩薩坐像的下半部。1955 年何遂捐贈故宫博物院。有何遂題跋一則。

【校録箋證】

燉煌千佛洞發見唐人殘畫佛像。李木齋氏廖嘉館舊藏。敦煌唐畫世所希見,此爲佛像一小段,可窺見用筆設色,至可寶也。己丑(1949)中秋何遂識。(鈐"何遂"朱文方印、"敍圖書畫"白文方印)

【圖版】

孟嗣徽 2005,書前彩圖四。

【研究】

孟嗣徽 2005,第 277—283 頁。

386. 故宫博物院藏新 21124 敦煌繪畫殘片何遂跋

【概述】

據孟嗣徽介紹,此件爲紙本,長 16.5 釐米,高 28 釐米,似爲裝飾圖案。1955 年何遂捐贈故宫博物院。左右兩側各有何遂題跋一條。

【校録箋證】

(一) 右側何遂跋

燉煌千佛洞唐人彩色殘畫。李木齋氏廖嘉館舊藏。(鈐"丁亥年六十"朱文方印)

(二) 左側何遂跋

燉煌寫經流傳尚多,畫極希有,至可寶貴。己丑(1949)中秋何遂識。(鈐"何遂"朱文方印、"敍圖書畫"白文方印)

【圖版】

孟嗣徽 2005,書前彩圖五。

【研究】

孟嗣徽 2005,第 277—283 頁。

387. 上海博物館藏上博 22(3314)捺印佛像曾熙、康有爲、鄒壽祺、褚德彝跋

【概述】

　　此捺印佛像,存 1 紙,高 30 釐米,寬 27.5 釐米。分 4 排,每排 6 尊,共 24 尊。裝裱爲立軸,上下有題跋多則。

【校録箋證】

(一) 曾熙跋

　　敦煌石室經卷,予見南齊人書經[1],其卷背皆印千佛像,畫法亦同此卷,豈其同出一手邪? 乙丑(1925)夏六月衡陽曾熙。(鈐"農冉"朱文方印)

　　[1] 指國家圖書館藏 BD14711《雜阿毗曇心論》。該卷背有墨印佛像十尊。卷尾部正背面均有"永興郡印",前人以此永興郡爲南齊永興郡,因而誤以其爲南齊人書。李之檀《敦煌寫經永興郡佛印考》(載《敦煌研究》2010 年第 3 期)指出,北周武帝改晉昌郡爲永興郡,即該卷之永興郡,因此該卷應爲北朝人書。

(二) 康有爲跋

　　唐人畫佛,雖盈丈之卷,未足爲貴,以其傳世者多也。惟印本爲最佳,其刻工之精,有非後人所能。誰謂工藝進化、古不逮今耶? 承德仁兄垂寶之[1]。(鈐"人天廬"朱文方印[2])

　　[1] 周承德(1877—1935),字逸舜,號觀無居士,浙江海寧人。留學日本早稻田大學博物科。回國後任教於杭州求是書院、浙江高等學堂、浙江優級師範、浙江省立第一師範學校。西泠印社創始人之一,曾任社長。工書,康有爲譽其爲"浙省一人"。

　　[2] 人天廬,康有爲晚年在杭州所築居室。

(三) 鄒壽祺跋

　　此亦莫高窟所出佛像,初以爲北宋本,細審紙印,蓋亦唐本也。據《焦氏筆乘》,唐末益州始有墨版,多術數、字學小書而已。蜀毋昭裔請刻版印九經,始用木版[1]。此似每像各有一版,當爲泥版,在木版之先。法以雕範印於泥上,再以紙印之,傳世有韓文銅範[2],即是合成泥版之先型。覩濰縣陳氏所藏秦瓦量文,可見漢以前已有是法。窟中所出寫卷多,畫像亦多,而印本恰少,故此頁價值尤高云。乙丑(1925)五月杭州鄒壽祺[3]。(鈐"景卡"朱文方印)

　　[1] 明焦竑《焦氏筆乘》:"唐末,益州始有墨板,多術數、字學小書而已。蜀毋昭裔請刻板印《九經》,蜀主從之。自是始用木板摹刻《六經》。景德中,又摹印司馬、班、范諸史,並傳於世。"按:關於唐代蜀中有雕版印刷的記載,首見於唐柳玭《柳氏家訓·序》:"中和三年(883)癸卯夏,鑾輿在蜀之三年也。余爲中書舍人,旬休,閱書於重城之東南。其書多陰陽雜記、占夢、相宅、九宮五緯之流,又有字書、小學,率雕板印紙,浸染不可曉。"

　　[2] 此銅板刻韓愈文四句:"《易》奇而法,《詩》正而葩。《春秋》謹嚴,《左氏》浮誇。"曾爲張廷濟(1768—1848,號叔未)所藏,張廷濟《清儀閣題跋》稱其爲"蜀槧韓文範",以爲"則此爲孟蜀敕刊《韓集》,剟

銅爲式可知也"。吴雲《兩罍軒彝器圖釋》卷十二著録，亦稱爲"孟蜀韓文範"。葉德輝《書林清話》卷十認定"銅片是僞。張冠李戴，亦骨董之常。惟必謂之刻書之範，則未敢附和。蓋此疑古時鎮紙之物，其所以反書者，由於土模正書，倒注則反。古人範金合土之法，大抵如斯"。此跋謂該銅版"是合成泥版之先型"，亦誤。

[3] 鄒壽祺，字景叔，浙江海寧人。光緒二十九年（1903）進士。師從俞樾。撰有《朋壽堂經説》。編有《夢坡室獲古叢編》，體例淆亂，收僞器極多，學界頗有批評。

（四）褚德彝跋

刻字印刷之術，前人皆謂始於五代，張叔未得銅書范，更得證明。吾友羅叔言云，秦瓦量上有始皇詔，每二字爲一板，謂是活字之始。余謂利徙鐘字形作鳥篆[1]，每一篆字外皆作方匡，蓋刻篆於木，印於土范，即後來活字所自昉。是刻字之法，秦前即有之矣。敦煌所出諸經中，有一種長四寸餘，刻佛偈，後題刻手雷延美并開元年號[2]。此佛象亦敦煌千佛寺物，上無題字，乃刻木作小函，集印而成者。審其紙墨之色，與雷延美一種正同，定爲唐物無疑，當與吴越王刻陀羅尼經卷並重。考吾國雕板術者，不可不知也。旃蒙赤奮若（1925）夏五月餘杭褚德彝記。（鈐"褚禮堂"白文方印）

[1] 利徙鐘，現通稱"能原鎛"。《殷周金文集成》著録，編號爲155、156。其字係以單字模打印範方式製成，字模四周邊框痕跡大體可辨。參曹錦炎《再論"能原"鎛》、連邵名《能原鎛銘文新證》（均載《故宫博物院院刊》1999年第3期）。

[2] 指曹元忠施造、雷延美所刻《大聖毗沙門天王圖》。該圖存印本較多，如法國國家圖書館所藏P.4514(1)1—11、P.3879及英國國家圖書館所藏Or.8210/P.8等等，均爲同版所印。此版畫寬28.6釐米、高42.0釐米。上部爲毗沙門天王像，下部刻發願文："北方大聖毗沙門天王主領天下一切雜類鬼神，若能發意求願，悉得稱心，虔敬之徒盡獲福佑。弟子歸義軍節度使特進檢校太傅譙郡曹元忠請匠人雕此印板，惟願國安人泰，社稷恒昌，道路和平，普天安樂。于時大晉開運四年（947）丁未歲七月十五日紀。"此跋誤將五代"開運"年號誤讀爲唐"開元"，導致時代判斷發生錯誤。

【著録】

上海古籍出版社、上海博物館1993，第②册《敘録》第5頁。

【圖版】

上海古籍出版社、上海博物館1993，第①册彩圖一八、第191頁。

388. 香港近墨堂書法研究基金會藏晚唐菩薩像幡張大千跋

【概述】

此像幡高182釐米，寬57.5釐米。1940年代爲張大千所得，約在1954年之後轉讓他人。半個多世紀後見於中國嘉德國際拍賣有限公司2014春季拍賣會筆墨文章專場（2014年5月20日），編號2445。香港近墨堂書法研究基金會購得該幡，收藏編號爲"近墨堂1005.hg"。該會秘書處主任龍德俊撰文詳加探討。據龍德俊介紹，該幡附有張大千題跋，另裱爲小手卷。

【校録箋證】

　　此幡共十六段,爲朱梁時歸義軍節度使檢校太師兼托西大王譙郡開國公曹議金(有題名見安西榆林窟第十窟)供養物。光緒二十六年庚子四月廿七日(1900.5.25),漠高窟第一百五十一窟發見[1]。其十三段爲斯坦因攜去,其一今在故都。予從敦煌一士紳家得二幅,此其一也。畫法純用吳生筆意[2],所謂蓴菜條者[3]。絹素完好,猶可考見當時織物之矩度。甲午(1954)十一月張大千題。(鈐"蜀郡張爰"白文方印、"三千大千"朱文方印)

　　[1] 張大千編號151窟,即現編號16、17窟(即藏經洞)。張編號將17窟列爲16窟耳洞,未爲藏經洞單獨編號。

　　[2] 吳生,指唐代畫家吳道子(約680—759)。

　　[3] 蓴菜條,語出宋米芾《畫史》:"王防,字元規,家二天王皆是吳之入神畫,行筆磊落揮霍,如蓴菜條。"

【圖版】

　　龍德俊2017,第30頁。

　　雅昌藝術網: http://auction.artron.net/paimai-art0034082445/

【研究】

　　龍德俊2017,第29—41頁。

389. 美國波士頓美術館藏 27.570 觀音菩薩像王瓘跋

【概述】

　　此件現藏於美國波士頓美術館。圖版載《中國名畫》第九集、《藝術叢編》第二十三期、《藝林旬刊》第五十九期。《中國名畫》第九集説明謂:"此畫像曩藏敦煌千佛洞,今歸寶華庵。"寶華庵即端方齋號。端方撰有《敦煌靈修寺尼戒净畫觀音菩薩像記》,載《沙州文録補》。

　　左右兩側各有一則跋文,均以篆文寫就。據榮新江研究,兩條都應出自王瓘之手。

【校録箋證】

(一) 右側王瓘跋

　　宋靈修寺開寶八年(975)觀音畫像,光緒二十五年(1899)出敦煌千佛洞,嚴金清自蘭州寄贈[1]。

　　[1] 嚴金清(1837—1909),字紫卿,江蘇金匱(今無錫)人。同治間入左宗棠幕,辦理税釐及營務。後歷任浙江温州通判、臺灣淡水同知、新疆迪化知州。光緒二十五年(1899)入京陛見後西行,途經西安爲陝西巡撫端方奏留,總理全陝防練各軍營務處,後任陝西延榆綏道、陝西按察使。撰有《閑閑草堂集》《嚴廉訪遺稿》等。

（二）左側王瓘跋

匋齋尚書永充供養，光緒三十三年元旦（1907.2.13）清信士王瓘敬書[1]。

[1] 王瓘（1847—1913），字孝玉、孝禹，重慶銅梁人。舉人。官江蘇道員，曾入端方幕。工篆隸，精鑒別，富收藏。光緒二十四年（1898）輯有《賞古齋秦漢印存》。

【圖版】

中國名畫 1918，第 1 頁。藝林旬刊 1929，第 1 版。鄒安 2015，第 6 册第 525 頁。

【研究】

榮新江 1996B，第 107 頁。

390. 捺印佛像楊新跋

【概述】

此件見於北京翰海拍賣有限公司 2004 迎春拍賣會古籍善本專場（2004 年 1 月 11 日），編號 1598。存捺印千佛像殘片二塊。裱紙右上題"唐代遺珍"。下有楊新題跋一則。

【校録箋證】

此紙爲黄麻紙，木板印刷，應爲晚唐五代之物，誠可寶貴。癸未（2003）夏暑，楊新觀記。（鈐"楊新"白文方印）

【圖版】

雅昌藝術網：https://auction.artron.net/paimai-art24310038

391. 智果彩繪佛像及《佛説佛名經》周伯敏、景定成、吳宓、楊風晴、姚文青、曹伯庸跋

【概述】

此卷見於中貿聖佳國際拍賣有限公司 2006 秋季拍賣會中國古代書畫專場（2006 年 10 月 30 日），編號 847，擬題爲《師子意佛造像》；又見於中貿聖佳國際拍賣有限公司 2007 年秋季藝術品拍賣會中國古代書畫手卷册頁專場（2007 年 12 月 2 日），編號 1217。數年後又見於西泠印社拍賣有限公司 2015 春季拍賣會古籍善本專場（2015 年 7 月 4 日），編號 478；又見於西泠印社拍賣有限公司 2018 年春季拍賣會古籍善本專場（2018 年 7 月 9 日），編號 4878。

據拍賣公司介紹，全卷長 785 釐米，托裱文獻二件：前爲彩繪佛像一幀，尺寸爲 32×31 釐米，下書題記"大業三年（607）四月大莊嚴寺沙門智果敬爲敦煌守禦南無師子意佛令狐押衙敬畫貳佰佛普勸衆生供養受持"；後爲《佛説佛名經》三紙，長 111.5 釐米，末鈐"白公渠首是吾家"白文方印、"師佛軒"朱文方印、"高〇"朱文長方印、"又明收藏金石書畫"白

文長方印。可知此卷爲高明德舊藏。高明德(1886—1951)，字又明，晚號師佛子，陝西涇陽人。早年肄業於三原宏道學堂，後經商爲業。光緒三十一年(1905)加入同盟會。宣統三年(1911)10月參與西安起義，任陝西軍政府軍械官。1918年後曾任靖國軍總部軍械處長、國民軍二軍軍械處長、兵工局局長。抗戰時期集資創辦西安集成三酸廠，支持抗戰。

有周伯敏、景定成、吳宓、楊風晴、姚文青、曹伯庸題跋。

【校録箋證】

(一)周伯敏跋

果師書名齊永素[1]，且自謂"得右軍之骨"[2]，惜傳世者少，莫由玩索。兹圖造象不同流傳，自題發願造二百象普勸衆生而行者，急道之情形於筆墨，意其不行不足以救世救衆生耶？亦非果師無此超越之識歟？寶其昦墨，既非近物，色紙題字，□□□□□□[3]無潤挺逸，又非後人所可僞造。敬觀之餘，謹題數語，以誌因緣耳。三十二年(1943)八月二十二日傍晚周伯敏題於師佛之軒[5]。(前鈐"漱六藝之芳潤"白文長方印，後鈐"周伯敏印"白文方印)

[1] 智果，隋僧人，會稽(今浙江紹興)人。師事智永。善書，隸、行、草皆工。隋煬帝楊廣爲揚州總管時，召其寫書，拒不從命，遭囚禁。後獲釋，召入東都慧日道場。撰有《衆經目録》《心成頌》等。永素，指僧人書法家智永、懷素(737—799)。

[2] 語出唐張懷瓘《書斷》："嘗謂永師云：和尚得右軍肉，智果得右軍骨。"

[3] 此處原卷殘損，缺佚六字。

[4] 周伯敏(1895—1965)，陝西涇陽人。1928年至1937年任國民政府監察院秘書。1937年2月至1939年1月任陝西省教育廳長。1948年當選國大代表。1949年後任上海市政協委員、上海市政府參事室參事。受其舅父于右任影響，善草書。

(二)景定成跋

靈光巍然。老梅拜觀[1]。(鈐"梅九"白文方印)

[1] 景定成(1882—1961)，字梅九，號無礙室主，筆名老梅等，山西安邑人。留學日本。光緒三十二年(1906)加入同盟會，任山西分會評議部長。宣統三年(1911)在北京創辦《國風日報》。辛亥革命後任山西軍政府政事部部長。抗戰初期在西安恢復《國風日報》，宣傳抗日。1949年後任陝西省政協委員。撰有《〈石頭記〉真諦》《入獄始末記》等。

(三)吳宓跋

涇陽吳宓拜觀[1]。(鈐"吳宓"朱文方印)

[1] 吳宓(1894—1978)，字雨僧，陝西涇陽人。1917年赴美留學，1921年回國後歷任東南大學、東北大學、清華大學、西南聯大、燕京大學(成都)、四川大學、武漢大學、勉仁學院、西南師範學院教授。主編《學衡》，著有《文學與人生》等。

(四)楊風晴跋

邰陽楊風晴拜觀[1]。中華民國卅二年(1943)八月。(鈐"風晴"朱文方印)

　　[1] 楊風晴(1870—1946)，又名樹聲，字象九，陝西郃陽人。清末倡導剪辮、放足。民國初年籌組西安易俗社。1928 年任省政府諮議。曾任西京紅十字會會長。工書法。

(五) 姚文青跋

　　後一千三百四十二年著雍困敦之歲涇陽姚文青敬觀於小蘭齋[1]。（鈐“姚文清”白文方印）

　　[1] 太歲在戊曰著雍，太歲在子曰困敦，戊子即 1948 年。大業三年(607)至 1948 年爲 1342 年。姚文青，陝西涇陽人。商人，經營土布、茶葉、藥材、白蠟等。抗美援朝時期捐巨資購軍機。富收藏，精鑒賞。吳宓少年摯友。

(六) 曹伯庸跋

　　智果，隋僧，會稽人。煬帝甚重之。工書，議論尤精辟。嘗謂智永師曰：和尚得右軍肉，智果得右軍骨。唐張懷瓘論智果曰：筋骨藏於膚肉，山水不厭高深[1]。又云：智果禪林筆精，天機深而不泥，志業高而克成；緇門之領袖，當代之準繩[2]。與智永齊名。右書《佛名經》及所繪之供養佛，乃智果傳世極罕之作。其後之寫經小楷，法度高古，結構嚴謹。所繪供養佛，筆墨精妙，神采奕奕。卷眉又有民國時著名書家、時任陝西省教育廳長、于右任先生之甥周伯敏先生之跋語，國學大師、北京清華等校教授吳宓先生，南社詩人景梅九先生，涇陽姚文卿先生，郃陽楊風晴先生之觀款，以上六位先生皆爲當時名士，且均精於鑒賞與收藏。此卷隋畫與寫經珠聯璧合，且有先賢題及觀款，實罕覯之瑰寶。欣賞之餘，漫書數語，以識眼福。甲申(2004)新秋曹伯庸識[3]。（前鈐“雕藝小技”白文長方印，後鈐“伯庸”白文方印）

　　[1] 語出唐張懷瓘《書斷》：“隋永興寺僧智果，會稽人也，煬帝甚喜之。工書，銘石甚爲瘦健。嘗謂永師云：和尚得右軍肉，智果得右軍骨。夫筋骨藏於膚肉，山水不厭高深。而此公稍乏清幽，傷於淺露。”

　　[2] 語出唐竇臮《述書賦》：“智永、智果，禪林筆精。天機淺而恐泥，志業高而克成。或拘凝重，蕭索家聲；或利凡通，周章擅名。猶能作緇門之領袖，爲當代之準繩。並如君子勵躬於有道，高人保志而居貞。”此跋將“天機淺而恐泥”改爲“天機深而不泥”。

　　[3] 曹伯庸(1930—2011)，陝西禮泉人。陝西師範大學中文系教授、省文史館館員。工書，擅長書畫鑒定。

【圖版】

　　西泠印社 2018，第 4878 號。

　　西泠印社拍賣有限公司網站：http://www.xlysauc.com/auction5_det.php?ccid=741&id=95645&n=478

　　http://www.xlysauc.com/auction5_det.php?ccid=1060&id=151678&n=4878

　　雅昌藝術網：http://auction.artron.net/paimai-art5130394878/

　　http://auction.artron.net/paimai-art5074560478/

392. 毗沙門天王像顧麟士、吳郁生、莊嚴、勞乃宣、溥偉、升允、沈曾植、鄭孝胥、楊鍾羲、臺靜農跋

【概述】

　　此件見於香港蘇富比拍賣有限公司2016年5月30日拍賣會中國古代書畫專場,編號365。該卷裱褙後晉開運四年(947)歸義軍節度使曹元忠刊刻毗沙門天王像一葉,初爲曹元忠所得,因姓名相同,因緣殊勝,甚爲寶愛,取齋號"晉佛堪",並邀顧麟士繪"晉佛堪圖";後入蔣祖詒之手,邀莊喆摹曹元忠像。

　　此卷引首題:"晉佛堪圖。君直仁兄屬正。鈍齋吳郁生。"鈐"吳郁生印"白文方印、"鈍齋"朱文方印。毗沙門天王像前附題簽:"石晉開運四年歸義軍節度使曹元忠雕造毗沙門天王象。葉恭綽敬題。"鈐"遐庵"白文長方印。

　　此卷有題跋十二則,部分係就"晉佛堪圖"、曹元忠像而言,但内容均與毗沙門天王像有關,今不復分别,一併校録如下。

【校録箋證】

(一)《晉佛堪圖》顧麟士跋

　　歲在庚子(1900),敦煌石室所藏復出人間,吾友曹君直得石晉開運四年沙州節度使曹元忠雕印毗沙門天王象[1],郵書來告。案,"毗沙門",梵語也,或云"靽室羅懣囊",或云"毗舍羅挐拏",或云"吠室囉末拏",大率譯爲"多聞",詳見唐釋慧苑、宋釋希麟《諸經音義》。惟唐釋慧琳《大寶積經音義》於于闐云:"案此國今即貫屬安西四鎮之城。……彼城中有毗沙門天神廟,七層木樓,神居樓上,甚有靈驗。其國界有牛頭山,天神嘗棲宅此山。"考《唐書·西域于闐傳》,上元初以其地爲毗沙門都督府[2];《地理志》四鎮都督府于毗沙注云:"本于闐國。"是毗沙都督府即因毗沙門天王廟得名。沙州距于闐既近,節度使曹元忠又與國王李聖天有連,宜習其宗教,崇奉毗沙門天王也。第石晉至今千數十年,而其造象必待君直得之,姓名相同,夫豈偶然。昔釋文瑩《玉壺清話》記長沙北禪經堂中懸觀音印象,下題"王雱元澤記,會稽關杞刻",當爲記載雕版佛象之始,以此相形,嘆積薪矣。吾知君直受持供養,必有不負此段因緣者,爲作圖貽之。宣統元年臘八日(1910.1.18),元和顧麟士并記于因因盦[3]。(鈐"顧鶴逸"白文方印、"西津"朱文方印)

　　[1]曹元忠(1865—1923),字君直,號夔一,江蘇吳縣(今蘇州)人。光緒二十年(1894)舉人。清末歷任内閣中書、内閣侍讀、資政院議員。精研禮學,長於訓詁考據。著有《箋經室遺集》《沙州石室文字記》等。

　　[2]《新唐書·西域傳》記載:"上元初,身率子弟酋領七十人來朝。擊吐蕃有功,帝以其地爲毗沙都督府,析十州,授伏闍雄都督。"此跋謂爲"毗沙門都督府",誤衍一"門"字。

　　[3]顧麟士(1865—1930),字鶴逸,號西津,江蘇元和(今蘇州)人。工書善畫,尤精山水。家藏古籍

金石書畫甚富。著有《過雲樓續書畫記》《鶴廬題畫録》《鶴廬畫趣》《鶴廬書畫録》《顧鶴逸山水册》等。

(二) 吳郁生跋一

　　丁巳(1918)四月暫歸家鄉,君直我兄出示此卷。塵事紛然,因記歲月歸之,異日作詩奉寄,以續此一段因緣也。時將還青島,倚裝書。鈍宧吳郁生[1]。(鈐印一枚,待考)

　　[1] 吳郁生(1854—1940),字蔚若,號鈍齋,江蘇元和(今蘇州)人。光緒三年(1877)進士。清末曾任禮部尚書、郵傳部尚書、軍機大臣。民國初年寓居青島。善詩文,工書法。

(三) 吳郁生跋二

　　庚申七月十五日(1920.8.28),君直仁兄來島上,復出此圖索詩。蓋距前題款時又三年矣。吉甫制軍避跡島上[1],鬱憤而病。韌叟聞君直家居隱於醫[2],爲人立方有奇效,乃會余及滬上蘇堪[3]、一山[4]、翰怡諸君子馳書君直[5],勸駕東來,而孫君隘堪伴行[6],至吉老小鮑島寓樓下榻焉[7]。日必相攜過余,或劇譚卜夜,或登山臨海,撫今弔古。自余居此十年,與二三素心聚處之樂,未有如今日者也。吉老服藥十許日,沈疴霍然。君直將別去,韌叟既題詩於圖。余寂處無好懷,每一握管,輒俯仰人事,感慨不已,年來遂不復作詩,心如寢井,展卷茫然。因紀君直斯行與海隅暢敘之緣,他日傳爲故事,將並斯卷長留天地間也。純齋郁生又識。(鈐印二枚,待考)

　　[1] 吉甫制軍,指升允(1858—1931),多羅特氏,字吉甫,號素庵,蒙古鑲藍旗人。光緒八年(1882)舉人。清末歷任陝西巡撫、江西巡撫、察哈爾都統、陝西總督等職。武昌起義爆發後任陝西巡撫,反對清帝退位,謀迎溥儀在西北建立小朝廷。1913年策動復辟失敗,寓居青島。爲宗社黨骨幹,往來天津、大連之間,圖謀復辟。

　　[2] 勞乃宣(1843—1921),字季瘖,號玉初、矩齋、韌叟,浙江桐鄉人。同治十年(1871)進士。曾任河北通志局編纂、河北臨榆等縣知縣。光緒二十七年(1901)後歷任上海南洋公學總理、杭州求是書院監督、憲政編查館參議、資政院議員、江寧提學使、京師大學堂總監督。1913年移居青島。著有《古籌算考釋》《等韻一得》等。

　　[3] 蘇堪,即鄭孝胥(1860—1938)。此跋所言升允患病、曹元忠赴青島診治事,《鄭孝胥日記》亦有記載,與此跋所記可相印證。

　　[4] 章梫(1861—1949),名正耀,字立光,號一山,浙江三門人。光緒三十年(1904)進士。歷任京師大學堂譯館監督、國史館纂修、功臣館總纂、北京女子師範學校校長等職。著有《康熙政要》《一山文存》等。

　　[5] 劉承幹(1882—1963),字貞一,號翰怡、求恕居士,浙江吳興(今湖州)人。富藏書,於吳興南潯鎮築嘉業樓貯之。1911年起寓居上海。

　　[6] 孫德謙(1869—1935),字受之、壽芝,號隘堪居士,江蘇吳縣(今蘇州)人。清末曾任直隸永年縣紫山書院掌院,江蘇、浙江通志局纂修。民國初年寓居上海,曾任大夏大學國文系教授。著有《諸子通考》《孫卿子通誼》《吕氏春秋通誼》《文選學通誼》《四益宧駢文稿》等。

　　[7] 小鮑島,青島街區,升允寓居於此。

（四）莊喆繪曹元忠像莊嚴跋

勅推誠奉國保塞功臣歸義軍節度使特進檢校太師兼中書令西平王曹元忠象

右石晉西平王曹元忠供養壁畫象，原蹟在敦煌。癸巳年(1953)夏，穀孫道兄命喆兒橅於卷端[1]。余按，曹夫人與其子皆有畫象，同出千佛洞中，昔觀堂先生曾爲長跋，載之《集林》[2]，亦爲君家舊藏，然則君家所收曹氏文物可謂多矣。莊嚴並記。（鈐"莊嚴"白文方印）

[1] 蔣祖詒(1902—1973)，字穀孫，號顯堂，浙江吳興(今湖州)人。蔣汝藻(1877—1954)長子。1949年後寓居臺灣，曾任教於臺灣大學，與莊嚴、臺静農交好。莊喆(1934—　)，吉林長春人。莊嚴(1899—1980)之子。1958年畢業於臺灣師範大學美術系。1973年遷居美國密歇根州，1988年移居紐約。畫家。

[2] "觀堂先生曾爲長跋"，指王國維《曹夫人繪觀音菩薩像跋》(收入《觀堂集林》卷二十)。該觀音像現藏美國華盛頓弗利爾美術館，館藏號 F1930.36。下方功德記兩側繪有供養人像四身，右側署"慈母娘子……"者即曹元忠之妻，左側署"節度行軍司馬……"者即曹元忠之子曹延恭，時爲歸義軍留後。

（五）勞乃宣跋一

名姓先留祇樹林，豈同慕藺出成心。人天自有因緣在，一片孤忠照古今。[1]

君直仁兄大人屬題，時在乙卯冬月二十三日(1915.12.29)。韌叟勞乃宣書于吳閶舟次。（鈐"韌叟"朱文方印）

[1] 此詩載《桐鄉勞先生遺稿》卷七《近聖草》，題爲《題曹君直晉佛龕圖》(1927年桐鄉盧氏刻本，卷七第十二至十三葉)。前有小序："曹君直得燉煌石室所出刊板佛像一紙，爲毗沙門天王像，題開運四年丁未七月沙州節度曹元忠刊，與君直姓名皆同，因繪此圖徵題。"

（六）勞乃宣跋二

遠林先生我父執[1]，兒時几杖每侍立。橋梓連廣正氣歌，忠貞迭代疇能及。袁粲遺風有外孫，以忠節名堪紹襲。耿耿丹忱尺五天，露盤莫輟銅仙泣。往歲相逢虎邱路，晉佛龕圖徵我賦。一片孤忠照古今，曾向圖中題短句。今日重逢東海濱，丹青再展研鳳因。姓名相同古恒有，小冠杜氏驚座陳。似此元良與忠藎，若合符節洵異聞。毘沙天王法力廣，救世高揮巨靈掌。沙州節度君同名，報國心虔雕寶像。燉煌石室千年埋，一朝出土驚春雷。奇珍輾轉入君手，天緣豈假人安排。從知佛意崇忠孝，鑒君誠悃休徵報。會看寒日起虞淵，扶桑萬丈朝曦耀。相期聯袂拜天閽，同上巒坡染御香。此際願君攜此卷，揮毫復詠第三章。[2]

庚申(1920)八月復題于青島，再請君直我兄正之。乃宣。（鈐印二枚，待考）

[1] 遠林先生，指曹元忠之外祖父馬遠林，死於太平天國運動。

[2] 此詩載《桐鄉勞先生遺稿》卷七《勞山後草》(1927年桐鄉盧氏刻本，卷八第十三至十四葉)，題爲《再題曹君直晉佛龕圖》。刻本與此跋文字基本相同，惟"沙州節度君同名"一句作"沙州節度同名人"，又"忠貞迭代疇能及"一句下有小注："君外祖遠林馬公及子侶蘋先後殉髮逆之難。"

（七）溥偉跋

庚申(1920)秋，曹君直自滬攜此卷來徵題，蹟奇而事雅，予決其必傳也。昔魏荀彧字文若,北魏臨淮王亦名或字文若,姓不同也。朱買臣亦有二,行不同也。他若司馬相如、唐李白、張温、韓翃輩,或有慕而然,或無心暗合,無足異者。至國朝于清端、于襄勤皆名成龍[1],同仕於康熙間,且皆爲名臣,可謂奇矣。然究不若此歷十七次丁未之鑴名古器而展轉入於九百六十餘年後同姓同名人之手爲最奇也。隴西李約得蕭子雲書,以之名齋[2],傳爲佳話,豈若此之珠還劍合,殆佛家之所謂夙緣歟?予決其必傳也。拓印亦極精雅,君直其保之哉!是年九月十八日(1920.10.29)題於青島,溥偉[3]。(鈐"和碩恭親王"白文方印)

[1] 兩位于成龍,前者生於1617年,卒於1684年,字北溟,山西永寧(今方山)人,歷官福建總督、兩江總督,謚"清端",撰有《于清端政書》八卷等;後者生於1638年,卒於1700年,字振甲,號如山,隸漢軍鑲紅旗,生於遼寧蓋州,歷官直隸巡撫、兵部尚書、河道總督,謚"襄勤"。

[2] 典出唐李肇《唐國史補》卷中:"梁武帝造寺,令蕭子雲飛白大書'蕭'字,至今一'蕭'字存焉。李約竭産自江南買歸東洛,匾於小亭以翫之,號爲蕭齋。"

[3] 溥偉(1880—1937),恭親王奕訢(1833—1898)之孫。光緒二十四年(1898)襲恭親王爵。歷任正黃旗漢軍都統、鑲黃旗蒙古都統、正紅旗滿洲都統、總理禁烟事務大臣。與良弼、鐵良等組織宗社黨。民國初年潛居天津、瀋陽。"九一八"事變後爲瀋陽四民維持會會長,企圖在日本支持下復辟。後被抛棄,窮困潦倒。

(八) 升允跋

楚弓楚得昔云然,石晉於兹鼎六遷。猶有毘沙圖象古,清門應許作家傳。

君直同年屬題。升允。(鈐印一枚,待考)

(九) 沈曾植跋

毘沙門事實,曹君自跋至詳確[1],仍令余稽釋典證之,久而未有以報也。北方毘沙門經軌,大抵出自不空,不空所出凡五種:曰北方毘沙門天王經,曰別行法,曰隨軍護法真言,有二本:一主毘沙門、一主那吒太子,曰毘沙門儀軌。惟儀軌載天寶元載壬午(742)明皇請不空禱兵事於道場,及安西奏天王見於北方城樓卻大食兵事甚具,且圖天王神樣以進,奉勅宣付十道節度所在軍領,令置形像祈禱供養,此即《佛祖統紀》《至順鎮江志》諸書所本,諸軍州天王堂之始。此畫像其歸義軍所置供養者歟?其形像殆即安西所進天王神樣歟?毘沙門眷屬有吉祥天女,有八兄弟、五太子、二十八使者,此像天王之右爲吉祥天女無疑。天王左之蒙全虎皮壯士,當是八兄弟夜叉大將之一。上方小兒蓋五太子之一,或密家指爲襌膩師,儀軌盛稱獨健,真言稱那吒,無顯證以定之矣。擎小兒者,當是二十八使者之一。小兒作騰踴向塔勢,或即儀軌所謂每月二十一日那吒與天王交塔之象歟?《宣和畫譜》隨展子虔有授塔天王圖,惜無由見而證之。此圖與不空所説不盡同,彼云左手柱腰而此托塔,彼云脚下二鬼而此則一女人,不空又不言有佩刀。世間所傳天王像蓋五六種,與不空不盡同,亦與此不盡同。惟所謂根本毘沙門堂像者,戴寶冠,左塔右鈝,帶腰刀立天女上,天女安坐,以兩手捧天王雙足,與此相合。所謂毘沙門堂者,即諸軍州天王堂,故知此是安西神樣,非不空神樣也。天王有護國之願,又有卻病功能,曹君供養齋中,熾盛塔光、吉祥雲氣周圍擁護,杜陵愛報國之忱、思邀長年之術,有不隨求如願者乎? 辛酉臘後五日

(1922.1.10)，曾植題記於海日樓中。（鈐"寐叟"朱文橢圓印、"海日廔"白文方印）

[1] 曹君自跋，指曹元忠《石晉開運五年歸義軍節度使曹元忠雕造毗沙門天王像印本跋》，收入《箋經室遺集》卷十三（1941 年吳縣王氏學禮堂印本）。

（十）鄭孝胥跋

開運世已遠，天王蹟自神。因緣復何故，姓字再來人。又歷風災劫，還看明月身。終依多聞主，一爲證前塵。

《長阿含經》云，北方天王名毗沙門，此云多聞主。君直先生屬。壬戌（1922）正月[1]，孝胥。（鈐印一枚，待考）

[1] 鄭孝胥 1922 年 2 月 2 日（正月初六）日記載："楊懿涑送來曹君直求題《晉佛龕圖》卷。"（勞祖德整理：《鄭孝胥日記》，北京：中華書局，1993 年，第 1895 頁）2 月 15 日（正月十九）日記載："檢《法苑珠林》，爲曹君直題毗沙門天王雕板像五律一首。"（《鄭孝胥日記》，第 1897 頁）當日所題即此跋。此詩不見於鄭孝胥《海藏樓詩集》。

（十一）楊鍾羲跋

世界閻浮法轉輪，偶同名姓證前因。不知開運成天福，節使依然是晉人。

白頭不解禮空王，大願惟期社稷昌。我是舊時牛馬走，待將退筆補龍莊。

君直學士親家同年正句。壬戌（1922）春二月。遼陽楊鍾羲。（鈐"聖遺"白文長方印）

（十二）臺靜農跋

毗沙門天王像爲我國雕版史極珍貴之資料，惟石晉亡於開運三年，四年實爲劉知遠天福十二年，故雪橋詩云爾[1]。沙州遠在荒裔，初未知中原已非故主矣。毗沙門事實寐叟考證至爲翔審。陳石遺云[2]，寐叟以精熟佛典自喜，觀此可知。辛酉歲（1921）叟年七十二，明年壬戌（1922）遂捐館舍。穀孫道兄舊藏敦煌名品多種，此其一也。戊申（1968）端午後，靜農識於臺北寄廬[3]。（鈐"臺靜農"白文方印、"歇脚盦"白文方印）

[1] 楊鍾羲（1865—1940），號雪橋。

[2] 陳衍（1856—1937），字叔伊，號石遺。

[3] 臺靜農（1903—1990），字伯簡，安徽霍丘人。北京大學研究所國學門肄業，任教於中法大學、輔仁大學、廈門大學、山東大學、四川女子師範學院等校。1946 年起任臺灣大學中文系教授、系主任二十年。著有短篇小説集《地之子》《建塔者》及《靜農論文集》等。所撰《題顏堂所藏書畫録》九篇，係蔣祖詒珍藏書畫題跋。

【圖版】

蘇富比 2016，第 80—81 頁。

雅昌藝術網：https://auction.artron.net/paimai-art0057230365/

【研究】

蔡淵迪 2021，第 334—347 頁。

393. 智果彩繪佛像張大千跋

【概述】

此卷彩繪佛像見於四川和德儒藝術品拍賣有限公司 2018 年首届藝術品拍賣會"筆底風華——近現代書畫/當代油畫專場"(2018 年 9 月 28 日),編號 3104。據拍賣公司介紹,此件係絹本,長 135 釐米,高 37 釐米。佛像下有題記:"大業三年四月大莊嚴智沙門智果爲敦煌守禦佛令狐押衙敬畫兩百佛普衆生供養受持。"有張大千題跋一則。

【校録箋證】

燉煌佛幡大部流出海外,國内極不易見,致可貴也。蜀郡張大千爰。(鈐"張爰私印"白文方印、"大千富昌大吉"白文方印)

【圖版】

雅昌藝術網:http://auction.artron.net/paimai-art5133413104/

394. 白畫人物坐像柳曾符跋

【概述】

此白畫人物坐像見於中鴻信國際拍賣有限公司 2018 秋季拍賣會中國古代書畫專場(2019 年 1 月 3 日),編號 1723。正面繪二相向盤坐人像,背面有近人抄蘇軾《十八羅漢頌》之第十二尊者頌:"默坐者形,空飛者神。二俱非是,孰爲此身。佛子何爲,懷毒不已。願解此相,問誰縛爾。七尊。台極。"

原爲歷史學家柳詒徵所藏。有柳曾符題跋一則。

【校録箋證】

此畾祖父故物[1]。丁丑(1937)倭亂,倉皇避兵,將此携於滬上。年久而破損,今重置之。據傳此爲敦煌故物,當彌足之。曾符誌[2]。(鈐"柳曾符印"白文方印、"書痴"白文方印)

[1] 祖父指柳詒徵(1880—1956),字翼謀,江蘇鎮江人。民國初期歷任南京高等師範學校、清華大學、中央大學等校教授,抗戰期間任教於浙江大學、中央大學。1927 年起任江蘇省立國學圖書館館長二十年。1948 年當選中央研究院第一届院士。1949 年起執教於復旦大學。著有《中國文化史》《國史要義》等。

[2] 柳曾符(1932—2005),字申耆,江蘇鎮江人。柳詒徵之孫。復旦大學中文系教授。

【圖版】

雅昌藝術網:https://auction.artron.net/paimai-art5141831723/

395. 唐畫大士像汪宗翰跋

【概述】

廣倉學宭編印《藝術叢編》第三期(1916 年 9 月)收有敦煌絹畫影本一幅,標題爲"唐畫大士像紙本(甘肅敦煌縣千佛洞舊藏,近歸江西蔡氏)"。此蔡氏,或即蔡金臺。後附編者題識:"大士像傳世最多,近見一幅,即由此出,題名吳道元,亦紙本。然以此相較,有天淵之别。此幅未知何人所繪,細審紙本,似繭似皮,足當唐人硬黄之目。用筆亦極工雅,故影留之。"此畫現藏地不詳,待考。

此畫天頭有汪宗翰題跋一則。此跋落款爲光緒三十年(1904),爲現知最早的敦煌藝術品近人題跋。

【校録箋證】

甘肅敦煌縣千佛洞宋初石室所匭唐畫大士像

光緒卅年四月朔(1904.5.15)奉檄檢點經卷畫象畢[1],迎歸署中供養。信士敦煌知縣汪宗翰謹記。

[1]《斯坦因西域考古記》載:"在我初到敦煌以後不久,便聽到一種模糊影響的風聞,説是幾年前偶然之間在一座石窟寺裏發見了隱藏在那裏的很多的古代寫本。據報告説,那歸一位道士保管,因爲重修廟宇,無意中發見此物,後因官府命令,重行封鎖云云。"(向達譯:《斯坦因西域考古記》,上海:中華書局,1936年9月,第141頁)斯坦因所説的"官府命令、重行封鎖",指的便是汪宗翰"奉檄檢點經卷畫象"。

【圖版】

鄒安2015,第1册第345頁。

丁編　敦煌西域文獻影本題跋

396. 北京大學圖書館藏《敦煌石室遺書》羅振玉跋

【概述】

　　此跋書於北京大學圖書館藏《敦煌石室遺書》影本卷端。該册所收照片，係宣統元年(1909)10月京師學者集資影印的伯希和收集品，爲京師學者最早得見的敦煌文獻。據此跋，時任京師大學堂總監督劉廷琛(1867—1932，字幼雲)加洗一份照片，存於京師大學堂藏書樓，並請羅振玉題跋。

【校録箋證】

　　甘肅敦煌縣之鳴沙山有石室千餘，均雕繪佛像，惟一窟藏書滿中，顧封以複壁，世莫知之。光緒庚子，寺僧治沙，壁破而書見。英人斯坦因、法人伯希和先後載數十車以去。逮去年秋，見伯希和氏於都下，知其所得雖已寄彼都，而行篋尚攜數十卷，皆唐人手迹也。乃約同好往觀，則皆已佚之古籍。因與約影照十五種，計書卷五、雕本二、石刻三、壁畫五。其已攜往巴黎及斯氏所得，則不可得見矣。都下同好既釀資影印，幼雲先生複印一份存京師大學堂藏書樓，充學人之考鏡，命玉書其緣起於册端。宣統三年(1911)七月。

【録文】

　　北京大學1948，第20—21頁。羅繼祖2010，第23—24頁。

【研究】

　　徐俊2012，第46—59頁。

397. 天津圖書館藏 S.8440 所附《十方千五百佛名經》《無常三啓經》照片方爾謙跋

【概述】

　　天津圖書館藏 S.8440《敦煌石室寫經殘字》爲經折裝，粘裱敦煌遺書殘片三十一件。書葉背面有敦煌遺書照片、錢幣拓片若干件。其中敦煌遺書照片共八幀，《十方千五百佛名經》《無常三啓經》照片各四幀。《無常三啓經》有尾題"佛説無常三昧經一卷"，有題記

"天福柒年(942)十二月廿一日龍興寺僧沙彌慶進讀誦之耳"，查該卷現存故宮博物院書畫部，編號故宮新 151452。

有方爾謙跋一則。

【校錄箋證】

此西洋畫玻璃片價直万金，戊午(1918)春從方藥雨處轉得照影[1]。

[1] 方若(1869—1954)，字藥雨。

【著錄】

萬群 2007，第 155 頁。

398. "中研院"史語所傅斯年圖書館藏《詩經大雅音》殘卷影片余壽雲跋

【概述】

據方廣錩介紹，此件共照片五張，粘裱並裝訂爲一册，前後加裝木板封面。傅圖館藏號 188140。封面題："詩經大雅音殘卷影片，七十三年整訂裝册。"扉頁有簽條："徐邈毛詩音五張。"下書："此是舊牛皮紙袋題字，紙袋内尚有其他照片，故裁開分存。"左上書："晉徐邈毛詩音，殘存卷十七、十八。"右下書："七三、一〇、四。雲手裝。"雲即余壽雲，1957 年 2 月至 1992 年 11 月任"中研院"史語所傅斯年圖書館管理員、編審。

前有余壽雲題跋二則；第一張照片背面有跋三行。

【校錄箋證】

(一) 第一張照片背面跋

　　徐邈。

　　毛詩音，晉 91，1318，1，羅莘田先生贈[1]。

　　29 年 1 月 21 日傅所長交來[2]，共伍葉。

[1] 羅常培(1899—1958)，正黄旗滿洲人，字莘田，號恬庵。1921 年畢業於北京大學。任教於西北大學、廈門大學、中山大學，1929 年任中央研究院歷史語言研究所研究員，1934 年任北京大學中文系教授，1950 年任中國科學院語言研究所所長。著有《漢語音韵學導論》《廈門音系》《臨川音系》《唐五代西北方音》《語言與文化》等。

[2] 傅所長，指傅斯年(1896—1950)，字孟真，山東聊城人。1919 年畢業於北京大學，赴歐留學。1927 年任中山大學文學院院長，1928 年籌辦中央研究院歷史語言研究所，此後任所長歷時二十三年。1929 年起兼任北京大學教授。1949 年兼任臺灣大學校長。著有《東北史綱》《性命古訓辨證》《古代中國與民族》等。

(二) 余壽雲跋一

　　此《毛詩音》複影片五張，爲歷史語言研究所前輩羅常培所贈。故所長傅斯年先生於民國廿九年(1940)一月廿一日交付收藏(見第一張背面題字)。時史語所在昆明，同年十一月，在遷入四川南溪途中，文物箱因船傾覆，曾落水受浸，此五張不免，故有皺紋也。

　　舊與紅崖石刻照片一張、坤輿萬國全圖照片三張及西夏文殘字複印片等統裝一牛皮紙袋,雜儲於所謂金石藝術古籍等照片一木匣内,今整理此等照片裝册。西夏文等殘字複影片早在民國二十年(1931)已登記入藏,且非照片,故已清出,另行黏葉裝册上架,不再混亂沉没。此《毛詩音》複影片五張當亦如法裝册,以便登記入藏上架。

　　此複影片之原件乃唐寫本敦煌卷子,爲法國人伯希和 P. Pelliot 將去,藏之巴黎國家圖書館,其編號作 P.3383 是也。

　　按王重民《巴黎敦煌殘卷敍録》第一輯卷一考訂此殘卷爲晉人徐邈撰《毛詩音》[1],可參看,惟其原編號作 P.3382,蓋先後略有易動也。

　　舊依王氏考訂著録,伯希和原目疑是陸德明書,匆促未考也。

　　七十三年十月五日壽雲再識。

　　[1] 王重民(1903—1975),字有三,河北高陽人。1928 年畢業於北京高等師範學校,任北平圖書館編纂,1934 年奉派赴巴黎編輯法藏敦煌遺書目録,撰有《巴黎敦煌殘卷敍録》第一輯、第二輯各四卷。1939 年赴美,1947 年回國,仍任職於北圖,並創辦北京大學圖書館學專科。1949 年任北圖代館長,1952 年專任北京大學教授、圖書館學系主任。著有《敦煌古籍敍録》《敦煌遺書論文集》等,主編《敦煌遺書總目索引》。

(三) 余壽雲跋二

　　五十八年潘重規撰《王重民題敦煌卷子徐邈毛詩音新考》[1],其結論爲:"此殘卷當爲徐邈以後,《釋文》以前,六朝專家之音。"然則此《詩經·大雅音》之撰人,尚無確論也。雲補識。

　　[1] 此文載《新亞學報》第 9 卷第 1 期(1969 年 6 月)。

【圖版】

　　方廣錩 2013B,第 35 頁。

【研究】

　　方廣錩 2013B,第 32—34 頁。

399.《鳴沙石室秘籍景本》羅振玉跋

【概述】

　　此影本見於上海嘉泰 2009 年秋季藝術品拍賣會古籍善本專場(2009 年 12 月 21 日),編號 123。徐俊輯録全文,並糾正上海嘉泰圖録前後錯置的羅跋,重新排比。上海嘉泰圖録缺《老子化胡經》跋首部圖版。此件又見於西泠印社拍賣有限公司 2013 秋季拍賣會古籍善本專場(2013 年 12 月 14 日),編號 169;北京泰和嘉成拍賣有限公司 2016 年書畫·古籍常規拍賣會(二)古籍文獻專場(2016 年 9 月 25 日),編號 661。泰和嘉成圖録刊佈有《老子化胡經》跋完整圖片,可據以補全録文。

　　此影本爲紙本經折裝,全書四册。共收録敦煌文獻照片十六件,其中寫本六件、刻本二件、石刻三件、壁畫五件,有羅振玉跋多則。據題跋落款,可知裝池時間爲宣統二年十二月(1911.1)。第一册卷首題:"鳴沙石室秘籍景本弟一。幼雲先生鑒藏,羅振玉署題。"可知該影册爲羅振玉題贈劉廷琛之物,羅時任京師大學堂農科監督,劉時任京師大學堂總監督。其他册首頁分別題"鳴沙石室秘籍景本弟二""第三""第四"。

此書内容與宣統二年(1910)刊行的《石室秘寶》甲乙兩集一致,係宣統元年(1909)9、10月間京師學者集資影印的伯希和收集品,爲京師學者最早得見的敦煌文獻。宣統元年9月,伯希和攜帶敦煌遺書珍品多件來到北京,經董康介紹,羅振玉於9月28日(農曆八月十五中秋節)前往伯希和寓所,得見其隨身所攜敦煌秘籍及部分書目。10月4日,京師學者公宴伯希和。在此前後,學者們出資拍攝伯希和所藏敦煌遺書照片。此册所收,即爲最初拍攝的十五種。

羅振玉題跋十二則,第一則見第一册,第二至八則見第二册,第九、十兩則見第三册,第十一、十二兩則見第四册。

【校録箋證】

(一) 柳公權書《金剛經》拓本羅振玉跋

誠懸書此經爲平生寂得意之作,故新舊兩史本傳並載之[1]。宋人著録兩復本[2],是歐趙諸家已未見祖刻。生晚數百年乃得見前賢所未覩,眼福可謂厚矣。上虞羅振玉。(鈐"羅振玉"白文方印)

[1] 柳公權,字誠懸。《舊唐書》卷一六五《柳公權傳》:"上都西明寺《金剛經》碑,備有鍾王歐虞褚陸之體,尤爲得意。"《新唐書》卷一六三《柳公權傳》:"嘗書京兆西明寺《金剛經》,有鍾王歐虞褚陸諸家法,自爲得意。"

[2] 趙明誠《金石録》卷十著録:"第一千八百六十六。唐金剛經。柳公權正書。會昌四年四月。""第一千九百九。唐西明寺金剛經。柳公權正書。大中十三年六月。"羅跋"宋人著録兩復本"即指此而言。下句之"歐趙",指宋代金石學家歐陽修、趙明誠。

(二)《西州志》羅振玉跋

《西州圖經》殘卷,前後均斷佚,以卷中所載高昌、前庭、柳中、蒲昌、天山、交河諸縣名考之,故知爲《西州圖經》。校以《唐書》新舊兩《地理志》,可資補正者不少。上虞羅振玉。(鈐"羅振玉"白文方印)

(三)《景教三威蒙度讚》羅振玉跋

景教經讚殘卷,後坿經名,可考見彼教入中土之歷史。西安《景教流行中國碑》,文用儷偶,事實多不易明,得此可以互考,亦今日研究古宗教學者之秘籍矣。上虞羅振玉記。(鈐"羅振玉"白文方印)

(四) 摩尼教經殘卷羅振玉跋

摩尼教規律二十餘行,繕寫至精。此教唐以前已入中土,至唐中葉,以回鶻助唐收復

兩京,因大布其教。然不久寖衰,經典傳世,向所未見。則此雖寥寥數百言,亦可珍也。上虞羅振玉。(鈐"唐風樓"白文方印)

(五)《溫泉銘》拓本羅振玉跋

唐太宗御書《溫泉銘》,宋人金石書多箸録[1],而人世則久無傳本。《絳州帖》曾刻"巖巖秀岳"以下十餘行[2],而署曰"唐太宗書",不題爲"溫泉銘"。粤中吳氏乃據以橅入《筠清館帖》[3],筆意全失。此則當時所拓,惜前半已損,令人惋惜耳。宣統二年(1910)臘嘉平月,上虞羅振玉。(鈐"羅振玉"白文方印)

[1] 如《金石録》卷四著録:"第六百五。唐溫泉銘。太宗御製並行書。"

[2]《絳州帖》即《絳帖》,北宋皇祐、嘉祐年間(1049—1063)潘師旦摹刻,因刻於絳州,故名。摹刻精審,與《淳化閣帖》齊名。

[3] 粤中吳氏即吳榮光(1773—1843),道光十年(1830)摹刻《筠清館法帖》,所收《溫泉銘》係據《絳帖》重刻。

(六)《化度寺邕禪師塔銘》羅振玉跋

《邕師塔銘》雖僅三十餘字,然勁達隱秀,可闚見信本真面。傳世宋拓,直存皮鞟耳。上虞羅振玉。(鈐"羅振玉"白文方印)

(七)《金剛經》刊本羅振玉跋

晉天福十五年(950)刊《金剛般若經》,爲傳世刊本箸年號之最古者。長興刊本諸經不傳,尚得見此刻,亦幸事矣。羅振玉。(鈐"羅振玉"白文方印)

(八)《一切如來尊勝陀羅尼》羅振玉跋

此刻本有寫經遺意,以不空銜"二朝灌頂國師"之"國"字空格觀之,爲唐刻無疑,又先于天福雕板。此唐代已有刻本之證。上虞羅振玉。(鈐"羅振玉"白文方印)

(九)《尚書·顧命》殘葉羅振玉跋

隸古定《尚書》自唐天寶間詔衛包以今文寫定,舊本藏之書府,不傳人間。至宋薛氏作《書古文訓》,乃采集諸字書爲之,真本久絶。此《顧命》殘本九行,乃當日沙州寺僧以糊經袟者,鳳毛麐角,彌足寶已。宣統二年(1910)冬,上虞羅振玉。(鈐"羅振玉"白文方印)

(十)《沙州志》羅振玉跋

《沙州圖經》殘卷,首尾皆不完,然記西陲史事最詳。嘗取以校崔鴻《十六國春秋》,是正不少。聞英人斯坦因於敦煌所得遺籍中,亦有此圖經殘卷[1],安得好事景照,俾得合併耶。上虞羅振玉記。(鈐"羅振玉"白文方印)

[1] 指英藏 S.2593《沙州圖經》卷第一。

(十一)《老子西昇化胡經》羅振玉跋

《老子化胡經》初燔於唐,再焚於元,故列朝史志皆不載,惟宋晁氏《讀書志》及明陳氏《世善堂書目》有之,今又久佚。此唐寫本卷一、卷十二卷,餘皆不存。然具可考見其立教旨趣,蓋爲摩尼教徒所爲,並非道家言也。世之宗教學家當奉爲枕中鴻寶。宣統二年蘇文忠生日(1911.1.19)上虞羅振玉題記。（鈐“羅振玉”白文方印）

（十二）壁畫五種羅振玉跋

唐人壁畫五種,均在千佛洞,每洞中皆有繪飾,遠者始于元魏,近者亦至五季而止。因遠在邊裔,故得至今無恙,且不至爲外人攜去,亦意外之幸事矣。上虞羅振玉。（鈐“羅振玉”白文方印）

【圖版】

嘉泰 2009,第 123 號。徐俊 2012,第 58—59 頁(刊有六、八、九、十二等四則圖版)。西泠印社 2013,編號 169。

雅昌藝術網：https://auction.artron.net/paimai-art0059520661/

https://auction.artron.net/paimai-art5045210169/

【研究】

徐俊 2012,第 46—59 頁。

400.《普賢菩薩説證明經》影本周叔弢跋

【概述】

此件見於北京泰和嘉成拍賣有限公司 2013 年春季藝術品拍賣會“古籍文獻·碑版法書(一)”專場(2013 年 5 月 26 日),編號 704。有照片五張。卷末有題記:“畽曆二秊八囸十五囜弟子袁懷義奉爲合家大小,男女孫等,病患離身,不逢惡賊,災禍遠去,壽命延長,今寫得證明經三卷,願成憂福,得離苦惱。”原卷下落待考。

【校錄箋證】

此江都方無隅所藏唐武則天時寫經景本一舸[1],戊午(1918)十月寄貽篤文[2]。未弢。

[1] 方無隅,即方爾謙(1872—1936)。

[2] 篤文,即勞健(1905—1938)。

【圖版】

雅昌藝術網：http://auction.artron.net/paimai-art0022200704/

401. 毗沙門天王像影本王國維跋

【概述】

此件見於西泠印社拍賣有限公司 2020 年秋季拍賣會中外名人手蹟與影像藝術專場(2021 年 1 月 16 日),編號 2461。據題跋,係王國維借曹元忠藏本影印並餽贈友人者。

【校錄箋證】

晉開運四年(947)木刻北方毘沙天王象印本,出敦煌千佛洞,今藏吳縣曹君直舍人家[1]。辛酉(1921)冬日借以影印百本,此其一也[2]。甲子(1924)春三月,奉詒退之先生清鑒[3]。國維。(鈐"王國維印"白文方印)

[1] 曹元忠所得毗沙門天王像印本,有多人題跋,亦見於本書(第392則)。

[2] 王國維《晉開運刻毗沙門天王象跋》亦述及影印此像事:"此開運四年沙州歸義軍節度使曹元忠刻大聖毗沙門天王象……西陲少良工,頗樸拙,然中國刻象中之有年號,當以此爲最古矣。曩在京師見法國伯希和教授所得一本,亟録其後記,以未及影印爲憾。此吳縣曹君直侍讀藏本,辛酉歲暮,假以影印,因裝此軸。"(《觀堂別集》卷三)

[3] 退之,拍賣公司推測爲馬駿聲(1887—1951),字退之,號小進,廣東臺山人。求學於美國哥倫比亞大學、紐約大學。同盟會員,南社社員。1912年當選衆議員,曾任總統府秘書、大元帥府參事。民國初年曾任教於北京大學。抗戰時期任廣州大學文學院院長。著有《寄夢樓隨筆》《羅浮遊記》等。

【圖版】

雅昌藝術網:https://auction.artron.net/paimai-art5180272461/

【研究】

蔡淵迪2021,第334—347頁。

402.《唐拓温泉銘》俞復跋

【概述】

敦煌藏經洞發現碑帖拓本四種五件:唐太宗撰並書《温泉銘》(P.4508)、唐歐陽詢書《化度寺邕禪師舍利塔銘》(P.4510＋S.5791)、唐柳公權書《金剛般若波羅蜜經》(P.4503)和無名氏書《佛説大悲陀羅尼經》(P.4620),其中四件爲伯希和所得。《温泉銘》係唐太宗書於貞觀二十二年(648),此拓本存50行,起於"及故",止於"流芳無竭",剪裱爲手卷。伯希和1909年赴京,行囊中攜有此卷,京師學者因而得以拍攝照片,並影印入王仁俊所輯《敦煌石室真蹟録》甲上。

俞復於1910年在北京獲得《温泉銘》《化度寺邕禪師舍利塔銘》《金剛般若波羅蜜經》三種拓片照片。時俞復任職於上海文明書局,即將拓片照片連同自撰題跋以珂羅版影印行世,刊行《唐拓温泉銘(敦煌石室發見本)》《唐拓柳書金剛經》二書,《化度寺邕禪師舍利塔銘》則附於該書局所影印端方舊藏宋拓本之後。民國期間多次再版,如《唐拓柳書金剛經》1940年7月印至第七版。

此跋據文明書局影印本迻録,俞復所得照片原件及題跋未見。

【校録箋證】

(一)俞復跋一

右寫真景片係出敦煌縣南四十里之千佛洞。洞於光緒庚子(1900)夏間發現,内藏以番漢釋典爲大宗。歲丁未(1907),法國文學士伯希和遊歷至迪化,謁當道,有贈以洞獲經卷者[1]。學士本爲安南河内之東方考古學校教師[2],留心古物,精於鑒案,一見定爲唐寫,如獲瓊寶，驚喜欲狂。即日馳詣石洞，左右檢搜，逮數月之久[3]。藏襲至十餘篋，擇尤寄回巴黎，挾其餘走京師，以誇示都中士大夫。一時好奇之士，咸踵門請觀，並有攜攝景鏡請留景片者，以是轉輾流傳。余今秋留都門，覓得景片數種，有《化度寺》殘本兩方及是銘文，又柳誠懸書《金剛般若波羅蜜經》全文。按，是銘曾刻入《絳州帖》[4]，題曰"秀岳銘"，標爲唐太宗書。南海吳氏轉刻入《筠清館法帖》中[5]。但彼只刻銘詞，並無前序，故以首句"巖巖秀岳"，遂以名之，今尋玩文義，序文中如"濯患斯源，不移時而獲損"，如"鑑靈泉而肅心"，如"霜風擊歲，疊浪不稍其寒"，如"不以涼暑易操"，銘詞中如"鑠凍霜夕，飛炎雪晨"，如"蕩茲瑕穢，濯此虛衿，偉哉靈穴，凝溫鏡徹"等語，當爲溫泉之稱。按《舊唐書·東夷傳》："貞觀二十二年(648)，新羅女王真德遣其弟國相、伊贊干金春秋及其子文王來朝，春秋請詣國學觀觀釋奠及講論，太宗因賜以所製溫湯及晉祠碑並新撰《晉書》"云云，"晉祠"即《晉祠銘》，今碑尚在。"溫湯"當即此銘。二碑均爲太宗御製御書，《晉書》係太宗御撰，以此三者賜之，示優寵也。據此則當題爲《溫湯銘》或《溫湯碑》。而趙德甫《金石錄》有"唐溫泉銘，太宗御製並行書"，又《寶刻類編》著錄作"溫泉碑"，當亦指是。蓋從其發源言之則稱泉，從其可供浴身言之則稱湯，二名固皆可通也。今擬付玻璃版印本，以存其真，以廣其傳。其《化度寺》景片兩方，已附印入匋齋尚書所藏宋拓《化度寺》本後[6]，《金剛般若波羅蜜經》亦擬另本付印。時庚戌臘月十四日(1911.1.14)。適存廬主人俞復識[7]。(前鈐"適存"朱文長方印，後鈐"俞復"朱文方印、"適存廬"朱文方印)

[1]"贈以洞獲經卷者"即輔國公載瀾。伯希和《高地亞洲三年探險記》載："我在烏魯木齊就聽人講到，1900年在敦煌千佛洞發現了寫本。那位清朝將軍(指蘇元春)只向我講過隻言片語。至於瀾國公，他卻送給了我一卷出自那裏的寫本。"(伯希和：《高地亞洲三年探險記》，載耿昇譯《伯希和西域探險記》，昆明：雲南人民出版社，2001年，第19頁)伯希和探險隊成員路易·瓦揚(Louis Vaillant)也記載："作爲我們探險團最確鑿的成果之一，便是瀾國公在我們出發時送給伯希和的一卷出自沙州千佛洞的寫本。伯希和剛一打開卷子，他就辨認出這卷寫本要早於公元8世紀。這件禮品更進一步證明了他於旅途中搜集到的那些含糊不清的傳言。有人聲稱，沙州千佛洞的一名道士發現了一個藏滿珍貴聖物的耳室。從此時此刻起，伯希和就迫不及待地要親自趕赴沙州。"(路易·瓦揚：《法國西域探險團團長伯希和》，載耿昇譯《伯希和西域探險記》，第405頁)

[2]東方考古學校，指設在河內的法國遠東學院。1898年，法屬印度支那總督杜梅下令創立法國印度支那古蹟調查會，1900年更名爲法國遠東學院，1902年在河內設立總部，1950年遷至巴黎。伯希和於1900年加入法國遠東學院，1901年擔任該院漢學教授，時年22歲。

[3]伯希和於1908年2月14日到達敦煌縣城，5月30日離開，在敦煌停留三個半月。

[4]即《絳帖》。

[5]即道光十年(1830)吳榮光摹刻《筠清館法帖》，所收《溫泉銘》係據《絳帖》重刻。

[6]上海文明書局清末民初曾珂羅版影印端方藏宋拓《化度寺碑》。

[7]俞復(1866—1930)，字仲還，無錫人。早年就學於江陰南菁書院。光緒二十年(1894)舉人。次

年參加公車上書。清末任職上海文明書局,編輯教科書。1912 年 2 月、1927 年 8 月先後兩次任無錫縣長。工書法。1922 年起,輯印《錫山先哲叢書》四輯十八册行世。

(二) 俞復跋二

寫真景片弆質强厚,不受褾糊,且攝景現象不數年即走光,不克永久保存,因擇玻璃版之精善者,付之裝池,並以前日跋語移裝於後。付裝時適遇該店鄰舍不戒於火,消防救護,幸保殘存,而此跋已霑水泥矣。手自識語,無足矜貴,但竟未付劫爐,可知物□□□,莫不有數存乎其間也。辛亥七月初五日(1911.8.28)裝成再識。(鈐“適存廬”白文方印)

(三) 俞復跋三

余初見《晉祠銘》,愛其字體奇古,遂訪得舊拓數本。繼見筠清館所刻《秀岳銘》,尤深契悦,因欲見其祖石本,更求之《絳州帖》中。今見此本,舉昔年之結愛悉移集於此。因知《晉祠》之轉挖,已屬鈍鋒;《絳州》之再傳,更失真意。此則鋒穎如新,夭矯不可放物,太宗之書於此嘆觀止矣。當時如伯施、信本、登善諸人[1],各出其奇,各詣其極,但以視此本,則於書法上固當北面稱臣耳。後來襄陽竊取形兒[2],竟以成家,然舉以擬似,則婢學夫人,終損大家風範,況易儁雅以粗獷,尤令觀者氣爲之沮。此之不逮,時代爲之乎? 學識爲之乎? 藝事雖小,亦授諸天,固未容相强也。臘月既望適存廬主人再記。(鈐“俞復”朱文方印)

　　[1] 虞世南(558—638),字伯施;歐陽詢(557—641),字信本;褚遂良(596—658 或 659),字登善。

　　[2] 襄陽,指米芾(1051—1107),襄陽人。

【圖版】

文明書局 1924;中華書局 1929。

403. 伯希和《敦煌石窟》第一卷(Paul Pelliot. *Les Grottes de Touen-Houang*. Ⅰ)梁思成跋

【概述】

此書 1920 年出版於巴黎,全書六卷,此册爲第一卷。散頁裝,内含敦煌壁畫雕塑圖版 64 幅。見於北京保利國際拍賣有限公司 2018 春季拍賣會“古籍文獻、唐宋遺書、翰墨菁萃、西文經典專場”(2018 年 6 月 18 日),編號 598。

扉頁有梁思成題跋一則。

【校録箋證】

伯希和先生所著之《敦煌圖録》一書中,收集了大量有關千佛洞的照片。這些照片的上左方,有木質建築一角,是窟前的檐廊。雖只一角,卻可以看出簡單雄大的斗栱,八角形的柱,抹灰的墻,闌額下用短立柱分成三格的橫披,方條的楞木,豎列的窗,窗下用矮柱支着的窗檻,栱間的小窗,無一不表示唐代的特征。我們只須將它與敦煌壁畫、嵩山淨藏禪師塔和日本現存平安、白鳳遺物比較，便可真它在形製上的地位。敦煌窟外幾個檐廊，我們已准確的知道它的建造者都是佛教的虔信者，由羅叔言《敦煌石室遺書》中我們就可考出多處造像寫經的記錄。梁思成，廿一年(1932)十月十三日。

【圖版】

雅昌藝術網：http://auction.artron.net/paimai-art5127460598/

附錄一：非敦煌西域文獻題跋

404. 中國國家圖書館藏 BD14540《五門禪經要用法》卷一宋伯魯跋

【概述】

此卷首殘尾全，存 25 紙，503 行，長 1088.2 釐米。有尾題"五門禪經要用法卷一"，後有題記"志全一校"。卷首鈐"公度所藏隋唐墨寶"白文方印，卷尾鈐"公度所藏隋唐墨寶"白文方印、"馮公度審定記"朱文長方印，可知此卷曾爲馮恕（1867—1948，字公度）舊藏。

引首外有宋伯魯題簽："敦煌千佛山唐經殘本。甲寅(1914)三月芝田署。"下鈐"芝田"朱文方印。又題："五百二行，行十七字。志全一校。玉敦齋藏。"玉敦齋即馮恕藏書處。拖尾有宋伯魯題跋一則。

此件爲日本寫經，因收藏者、題跋者均以其爲敦煌遺書，故附錄於此。

【校錄箋證】

此敦煌千佛洞唐經殘本，自光緒乙巳歲(1905)石裂洞開，人始得恣意攫取。洞內石案上堆積無慮數千卷，多蝕爛斷裂，首尾不完，然皆唐僧書。有極工整者，有極草率者，並有舛誤、譌寫、增減、不成字體者。大抵當時罪福之説盛，僧徒之稍能執筆者無不借此爲生活，而資福懺罪之人不必皆識字士夫，故亦末由深考。久之，棟充山積，扃閉而石封之。年久石爛，其藏遂出。嗜古者以獲其一二卷爲深幸。雖然，古則古矣，佳則未也。余所得《法華》二束，亂後亦失去，對此爲之悵然！公度好古，當能保之。甲寅(1914)伏夏，伯魯以公度之屬書此，以質之好古者。(鈐"魯"白文方印、"芷洞"朱文方印、"汨上老漁"白文方印)

【著錄】

北京圖書館善本組 1981，第 62 頁。

【錄文】

中國國家圖書館 2010B，《條記目錄》第 8 頁。

【圖版】

中國國家圖書館 2010B,第 117—118 頁。

【研究】

方廣錩 2002B,第 187 頁;方廣錩 2010,第 125 頁。

405. 中國國家圖書館藏 BD15355《大方廣佛華嚴經》卷四十五歐陽漸跋

【概述】

此卷首尾均全,20 紙,520 行,長 1052 釐米。有首題"大方廣佛華嚴經入法界品第卅四",尾題"大方廣佛華嚴經卷第卅五"。卷尾鈐"曲石精廬所藏"朱文方印、"李根源字印泉號雪生"白文方印。曲石精廬,李根源齋號。

引首外題簽:"唐人寫經墨蹟卷。曲石精廬,甲子(1924)春日曲靖孫光庭題。"孫光庭(1863—1944),字少元,雲南曲靖人。光緒九年(1883)進士,清末任曲陽書院山長、高等學堂副辦、留日學生監督。李根源曾從其求學。民國初年任雲南都督府民政司副司長、參議院議員,1927 年任雲南省政府委員。

引首題:"唐人寫華嚴經墨蹟。曲石精廬主人命題,甲子春黃葆鉞。"前鈐"暖廬"朱文長方印,後鈐"蔿農金石書畫"白文方印。黃葆鉞(1880—1968),字靄農,福建長樂人。曾任福建圖書館館長、商務印書館美術部主任、上海美術專科學校教授。1953 年 6 月任上海市文史館館員。擅書畫,有《青山農書畫集》。

此件爲日本平安時期寫經。歐陽漸以宋、元、明、高麗四本校勘,卷末有歐陽漸校勘記及題跋。收藏者、題跋者均誤以其爲敦煌遺書,故附録於此。

【校録箋證】

敦煌石室寫經校異

晉譯華嚴入法異品

宋、元、明、麗四本異者四十八條:

題目:"大方廣佛華嚴經"爲第一行,"經"下有"弓四十五"五字(麗作"四十四")。"入法界品"提作第三行。"卅"作"三十"。又"四"下有"之一"兩字。另有"東晉天竺三藏佛馱跋陀羅譯"十二字,爲第二行。

"文殊師利菩薩爲上首","爲"上有"而"字;

"眼淨天冠菩薩","眼"作"明";

"一切虛空摩尼寶王","摩"上有"寶"字;

"勝上菩薩","勝"上有"薩"字;

"月妙德菩薩","月"上有"薩"字;

"雲雷音菩薩",無"雷"字;

“至無尋處一切諸佛”，“尋”作“量”；

“未曾忌失，守護群生”，“忌”作“忘”；

“一切天人無能知”，“一”上有“如來法”三字；

“衆寶蘭植”作“衆寶欄楯”；

“高顯榮茷”，“茷”作“茂”；

“髻幢”，“髻”作“鬘”，以下同；

“寶乘帶幢”，“乘”作“垂”；

“佛刹後塵等世”，“後”作“微”；

“如意寶王爲髻明珠”，“髻”作“髻”，下同；

“法義慧炎王”，“炎”作“燄”；

“佛白豪相圓滿”，“豪”作“毫”；

“香烟炎雲”，“烟”作“煙”；

“佛足全闕智幢王”，“足”作“號”，“闕”作“礙”；

“一切衆生語海音雲”，“音雲”作“雲音”；

“一切支節”，“支”作“肢”，下同；

“隨所應化，成就衆生”，“就”作“熟”，下同；

“決定了智一切衆生”，“智”作“知”；

“不求諸佛離世善根”，“根”作“眼”；

“不得普賢清净知眼”，“知”作“智”；

“非諸聲聞智慧界”，“界”上有“境”字；

“豎悉分別，知雖捕獢”，“豎”作“醫”，“獢”作“獵”；

“地水火風，无衆生境”，“无”作“天”；

“所以者何，以如來境”，“如”上無“以”字；

“無量自在力”，“力”作“法”；

“一切諸言道”，“諸”作“語”；

“牟尼迷超越”，“迷”作“悉”；

“净日光明曜”，“曜”作“耀”；

“世界所依作”，“作”作“住”；

“能除勢渴愛”，“勢”作“熱”；

“成熟菩薩道”，“熟”作“就”；

“明子一切法”，“子”作“了”；

“結使所縛纏”，作“纏結”；

“除滅諸疑惑”，“或”作“惑”；

“無量功德力”，“力”作“身”；

“能自決定智”，“智”作“知”；

“伐衆生苦故”，“伐”作“代”。

元、明本同，麗異者一條：

“一切衆生如熱時炎生”，上無“衆”字。

宋、元、明本同，麗異者三條：

“導師自然智”，“導”作“道”；

“帝釋官殿園觀林池”，“池”作“流”；

“若有見佛者”，“若”作“苦”。

明本同，宋、元、麗異者一條：

“亦不守護如來種性”，“性”作“姓”。

麗本同，宋、元、明本異者二條：

“安住三世妙智慧”，“妙”上有“勝”字；

“譬如有人以瞹身藥”，“瞹”作“翳”。

“爾時不可壞精進勢力王”下，宋、元、明三本分作“三十四之二”；

“爾時壞散一切衆魔智幢王”下，麗本分作“三十四之二”。

　印泉先生以礮煌石室寫經屬題[1]，爲校異如右。除可決知傳寫之誤字，有足補證四本之誤者不少。若得國內收藏家盡出所藏，及得英法人所藏，悉校一過，可稱四本外之唐本。文以會而資徵，學以散而足惜。數萬元足藏厥事，天下好學嗜古者優爲之。民國十三年(1924)春季宜黃歐陽漸識[2]。(鈐“竟無”白文方印、“漸”朱文方印)

　[1] 李根源(1879—1965)，字印泉，號雪生，室名闋園、曲石精廬等，雲南騰衝人。光緒三十年(1904)官費留學日本陸軍士官學校。三十五年回國任雲南講武堂監督、總辦。1911年11月雲南光復，任軍政部總長、參議院議長。1916年任北伐聯合軍都參謀，7月任陝西省長。1922年任航空署督辦、農商總長。1939年11月任監察院監察委員兼雲貴監察區監察使。編著有《中華民國憲法史案》《騰衝戰役記事詩》《曲石廬藏書目》等。

　[2] 歐陽漸(1871—1943)，字竟無，江西宜黃人。曾任廣昌縣教諭，後追隨楊仁山研習佛法。1914年在金陵刻經處成立佛學研究部，1918年在此基礎上籌建支那内學院。著有《竟無内外學》二十六種。

【著録】

　北京圖書館善本組1981，第3頁。

【録文】

　中國國家圖書館2012，《條記目錄》第4—5頁。

【圖版】

　中國國家圖書館2012，第48—50頁。

406. 浙江博物館藏浙敦 064(浙博 039)《大般若波羅蜜多經》卷六十七古筆了仲、錢某、黄賓虹、陳錫鈞、唐詠裳、王瓘、沙孟海跋

【概述】

　　此卷存 18 紙,長 983.4 釐米。引首有泥金籤條:"傳教大師最澄寫經真蹟。錢□□署。"拖尾有題跋六則,另附沙孟海題跋一紙。

　　此卷爲唐寫本,但非敦煌遺書。黄征、張崇依推測其出處爲"中國境内的某個古塔、寺廟"(《浙藏敦煌文獻校録整理》,第 395 頁)。王宏理認爲古筆了仲題跋爲僞作。因部分題跋人誤以其爲敦煌遺書,故附録於此。

【校録箋證】

（一）古筆了仲跋

　　傳教大師最澄經卷《大般若波羅蜜多經》卷第六十七[1],香紙墨字,十八枚繼一卷全部,真蹟無疑者也。寅三月古筆了仲[2]。(鈐"筆跡關"朱文方印)

　　[1] 最澄(767—822),日本近江國滋賀郡人,俗姓三津首,幼名廣野。十二歲在近江國分寺出家。貞元二十年(804)與空海等學問僧隨遣唐使藤原葛野麿入唐。曾登天台山從道邃、行滿學天台宗經典。次年歸國。日本佛教天台宗創始人。世稱睿山大師、根本大師、傳教大師。著有《顯戒論》《法華秀句》等。

　　[2] 古筆了仲(1656—1736),本姓清水,名守直。古筆別家二代古筆了任(守村)養子,了仲爲古筆別家三世。

（二）錢某跋

　　山陰澂懷堂錢氏所藏。

（三）黄賓虹跋

　　己丑(1949)古歙黄賓虹觀于武林,時年八十有六。(鈐"黄賓虹"朱文方印)

（四）陳錫鈞跋

　　己丑(1949)春日,淮陰陳錫鈞伯衡甫觀于西泠瘣廬之石墨樓[1],時年政七十。(鈐"陳錫鈞印"白文方印、"陳伯衡"朱文方印)

　　[1] 陳錫鈞(1880—?),字伯衡,室名石墨樓,江蘇淮陰人。西泠印社社員。工書,精碑版之學,收藏甚富。

（五）唐詠裳跋

　　光緒壬寅(1902)餞吉節,錢唐唐詠裳觀於豫章[1]。(鈐"牧廬"朱文方印)

　　[1] 唐詠裳(? —1936),字健伯,浙江杭州人。貢生。光緒間曾任浙江大學堂監學官。善詩詞曲,工篆刻。著有《周禮地官冬官徵》《譯雅·泰西君臣名號歸一圖》《列史外夷傳徵》《鹹酸橋屋詞》等。

（六）王瓘跋

　　書法以楷體爲正宗,楷法以中唐爲極盛。世傳《兜沙》《靈飛》及安素軒、望雲樓所刻《七寶》《越鬱》等經[1],前人指謂皆出鍾紹京手,然亦擬意之詞,無碻證也。此經晚出,首尾

完全，書法披拂圓勁，筋節流通，純從兩漢六朝分隸胎息而出，不在《兜沙》《靈飛》之下。唐人小楷墓誌石刻，初拓片楮猶可寶貴，況是墨本手跡，詎非世上鴻寶乎！光緒三十四年戊申（1908）三月得於秣陵，銅梁王瓘敬誌。（鈐“臣”白文方印、“瓘”朱文方印）

[1] 安素軒，指《安素軒石刻》二十卷，清鮑漱芳輯，道光四年（1824）刻成，收唐至明書跡六十二種。望雲樓，指《望雲樓集帖》六卷，清謝恭銘輯，嘉慶間刻成，收元明清人書蹟。

（七）沙孟海跋

唐人寫經字體多如此。清光緒二十六年（1900），敦煌千佛洞發見大量文物，爲英、法帝國主義者盜竊以去。此是盜竊之餘，曾入日本。卷後有日人古筆了仲題記，目爲傳教大師最澄手筆。自署寅年，當是光緒二十八年壬寅（1902）。最澄，日本高僧，以桓武天皇延曆二十三年當我唐順宗永貞元年（805）奉使來我國，翌年歸，始傳佛教天台宗到東瀛。《書道全集》第十一卷影印最澄尺牘及《天台法華宗年分緣起》《請來目錄》凡十餘葉，筆跡與此不同。日人崇仰最澄，見唐寫經卷輒傳爲最澄筆，猶我國人重蔡邕分書，多指漢碑爲邕書，實則不盡可信。此經曾歸王瓘收藏，有瓘光緒三十四年（1908）跋尾，但言唐人小楷，不提最澄，蓋亦心知其非耳。

【録文】

浙藏敦煌文獻編纂委員會 2000，《敘録》第 13 頁。黄征、張崇依 2012，第 393—396 頁。

【圖版】

浙藏敦煌文獻編纂委員會 2000，第 191—192 頁。黄征、張崇依 2012，卷首彩圖 11。

【研究】

王宏理 2013，第 73—76 頁。

407. 務本堂藏務本 039 號《大般若波羅蜜多經》卷三百九十一永智、羅竹風跋

【概述】

此卷首尾均全，21 紙，468 行，長 838 釐米。有首題“大般若波羅密多經卷第三百九十一”；尾題“大般若波羅密多經卷第三百九十一”，後有題記兩行，經塗抹，僅能辨識“一校”二字。原爲卷軸裝，裝裱爲經折裝。首開鈐“務本堂藏”朱文方印，末開鈐“廣錩審定”朱文方印。首開之前有補紙一開，有永智題跋一則，函套内封有羅竹風題跋一則。

此卷爲日本寫經，因題跋人誤認爲敦煌寫經，故附録與此。

【校録箋證】

（一）永智跋

此經以洋三元得之冷攤，舊爲卷裝，略有破損，今修補爲折裝，以便貯藏。民國三十五年（1946），釋永智。

（二）羅竹風跋

　　敦煌遺書《大般若波羅密多經》，存三百九十一卷，雖係殘帙，又經改裝，但仍彌足珍貴，特配函以裝之。公元一九九四年，竹風記於望北樓[1]。（鈐"仁山"白文方印）

　　[1] 羅竹風（1911—1996），原名羅振寰，筆名駱漠，山東平度人。1935 年畢業於北京大學，任青州中學語文教員。1937 年回鄉組織抗日遊擊隊，歷任《抗戰日報》社社長、八路軍膠東五支隊秘書長、平度縣長、膠東公學教務長。1949 年後歷任山東大學教務長、上海市宗教事務處處長、上海市出版局代局長。主編《漢語大詞典》。

【録文】

　　方廣錩 2013A，第①册《條記目録》第 10 頁。

【圖版】

　　方廣錩 2013A，第①册第 246 頁。

附録二：疑僞寫卷題跋

408. 浙江博物館藏浙敦 065(浙博 040)《尼靈皈唯書》黃賓虹跋

【概述】

此件浙博藏品號 23565。裱爲立軸，裱褙 4 紙(其中文書 2 件)：右上爲《三娘子祭叔文》，1 紙，長 15 釐米，高 25.8 釐米；左上爲素紙；右上爲《尼靈皈唯書》，1 紙，爲宣紙，長 27 釐米，高 26.8 釐米，後鈐"木齋"朱文方印；左下爲黃賓虹題跋。

余欣《浙敦 065 文書僞卷考——兼論敦煌文獻的辨僞問題》(載《敦煌研究》2002 年第 3 期)，從多個角度論證此件爲僞卷，論據確鑿，可信從。對此卷真僞，黃征等則持審慎態度："本卷雖然字跡草率，墨色浮淺，有造假之嫌疑。但卷中'醒甦'之'甦'寫作'醒'，'長眠'之'眠'寫作'眠'，皆非今人所易作。古人應用文大多有仿習之風，何況此件遺書涉及多人，輾轉抄錄甚至下一輩人摘抄，亦非毫無可能。今且存疑待考。"(《浙藏敦煌文獻校錄整理》，第 399 頁)

黃賓虹題跋不僞，故附錄於此。

【校錄箋證】

建中，唐德宗年號。三年，壬戌。唯唯，《詩・齊風》"其魚唯唯"《韓詩》作"遺遺"，"唯書"俗云"遺囑"。甲申(1644)之春，胡霜盦君贈[1]。賓虹誌。

[1] 胡爽盦(1916—1988)，原名劍鳴，號霜盦，湖北襄陽人。張善孖、張大千弟子，善畫虎。

【錄文】

浙藏敦煌文獻編纂委員會 2000，《敘錄》第 13 頁。黃征、張崇依 2012，第 398 頁。

【圖版】

浙藏敦煌文獻編纂委員會 2000，第 193 頁。

409. 甘肅省博物館藏甘博附 049《大般若波羅蜜多經》許以栗、馮振邦、柯璜、張步武跋

【概述】

此卷首尾均缺，墨色較淡，蟲蛀嚴重。長 81 釐米，存 46 行。卷首許以栗題"敦煌石室殘經"，鈐"許以栗"白文方印。

據卷尾題跋，此件初爲曾在玉門縣任職的袁文白所藏，長約二丈；1915 年秋之後轉歸許以栗，許氏友人爭相割裂，僅餘此一小段；1930 年 4 月贈與馮振邦，馮氏 1932 年任山西省立國民師範學校校長，上任之初逢該校學生張維熊舉辦個人畫展，遂以之相贈。

《甘肅藏敦煌文獻》第五卷《敘録》指出，此卷"是否爲敦煌寫經，尚難定奪，暫且存疑"，審慎可法。因收藏者視其爲敦煌遺書，故録其題跋於此。

【校録箋證】

(一) 許以栗跋

乙卯(1915)之秋，余隨節赴隴。鄉人袁文白曾官玉門縣，距敦煌只百里，嘗以所得石室殘經數種見示。余强分其一卷，爲《大般若波羅蜜多經》卷第四百三十五，長二丈許。殆東歸後，同好友人爭相割裂，僅餘此斷簡，凡四十六行，約七百字，藏諸行笥有年矣。觀其紙本破碎，足證年代湮久。而字畫生動，尤非唐時經生所能，疑係六朝人手筆，未可定也。振邦道兄知余遠游西陲[1]，欲求此經，因即割愛奉贈，俾充供養云。建國十九年四月十有二日(1930.5.10)，杭縣許以栗題記。(鈐"琴伯"朱文方印)

[1] 馮司直(1884—1949)，字振邦，號天放，山西平定州人。光緒二十九年(1903)舉人。留學日本明治大學。歷任平定中學校長、平定州議會議長、山西督軍公署秘書、山西省教育會會長。隨閻錫山北伐，1929 年任天津市政府秘書長，1931 年轉任山西省教育廳長。1943 年至 1944 年任山西省省長，抗戰勝利後以漢奸罪被逮捕。

(二) 馮振邦跋一

前年供職津沽，瀕行，許栞伯先生出所藏《大般若波羅蜜多經》殘卷見贈，旋晉後取舊藏傅青主先生行書《戰國策》寄酬，此此卷一段因緣也。民國二十一年(1932)春將盡，國師校開春季運動會[1]，同時愛好藝術諸生爲五年生張君維熊附開個人畫展會[2]。吾初到校，與諸生尚未盡諳，觀張君作品，以爲必年齒加長之人，乃弱冠少年也。又初以爲必文弱書生，乃運動場中無時不見張君踴躍奔突之蹤跡，固儼然一勇武男子也。此次畫展畫幅，余選十數種分贈當道及友好，爰出舊藏贈張君寶藏，永作紀念。子英君寶存。天放馮司直。(前鈐"司直"白文長方印，後鈐"馮司直"白文方印)

[1] 國師校，指山西省立國民師範學校，1919 年 6 月閻錫山在山西太原創建，宗旨爲培養小學教師。徐向前、薄一波等均畢業於該校。1936 年停辦。1932 年 2 月至 1936 年 5 月，馮司直任該校校長。

　　[2] 張維熊,字子英,山西平陸人。民國年間曾任忻州中學教師。

(三) 馮振邦跋二

　　余謂藝術有涂徑二,一爲創造,一爲模仿。廣搜粉本,橅唐摹宋,惟恐不肖,此模仿涂徑也。以大自然爲對象,俯拾即是,大處落墨,高處著眼,不必形肖,自然神合,此創造家所主也。大凡中才宜模仿,天才宜創造。余不工繪事,卻喜創造。海上蒼石,沽上白石[1],固由模仿入創造者也。子英作品及友生書款,多模仿蒼石一路,吾欲祝君等更進一步,以大自然爲對象,不依粉本,妙造自然,則幾矣。因兩君才氣橫逸,必不喜沾沾雕文刻鏤也。天放贅言。(鈐"馮司直"白文方印、"天放"朱文方印)

　　[1] 蒼石,指吴昌碩(1844—1927)。白石,指齊白石(1864—1957)。

(四) 柯璜跋

　　璜慕近所發現燉煌石室寫經、西湖雷峰塔磚經久矣,年前有友南中來,貽以磚經,今張君維熊又以此經見示。昔人謂人之所欲天必從,釋家以一因一果、有果有因,其真實不虛耶。此經用筆平直,結體高渾,六朝舊物無疑。振邦先生得之許君,割愛題贈張君,情深意遠,爲現世藝術界大勇猛者大放其光明。張君游藝,誓願打破中西寫實派,精進理想之寫意派者也。空偶像,無窒礙,無真非幻,無幻非真者也。無色相,無無色相,亦非無無色相,爲未來界超絕現象派之不可思議者也。頓覺悟張君乃至非張君之寫真家,乃至非藝術家,非賞玩之恒河沙數之大家,今後必當以此等絕對玄妙之美感情美嗜好,代一切直覺之快樂感情及一切非美之俗嗜好,而皆於馮先生與張君今日之一因造之果也。然則此殘經遺墨,雖一時贈與,實大事因緣也。張君以爲本來如是否耶? 壬申(1932)夏五柯璜和南[1]。(前鈐"後綠天"朱文橢圓印,後鈐"柯璜印"白文方印)

　　[1] 柯璜(1876—1963),字定礎,浙江黄岩人。畢業於京師大學堂,曾任山西大學美術教員、山西博物館館長、山西圖書館館長。抗戰期間避居重慶。抗戰勝利後曾任蜀中藝術專科學校校長。1949年後任重慶藝術專科學校校務委員會主任,當選西南區美術工作者協會主席。1957年任中國美術家協會山西分會籌備委員會主席。

(五) 張步武跋

　　余教書國師數年矣,每見校中諸學子畫品,嘗動羨慕之感。蓋以余爲中學生時,雖好書畫,其摹品絕非今比,因由個人之才力有限,亦吾國學術進步之徵。今春馮振邦先生來長斯校之務,頓增嶄新氣象,適於此時張生子英有個人畫展會之舉,馮先生欣賞之下,並以所藏唐人寫經割愛贈之。蓋先生深道學,擅書畫,藉此以勉子英也。子英富天才,性活潑,又得吾友友生先生誘提,是以能於馮先生所謂模擬中具創造之氣魄也。子英寶此贈品,求余敘其事略,余亦幸得覩此殘經之緣,願述其顛末焉。甘肅敦煌縣東南四十里有千佛洞者,在西夏時佛教盛行,其俗供佛者每寫佛經若干卷。因其地在中國西部,爲中印文化接頭之壤,不僅供佛,亦有供中國神者、寫中國書者。當時所用之書,不是本的裝訂,而是卷的捲藏。因時多擾攘,僧道欲離此洞,將所有的書藏在石室内,口封如牆壁。至一千九百年,千佛洞王道士修理此廟,被工人發現石室,並有許多寫經。甘肅巡撫以爲運至蘭州需銀千兩,因下令封鎖,不准人取。至一千九百零七年,英人斯坦因至燉煌,訪知其事,設法運出古物、寫經等二十四箱,後又運去五箱。法人伯希和及日本人亦各攫去一部分。至此遂轟動一時,政府亦搜集一部分運北京。除此而外,被甘肅人販賣於中原各地者亦不少。此段殘經以意度之,或由此中來耶? 壬申(1932)冬月,張步武[1]。(卷中鈐"淡泊明志"朱文長方印,後鈐"張步武印"白文方印、"虎峰"朱文方印)

[1] 張步武,生平不詳。1920 年入北京大學歷史系。曾任教於山西省立國民師範學校。

【著録】

段文傑 1999,第五卷第 357 頁。

【圖版】

段文傑 1999,第五卷第 308—312 頁。

【研究】

方廣錩 2002B,第 181、187、192 頁;方廣錩 2010,第 120、124、128—129 頁。Justin M. Jacobs 2019,pp.81;鄭智明 2021,第 218 頁。

410. 甘肅省博物館藏甘博附 081《大般若波羅蜜多經》許以栗跋

【概述】

此卷首尾均缺,長 55 釐米,存 31 行。卷首題:"藝林珍品。忍盦署耑。"鈐"許以栗印"朱文方印。

《甘肅藏敦煌文獻》第五卷《敘録》指出:"此卷紙白,纖維均匀,頗似宣紙,蟲蛀嚴重,與甘博〇四九號的紙張、書體相同,疑是同一經卷的兩殘片。從兩卷的種種現象觀之,令人生疑。"因收藏者視其爲敦煌遺書,故録其題跋於此。

【校録箋證】

余藏敦煌寫經凡五卷,皆曩時購諸京師者。及客秋旅甘,遍求是經,轉不可得,始知珍貴。今年二月,余創設圖書館于禮邑[1],曾以一卷捐贈。越月奉檄晉省,適蘭垣教育館觀成[2],因更舉一卷歸之館中,俾供展覽,用公同好云。民國十五年(1926)三月琴伯許以栗記于禮縣公廨之退思軒。(前鈐朱文長方印一枚,印文待考;後鈐"許以栗"白文方印、"琴伯"朱文方印)

[1] 禮邑,即甘肅禮縣。許以栗 1926 年前後任禮縣縣長。其捐贈禮縣圖書館之敦煌寫卷,存況待查。

[2] 蘭垣教育館,指甘肅省立蘭州民衆教育館,1926 年由甘肅教育廳設立,館址在蘭州莊嚴寺。

【録文】

段文傑 1999,第五卷第 358 頁。

【圖版】

段文傑 1999,第五卷第 314 頁。

411. 美國普林斯頓大學美術館藏 1998－116 題建衡二年(270)索紞寫《道德經》黃賓虹、葉恭綽、張虹、佟紹弼、彭松父跋

【概述】

此卷首缺尾全,存 118 行,長 208.2 釐米。引首外題簽:"三國建衡二年索紞書太上玄元道德經卷。後學張虹署。"下鈐"順德張虹"白文方印。卷尾有題記:"建衡二年(270)庚寅五月五日燉煌郡索紞寫已。"卷首鈐"木齋審定"朱文方印、"松父"朱文長方印,卷尾鈐"德化李氏凡將閣珍藏"朱文方印、"松父"朱文長方印。拖尾有跋文八則。葉恭綽跋收入《矩園餘墨》,題爲"晉索紞寫太上玄元道德經卷跋",二則合爲一則,個別字句略有不同(瀋陽:遼寧教育出版社,1997 年 3 月,第 103 頁)。

據鈐印及跋文,此件最初入李盛鐸之手,李氏死後爲廣東畫家張虹所得,1960 年轉爲香港彭氏家族所有。此後,1985 年成爲 John B. Elliott 的收藏品,1998 年入藏美國普林斯頓大學美術館。

此卷真偽頗有爭議。朱大星《敦煌本〈老子〉研究》對各方觀點有綜述(北京:中華書局,2007 年 8 月,第 75—77 頁),可以參看。在此卷真實性得到證實之前,不妨對其存疑,因此暫將諸跋迻録於此。

【校録箋證】

(一)黃賓虹跋

建衡爲晉武帝泰始中,即三國吳主孫皓之年號,其時工章艸者推索靖。史載:索紞,燉煌郡人,字叔徹,博綜經籍,明陰陽、天文、術數、占候[1]。此卷寫《太上玄元道德經》真蹟,中多隸意,洵可寶貴。戊子(1948)賓虹年八十有五。(鈐"黃賓虹"白文方印)

[1]《晉書》卷九十五《索紞傳》:"索紞,字叔徹,敦煌人也。少遊京師,受業太學,博綜經籍,遂爲通儒。明陰陽、天文,善術數、占候。"即黃跋所本。

(二)葉恭綽跋一

敦煌出土字蹟,余所見逾千。此卷曩在李氏,余即得讀之。與《三國志》殘本可稱雙璧[1],惟彼無書者姓名,校此尚略遜也。余曩欲將存世之敦煌經籍編一總目,苦藏於私家者不易得查録[2],今李劉許張諸家所藏已陸續出售[3],且多歸公有,或者此願可遂也。至此卷書法,純從章草蛻化,與西北出土木簡之屬晉初者正合,足徵書法自有其時代性。東晉諸名家如何演變爲今所流傳之晉人書體,亦殊堪研討耳。谷雛張君以此見示[4],因題,時中華民國三十七年(1948)四月葉恭綽志。(鈐"恭綽長壽"白文方印)

[1]《三國志》殘本,指《吳志·虞翻陸績張溫傳》,該卷約 1914—1915 年出土於吐魯番,爲王樹枏所

得,1924 年落入白堅之手,次年影印,1930 年前後爲日本人武居綾藏購得,後轉歸日本兵庫人上野淳一。此卷葉恭綽跋之後,即附裱《吳志·虞翻陸績張温傳》白堅影印本。

　　[2] 指 1925 年 9 月 1 日葉恭綽會集同人組織敦煌經籍輯存會,"擬徵集公私所藏,匯爲一目,登報匝月,應者寥寥"(陳垣《敦煌劫餘録序》語)。

　　[3] 李劉許張諸家所藏,指李盛鐸(1859—1934)、劉廷琛(1867—1932)、許承堯(1874—1964)、張廣建(1867—?)所得敦煌遺書,此四人任官甘肅及學部,係利用職務之便攫取敦煌遺書最多者。

　　[4] 張虹(1891—1968),字谷雛,號申齋,廣東順德人。1930 年代後寓居香港、澳門。善書畫,富收藏。著有《元畫綜》《寄傳庵書畫匯記》《敦煌石室圖象徵考録》《甲骨文拾零》《古玉考釋》《陽羨砂壺圖考》《旅途匯稿》等。

(三) 葉恭綽跋二

　　今歲距書年爲一千六百七十九年。如此長卷,不得不謂之瓌寶矣。索氏爲敦煌望族,且多以學術名,故非鈔胥經生可比。退翁再識。

(四) 接裱吐魯番文書晉寫本《三國志·吳志·虞翻陸績張温傳》殘卷白堅影印本前葉恭綽跋

　　此卷舊爲西充白堅父(堅)所藏,曾加考訂,並影印見貽。堅父斷爲晉人所書,此與谷雛所得敦煌索紞《老子》當係同時物,故字體仍存隸意,可互參也。因以貽谷雛並志。退翁。

(鈐"葉恭綽印"朱文方印;《三國志》影印本後鈐"罔極盦"朱文長方印、"退庵居士"朱文方印)

(五) 張虹跋一

　　此卷敦煌石室發見,德化李氏凡將閣舊藏,卷末有凡將閣藏印。卷首由"道生之,德蓄之"至"爲而不争"止,計三十章一百一十八行,共二千零八十六字。另卷末題記二行,"太上玄元道德經卷終"九字一行,"建衡二年庚寅五月五日敦煌郡索紞寫已"十七字一行。合經文、題記,共二千一百一十二字。卷長八十二寸五分,高度十二寸三分,英尺計。按,北平啚書館保藏敦煌石室寫本九千八百七十一號,國内以此組爲最大,許君國霖編列爲兩部《敦煌石室寫經題記》與《敦煌雜録》,合刊本分上下兩輯(商務印本)[1]。《寫經題記》有年代可據四十四卷,以北魏安太四年(公元四五八年)七月三日爲最早[2],迄北宋太平興國二年閏六月五日(公元九七七年)。《敦煌雜録》至道元年(公元九九五年)僧道猷往西天取經牒爲最晚。流傳國外敦煌啚籍題記年代未有詳考(饒宗頤告予英國博物館有西涼,年代爲最早)。英國博物館與法國啚書館僅編列簡目,號數此兩組爲最大,至於私家流傳,分散收藏,採集輯録更難。此卷題記建衡二年(公元二七〇年),按建衡三國東吳孫皓紀元,建衡二年即西晉武帝泰始六年,與北魏安太四年相距二百二十八年。自建衡二年迄於北宋至道元年,中間相距八百六十八年。有題記年代可據,晚近發見以敦煌啚籍爲巨觀,多屬宗教史料,當中寫經、經論、經變文、戒律、雜録、頌讚、題記,雖則文辭涵義有精湛妙理,有俚俗顯淺,見仁見智,未可以此較量得失,作高下之品第。蓋先民手跡,乃史實之遺,俱可寶也。此卷題號《太上玄元道德經》,道教尊老子,今則簡稱《老子》,題號之遞更,可資考證之據。葉退庵丈嘗以西充白堅(字堅父)所藏晉人書《三國志》殘卷印本贈予，并屬付裝於卷末，以資檢校云。晚近西北出土發見有新疆鄯善出土《三國志》殘卷(紙本八十行，共一千九十餘字)，白堅父得之，嘗持與羅雪堂(振玉)所得吐峪溝石窟發見西晉元康元年(元康，西晉惠帝紀元，公元二九一年)晉人寫《諸佛要集經》殘卷相校[3]，書體風格同時。建衡二年與元康元年相距七載。而《三國志》殘卷與元康元年寫本《諸佛要集經》殘卷俱爲日本人所得，已有印本流佈於世。書筆結體乃隸法，波磔住筆，雖無書者名字，以書法驗時代，與西北出土木簡、蒲昌海北出土紙片殘本墨跡屬於晉初，互爲檢校。西晉風規，當時善書者以索靖爲著，與索紞同爲敦煌郡人，見於史傳。余往故都，丁亥歲(1947)十月訪候黃丈濱虹，因黃丈之介，收得此卷並其他敦煌簡籍。故都人士嘗與余言，當清末宣統間，學部命甘肅將敦煌石室發見遺留運歸京師，何拭之子彥昇(字秋輦)官於甘肅，司其事。彥昇之子名震彝，字鬯威，德化李盛鐸木齋之婿。因是之故，私家流傳散見，每有精異之品。審玩此卷，書法結體可徵考書道之演變。爲識墨緣佳勝。己丑歲(1949)申齋學人張虹識於寄傳庵。(前鈐"寄傳盦"白文長方印，後鈐"申齋張虹"朱文方印、"谷雛"朱文方印)

[1] 許國霖《敦煌石室寫經題記》最初發表於《國立北平圖書館館刊》第九卷第六號(1935 年 11 月)。後與《敦煌雜録》合刊，由上海商務印書館出版，書名署《敦煌石室寫經題記與敦煌雜録》，1937 年 6 月印行。

[2] 安太四年，應爲"太安四年"，"太""安"二字誤倒。此指太安四年寫本《戒緣》，國家圖書館今編號爲 BD00076(地 76)。

[3] 晉人寫《諸佛要集經》殘卷，指元康六年(296)寫本《諸佛要集經》殘卷，此跋誤"六"爲"元"。該卷爲目前已知最早的有紀年的紙本書籍，出土於吐魯番吐峪溝，爲日本大谷探險隊所得。影本收入香川默識編《西域考古圖譜》，1915 年印行。原卷大部目前下落不明，僅有 12 個殘片今存旅順博物館。1918 年羅振玉《漢晉書影》收該卷照片，此跋誤以該卷爲羅振玉所得。

(六) 佟紹弼跋

寫在三國索紞《道德經》寫本殘卷後

順德張谷雛先生頃在北平得敦皇寫經多種，而三國索紞所寫的《道德經》殘卷也是其中之一。款署"建衡二年庚寅五月五日燉煌郡索紞寫已"。全文共得三十章，由"道生之"至"爲而不爭"止。筆致古拙，有篆分遺意。

一般人所見的敦皇《道德經》，都是唐人寫本爲多，而且都是殘缺不完，最多也不過二十七章，現存在倫敦英倫圖書館的便是。而易州石刻的《道德經》，是建在唐中宗景龍二年正月。據錢大昕《金石文跋尾》說，是《道德、》刻石之最古者。這一來就有懷疑到三國時代的紙質，意思是問有無比較的根據，而去保證它是真的。以我的意見，索本的保證可從幾方面得到。(經)

(一) 王弼本傳刻誤而此本不誤。第五十一章"道生之，德蓄之，長之育之，亭之毒之"，索本"蓄"上無"德"字。案無"德"字是，上文"道生之，德蓄之，物形之，勢成之"王注："……凡物之所以生，功之所以成，皆有所由，有所由焉則莫不由乎道也，故推而極之，亦至道也，隨其所因，故各有稱焉。"這正是探下文道之生蓄、長育、亭毒、養覆來反覆伸說，可爲無"德"字之證。河上公注"道之爲於萬物，非但生之而已，乃復長養成熟覆育"，可證河上本正文亦本無"德"字。五十二章"是謂習常"，"習"索本作"襲"，《周禮》胥師注"故書襲爲習"，襲常即因順自然，但王本二十七章"是謂襲明"，可證這裏"習"字亦本作"襲"，然後詞例一律。五十三章"是謂道夸"，索本"夸"作"誇"，按《道藏·道德真經集注》引王注"誇而不以其道得之，道誇也；貴而不以其道得之，竊位也。故舉非道以明非道，則皆非道也"，可證王本"夸"原作"誇"，今本注挩去。五十四章"修之於身，其德乃真；修之於家，其德乃餘；修之於鄉，其德乃長；修之於天下，其德乃普"，索本"之"下均無"於"字。按王本當無"於"字，王注"修之身則真，修之家則有餘"，是所據本無"於"字。《周易集解》虞氏注引《老子》曰："修之身，德乃真"，《詩》序正義曰："修之家，其德乃餘；修之國，其德乃豐"，亦無"於"字，河上注正拿"於"來訓"之"。"吾何以知天下然哉以此"，索本"然"上有"之"字，按王本二十一章"吾何以知衆甫之狀哉以此"，文例與此一律，可見這裏原有"之"字的。五十五章"含德之厚，比於赤子，蜂蠆虺蛇不螫，猛獸不據，攫鳥不搏"，索本"蜂蠆虺蛇"作"毒蟲"，"據"作"攫"，"攫"作"鷙"，俞樾説：河上公本作"毒蟲不螫"，注云"蜂蠆蛇虺不螫"，是此六字乃河上注也（案此亦非河上注，乃讀者旁識異文誤入注中，觀河上以"有毒之蟲"釋"毒蟲"可見）；王弼本亦當作"毒蟲不螫"，後人誤以河上公注屬入之。案王注"赤子無求無欲，不犯衆物，故毒蟲之物無犯之"，是正文原作"毒蟲"，《釋文》出"蜂蠆虺蛇"四字，讀者不知《釋文》博採衆家以明同異的義例，遂誤把正文改了。又《釋文》不出"據"字，可見"據"本係"攫"之駁文，淺人不達文義，胡亂地將"鷙"字删去，"據"字就説不通了。倒是俞樾聰明，強生出一個"㩴"字的假借來將錯就錯，但是"攫鳥"仍是説不過去的。如《禮記·儒行》"鷙蟲攫搏"疏"以腳取之謂之攫，以翼擊之謂之搏"，《淮南·齊俗訓》"鳥窮則搏，獸窮則攫"，是攫專隸獸言，若作"攫鳥"，義類就不倫了。《説苑·修文篇》"猛獸不攫，鷙鳥不搏"，蓋用《老子》語。王本當作"猛獸不攫，鷙鳥不搏"纔對。五十八章"人之迷其日固久"，索本作"民之迷其日固已久矣"。王注《易·明夷》曰"民之迷也，其日固已久矣"，係引《老子》語，可證王本"人"原作"民"，句末原有"矣"字。六十六章"是以欲上民，必以言下之"，索本"欲"上有"聖人"二字，案《道藏》、王本與索本同。六十七章"若肖久矣，其細也夫"，索本無"也夫"二字，王注"久矣其細，猶曰其細久矣"，可見王本這句本無"也夫"二字。王注又説"故曰若肖久矣其細也夫"，案"夫"字屬下讀正文，校者因誤讀正文竄入，"也"字係注者句末的語已詞，不關正文，如"無物之象"注"故曰無物之象也"，"天門開闔"注"故曰天門開闔也"，"用之不勤"注"故曰用之不勤也"，"衆妙之門"注"故曰衆妙之門也"，"繟然而善謀"注"故曰繟然而善謀也"，"常有司殺者"注"故曰常有司殺也"，"美言可以市"注"故曰美言可以市也"，"以智治國國之賊"注"故曰以智治國國之賊也"，皆其例，多不勝舉。七十章"知我者希，則我者貴"，索本作"則我貴矣"，案"貴"上衍一"者"字，殊屬欠解，王注"知我益希，我亦無匹"，可證王本原無"者"字。七十三章"常有司殺者殺"，索本"者"下無"殺"字，案

"殺"字衍，王注"故曰常有司殺也"可證。七十八章"受國不祥，是爲天下王"，索本"國"下有"之"字，"爲"作"謂"，案《淮南‧道應訓》引《老子》這兩句與索本合，上文"受國不垢"這裏亦當有"之"字，"爲"《道藏》、王本正作"謂"。○王弼死在正始十年，年二十四。由正始十年回溯到建衡二年，距離約二十年。王、索的時代是彼此相及的，他們所據的《道德經》本子自具有參驗的價值和對勘求真的可能。但王本《道德經》晁説之跋説："其文字多謬誤，殆有不可讀者。"熊克重刊跋也説，"其字之謬誤前人已不能證"。則此書在宋時已很少善本，現根據這區區的三十章，王本的本來面目庶幾也可回復了一二。這豈非一大快事。

（二）文字多與河上公本同，但河上本傳刻有誤，而此本不誤。河上五十一章"成之熟之"，索同。五十二章"是謂習常"，"習"該作"襲"，乃與二十七章"是謂襲明"詞例一律。五十四章"何以知天下之然哉以此"注"吾何以知天下修道者昌，背道者亡"，則正文"何"上原有"吾"字的，與索同。五十五章"未知牝牡之合而峻作"，索同。五十六章"故不可得而親"，索同。五十八章"其民醇醇"，"醇"索本同；"廉而不害"，"害"索同；"光而不曜"，"曜"索同。五十九章"重積德則無不剋"，"剋"索同。六十章"聖人亦不傷"下挩"人"字，注"非鬼神不能傷害人，以聖人在位，亦不傷害人"，可證與索本同有"人"字；"故終無難"，索本同。六十四章"其脆易破"，索同；"聖人無爲故無敗"，索同。六十五章"以智治國"，索同；"知此兩者亦楷式"，索同；"乃至於大順"，索同。六十七章"天下皆謂我大似不肖"，"我"下無"道"字，索同。案無"道"字是，下文"我有三寶"正承這裏説來説的，河上注"我大似不肖"句説"老子言：天下謂我德大，我則伴愚似不肖"，注"我有三寶"句説"老子言：我有三寶"，是兩"我"字同義，王弼本亦當無"道"字。"持而寶之"，"寶"字索本同。六十八章"善勝戰者不與"，索無"戰"字，王弼本"戰"作"敵"，案河上注"善以道勝敵者"，係釋"善勝者"三字，本章"善勝""善戰"詞例係一樣的，"戰"字涉上句而衍。六十九章"仍無敵"，"仍"字索同。七十二章"無狹其所居"，"狹"字索同。七十五章"民之輕死，以其求生之厚，是以輕死"，"求"上無"上"字，索同。案注"人民輕犯死者，以其求生活之道太厚，貪利以自危"，是河上本原無"上"字，王弼注"言民之所以僻，治之所以亂，皆由上不由下也，民從上也"，"民之所以僻"即指"求生"句來説，"民之輕死"以下是另轉一義，故王注如此，讀者不明古今文勢的不同，"上"字明明是衍，反以爲臚舉比類而與上文相儷，這雖二王孫俞諸詁訓大師也都瞞過了。七十六章"木強則共"，"共"字索同，案王弼本作"兵"，注"物所加也"，河上注"共生其上也"，兩注文異而誼同，皆不當作"兵"。七十八章"而攻堅強者莫知能勝"，"知"索作"之"，案注"莫能勝水而成功也"，"知"當是"之"。八十章"使有什伯人之器"，索同，唯"伯"作"佰"。○河上公注雖然不是戰國時的河上文人或西漢的河上公所作，然文字大致與索本相同，他的時代因此可以想像得到，恐怕也是三國時人所託名的。而五十八章"民之迷"句"民"作"人"，獨與索異，注言"人君迷惑失正"，或者作者鑒於漢末君主之失，易"民"作"人"，以寄託他的深長的意思，也未可定。

（三）諸本皆挩誤而此本不挩誤。索本五十五章"終日號而嗌不嗄"，案嗌咽也，義當有。五十八章"禍兮福兮，禍爲福所倚，福爲禍所伏，莫知其極"，案"福""伏""極"爲韻，"禍兮福兮"四字例當有。六十一章"夫兩者各得其所欲，所欲故大者宜爲下"，"所欲故"三字係疊前文爲説，如十五章"保此道者不欲盈，夫唯不盈，故能蔽不新成"，三十四章"萬物歸然而不爲主，可名爲大，以其終不自爲大，故能成其大"，三十七章"夫亦將無欲，不欲而静，天下將自定"，是其例，案文當有。六十二章"不曰求以得"，諸本作"以求得"，誤（俞氏樾嘗有考訂）。七十四章"夫代司殺者，是謂代天斲天大匠也"，諸本皆作"是謂代大匠斲"，案當據增改，河上注説"天道至明，司殺者常，猶春生夏長、秋收冬藏，斗杓運移，以節度行之，人民欲代殺之，是猶拙夫代大匠斲"，此亦河上本當如索本之一證。七十六章"故柔弱者生之徒，堅强者死之徒"二句，諸本均倒易，案這兩句係承上文來説的，《列子·黄帝篇》"柔弱者生之徒，堅强者死之徒"，《淮南·原道訓》"柔弱者生之榦，而堅强者死之徒也"，《文子·道原》"柔弱者生之榦，堅强者死之徒"，二句先後位置所引與索本同。這裏與六十二章"求以得"句，恐怕古本《老子》正是如此的。

《老子》自漢以來，已有古文、今文兩種本子，而周秦學術也多是口耳相傳下來的，所以古書文字無論古文、今文，它們自身的各種本子因口耳之故，不免誼同文異，如甲本用假借字，乙本則用本字，正唯有了甲乙兩本文字之異，而推尋聲義訓詁，愈可得真。如五十一章王本"亭之毒之"，索作"成之熟之"；五十五章"未知牝牡之合而全作"，"全"索作"峻"，"峻"即"卵"字，"全"古文作"舍"，"屮"古文"卵"字，義得相借，王弼不知"全"爲"卵"的借字，遂誤作"完全"解。"亭毒"注謂"成其質也"，不免望文生義之嫌。六十四章"其脆易破"，"知此兩者亦楷式"，"破"與"楷"索是用本字的，都可以正向來注者誤解之失。王弼本"楷"作"稽"，他不知"稽"是"楷"的借字，"楷式"是法式的意思，遂誤釋爲同。還有五十四章"善建者不拔，善抱者不脱"，索本"拔"作"援"，"抱"作"胞"，這是唯一無二的異文。表面看來好像是索本之誤，但是我們要曉得古音祭、廢和月、曷、末、鎋、黠、薛爲元、寒、桓、刪、山、仙的轉聲，如"憲"從害省聲"叡"讀若"薈"，"額"重文作"顡"，曷聲，"揠"匽聲，"鼇"獻聲，"元"從一兀聲，"縣"孟康音威，故"援"與"脱"韻較"拔"與"脱"韻尤爲近古。援，《説文》"引也"，與"拔"同誼。《蒼頡篇》："拔，引也。""脱"本誼爲剥，與"胞"義相合。動魄驚心，一字千金，就是我對這索寫殘卷的評價，同時對張先生的貢獻致其敬意。戊子（1948）佟紹弼跋[1]，時三月初四日。

三月一日夜半校訖附題十一均

治書如治獄，慎勿輕主讞。必也使無訟，兩造笑而遣。一字未獲安，何異蠶作繭。晾聽動仿佛，魂夢輒展轉。似此五千言，傳刻幾挩衍。一朝得索本，沈臀若披薢。古心對雨餘，呼兒剪苦菥。蓄疑盡解釋，具眼亦非淺。一室汝爲誰，意會忝顧眄。千金比一字，於價未云善。爲語谷雛翁，孰得庶有辨。

[1] 佟紹弼(1911—1969),名立勳,廣東廣州人。曾任勷勤大學、廣東大學、國民大學、廣州大學教授,1949 年後從事中學教育工作。工書畫,善詩詞,"南園今五子"之一。著有《臘齋詩詞》。佟紹弼另撰有《索統〈太上玄元道德經〉辨》(載《文會叢刊》1948 年第 1 期),謂:"余校索寫《老子》殘卷既,或曰:卷末索題太上玄元道德經,……夫建衡時乃有此題號邪? 曰:此特皮相之論耳。當秦漢間,神仙家言既熾,而黄老遂駢稱而乘舉……疑太上玄元之稱,所以崇奉此五千文,尊而神之,而起於其曹也。唐以前諸志無此題號者,得毋以怪力亂神、巫覡私號而爲學者所弗道歟。"進一步解釋"太上玄元"名稱的時代問題。

(七) 張虹跋二

書道之演進,由碑版本見到篆隸和草楷演變之迹,但是碑版本俱非古人手寫墨迹的真面。現代西北發見流沙墜簡,自兩漢三國至晉代書體之流傳,墨筆寫在木簡上,得到書法承傳演變的輪廓。按,《流沙墜簡》(《屯戍叢殘》)有建武三十一年(55)簡、永平十一年(68)簡,俱草書,羅振玉以爲,前人謂章草始於章帝,殆不然矣。又神爵四年(前 58)簡,二爨碑頗相近,爲今楷書之濫觴。至永和二年(346)簡,則楷七而隸三矣。魏景平四年[1]簡,則全爲楷書。東晉建興十八年(330)簡,草書(詳見王國維考釋。建興,東晉愍帝紀元,前涼張駿沿用建興年號至四十八年。魏晉木簡之著年號,景平迄此簡止)。按,《簡牘遺文》(羅振玉影印本)有帛書隸體和草楷紙片斷本(共五十六段,俱在蒲昌海北發見),有泰始四年(268)一紙,有永嘉六年(312)二紙,統其書體,遺留篆隸草楷之法。迨魏晉諸書,用筆結字備見矣。關於書道之遞邅,晉代遺文見於墜簡和紙片,由泰始迄建興,並敦煌石室發見經卷中著有年號三國孫吳建衡二年(270)索統手寫《太上玄元道德經》卷。按,建衡即晉武帝泰始中。此卷書法隸楷之間,與泰始二年、五年、六年諸簡書體(《屯戍叢殘》)氣息相通,可爲印證,是則晉代書風見於近今出土,同爲西北發見,俱寫本墨迹,況年代相銜接聯繫,互相勘合,以資考證之助。至敦煌石室所遺南北朝經卷並隋唐墨迹,流傳更爲繁富,書道之盛風可俱矣。較之碑版本傳摹鐫刻,形神之差失,便有殊同之感。至隸體、草法、楷則錯縱互見,先後異同之迹,自不能以時代而爲概括之劃分。魏晉之世,楷則既備,而南北隋唐書藝隸體猶盛,賞鑒之難可概見矣。願與諸同好詳爲商確,不勝欣幸。己丑歲(1949)春二月谷雛張虹再識。(鈐"張虹"朱文方印、"谷雛所作"白文方印、"張字分明"白文方印)

[1] 景平,當爲"景元"之誤。景元四年即 263 年。

(八) 彭松父跋

四十九年(1960)歲次庚子閏六月南海彭氏松月齋主客居香港得此。(前鈐"三味"朱文長方印,後鈐"松父"朱文長方印)

【圖版】

王素 2011,彩圖 5、6(載第一至三則彩圖)。

國際敦煌項目(IDP)網站：http://idp.nlc.cn

【研究】

王素 2011,第 210—212 頁。沈佳玥 2018,第 118—119 頁。

附録三：疑僞題跋

412. 中國三峽博物館(重慶博物館)藏《大智度論》卷二十一劉光祖、李忠翰、楊培蔭、楊增新跋

【概述】

據楊銘介紹，此卷首殘尾全，存 6 紙，長 194.7 釐米。有尾題："大智度論卷第廿一。"尾題後有劉光祖及李忠翰、楊培蔭二跋，拖尾有楊增新跋。諸跋據楊銘文迻録；劉、李二跋及楊增新跋前二行復據國家圖書館古籍館敦煌文獻組所藏老照片核校，但鈐印因圖片較模糊未能識讀。

按，楊增新跋疑僞。跋文落款爲光緒戊申，即 1908 年。而文中提及政府令甘肅地方官解運殘存敦煌遺書赴京、存古學會影印《石室秘寶》，此係 1909 年至 1910 年事，楊增新不可能在 1908 年預知。鄭智明(Justin M. Jacobs)亦持此説。唯未見原卷，未能從紙張、書法等角度辨之。

劉、李二跋真僞問題暫時無法作出判斷。今姑且將此件置於附録，以俟異日進一步考證。

【校録箋證】

(一)劉光祖跋

　　光緒戊申年中秋日(1908.9.10)，卧雲子劉光祖觀於蘭州藩署[1]。

　　[1]劉光祖(1841—1921)，字遠峰，號蓉塘、榮堂、卧雲子。光緒十二年(1886)進士。曾任刑部主事、四川清吏司行走。光緒十三年(1887)陝甘總督譚鍾麟聘爲求古書院山長；三十二年(1906)求古書院改爲甘肅速成師範學堂，任總教習；三十四年(1908)再改爲初級師範學堂，仍任總教習。

(二)李忠翰、楊培蔭跋

　　唐朝經卷獲覯甚夥，此卷用筆純雅，自成一家，的係經生用羊毫所書。展視一過，令人神旺，且矜眼福。民國丙辰(1916)秋，貴陽李忠翰[1]、清鎮楊培蔭同觀[2]。(鈐印二枚，待考)

　　[1]李忠翰，貴州貴陽府築縣人。監生。光緒二十六年(1900)任湖北漳縣縣丞。

［2］楊培蔭(1867—1927)，字薇卿，又署維清、薇青，貴州貴陽府清鎮縣人。秀才。善書法。

(三) 楊增新跋

《大智度論》卷第廿一係唐朝經生所寫。因宋和西夏搆兵時，藏於甘肅敦煌縣鳴沙山石洞(古名莫高窟，俗名千佛洞)中，外蔽以壁，且飾以佛像，故歷千餘年之久，人罕知之。光緒庚子(1900)，壁破而藏見。由是土人得常竊取，稍稍流傳人間。丁未冬，法國文學士伯希和君遊歷迪化、敦煌間[1]，得睹其書，審知爲唐人寫本，亟往購求，得所藏書强半，分置十餘巨麓，捆載寄歸巴黎圖書館。過上海時，分數束于存古學會，擇要假觀。用珂羅版精印[2]，各種秘籍遂得公諸海內。好古家爭先購睹爲快。嗣爲北京政府所聞，函知陝甘制軍轉飭敦煌令，盡搜運載赴京。以後再求片紙，如拱璧之難矣。此係敦煌張大令所贈[3]，觀其用筆高尚，紙係唐時硬黃紙，畫烏絲欄，古雅可愛，誠人間不易得之墨寶也。故詳述其緣由如此。("而藏"字下遺一"書"字。)光緒戊申年中秋後三日(1908.9.13)古滇楊增新誌[4]。(有鈐印，待考)

［1］丁未，即1907年。伯希和於1907年10月到達迪化(今烏魯木齊)，時爲丁未年冬；在迪化伯希和獲悉敦煌藏經洞發現，遂趕往敦煌，於1908年2月25日抵達，時爲戊申年正月二十四日。

［2］存古學會編有《石室秘寶》甲、乙二集，有正書局印行，出版時間爲1910年。此書出版在伯希和1909年到達北京並與京師學者接觸之後，此跋以伯希和"過上海時分數束于存古學會"，又將其事置於北京人士獲悉藏經洞之前，均不確。

［3］張大令，指張元漮(？—1926)，字曉珊，陝西涇陽人。光緒二十年(1894)進士(榜名李澍森)。光緒二十三年(1897)任敦煌縣令，四月一日到任；約於光緒二十五年卸任。後歷任固原知州(1900)、皋蘭知縣(1902年前後)、涼州知府(1904)、涇州知州(1905)。民國初年曾任隴西、涇川知事。生平見王冀青《敦煌文物早期收藏者張元漮事迹考》(《敦煌學輯刊》2008年第1期)。

［4］楊增新(1864—1928)，字鼎臣，雲南蒙自人。光緒十六年(1890)進士。歷任甘肅中衛知縣、河州知府，二十六年任甘肅陸軍學堂提學使兼學堂總辦。三十三年任新疆陸軍學堂總辦兼督練公所參議官。三十四年任阿克蘇道尹。宣統三年(1911)升任鎮迪道兼提法使。1912年4月署新疆布政使，5月任新疆都督兼民政長。1928年6月任新疆省政府主席，7月7日被部下刺殺。

【著錄】

楊銘1996，第23頁。

【錄文】

楊銘1995，第43—44頁。楊銘2002，第354—355頁。

【圖版】

楊銘1995，第45頁。

【研究】

方廣錩2002B，第186頁；方廣錩2010，第124頁。Justin M. Jacobs 2019，pp.87；鄭智明2021，第226頁。

413. 甘肅省圖書館藏甘圖 024《妙法蓮華經》卷七慕壽祺跋

【概述】

　　此卷存 75 行,長 137 釐米。原爲慕壽祺所藏。拖尾有慕壽祺跋。鄭智明(Justin M. Jacobs)據此跋涉及斯坦因的種種細節,當時中國無人詳知,而首次披露於斯坦因 1912 年出版之《中國沙漠中的遺址》(*Ruins of Desert Cathay*),認定其爲僞作。其説頗爲有據。此外,跋文提及劫餘敦煌遺書解京,其事在 1909 年秋冬至 1910 年秋,作者不可能在 1909 年春預知,此爲疑點之二。唯未能據原卷校核,姑置於此。

【校錄箋證】

　　敦煌莫高窟,東晉前秦時所建,羅振玉名曰"敦煌石室",俗稱爲千佛洞者也。六朝人藏書於此,唐代所藏以寫經爲最多,宋初西夏占有其地,爲中國之大圖書館。後爲沙壓,視爲荒山。清光緒初,莫高窟復發現,蓋風吹沙走而古寺巋然獨存。有王道士者,湖北人,住持於此。中原士大夫從無有至其地者,於是世界絶可驚人之文藝寶庫,歸王道士一人之手。光緒二十九年(1903),匈牙利人斯坦因爲中央亞細亞地理專家,爲考察中央亞細亞地理與古文化,以英國印度政府辦事員名義,攜翻譯蔣某至莫高窟,覩佛洞中壁畫皆六朝人所繪,並於道士案頭見有古代寫本。與道士秘密交涉,入寶庫中參觀,古代所藏卷帙以及紙畫、絹畫等雜件,自地上高堆至十英尺左右,其容積約有五百立方英尺。以銀三百兩,在王道士手盜去寫本二十四箱,圖畫、繡品及他物五大箱。時西曆一千九百零七年五月二十日也。後在倫敦陳列,敦煌古圖書始爲世界所喧傳。法國遣伯希和往石室搜求,他也滿載而歸。中國政府始電陝甘總督,轉飭敦煌,將英法唾棄之殘本掃數解京,共解一萬八千卷,其中以唐人寫經居大多數。於是關外士大夫亦聲爲至寶。此卷係玉門縣貢程君徽五所贈。徽五少時與余同學,意氣相投,今以唐人寫經郵寄。余喜其筆帶方形,復多近體,頗似六朝人所書,非唐人寫經所能比擬,故藏之。宣統元年(1909)仲春月鎮原慕壽祺識於金城寓廬。(鈐"慕壽祺印"朱文方印、"少堂"朱文方印)

【著錄】

　　段文傑 1999,第三卷第 356 頁。邵國秀、曾雪梅 1999,第 73—74 頁。

【錄文】

　　陳樂道 2006,第 29 頁。

【圖版】

　　段文傑 1999,第三卷第 155—156 頁。

【研究】

　　Justin M. Jacobs 2019,pp.85-87;鄭智明 2021,第 223—225 頁。

414.《大般若波羅蜜多經》卷五百一十三許承堯跋

【概述】

此件見於北京榮寶拍賣有限公司2020秋季拍賣會"一念蓮花開·佛教典籍及古籍善本"專場(2020年12月20日)，編號1064。長56.5釐米。卷前鈐"合肥孔氏珍藏"朱文方印，後鈐"合肥張氏闔家供養經"朱文方印。前題"唐人寫大般若波羅蜜多經殘卷"。

拖尾有落款許承堯(1874—1964)的題跋一則。此跋爲近人僞造，破綻明顯。跋文落款戊申，敦煌遺書出土後，前兩個戊申爲1908或1968年，前者許尚未入隴，後者許已辭世，時間均不合。文中稱"百年前石室崩裂"，或即2000年前後所僞造。

【校録箋證】

燉煌鳴沙石室所藏唐人寫經及先後多朝寫經五千餘卷，然百年前石室崩裂，經卷大都散失海外，幸存無多矣。此唐人寫經殘卷，錦雲先生家藏，宜供齋頭珍寶之。戊申孟春許承堯題。(鈐"許承堯印"白文方印，"檀干邨人"朱文方印)

【圖版】

北京榮寶拍賣有限公司網站：http://www.n21ce.com：8080/live/liveresult_detail.aspx?a＝5355&t＝1064&v＝1

附録四：僞卷僞跋

415. 題正始八年(247)管輅寫本《般若波羅蜜菩薩教化經》李盛鐸跋

【概述】

　　此卷見於北京瀚海拍賣有限公司 2007 年春季拍賣會(2007 年 6 月 23 日)，編號 1014。卷尾有題記："正始八年(247)歲在丁卯四月十六日平原管輅信心敬寫供養。"據拍賣會及《古籍春秋——中國古籍善本收藏與鑒賞》介紹，長 311 釐米，拍賣前爲日本私人藏家藏品。

　　據方廣錩《僞敦煌遺書〈般若波羅蜜菩薩教化經〉考》一文研究，此卷係"依據姚秦鳩摩羅什譯《仁王般若波羅蜜經·菩薩教化品》抄撰，所附李盛鐸題跋也是假託李盛鐸而僞造的"，結論審慎可從。

【校錄箋證】

　　余自燉煌得此經卷，頗爲完整，卷首畫像古拙而兼精細。考正始係三國魏邵陵厲公年號，又爲當代名人管輅手書，同時並得泰始經卷[1]，前稍殘。此二卷年號"始"字偶同，愛逾其他，因自題室名曰二始齋以藏之。後我其永寶，勿使分失，幸也。木齋謹識。（鈐"木齋"朱文長方印）

　　[1] 泰始經卷，指日本赤井南明堂舊藏泰始九年(273)張華寫《大般涅槃經》卷十，亦爲僞卷。

【錄文】

　　翁連溪、袁理 2009，第 108 頁。

【圖版】

　　翁連溪、袁理 2009，第 108 頁。

　　雅昌藝術網：http://auction.artron.net/paimai-art47441014/

【研究】

　　方廣錩 2015，第 47—53 頁。

416. 題泰始九年(273)張華寫《大般涅槃經》卷十李盛鐸跋

【概述】

此卷爲日本赤井南明堂舊藏，又見於中國嘉德國際拍賣有限公司中國嘉德香港 2014
秋季拍賣會"觀想——中國書畫四海集珍(二)"專場(2014 年 10 月 6 日)，編號 424。

存 91 行，有尾題"大般涅槃經卷第十"，有題記："泰始九年歲在癸巳五月十五日佛弟
子張華寫記。"鈐有"木齋審定""德化李氏凡將閣珍藏"等印。拖尾有李盛鐸題跋。據陳國
燦考證，此卷及題跋均爲近人僞造。

【校録箋證】

余所集晉唐經卷凡數十卷，均由燉煌搜求而得。此卷年款泰始，乃晉初武帝年號。在
余所有西晉卷中，以此爲領袖。願後我者珍重寶之。丁巳(1917)夏午。木齋謹誌。(鈐
"木齋"朱文長方印)

【圖版】

陳國燦 2002，第 47 頁。

雅昌藝術網：https://auction.artron.net/paimai-art5057430424/

【研究】

陳國燦 1994，第 1—4 頁。

417. 題元康八年(298)索綝寫《蜀志·諸葛亮傳》李盛鐸跋

【概述】

此卷爲日本赤井南明堂舊藏。又見於保利香港拍賣"東渡·西來——禪林名僧墨蹟
與中、日、韓佛教美術"專場(2014 年 10 月 6 日)，編號 2805。

存 107 行，有尾題"蜀志諸葛亮傳"，有題記："元康八年歲在戊午春奉敕恭録。臣敦煌
索綝敬書。"鈐有"木齋審定""德化李氏凡將閣珍藏"等印。拖尾有李盛鐸題跋。據陳國燦
考證，此卷及題跋均爲近人僞造。

【校録箋證】

燉煌石室所出漢晉遺墨甚夥，此《三國蜀志·諸葛亮傳》幸爲余所獲，不勝快慰。題名
索綝，考係索靖之子。書法精美，較之所得佛經，爲獨特之寶，可不十襲藏諸。子孫其永寶
之。木齋謹誌。(鈐"木齋"朱文長方印)

【圖版】

陳國燦 2002，第 45 頁。

【研究】

陳國燦 1994，第 1—4 頁。

418. 題天監二年(503)蕭衍寫《妙法蓮華經》卷四李盛鐸跋

【概述】

此卷見於株式會社東京中央拍賣 2012 秋季拍賣會"千佛巡禮——佛教藝術珍品專場"(2012 年 9 月 5 日),編號 39。又見於株式會社東京中央拍賣 2014 年秋季拍賣會古籍善本專場(2014 年 9 月 5 日),編號 1063。

據拍賣公司公佈圖版及介紹,此卷首殘尾全,長 173 釐米。卷尾有題記"天監二年四月八日梁國皇帝菩薩戒弟子蕭衍敬寫"。鈐有"木齋審定"朱文方印、"德化李氏凡將閣珍藏"朱文方印。

查《敦煌遺書總目索引》所附《李氏鑒藏燉煌寫本目録》《德化李氏出售敦煌寫本目録》《李木齋舊藏敦煌名蹟目録》與榮新江《李盛鐸藏卷的真與偽》所附《李木齋氏鑒藏敦煌寫本目録》,均未著録此卷。方廣錩《僞梁武帝書〈法華經〉跋》考定該卷爲僞卷。

拖尾有李盛鐸跋一則。觀其字跡與李盛鐸手書不同,亦當爲僞作。

【校録箋證】

考南朝梁武帝篤學善書,凡三教九流之學,無不深究博涉,且尤崇奉佛教,此卷爲其手寫,真非易覯之品,希有之寶也。綜余自燉煌所獲經卷,南北朝人所寫者惟此爲冠。慶幸之餘,因記以昭後人之重惜。木齋。(鈐"木齋"朱文長方印)

【録文】

方廣錩 2004,第 14 頁。

【圖版】

雅昌藝術網：https://auction.artron.net/paimai-art5021670039/

http://auction.artron.net/paimai-art5056741063/

主要參考文獻

説明：

　　1. 本目録收録"著録""録文""圖版""研究"四項中列出的書刊。

　　2. 縮略語一般由作者與出版年組成；同一作者同一年列出多種著作的，後綴 A、B、C 等字母加以區別；未署作者的參考文獻，摘取編印者關鍵詞作爲縮略語。

　　3. 本目録分爲書刊、資料兩大類；拍賣圖録、展覽圖録、未署編著者的書刊等列入資料類。

　　4. 書刊類按著者音序（即縮略語音序）編排，同一著者的著作以出版年代排序；資料類按縮略語音序編排。

書 刊 類

安徽博物院 2017

　　安徽博物院編：《佛光恒常——安徽佛教文物精品展》，合肥：安徽美術出版社，2017 年。

鮑義來 2001

　　鮑義來：《許承堯與敦煌遺書拾掇》，《檔案》2001 年第 5 期。

北京大學圖書館、上海古籍出版社 1995

　　北京大學圖書館、上海古籍出版社編：《北京大學圖書館藏敦煌文獻》①，上海：上海古籍出版社，1995 年。

北京圖書館善本組 1981

　　北京圖書館善本組編：《敦煌劫餘録續編》，北京圖書館印行，1981 年。

蔡淵迪 2021

　　蔡淵迪：《早期敦煌學史上的一件重要文物——吳縣曹氏舊藏〈晉佛堪圖卷〉》，載《敦煌文獻整理與研究的新視野》，中國社會科學院古代史研究所、中國政法大學，2021 年 10 月。

柴劍虹 2002

　　柴劍虹:《求真求實會於心——學習啓功先生鑒賞與研究敦煌寫本的體會》,《北京師範大學學報(人文社會科學版)》2002 年第 3 期。

柴劍虹 2006

　　柴劍虹:《啓功先生的"隨身寶"》,載《堅浄居叢帖‧敦煌寫經殘片》,北京: 北京師範大學出版社,2006 年。

陳國燦 1994

　　陳國燦:《對赤井南明堂藏二敦煌寫卷的鑒定》,《敦煌學輯刊》1994 年第 2 期。

陳國燦 1998

　　陳國燦:《讀後記》,附於池田温《開元十三年西州都督府牒秦州殘牒簡介》,載《敦煌吐魯番研究》第 3 卷,北京: 北京大學出版社,1998 年。

陳國燦 2002

　　陳國燦:《兩件西晉敦煌寫卷疑僞考》,載陳國燦《敦煌學史事新證》,蘭州: 甘肅教育出版社,2002 年。

陳國燦、劉安志 2005

　　陳國燦、劉安志主編:《吐魯番文書總目‧日本收藏卷》,武漢: 武漢大學出版社,2005 年。

陳國燦、劉永增 1997

　　陳國燦、劉永增編:《日本寧樂美術館藏吐魯番文書》,北京: 文物出版社,1997 年。

陳麗華 2008

　　陳麗華主編:《常州博物館 50 周年典藏叢書‧書法》,北京: 文物出版社,2008 年。

陳樂道 2004

　　陳樂道:《淺議馮國瑞對敦煌檔案文獻的收藏》,《敦煌研究》2004 年第 6 期。

陳樂道 2006

　　陳樂道:《隴上學者慕壽祺與敦煌卷子》,《檔案》2006 年第 5 期。

陳樂道 2007A

　　陳樂道:《敦煌卷子流散見聞録》,《檔案》2007 年第 1 期。

陳樂道 2007B

　　陳樂道:《敦煌卷子流散見聞録(續)》,《檔案》2007 年第 3 期。

陳樂道 2016

　　陳樂道:《歷史情懷——敦煌卷子流散之隨想》,《檔案》2016 年第 4 期。

赤尾榮慶 2002

　　赤尾榮慶:《上野コレクションと羅振玉》,載高田時雄編《草創期の敦煌學: 羅‧王

兩先生東渡 90 周年記念：日中共同ワークショップの記録》，東京：知泉書館，
2002 年。

赤尾榮慶 2003

赤尾榮慶：《敦煌寫本の書志に關する調查研究——三井文庫所藏本を中心とし
て》，京都，2003 年。

迪拉娜・伊斯拉非爾 2014

迪拉娜・伊斯拉非爾：《吐魯番發現回鶻文佛教新文獻研究》，北京：民族出版社，
2014 年。

董潤麗 2019

董潤麗：《新見啓功舊藏〈唐人寫經殘本四種合裝卷〉諸家跋釋》，《現代交際》2019 年
第 8 期。

竇景椿 1991

竇景椿：《影印敦煌石室〈金剛般若經〉序言及于右任先生的跋》，載中國人民政治協
商會議敦煌市委員會編《敦煌文史資料選輯》第一輯，1991 年。

竇俠父 1983

竇俠父：《散失在敦煌民間的唐寫本〈金剛經〉》，《敦煌研究》1983 年創刊號。

段文傑 1999

段文傑主編：《甘肅藏敦煌文獻》，蘭州：甘肅人民出版社，1999 年。

方廣錩 2002A

方廣錩：《〈晉魏隋唐殘墨〉綴目》，《敦煌吐魯番研究》第 6 卷，北京：北京大學出版社，
2002 年。

方廣錩 2002B

方廣錩著，齊藤隆信訳：《收藏題跋から見た草創期の敦煌學》，載《草創期の敦煌
學》，東京：知泉書館，2002 年。

方廣錩 2004

方廣錩：《僞梁武帝書〈法華經〉跋》，南華大學敦煌學研究中心編《敦煌學》第 25 輯，
臺北：樂學書局，2004 年。

方廣錩 2010

方廣錩：《初創期的敦煌學——以收藏題跋爲中心》，載《方廣錩敦煌遺書散論》，上
海：上海古籍出版社，2010 年。

方廣錩 2013A

方廣錩編：《務本堂藏敦煌遺書》，桂林：廣西師範大學出版社，2013 年。

方廣錩 2013B

方廣錩主編：《“中央研究院”歷史語言研究所傅斯年圖書館藏敦煌遺書》，臺北：“中央研究院”歷史語言研究所，2013 年。

方廣錩 2014

方廣錩主編：《成賢齋藏敦煌遺書》（壹），北京：中國書店，2014 年。

方廣錩 2015

方廣錩：《僞敦煌遺書〈般若波羅蜜菩薩教化經〉考》，《敦煌研究》2015 年第 3 期。

方廣錩 2016

方廣錩編著：《濱田德海搜藏敦煌遺書》，北京：國家圖書館出版社，2016 年。

方廣錩、李際寧 2023

方廣錩、李際寧主編：《伍倫經眼古經圖録》，北京：國家圖書館出版社，2023 年。

馮國瑞 1936

馮國瑞：《絳華樓詩集》，民國二十五年（1936）鉛印本。

馮國瑞 1947A

馮國瑞：《題張宣澤所藏武周妙法蓮華觀音經卷子》，《甘肅民國日報》1947 年 6 月 25 日第 3 版《國學》副刊。

馮國瑞 1947B

馮國瑞：《題張玉如思温藏敦煌寫本〈瑜伽師地論〉第二十二》，《甘肅民國日報》1947 年 10 月 25 日第 3 版《國學》副刊。

馮天瑜 2015

馮天瑜編撰：《翰墨丹青》，長春：長春出版社，2015 年。

高田時雄 2007

高田時雄：《李滂と白堅——李盛鐸舊藏敦煌寫本日本流入の背景》，《敦煌寫本研究年報》創刊號，京都大學人文科學研究所西陲發現中國中世寫本研究班，2007 年。

郭丹、劉波 2021

郭丹、劉波：《遼寧省博物館藏敦煌吐魯番文獻近人題跋録釋》，《吐魯番學研究》2021 年第 2 期。

國家圖書館 2021

國家圖書館編：《敦煌遺書書法選集》第一輯，北京：國家圖書館出版社，2021 年。

“臺灣圖書館”2021

“臺灣圖書館”編：《敦煌卷子》，臺灣新北：聯經出版事業股份有限公司，2021 年。

杭桂林 2002

杭桂林主編：《楊魯安藏珍館藏品菁華》，北京：文物出版社，2002 年。

赫俊紅 2011

赫俊紅主編：《中國文化遺産研究院藏西域文獻遺珍》，北京：中華書局，2011 年。

洪禹欽 1981

洪禹欽：《敦煌卷子〈大般涅槃經卷第三〉〈大般涅槃經金剛身品第二〉解題》，載《中語中文學》第 3 輯（1981 年 10 月）。

湖北省博物館 2019

湖北省博物館編：《湖北省書畫藏品專項調查》，武漢：湖北美術出版社，2019 年。

華海燕、袁佳紅 2015

華海燕、袁佳紅：《敦煌寫本殘卷〈大通方廣經〉考辨》，《圖書館學刊》2015 年第 4 期。

黃征 2001

黃征：《王伯敏先生藏敦煌唐寫本〈四分律小抄一卷〉（擬）殘卷研究》，載段文傑、茂木雅博主編《敦煌學與中國史研究論集——紀念孫修身先生逝世一週年》，蘭州：甘肅人民出版社，2001 年。

黃征 2002

黃征：《王伯敏先生藏敦煌唐寫本〈四分律小抄一卷〉（擬）殘卷研究》，載黃征《敦煌語言文字學研究》，蘭州：甘肅教育出版社，2002 年。

黃征 2018

黃征著：《敦煌書法精品集・妙法蓮華經觀世音菩薩普門品》，南京：江蘇鳳凰美術出版社，2018 年。

黃征、張崇依 2012

黃征、張崇依：《浙藏敦煌文獻校錄整理》，上海：上海古籍出版社，2012 年。

黃征、周慧 2016

黃征、周慧：《日本〈中村不折舊藏禹域墨書集成〉題跋研究》，《西南民族大學學報（人文社會科學版）》2016 年第 4 期。

磯部彰 2005

磯部彰編：《台東區立書道博物館所藏中村不折舊藏禹域墨書集成》，東京：文部科學省科學研究費特定領域研究〈東アジア出版文化の研究〉總括班發行，2005 年。

吉田忠夫 2009A

吉田忠夫編集：《敦煌秘笈》（目録冊），大阪：武田科學振興財団，2009 年。

吉田忠夫 2009B

吉田忠夫編集：《敦煌秘笈》（影片冊一），大阪：武田科學振興財団，2009 年。

吉田忠夫 2012A

吉田忠夫編集：《敦煌秘笈》（影片冊六），大阪：武田科學振興財団，2012 年。

吉田忠夫 2012B

　　吉田忠夫編集：《敦煌秘笈》（影片册七），大阪：武田科學振興財団，2012 年。

吉田忠夫 2012C

　　吉田忠夫編集：《敦煌秘笈》（影片册八），大阪：武田科學振興財団，2012 年。

吉田忠夫 2013

　　吉田忠夫編集：《敦煌秘笈》（影片册九），大阪：武田科學振興財団，2013 年。

濟寧市文物局 2017

　　濟寧市文物局編：《文化濟寧：孔孟故里文物精品》，北京：故宫出版社，2017 年。

姜尋 2005

　　姜尋編：《中國古籍文獻拍賣圖録年鑒》（2004 年卷），北京：中華書局，2005 年。

居蜜 2009

　　居蜜：《美國國會圖書館敦煌高昌寫經、宋元本典藏、淵源、版本和數位化》，載《天禄論叢——北美華人東亞圖書館員文集·2009》，桂林：廣西師範大學出版社，2009 年。

居蜜 2010

　　居蜜：《美國國會圖書館王樹枏書藏》，載《天禄論叢——北美華人東亞圖書館員文集·2010》，桂林：廣西師範大學出版社，2010 年。

Justin M. Jacobs 2019

　　Justin M. Jacobs. "An Analysis of Modern Chinese Colophonson the Dunhuang Manuscripts". *THE SILK ROAD*, Volume 17(2019)：pp.74 - 89.

李際寧 2000

　　李際寧執行主編：《中國國家圖書館藏敦煌遺書精品選》，中國國家圖書館善本特藏部、上海龍華古寺、《藏外佛教文獻》編輯部編印，2000 年。

李艷紅 2019

　　李艷紅：《許承堯舊藏敦煌文獻探析》，《中國書畫》2019 年第 8 期。

林悟殊、榮新江 1992

　　林悟殊、榮新江：《所謂李氏舊藏敦煌景教文獻二種辨僞》，《九州學刊》第 4 卷第 4 期（1992 年）。

林玉、董華鋒 2013

　　林玉、董華鋒：《四川博物院藏敦煌吐魯番寫經敘録》，《敦煌研究》2013 年第 2 期。

凌波 2005

　　凌波：《南博的三十一件敦煌寫經卷》，《文物天地》2005 年第 6 期。

劉波 2022

　　劉波：《1909 至 1910 年敦煌遺書運京相關史事新證：以近人題跋爲中心》，載朱玉麒、李肖主編《堅固萬歲人民喜：劉平國刻石與西域文明學術研討會論文集》，南京：鳳凰出版社，2022年。

劉國展、李桂英 1987

劉國展、李桂英：《天津市藝術博物館藏敦煌遺書目錄——附傳世本寫經》，《敦煌研究》1987年第2期。

劉九洲 2014

劉九洲：《唐代"三寶"墨蹟的意義》，《2014春季藝術品拍賣會·古代書法專場》，北京匡時國際拍賣有限公司，2014年。

劉興亮 2018

劉興亮：《新見敦煌寫經殘片小考》，《敦煌研究》2018年第5期。

劉雁翔 1999

劉雁翔：《天水流傳過的敦煌經卷及學者題跋》，《敦煌研究》1999年第2期。

劉雁翔 2008

劉雁翔：《馮國瑞敦煌寫經吐魯番文書題跋敘錄》，《敦煌學輯刊》2008年第3期。

劉毅超 2020

劉毅超：《啓功珍藏敦煌寫經殘片敘錄》，載《文津學志》第15輯，北京：國家圖書館出版社，2020年。

龍德俊 2017

龍德俊：《新見白描〈晚唐敦煌菩薩像幡〉探微》，《敦煌研究》2017年第5期。

羅繼祖 2010

羅繼祖主編：《羅振玉學術論著集》第十二集《雪堂剩墨·跋（二十七首）》，上海：上海古籍出版社，2010年。

吕章申 2014

吕章申主編：《中國國家博物館藏中國古代書法》，合肥：安徽美術出版社，2014年。

馬德 2017

馬德主編：《甘肅藏敦煌藏文文獻①：敦煌研究院卷》，上海：上海古籍出版社，2017年。

馬德、吕義 2022

馬德、吕義主編：《敦煌草書寫本識粹·法華玄贊卷十》，北京：社會科學文獻出版社，2022年。

馬振穎 2016

馬振穎：《〈中村不折舊藏禹域墨書集成〉下册題跋研究》，《重慶第二師範學院學報》2016年第4期。

孟嗣徽 2005

　　孟嗣徽：《故宫收藏的敦煌吐魯番遺畫》,載國家圖書館善本特藏部敦煌吐魯番學資料研究中心編《敦煌學國際研討會論文集》,北京：北京圖書館出版社,2005 年。

莫家良 2014

　　莫家良主編：《北山汲古：中國書法》,香港：香港中文大學文物館、藝術系,2014 年。

内藤虎次郎 1976

　　内藤虎次郎：《内藤湖南全集》第 14 卷,東京：筑摩書房,1976 年。

寧夏博物館 2017

　　寧夏博物館編著,李進增、陳永耘主編：《絲綢之路——大西北遺珍》,北京：文物出版社,2017 年。

潘重規 1975

　　潘重規：《"臺灣中央圖書館"所藏敦煌卷子題記》,《敦煌學》第 2 輯,香港新亞研究所敦煌學會,1975 年。

潘重規 1976

　　潘重規編：《"臺灣中央圖書館"藏敦煌卷子》,臺北：石門圖書公司,1976 年。

啓功 1999

　　啓功：《啓功叢稿・題跋卷》,北京：中華書局,1999 年。

啓功 2006

　　啓功珍藏：《堅淨居叢帖・敦煌寫經殘片》,北京：北京師範大學出版社,2006 年。

啓功 2011

　　啓功：《啓功全集》,北京：北京師範大學出版社,2011 年。

青島市博物館 2018

　　青島市博物館編：《青島市博物館藏敦煌遺書》,北京：北京大學出版社,2018 年。

榮新江 1996A

　　榮新江：《静嘉堂文庫藏吐魯番資料簡介》,載北京圖書館敦煌吐魯番學資料中心、臺北《南海》雜誌社合編《敦煌吐魯番學研究論集》,北京：書目文獻出版社,1996 年。

榮新江 1996B

　　榮新江：《海外敦煌吐魯番文獻知見録》,南昌：江西人民出版社,1996 年。

榮新江 1998

　　榮新江：《〈且渠安周碑〉與高昌大涼政權》,《燕京學報》新五期,北京：北京大學出版社,1998 年。

榮新江 2001

　　榮新江：《敦煌學十八講》,北京：北京大學出版社,2001 年。

榮新江 2010

　　榮新江：《辨僞與存真：敦煌學論集》，上海：上海古籍出版社，2010 年。

榮新江 2016A

　　榮新江：《日本散藏吐魯番文獻知見録》，《浙江大學學報（人文社會科學版）》2016 年
　　第 4 期。

榮新江 2016B

　　榮新江：《中國散藏吐魯番文獻知見録》，《敦煌吐魯番文書與中古史研究——朱雷先
　　生八秩榮誕祝壽集》，上海：上海古籍出版社，2016 年。

榮新江 2018

　　榮新江主編：《首都博物館藏敦煌文獻》，北京：北京燕山出版社，2018 年。

榮新江、王素、余欣 2007

　　榮新江、王素、余欣：《首都博物館藏敦煌吐魯番文獻經眼録（續）》，《首都博物館叢
　　刊》第 21 期，北京：北京燕山出版社，2007 年。

榮新江、張志清 2004

　　榮新江、張志清主編：《從撒馬爾干到長安——粟特人在中國的文化遺蹟》，北京：北
　　京圖書館出版社，2004 年。

三井文庫 2004

　　三井文庫編：《敦煌寫経：三井文庫別館藏品図録：北三井家》，東京：三井文庫，
　　2004 年。

陝西省美術博物館 2016

　　陝西省美術博物館編著：《雲開華藏：陝西省美術博物館館藏王子雲作品及文獻集·
　　文獻卷》，西安：陝西人民美術出版社，2016 年。

陝西省文物局 2019

　　陝西省文物局編，王慶衛編著：《文物陝西·文獻圖書卷》，西安：陝西師範大學出版
　　總社，2019 年。

上海博物館、香港中文大學文物館 1987

　　上海博物館、香港中文大學文物館：《敦煌吐魯番文物》，1987 年。

上海古籍出版社、上海博物館 1993

　　上海古籍出版社、上海博物館編：《上海博物館藏敦煌吐魯番文獻》，上海：上海古籍
　　出版社，1993 年。

上海古籍出版社、天津市藝術博物館 1996

　　上海古籍出版社、天津市藝術博物館編：《天津市藝術博物館藏敦煌文獻》，上海：上
　　海古籍出版社，1996 年。

上海書畫出版社 2004

　　上海書畫出版社編：《唐人書大智度經》，上海：上海書畫出版社，2004 年。

上海圖書館 2018

　　上海圖書館編：《縹緗流彩——上海圖書館藏中國古代書籍裝潢藝術》，上海：上海書畫出版社，2018 年。

上海圖書館、上海古籍出版社 1999

　　上海圖書館、上海古籍出版社編：《上海圖書館藏敦煌吐魯番文獻》，上海：上海古籍出版社，1999 年。

邵國秀、曾雪梅 1999

　　邵國秀、曾雪梅：《甘肅省圖書館藏敦煌寫經題録》，《圖書與情報》1999 年第 3 期。

沈佳玥 2018

　　沈佳玥：《研經證史，考鏡源流——葉恭綽題跋研究》，《書法》2018 年第 4 期。

施安昌 2001

　　施安昌主編：《故宮博物院藏文物珍品大系・晉唐五代書法》，上海：上海科學技術出版社；香港：商務印書館（香港）有限公司，2001 年。

施萍婷 1995

　　施萍婷：《日本公私收藏敦煌遺書叙録（三）》，《敦煌研究》1995 年第 4 期。

施萍婷 1999

　　施萍婷：《甘肅藏敦煌文獻・概述》，載段文傑主編《甘肅藏敦煌文獻》第一卷，蘭州：甘肅人民出版社，1999 年。

石谷風 1992

　　石谷風墨蹟收藏：《晉魏隋唐殘墨》，合肥：安徽美術出版社，1992 年。

史樹青、楊文和 1999

　　史樹青、楊文和主編：《中國歷史博物館藏法書大觀》第 11 卷《晉唐寫經・晉唐文書》，京都：柳原書店，1999 年。

蘇裕民、譚蟬雪 1992

　　蘇裕民、譚蟬雪：《永登縣博物館藏古寫經》，《敦煌研究》1992 年第 2 期。

天津市文物公司 1998

　　天津市文物公司主編：《天津市文物公司藏敦煌寫經》，北京：文物出版社，1998 年。

萬群 2007

　　萬群：《天津圖書館藏敦煌文獻介紹》，載《融攝與創新：國際敦煌項目第六次會議論文集》，北京：北京圖書館出版社，2007 年。

萬群 2012

　　萬群：《本無畛域——談"天津圖書館藏珍貴古籍保護與研究項目"》，載《文津學志》
第 5 輯，北京：北京圖書館出版社，2012 年。

萬群、劉波 2019

　　萬群、劉波主編：《天津圖書館藏敦煌文獻》，北京：學苑出版社，2019 年。

王菡 2008

　　王菡：《藏園校書所用敦煌遺書、吐魯番文書》，《中國典籍與文化》2008 年第 4 期。

王宏理 2013

　　王宏理：《關於〈浙藏敦煌文獻〉中的古筆題最澄書》，《敦煌研究》2013 年第 5 期。

王卡 2013

　　王卡：《南北朝隋唐時期的道教類書——以敦煌寫本爲中心的考察》，載榮新江主編
《唐研究》第 19 卷，北京：北京大學出版社，2013 年。

王乃棟 2011

　　王乃棟：《咸韶齋藏書畫集》，上海：上海書畫出版社，2011 年。

王慶衛 2019

　　王慶衛：《徐錫祺舊藏敦煌寫經簡述——以西安地區藏品爲中心》，《敦煌研究》2019
年第 5 期。

王三慶 1991

　　王三慶：《日本天理大學天理圖書館典藏之敦煌寫卷》，載《第二屆敦煌學國際研討會
論文集》，臺北：漢學研究中心，1991 年。

王三慶 1992

　　王三慶：《〈般若波羅蜜多心經〉注本價值試論》，《敦煌學》第 19 輯，敦煌學會編印，
1992 年。

王素、任昉、孟嗣徽 2006

　　王素、任昉、孟嗣徽：《故宮博物院藏敦煌吐魯番文獻目録》，《敦煌研究》2006 年第
6 期。

王素、任昉、孟嗣徽 2007

　　王素、任昉、孟嗣徽：《故宮博物院藏敦煌吐魯番文獻提要（寫經、文書類）》，《故宮學
刊》第 3 輯，北京：紫禁城出版社，2007 年。

王素 2011

　　王素：《西晉索紞寫〈道德經〉殘卷續論——兼談西晉張儁寫〈孝經〉殘卷》，載王素《漢
唐歷史與出土文獻》，北京：故宮出版社，2011 年。

王衛東 2018

　　王衛東：《許承堯題跋文物及其跋文》，《徽州社會科學》2018 年第 10 期。

王倚平、唐剛卯 2001

　　王倚平、唐剛卯：《湖北省博物館藏敦煌經卷概述》，《敦煌吐魯番研究》第 5 卷，北京
大學出版社，2001 年。

王湛 2022

　　王湛：《中國國家博物館藏"唐人真跡"文書題跋與遞藏考》，《中國國家博物館館刊》
2022 年第 4 期。

翁連溪、袁理 2009

　　翁連溪、袁理：《古籍春秋——中國古籍善本收藏與鑒賞》，北京：新世界出版社，
2009 年。

吳織、胡群耘 1986

　　吳織、胡群耘：《上海圖書館藏敦煌遺書目録——附傳世本寫經及日本古寫本》，《敦
煌研究》1986 年第 2 期。

武居綾蔵 1931

　　武居綾蔵編：《古本三國志》，日本兵庫西宮：武居綾蔵，1931 年。

小田壽典 1991

　　小田壽典：《トルコ語"観音経"寫本の研究——付編：舊"素文珍蔵"寫本斷片訳注》，
《西南アジア研究》(34)，1991 年 3 月。

杏雨書屋 2020

　　杏雨書屋編集：《敦煌秘笈景教經典四種》，大阪：武田科學振興財団，2020 年。

徐俊 2012

　　徐俊：《伯希和劫經早期傳播史事雜考——羅振玉題跋〈鳴沙石室秘籍景本〉及其
他》，載黃正建主編《中國社會科學院敦煌學回顧與前瞻學術研討會論文集》，上海：
上海古籍出版社，2012 年。

楊富學、李永平 2001

　　楊富學、李永平：《甘肅省博物館藏道教〈十戒經傳授盟文〉》，《宗教學研究》2001 年第
1 期。

楊魯安 1996

　　楊魯安：《兩布軒藏六朝及唐人寫經審美》，《書法》1996 年第 2 期。

楊魯安 2008

　　楊魯安：《兩布軒藏六朝及唐人寫經審美》，載《書法文庫：名篇佳書》，上海：上海書
畫出版社，2008 年。

楊軍 2020

　　楊軍編著：《北涼以來寫經殘卷（墨蹟本）》，合肥：安徽美術出版社，2020 年。

楊銘 1995

　　楊銘：《楊增新等所藏兩件吐魯番敦煌寫經》，《西域研究》1995 年第 2 期。

楊銘 1996

　　楊銘：《重慶市博物館所藏敦煌寫經目録》，《四川文物》1996 年第 6 期。

楊銘 2002

　　楊銘：《重慶市博物館藏敦煌吐魯番寫經題録》，《敦煌吐魯番研究》第 6 卷，北京：北京大學出版社，2002 年。

意如 2020

　　意如編著：《六朝寫經殘卷（墨蹟本）》，合肥：安徽美術出版社，2020 年。

意如、朱玉麒 2022

　　意如、朱玉麒：《中國國家博物館藏段永恩舊藏文書題跋釋録》，《中國國家博物館館刊》2022 年第 4 期。

于華剛、翁連溪 2014

　　于華剛、翁連溪主編：《世界民間藏中國敦煌文獻》第 1 輯，北京：中國書店，2014 年。

于華剛、翁連溪 2017

　　于華剛、翁連溪主編：《世界民間藏中國敦煌文獻》第 2 輯，北京：中國書店，2017 年。

于芹 2012

　　于芹：《山東博物館藏敦煌遺書敍録》，《敦煌研究》2012 年第 5 期。

余欣 2005

　　余欣：《許承堯舊藏敦煌文獻的調查與研究》，載《敦煌學·日本學——石塚晴通教授退職紀念論文集》，上海：上海辭書出版社，2005 年。

余欣 2010

　　余欣：《東京大學附屬圖書館藏吐魯番出土文獻考略》，《敦煌研究》2010 年第 4 期。

余欣 2012

　　余欣：《博望鳴沙——中古寫本研究與現代中國學術史之會通》，上海：上海古籍出版社，2012 年。

余欣、王素、榮新江 2004

　　余欣、王素、榮新江：《首都博物館藏敦煌吐魯番文獻經眼録》，《首都博物館叢刊》第 18 期，北京：北京燕山出版社，2004 年。

俞小明 2012

　　俞小明主編：《現妙明心：歷代佛教經典文獻珍品特展圖録》，臺北：臺灣圖書館，

2012 年。

羽田亨 1958

羽田亨：《羽田博士史學論文集》下卷，京都，1958 年。

張國剛、榮新江 1995

張國剛、榮新江：《德國巴伐利亞州立圖書館藏敦煌經卷小記》，載《祝賀胡如雷教授
七十壽辰中國古代史論叢》，石家莊：河北教育出版社，1995 年。

張婧樂 2020

張婧樂編著：《敦煌古籍零拾册（唐五代寫本）》，合肥：安徽美術出版社，2020 年。

張玉範 1990

張玉範：《北京大學圖書館藏敦煌遺書目》，載北京大學中國中古史研究中心編《敦煌
吐魯番文獻研究論集》第 5 輯，北京：北京大學出版社，1990 年。

張振剛 2021

張振剛：《成都温江區博物館藏敦煌寫經》，《東方收藏》2021 年第 11A 期。

浙藏敦煌文獻編纂委員會 2000

浙藏敦煌文獻編纂委員會編：《浙藏敦煌文獻》，杭州：浙江教育出版社，2000 年。

鄭阿財 2000

鄭阿財：《臺北“中研院”傅斯年圖書館藏敦煌卷子題記》，載《慶祝吳其昱先生八秩華
誕敦煌學特刊》，臺北：文津出版社，2000 年。

鄭阿財 2013

鄭阿財：《杏雨書屋〈敦煌秘笈〉來源、價值與研究現況》，《敦煌研究》2013 年第 3 期。

鄭廣薰 2014A

鄭廣薰：《再談韓國所藏敦煌寫本〈大般涅槃經卷第三〉》，《絲綢之路》2014 年第 8 期。

鄭廣薰 2014B

鄭廣薰：《再談韓國所藏敦煌寫本〈大般涅槃經卷第三〉》，載《敦煌文化與唐代文學國
際學術研討會論文集》，北京：民族出版社，2014 年。

鄭智明 2021

鄭智明（Justin M. Jacobs）著，劉波譯：《敦煌文獻近代題跋分析》，《絲路文明》第 6
輯，上海：上海古籍出版社，2021 年。

中國國家圖書館、中國國家古籍保護中心 2008

中國國家圖書館、中國國家古籍保護中心編：《第一批國家珍貴古籍名録圖録》，北
京：國家圖書館出版社，2008 年。

中國國家圖書館、中國國家古籍保護中心 2010

中國國家圖書館、中國國家古籍保護中心編：《第二批國家珍貴古籍名録圖録》，北

京：國家圖書館出版社，2010 年。

中國國家圖書館、中國國家古籍保護中心 2012

中國國家圖書館、中國國家古籍保護中心編：《第三批國家珍貴古籍名録圖録》，北京：國家圖書館出版社，2012 年。

中國國家圖書館、中國國家古籍保護中心 2016

中國國家圖書館、中國國家古籍保護中心編：《第五批國家珍貴古籍名録圖録》，北京：國家圖書館出版社，2016 年。

中國國家圖書館 2010A

中國國家圖書館編，任繼愈主編：《國家圖書館藏敦煌遺書》第 128 冊，北京：國家圖書館出版社，2010 年。

中國國家圖書館 2010B

中國國家圖書館編，任繼愈主編：《國家圖書館藏敦煌遺書》第 129 冊，北京：國家圖書館出版社，2010 年。

中國國家圖書館 2010C

中國國家圖書館編，任繼愈主編：《國家圖書館藏敦煌遺書》第 131 冊，北京：國家圖書館出版社，2010 年。

中國國家圖書館 2010D

中國國家圖書館編，任繼愈主編：《國家圖書館藏敦煌遺書》第 132 冊，北京：國家圖書館出版社，2010 年。

中國國家圖書館 2010E

中國國家圖書館編，任繼愈主編：《國家圖書館藏敦煌遺書》第 133 冊，北京：國家圖書館出版社，2010 年。

中國國家圖書館 2010F

中國國家圖書館編，任繼愈主編：《國家圖書館藏敦煌遺書》第 134 冊，北京：國家圖書館出版社，2010 年。

中國國家圖書館 2010G

中國國家圖書館編，任繼愈主編：《國家圖書館藏敦煌遺書》第 135 冊，北京：國家圖書館出版社，2010 年。

中國國家圖書館 2010H

中國國家圖書館編，任繼愈主編：《國家圖書館藏敦煌遺書》第 136 冊，北京：國家圖書館出版社，2010 年。

中國國家圖書館 2011A

中國國家圖書館編，任繼愈主編：《國家圖書館藏敦煌遺書》第 112 冊，北京：國家圖書館出版社,2011 年。

中國國家圖書館 2011B

中國國家圖書館編,任繼愈主編:《國家圖書館藏敦煌遺書》第 139 册,北京：國家圖書館出版社,2011 年。

中國國家圖書館 2011C

中國國家圖書館編,任繼愈主編:《國家圖書館藏敦煌遺書》第 140 册,北京：國家圖書館出版社,2011 年。

中國國家圖書館 2011D

中國國家圖書館編,任繼愈主編:《國家圖書館藏敦煌遺書》第 141 册,北京：國家圖書館出版社,2011 年。

中國國家圖書館 2011E

中國國家圖書館編,任繼愈主編:《國家圖書館藏敦煌遺書》第 142 册,北京：國家圖書館出版社,2011 年。

中國國家圖書館 2012

中國國家圖書館編,任繼愈主編:《國家圖書館藏敦煌遺書》第 143 册,北京：國家圖書館出版社,2012 年。

《中國書店藏敦煌文獻》編委會 2007

《中國書店藏敦煌文獻》編委會編:《中國書店藏敦煌文獻》,北京：中國書店,2007 年。

中國書店 2009

中國書店整理:《敦煌殘拾》,北京：中國書店,2009 年。

《中國書店藏敦煌文獻》編委會 2019

《中國書店藏敦煌文獻》編委會編:《中國書店藏敦煌文獻》,北京：中國書店,2019 年。

鍾書林 2017

鍾書林:《敦煌吐魯番文書的又一新發現——"馮氏藏墨"中的〈重譯妙法蓮華經〉長卷及題跋》,《江漢論壇》2017 年第 1 期。

周伯衍 2014

周伯衍:《重返敦煌——敦煌書學溯流與當代意義重構》,西安：西安出版社,2014 年。

周慧 2015

周慧:《日本〈中村不折舊藏禹域墨書集成〉題跋研究》,《古籍整理學刊》2015 年第 6 期。

朱大星 2007

朱大星:《敦煌本〈老子〉研究》,北京：中華書局,2007 年。

朱鳳玉 2013

朱鳳玉：《臺灣敦煌學研究的過去、現在與未來》，載《敦煌和絲綢之路國際學術研討會論文集》，高麗大學民族文化研究院、蘭州大學敦煌學研究所編印，2013 年 7 月。

朱鳳玉 2016

朱鳳玉：《散藏敦煌遺書所見題跋輯録與研究——以許承堯舊藏題跋爲例》，載高田時雄主編《敦煌寫本研究年報》第十號第一分册，京都大學人文科學研究所中國中世寫本研究班，2016 年。

朱鳳玉 2017

朱鳳玉：《陳閎舊藏敦煌文獻題跋輯録與研究》，《敦煌研究》2017 年第 1 期。

朱鳳玉 2018

朱鳳玉：《臺灣地區散藏敦煌文獻題跋輯録與研究》，《敦煌學輯刊》2018 年第 2 期。

朱玉麒 2011

朱玉麒：《王樹枏與敦煌文獻的收藏和研究》，載《敦煌文獻·考古·藝術綜合研究——紀念向達先生誕辰 110 周年國際學術研討會論文集》，北京：中華書局，2011 年。

朱玉麒 2012A

朱玉麒：《王樹枏吐魯番文書題跋箋釋》，《吐魯番學研究》2012 年第 2 期。

朱玉麒 2012B

朱玉麒：《王樹枏的西域胡語文書題跋》，載李肖主編《語言背後的歷史——西域古典語言學高峰論壇論文集》，上海：上海古籍出版社，2012 年。

朱玉麒 2013

朱玉麒：《王樹枏與西域文書的收藏和研究》，載《國學的傳承與創新：馮其庸先生從事教學與科研六十周年慶賀學術文集》，上海：上海古籍出版社，2013 年。

朱玉麒 2014

朱玉麒：《段永恩與吐魯番文獻的收藏和研究》，載《2013 敦煌、吐魯番國際學術研討會論文集》，臺南：成功大學中國文學系，2014 年。

朱玉麒 2015

朱玉麒：《吐魯番元代紙幣的發現與早期研究》，載《古代錢幣與絲綢高峰論壇暨第四屆吐魯番學國際學術會議論文集》，上海：上海古籍出版社，2015 年。

朱玉麒 2018

朱玉麒：《"北館文書"的流傳及早期研究史》，《西域研究》2018 年第 2 期。

朱玉麒 2019

朱玉麒：《瀚海零縑——西域文獻研究一集》，北京：中華書局，2019 年。

莊垣内正弘 1979

　　莊垣内正弘：《中村不折氏舊藏ウィグル語文書斷片の研究》,《東洋學報》第 61 卷第
1、2 號(1979 年 12 月)。

鄒安 2015

　　鄒安主編：《藝術叢編》,上海：上海書店出版社,2015 年。

資　料　類

愛濤 2005

　　《二〇〇五愛濤首屆秋季拍賣會・中國名家書畫專場(一)》,江蘇愛濤拍賣有限公司,
2005 年。

北京大學 1948

　　《北京大學五十周年紀念特刊・敦煌考古工作展覽概要》,北京大學,1948 年。

保利 2008

　　《北京保利 2008 春季拍賣會・鑑古齋藏中國古代書畫專題》,北京保利國際拍賣有限
公司,2008 年。

保利 2016

　　《2016 北京保利春季拍賣會・古籍文獻、唐宋遺書、翰墨菁萃、西文經典》,北京保利
國際拍賣有限公司,2016 年。

崇源 2002

　　《上海崇源 2002 首次大型藝術品拍賣會："古籍善本・名家尺牘"專場》,上海崇源藝
術品拍賣有限公司,2002 年。

崇源 2003

　　《上海崇源 2003 春季藝術品拍賣會：古籍善本・名家尺牘》,上海崇源藝術品拍賣有
限公司,2003 年。

崇源 2005

　　《上海崇源 2005 春季大型藝術品拍賣會第二場・文苑英華》,上海崇源藝術品拍賣有
限公司,2005 年。

戴勝山房 2009

　　《隋人書十輪經七十五行》,臺灣戴勝山房出版社,2009 年。

東京古典會 1990

　　《古典籍下見展観大入札會目録》,東京古典會,1990 年。

翰海 1995

　　《翰海 95 秋季拍賣會・中國書法》,京翰海拍賣有限公司,1995 年。

翰海 2010

　　《翰海 2010 春季拍賣會・古籍善本》,北京翰海拍賣有限公司,2010 年。

華辰 2003

　　《華辰二〇〇三年秋季拍賣會・中國書畫(一)》,北京華辰拍賣有限公司,2003 年。

嘉德 1995

　　《中國嘉德 ’95 春季拍賣會・古籍善本》,中國嘉德國際拍賣有限公司,1995 年。

嘉德 2000

　　《中國嘉德 2000 春季拍賣會・古籍善本》,中國嘉德國際拍賣有限公司,2000 年。

嘉德 2011

　　《嘉德四季第 27 期拍賣會・中國書畫(十七)》,中國嘉德國際拍賣有限公司,
　　2011 年。

嘉德 2016

　　《中國嘉德 2016 春季拍賣會・古籍善本》,中國嘉德國際拍賣有限公司,2016 年。

嘉泰 2009

　　《上海嘉泰 2009 秋季藝術品拍賣會・古籍善本》,上海嘉泰拍賣有限公司,2009 年。

匡時 2014

　　《2014 春季藝術品拍賣會・古代書法專場》,北京匡時國際拍賣有限公司,2014 年。

匡時 2015

　　《北京匡時 2015 秋季拍賣會・古代書法專場》,北京匡時國際拍賣有限公司,
　　2015 年。

臨川書店 1990

　　《洋古書總合目録》,京都: 臨川書店,1990 年。(筆者未見)

榮寶 2018

　　《北京榮寶 2018 春季藝術品拍賣會:一念蓮花開・敦煌寫經及佛教藝術專場》,北京
　　榮寶拍賣有限公司,2018 年。

榮寶 2021

　　《北京榮寶 2021 春季藝術品拍賣會:一念蓮花開・佛教典籍與古籍善本》,北京榮寶
　　拍賣有限公司,2021 年。

深圳 2003

　　《深圳市藝術品拍賣行二〇〇三冬季拍賣會:中國書畫・古董珍玩》,深圳市藝術品
　　拍賣行,2003 年。

書法叢刊 2002

　　《唐〈二娘子家書〉》,《書法叢刊》2002 年第 1 期。

蘇富比 2016

FINE CLASSICAL CHINESE PAINTINGS，*HONG KONG*：Sothebys's 蘇富比，30 MAY 2016.

太平洋 2008

《盛世和光——佛教藝術專場》，太平洋國際拍賣有限公司，2008 年。

泰和嘉成 2019

《泰和嘉成拍賣公司 2019 年秋季藝術品拍賣會：古籍善本・金石碑版》，北京泰和嘉成拍賣有限公司，2019 年。

TREASURE 2010

TREASURE: Fine Chinese Paintings. Vol 97. Treasure Auctioneer Limited's Worldwide，2010.

萬隆 2001

《2001 年秋季萬隆拍賣公司藝術品拍賣會・古籍文獻》，北京萬隆拍賣有限公司，2001 年。

文明書局 1924

《唐拓温泉銘（敦煌石室發見本）》，上海：文明書局，1924 年珂羅版影印再版，1929 年第 3 版。

吳門 2010

《蘇州吳門 2010 年春季藝術品拍賣會・中國名家書畫專場（一）》，蘇州市吳門拍賣有限公司，2010 年。

西泠印社 2013

《西泠印社 2013 年秋季拍賣會・古籍善本專場》，西泠印社拍賣有限公司，2013 年。

西泠印社 2017

《西泠印社二〇一七年秋季拍賣會・古籍善本專場》，西泠印社拍賣有限公司，2017 年。

西泠印社 2018

《西泠印社二〇一八年春季拍賣會・古籍善本專場》，西泠印社拍賣有限公司，2018 年。

藝林旬刊 1929

《宋靈修寺尼戒净繪造觀音菩薩象》，《藝林旬刊》第 59 期（1929 年 8 月）。

中國名畫 1918

《宋靈修寺尼觀音畫像》，《中國名畫》第 9 集，上海：有正書局，1918 年。

中華書局 1929

《唐拓温泉銘（敦煌石室發見本）》，上海：中華書局，1929 年、1934 年。

徵引論著簡目

説明：

　　1. 本目録收録“概述”與“校録箋證”中引用的書刊。

　　2. 本目録以著者音序編排，同一著者的著作以出版年代排序；未署著者的著作排在最後，以文獻題名音序編排。

　　3. 已見於“主要參考文獻”者不再重複著録。

安徽省地方志編纂委員會編：《安徽省志·建制沿革志》，北京：方志出版社，1999 年。

安西縣志編纂委員會編：《安西縣志》，北京：知識出版社，1992 年。

白化文：《知唐桑艾》，載白化文《退士閒篇》，桂林：廣西師範大學出版社，2011 年。

伯希和著，陸翔譯：《敦煌石室訪書記》，《國立北平圖書館館刊》第 9 卷第 5 號(1935 年 10 月)。

伯希和著，耿昇譯：《伯希和西域探險記》，昆明：雲南人民出版社，2001 年。

伯希和著，耿昇譯：《伯希和西域探險日記：1906—1908》，北京：中國藏學出版社，2014 年。

曹錦炎：《再論“能原”鎛》，《故宫博物院院刊》1999 年第 3 期。

柴劍虹：《劍虹日記》，青島：青島出版社，2019 年。

陳寅恪：《陳寅恪集·書信集》，北京：三聯書店，2015 年。

陳垣校録：《敦煌劫餘録》，中央研究院歷史語言研究所，1931 年。

陳三立著，李開軍校點：《散原精舍詩文集》，上海：上海古籍出版社，2003 年。

程存潔主編：《容庚藏帖》，廣州：廣東人民出版社，2016 年。

程大昌撰，許逸民校證：《演繁露校證》，北京：中華書局，2018 年。

池田温：《中國古代寫本識語集録》，東京：東京大學東洋文化研究所，1990 年。

存古學會編：《石室秘寶》，上海：有正書局，1910 年。

大藏經刊行會：《大正新修大藏經》，臺北：新文豐出版股份有限公司，1973 年。

大正一切經刊行會編纂：《法寶留影》，大正一切經刊行會，1925 年。

島田好：《本館所藏稀覯書解題》(一)，大連圖書館編輯《書香》第 16 卷第 3 號(1944 年)。

鄧之誠：《骨董瑣記全編》，北京：中華書局，2008 年。

定源：《〈王伯敏先生藏敦煌唐寫本《四分律小抄一卷》（擬）殘卷研究〉再商榷》，《敦煌學輯刊》2011 年第 3 期。

董凌鋒選編：《宋育仁文集》，北京：國家圖書館出版社，2016 年。

董其昌：《畫禪室隨筆》，杭州：浙江人民美術出版社，2016 年。

敦煌志編纂委員會編：《敦煌志》，北京：中華書局，2007 年。

范成大撰，孔凡禮點校：《桂海虞衡志》，北京：中華書局，2002 年。

范紅娟點校：《宣和書譜》，北京：人民美術出版社，2011 年。

范曄：《後漢書》，北京：中華書局，1965 年。

房玄齡等：《晉書》，北京：中華書局，1974 年。

傅振倫：《敦煌千佛洞文物發現的經過》，《文物參考資料》1951 年第 4 期。

郭丹：《遼寧省博物館藏敦煌西域文獻簡目》，載《敦煌吐魯番研究》第 19 卷，上海：上海古籍出版社，2020 年。

郭宗昌：《金石史》，北京：中華書局，1991 年（《叢書集成初編》本）。

國立國會図書館図書部編：《國立國會図書館漢籍目錄》，東京：國立國會図書館，1987 年。

洪咨夔：《平齋集》，清影宋抄本（國圖索書號 03590）。

湖北省利川市地方志編纂委員會編：《利川市志》，武漢：湖北科學技術出版社，1993 年。

湖南省茶陵縣地方志編纂委員會編：《茶陵縣志》，北京：中國文史出版社，1993 年。

懷遠縣地方志編纂委員會編：《懷遠縣志》，上海：上海社會科學院出版社，1990 年。

黃賓虹編：《神州國光集》，杭州：浙江人民美術出版社，2014 年。

黃暉：《論衡校釋》，北京：中華書局，1990 年。

黃庭堅撰，任淵等注，劉尚榮校點：《黃庭堅詩集注》，北京：中華書局，2003 年。

焦竑撰，李劍雄點校：《焦氏筆乘》，北京：中華書局，2008 年。

金祖同：《唐開元二年西州屯戍烽燧殘牒跋》，《説文月刊》第 1 卷第 5、6 期（1940 年）。

京都国立博物館編：《京都国立博物館藏品図版目録：書跡編：中國・朝鮮》，京都：京都国立博物館，1989 年。

京都国立博物館編：《守屋孝藏氏蒐集古經圖録》，京都：京都国立博物館，1964 年。

康有爲：《廣藝舟雙楫》，杭州：浙江人民美術出版社，2018 年。

勞經原：《唐折衝府考》，清道光二十一年（1841）勞氏丹鉛精舍刻本。

樂怡、劉波主編：《哈佛燕京圖書館藏二齊舊藏珍稀文獻叢刊》，北京：國家圖書館出版社，2019 年。

黎靖德編，王星賢點校：《朱子語類》，北京：中華書局，1986 年。

李德範輯：《敦煌道藏》，北京：全國圖書館文獻縮微複製中心，1999 年。

李詳：《藥裹備談》，南京：江蘇古籍出版社，2000 年。

李延壽：《北史》，北京：中華書局，1974 年。

李之檀：《敦煌寫經永興郡佛印考》，《敦煌研究》2010 年第 3 期。

連劭名：《能原鎛銘文新證》，《故宮博物院院刊》1999 年第 3 期。

林昌建：《浙江民國人物大辭典》，杭州：浙江大學出版社，2013 年。

林世田、汪桂海：《敦煌寫本優婆塞戒經版本研究》，《文獻》2008 年第 2 期。

林思進：《清寂堂集》，成都：巴蜀書社，1989 年。

臨潭縣志編纂委員會編：《臨潭縣志》，蘭州：甘肅民族出版社，1997 年。

令狐德棻等撰：《周書》，北京：中華書局，1971 年。

Lionel Giles. "A Census of Tun-huang." *T'oung Pao*. Second Series，Vol. 16，No. 4 (Oct.，1915).

劉波：《國家圖書館與敦煌學》，北京：國家圖書館出版社，2018 年。

劉師培：《敦煌新出唐寫本提要》，《國粹學報》第 75—82 期(1911 年)。

劉餗撰，程毅中點校：《隋唐嘉話》，北京：中華書局，1979 年。

劉昫等：《舊唐書》，北京：中華書局，1975 年。

羅福萇輯：《古寫經尾題録存》，民國十二年(1923)刻"永豐鄉人雜著續編"本。

羅慕君、張湧泉：《〈金剛經〉"十二分本"鉤沉》，《宗教學研究》2019 年第 2 期。

羅振玉輯：《貞松堂藏西陲秘籍叢殘》，上虞羅氏影印，1939 年。

吕鐘修纂：《重修敦煌縣志》，蘭州：甘肅人民出版社，2002 年。

馬琪：《首任臺灣巡撫劉銘傳家族〈劉氏宗譜〉研究》，《合肥教育學院學報》2001 年第 3 期。

孟憲實：《伯希和、羅振玉與敦煌學之初始》，《敦煌吐魯番研究》第 7 卷，北京：中華書局，2004 年。

米芾：《寶晉英光集》，上海：商務印書館，1939 年。

米芾：《畫史》，北京：中華書局，1985 年(《叢書集成初編》本)。

歐陽脩、宋祁：《新唐書》，北京：中華書局，1975 年。

歐陽脩：《集古録跋尾》，上海：上海古籍出版社，2020 年。

潘崇：《清末端方的古物收藏及藏品著述》，《中國國家博物館館刊》2011 年第 7 期。

潘重規：《王重民題敦煌卷子徐邈毛詩音新考》，《新亞學報》第 9 卷第 1 期(1969 年 6 月)。

蒲松齡：《聊齋志異》，北京：中華書局，2013 年。

浦薛鳳、李元信：《憶清華辛酉級十位級友》，《傳記文學》1985 年第 3 期。

啓功：《記〈靈飛經〉四十三行本》，《藝苑掇英》第 34 期(1987 年 1 月)。

啓功主編：《中國美術分類全集·中國法帖全集》，武漢：湖北美術出版社，2002 年。

啓功：《啓功講學録》，北京：北京師範大學出版社，2004 年。

錢存訓：《錢存訓文集》，北京：國家圖書館出版社，2012 年。

喬曉軍編著：《中國美術家人名辭典・補遺二編》，西安：三秦出版社，2007 年。

秦樺林：《1909 年北京學界公宴伯希和事件補考——兼論王國維與早期敦煌學》，《浙江大
　　學學報（人文社會科學版）》2018 年第 3 期。

丘逢甲著，丘鑄昌校點：《嶺雲海日樓詩鈔》，上海：上海古籍出版社，2009 年。

榮新江：《日本書道博物館藏吐魯番敦煌文獻紀略》，《文獻》1996 年第 2 期。

榮新江：《葉昌熾：敦煌學的先行者》，*IDP NEWS*，No.7，Spring 1997。

榮新江：《甘藏敦煌文獻知多少?》，《檔案》2000 年第 3 期。

阮元校刻：《十三經注疏》，北京：中華書局，1960 年。

僧祐撰，蘇晉仁、蕭煉子點校：《出三藏記集》，北京：中華書局，1995 年。

商務印書館編：《敦煌遺書總目索引》，北京：商務印書館，1962 年。

神州國光社編輯：《神州大觀》，上海：神州國光社，1912—1913 年。

神州國光編輯社編輯：《神州大觀續編》，上海：神州國光社，1928—1931 年。

沈紘譯：《伯希和（Paul Pelliot）氏演説》，載羅振玉輯《流沙訪古記》，清宣統元年（1909）鉛
　　印本；收入《敦煌叢刊初集》第 7 册，臺北：新文豐出版公司，1985 年。

沈括著，胡道静校注：《夢溪筆談》，北京：中華書局，1959 年。

施萍婷：《日本公私收藏敦煌遺書敍録（一）——三井文庫所藏敦煌遺書》，《敦煌研究》
　　1993 年第 2 期。

施萍婷：《日本公私收藏敦煌遺書敍録（二）》，《敦煌研究》1994 年第 2 期。

施萍婷主撰稿：《敦煌遺書總目索引新編》，北京：中華書局，2000 年。

史樹青、吕長生主編：《中國歷史博物館藏法書大觀》第 12 卷《戰國秦漢宋元墨蹟》，京都：
　　柳原書店，1994 年。

司馬遷：《史記》，北京：中華書局，2014 年。

宋濂等：《元史》，北京：中華書局，1976 年。

宋敏求撰，誠剛點校：《春明退朝録》，北京：中華書局，1980 年。

宋祁：《宋景文公筆記》，北京：中華書局，1960 年（影印《百川學海》本）。

蘇軾：《東坡先生全集》，明刻本。

蘇軾：《東坡志林》，北京：中華書局，1981 年。

蘇天爵編：《元文類》，北京：商務印書館，1958 年。

佟紹弼：《索統〈太上玄元道德經〉辨》，《文會叢刊》1948 年第 1 期。

《吐魯番市志》編纂委員會編：《吐魯番市志》，烏魯木齊：新疆人民出版社，2002 年。

汪康年：《汪穰卿筆記》，上海：上海書店出版社，1997 年。

汪榮寶著，趙陽陽、馬梅玉整理：《汪榮寶日記》，南京：鳳凰出版社，2014 年。

汪中：《述學》，北京：中華書局，1991 年（《叢書集成初編》本）。

王冀青：《斯坦因第四次中國考古日記考釋》，蘭州：甘肅教育出版社，2004 年。

王冀青：《敦煌文物早期收藏者張元濚事蹟考》，《敦煌學輯刊》2008 年第 1 期。

王冀青：《伯希和 1909 年北京之行相關事件雜考》，《敦煌學輯刊》2017 年第 4 期。

王冀青：《金紹城與中國簡牘學的起源》，《敦煌學輯刊》2018 年第 12 期。

王利器撰：《顏氏家訓集解》，北京：中華書局，1993 年。

王仁俊輯錄：《敦煌石室真蹟錄》，宣統元年（1909）國粹堂石印本。

王守仁：《王陽明傳習錄》，杭州：浙江古籍出版社，2018 年。

王樹枏：《新疆訪古錄》，聚珍仿宋印書局民國年間刊行。

王樹枏：《陶廬詩續集》，民國間新城王氏刻本。

王樹枏：《新疆稽古錄》，《中國學報》1913 年第 9 期、1916 年第 1 期。

王先謙：《莊子集解》，北京：中華書局，1987 年。

王先謙撰，沈嘯寰、王星賢點校：《荀子集解》，北京：中華書局，1988 年。

王先慎撰，鍾哲點校：《韓非子集解》，北京：中華書局，1998 年。

王之臣纂：［民國］《朔方道志》，天津：華泰印書館，1927 年。

王重民、王慶菽、向達、周一良、啓功、曾毅公編：《敦煌變文集》，北京：人民文學出版社，1957 年。

魏收：《魏書》，北京：中華書局，2017 年。

吳雲：《兩罍軒彝器圖釋》，杭州：浙江人民美术出版社，2019 年。

武都縣地方志編纂委員會編，曾禮主編：《武都縣志》，北京：三聯書店，1998 年。

香川默識編：《西域考古圖譜》，日本：國華社，1915 年。

向達譯：《斯坦因西域考古記》，上海：中華書局，1936 年。

謝輝：《德國巴伐利亞州立圖書館藏漢籍善本初探》，《蘭臺世界》2016 年第 13 期。

新疆維吾爾自治區地方志編纂委員會《新疆通志·政務志·政府》編纂委員會：《新疆通志》第 15 卷《政務志·政府》，烏魯木齊：新疆人民出版社，2006 年。

徐鍵：《中貿聖佳拍品敦煌寫卷〈瑜伽師地論〉真偽考》，《敦煌研究》2019 年第 5 期。

徐乃昌撰，西南大學圖書館整理：《徐乃昌日記》，北京：國家圖書館出版社，2015 年。

徐松著，朱玉麒整理：《西域水道記（外二種）》，北京：中華書局，2005 年。

徐友春主編：《民國人物大辭典》（增訂版），石家莊：河北人民出版社，2007 年。

徐震堮：《世說新語校箋》，北京：中華書局，1984 年。

許承堯：《重威堂所藏書畫題記》，1944 年印行。

許承堯：《疑盦詩》，合肥：黃山書社，1990 年。

許國霖：《敦煌石室寫經題記》，《國立北平圖書館館刊》第 9 卷第 6 號(1935 年 11 月)。

許國霖：《敦煌石室寫經題記與敦煌雜録》，上海：商務印書館，1937 年。

許寄佛主編：《玉壺集》，中國民主同盟甘肅省委員會、蘭州匯文輕印社，1995 年。

楊伯峻：《列子集釋》，北京：中華書局，1979 年。

楊慎：《墨池瑣録》，北京：中華書局，1991 年。

楊增犖：《楊昀谷先生遺詩》，民國二十四年(1935)鉛印本。

冶秋：《夜讀偶記》，《文物》1963 年第 5 期。

葉德輝：《書林清話》，北京：中華書局，1999 年。

葉恭綽：《矩園餘墨》，瀋陽：遼寧教育出版社，1997 年。

余欣：《浙敦 065 文書僞卷考——兼論敦煌文獻的辨僞問題》，《敦煌研究》2002 年第 3 期。

玉門市地方志編纂委員會編：《玉門市志》，北京：新華出版社，1991 年。

袁桷撰，王頲點校：《清容居士集》，杭州：浙江古籍出版社，2015 年。

惲毓鼎著，史曉風整理：《惲毓鼎澄齋日記》，杭州：浙江古籍出版社，2004 年。

張懷瓘：《書斷》，北京：中華書局，1960 年(影印《百川學海》本)。

張津：《重纂禮縣新志》，1933 年鉛印本。

張廷濟：《清儀閣題跋》，清光緒十九年(1893)丁立誠刻本。

張錫厚主編：《全敦煌詩》，北京：作家出版社，2006 年。

張彥遠著，范祥雍點校：《法書要録》，北京：人民美術出版社，2016 年。

張湧泉：《敦博本〈注心經〉抄寫時間考》，《漢字漢語研究》2018 年第 1 期。

張元濟著，張人鳳整理：《張元濟日記》，石家莊：河北教育出版社，2001 年。

趙和平：《武則天爲已逝父母寫經發願文及相關敦煌寫卷綜合研究》，《敦煌學輯刊》2006
　　年第 3 期。

趙和平：《兩件高宗、武則天時代"敦煌藏經洞出宮廷寫經"辨僞》，《敦煌研究》2006 年第
　　6 期。

趙和平：《唐代咸亨至儀鳳中的長安宮廷寫經》，載增勤主編《慈恩懿情：長安佛教的歷史
　　演進與傳播——首屆長安佛教國際研討會論文集第三卷》，西安：陝西師範大學出版
　　總社有限公司，2010 年。

趙和平：《慧立卒年推測》，載《敦煌文獻·考古·藝術綜合研究——紀念向達先生誕辰
　　110 周年國際學術研討會論文集》，北京：中華書局，2011 年。

趙和平：《S.5710〈金剛般若經序〉初步研究》，《中國社會科學院敦煌學回顧與前瞻學術研
　　討會論文集》，上海：上海古籍出版社，2012 年。

趙和平：《武則天"御製"〈金剛經序〉及〈妙法蓮華經序〉再研究》，載《敦煌學第二個百年的
　　研究視角與問題》，聖彼得堡，2012 年。

趙和平：《俄藏三件敦煌宫廷寫經初步研究》，《敦煌研究》2013 年第 3 期。

趙和平：《唐代咸亨至儀鳳中宫廷寫經機構研究》，載《國學的傳承與創新——馮其庸先生
　　從事教學與科研六十周年慶賀學術文集》，上海：上海古籍出版社，2013 年。

趙明誠：《金石録》，北京：中華書局，1985 年。

趙萬里：《魏宗室東陽王榮與敦煌寫經》，《中德學誌》第 5 卷第 3 期（1943 年 9 月）。

趙萬里：《唐寫本〈説苑‧反質篇〉讀後記》，《文物》1961 年第 3 期。

趙熙著，王仲鏞主編：《趙熙集》，杭州：浙江古籍出版社，2014 年。

鄭孝胥著，勞祖德整理：《鄭孝胥日記》，北京：中華書局，1993 年。

鄭孝胥著，黄坤、楊曉波校點：《海藏樓詩集》，上海：上海古籍出版社，2003 年。

智昇撰，富世平點校：《開元釋教録》，北京：中華書局，2018 年。

中國東方文化研究會歷史文化分會編：《歷代碑誌叢書》第 1 册，南京：江蘇古籍出版社，
　　1998 年。

中國國家圖書館編，任繼愈主編：《中國國家圖書館藏敦煌遺書》第 1 册，南京：江蘇古籍
　　出版社，1999 年。

中國社會科學院考古研究所編：《殷周金文集成》，北京：中華書局，2007 年。

朱恩昭：［民國］《豫旺縣志》，臺北：成文出版社，1968 年。

朱玉麒：《段永恩生平考略》，《敦煌吐魯番研究》第 14 卷，上海：上海古籍出版社，
　　2015 年。

宗舜：《〈王伯敏先生藏敦煌唐寫本《四分律小抄一卷》（擬）殘卷研究〉商榷》，《戒幢佛學》
　　第三卷，長沙：嶽麓書社，2005 年。

《陳大心覆高公輔書》，《佛學月刊》1921 年第 1 期。

《陳大心覆釋現明書》，《佛學月刊》1921 年第 1 期。

《敦煌縣鄉土志》，民國間抄本。

《甘肅省檔案局舉行楊遇春先生珍藏史料捐贈儀式兩件敦煌卷子入藏甘肅省檔案館》，《檔
　　案》2007 年第 3 期。

《馬克密君保存中國古物辦法之函件》，《東方雜誌》第 11 卷第 6 號（1914 年）。

《康熙字典》，北京：中華書局，1958 年。

《清實録》，北京：中華書局，1987 年。

《全唐詩》，北京：中華書局，1979 年。

人 名 索 引

説明：1. 本索引以人物姓名爲主標目，同一人的别名或字號標注參見。

2. 條目以漢語拼音爲序排列，西文人名排在每個字頭的最前面。

吴桐仁　85

吴隱　105

吴永焕　216

吴用威　136,138

吴郁生　405,406

吴雲　400

吴芝瑛　290—293

吴織　116—119,121—123,125,127—131

吴中英　230,231

吴忠信　119

吴子深　85

無羅叉　68

伍憲子(伍莊)　91

伍興全　118

伍莊　91

武居綾藏　96,391,394,434

武延秀　316

武則天　78,161,192,255,375,417

X

希麟　405

奚眷　359

錫良　353

夏敬觀　20,159,229

鮮于伯機(鮮于樞)　314,362,391

鮮于樞　210,314,363

香川默識　16,44,148,313,435

祥麟　81,82

向達　411

向李蘭　188

向燊　13—16,61,122,188,289,290

向水　199

項容　376

蕭大嚴　22,47,78,248

蕭思話　319,345

蕭偉　337,345,346

蕭衍　67,120,320,346,446

蕭翼　138

蕭子雲　221,326,408

小貫慶治　307

小田壽典　388

歇丁(斯文·赫定)　393

傻哲篤　357

謝安　368,370

謝福生　310

謝公定　378

謝公展　186

謝恭銘　427

謝輝　307

謝啓昆　75

謝無量　111,112,391,393

謝緒璠　241

謝稚柳　198—200,204,215,240

心道　168

忻鼎立　230,231

信行禪師　238

須菩提　109

徐伯企　65

徐純原　236

徐浩　20,167,200,210,321

徐鴻寶(徐森玉)　7,165

徐積餘(徐乃昌)　228

徐季海(徐浩)　167,197,200,210

徐寄廎　41

徐建國　286

徐鍵　53

徐俊　412,414,417

徐珂　226,227

徐克芳　104,106

徐良　81,82

徐邈　413,414

徐乃昌　228,229

徐鼒霖　217

徐平羽　238,239

後　記

　　本書的基礎，是我承擔的國家圖書館科研課題"敦煌遺書題跋輯録"（編號 NLC－KY－2010－11）。之所以關注這批材料，和圖書館界的傳統有密切關係。

　　題跋整理歷來是古籍整理工作者與版本目録學研究者非常注重的一個領域。比如，黃丕烈題跋一百多年來有《士禮居藏書題跋記》及其《續録》、《蕘圃藏書題識》及其《補遺》《續録》《再續録》等多種，南京圖書館沈燮元先生數十年孜孜不倦，正在進行最徹底最完備的整理。2002 年，北京圖書館出版社影印了《國家圖書館藏古籍題跋叢刊》47 種。2008 年，《傅斯年圖書館善本古籍題跋輯録》出版，頗受好評。近年來的最新成果，還有 2013 年出版的《上海圖書館善本題跋真蹟》，由上圖陳先行、郭立暄兩位老師編纂。國家古籍保護中心辦公室組編的《國家珍貴古籍題跋叢刊》，全書 18 册，也已在 2022 年初出版。其他的專題輯録與研究更是數不勝數。可以説，圖書館界同仁有從事題跋整理研究的深厚傳統。

　　正是在這樣的背景下，2010 年國家圖書館古籍館敦煌文獻組策劃開展敦煌遺書的題跋整理工作。當時擬開展這項工作，有幾個考慮：一是部分散藏敦煌文獻有複雜的流散、遞藏經歷，很多近代人士寫下了不少題跋，内容豐富，值得重視。二是敦煌文獻相對善本書來説自成體系，工作範圍清晰，體量適中，便於操作。三是這批資料還没有經過系統的整理，亟需有人做這項工作，而資料輯録整理恰恰是圖書館人的職責。四是散藏敦煌文獻陸續公佈，整理資料的時機比較成熟。五是本組前輩申國美老師編成《中國散藏敦煌文獻分類目録》，收録國内 32 個單位收藏的敦煌文獻 2414 種，文獻調查方面已有一定的基礎。六是散藏敦煌西域文獻的圖録陸續出版，開展系統輯録的條件越來越好。因此幾位老師商量，我們可以投入一些時間和精力，把這件事做出來。當時林世田、薩仁高娃兩位老師手頭都有項目，按國家圖書館科研管理的規定，不能再主持新項目，因此命我承擔。我那時只有中級職稱，按規定不能做館級項目的主持人，抱著試試看的心態填了申報表，不意竟然獲批立項，大概評審委員會覺得這個題目值得做，没有計較承擔者的資歷。

　　從那以後，我陸陸續續進行資料搜集、録文和注釋等工作。同時擴展關注範圍，敦煌文獻題跋之外，還留意西域文書、敦煌西域藝術品、敦煌西域文獻影本的題跋，漸漸地規模初具。不過因爲手頭還在做其他題目，没能按期在 2 年内完成並結項。2013 年夏天，朱玉麒老師去國圖文津街館區看書，我們正因爲白石橋館區南區維修暫時搬到那邊辦公，朱老師順便到我辦公室小坐，惠贈他研究王樹枏題跋的系列論文的抽印本，並且談起段永恩生平和他的題跋，以及將所有敦煌西域文獻題跋作系統整理的設想。此前我已讀過朱老師關於王樹枏的文章，知道朱老師致力於履新文人研究，卻不瞭解朱老師還有系統整理的考慮。這項工作，我們其實做重了。有朱老師的大手筆，這個題目可以做到盡善盡美，無須其他人再來費力氣了。我的興致頓時徹底消散，當時就和朱老師説：我不再往下做了。但是項目不能不結，最後經不住催促，利用在哈佛燕京圖書館做訪問館員一年的最後一小段時間，簡單收拾了手頭的稿件，整齊格式，略有點模樣，便在 2014 年秋回國之後提交結項。

　　我把結項報告發給朱老師，希望能省卻朱老師一些録入的時間，也就算是没白費一番工夫了。朱老師來信，鼓勵我繼續往前做，而我卻仍然意興闌珊。2016 年初，朱老師和榮新江老師來我館幫忙鑒定一批文獻，順便商談合作整理。我們商定，由朱老師來定稿。此後幾年，我的業餘時間繼續主要用在趙萬里先生的年譜長編和傳記上，只是在見到新公佈的題跋材料時和朱老師互通有無。可是，朱老師教學之外，還在從事其他幾個問題的研究，也難以抽出很多時間來投入這個題目。

　　到了 2018 年 4 月，朱老師來信，囑我繼續向前推進整理工作。記得收到朱老師郵件時，正在杭州參加劉進寶教授主持的"敦煌學學術史資料整理與研究"項目的開題會。當時拙撰《趙萬里先生年譜長編》和《趙萬里傳》都已完稿，時間上略感寬鬆，便應承下來。然而在"敦煌學學術史資料整理與研究"項目之外，我又接了"王重民全集·敦煌學編"的部分工作，爲前輩編集子是責無旁貸的事，無可推脱，頓時又抽不出多少空來了，只能零敲碎打，緩慢推進。等到這兩項工作告一段落，一年半又過去了。2020 年春節過後，因爲疫情防控的需要，有一段時間居家辦公，很多日常工作不得不停下來，有較多時間重理舊業，這部書稿終於初步成型。

　　這份稿子，時作時輟，前後差不多做了十年，時間算得上漫長了。即使經過十年間的再三核校，書稿中依然有很多問題：一則有的材料還没有公佈，或公佈的圖版不夠清晰，我們也没有特別的渠道查閱，遺漏在所難免，很多條目只能列爲存目。二則文字校録、印章識讀、寫卷概述、參考文獻等方面，疏誤遺漏一定不少。三則題跋中出現的不少人和事，没能弄清楚，箋注部分缺失尚多。學海浩渺，書囊無底，而我閱讀面窄、見聞不廣，加之馬虎荒陋、學識淺薄，錯訛疏漏勢不能免，且往往不自知。特別期待師友們不吝賜教，將來如有機會修訂再版，當能比目前有所提升。

　　本書雖然只是一份資料匯録箋釋之作，談不上有什麼獨出機杼的創見，而且此前已有不少先行者做了很多出色的工作，提供了很好的基礎，不過，輯録過程還是耗費了大量的精力和時間。在查訪搜求、校録箋釋的過程中，我得到了多位師友的指教和幫助。很多資料的獲得、很多問題的解決，都有賴於師友們的支持。

　　感謝國家圖書館研究館員林世田先生、薩仁高娃女士，正是兩位老師的安排，我纔申報了館級項目，進入這個研究領域。長期的工作中，兩位老師和我分享了很多資料，也給我很多具體的指導。書稿完成後，林老師抽空校閲，糾正了注釋中的一些錯誤。2014 年項目結項時，出席評審會的國家圖書館研究館員陳紅彦女士、趙前先生、汪桂海先生、張廷銀先生提出了很多修改建議，並鼓勵我進一步完善書稿。

　　特別感謝北京大學歷史學系朱玉麒教授。朱老師很早就系統地搜集、整理、研究了王樹枏與段永恩的敦煌西域文獻題跋，取得了豐碩的成果。這個題目如果由朱老師完成，必定遠遠超過目前的水平。幾年間，朱老師熱情地分享他的研究，並隨時提供他獲得的資料，讓我受益匪淺。每次收到朱老師轉來的文獻圖片或信息，總會讓我興奮不已。本書得益於朱老師極多，很多條目的基礎便是朱老師的著作，完稿後朱老師詳細審讀一過，並就體例和内容作了細緻的指導，教正多達數十處。本書理應由朱老師和我共同署名，但是朱老師再三堅決推辭，我只好從命。承蒙朱老師和上海古籍出版社的美意，本書得以列入"西域文庫"，深感榮幸。

　　感謝北京大學歷史學系榮新江教授。榮老師很多年前便投入敦煌吐魯番文獻的調查，校録刊佈了很多題跋，導夫先路，沾漑後學甚多。2015 年以來，榮老師多次鼓勵和督促我早日完成這個課題。每當懈怠懶嫻的時候，榮老師的話就會浮現在腦海，讓我無法自棄。書稿初成，榮老師撥冗審讀，從漏收條目到參考資料，乃至文字校勘，多有指教；還惠賜序文，點睛之筆，令拙稿生輝。

　　感謝北京大學中古史中心史睿先生。史老師在敦煌吐魯番文獻研究領域耕耘有年，聞見廣博，向我提供了很多資料或綫索。尤其是拍賣會出現上的一些文獻，史老師見到之後總是第一時間轉告。我能注意到流散市場的文獻，大半源自史老師的影響。

　　我還要感謝國家圖書館張志清副館長分享美國哥倫比亞大學圖書館藏《佛説灌頂經》卷十二張元濟跋的圖版和信息；芝加哥大學東亞圖書館周原館長熱情接待我查閱該館所藏敦煌遺書及其題跋，並帶我觀覽富地博物館（Field Museum）藏卷；中華書局編審柴劍虹先生惠示啓功先生題寫在英國國家圖書館某敦煌遺書殘片夾上的題跋照片；天津圖書館研究館員萬群女士惠示該館所藏敦煌文獻及其影本題跋的圖片；王慶衛先生慷慨提供西安博物院藏卷圖版；遼寧博物館郭丹女士惠示該館題跋整理稿；同事常蓋心女士代爲留意散藏敦煌遺書題跋，分享了一些我不知道的資料；同事劉毅超先生在編纂《漢文敦煌遺書題名索引》的過程中，提示了多條資料，有的出乎意料之外；浙大城市學院蔡淵迪先生也分享了一件拍賣會所見長卷的題跋信息與録文；社科院古代史所陳麗萍博士梳理了歷來見於拍賣會的敦煌遺書的信息，發表之前讓我先睹爲快；西藏圖書館館長努木先生幫助校録並翻譯藏文題跋，同事王建海先生也提供了藏文翻譯方面的幫助；張惠明研究員、史睿先生及國圖同事沈艷麗女士、袁冶女士、黃術志先生,協助校正法文、俄文、日文題跋的錄文,同事何文波先生解答有關德文的問題,補足了我的知識缺陷;王素先生提供故宮博物院藏敦煌文獻整理研究的相關信息;韓國外國語大學中文系鄭廣薰先生惠示韓國嶺南大學藏《大般涅槃經》卷三潘重規跋的錄文和圖版;IDP－US項目的同仁、廣島市立大學藝術學部研究員森田美紀(Morita Miki)女史,提示了美國舊金山亞洲藝術博物館的《唐人玉屑》,並協調補足了IDP數據庫中普林斯頓大學美術館所藏索紞寫本《道德經》的缺失圖版。責任編輯曾曉紅女士、審稿專家呂瑞鋒先生,逐字逐句審改拙稿,修正了難以計數的疏誤。沒有各位師友的指導和幫助,本書是不可能完成的。在此請允許我再次向給予我支持的各位師友們致以誠摯的感謝。

　　本書參考了大量的文獻目録、文獻圖録和研究論著,凡所寓目者都在各條目之後的"著録""録文""圖版""研究"等項中注明,借此機會也向先我從事此類文獻整理研究的專家們致敬並致謝。

　　感謝中國國家圖書館古籍館敦煌吐魯番資料閱覽室,這裏的敦煌西域文獻研究資料收藏舉世無雙。感謝我們所處的時代,有豐富的網絡數據庫和電子文獻可用,拍賣會、展覽會所見資料可以方便地用手機拍個照片帶回家從容整理,即使旅行外出查資料也比以前快捷得多,科技大大提高了我們的效率。

　　最後,謝謝我的女兒劉世寧。她每晚八點來鐘便安然入睡,爲我幹這份體力活提供了最重要的條件——比較充裕的時間。

劉　波

2022年9月13日